행정사

2차 논술·약술
한권으로 끝내기

계약법 / 행정절차론 / 사무관리론 / 행정사실무법

끝까지 책임진다! 시대에듀!
QR코드를 통해 도서 출간 이후 발견된 오류나 개정법령, 변경된 시험 정보, 최신기출문제, 도서 업데이트 자료 등이 있는지 확인해 보세요!
시대에듀 합격 스마트 앱을 통해서도 알려 드리고 있으니 구글 플레이나 앱 스토어에서 다운받아 사용하세요.
또한, 파본 도서인 경우에는 구입하신 곳에서 교환해 드립니다.

편집진행 이재성·백승은 | **표지디자인** 현수빈 | **본문디자인** 차성미·임창규

2026 시대에듀 행정사 2차 전과목 논술·약술 한권으로 끝내기

Always with you

사람의 인연은 길에서 우연하게 만나거나 함께 살아가는 것만을 의미하지는 않습니다.
책을 펴내는 출판사와 그 책을 읽는 독자의 만남도 소중한 인연입니다.
시대에듀는 항상 독자의 마음을 헤아리기 위해 노력하고 있습니다. 늘 독자와 함께하겠습니다.

보다 깊이 있는 학습을 원하는 수험생들을 위한
시대에듀의 동영상 강의가 준비되어 있습니다.
www.sdedu.co.kr ➔ 회원가입(로그인) ➔ 강의살펴보기

머리말

행정사란 다른 사람의 위임을 받아 행정기관에 제출하는 서류의 작성, 번역, 제출 대행, 신청·청구 및 신고 등의 대리 등의 업무를 수행할 수 있는 법적 자격을 갖춘 자를 말한다. 2013년부터 행정안전부 장관의 주관으로 행정사 시험이 시작되어 지금에 이르고 있으며 현재 최소합격인원제도를 통해 매년 300여 명의 행정사를 선발하고 있다.

10년의 역사를 넘으면서 점차 난이도가 올라가고 있는 행정사 시험은 매년 1회 치러지고 있다. 구체적으로 1차시험은 5지 택일형 객관식, 2차시험은 논술 및 약술형 주관식으로 진행되고, 각 시험은 100점을 만점으로 하여 모든 과목의 점수가 40점 이상이고, 전 과목의 평균 점수가 60점 이상이면 합격하게 된다.

여기서 논술형 시험인 2차시험은 주제별로 목차를 구성해서 핵심키워드 위주로 답안 작성을 하여 점수를 확보해야 한다. 그러나 단순한 법조문의 암기만으로는 답안지 배점에 맞는 논리적인 흐름으로 답안을 구성하기 어렵다. 이에 본 교재는 효율적인 2차시험 대비를 위한 핵심요약서로 꼭 필요한 내용만을 수록하여 빠른 회독과 지속적인 암기를 병행할 수 있도록 하였다.

『2026 시대에듀 행정사 2차 전과목 논술·약술 한권으로 끝내기』의 특징

첫째 2013년 제1회 시험부터 2025년 제13회 시험까지 13년간 출제된 기출문제를 모두 수록하였으며, 이를 과목별·조문별로 배치함으로써 효율적인 학습이 가능하도록 하였다.

둘째 논술형 시험 문제와 일부 약술형 시험 문제의 경우 목차 위주의 핵심 해설을 수록하여 답안 작성 시 참고할 수 있도록 주제별 핵심이론 앞에 수록하였다.

셋째 최신 개정법령의 내용과 관련하여 2025년 11월 현재 기준 2026년 시험에 적용되는 시행예정인 법령까지 반영하였다.

본 교재가 행정사 시험에 도전하는 수험생 여러분에게 합격을 위한 좋은 안내서가 되기를 바라며, 여러분의 합격을 기원한다.

편집자 일동

이 책의 구성 및 특징

STEP 1
핵심이론

전과목의 중요한 핵심논점을 목차로 구성하여 요약·정리하였고, 논점별로 중요도를 ★로 표기하였다.

STEP 2
핵심해설

중요 논점 중 기출된 내용이나 빈출되는 부분을 확인하여 학습할 수 있도록 구성하였고, 목차 위주의 핵심해설을 수록하였다. 다만, 최근 기출 사례의 경우 가능한 한 자세히 설명하였다.

STEP 3
학습도구

법령 등 암기가 필요한 문장에 /, 〈 〉 등 기호를 사용하여 헷갈리는 부분이나 주의해야 하는 내용을 구분하여 학습할 수 있도록 하였다.

STEP 4
심화박스

내용의 흐름상 필요한 부분에는 추가적인 내용을 수록하거나 판례를 수록하여 내용의 이해도를 높였다.

시험 안내

행정사 개요

행정사는 다른 사람의 위임을 받아 행정기관에 제출하는 서류의 작성, 번역, 제출 대행, 신청·청구 및 신고 등의 대리 등의 업무를 수행하며, 다른 법률에 의하여 제한된 업무는 할 수 없습니다.

수행직무 (일반행정사의 경우)

❶ 행정기관에 제출하는 서류 또는 권리·의무나 사실증명에 관한 서류의 작성 및 제출 대행
❷ 인가·허가 및 면허 등을 받기 위하여 행정기관에 하는 신청·청구 및 신고 등의 대리
❸ 행정 관계 법령 및 행정에 대한 상담 또는 자문에 대한 응답
❹ 법령에 따라 위탁받은 사무의 사실 조사 및 확인

※ 해운 또는 해양안전심판에 관한 업무는 제외합니다.

응시자격 및 결격사유

❶ 응시자격 : 제한 없음
- 다만, 행정사법 시행령 제19조에 따라 부정행위자로 처리되어, 그 처분이 있은 날부터 5년이 지나지 않은 자는 시험에 응시할 수 없음

❷ 결격사유(행정사법 제6조)
- 피성년후견인 또는 피한정후견인
- 파산선고를 받고 복권되지 아니한 사람
- 금고 이상의 실형을 선고받고 그 집행이 끝나거나(집행이 끝난 것으로 보는 경우 포함) 집행이 면제된 날부터 3년이 지나지 아니한 사람
- 금고 이상의 형의 집행유예를 선고받고 그 유예기간이 끝난 날부터 2년이 지나지 아니한 사람
- 금고 이상의 형의 선고유예를 받고 그 유예기간에 있는 사람
- 공무원으로서 징계처분에 따라 파면되거나 해임된 후 3년이 지나지 아니한 사람
- 행정사법 제30조(자격의 취소)에 따라 행정사 자격이 취소된 후 3년이 지나지 아니한 사람

※ 결격사유 심사기준일 : 최종 시험 시행일
※ 행정사법 제5조, 제6조에 따라 결격사유 심사기준일 기준 행정사가 될 수 없는 사유에 해당하는 것으로 확인된 경우에는 합격을 취소합니다.

시험일정 (2025년 제13회 시행공고 기준)

구분	접수기간	시험일자	합격자발표	비고
1차 시험	2025. 04. 14.(월)~04. 18.(금)	05. 31.(토)	07. 02.(수)	• 큐넷 행정사 홈페이지 접수 (모바일 큐넷 원서접수 불가) • 빈자리 접수 없음
2차 시험	2025. 07. 28.(월)~08. 01.(금)	09. 27.(토)	12. 10.(수)	

※ 원서접수시간은 원서접수 첫날 09:00부터 마지막 날 18:00까지임

시험과목 및 검정방법

구분	교시	시험 과목	문항 수	시험시간
1차 시험	1	❶ 민법(총칙 관련 내용으로 한정) ❷ 행정법 ❸ 행정학개론(지방자치행정 포함)	과목당 25문항 (총 75문항)	75분 (09:30~10:45)
2차 시험	1 (공통)	❶ 민법(계약 관련 내용으로 한정) ❷ 행정절차론(행정절차법 포함)	과목당 4문항 (논술 1문제, 약술 3문제)	100분 (09:30~11:10)
	2	❶ 사무관리론(민원 처리에 관한 법률, 행정업무의 운영 및 혁신에 관한 규정 포함) ❷ 행정사실무법 • 행정심판사례 • 비송사건절차법		100분 (11:40~13:20)

※ 관련 법률 등을 적용하여 정답을 구해야 하는 문제는 '시험시행일' 현재 시행 중인 법률을 적용합니다.
※ 기활용된 문제, 기출문제 등도 변형·활용되어 출제될 수 있습니다.

합격자 결정방법 (행정사법 시행령 제17조)

1차 시험 및 2차 시험 합격자는 과목당 100점을 만점으로 하여 모든 과목의 점수가 40점 이상이고, 전 과목의 평균점수가 60점 이상인 사람으로 합니다.

※ 단, 제2차 시험 합격자가 최소선발인원보다 적은 경우에는 최소선발인원이 될 때까지 모든 과목의 점수가 40점 이상인 사람 중에서 전 과목 평균점수가 높은 순으로 합격자를 추가로 결정하고, 이 경우 동점자가 있어 최소선발인원을 초과하는 경우에는 그 동점자 모두를 합격자로 합니다.

이 책의 차례

PART 1 계약법

제1장 계약총론

제1절 계약의 자유와 그 제한
- THEME 1 약관과 계약 · 004

제2절 계약의 성립
- THEME 2 청약과 승낙에 의한 계약의 성립 · · · · · · · · · · · · · · · · 006
- THEME 3 청약과 승낙 외 계약의 성립 · 008
- THEME 4 계약체결상의 과실책임 · 010

제3절 계약의 효력
- THEME 5 동시이행의 항변권 · 015
- THEME 6 위험부담 · 020

제4절 제3자를 위한 계약
- THEME 7 제3자를 위한 계약 · 026

제5절 계약의 해제·해지
- THEME 8 해제권 · 035

제2장 계약각론

제1절 증 여
- THEME 1 증여의 특수한 해제와 부담부 증여 · · · · · · · · · · · · · · 046

제2절 매 매

제1관 서 설

제2관 매매의 성립
- THEME 2 매매예약완결권 · 052
- THEME 3 계약금 · 053

제3관 매매의 효력
- THEME 4 매도인과 매수인의 의무 · 059
- THEME 5 매도인의 담보책임 · 061

제4관 환 매
- THEME 6 환매와 재매매예약의 비교 · 071

제3절 교 환

제4절 소비대차
- THEME 7 준소비대차 · 074

제5절 사용대차
- THEME 8 사용대차 · 076

제6절 임대차

제1관 서 설

제2관 임대차의 존속기간
- THEME 9 민법상 임차권의 묵시적 갱신(법정갱신) · · · · · · · · · 078

제3관 임대인의 권리와 의무
제4관 임차인의 권리와 의무
- THEME 10 임차인의 비용상환청구권 · **080**
- THEME 11 임차인의 부속물매수청구권 · **082**
- THEME 12 토지임차인의 지상물매수청구권 · **084**

제5관 임차권의 양도와 전대
- THEME 13 임차권의 양도와 전대 · **086**

제6관 보증금과 권리금
- THEME 14 임대차 보증금 반환 시 피담보채무에 대한 입증책임 · · · · · **090**

제7관 임대차의 종료와 해지권
제8관 특수한 임대차
- THEME 15 주택임대차법상 임차권의 대항력 · **091**
- THEME 16 주택임대차법상 보증금의 우선변제권 · · · · · · · · · · · · · · · · · · · **093**
- THEME 17 주택임대차법상 소액보증금의 우선변제특권 · · · · · · · · · · · · **095**
- THEME 18 상가임대차법상 임차인의 권리금 회수기회 보호 · · · · · · · · **097**
- THEME 19 주택임대차법상 임차권등기명령 · **101**
- THEME 20 주택임대차법상 임차권의 묵시적 갱신 · · · · · · · · · · · · · · · · · · · **103**
- THEME 21 상가임대차법상 임차권의 묵시적 갱신 · · · · · · · · · · · · · · · · · · · **105**
- THEME 22 주택임대차법상 임차인의 계약갱신요구권 · · · · · · · · · · · · · · · **107**
- THEME 23 상가임대차법상 임차인의 계약갱신요구권 · · · · · · · · · · · · · · · **109**

제7절 고용

제8절 도급
- THEME 24 제작물 공급계약의 법적 성질과 소유권 귀속의 특약 · · · · · **113**
- THEME 25 수급인의 담보책임 · **118**

제8절의2 여행계약
- THEME 26 여행계약 · **122**

제9절 현상광고
- THEME 27 현상광고와 우수현상광고 · **125**

제10절 위임
- THEME 28 위임 · **128**

제11절 임치
- THEME 29 임치 · **131**

제12절 조합
- THEME 30 조합의 법률관계 · **134**

제13절 종신정기금

제14절 화해
- THEME 31 화해계약 · **145**

이 책의 차례

PART 2 행정절차론

제1장 행정절차법

제1절 총칙

- THEME 1 행정절차법의 적용범위 ········· 152
- THEME 2 행정절차법의 일반원칙 ········· 154
- THEME 3 행정청의 관할 및 협조 ········· 157
- THEME 4 송달 ········· 158
- THEME 5 당사자등 ········· 159
- THEME 6 대표자 / 대리인 ········· 162

제2절 처분

- THEME 7 처분절차 ········· 164
- THEME 8 행정절차의 하자 ········· 168
- THEME 9 사전통지 ········· 185
- THEME 10 의견제출 ········· 192
- THEME 11 청문 ········· 195
- THEME 12 청문주재자 ········· 198
- THEME 13 공청회 ········· 200
- THEME 14 이유제시 ········· 204

제3절 그 외 행정작용

- THEME 15 신청 ········· 206
- THEME 16 신고 ········· 208
- THEME 17 확약 ········· 210
- THEME 18 위반사실 등의 공표 ········· 212
- THEME 19 입법예고 ········· 215
- THEME 20 행정예고 ········· 217
- THEME 21 행정지도 ········· 219

제2장 공공기관의 정보공개에 관한 법률

- THEME 1 정보공개청구권 ········· 221
- THEME 2 구제수단 ········· 230

제3장 개인정보 보호법

- THEME 1 개인정보의 보호원칙 ········· 232
- THEME 2 개인정보 보호위원회 ········· 234
- THEME 3 개인정보 수집·이용 등 ········· 237
- THEME 4 개인정보 제공, 목적 외 이용·제공 제한 ········· 239
- THEME 5 정보주체 이외로부터 수집한 개인정보의 수집 출처 등 통지 ········· 241
- THEME 6 동의를 받는 방법 ········· 243
- THEME 7 개인정보의 처리 제한 ········· 245
- THEME 8 고정형 영상정보처리기기의 설치·운영 제한 ········· 248

	THEME 9 이동형 영상정보처리기기의 운영 제한	251
THEME 10 가명정보의 처리에 관한 특례	253
THEME 11 개인정보의 국외 이전	255
THEME 12 개인정보의 안전한 관리	257
THEME 13 정보주체의 권리 보장	264
THEME 14 분쟁조정절차	270
THEME 15 단체소송	274

제4장
질서위반행위 규제법

THEME 1 질서위반행위	276
THEME 2 적용범위	280
THEME 3 과태료 부과	281
THEME 4 과태료 재판	283
THEME 5 체납자 제재	288
THEME 6 과태료 감경 · 징수유예	291

제5장
행정조사기본법

THEME 1 행정조사	293
THEME 2 행정조사 방법	298
THEME 3 행정조사 절차	302
THEME 4 자율관리체제의 구축 등	306

제6장
행정규제기본법

THEME 1 행정규제의 기본원칙	308
THEME 2 행정규제의 신설 · 강화 시 심사절차	312
THEME 3 기존규제의 정비	316
THEME 4 규제개혁위원회	319

제7장
주민등록법

THEME 1 주민등록번호의 정정	321
THEME 2 주민등록번호의 변경	323
THEME 3 주민등록의 신고	326
THEME 4 주민등록법상 사실조사, 직권조치, 이의신청	328
THEME 5 주민등록증의 발급 등	330
THEME 6 모바일 주민등록증	332
THEME 7 주민등록증등의 확인	334
THEME 8 주민등록증등의 제시요구	336
THEME 9 주민등록증의 재발급	337
THEME 10 주민등록표 열람 / 등 · 초본 교부	338

이 책의 차례

제8장
가족관계의 등록 등에 관한 법률

- THEME 1 가족관계등록법상 증명서의 교부 등 ········ 340
- THEME 2 증명서의 종류 및 기록사항 ········ 342
- THEME 3 가족관계등록부의 정정 ········ 345
- THEME 4 가족관계의 등록 등에 관한 법률상 신고 ········ 347
- THEME 5 출생신고 ········ 349
- THEME 6 출생사실의 통보 등 ········ 352
- THEME 7 인지신고 ········ 354
- THEME 8 국적의 취득과 상실 ········ 356
- THEME 9 가족관계 등록 창설 ········ 359
- THEME 10 불복절차 ········ 360

PART 3 사무관리론

제1장
민원 처리에 관한 법령

제1절 총칙
- THEME 1 민원의 의의 및 종류 ········ 366
- THEME 2 민원인, 행정기관 ········ 368
- THEME 3 민원 처리 담당자의 의무와 보호 / 민원인의 권리와 의무, 정보보호 ········ 369

제2절 민원의 처리
- THEME 4 민원의 신청 등 ········ 372
- THEME 5 민원의 접수 ········ 374
- THEME 6 불필요한 서류 요구의 금지 ········ 376
- THEME 7 민원인의 요구에 의한 본인정보 공동이용 ········ 378
- THEME 8 민원 신청 편의제공 ········ 382
- THEME 9 전자민원창구 및 통합전자민원창구 ········ 385
- THEME 10 다른 행정기관 등을 이용한 민원의 접수·교부 ········ 388
- THEME 11 민원문서의 이송 ········ 390
- THEME 12 민원의 처리 ········ 391
- THEME 13 법정민원, 질의민원, 건의민원, 기타민원 처리기간 등 ········ 393
- THEME 14 고충민원의 처리 등 ········ 395
- THEME 15 처리기간의 계산 ········ 397
- THEME 16 위법·부당한 민원 처리에 대한 시정 요구 ········ 399
- THEME 17 민원문서의 보완·취하 등 ········ 400
- THEME 18 민원문서의 반려 및 종결처리 ········ 401
- THEME 19 반복 및 중복민원의 처리 ········ 402
- THEME 20 다수인관련민원의 처리 ········ 403
- THEME 21 민원심사관 ········ 405
- THEME 22 민원의 진행 및 처리결과의 통지 ········ 406
- THEME 23 무인민원발급창구를 이용한 민원문서의 발급 ········ 408
- THEME 24 전자증명서의 발급과 전자문서의 출력 사용 등 ········ 409

THEME 25 사전심사의 청구 등	410
THEME 26 복합민원의 처리	412
THEME 27 민원 1회방문 처리제	414
THEME 28 법정민원의 거부처분에 대한 이의신청	417

제3절 민원제도의 개선 등

THEME 29 민원처리기준표	419
THEME 30 민원행정 및 제도개선	420
THEME 31 민원제도개선조정회의	423

제4절 보 칙

제2장 행정업무의 운영 및 혁신에 관한 규정

제1절 총 칙

| THEME 1 용어의 정의 | 425 |

제2절 공문서 관리 등 행정업무의 처리

THEME 2 문서의 종류	428
THEME 3 문서의 필요성과 기능	430
THEME 4 문서 처리의 기본원칙	431
THEME 5 문서의 성립 및 효력발생	432
THEME 6 문서 작성의 방법	434
THEME 7 문서의 기안 등	436
THEME 8 기안의 검토와 협조	439
THEME 9 문서의 결재	441
THEME 10 문서의 등록	443
THEME 11 문서의 시행	445
THEME 12 결재받은 문서의 수정	449
THEME 13 문서의 접수 및 처리	450
THEME 14 문서의 반송 및 이송	451
THEME 15 문서의 공람 및 경유문서	452
THEME 16 업무관리시스템의 의의 및 구축·운영	454
THEME 17 업무관리시스템의 연계·운영, 표준 고시, 정부전자문서유통지원센터	456
THEME 18 서식의 의의, 제정 및 설계원칙	458
THEME 19 서식의 승인과 관리	460
THEME 20 관인의 개념과 종류	462
THEME 21 전자이미지관인	464
THEME 22 관인의 관리(등록과 폐기)	466
THEME 23 관인의 공고	468

제3절 행정업무의 효율적 수행

THEME 24 행정업무의 효율적 운영	469
THEME 25 사무개선의 개요	470
THEME 26 행정업무 혁신	474
THEME 27 행정협업의 촉진 및 행정협업과제의 등록	476
THEME 28 행정협업과제의 추가 발굴	478

이 책의 차례

THEME 29 행정업무 혁신의 효율적 수행 · 479
THEME 30 지식행정 · 483
THEME 31 행정기관의 지식행정 활성화 · 485
THEME 32 정책연구과제 · 486
THEME 33 정책연구심의위원회 · 488
THEME 34 정책연구심의소위원회 · 490
THEME 35 정책연구자 선정 · 491
THEME 36 정책연구의 진행 · 493
THEME 37 정부영상회의 · 497

제4절 행정업무의 관리
THEME 38 업무의 분장 및 인계·인수 · 499
THEME 39 업무편람 · 501
THEME 40 정책실명제 활성화 방안 · 503

제5절 보 칙

PART 4 행정사실무법

제1장 행정사법
THEME 1 행정사법의 목적 및 행정사의 업무 · 508
THEME 2 행정사의 종류 · 509
THEME 3 행정사의 자격과 시험 · 510
THEME 4 행정사의 업무신고 · 512
THEME 5 사무소의 설치 및 명칭 등 · 515
THEME 6 행정사의 권리와 의무 · 517
THEME 7 행정사의 교육 · 520
THEME 8 행정사법인의 설립 절차 · 522
THEME 9 행정사법인의 업무수행방법 · 525
THEME 10 행정사법인의 해산 등 · 528
THEME 11 행정사회 · 529
THEME 12 행정사정보시스템의 구축·운영 · 531
THEME 13 자격의 취소 등 · 532
THEME 14 업무정지 · 534
THEME 15 벌칙 및 양벌규정 · 536
THEME 16 과태료 · 538

제2장 행정심판법
THEME 1 행정심판법의 목적 및 행정심판의 종류 · 539
THEME 2 의무이행심판 개관 · 540
THEME 3 대상적격 · 543
THEME 4 특별행정심판 · 550

THEME 5 국가보훈처분에 대한 이의신청 등 · · · · · · · 551
THEME 6 운전면허취소처분에 대한 이의신청 등 · · · · · · · 553
THEME 7 행정심판위원회 · · · · · · · 557
THEME 8 위원의 제척·기피·회피 · · · · · · · 562
THEME 9 청구인적격 · · · · · · · 564
THEME 10 협의의 청구이익 · · · · · · · 567
THEME 11 피청구인적격 · · · · · · · 570
THEME 12 청구인의 지위승계 · · · · · · · 573
THEME 13 선정대표자 · · · · · · · 575
THEME 14 관계인 · · · · · · · 577
THEME 15 심판청구 · · · · · · · 580
THEME 16 청구기간 · · · · · · · 582
THEME 17 심판청구의 변경 · · · · · · · 585
THEME 18 집행정지 · · · · · · · 589
THEME 19 임시처분 · · · · · · · 594
THEME 20 행정심판의 심리절차 · · · · · · · 598
THEME 21 재결 일반 · · · · · · · 600
THEME 22 조 정 · · · · · · · 604
THEME 23 사정재결 · · · · · · · 606
THEME 24 인용재결 · · · · · · · 609
THEME 25 재결의 기속력 · · · · · · · 611
THEME 26 직접처분과 간접강제 · · · · · · · 616
THEME 27 고지제도 · · · · · · · 623

제3장 비송사건절차법

제1절 총 칙

THEME 1 비송사건의 구별기준과 차이점 · · · · · · · 625
THEME 2 관 할 · · · · · · · 627
THEME 3 법원 직원의 제척·기피·회피 · · · · · · · 630
THEME 4 당사자 · · · · · · · 632
THEME 5 비송대리인 · · · · · · · 635
THEME 6 절차의 개시 · · · · · · · 637
THEME 7 절차의 진행 · · · · · · · 639
THEME 8 기일과 기간 · · · · · · · 640
THEME 9 송 달 · · · · · · · 642
THEME 10 절차의 종료 · · · · · · · 643
THEME 11 절차의 비용 · · · · · · · 645
THEME 12 심 리 · · · · · · · 649
THEME 13 재 판 · · · · · · · 652
THEME 14 재판의 취소·변경 · · · · · · · 655
THEME 15 항 고 · · · · · · · 658
THEME 16 항고의 절차 · · · · · · · 661

이 책의 차례

제2절 민사비송사건 : 선별적 학습

- THEME 17 재단법인의 정관보충사건 · **663**
- THEME 18 임시이사 선임사건 · **665**
- THEME 19 특별대리인 선임사건 · **667**
- THEME 20 임시총회소집 허가사건 · **669**
- THEME 21 검사인 선임사건 · **671**
- THEME 22 청산인의 선임 및 해임사건 · **672**
- THEME 23 감정인의 선임사건 · **674**
- THEME 24 신탁재산관리인의 선임 · **676**
- THEME 25 신탁관리인의 선임 · **678**
- THEME 26 재판상의 대위에 관한 사건 · **680**
- THEME 27 변제목적물의 공탁소의 지정 및 공탁물보관인 선임사건 · · · · · · **682**
- THEME 28 변제목적물의 경매허가사건 · **684**
- THEME 29 질물에 의한 변제충당의 허가사건 · **686**
- THEME 30 환매권 대위행사 시 감정인 선임사건 · **688**

제3절 상사비송사건 : 선별적 학습

- THEME 31 변태설립사항 규정 시 검사인 선임청구사건 · · · · · · · · · · · · · · · · · · **690**
- THEME 32 현물출자 시 검사인의 선임청구사건 · **692**
- THEME 33 주식회사의 업무 · 재산상태의 검사를 위한 검사인의 선임청구사건 · · **694**
- THEME 34 주식회사 소수주주에 의한 임시총회소집허가사건 · · · · · · · · · · · · **696**
- THEME 35 유한회사 소수사원에 의한 임시총회소집허가사건 · · · · · · · · · · · · **697**
- THEME 36 합자회사 유한책임사원의 업무검사허가사건 · · · · · · · · · · · · · · · · · · **698**
- THEME 37 납입금 보관자등의 변경허가 신청사건 · **699**
- THEME 38 단주의 임의매각 허가신청사건 · **701**
- THEME 39 경매허가사건 · **702**
- THEME 40 직무대행자 선임사건 · **703**
- THEME 41 소송상 대표자 선임사건 · **705**
- THEME 42 직무대행자의 상무 외 행위의 허가사건 · **706**
- THEME 43 이사회의 의사록 열람등 허가사건 · **708**
- THEME 44 주식의 액면미달 발행의 인가신청사건 · **709**
- THEME 45 주식매수가액의 결정청구 사건 · **710**
- THEME 46 신주발행무효에 의한 환급금 증감신청사건 · · · · · · · · · · · · · · · · · · · **711**
- THEME 47 회사의 해산명령에 관한 사건 · **712**
- THEME 48 합병회사의 합병무효로 인한 채무부담부분 결정의 재판 · · · · · · **713**
- THEME 49 지분압류채권자의 보전청구 · **714**
- THEME 50 합병 인가신청사건 및 조직변경 인가신청사건 · · · · · · · · · · · · · · · · **716**
- THEME 51 사채관리회사의 해임허가사건 · **718**
- THEME 52 사채권자집회의 소집허가사건 · **719**
- THEME 53 사채권자집회의 결의 인가청구사건 · **721**
- THEME 54 청산인의 선임 허가사건 · **722**
- THEME 55 감정인의 선임 허가사건 · **724**

제4절 보 칙

- THEME 56 과태료의 약식재판 · **725**
- THEME 57 과태료의 정식재판 · **727**

행정사 2차

전과목
논술·약술
한권으로 끝내기

PART 1

계약법

제1장	**계약총론**
제2장	**계약각론**

제 1 장 계약총론

제1절 계약의 자유와 그 제한

THEME 1 약관과 계약

I 약관의 의의

1. 약관의 개념
약관이란/ 그 명칭이나 형식 또는 범위에 상관없이/ 계약의 한쪽 당사자가 여러 명의 상대방과 계약을 체결하기 위하여/ 일정한 형식으로/ 미리 마련한 계약의 내용을 말한다.

2. 약관규제의 필요성
경제적 약자를 보호하고,/ 내용 결정에 관한 실질적 자유를 보장하기 위하여/ 약관에 대한 법적 규제가 필요하다.

II 약관의 편입통제

1. 약관 구속력의 근거
통설·판례는/ 계약당사자인 작성자와 그 상대방의 합의가 약관의 구속력에 대한 근거라는/ 계약설의 입장이다.

2. 약관 편입의 요건 : 약관의 명시·설명

(1) 명시·설명의 대상
명시·설명의 대상이 되는 것은/ 약관의 중요한 사항, 즉 고객의 이해관계에 중대한 영향을 미치는 계약의 중요한 내용에 한한다.

(2) 명시·설명의 방법

사업자는/ 약관에 정하여져 있는 중요한 내용을/ 고객이 이해할 수 있도록 설명하여야 한다.

(3) 명시·설명의무 위반의 효과

사업자는 그 사항을 계약의 내용으로 주장하지 못하지만,/ 고객은 그 사항을 계약의 내용으로 주장할 수 있다.

(4) 입증책임

약관이 명시·설명되었다는 점 또는 명시·설명의 대상이 되는 약관이 아니다라는 점에 대하여/ 사업자(보험자)가 입증책임을 진다.

Ⅲ 약관의 해석원칙

1. 객관적·통일적 해석의 원칙

약관은 고객에 따라 다르게 해석되어서는 아니 되므로,/ 평균적인 고객의 이해가능성을 표준으로/ 객관적·통일적으로 해석되어야 한다.

2. 작성자 불이익의 원칙

약관의 뜻이 불명확한 경우/ 고객에게 유리하게 해석되어야 한다.

3. 개별약정 우선의 원칙

약관에서 정하고 있는 사항에 대해/ 사업자와 고객이 약관의 내용과 다른 합의를 한 경우/ 그 합의가 우선한다.

4. 신의성실의 원칙

약관은/ 신의성실의 원칙에 입각하여/ 공정하게 해석되어야 한다.

제2절 계약의 성립

청약과 승낙에 의한 계약의 성립★★★

I 청 약

1. 의 의

(1) 개 념

청약이란/ 승낙과 결합하여/ 계약을 성립시킬 목적의/ 청약자의 일방적 의사표시로서,/ 구체적·확정적 의사표시여야 한다.

(2) 구별개념 : 청약의 유인

청약의 유인은/ 일반적으로 계약체결의 확정적 의사가 없으므로/ 청약이 아니다.

2. 청약의 효력

(1) 청약의 효력발생시기

청약은 상대방 있는 의사표시에 해당하므로/ 상대방에게 도달한 때 효력이 발생한다.

(2) 청약의 구속력

계약의 청약은 철회하지 못한다(민법 제527조).

(3) 관련 문제 : 승낙기간

　1) 청약에 승낙기간을 정한 경우

　승낙기간을 정한 계약의 청약은/ 청약자가/ 그 기간 내에/ 승낙의 통지를 받지 못한 때 효력을 잃는다(민법 제528조 제1항).

　2) 청약에 승낙기간을 정하지 않은 경우

　승낙기간을 정하지 아니한 계약의 청약은/ 상당한 기간 내에/ 청약자가 승낙의 통지를 받지 못한 때 효력을 잃는다(민법 제528조 제2항).

　3) 연착된 승낙의 효력

　① 청약자가 이를 새로운 청약으로 볼 수 있다(민법 제530조).
　② 기간 내에 도달할 수 있는 승낙의 통지가/ 어떤 이유로든 기간 후에 도달한 경우/ 청약자는 지체 없이 연착의 통지를 하여야 한다./ 도달 전 지연의 통지를 하였다면 연착의 통지를 할 필요가 없다./ 지연통지나 연착의 통지를 하지 않으면 승낙의 통지가 연착되지 않은 것으로 본다.

Ⅱ 승낙

1. 의 의
승낙은/ 청약의 상대방이/ 계약을 성립시킬 목적으로/ 청약자에게 행하는 의사표시를 의미한다.

2. 청약에 대하여 조건을 붙이거나 변경을 가한 승낙의 의미
청약의 거절과 동시에 새로 청약한 것으로 본다(민법 제534조).

3. 회답의무 존부
청약자가 '기간 내에 이의를 하지 아니하면 승낙한 것으로 간주한다.'는 뜻을 청약할 때 표시하더라도/ 상대방에게는 이를 받아들일 것인지에 대한 회답의무가 없다.

Ⅲ 의사의 합치

계약이 성립하려면/ 당사자의 대립하는 의사표시(객관적・주관적 의사표시)의 합치가 필요하다.

1. 객관적 합치
당사자 간의 의사표시가 내용적으로 일치하는 것을 말한다.

2. 주관적 합치
계약당사자의 상대방이 서로 일치하는 것을 의미한다.

Ⅳ 계약의 성립시기

1. 원칙 : 도달주의
승낙의 통지가/ 청약자에게 도달한 때/ 계약이 성립한다.

2. 예외 : 발신주의
격지자 간 계약의 경우에는/ 승낙의 통지를 발송한 때/ 계약이 성립한다(민법 제531조).

3 THEME 청약과 승낙 외 계약의 성립 ★★

□ 화가 甲은 미술품 수집상 乙에게 자신의 'A그림을 100만원에 사달라'는 청약의 편지를 2022.9.1. 발송하여 그 편지가 동년 9.5. 乙에게 도달하였다. 한편 그러한 사실을 모르는 乙은 甲에게 'A그림을 100만원에 팔라'는 청약의 편지를 2022.9.3. 발송하여 그 편지가 동년 9.7. 甲에게 도달하였다. 이러한 경우에 甲과 乙 사이에서 A그림에 대한 매매계약의 성립 여부에 관하여 설명하시오. ▶ 제10회 기출 사례 20점
□ 청약과 승낙의 결합에 의하지 아니하고 계약이 성립될 수 있는 경우를 약술하시오.
▶ 제4회 기출 약술 20점

핵심해설 제10회 기출 사례

I 논점의 정리

甲과 乙이 '동일한 내용'의 청약을 서로 상대방에게 발송하여 그 청약이 도달한 경우, 즉 교차청약의 경우 매매계약이 성립하는지 여부가 문제된다.

II 교차청약에 의한 계약의 성립

1. **교차청약의 의의**

   교차청약이란/ 당사자들이/ 같은 내용의 청약을/ 서로 행한 경우를 의미한다.

2. **의사의 합치**

3. **계약의 성립시기**

   양 청약이 상대방에게 도달한 때/ 계약이 성립하며(민법 제533조),/ 두 청약이 동시에 도달하지 않았다면 나중의 청약이 도달한 때에 계약이 성립한다.

III 사안의 해결

교차청약의 경우,/ A그림에 대한 甲과 乙의 매매계약은/ 나중의 청약인 乙의 편지가 甲에게 도달한 2022.9.7. 성립한다.

핵심이론

I 서 설

계약은 일반적으로 청약과 승낙에 의한 계약의 성립과/ 청약과 승낙에 의하지 않은 계약의 성립으로 구분할 수 있다./ 이하에서는 청약과 승낙에 의하지 않은 계약의 성립으로 의사실현에 의한 계약의 성립과 교차청약에 의한 계약의 성립에 대해 서술하기로 한다.

II 의사실현에 의한 계약의 성립

1. 의사실현의 의의
청약자의 의사표시나 관습에 의하여/ 승낙의 통지가 필요하지 아니한 경우/ 승낙의 의사표시로 인정되는 사실이 있는 때/ 계약이 성립하는 것을 의미한다.

2. 계약의 성립시기
의사실현에 의한 계약은/ 승낙의 의사표시로 인정되는 사실이 있는 때에/ 성립한다.

III 교차청약에 의한 계약의 성립

1. 교차청약의 의의
교차청약이란/ 당사자들이/ 같은 내용의 청약을/ 서로 행한 경우를 의미한다.

2. 의사의 합치
계약이 성립하려면/ 당사자의 대립하는 의사표시(객관적·주관적 의사표시)의 합치가 필요하다.

3. 계약의 성립시기
양 청약이 상대방에게 도달한 때/ 계약이 성립한다(민법 제533조).

IV 결 어

청약과 승낙의 결합에 의하지 아니하고 계약이 성립될 수 있는 경우는/ 의사실현에 의한 계약의 성립과 교차청약에 의한 계약의 성립을 들 수 있다.

THEME 4. 계약체결상의 과실책임 ★★

□ 乙은 교육관을 건립하기로 하고 그 건립방법에 관하여 5인 가량의 설계사를 선정하여 건물에 대한 설계시안 작성을 의뢰한 후 그중에서 최종적으로 1개의 시안을 선정한 다음 그 선정된 설계사와 교육관에 대한 설계계약을 체결하기로 하였다. 甲설계사는 이 제안에 응모하기 위하여 제안서와 견적서 작성비용 300만원을 지출하였다. 乙은 甲의 시안을 당선작으로 선정하였으나, 그 후 乙은 여러 가지 사정으로 甲과 설계기간, 설계대금 및 그에 따른 제반사항을 정한 구체적인 계약을 체결하지 않고 있다가 당선사실 통지 시로부터 약 2년이 경과한 시점에 甲에게 교육관 건립을 취소하기로 하였다고 통보하였다. 甲은 당선사실 통지 후 설계계약이 체결될 것이라고 기대하고 교육관 설계를 위한 준비비용 500만원을 지출하였다. 다음 물음에 답하시오.

▶ 제7회 기출 사례 40점

물음 1) 甲은 乙에게 계약체결상의 과실책임을 물을 수 있는지를 논하시오. ▶ 30점
물음 2) 甲이 乙에게 청구할 수 있는 손해배상책임의 범위에 관하여 설명하시오. ▶ 10점

핵심해설 제7회 기출 사례 물음 1)

I 논점의 정리

乙이 계약교섭을 부당하게 파기한 경우에 甲이 계약체결상의 과실책임을 물을 수 있는지 문제된다.

II 계약교섭의 부당파기

1. 계약체결상의 과실책임 적용 여부

(1) 학 설

계약교섭의 부당파기의 경우에도 계약체결상의 과실책임을 인정할지에 대해서 계약체결을 위한 교섭이 진행되었으므로 계약체결상의 과실책임으로 해결하자는 견해와 외견상 계약체결 자체가 없었으므로 불법행위책임으로 해결하자는 견해의 다툼이 있다.

(2) 판 례

학교법인이 사무직원채용통지를 하였다가 채용하지 않은 경우 불법행위책임을 인정하였다(대판 1993.9.10. 92다42897). 즉, 대법원은 민법 제535조 이외에는 계약체결상의 과실책임을 명시적으로 인정한 예가 없다.

(3) 검 토

피해자 보호 측면에서/ 요건 사실에 대한 증명책임을 부담하는 불법행위책임보다는/ 계약체결상의 과실책임으로 해결하는 견해가 타당하다.

2. 성립요건

(1) **계약체결을 믿을 만한/ 계약교섭행위가 있었을 것**
(2) **계약교섭이/ 부당하게 파기될 것**
(3) **계약체결을 하였어야 할 자가 이를 알았거나 알 수 있었을 것**
(4) **상대방은 이에 대하여 선의·무과실일 것**

3. 효과

(1) 계약의 불성립

(2) 신뢰이익의 손해배상

계약의 성립을 기대하고 지출한 계약준비비용은 신뢰이익 손해배상의 대상이나,/ 계약체결이 좌절되더라도 어쩔 수 없다고 생각하고 지출한 비용(제안서, 견적서 작성 비용)은 이에 해당하지 않는다.

(3) 불법행위 손해배상책임

Ⅲ 결론

甲은 계약교섭을 부당하게 파기한 乙에게 계약체결상의 과실책임을 물을 수 있다.

핵심해설 제7회 기출 사례 물음 2)

Ⅰ 논점의 정리

계약교섭을 부당하게 파기한 乙에게/ 甲이 청구할 수 있는 손해배상책임의 범위와 관련하여/ 신뢰이익의 손해배상을 청구할 수 있는지,/ 불법행위 손해배상책임을 청구할 수 있는지 문제된다.

Ⅱ 신뢰이익의 손해배상

계약의 성립을 기대하고 지출한 계약준비비용은/ 신뢰이익의 손해배상의 대상이나,/ 계약체결이 좌절되더라도 어쩔 수 없다고 생각하고 지출한 비용(제안서와 견적서 작성비용)은 이에 해당하지 않는다.

Ⅲ 불법행위 손해배상책임

계약교섭의 파기로 인한 불법행위가/ 인격적 법익을 침해함으로써/ 상대방에게 정신적 고통을 초래하였다고 인정되는 경우라면/ 그러한 정신적 고통에 대한 손해에 대하여는 별도로 배상을 구할 수 있다.

Ⅳ 사안의 해결

1. 甲의 제안서와 견적서 작성비용 300만원은 신뢰이익의 손해배상의 대상이 아니다.
2. 교육관 설계를 위한 준비비용 500만원은 신뢰이익의 손해배상의 대상이다.
3. 약 2년간의 정신적 고통에 따른 손해배상에 대하여는 불법행위 손해배상책임을 구할 수 있다.

☐ 2016.9.1. 甲(매도인)은 별장으로 이용하는 X건물에 대하여 乙(매수인)과 매매계약을 체결하였다. 이 계약에 따라 乙은 계약체결 당일에 계약금을 지급하였고, 2016.9.30. 乙의 잔금지급과 동시에 甲은 乙에게 소유권이전에 필요한 서류를 교부해주기로 하였다. 다음 각 독립된 물음에 답하시오.
▶ 제4회 기출 사례 40점

물음 2) 만약 甲의 소유인 X건물이 계약체결 전날인 2016.8.31. 인접한 야산에서 발생한 원인불명의 화재로 인하여 전부 멸실되었을 경우에, 위 매매계약의 효력 및 甲과 乙 사이의 법률관계에 관하여 논하시오.
▶ 20점

☐ 계약체결상의 과실책임(민법 제535조)의 요건 및 효과에 관하여 설명하시오. ▶ 제12회 기출 약술 20점

핵심해설 　제4회 기출 사례 물음 2)

I 논점의 정리

별장으로 이용하는 X건물이 계약체결 전날인 2016.8.21. 인접한 야산에서 발생한 원인불명의 화재로 인하여 전부 멸실되었는데, 甲이 2016.9.1. 매수인 乙에게 X건물을 매도하는 계약을 체결한 경우, 위 매매계약의 효력 및 매도인 甲과 매수인 乙 사이의 법률관계가 문제되는데, 이는 계약체결상의 과실책임에 관한 논의이다.

II 계약체결상의 과실책임

1. 의 의
2. 요 건
3. 효 과

III 결 론

1. 계약체결 전 전부 멸실된 X건물에 대한 매매계약은/ 매도인 甲에게 과실이 있고, 선의·무과실의 매수인 乙이 이로 인하여 손해를 입었으므로,/ 계약체결상의 과실책임이 적용되어 무효이다.

2. 매수인 乙은 매도인 甲에게 계약체결 당시 지급된 계약금을 부당이득으로 반환청구할 수 있으며,/ 계약의 유효를 믿었음으로 인하여 받은 손해, 즉 신뢰이익의 배상을 청구할 수 있다.

핵심이론

I 의 의

계약체결을 위한 준비과정이나 계약의 성립과정에서/ 당사자 일방이 그에게 책임 있는 사유로/ 상대방에게 손해를 야기한 때에/ 이를 배상해야 할 책임을 의미한다.

II 법적 성질

1. 학 설
계약책임설, 불법행위책임설, 법정책임설의 다툼이 있다.

2. 판 례
대법원은 민법 제535조 이외에는 계약체결상의 과실책임을 명시적으로 인정한 예가 없다. 즉, 학교법인이 사무직원채용통지를 하였다가 채용하지 않은 경우 불법행위책임을 인정하였다.

3. 검 토
피해자 보호 측면에서/ 요건 사실에 대한 증명책임을 부담하는 불법행위책임보다는/ 계약체결상의 과실책임으로 해결하는 견해가 타당하다.

III 성립요건

1. 계약 성립을 믿을 만한/ 계약체결행위가 있었을 것

2. 계약의 목적이/ 원시적·객관적·전부불능일 것

(1) 원시적 불능
계약체결 전부터/ 계약 내용을/ 사회통념상 실현할 수 없는 상태를 말한다.

(2) 객관적 불능
당사자 및 제3자를 불문하고/ 당해 법률행위의 목적을 실현할 수 없는 경우를 말한다.

(3) 전부불능
법률행위의 목적 전부가 불능인 경우이다./ 목적의 일부불능의 경우에는 담보책임이론이 적용된다.

3. 계약체결 당시/ 급부를 하였어야 할 자가/ 불능 사실에 대하여/ 알았거나 알 수 있었을 것

4. 계약의 무효로 인하여/ 상대방이 손해를 입었을 것

5. 상대방은 그 불능에 대하여/ 선의·무과실일 것

Ⅳ 효 과

1. 계약의 무효
계약이 무효가 되므로, 이행하지 않은 부분은 이행할 필요가 없고,/ 이미 이행한 부분은 부당이득의 반환을 청구할 수 있다.

2. 신뢰이익의 손해배상
계약의 유효를 믿은 상대방은/ 신뢰이익의 배상을 청구할 수 있다./ 신뢰이익의 손해배상액은 이행이익의 손해배상액의 범위를 넘지 못한다.

3. 불법행위 손해배상
불법행위 성립요건을 갖추면/ 별도로 불법행위 손해배상을 청구할 수 있다.

제3절 계약의 효력

THEME 5 동시이행의 항변권 ★★★

☐ X주택의 소유자 甲과 Y토지의 소유자 乙은 서로 X주택과 Y토지를 교환하기로 하는 계약을 체결하였다. 이에 따라 甲은 乙에게 X주택의 소유권을 이전해 주었다. 乙은 X주택에 관하여 丙과 임대차계약을 체결하여, 丙은 乙에게 보증금을 지급함과 동시에 X주택을 인도받고 전입신고를 마쳤다. 다음의 독립된 물음에 답하시오. (단, X주택에 관하여 다른 이해관계인은 없음을 전제로 함)   ▶ 제10회 기출 사례 40점

물음 1) 2010.10.1. 乙과 丙사이의 임대차계약이 종료되었으나, 2022.10.1. 현재 丙은 乙로부터 보증금을 반환받지 못하였음을 이유로 X주택에 계속 거주하여 이를 사용하고 있다. 乙이 X주택의 반환을 청구하자 丙은 보증금의 반환을 요구하였고, 이에 대해 乙은 丙의 보증금반환청구권은 시효로 소멸하였다고 주장한다. 이러한 경우에 丙은 乙로부터 보증금을 반환받을 수 있는지에 관하여 설명하시오. ▶ 20점

● 핵심해설 제10회 기출 사례 물음 1)

I 논점의 정리

임대차계약관계가 2010.10.1. 종료되었으나,/ 2022.10.1. 현재 임차인 丙은 임대인 乙로부터 보증금을 반환받지 못하였음을 이유로/ X주택에 계속 거주하면서 X주택을 사용하고 있는 경우,/ 임차인 丙이 동시이행의 항변권의 효과로써/ 임대인 乙로부터 보증금을 반환받을 수 있는지 문제된다.

II 동시이행의 항변권

1. 의 의

2. 요 건

3. 효 과
(1) 이행거절효(주장효)
(2) 이행지체 저지효(당연효)

(3) 상계금지효(당연효)

(4) 소멸시효의 진행

동시이행의 항변권이 붙어 있는 채권은 이행기부터 소멸시효가 진행된다./ 다만, 주택임대차보호법의 적용을 받는 임대차에서/ 그 기간이 경과된 이후 임차인이 동시이행항변권에 의하여 그 임차목적물을 계속 점유하고 있다면,/ 임차인의 임차보증금반환채권에 대한 소멸시효는 진행되지 않는다(대판 2020.7.9. 2016다24424·244231)고 보아야 한다.

III 사안의 해결

1. 임대차 종료 이후에도 보증금을 반환받기 위하여 동시이행의 항변권에 기하여 임차목적물을 계속 점유하고 있었다면 임차인 丙의 임차보증금반환채권에 대한 소멸시효는 진행되지 않는다.

2. 따라서 비록 임대차 종료 후 12년이 경과하였더라도 임차인 丙은 임대인 乙로부터 보증금을 반환받을 수 있다.

□ 甲은 그 소유의 X토지를 乙에게 매도하면서 약정기일에 중도금과 잔금이 모두 지급되면 그와 동시에 X토지의 소유권이전등기에 필요한 서류 일체를 乙에게 교부하기로 하였으나, 乙이 중도금지급기일에 중도금을 지급하지 않은 상태에서 잔금지급기일이 도래하였다. 이 경우, 甲이 소유권이전등기에 필요한 서류의 제공 없이 乙에게 중도금지급을 청구하였다면 乙은 동시이행의 항변권을 행사할 수 있는지에 관하여 설명하시오.

▶ 제8회 기출 사례 20점

핵심해설 제8회 기출 사례

I 논점의 정리

매수인 乙이/ 중도금지급기일에 중도금을 지급하지 않은 상태에서 잔금지급기일이 도래한 경우,/ 매도인 甲이/ X토지의 소유권이전등기에 필요한 서류의 제공 없이/ 매수인 乙에게 중도금지급을 청구하였다면/ 乙은 동시이행의 항변권을 행사할 수 있는지, 즉 선이행의무의 지체 중 상대방 채무의 변제기가 도래한 경우 동시이행의 항변권을 행사할 수 있는지 문제된다.

II 동시이행의 항변권

1. 의 의
2. 요 건
3. 효 과

III 사안의 해결

1. 매도인 甲의 X토지의 소유권이전등기에 필요한 서류 일체의 제공의무와 매수인 乙의 중도금 및 이에 대한 지급일 다음 날부터 잔금지급기일까지의 지연손해금과 잔금지급의무는 특별한 사정이 없는 한 동시이행의 관계에 있다 (대판 1991.3.27. 90다19930).

2. 따라서 매도인 甲이 소유권이전등기에 필요한 서류의 제공 없이 매수인 乙에게 중도금지급을 청구하였다면 乙은 동시이행의 항변권을 행사하여 등기에 필요한 서류를 제공받을 때까지 중도금 등의 지급을 거절할 수 있다.

□ 甲은 자기 소유의 X토지에 대하여 乙과 매매계약을 체결하였다. 그 계약에 의하면 乙은 甲에게 계약 당일 계약금을 지급하고, 계약일부터 1개월 후에 중도금을 지급하며, 잔금은 계약일부터 2개월 후에 등기에 필요한 서류와 목적물을 인도받음과 동시에 지급하기로 되어 있었다. 甲은 계약 당일 乙로부터 계약금을 지급받았다. 다음 각각 독립된 물음에 답하시오. ▶ 제3회 기출 사례 40점

물음 1) 잔금지급기일이 지났으나 乙은 잔금은 물론 중도금도 지급하지 않았고, 甲도 그때까지 등기에 필요한 서류와 목적물의 인도의무를 이행하지 않았다. 甲이 乙에게 중도금과 잔금의 지급을 청구하자 乙은 등기에 필요한 서류와 목적물을 인도받을 때까지 중도금과 잔금을 둘 다 지급하지 않겠다고 주장하였다. 甲과 乙 사이의 동시이행관계에 관하여 설명하고, 乙의 주장이 타당한지에 관하여 논하시오. ▶ 20점

핵심해설 제3회 기출 사례 물음 1)

I 논점의 정리

매도인 甲의 등기에 필요한 서류 및 목적물 인도의무와 매수인 乙의 중도금 및 잔금지급의무가 동시이행의 관계에 있는지 문제되며, 이에 따라 매수인 乙의 동시이행의 항변권 행사가 타당한지 검토하기로 한다.

II 동시이행의 항변권

1. 의 의
2. 요 건
3. 효 과

III 결 론

1. 매도인 甲의 등기에 필요한 서류 및 목적물 인도의무와 매수인 乙의 중도금 및 잔금지급의무는 동시이행의 관계에 있다.
2. 따라서 매수인 乙의 등기에 필요한 서류와 목적물을 인도받을 때까지 중도금과 잔금을 둘 다 지급하지 않겠다는 주장은 타당하다.

핵심이론

I. 서 설

1. 의 의

동시이행의 항변권이란/ 쌍무계약에 있어서/ 당사자 일방이/ 상대방의 채무이행의 제공이 있을 때까지/ 자기 채무의 이행을 거절할 수 있는 권리를 의미한다.

2. 취 지

이는 공평의 원칙에 입각하여/ 쌍무계약에서 발생하는 대립하는 채무 사이의/ 이행상의 견련성을 인정하는 제도이다.

II. 요 건

1. 쌍무계약에 기하여 발생하는/ 대립하는 채무가 존재할 것

① 동일한 쌍무계약에 기하여/ 당사자 쌍방이/ 서로 대가적 의미 있는 채무를 부담하여야 한다.
② 일방의 채무가/ 채무자의 귀책사유로 이행불능이 되더라도/ 그 채무는 손해배상채무로써 그 동일성을 유지하므로,/ 동시이행의 항변권이 존속한다.

2. 상대방의 채무가/ 변제기에 있을 것

(1) 원 칙

동시이행의 항변권이 인정되기 위해서는/ 상대방 채무의 변제기가 도래하여야 한다.

(2) 예 외

① 선이행의무의 지체 중/ 상대방 채무의 변제기가 도래한 경우, ② 당사자 일방이 상대방에게 먼저 채무를 이행하여야 할 경우에도/ 상대방의 이행이 곤란한 현저한 사유가 있는 경우(불안의 항변권)에는 동시이행의 항변권이 인정된다.

3. 상대방이/ 자기 채무의 이행 또는 그 제공을 하지 않고/ 이행을 청구하였을 것

과거 한 번의 이행제공이 있었다는 사실만 있고,/ 현재 이행제공이 계속되지 않고 있다면/ 상대방이 가지는 동시이행의 항변권은 소멸하지 않는다.

Ⅲ 효 과

1. 이행거절효(주장효)
① 동시이행의 항변권은／ 이행을 거절하는 연기적 항변권일 뿐 권리자체를 소멸시키는 권리는 아니다.
② 동시이행의 항변권을 원용하는 것은 항변권자의 자유이나,／ 원용이 없는 한 법원은 항변권의 존재를 고려하지 못한다.

2. 이행지체 저지효(당연효)
동시이행의 항변권을 갖는 채무자는／ 이행기에 이행을 하지 않더라도 이행지체가 되지 않는다.

3. 상계금지효(당연효)
동시이행의 항변권이 붙은 채권을 자동채권으로 한 상계는 허용되지 않는다.

4. 소멸시효의 진행

(1) 원 칙
동시이행의 항변권이 붙어 있는 채권은／ 이행기부터 소멸시효가 진행된다.

(2) 예 외
다만, 주택임대차보호법의 적용을 받는 임대차에서／ 그 기간이 경과된 이후 임차인이 동시이행항변권에 의하여 그 임차목적물을 계속 점유하고 있다면,／ 임차인의 임차보증금반환채권에 대한 소멸시효는 진행되지 않는다(대판 2020.7.9. 2016다24424·244231).

위험부담★★★

□ 2021.5.11. 甲은 비어있는 자신의 X주택을 乙에게 매도하기로 하는 계약을 체결하였는데, 이행기 전에 甲의 승낙을 받고 X주택 내부를 수리하던 乙의 과실로 인해 X주택이 전소되었다. 甲은 乙에게 매매대금의 지급을 청구할 수 있는지에 관하여 검토하시오.
▶ 제9회 기출 사례 20점

○ 핵심해설 제9회 기출 사례

I 논점의 정리

이행기 전에 매도인 甲의 승낙을 받고 X주택 내부를 수리하던 매수인 乙의 과실로 인해 X주택이 전소된 경우, 채권자 위험부담주의가 적용되어 甲이 乙에게 매매대금의 지급을 청구할 수 있는지가 문제된다.

II 채권자 위험부담주의

1. 의 의
2. 요 건
3. 효 과

III 사안의 해결

1. 매수인 乙의 과실로 X주택이 전소되었으므로 채권자 위험부담주의가 적용된다.
2. 따라서 매도인 甲은 매수인 乙에게 매매대금의 지급을 청구할 수 있다.

> 甲은 2018.7.25. 자신의 X도자기를 乙에게 50만원에 매각하였다. 매매계약에서 X도자기의 인도일은 2018.8.5.로 하면서, X도자기의 인도에 甲이 50만원의 매매대금을 받기로 하였다. 2018.8.4. 甲의 친구 丙이 X도자기를 구경하던 중 丙의 과실로 X도자기가 완전히 파손되었다. 이러한 경우 甲은 乙에게 X도자기 매매대금 50만원의 지급을 청구할 수 있는지 여부를 설명하시오.　▶ 제6회 기출 사례 20점

핵심해설   제6회 기출 사례

Ⅰ 논점의 정리

계약체결 후인 2018.8.4./ 매도인 甲의 친구 丙이 X도자기를 구경하던 중 丙의 과실로 X도자기가 완전히 파손된 경우,/ 매도인 甲이 매수인 乙에게 X도자기 매매대금 50만원의 지급을 청구할 수 있는지 여부가/ 채무자 위험부담주의와 관련하여 논의된다.

Ⅱ 채무자 위험부담주의

1. 의 의
2. 요 건
3. 효 과

Ⅲ 사안의 해결

1. 제3자 丙의 과실로 X도자기가 파손되었는데, 이는 쌍방의 책임 없는 사유로 채무자 甲의 X도자기 인도의무가 후발적으로 불능된 경우에 해당한다.
2. 따라서 채무자 위험부담주의가 적용되어, 매도인 甲은 매수인 乙에게 매매대금 50만원의 지급을 청구할 수 없다.

□ 甲은 자신의 토지 위에 5층짜리 상가건물을 신축하기 위하여 乙과 공사기간 1년, 공사대금 30억원으로 하는 도급계약을 체결하였다. 각각의 독립된 질문에 대하여 답하시오. ▶ 제2회 기출 사례 40점

물음 1) 건축에 필요한 재료의 전부를 제공한 乙이 완공기한 내에 약정한 내용대로 상가건물을 완공하였으나 그 인도기일 전에 강진(强震)으로 인하여 상가건물이 붕괴된 경우, 甲과 乙의 법률관계를 논하시오. ▶ 논술 20점

○ 핵심해설 제2회 기출 사례 물음 1)

I 논점의 정리

수급인 乙이 완공기한 내에 약정대로 상가건물을 완공하였으나,/ 그 인도기일 전에 강진으로 상가건물이 붕괴된 경우,/ 채무자 위험부담주의가 적용되는지 문제된다.

II 채무자 위험부담주의

1. 의 의
2. 요 건
3. 효 과

III 도급계약에서의 위험부담

1. 의 의

도급계약도 쌍무계약이므로 위험부담의 법리가 원칙적으로 적용된다./ 그러나 도급계약의 특성상 일정한 수정해석(보충해석)이 가능하다.

2. 일의 완성 전에/ 목적물이 멸실·훼손된 경우

(1) 일의 완성이 불가능한 경우

① 당사자 쌍방의 귀책사유 없이/ 목적물이 멸실·훼손된 경우/ 일을 완성할 수급인의 의무는 소멸하고,/ 지출한 비용과 보수도 청구할 수 없다.

② 도급인의 귀책사유로 급부불능이 되거나 도급인의 수령지체 중 급부불능이 된 경우/ 수급인은 보수를 청구할 수 있으나,/ 수급인이 급부의무를 면함으로써 이익을 얻은 때에는 이를 도급인에게 상환하여야 한다(민법 제538조).

(2) 일의 완성이 가능한 경우

일의 완성을 목적으로 하는 도급계약의 성질상/ 수급인은 여전히 일을 완성할 의무를 부담한다.

3. 일의 완성 후에/ 목적물이 멸실·훼손된 경우

(1) 문제점 및 학설

일의 완성 후에 목적물이 멸실·훼손된 경우/ 누가 위험을 부담하는지는/ 어느 시점에 위험이 도급인에게 이전되는지와 관련된 논의로써/ 물건을 인도할 때 이전하는 견해와 검수가 끝난 때 이전한다는 견해의 다툼이 있다.

(2) 판 례

대법원은 「목적물의 인도는 단순한 점유의 이전만을 의미하는 것이 아니라 도급인이 목적물을 검사한 후 목적물이 계약 내용대로 완성되었음을 명시적 또는 묵시적으로 시인하는 것까지 포함하는 의미이다(대판 2019.9.10. 2017다272486·272493)」라고 판시하여 검수가 끝난 때 위험이 이전된다고 본다.

(3) 검 토

판례에 따라/ 검수 전에 목적물이 쌍방 귀책사유 없이 멸실·훼손된 경우에는/ 수급인이 여전히 위험을 부담한다고 봄이 타당하다.

Ⅳ 결 론

1. 사안은 일의 완성 후에 목적물이 멸실·훼손된 경우이며,/ 판례의 견해인 검수시설에 따라/ 수급인이 여전히 위험을 부담한다(채무자 위험부담주의).
2. 따라서 수급인 乙은 도급인 甲에게 공사대금을 청구할 수 없다.

Ⅰ 서설

1. 의의
위험부담이란/ 쌍무계약에서/ 일방의 채무가/ 채무자에게 책임 없는 사유로/ 이행불능이 되어 소멸한 경우,/ 그에 대응하는 타방의 채무는/ 어떻게 되는지에 관한 문제이다./ 민법은 채무자 위험부담주의를 원칙으로 하고, 채권자 위험부담주의를 예외적으로 인정하고 있다.

2. 임의규정
위험부담에 관한 규정은 임의규정이므로/ 당사자가 다른 약정을 한 경우에는 그 약정에 따른다.

Ⅱ 원칙 : 채무자 위험부담주의

1. 의의
채무자 위험부담주의란/ 쌍무계약의 당사자 일방의 채무가/ 쌍방의 책임 없는 사유로/ 후발적으로 불능이 되면/ 채무자가 반대급부를 청구할 수 없는 것을 말한다.

2. 요건
(1) 쌍무계약이 존재할 것
쌍무계약이란/ 쌍방이 대가적 의미의 채무를 부담하는 계약이다.
(2) 일방(채무자)의 채무가 후발적으로 불능이 되었을 것
후발적 일부불능의 경우에도 위험부담의 이론이 적용된다.
(3) 불능에 대하여 당사자 쌍방에게 귀책사유가 없을 것
쌍방의 책임 없는 사유란/ 산불, 지진, 홍수, 제3자의 행위 등을 말한다.

3. 효과
(1) 반대급부청구권의 소멸
불능으로/ 채무자는 그 채무의 이행을 면하게 되지만,/ 동시에/ 채권자에게 반대급부청구권을 행사할 수 없게 된다.
(2) 대상청구권 인정
채무자가 급부불능을 이유로 급부에 갈음하는 대상을 취득한 경우에/ 채권자는/ 자신의 채무를 면할 수도 있고,/ 자기의 반대급부를 이행하고 대상청구권을 행사할 수도 있다.

Ⅲ 예외 : 채권자 위험부담주의

1. 의 의
채권자 위험부담주의란/ 쌍무계약의 당사자 일방의 채무가/ 채권자의 책임 있는 사유나 채권자의 수령지체 중 쌍방의 책임 없는 사유로/ 후발적으로 불능이 된 경우/ 채권자에게 반대급부를 청구할 수 있는 것을 말한다.

2. 요 건
(1) 쌍무계약이 존재할 것

쌍무계약이란/ 쌍방이 대가적 의미의 채무를 부담하는 계약이다.

(2) 일방(채무자)의 채무가 후발적으로 불능이 되었을 것

후발적 일부불능의 경우에도 위험부담의 이론이 적용된다.

(3) 채권자의 책임 있는 사유나/ 채권자의 수령지체 중 쌍방의 책임 없는 사유로/ 후발적으로 불능이 되었을 것

채권자의 책임 있는 사유란/ 채무자의 채무 이행을 방해하고/ 채권자가 이를 피할 수 있었다는 점에서/ 신의칙상 비난받을 수 있는 경우를 의미한다.

3. 효 과
(1) 반대급부청구권의 존속

채무자의 급부의무는 소멸하지만,/ 채권자에 대한 반대급부청구권은 존속한다.

(2) 채무자의 이익상환의무

채무자는/ 자신의 채무를 면함으로써/ 이익을 얻은 때에는/ 이를 채권자에게 상환하여야 한다.

제4절 제3자를 위한 계약

제3자를 위한 계약★★★

□ 甲은 丙에게 금전소비대차계약에 기한 3억원의 금전지급채무를 부담하고 있다. 甲은 丙에 대한 금전지급 채무를 이행하기 위해서, 자신의 부동산 X를 乙에게 3억원에 매도하기로 하고 매매대금 3억원은 乙이 직접 丙에게 지급하여 주기로 乙과 약정하였다. 이에 丙은 乙에게 그 매매대금 3억원을 지급받겠다는 의사를 표시하였다. 다음의 독립된 물음에 답하시오. (단, X부동산에 관하여 다른 이해관계인은 없고, 소비대차계약상 이자 등은 별도로 고려하지 않음) ▶ 제13회 기출 사례 40점

물음 1) 乙은 甲과의 약정에 따라 丙에게 매매대금 3억원을 지급하였다. 그 후 甲과 乙은 매매계약을 합의해제하였고, 乙은 이를 이유로 丙에게 지급한 3억원의 반환을 丙에게 청구하고 있다. 이 경우 乙과 丙의 법률관계에 관하여 설명하시오. ▶ 20점

물음 2) 乙이 귀책사유로 丙에 대한 매매대금 지급채무를 불이행하였고, 이에 甲은 乙의 채무불이행을 이유로 丙의 동의 없이 乙과의 매매계약을 해제하였다. 乙의 채무불이행으로 인해 손해를 입은 丙은 乙에게 그로 인한 손해배상을 청구하는 한편, 丙이 계약해제의 소급효가 제한되는 제3자(민법 제548조 제1항 단서)임을 주장하고 있다. 甲의 매매계약 해제의 적법성을 검토하고, 丙의 손해배상청구 및 주장의 타당성에 관하여 설명하시오. ▶ 20점

□ 甲에게 3억원의 금전채무를 부담하고 있는 乙은 그 채무의 변제를 위하여 2023.3.3. 자신이 소유하는 X부동산을 丙에게 5억원에 매도하면서, 계약금 1억원 및 중도금 2억원은 甲에게 직접 지급하도록 하는 제3자를 위한 계약을 체결하였다. 甲의 법적 지위를 丙에 대한 수익의 의사표시가 있기 이전과 이후로 나누어 설명하시오. ▶ 제11회 기출 사례 20점

□ 甲과 乙은 甲소유의 건물을 乙에게 매도하면서 甲의 요청으로 乙은 丙에 대하여 직접 대금지급채무를 부담하는 내용의 제3자를 위한 계약을 체결하였다. 이 경우 丙의 법적 지위를 수익의 의사표시 이전과 이후로 구분하여 설명하시오. ▶ 제5회 기출 사례 20점

○ 핵심해설 제13회 기출 사례 물음 1)

I 논점의 정리

甲과 乙 사이의 매매계약시 매매대금을 乙이 직접 丙에게 지급하기로 한 약정이 제3자를 위한 계약에 해당하는지 여부와/ 제3자인 丙이 乙에게 매매대금 3억원을 지급받겠다는 수익의 의사표시를 한 경우 甲과 乙이 매매계약을 합의해제하고, 이를 이유로 乙이 丙에게 지급한 3억원의 반환을 청구할 수 있는지, 즉 합의해제의 효력을 제3자 丙에게 주장할 수 있는지 문제된다.

II 제3자를 위한 계약에 해당하는지 여부

1. 의 의

제3자를 위한 계약이란/ 계약당사자가 아닌 제3자로 하여금/ 계약당사자 일방에 대하여/ 채권등의 권리를 취득하게 하는 것을 내용으로 하는 계약을 의미한다(민법 제539조).

2. 성립요건

제3자를 위한 계약은 ① 요약자와 낙약자 간에 유효한 계약이 성립할 것, ② 제3자에게 권리를 취득하게 하는 약정이 존재할 것, ③ 제3자는 수

익의 의사표시 당시에 현존·특정할 것이 요구된다.

3. 사안의 적용

甲과 乙이 유효한 매매계약을 체결하면서,/ 乙이 매매대금을 甲의 채권자 丙에게 직접 지급하기로 약정하였다는 점에서,/ 甲과 乙의 약정은 丙에게 직접 권리를 취득하게 하는 약정으로서 제3자를 위한 계약에 해당한다.

Ⅲ 제3자를 위한 계약에서 낙약자 乙과 수익자 丙의 법률관계

1. 수익의 의사표시의 법적 성질

수익자의 수익의 의사표시는 그 계약의 성립요건이나 효력발생요건이 아닌 수익자가 낙약자에 대하여 채권을 취득하게 하기 위한 요건이다(대판 2013.9.13. 2011다56033).

2. 수익의 의사표시 이후 낙약자 乙과 수익자 丙의 법률관계

(1) 권리취득

제3자 丙은 수익의 의사표시를 乙에게 표시하여 권리를 취득하게 되며(민법 제539조),/ 이때 수익의 의사표시는 명시적·묵시적으로 할 수 있다.

(2) 계약 내용의 변경 등

제3자를 위한 계약에서, 제3자가 민법 제539조 제2항에 따라 수익의 의사표시를 함으로써 제3자에게 권리가 확정적으로 귀속된 경우에는,/ 요약자와 낙약자의 합의에 의하여 제3자의 권리를 변경·소멸시킬 수 있음을 미리 유보하였거나 제3자의 동의가 있는 경우가 아니면 계약의 당사자인 요약자와 낙약자는 제3자의 권리를 변경·소멸시키지 못하고(민법 제541조),/ 만일 계약의 당사자가 제3자의 권리를 임의로 변경·소멸시키는 행위를 한 경우 이는 제3자에 대하여 효력이 없다(대판 2022.1.14. 2021다271183).

(3) 낙약자의 대항사유

1) 보상관계에 기한 항변(○)

보상관계(요약자 甲과 낙약자 乙 사이의 계약관계로 기본관계라고도 한다)는 제3자를 위한 계약의 내용을 이루고 있으므로 그 흠결이나 하자는 계약의 효력에 영향을 미친다. 따라서 낙약자 乙은 보상관계에 기한 항변으로 수익자 丙에게 대항할 수 있다(민법 제542조).

2) 대가관계에 기한 항변(×)

제3자를 위한 계약의 체결 원인이 된 요약자와 제3자(수익자) 사이의 법률관계(이른바 대가관계)의 효력은/ 제3자를 위한 계약 자체는 물론 그에 기한 요약자와 낙약자 사이의 법률관계(이른바 기본관계)의 성립이나 효력에 영향을 미치지 아니하므로/ 낙약자는 요약자와 수익자 사이의 법률관계에 기한 항변으로 수익자에게 대항하지 못하고,/ 요약자도 대가관계의 부존재나 효력의 상실을 이유로 자신이 기본관계에 기하여 낙약자에게 부담하는 채무의 이행을 거부할 수 없다(대판 2003.12.11. 2003다49771).

Ⅳ 사안의 해결

1. 제3자 丙은 낙약자 乙에게 수익의 의사표시를 하여 매매대금 3억원을 적법하게 취득하였다.

2. 요약자 甲와 낙약자 乙이 합의에 의하여 제3자의 丙의 권리를 변경·소멸시킬 수 있음을 미리 유보하였다는 사정이 존재하지 않고, 제3자 丙이 이에 대해 동의하였다는 사정도 존재하지 않는다.

3. 따라서 계약당사자 甲과 乙이 제3자 丙의 권리를 임의로 소멸시키는 합의해제를 하더라도 제3자 丙에 대하여 효력이 없으므로, 乙은 제3자 丙에게 3억원의 반환을 청구할 수 없다.

◉ **핵심해설** 제13회 기출 사례 물음 2)

I 논점의 정리

우선 요약자 甲이 낙약자 乙의 제3자 丙에 대한 매매대금 지급채무불이행을 이유로 제3자 丙의 동의 없이도 乙과의 매매계약을 법정해제할 수 있는지 여부가 문제된다./ 다음으로 낙약자 乙의 채무불이행으로 인해 손해를 입은 수익자 丙이 ① 乙에게 손해배상을 청구할 수 있는지 여부와/ ② 계약해제의 소급효가 제한되는 민법 제548조 제1항 단서의 제3자에 해당하는지 여부가 문제된다.

II 요약자 甲의 매매계약 해제의 적법성 여부

1. 법정해제권 등의 행사 가부

보상관계(요약자 甲과 낙약자 乙 사이의 계약관계로 기본관계라고도 한다)는 제3자를 위한 계약의 내용을 이루고 있으므로 그 흠결이나 하자는 계약의 효력에 영향을 미친다./ 따라서 민법 제541조에도 불구하고 요약자 甲이나 낙약자 乙은 계약당사자의 지위에서 취소권이나 법정해제권 등을 행사할 수 있다.

2. 요약자 甲의 법정해제권 행사 시 제3자 丙의 동의 여부

제3자를 위한 유상쌍무계약의 경우 요약자는 낙약자의 채무불이행(이행불능 또는 이행지체)을 이유로 제3자의 동의 없이 계약당사자로서 계약을 해제할 수 있다(대판 1970.2.24. 69다1410·1411). 따라서 요약자 甲은 낙약자 乙의 채무불이행을 이유로 제3자 丙의 동의 없이도 乙과 매매계약을 해제할 수 있다.

3. 사안의 적용

요약자 甲이 낙약자 乙의 채무불이행을 이유로 제3자 丙의 동의 없이 乙과의 매매계약을 해제한 것은 적법하다.

III 수익자 丙의 낙약자 乙에 대한 손해배상청구의 타당성 여부

1. 판례의 태도

제3자를 위한 계약에 있어서 수익의 의사표시를 한 수익자는 낙약자에게 직접 그 이행을 청구할 수 있을 뿐만 아니라 요약자가 계약을 해제한 경우에는 낙약자에게 자기가 입은 손해의 배상을 청구할 수 있다(대판 1994.8.12. 92다41559).

2. 사안의 적용

제3자를 위한 계약에 있어서 수익의 의사표시를 한 수익자 丙은/ 낙약자 乙의 채무불이행을 이유로 요약자 甲이 계약을 해제한 경우/ 낙약자 乙에게 자기가 입은 손해의 배상을 청구할 수 있다./ 따라서 수익자 丙의 낙약자 乙에 대한 손해배상청구는 타당하다.

IV 수익자 丙이 계약해제의 소급효가 제한되는 제3자에 해당하는지 여부

1. 민법 제548조 제1항 단서의 제3자의 의미

계약해제의 소급효가 제한되는 제3자는 일반적으로 그 해제된 계약으로부터 생긴 법률효과를 기초로 하여 해제 전에 새로운 이해관계를 가졌을 뿐만 아니라 등기, 인도 등으로 권리를 취득한 사람을 말한다./ 나아가 제3자를 위한 계약에서도 낙약자와 요약자 사이의 법률관계(기본관계)에 기초하여 수익자가 요약자와 원인관계(대가관계)를 맺음으로써 해제 전에 새로운 이해관계를 갖고 그에 따라 등기, 인도 등을 마쳐 권리를 취득하였다면,/ 수익자는 민법 제548조 제1항 단서에서 말하는 계약해제의 소급효가 제한되는 제3자에 해당한다(대판 2021.8.19. 2018다244976).

2. 사안의 적용

일반적으로 제3자인 수익자 丙의 권리는 요약자 甲과 낙약자 乙 사이의 기본관계에서 직접 발생하는 것이므로 해제의 제3자에 해당하지 않는다./ 나아가 최근 판례에 의하더라도 요약자 甲과 낙약자 乙 사이의 법률관계(기본관계, 보상관계)에 기초하여 요약자 甲과 원인관계(대가관계)를 맺은 것이 아니고 등기, 인도 등으로 완전한 권리를 취득한 것도 아니므로, 계약해제의 소급효가 제한되는 제3자에 해당하지 않는다. 따라서 丙의 주장은 타당하지 않다.

Ⅴ 사안의 해결

1. 요약자 甲이/ 낙약자 乙과의 매매계약을/ 낙약자 乙의 채무불이행을 이유로 수익자 丙의 동의 없이 해제한 것은 적법하다.
2. 낙약자 乙의 채무불이행으로 인해 요약자 甲이 계약을 해제한 경우/ 손해를 입은 수익자 丙의 낙약자 乙에 대한 손해배상청구는 타당하다.
3. 그러나 계약해제의 소급효가 제한되는 제3자에 해당한다는 수익자 丙의 주장은 타당하지 않다.

핵심해설 제11회 기출 사례

I 서 설

甲은 제3자를 위한 계약의 제3자로서, 낙약자 丙에 대한 수익의 의사표시 이전과 이후로 구분하여 그 법적 지위를 검토하기로 한다.

II 제3자의 법적 지위

1. 수익의 의사표시의 법적 성질

2. 수익의 의사표시 이전
(1) 형성권
(2) 권리취득의 특약
(3) 계약 내용의 변경 등

3. 수익의 의사표시 이후
(1) 권리취득
(2) 계약 내용의 변경 등
(3) 채무불이행시 법률관계

III 결 어

1. 수익의 의사표시 이전/ 제3자인 甲은/ 수익의 의사표시로 3억원(계약금 1억원 및 중도금 2억원)에 대한 권리를 취득할 것이라는 일종의 형성권을 갖는다./ 다만, 요약자 乙과 낙약자 丙은 계약의 내용을 변경하거나 소멸시킬 수 있다.

2. 수익의 의사표시 이후/ 제3자 甲은/ 낙약자 丙에 대한 3억원(계약금 1억원 및 중도금 2억원)의 권리를 취득하며,/ 요약자 乙과 낙약자 丙은 원칙적으로 계약 내용을 변경하거나 소멸시키지 못한다.

3. 수익의 의사표시 이후/ 제3자 甲은/ 낙약자 丙에게 3억원(계약금 1억원 및 중도금 2억원)의 지급을 청구할 수 있으며, 불이행 시 채무불이행으로 인한 손해배상을 청구할 수 있다. 다만, 계약의 당사자는 아니므로, 계약을 해제하거나 해제를 원인으로 하는 원상회복청구권을 행사하거나 상대방이 될 수는 없다.

핵심해설 제5회 기출 사례

I 서 설

丙은 제3자를 위한 계약의 제3자로서, 수익의 의사표시 이전과 이후로 구분하여 그 법적 지위를 검토하기로 한다.

II 제3자의 법적 지위

1. 수익의 의사표시의 법적 성질

2. 수익의 의사표시 이전
 (1) 형성권
 (2) 권리취득의 특약
 (3) 계약 내용의 변경 등

3. 수익의 의사표시 이후
 (1) 권리취득
 (2) 계약 내용의 변경 등
 (3) 채무불이행시 법률관계

III 결 어

1. 수익의 의사표시 이전/ 제3자인 丙은/ 수익의 의사표시로 권리를 취득할 것이라는 일종의 형성권을 갖는다./ 다만, 요약자 甲과 낙약자 乙은 계약의 내용을 변경하거나 소멸시킬 수 있다.

2. 수익의 의사표시 이후/ 제3자 丙은/ 낙약자 乙에 대한 권리를 취득하며,/ 요약자 甲과 낙약자 乙은 원칙적으로 계약 내용을 변경하거나 소멸시키지 못한다.

3. 수익의 의사표시 이후/ 제3자 丙은/ 낙약자 乙에게 권리의 이행을 청구할 수 있으며, 불이행시 채무불이행으로 인한 손해배상을 청구할 수 있다./ 다만, 계약의 당사자는 아니므로,/ 계약을 해제하거나 해제를 원인으로 하는 원상회복청구권을 행사하거나 상대방이 될 수는 없다.

Ⅰ 서 설

1. 의 의
제3자를 위한 계약이란/ 계약당사자 아닌 제3자로 하여금/ 계약당사자 일방에 대하여/ 채권 등의 권리를 취득하게 하는 것을 내용으로 하는 계약을 의미한다.

2. 구별 개념
이행인수와 면책적 채무인수는 제3자를 위한 계약에 해당하지 않으나,/ 병존적 채무인수는 제3자를 위한 계약에 해당한다.

Ⅱ 요 건

1. 요약자와 낙약자 간에/ 유효한 계약이 성립할 것
요약자와 낙약자(계약당사자) 간에/ 채권계약을 성립시키는 합의가 있어야 한다.

2. 제3자에게/ 권리를 취득하게 하는 약정이 존재할 것
① 제3자가 취득하는 권리는/ 채권에 한하지 않는다.
② 제3자의 채무를 면제하는 계약도/ 제3자를 위한 계약에 준하는 것으로 본다.

3. 제3자는/ 수익의 의사표시 당시에/ 현존·특정할 것
제3자는/ 계약성립 당시에는 현존·특정되지 않아도 되고 권리능력이 없어도 무방하나,/ 수익의 의사표시 당시에는 현존·특정되고 권리능력을 가져야 한다.

Ⅲ 제3자의 법적 지위

1. 수익의 의사표시의 법적 성질
제3자를 위한 계약에서 제3자의 수익의 의사표시는 그 계약의 성립요건이나 효력발생요건이 아니라 제3자가 낙약자에 대하여 채권을 취득하기 위한 요건이다(대판 2013.9.13. 2011다56033 참조).

2. 수익의 의사표시 이전

(1) 형성권
수익의 의사표시는 형성권에 해당하고,/ 제3자가 수익의 의사표시를 할 수 있는 기간은 계약에서 특별히 정한 바가 없다면 10년의 제척기간에 걸린다.

(2) 권리취득의 특약

1) 학 설

요약자와 낙약자(계약당사자)가/ 수익의 의사표시 없이도 제3자가 권리를 취득한다는 특약을 한 경우/ 수익의 의사표시로 권리를 취득한다는 민법 제539조 제2항을 강행규정으로 보아 권리취득의 특약은 무효라는 견해와 임의규정으로 보아 유효라는 견해의 다툼이 있다.

2) 검 토

권리취득 여부를 제3자가 자유로이 선택할 수 있고, 강요받지 않도록 민법 제539조 제2항을 강행규정으로 봄이 타당하다./ 따라서 요약자와 낙약자(계약당사자) 간의 권리취득의 특약은 무효이다.

(3) 계약 내용의 변경 등

수익의 의사표시 이전에는/ 요약자와 낙약자(계약당사자)는 계약의 내용을 변경·소멸시킬 수 있다.

3. 수익의 의사표시 이후

(1) 권리취득

제3자는 수익의 의사표시를 하여 권리를 취득한다(민법 제539조)./ 수익의 의사표시는 명시적·묵시적으로 할 수 있다.

(2) 계약 내용의 변경 등

1) 원 칙

제3자가 수익의 의사표시를 한 후에는/ 계약당사자는 원칙적으로 이를 변경 또는 소멸시키지 못한다(민법 제541조).

2) 예 외

제3자가 취득한 권리를 변경·소멸시킬 수 있음을 미리 유보하였거나 수익자의 동의가 있으면/ 변경·소멸시킬 수 있다(대판 2022.1.14. 2021다271183).

(3) 보상관계에 기한 항변

1) 요약자의 채무불이행시

① 낙약자는 제539조의 계약에 기한 항변으로 그 계약의 이익을 받을 제3자에게 대항할 수 있다(민법 제542조)./ 이에 따라 낙약자는 요약자의 채무불이행을 이유로 계약을 해제하고, 수익자에게 대항할 수 있다.

② 요약자와 낙약자 사이의 법률관계를 이루는 계약이 무효 또는 해제가 되었는데,/ 이미 낙약자가 제3자에게 급부한 것이 있는 경우,/ 계약관계의 청산은 요약자와 낙약자 사이에서 이루어져야 하므로, 낙약자는 제3자를 상태로 해제에 기한 원상회복 또는 부당이득반환을 청구하지 못한다(대판 2010.8.19. 2010다31860·31877).

2) 낙약자의 채무불이행시

① 계약당사자인 요약자는 낙약자의 채무불이행을 이유로 계약을 해제할 수 있다./ 이 경우 수익의 의사표시를 한 수익자의 동의가 요구되는지 문제되나 판례는 제3자를 위한 유상쌍무계약의 경우 요약자는 낙약자의 채무불이행(이행불능 또는 이행지체)을 이유로 제3자의 동의 없이 계약당사자로서 계약을 해제할 수 있다고 하였다(대판 1970.2.24. 69다1410·1411)./ 반면 계약당사자가 아닌 수익자에게는 계약의 해제권이 인정되지 않는다(대판 1994.8.12. 92다41559).

② 계약당사자인 요약자에게는 원상회복청구권이 인정되나,/ 계약당사자가 아닌 수익에게는 해제을 원인으로 한 원상회복청구권이 인정되지 않는다(대판 1994.8.12. 92다41559).
③ 수익자는/ 낙약자에게 직접 그 이행을 청구할 수 있을 뿐만 아니라/ 낙약자의 채무불이행을 이유로 요약자가 계약을 해제한 경우 낙약자에게 자기가 입은 손해의 배상을 청구할 수 있다(대판 1994.8.12. 92다41559).

3) 제3자 보호규정 적용 여부

보상관계의 원인계약이 처음부터 무효이거나 취소가 된 경우/ 수익자는 계약의 당사자는 아니지만, 그가 취득하는 권리는 계약으로부터 직접 생기는 것이므로 제3자 보호규정(민법 제107조 내지 제110조, 제548조)의 적용에 있어서의 제3자에 해당하지 않는다./ 다만, 최근 판례는 제3자를 위한 계약에서도 낙약자와 요약자 사이의 법률관계(기본관계)에 기초하여 수익자가 요약자와 원인관계(대가관계)를 맺음으로써 해제 전에 새로운 이해관계를 갖고/ 그에 따라 등기, 인도 등을 마쳐 권리를 취득하였다면,/ 수익자는 민법 제548조 제1항 단서에서 말하는 계약해제의 소급효가 제한되는 제3자에 해당한다고 하였다(대판 2021.8.19. 2018다244976).

(4) 대가관계에 기한 항변

제3자를 위한 계약의 체결 원인이 된 요약자와 제3자(수익자) 사이의 법률관계(이른바 대가관계)의 효력은/ 제3자를 위한 계약 자체는 물론 그에 기한 요약자와 낙약자 사이의 법률관계(이른바 기본관계)의 성립이나 효력에 영향을 미치지 아니하므로/ 낙약자는 요약자와 수익자 사이의 법률관계에 기한 항변으로 수익자에게 대항하지 못하고,/ 요약자도 대가관계의 부존재나 효력의 상실을 이유로 자신이 기본관계에 기하여 낙약자에게 부담하는 채무의 이행을 거부할 수 없다(대판 2003.12.11. 2003다49771).

제5절 계약의 해제·해지

THEME 8 해제권 ★★★

□ 甲은 2000.3.경 늦은 나이에 홀로 탈북하여 현재까지 대한민국에서 거주하고 있다. 甲은 탈북이후 10여 년간 다양한 일을 하며 모은 돈으로 2010.5.경 북한음식전문점을 개업하여 운영하고 있다. 甲은 탈북이후 어려운 생활 등을 이유로 일에만 전념하다 보니 어느덧 80세를 바라보는 고령이 되었음에도 가족이 없이 홀로 생활하고 있다. 최근 들어서는 더 나이가 든 후에는 어떻게 살아가야 할지에 대한 고민이 많아졌고, 이제는 누군가에게 의지를 하며 여생을 보내고 싶어졌다. 이에 甲은 음식점 개업 초기부터 자신을 도와 성실히 일하던 종업원인 乙에게 자신이 가지고 있는 X토지(시가 10억원 상당)를 줄 테니 앞으로 자신을 부양해 줄 수 있겠냐고 제안을 하였고, 乙은 여러 고민 끝에 甲의 제안을 받아들였다. 甲은 2019.5.10. 乙에게 X토지의 소유권이전등기를 마쳐주었다. 다음 물음에 답하시오. ▶제9회 기출 사례 40점

물음 3) 甲이 乙에게 지속적으로 부양의무의 이행을 요구하자, 2021.6.7. 乙은 견디다 못해 甲에게 甲과 乙 사이의 기존의 합의를 없던 것으로 하자고 제안하였다. 이에 2021.6.10. 甲도 乙의 제안을 받아들여 乙 명의로 되어 있는 X토지의 소유권을 다시 甲에게 원상회복하기로 합의하였다. 한편 乙은 X토지의 소유권을 甲에게 원상회복해 주지 않고 2021.7.10. X토지를 丙에게 매도하기로 하고 2021.8.10. 丙 앞으로 X토지의 소유권이전등기를 마쳐 주었다. 뒤늦게 이러한 사실을 알게 된 甲은 丙에게 X토지의 소유권의 원상회복을 청구하였다. 甲의 이러한 청구는 받아들여질 수 있는지 검토하시오. ▶10점

□ 법정해제와 합의해제의 의의 및 효과상의 차이점에 대해서 약술하시오. ▶제2회 기출 약술 20점

○ 핵심해설 제9회 기출 사례 물음 3)

I 논점의 정리

2021.6.10. 甲과 종업원 乙 사이에 부담부 증여계약이 합의해제된 후,/ 종업원 乙이 X토지의 소유권을 2021.7.10. 제3자가 丙에게 매도하고, 2021.8.10. 丙 앞으로 소유권이전등기를 경료한 경우,/ 甲이 해제의 효과로써 제3자 丙에게 X토지의 소유권의 원상회복을 청구할 수 있는지 문제된다.

II 합의해제

1. 의 의

2. 성립요건

3. 효 과
   (1) 원상회복청구권
   (2) 이 자
   (3) 손해배상청구권
   (4) 동시이행의 항변권
   (5) 제3자와의 관계

Ⅲ. 사안의 해결

1. 합의해제의 의사표시 후/ 그 해제에 기한 말소등기가 있기 전/ 이해관계를 갖고 등기를 경료한 선의의 제3자도/ 민법 제548조 제1항 단서의 제3자에 포함된다.

2. 따라서 甲은 합의해제 후 등기를 취득한 선의의 제3자 丙에게는 해제를 주장하지 못하므로,/ 甲의 소유권 회복청구는 받아들여지지 않으나,/ 제3자 丙이 악의인 경우에는 해제를 주장하여, 소유권 회복청구가 가능하다.

□ X주택의 소유자 甲과 Y토지의 소유자 乙은 서로 X주택과 Y토지를 교환하기로 하는 계약을 체결하였다. 이에 따라 甲은 乙에게 X주택의 소유권을 이전해 주었다. 乙은 X주택에 관하여 丙과 임대차계약을 체결하여, 丙은 乙에게 보증금을 지급함과 동시에 X주택을 인도받고 전입신고를 마쳤다. 다음의 독립된 물음에 답하시오. (단, X주택에 관하여 다른 이해관계인은 없음을 전제로 함) ▶ 제10회 기출 사례 40점

물음 2) 甲은 교환계약에 따라 X주택의 소유권을 乙에게 이전하였음에도 불구하고 乙이 계약을 위반하여 Y토지의 소유권을 甲에게 이전해주지 않자, 甲은 위 교환계약을 적법하게 해제하였다. 이러한 경우에 丙은 乙과 맺은 임대차계약상의 임차권을 甲에게 주장할 수 있는지에 관하여 설명하시오.
▶ 20점

□ 甲은 자신이 소유하는 X부동산을 乙에게 팔면서, 乙의 편의를 위하여 매매대금을 지급받지도 않은 상태에서 X부동산의 소유권등기를 乙에게 이전하였다. 그럼에도 불구하고 乙이 약속한 날짜에 매매대금을 지급하지 않자, 甲은 수차례에 걸쳐 상당한 기간을 정하여 乙에게 대금지급을 촉구하였으나 여전히 乙은 甲에게 대금을 지급하지 않고 있다. 이에 甲이 乙과의 매매계약을 해제한다는 통지를 한 경우, 그 '효과'에 관하여 논술하시오.
▶ 제1회 기출 논술 40점

○ 핵심해설 제10회 기출 사례 물음 2)

I 논점의 정리

X주택의 소유자 甲이/ Y토지의 소유자 乙의 교환계약 위반을 이유로/ 교환계약을 적법하게 해제한 경우/ X주택의 인도와 전입신고를 마친 임차인 丙이/ 민법 제548조 제1항 단서의 제3자에 해당하여 보호받을 수 있는지 문제된다.

II 해제의 효과

1. 계약의 실효

(1) 소급적 소멸

(2) 제3자 보호

1) 원 칙
민법 제548조 제1항 단서의 제3자란/ 그 해제된 계약으로부터 생긴 법률효과를 기초로 하여/ 해제 전 새로운 이해관계를 가졌을 뿐만 아니라/ 등기, 인도 등으로 완전한 권리를 취득한 자를 말한다.

2) 주택임대차법상 대항요건을 갖춘 임차인의 경우
X주택의 소유자 甲과 Y토지의 소유자 乙 사이의 교환계약이 해제되기 전에/ 乙이 X주택에 관하여 丙과 임대차계약을 체결하고,/ 임차인 丙이 X주택을 인도받고 전입신고를 마친 경우(전입신고를 한 때에 주민등록이 된 것으로 간주), 즉 대항요건을 갖춘 경우에는/ X주택의 소유자 甲은 임차인 丙의 선의·악의에 관계없이 해제를 주장할 수 없다.

2. 원상회복의무

3. 손해배상청구권

Ⅲ 사안의 해결

1. 주택임대차법상 대항요건을 갖춘 임차인 丙은 / 민법 제548조 제1항 단서의 제3자에 해당하여/ 선의·악의에 관계없이 보호받는다.
2. 따라서 임차인 丙은 임대인 乙과 맺은 임대차계약상의 임차권을 X주택의 소유자 甲에게 주장할 수 있다.

핵심해설 제1회 기출 논술

Ⅰ 논점의 정리

사안은 乙의 매매대금의 이행지체를 원인으로 한 甲의 법정해제권 행사의 효과가 문제되는데, 이와 관련하여 해제의 효과에 관한 이론구성에 대해 검토하고, 물권적 효과설에 따른 구체적인 효과에 대해 알아보기로 한다.

Ⅱ 해제의 효과에 관한 이론구성

1. 문제점
2. 학 설
3. 판 례
4. 검 토

Ⅲ 물권적 효과설에 따른 효과

1. 계약의 실효
2. 원상회복의무
3. 손해배상청구권

Ⅳ 결 론

물권적 효과설에 따른 효과를 정리하여 기술할 것

□ 甲과 乙은 A시에 건설될 아파트에 대한 분양계약을 체결하였는데, 그 계약서에는 다음과 같은 내용이 포함되어 있었다. 다음 독립된 물음에 답하시오. ▶제11회 기출 사례 40점

> 제2조 [...] ② 계약금은 공급대금의 5%로 하며, 계약체결과 동시에 지불한다. 중도금은 공급대금의 45%로 하며, 계약체결일로부터 1년이 되는 날에 지불한다.
> ③ 수분양자 乙은 분양자 甲의 귀책사유로 인해 입주예정일로부터 3월 이내에 입주할 수 없게 되는 경우 이 계약을 해제할 수 있다. [...]
> 제3조 [...] ② 제2조 제3항에 해당하는 사유로 이 계약이 해제된 때에는 甲은 수분양자 乙에게 공급대금 총액의 10%를 위약금으로 지급한다.
> ③ 제1항과 제2항의 경우 甲은 수분양자 乙에게 이미 납부한 대금에 대하여는 각각 그 받은 날로부터 반환일까지 연리 3%에 해당하는 이자를 가산하여 수분양자 乙에게 환급한다. [...]

물음 2) 乙은 甲의 자금난 등으로 인한 공사 지연으로 그 분양계약상 입주예정일로부터 3월 이내에 입주할 수 없게 되었다. 이에 수분양자 乙은 분양계약의 규정에 따라 甲의 귀책사유로 인한 입주지연을 이유로 그 분양계약을 해제하였으나, 甲은 乙이 납부한 대금을 반환하고 있지 않다. 乙의 해제권 행사가 적법함을 전제로 하여, 그 법률효과에 관하여 설명하시오. ▶20점

○ 핵심해설 제11회 기출 사례 물음 2)

I 논점의 정리

수분양자 乙은/ 분양계약서의 내용에 따라/ 분양자 甲의 귀책사유로 인한 입주지연을 이유로/ 약정해제권을 행사하였는데,/ 그 법적 효과와 관련하여 수분양자 乙이 납부한 대금 반환과 더불어 반환받을 수 있는 범위에 분양계약서 제3조 제2항의 약정 위약금이 포함되는지와 이자 및 지연손해금 지급과 관련하여 동조 제3항의 약정이율이 적용될 수 있는지가 문제된다.

II 약정해제권

1. 의 의

2. 약정해제권의 행사

3. 약정해제권 행사의 효과

(1) 계약의 소급적 소멸

(2) 원상회복의무

1) 계약금 및 중도금 반환

계약이 소급하여 무효가 되므로, 각 당사자는 원상회복의무가 있다./ 수분양자 乙은 이미 지급한 계약금과 중도금의 반환을 청구할 수 있다.

2) 이자지급

이자지급의무는/ 원상회복의 범위에 속하는 것으로서/ 일종의 부당이득반환의 성질을 가지는 것이고 반환의무의 이행지체로 인한 지연손해금이 아니다./ 따라서 당사자 사이에 그 이자에 관하여 특별한 약정이 있으면 그 약정이율이 우선 적용되고 약정이율이 없으면 민사 또는 상사 법정이율이 적용된다(대판 2013.4.26. 2011다50509).

3) 이행지체로 인한 지연손해금

계약해제 시 반환할 금전에 가산할 이자에 관하여 / 당사자 사이에 약정이 있는 경우에는 / 특별한 사정이 없는 한 이행지체로 인한 지연손해금도 그 약정이율에 의하기로 하였다고 보는 것이 당사자의 의사에 부합한다. / 다만, 그 약정이율이 법정이율보다 낮은 경우에는 / 약정이율에 의하지 아니하고 법정이율에 의한 지연손해금을 청구할 수 있다고 봄이 타당하다(대판 2013.4.26. 2011다50509).

(3) 손해배상청구권

1) 원 칙

채무불이행에 의한 것이 아니므로 / 일반적으로 손해배상의 청구라는 효과는 생기지 않는다.

2) 위약금 지급

사안의 위약금 약정은 위약벌로 볼 만한 사정은 보이지 않으므로, 손해배상액의 예정으로 추정된다(민법 제398조 제4항). / 이에 따라 ① 분양계약 체결 시 위약금의 합의가 있었고, / ② 분양자 甲의 귀책사유로 채무불이행이 있었으므로 / 수분양자 乙은 위약금 약정에 따라 손해발생을 불문하고, 분양자 甲에게 공급대금 총액의 10%를 손해배상예정액으로 청구할 수 있다.

III 사안의 해결

1. 분양계약은 소급적으로 소멸한다.
2. 분양자 甲은 / 원상회복의무로써 대금(계약금 및 중도금)을 반환하여야 하며, / 더불어 계약금 및 중도금을 각각 받은 날로부터 반환일까지 연리 3%의 약정이자도 가산하여 반환하여야 한다.
3. 분양자 甲의 원상회복의무의 이행지체로 인한 지연손해금은 반환청구를 받은 다음 날부터 약정이율(3%)이 아닌 법정이율(5%)로 지급해야 한다.
4. 또한, 분양자 甲은 / 위약금의 지급과 관련하여 공급대금 총액의 10%를 손해배상예정액으로 지급해야 한다.

핵심이론

I. 서설

1. 의의

계약해제란/ 유효하게 성립한 계약의 효력을/ 당사자 일방의 의사표시에 의하여/ 소급적으로 소멸하게 하여,/ 계약이 처음부터 성립하지 않는 것과 같은 상태로 복귀시키는 것을 말한다(형성권).

2. 구별 개념 : 합의해제(해제계약)

(1) 의의

합의해제 또는 해제계약은/ 해제권의 유무와 관계없이/ 계약당사자 쌍방이 합의에 의하여/ 기존 계약의 효력을 소멸시켜/ 당초부터 계약이 체결되지 않았던 것과 같은 상태로 복귀시킬 것을 내용으로 하는/ 새로운 계약이다.

(2) 성립 요건

① 합의해제가 인정되려면 계약의 청약과 승낙이라는 의사표시가 합치되어야 한다.
② 합의해제는 묵시적으로 이루어질 수 있다.

(3) 효과

① 해제에 관한 민법 제543조 이하 규정은/ 원칙적으로 단독행위로서의 해제권의 행사를 전제로 하는 것이므로,/ 해제계약에는 적용되지 않는다.
② 합의해제에 따른 매도인의 원상회복청구권은/ 소멸시효의 대상이 되지 않는다.
③ 당사자 사이에 약정이 없는 이상/ 반환할 금전에 받은 날로부터 이자를 가산하여야 할 의무는 없다.
④ 계약이 합의해제된 경우에는/ 다른 특별한 사정이 없는 한/ 채무불이행으로 인한 손해배상을 청구할 수 없다.
⑤ 합의해제는/ 계약의 성질상 동시이행의 항변권이 인정된다.
⑥ 계약의 합의해제의 경우에도/ 민법 제548조 제1항 단서가 유추적용된다.

II. 법정해제

1. 해제권의 발생

(1) 의의

법정해제권 발생의 요건인 채무불이행은 주된 채무의 불이행을 전제로 하고,/ 주된 채무 이외의 부수의무의 불이행은 원칙적으로 해제권을 발생시키지 않는다./ 이하에서는 채무불이행의 유형별로 검토하기로 한다.

(2) 이행지체의 경우

1) 요 건

① 채무자의 귀책사유로/ 이행지체가 되었을 것

유효한 계약의/ 이행기가 도래하고,/ 이행이 가능함에도 불구하고,/ 채무자의 귀책사유로/ 이행이 지체되어야 한다.

② 채권자가/ 상당기간을 정하여/ 이행을 최고할 것

단, 정기행위나 이행거절의 경우에는 최고 없이도 해제할 수 있다.

③ 그 기간 내/ 채무자의 이행이나 이행의 제공이 없을 것

2) 해제권의 발생시기

해제권은/ 원칙적으로 최고기간이 만료한 때에 발생한다.

(3) 이행불능의 경우

1) 요 건

① 채무자의 귀책사유로/ 이행불능이 되었을 것

유효한 계약이/ 채무자의 귀책사유로/ 이행불능이 되어야 한다.

② 채무자의 채무가/ 후발적 불능일 것

목적물의 일부가 후발적으로 불능인 경우에도 잔존부분으로 계약 목적을 달성할 수 없으면 전부불능이다.

③ 이행지체와 달리 최고를 요하지 않는다.

2) 해제권의 발생시기

이행불능이 있으면/ 이행기를 기다릴 필요 없이/ 곧바로 해제권이 발생한다.

(4) 이행거절의 경우

1) 요 건

① 채무의 이행이 가능할 것

② 채무자가/ 자신의 채무를 이행할 의사가 없음을/ 종국적이고, 명백하게 표시하여/ 임의이행을 더 이상 기대할 수 없을 것

③ 채무자의 이행거절의 의사표시가 위법할 것

2) 해제권 발생시기

쌍무계약에서 채무자가 계약을 이행하지 않을 의사를 명백히 표시한 경우에는,/ 채권자는/ 신의성실의 원칙상/ 이행기 전이라도/ 이행의 최고 없이/ 곧바로/ 계약을 해제하거나 손해배상을 청구할 수 있다.

2. 해제권의 행사

(1) 행사의 방법

① 해제의 의사표시에는/ 원칙적으로 조건이나 기한을 붙이지 못한다.

② 해제권의 행사는/ 상대방 있는 의사표시로서/ 상대방에게 도달 때 효력이 발생한다.

(2) 해제의 불가분성

계약의 해제는/ 그 전원으로부터(행사의 불가분성)/ 또는 전원에 대하여(소멸의 불가분성)/ 행사되어야 한다.

3. 해제의 효과

(1) 이론구성

1) 문제점

해제의 효과에 관한 이론구성으로 직접효과설과 청산관계설의 다툼이 있었으나, 지배적인 학설과 판례는 직접적 효과설의 입장이다.

2) 학 설

① 직접효과설

해제에 의하여 계약은 소급적으로 소멸되며,/ 계약의 이행으로 변동되었던 물권이 계약의 해제로 인하여 당연히 복귀하는지에 대해서는 다시 ㉠ 해제로 물권이 당연히 원소유권자에게 복귀되지 못하고, 원상회복의무가 발생한다는 채권적 효과설(물권행위 무인성 긍정)과 ㉡ 해제로 물권이 당연히 원소유권자에게 복귀한다는 물권적 효과설(물권행위 유인성 긍정)의 다툼이 있다.

② 청산관계설

해제를 통해/ 계약은 장래의 청산을 위한 반환채권관계로 변형된다는 입장이다.

3) 판 례

대법원은/「우리 법제가 물권행위의 독자성과 무인성을 인정하고 있지 않는 점을 고려하면/ 계약이 해제되면/ 그 계약의 이행으로 변동이 생겼던 물권은/ 당연히 원상태로 복귀한다(대판 1977.5.24. 75다1394)」고 판시하여/ 물권적 효과설의 입장이다.

4) 검 토

해제는 소급효를 전제로 한다는 점에서 청산관계설은 타당하지 않고,/ 직접효과설 중 채권적 효과설에 따르면 제3자 보호규정을 둔 이유를 명확히 설명할 수 없다./ 따라서 물권적 효과설이 타당하다.

(2) 물권적 효과설에 따른 효과

1) 계약의 실효

① 소급적 소멸

계약의 이행으로 변동되었던 물권은/ 등기·인도가 없이도/ 당연히 원소유권자에게 복귀한다.

② 제3자 보호

민법 제548조 제1항 단서의 제3자란/ 그 해제된 계약으로부터 생긴 법률효과를 기초로 하여/ 해제 전 새로운 이해관계를 가졌을 뿐만 아니라/ 등기, 인도 등으로 완전한 권리를 취득한 자를 말한다./ 따라서 채권의 양수인등은 이에 해당하지 않는다.

> *해제되기 전 이해관계를 갖추고 등기·인도를 갖춘 경우 : 선의·악의 불문 해제를 주장할 수 없다.
> *해제가 먼저 있고, 등기의 원상회복 전 새로운 이해관계를 갖추고, 등기·인도를 갖춘 경우 : 선의에 한하여 해제를 주장할 수 없다.

2) 원상회복의무

① 의 의

계약이 해제된 때에는/ 각 당사자는/ 그 상대방에게 원상회복의 의무가 있고,/ 원상회복의무에는 동시이행의 항변권이 인정된다.

② 반환범위

부당이득의 특별규정으로 받은 이익 전부를 반환하여야 한다(민법 제548조 제2항)./ 즉, 금전이 급부된 경우에는 받은 금전 및 그 받은 날부터 이자를 붙여서 반환하여야 한다.

3) 손해배상청구권

① 해제권의 행사와 함께/ 귀책사유 있는 상대방에게/ 채무불이행을 이유로 손해배상을 청구할 수 있다./ 즉, 법정해제는 손해배상의 청구에 영향을 미치지 아니한다.

② 손해배상의 범위는 이행이익의 배상이 원칙이다.

Ⅲ 약정해제

1. 의 의

계약의 당사자가 계약을 체결하면서/ 당사자 일방 또는 쌍방을 위하여/ 특약으로 해제권을 유보하는 경우를 의미한다.

2. 약정해제권의 행사

① 해제권의 행사 방법이나 시기, 효과에 관하여 특약을 한 경우 그에 따라야 한다.
② 다만, 특약이 없는 경우에는/ 법정해제권의 발생에 관한 민법 제544조 내지 제546조를 제외한 해제의 불가분성 규정(민법 제547조), 원상회복규정·제3자 보호규정(민법 제548조)등은 법정해제와 동일하게 약정해제의 경우에도 적용된다.

3. 약정해제권 행사의 효과

(1) 계약의 소급적 소멸

약정해제권의 행사에 의한 해제도 법정해제권의 행사에 의한 경우와 동일하다. 즉, 계약관계가 소급적으로 소멸한다.

(2) 원상회복의무

1) 의 의

계약이 해제된 때에는/ 각 당사자는/ 그 상대방에게 원상회복의 의무가 있고,/ 원상회복의무에는 동시이행의 항변권이 인정된다.

2) 반환범위

① 대금 반환 및 이자지급

㉠ 이미 지급한 계약금과 중도금의 반환을 청구할 수 있다. 이때 각각 지급받은 날부터 이자에 대해서도 반환청구를 할 수 있다.

㉡ 이자지급의무는/ 원상회복의 범위에 속하는 것으로서/ 일종의 부당이득반환의 성질을 가지는 것이고 반환의무의 이행지체로 인한 지연손해금이 아니다./ 따라서 당사자 사이에 그 이자에 관하여 특별한 약정이 있으면 그 약정이율이 우선 적용되고/ 약정이율이 없으면 민사 또는 상사 법정이율이 적용된다 (대판 2013.4.26. 2011다50509).

② 이행지체로 인한 지연손해금 : 계약해제 시 반환할 금전에 가산할 이자에 관하여 / 당사자 사이에 약정이 있는 경우에는/ 특별한 사정이 없는 한 이행지체로 인한 지연손해금도 그 약정이율에 의하기로 하였다고 보는 것이 당사자의 의사에 부합한다./ 다만, 그 약정이율이 법정이율보다 낮은 경우에는/ 약정이율에 의하지 아니하고 법정이율에 의한 지연손해금을 청구할 수 있다고 봄이 타당하다(대판 2013.4.26. 2011다50509).

(3) 손해배상청구권
채무불이행에 의한 것이 아니므로 일반적으로 손해배상의 청구라는 효과는 생기지 않는다. 따라서 민법 제551조는 적용되지 않는다.

4. 약정해제권의 유보 또는 위약벌에 관한 특약이 채무불이행으로 인한 법정해제권을 배제하는지 여부
계약서에 명문으로 위약 시의 법정해제권의 포기 또는 배제를 규정하지 않은 이상/ 계약당사자 중 어느 일방에 대한 약정해제권의 유보 또는 위약벌에 관한 특약의 유무 등은/ 채무불이행으로 인한 법정해제권의 성립에 아무런 영향을 미칠 수 없다(대결 1990.3.27. 89다카14110).

제2장 계약각론

제1절 증여

THEME 1. 증여의 특수한 해제와 부담부 증여 ★★★

- 甲은 그 소유 X토지와 Y건물을 자신의 친구 乙에게 증여하는 계약을 구두로 체결한 후, 우선 X토지의 소유권이전등기에 필요한 서면을 乙에게 스스로 교부하여 그 등기는 甲의 사망 후에 완료되었다. 甲의 상속인들이 乙에 대한 증여계약을 해제하고자 하는 경우, 그 근거와 요건 및 해제의 범위에 관하여 설명하시오.
  ▶ 제13회 기출 사례 20점

- 甲은 2000.3.경 늦은 나이에 홀로 탈북하여 현재까지 대한민국에서 거주하고 있다. 甲은 탈북이후 10여 년간 다양한 일을 하며 모은 돈으로 2010.5.경 북한음식전문점을 개업하여 운영하고 있다. 甲은 탈북이후 어려운 생활 등을 이유로 일에만 전념하다 보니 어느덧 80세를 바라보는 고령이 되었음에도 가족이 없이 홀로 생활하고 있다. 최근 들어서는 더 나이가 든 후에는 어떻게 살아가야 할지에 대한 고민이 많아졌고, 이제는 누군가에게 의지를 하며 여생을 보내고 싶어졌다. 이에 甲은 음식점 개업 초기부터 자신을 도와 성실히 일하던 종업원인 乙에게 자신이 가지고 있는 X토지(시가 10억원 상당)를 줄 테니 앞으로 자신을 부양해 줄 수 있겠냐고 제안을 하였고, 乙은 여러 고민 끝에 甲의 제안을 받아들였다. 甲은 2019.5.10. 乙에게 X토지의 소유권이전등기를 마쳐주었다. 다음 물음에 답하시오.
  ▶ 제9회 기출 사례 40점

  물음 1) X토지의 소유권을 이전하기 위하여 甲과 乙 사이에 이루어진 합의의 법적 성질은 무엇인지 설명하시오.
  ▶ 10점

  물음 2) X토지의 소유권을 이전받은 乙은 2019.12.경 甲이 운영하는 식당을 그만두고, 2021.5. 현재까지 甲과 약속한 부양도 하지 않고 있다. 이에 억울해 하던 甲은 X토지를 다시 되찾아 오고 싶어 한다. 甲이 X토지를 되찾아오기 위해 검토해 볼 수 있는 방법들을 제시하고 그 방법들의 당부를 검토하시오.
  ▶ 20점

- 민법상 증여계약의 특유한 해제원인 3가지를 설명하고, 이행완료 부분에 대한 효력에 관하여 약술하시오.
  ▶ 제5회 기출 약술 20점

핵심해설 제13회 기출 사례

I. 논점의 정리

甲과 乙 간의 증여계약을 甲의 상속인들이 해제하고자 하는 경우,/ 증여계약의 특수한 해제 사유인 서면에 의하지 않은 증여(민법 제555조)를 근거로 해제가 가능한지와/ X토지의 소유권이전등기가 甲 사망 후 경료된 경우/ 민법 제558조의 '이미 이행한 부분'에 해당하여 해제의 효력이 제한되는지 등이 문제된다.

II. 서면에 의하지 않은 증여의 해제

1. 의의
증여자의 증여의 의사가/ 서면으로 표시되지 아니한 경우에는/ 각 당사자는 이를 해제할 수 있다(민법 제555조).

2. 해제의 요건

(1) 증여의 의사가 서면으로 표시되지 아니한 경우일 것

매매계약서 등으로 되어 있더라도 명칭과 무관하게 그 서면이 증여의사를 표시한 서면이라고 인정되면 민법 제555조에서 말하는 서면에 해당한다.

(2) 서면의 작성시기

법률상 특별한 제한이 없으며,/ 증여계약의 성립 당시에는 서면이 작성되지 않았더라도 그 후 서면이 작성된 경우에는 그때부터는 서면에 의한 증여가 되어, 각 당사자는 임의로 해제할 수 없다.

(3) 해제권 행사의 주체

① 증여계약의 당사자, 즉 증여자뿐만 아니라 수증자도 해제할 수 있다(민법 제555조).
② 증여계약에 따른 권리의무가 증여자의 사망시에 상속되지 아니하는 일신전속권은 아니므로/ 증여자의 상속인도 서면에 의하지 아니한 증여의 의사표시를 해제할 수 있다(대판 1996.3.8. 95다54006).

(4) 제척기간의 적용 여부

민법 제555조에서 말하는 해제는 일종의 특수한 철회일 뿐 민법 제543조 이하에서 규정한 본래 의미의 해제와는 다르다고 할 것이어서 형성권의 제척기간의 적용을 받지 않는다(대판 2003.4.11. 2003다1755).

3. 사안의 적용

甲과 乙 간에는 증여의 의사가 '구두'로 표시되었고, 이후 증여의 의사가 서면으로 표시된 사정이 없으므로,/ 증여자 甲의 상속인들이 증여의 의사가 서면으로 표시되지 아니한 경우에 해당함(민법 제555조)을 근거로 증여계약을 해제할 수 있다.

III. 해제의 범위(해제 효력의 제한)

1. 소급효 제한

증여계약의 특수한 해제(서면에 의하지 아니한 증여, 망은행위, 증여자의 재산상태 악화)는/ 이미 '이행'한 부분에 대하여는 영향을 미치지 아니한다(민법 제558조)./ 이는 법정해제에서의 원상회복의무(민법 제548조)에 대한 특칙이다.

2. 이행의 의미

민법 제558조에서 이행이란 증여자의 의사에 기한 것을 의미한다./ 따라서 증여의 의사가 서면으로 표시되지 아니한 경우라도/ 증여자가 생전에 부동산을 증여하고 그의 뜻에 따라 그 소유권이전등기에 필요한 서류를 제공하였다면/ 증여자가 사망한 후에 그 등기가 경료되었다고 하더라도 증여자의 의사에 따른 증여의 이행으로서의 소유권이전등기가 경료되었다 할 것이므로 증여는 이미 이행되었다 할 것이다(대판 2001.9.18. 2001다29643).

3. 사안의 적용

X토지는 수증자 乙에게 증여자 사망 후에 증여자의 의사에 따른 증여의 이행으로서 소유권이전등기가 경료되어 이미 이행되었으므로,/ 증여자 甲

의 상속인들이／ 서면에 의하지 아니한 증여라는 이유로 해제하더라도 아무런 영향이 없다．／ 반면 Y건물은 아직 이행되지 않았으므로／ 증여자 甲의 상속인들이／ 민법 제555조에 근거하여 증여계약을 해제하고, 재산권 이전의무를 면할 수 있다.

Ⅳ 사안의 해결

1. 증여자 甲의 상속인들이／ 증여의 의사가 서면으로 표시되지 아니한 경우에 해당함(민법 제555조)을 근거로／ 증여계약을 해제할 수 있다.
2. X토지는 증여자의 의사에 따른 증여의 이행으로서 소유권이전등기가 경료되어 이미 이행되었으므로,／ 증여자 甲의 상속인들이／ 서면에 의하지 아니한 증여라는 이유로 해제하더라도 아무런 영향이 없다.／ 반면 Y건물은 아직 이행되지 않았으므로／ 증여자 甲의 상속인들이 민법 제555조에 근거하여 증여계약을 해제하고, 재산권 이전의무를 면할 수 있다.

● 핵심해설 제9회 기출 사례 물음 1)

Ⅰ 논점의 정리

X토지의 소유권을 이전하기 위하여 탈북민 甲과 종업원 乙 사이에 이루어진 합의의 법적 성질이 부담부 증여와 관련하여 문제된다.

Ⅱ 부담부 증여

1. 의 의
2. 부담부 증여에 관한 특칙

Ⅲ 사안의 해결

甲과 乙은／ 乙의 부양의무를 조건으로 甲이 X토지를 증여하는 계약을 체결한 것이므로／ 甲과 乙 사이에 이루어진 합의의 법적 성질은 부담부 증여이다.

핵심해설 제9회 기출 사례 물음 2)

I 논점의 정리

X토지의 소유권을 이전 받은 종업원 乙이 2021.5. 현재까지 甲과 약속한 부양을 하지 않은 경우에 甲이 X토지를 되찾아오기 위해 ① 서면에 의하지 않음을 이유로 증여계약을 해제할 수 있는지, ② 수증자의 망은행위를 이유로 증여계약을 해제할 수 있는지, ③ 부담부 증여에 관한 특칙으로 쌍무계약이 적용되어 이행지체를 이유로 증여계약을 해제할 수 있는지 문제된다.

II 서면에 의하지 않은 증여

1. 의 의
2. 해제의 요건
(1) 증여의 의사가 서면으로 표시되지 아니한 경우일 것
(2) 서면의 작성시기
(3) 해제권 행사의 주체
(4) 제척기간의 적용 여부

III 수증자의 망은행위

1. 의 의
2. 범죄행위가 있는 때의 의미
3. 부양의무를 이행하지 아니하는 때의 의미
4. 해제권의 소멸

IV 부담부 증여

1. 의 의

2. 부담부 증여에 관한 특칙
(1) 담보책임
(2) 쌍무계약에 관한 규정의 적용
   1) 법정해제권
   상대 부담 있는 증여에 대하여는/ 민법 제561조에 의하여 쌍무계약에 관한 규정이 준용되어/ 부담 의무 있는 상대방이 자신의 의무를 이행하지 아니할 때에는/ 비록 증여계약이 이미 이행되어 있다 하더라도 증여자는 계약을 해제할 수 있고,/ 그 경우 민법 제555조와 제558조는 적용되지 아니한다(대판 1997.7.8. 97다2177).
   2) 이행지체에 따른 해제
   ① 채무자의 귀책사유로 이행이 지체되었을 것
   ② 채권자가 상당한 기간을 정하여 최고할 것
   ③ 채무자가 최고기간 내에 이행을 하지 아니할 것

V 사안의 해결

1. 서면에 의하지 않은 증여의 해제는/ 이미 이행한 부분에 대해서는/ 영향을 미치지 않으므로,/ 甲은 종업원 乙 앞으로 경료된 X토지를 서면에 의하지 않은 증여로 되찾아올 수 없다.
2. 종업원 乙은/ 甲과 생계를 같이 하는 친족이 아니므로,/ 甲에 대한 부양의무를 부담하지 않는다./ 따라서 甲은 乙에게 망은행위를 이유로 증여계약을 해제하여, X토지를 되찾아올 수 없다.
3. 그러나 甲은 종업원 乙의 부양의무 이행지체를 이유로 증여계약을 해제하여 X토지를 되찾아올 수는 있다.

핵심이론

I. 증여의 특수한 해제

1. 의 의
증여는/ 당사자의 일방이/ 무상으로/ 재산을/ 상대방에게 수여하는 의사표시를 하고/ 상대방이 이를 승낙함으로써 성립하는/ 편무·무상·낙성·불요식계약이다(민법 제554조)./ 민법은 증여계약의 특수한 해제 사유로/ 서면에 의하지 않은 증여, 망은행위, 증여자의 재산상태변경을 규정하고 있다.

2. 서면에 의하지 않은 증여

(1) 의 의
증여자의 증여의 의사가/ 서면으로 표시되지 아니한 경우에는/ 각 당사자는 이를 해제할 수 있다(민법 제555조).

(2) 해제의 요건

1) 증여의 의사가 서면으로 표시되지 아니한 경우일 것

매매계약서 등으로 되어 있더라도 명칭과 무관하게 그 서면이 증여의사를 표시한 서면이라고 인정되면 민법 제555조에서 말하는 서면에 해당한다.

2) 서면의 작성시기

법률상 특별한 제한이 없으며,/ 증여계약의 성립 당시에는 서면이 작성되지 않았더라도 그 후 서면이 작성된 경우에는 그때부터는 서면에 의한 증여가 되어, 각 당사자는 임의로 해제할 수 없다.

3) 해제권 행사의 주체

① 증여계약의 당사자, 즉 증여자뿐만 아니라 수증자도 해제할 수 있다(민법 제555조).
② 증여계약에 따른 권리의무가 증여자의 사망 시에 상속되지 아니하는 일신전속권은 아니므로/ 증여자의 상속인도 서면에 의하지 아니한 증여의 의사표시를 해제할 수 있다(대판 1996.3.8. 95다54006).

4) 제척기간의 적용 여부

민법 제555조에서 말하는 해제는 일종의 특수한 철회일 뿐/ 민법 제543조 이하에서 규정한 본래 의미의 해제와는 다르다고 할 것이어서 형성권의 제척기간의 적용을 받지 않는다(대판 2003.4.11. 2003다1755).

3. 망은행위

(1) 의 의
수증자가/ 증여자에 대하여/ 범죄행위를 하거나, 부양의무를 이행하지 아니한 경우/ 증여자는/ 그 증여를 해제할 수 있다(민법 제556조).

(2) 범죄행위가 있는 때의 의미

1) 범죄행위의 대상

범죄행위는/ 증여자 또는 그 배우자나 직계혈족을/ 대상으로 한다.

2) 범죄행위의 의미

범죄행위란/ 신뢰관계를 중대하게 침해하여/ 증여의 효과를 유지시키는 것이/ 사회통념상 허용되지 아니할 정도의 범죄를 말한다.

(3) 부양의무를 이행하지 아니하는 때의 의미

부양의무란/ 민법 제974조에 규정되어 있는/ 직계혈족 및 그 배우자 또는 생계를 같이 하는 친족 간의 부양의무를 말한다.

(4) 해제권의 소멸

해제원인 있음을 안 날로부터 6월을 경과하거나/ 증여자가 수증자에 대하여 용서의 의사를 표시한 때에는/ 해제권은 소멸한다.

4. 증여자의 재산상태 악화

증여계약 후/ 증여자의 재산상태가 현저히 변경되고,/ 그 이행으로 인하여 생계에 중대한 영향을 미칠 우려가 있는 경우에는/ 증여자는 증여를 해제할 수 있다(민법 제557조).

Ⅱ 해제 효력의 제한

1. 소급효 제한

증여계약의 특수한 해제(서면에 의하지 아니한 증여, 망은행위, 증여자의 재산상태 악화)는/ 이미 '이행'한 부분에 대하여는 영향을 미치지 아니한다(민법 제558조)./ 이는 법정해제에서의 원상회복의무(민법 제548조)에 대한 특칙이다.

2. 이행의 의미

민법 제558조에서 이행이란 증여자의 의사에 기한 것을 의미한다./ 따라서 증여의 의사가 서면으로 표시되지 아니한 경우라도/ 증여자가 생전에 부동산을 증여하고 그의 뜻에 따라 그 소유권이전등기에 필요한 서류를 제공하였다면/ 증여자가 사망한 후에 그 등기가 경료되었다고 하더라도 증여자의 의사에 따른 증여의 이행으로서의 소유권이전등기가 경료되었다 할 것이므로 증여는 이미 이행되었다 할 것이다(대판 2001.9.18. 2001다29643).

Ⅲ 보론 : 부담부 증여

1. 의 의

부담부 증여란/ 수증자가 증여를 받는 동시에/ 일정한 부담, 즉 일정한 급부를 하여야 할 채무를 부담하는 것을/ 부관으로 하는 증여를 말한다.

2. 부담부 증여에 관한 특칙

(1) 담보책임

상대 부담 있는 증여에 대하여/ 증여자는/ 그 부담의 한도에서/ 매도인과 같은 담보책임이 있다(민법 제559조 제2항).

(2) 쌍무계약에 관한 규정의 적용

부담부 증여의 경우에는/ 증여의 규정 외에/ 쌍무계약에 관한 규정, 즉 동시이행의 항변권, 위험부담 등의 규정이 적용된다.

제2절 매 매

제1관 서 설

제2관 매매의 성립

THEME 2 매매예약완결권 ★

□ 매매예약완결권에 관하여 설명하고, 그 가등기에 관하여 약술하시오.   ▶ 제3회 기출 약술 20점

Ⅰ 의 의
매매예약완결권이란/ 예약권리자가/ 상대방에 대하여/ 계약완결의 의사표시를 할 수 있는 권리를 의미한다.

Ⅱ 행사기간
당사자 사이에 그 행사기간을 약정한 때에는 그 기간 내에,/ 그러한 약정이 없는 때에는 그 예약이 성립한 때부터 10년 내에 이를 행사하여야 하고,/ 그 기간이 지난 때에는 예약완결권은 제척기간의 경과로 인하여 소멸한다.

Ⅲ 행사의 효과
매매예약완결권은 일종의 형성권으로/ 매매를 완결할 의사를 표시하는 때에/ 본 계약인 매매가 성립한다.

Ⅳ 예약완결권의 가등기

1. **의 의**
   부동산물권을 이전해야 하는 본계약의/ 예약완결권을 가등기할 수 있다(부동산등기법 제88조).

2. **목적부동산이 양도된 경우/ 가등기된 예약완결권 행사의 상대방**
   판례는/ 예약상의 의무자를 상대로/ 예약완결권을 행사하여야 하고,/ 가등기에 기한 본등기를 신청하면,/ 목적부동산에 관한 양수인 명의의 본등기는/ 등기공무원이 직권으로 말소하여야 한다고 한다.

3 계약금 ★★

THEME

☐ 甲과 乙은 A시에 건설될 아파트에 대한 분양계약을 체결하였는데, 그 계약서에는 다음과 같은 내용이 포함되어 있었다. 다음 독립된 물음에 답하시오. ▶ 제11회 기출 사례 40점

> 제2조 [...] ② 계약금은 공급대금의 5%로 하며, 계약체결과 동시에 지불한다. 중도금은 공급대금의 45%로 하며, 계약체결일로부터 1년이 되는 날에 지불한다.
> ③ 수분양자 乙은 분양자 甲의 귀책사유로 인해 입주예정일로부터 3월 이내에 입주할 수 없게 되는 경우 이 계약을 해제할 수 있다. [...]
> 제3조 [...] ② 제2조 제3항에 해당하는 사유로 이 계약이 해제된 때에는 甲은 수분양자 乙에게 공급대금 총액의 10%를 위약금으로 지급한다.
> ③ 제1항과 제2항의 경우 甲은 수분양자 乙에게 이미 납부한 대금에 대하여는 각각 그 받은 날로부터 반환일까지 연리 3%에 해당하는 이자를 가산하여 수분양자 乙에게 환급한다. [...]

물음 1) 2006년 4월 1일 乙은 甲과 분양계약을 체결함과 동시에 계약금 전부를 지불하였다. 2006년 5월 1일 발표된 정부정책으로 인하여 A시에 개발 호재가 발생하여, 주변 아파트 시세가 상승하였다. 이에 甲은 乙에게 분양대금의 증액을 요구하였다. 그러나 乙은 이를 거절하고, 2006년 5월 10일 甲의 계좌로 중도금을 송금하였다. 이 경우 甲은 乙에게 계약금의 배액을 지급하고 乙과의 계약을 해제할 수 있는지 설명하시오. ▶ 20점

○ 핵심해설   제11회 기출 사례 물음 1)

I 논점의 정리

분양자 甲은 해약금에 기하여 수분양자 乙과의 분양계약을 해제할 수 있는지가 문제되는데, 이는 ① 계약금 계약의 성립 여부, 나아가 ② 해약금 해제의 요건 중 이행의 착수와 관련하여 중도금 지급기일 전에 중도금을 지급할 수 있는지와 연관된 논의이다.

II 계약금 계약의 성립 여부(계약금의 법적 성질)

계약금계약은 금전 기타 유가물의 교부를 요건으로 하므로,/ 단지 계약금을 지급하기로 약정만 한 단계에서는/ 아직 계약금으로서의 효력, 즉 민법 제565조 제1항 규정에 의해 계약해제를 할 수 있는 권리는 발생하지 않는다./ 따라서 당사자가 계약금의 일부만을 먼저 지급하고 잔액은 나중에 지급하기로 약정하거나 계약금 전부를 나중에 지급하기로 약정한 경우,/ 교부자가 계약금의 잔금 또는 전부를 지급하지 아니하는 한 계약금계약은 성립하지 아니하므로 당사자가 임의로 주계약을 해제할 수는 없다(대판 2008.3.13. 2007다73611).

제2장 계약각론 **53**

Ⅲ 계약금의 효력

1. 해약금 추정

2. 해약금 해제의 요건

(1) 계약금 명목으로/ 금전 기타 물건을 교부하였을 것

(2) 수령자는 배액을 제공하고,/ 교부자는 포기의 의사표시를 할 것

(3) 당사자 일방이/ 이행에 착수하기 전일 것
　① 매수인이 중도금을 지급한 경우 이행의 착수에 해당한다.
　② 대법원은「매매계약의 체결 이후/ 시가 상승이 예상되자 매도인이 구두로 구체적인 금액의 제시 없이 매매대금의 증액요청을 하였고,/ 매수인은 이에 대하여 확답하지 않은 상태에서 중도금을 이행기 전에 제공하였는데,/ 그 이후 매도인이 계약금의 배액을 공탁하여 해제권을 행사한 사안에서/ 시가 상승만으로 매매계약의 기초적 사실관계가 변경되었다고 볼 수 없어/ '이행기 전의 이행의 착수가 허용되어서는 안 될 만한 불가피한 사정이 있다고 볼 것은 아니다(대판 2006.2.10. 2004다11599)」고 판시하였다.

(4) 해약금 해제/ 배제특약이 부존재할 것

3. 해약금 해제의 효과

Ⅳ 사안의 해결

1. 2006년 4월 1일 분양계약을 체결함과 동시에 계약금 전부를 乙이 지불하였으므로, 계약금 계약은 성립하였다.

2. 중도금은 계약체결일로부터 1년이 되는 날에 지불한다는 약정이 있는 경우에도 이행기 전에는 중도금을 지불할 수 없다는 특별한 사정이 없는 한 이행기 전에도 중도금을 지불할 수 있다. 이에 따라 2006년 5월 10일 수분양자 乙이 甲의 계좌로 중도금을 송금한 것은 이행의 착수에 해당한다.

3. 따라서 분양자 甲은 수분양자 乙에게 계약금의 배액을 지급하고, 乙과의 분양계약을 해제할 수 없다.

□ 甲은 2018.2.1. 자신의 소유인 X주택을 매매대금 10억원에 乙에게 매각하는 매매계약을 체결하면서, 계약금은 1억원으로 약정하였다. 乙은 甲에게 계약금 1억원 중 3,000만원은 계약 당일에 지급하였고, 나머지 7,000만원은 2018.2.15. 지급하기로 약정하였다. 다음 각 독립된 물음에 답하시오.
▶ 제6회 기출 사례 40점

물음 1) 甲이 2018.2.10. 계약금에 기하여 매매계약을 해제하고자 할 때, 계약금의 법적 의미와 甲은 얼마의 금액을 乙에게 지급하고 매매계약을 해제할 수 있는지에 관하여 설명하시오. ▶ 20점

물음 2) 乙은 甲에게 2018.2.15. 지급하기로 한 나머지 계약금 7,000만원을 지급하였다. 한편, 위 매매계약에서 중도금 3억원은 2018.6.1. 지급하기로 약정하였다. 乙은 X주택의 시가 상승을 예상하면서 2018.5.1. 甲을 만나 중도금 3억원의 지급을 위하여 자기앞수표를 교부하였으나, 甲은 이의 수령을 거절하였다. 그 후, 甲은 2018.5.5. 수령한 계약금의 2배인 2억원의 자기앞수표를 乙에게 교부하면서 매매계약 해제의 의사표시를 하였다. 乙은 이의 수령을 거절하였으며, 甲은 2억원을 공탁하였다. 이러한 경우, 매매계약이 해제되었는지 여부에 관하여 설명하시오. ▶ 20점

□ 매매계약 체결 시 교부되는 계약금의 종류를 약술하고, 해약금의 효력에 관하여 설명하시오.
▶ 제5회 기출 약술 20점

◎ 핵심해설 제6회 기출 사례 물음 1)

I 논점의 정리

사안은 ① 계약금의 법적 의미, ② 계약금이 일부만 지급된 경우/ 매도인 甲이 해약금에 기하여 매매계약을 해제할 수 있는지 여부, ③ 만약 매도인 甲이 해약금에 기하여 매매계약을 해제할 수 있다고 한다면 매수인 乙에게 얼마의 금액을 지급하고 매매계약을 해제할 수 있는지 문제된다.

II 계약금의 법적 성질

계약금계약은 금전 기타 유가물의 교부를 요건으로 하므로,/ 단지 계약금을 지급하기로 약정만 한 단계에서는/ 아직 계약금으로서의 효력, 즉 민법 제565조 제1항 규정에 의해 계약해제를 할 수 있는 권리는 발생하지 않는다(대판 2008.3.13. 2007다73611).

III 계약금이 일부만 지급된 경우 계약금계약의 성립 여부 및 해약금의 기준이 되는 금원

1. 계약금계약의 성립 여부

당사자가 계약금의 일부만을 먼저 지급하고 잔액은 나중에 지급하기로 약정하거나/ 계약금 전부를 나중에 지급하기로 약정한 경우,/ 교부자가 계약금의 잔금이나 전부를 약정대로 지급하지 않으면/ 상대방은 계약금 지급의무의 이행을 청구하거나 채무불이행을 이유로 계약금약정을 해제할 수 있고,/ 나아가 위 약정이 없었더라면 주계약을 체결하지 않았을 것이라는 사정이 인정된다면 주계약도 해제할 수도 있었을 것이나,/ 교부자가 계약금의 잔금 또는 전부를 지급하지 아니하는 한 계약금계약은 성립하지 아니하므로/ 당사자가 임의로 주계약을 해제할 수는 없다 할 것이다(대판 2008.3.13. 2007다73611).

2. 해약금의 기준이 되는 금원

'실제 교부받은 계약금'의 배액만을 상환하여 매매계약을 해제할 수 있다면/ 이는 당사자가 일정한 금액을 계약금으로 정한 의사에 반하게 될 뿐 아니라,/ 교부받은 금원이 소액일 경우에는 사실상 계약을 자유로이 해제할 수 있어 계약의 구속력이 약화되는 결과가 되어 부당하기 때문에,/ 계약금 일부만 지급된 경우 수령자가 매매계약을 해제할 수 있다고 하더라도 해약금의 기준이 되는 금원은 '실제 교부받은 계약금'이 아니라 '약정 계약금'이라고 봄이 타당하다(대판 2015.4.23. 2014다231378).

Ⅳ 사안의 해결

1. 계약금계약은 요물계약이다.
2. 매수인 乙이 계약금의 잔액 7천만원을 지급하지 않은 한 계약금계약은 성립하지 않으므로,/ 매도인 甲은 매매계약을 임의로 해약금에 기하여 해제할 수는 없다.
3. 계약금계약의 성립을 전제로/ 해약금의 기준이 되는 금원은 '약정 계약금'이므로/ 매도인 甲이 해약금에 기한 매매계약을 해제하려면 매수인 乙에게 2억원을 지급해야 한다.

핵심해설 제6회 기출 사례 물음 2)

Ⅰ 논점의 정리

매수인 乙이 이행기 전에 자기앞수표로 중도금을 지급한 것을 이행의 착수로 볼 수 있는지 여부/ 및 이행의 착수로 볼 경우 매도인 甲의 해약금에 기한 매매계약의 해제가 가능한지 문제된다.

Ⅱ 계약금의 효력

1. 해약금 추정

2. 해약금 해제의 요건

(1) 계약금 명목으로/ 금전 기타 물건을 교부하였을 것
(2) 수령자는 배액을 제공하고,/ 교부자는 포기의 의사표시를 할 것
(3) 당사자 일방이/ 이행에 착수하기 전일 것
   ① 매수인이 중도금을 지급한 경우 이행의 착수에 해당한다.
   ② 이행기의 약정이 있는 경우라도/ 당사자가 이행기 전에 착수하지 아니하기로 하는 특약을 하는 등의 특별한 사정이 없는 한/ 이행기 전에도 이행에 착수할 수 있다.
(4) 해약금 해제/ 배제특약이 부존재할 것

3. 해약금 해제의 효과

Ⅲ 사안의 해결

1. 매수인 乙이 중도금 전액을 자기앞수표로 교부하였다면, 비록 현금제공이 아니라고 하더라도 이행의 착수가 인정된다.
2. 따라서 매도인 甲이 계약금의 배액인 2억원을 자기앞수표로 지급하더라도 해약금에 기하여 매매계약을 해제할 수는 없다.

핵심이론

I 계약금의 의의

계약금이란/ 계약을 체결할 때/ 당사자 일방이/ 상대방에게 교부하는/ 금전 기타 유가물을 말한다./ 매매는 낙성계약이므로 계약금의 지급이 계약의 성립요건인 것은 아니다.

II 계약금의 종류

1. 증약금
증약금은/ 계약체결의 증거로서의 의미를 갖는 계약금이다./ 계약금은 언제나 증약금의 성질을 갖는다.

2. 위약금

(1) 의 의
위약금은/ 계약 위반에 따른 배상의 의미를 갖는 계약금이다.

(2) 요 건
① 계약금이 위약금으로 인정되기 위해서는/ 별도의 특약이 있어야 한다.
② 특약을 통해 위약금으로 인정되었다고 해서 해약금의 성질까지 없어지는 것은 아니다.

(3) 위약금의 성질
위약금 특약이 있는 경우/ 위약금은 손해배상액의 예정의 성질을 가지는 경우도 있고, 위약벌의 성질을 가지는 경우도 있다./ 양자의 구별은 법률행위 해석의 문제이나, 불분명한 경우 손해배상액의 예정으로 추정한다(통설·판례).

3. 해약금

(1) 의 의
계약금은/ 당사자 사이의 특약이 없는 한/ 그 명칭 여하를 불문하고/ 해약금으로 추정한다.

(2) 해약금 해제의 요건

1) 계약금 명목으로/ 금전 기타 물건을 교부하였을 것

2) 수령자는 배액을 제공하고,/ 교부자는 포기의 의사표시를 할 것
수령자가 계약금의 배액을 제공할 때 상대방이 그 수령을 거절한다고 하여 공탁할 필요는 없다.

3) 당사자 일방이/ 이행에 착수하기 전일 것
① 매수인이 중도금을 지급한 경우 이행의 착수에 해당한다.
② 이행기의 약정이 있는 경우라도/ 당사자가 이행기 전에 착수하지 아니하기로 하는 특약을 하는 등의 특별한 사정이 없는 한/ 이행기 전에도 이행에 착수할 수 있다.

③ 대법원은 「매매계약의 체결 이후/ 시가 상승이 예상되자 매도인이 구두로 구체적인 금액의 제시 없이 매매대금의 증액요청을 하였고,/ 매수인은 이에 대하여 확답하지 않은 상태에서 중도금을 이행기 전에 제공하였는데,/ 그 이후 매도인이 계약금의 배액을 공탁하여 해제권을 행사한 사안에서/ 시가 상승만으로 매매계약의 기초적 사실관계가 변경되었다고 볼 수 없어/ '이행기 전의 이행의 착수가 허용되어서는 안 될 만한 불가피한 사정이 있다고 볼 것은 아니다(대판 2006.2.10. 2004다11599)」고 판시하였다.

4) 해약금 해제/ 배제특약이 부존재할 것

(3) 해약금 해제의 효과

1) 원상회복의무의 불인정

해약금 해제는 일방이 이행에 착수하기 전의 해제이기 때문이다.

2) 손해배상청구권 부존재

채무불이행에 기한 해제가 아닌 해약금계약에 의한 해제이기 때문이다.

제3관 매매의 효력

매도인과 매수인의 의무★

□ 甲은 자기 소유의 X토지에 대하여 乙과 매매계약을 체결하였다. 그 계약에 의하면 乙은 甲에게 계약 당일 계약금을 지급하고, 계약일부터 1개월 후에 중도금을 지급하며, 잔금은 계약일부터 2개월 후에 등기에 필요한 서류와 목적물을 인도받음과 동시에 지급하기로 되어 있었다. 甲은 계약 당일 乙로부터 계약금을 지급받았다. 다음 각각 독립된 물음에 답하시오. ▶ 제3회 기출 사례 40점

물음 2) 乙은 甲에게 중도금과 잔금을 약정한 기일에 지급하였으나, 甲은 등기에 필요한 서류와 목적물의 인도를 미루다가 잔금을 수령한 날부터 3개월 후에 그 의무를 이행하였다. 乙은 甲에 대하여 매매 대금 전액에 대한 3개월간의 이자 및 X토지에 대한 3개월간의 차임 상당 손해배상금을 청구하였다. 乙의 청구가 타당한지에 관하여 논하시오. ▶ 20점

○ 핵심해설 제3회 기출 사례 물음 2)

I 논점의 정리

매도인의 재산권이전의무와 매수인의 매매대금지급의무는 동시이행의 관계에 있는데, 사안의 경우 매수인 乙의 매도인 甲에 대한 매매대금 전액에 대한 3개월간의 이자 청구 및 X토지에 대한 3개월간의 차임상당의 손해배상금 청구가 타당한지 문제된다.

II 매도인과 매수인의 의무

1. 매도인의 재산권 이전의무
2. 매수인의 매매대금 지급의무
3. 과실의 귀속

III 결 론

1. 매매대금의 이자는 매도인 甲에게 귀속하므로 매수인 乙의 이자청구는 타당하지 않다.
2. X토지의 과실은 매수인 乙이 잔금을 지급한 이후에는 매수인 乙에게 귀속하므로 매수인 乙의 차임 상당의 손해배상청구는 타당하다.

I 매도인의 재산권 이전의무

1. 재산권 이전

매도인은/ 매매의 목적인 재산권을/ 매수인에게 이전하는 데 필요한 모든 행위를 할 의무를 진다./ 이에 따라 매매의 목적이 동산의 경우에는 인도를,/ 부동산의 경우에는 등기를,/ 채권의 경우에는 양도 후 대항요건까지 갖추어야 한다.

2. 완전한 이전

매도인은/ 특별한 사정이 없는 한/ 제한이나 부담이 없는/ 완전한 권리를 이전하여야 한다.

II 매수인의 매매대금 지급의무

1. 의 의

매수인의 매매대금 지급의무는/ 매도인의 재산권 이전의무와 동시이행의 관계에 있다.

2. 매매대금 지급시기(동일기한의 추정)

당사자 일방에게 의무이행의 기한이 있는 때/ 상대방의 의무이행에도/ 동일한 기한이 있는 것으로 추정한다.

3. 매매대금 지급장소

대금 지급장소와 관련하여 특약이나 관습이 없는 경우에는/ 지참채무의 원칙에 따라/ 매수인이 매도인의 주소에서 지급하여야 한다.

4. 대금지급거절권

매매의 목적물에 대하여 권리를 주장하는 자가 있어/ 매수인이 권리의 전부 또는 일부를 잃을 염려가 있는 때에는/ 매수인은/ 그 위험의 한도에서/ 대금의 전부나 일부의 지급을 거절할 수 있다(불안의 항변권).

III 과실의 귀속·대금의 이자

1. 과실의 귀속

① 인도하지 아니한 목적물로부터 생긴 과실은/ 원칙적으로 매도인에게 속한다.
② 다만, 매매의 목적물이 인도되기 전이더라도/ 매수인이 매매대금을 전부 지급한 경우/ 그 이후의 과실은 매수인에게 귀속한다.
③ 매도인이 목적물을 인도한 경우 매수인이 과실을 수취한다.

2. 대금의 이자

매수인은/ 목적물을 인도받은 날로부터/ 대금의 이자를 지급하여야 한다.

THEME 5. 매도인의 담보책임 ★★★

☐ 甲(매도인)은 乙(매수인)과 丙 소유의 건물에 대한 매매계약을 체결하였으나, 그 후 丙 명의의 소유권이전등기가 원인무효로 밝혀져 진정 소유자가 제기한 소유권이전등기 말소등기청구소송에서 丙이 패소함으로써 위 매매계약에 기한 건물의 소유권이전이 불능으로 되었다. 이 경우 乙이 甲에게 주장할 수 있는 권리에 관하여 설명하시오.
▶ 제12회 기출 사례 20점

☐ X토지가 甲소유임을 알고 있는 乙은 자신의 명의로 X토지를 丙에게 매도하기로 하는 계약을 체결하였다. 乙과 丙 사이에 체결된 X토지에 대한 매매계약의 효력 및 乙이 X토지의 소유권을 丙에게 넘겨주지 못하는 경우에 丙이 乙에게 물을 수 있는 담보책임의 내용에 관하여 설명하시오.
▶ 제10회 기출 사례 20점

☐ 물건의 하자에 대한 매도인의 담보책임의 성립요건과 책임의 내용을 설명하시오.
▶ 제6회 기출 약술 20점

☐ 2016.9.1. 甲(매도인)은 별장으로 이용하는 X건물에 대하여 乙(매수인)과 매매계약을 체결하였다. 이 계약에 따라 乙은 계약체결 당일에 계약금을 지급하였고, 2016.9.30. 乙의 잔금지급과 동시에 甲은 乙에게 소유권이전에 필요한 서류를 교부해주기로 하였다. 다음 각 독립된 물음에 답하시오.
▶ 제4회 기출 사례 40점

물음 1) 2016.9.1. 계약체결 당시 위 X건물이 甲의 소유가 아니라 제3자 丙의 소유인 경우에, 위 매매계약의 효력 및 甲과 乙 사이의 법률관계에 관하여 논하시오. ▶ 20점

핵심해설 제12회 기출 사례

I. 논점의 정리

매매의 목적이 된 권리 전부가 타인에게 속한 경우에도 매매계약은 유효하게 성립한다./ 다만, 매도인 甲은 매수인 乙에게 그 권리를 취득하여 이전하여야 할 의무를 부담하는데,/ 매도인 甲이 매수인 乙에게 매매목적물의 소유권을 이전할 수 없게 된 경우 매수인 乙이 매도인 甲에게 담보책임과 채무불이행책임을 주장할 수 있는지 문제된다.

II. 전부 타인권리매매의 경우 매도인의 담보책임

1. 의 의
2. 성립요건
3. 담보책임의 내용(효과)
4. 선의 매도인의 담보책임

제2장 계약각론

Ⅲ. 매도인 甲의 채무불이행책임 성립 여부

1. 담보책임과 채무불이행책임의 경합

대법원은 /「전부 타인권리매매에 있어서/ 매도인이 그 권리를 취득하여 매수인에게 이전하여야 할 의무가/ 매도인의 귀책사유로 인하여 이행불능이 되었다면/ 전부 타인권리매매임을 알았던 악의의 매수인이 매도인의 담보책임에 관한 민법 제570조 단서의 규정에 의해 손해배상을 청구할 수 없다 하더라도/ 채무불이행 일반의 규정(민법 제546조, 제390조)에 좇아서 계약을 해제하고 손해배상을 청구할 수 있다(대판 1993.11.23. 93다37328)」고 판시하여/ 담보책임과 채무불이행책임의 경합을 인정하였다.

2. 소 결

사안의 경우 丙의 소유권 상실로 건물의 소유권이전이 후발적으로 불능이 되었으나/ 이와 관련하여 매도인 甲에게 귀책사유가 없으므로 매수인 乙에게 채무불이행책임을 부담하지 않는다.

Ⅳ. 사안의 해결

1. 선의의 매수인 乙은 담보책임에 기하여 매도인 甲에게 계약해제와 손해배상을 청구할 수 있으나,/ 악의인 경우에는 손해배상을 청구할 수는 없고, 계약해제만 할 수 있다.

2. 건물의 소유권이전 불능에 귀책사유 없는 매도인 甲은 매수인 乙에게 채무불이행책임을 지지 않는다.

핵심해설 제10회 기출 사례

Ⅰ. 논점의 정리

전부 타인권리매매에 있어서 매매계약의 효력과/ 매도인 乙이 X토지의 소유권을 丙에게 넘겨주지 못하는 경우/ 매수인 丙이 매도인 乙에게 주장할 수 있는 담보책임의 내용이 문제된다.

Ⅱ. 전부 타인권리매매계약의 효력

매매의 목적이 된 권리가 타인에게 속한 경우에도/ 매매계약은 유효하게 성립한다./ 다만, 매도인은 그 권리를 취득하여 매수인에게 이전하여야 할 의무가 있을 뿐이다.

Ⅲ. 매도인의 담보책임

1. 의 의
2. 성립요건
3. 책임의 내용(효과)
4. 선의 매도인의 담보책임

Ⅳ. 사안의 해결

1. 매도인 乙과 매수인 丙 사이의 甲소유 X건물에 대한 매매계약은 유효하다.

2. 매도인 乙이 X토지의 소유권을 넘겨주지 못하는 경우에/ 선의의 매수인 丙은 乙에게 계약해제와 손해배상청구를 할 수 있으나, 악의의 매수인 丙은 乙에게 계약해제만 할 수 있고, 손해배상청구를 할 수는 없다.

◉ 핵심해설　제4회 기출 사례 물음 1)

I　논점의 정리

전부 타인권리매매에 있어서 매매계약의 효력과 매도인 甲과 매수인 乙 사이에서 甲의 담보책임의 내용이 문제된다.

II　전부 타인권리매매계약의 효력

매매의 목적이 된 권리가 타인에게 속한 경우에도/ 매매계약은 유효하게 성립한다./ 다만, 매도인은 그 권리를 취득하여 매수인에게 이전하여야 할 의무가 있을 뿐이다.

III　매도인의 담보책임

1. 의 의
2. 성립요건
3. 책임의 내용(효과)
4. 선의 매도인의 담보책임

IV　결 론

1. 매도인 甲과 매수인 乙 사이의 X건물에 대한 매매계약은 유효하다.
2. 매도인 甲이 X건물의 소유권을 취득하여 매수인 乙에게 이전할 수 없는 경우에는/ 매수인 乙은 선의인 경우에는 계약해제 및 손해배상을 청구할 수 있으나,/ 악의인 경우에는 계약해제만 할 수 있다.
3. 선의 매도인 甲이 X건물의 소유권을 취득하여 선의 매수인 乙에게 이전할 수 없는 때에는 손해를 배상하고 계약을 해제할 수 있으나, 매수인 乙이 계약 당시 악의인 경우에는/ 권리를 이전할 수 없음을 통지하고 계약을 해지할 수 있다.

> 핵심이론

I 의 의

매도인의 담보책임이란/ 매매의 목적인 권리에 흠결이 있거나 권리의 객체인 물건에 하자가 있는 경우/ 매도인이 매수인에게 부담하는 책임을 의미한다.

II 권리의 하자에 대한 담보책임

1. 전부 타인권리매매(민법 제570조)

(1) 성립요건

1) 매매계약이 유효하게 성립할 것

담보책임은 매매계약이 유효하게 성립한 것을 전제로 인정된다.

2) 계약 당시에 목적물이 현존할 것

계약 당시 목적물이 부존재하거나 소멸한 경우에는/ 계약체결상의 과실책임이 문제된다.

3) 매매의 목적이 된 권리의 전부가/ 타인에게 속한 경우일 것

4) 매도인이/ 그 권리를 취득하여/ 매수인에게 이전할 수 없을 것(이전불능)

(2) 책임의 내용

1) 무과실책임

담보책임은/ 매도인이 고의·과실이 없는 경우에도 발생하는 무과실책임이다.

2) 매수인의 해제권

매도인이/ 그 권리를 취득하여/ 매수인에게 이전할 수 없는 경우에는/ 매수인은 선의·악의를 불문하고 계약을 해제할 수 있다.

3) 손해배상청구권

선의의 매수인은 해제와 더불어 손해배상을 청구할 수 있다./ 그 범위는 이행이익의 배상이지만, 이에 갈음하여 신뢰이익의 배상을 청구할 수 있다.

4) 제척기간

해제권과 손해배상청구권의 행사기간에 대해서는 별도의 규정이 없어 견해의 다툼이 있다.

(3) 선의의 매도인의 담보책임(민법 제571조)

1) 의 의

선의의 매도인은/ 매수인이 입은 손해를 배상하고 매매계약을 해제할 수 있으며,/ 매수인이 계약 당시 악의인 경우에는/ 손해를 배상하지 않고 계약을 해제할 수 있다(민법 제571조).

2) 적용범위

민법 제571조는/ 선의의 매도인이/ 매매의 목적인 권리의 전부를 이전할 수 없는 경우에만 적용된다.

3) 해제의 효과
① 선의의 매도인은/ 선의의 매수인에 대하여 손해배상의무를 부담한다.
② 선의의 매수인은/ 선의의 매도인에게 목적물을 반환하고,/ 목적물을 사용한 경우에는 사용이익을 반환할 의무를 부담한다.
③ ①과 ②의 의무는 동시이행의 관계에 있다.

2. 일부 타인권리매매(민법 제572조)

(1) 성립요건

1) 매매계약이 유효하게 성립할 것
담보책임은 매매계약이 유효하게 성립한 것을 전제로 인정된다.

2) 계약 당시에 목적물이 현존할 것
계약 당시 목적물이 부존재하거나 소멸한 경우에는/ 계약체결상의 과실책임이 문제된다.

3) 매매의 목적이 된 권리의 일부가/ 타인에게 속한 경우일 것

4) 매도인이/ 권리의 일부를 취득하여/ 매수인에게 이전할 수 없을 것(이전불능)

(2) 책임의 내용

1) 무과실책임
담보책임은/ 매도인이 고의·과실이 없는 경우에도 발생하는 무과실책임이다.

2) 해제권
매도인이/ 매매의 목적이 된 타인의 권리의 일부를 취득하여/ 매수인에게 이전할 수 없고,/ 잔존 부분만이면 매수인이 이를 매수하지 않았을 경우/ 선의의 매수인은 계약을 해제할 수 있으나,/ 악의의 매수인은 계약을 해제할 수 없다.

3) 대금감액청구권
매수인은 선의·악의를 불문하고/ 그 부분의 비율로/ 대금의 감액을 청구할 수 있다.

4) 손해배상청구권
선의의 매수인은 해제와 더불어 손해배상을 청구할 수 있다./ 그 범위는/ 이행이익의 배상이지만, 이에 갈음하여 신뢰이익의 배상을 청구할 수 있다.

5) 제척기간
매수인의 권리는 매수인이 선의라면 그 사실을 안 때부터 1년,/ 악의라면 계약한 날부터 1년 내에 행사되어야 한다(민법 제573조).

3. 목적물의 수량부족・일부멸실(민법 제574조)

(1) 성립요건

1) 매매계약이 유효하게 성립할 것

담보책임은 매매계약이 유효하게 성립한 것을 전제로 인정된다.

2) 계약 당시에 목적물이 현존할 것

계약 당시 목적물이 부존재하거나 소멸한 경우에는/ 계약체결상의 과실책임이 문제된다.

3) 수량을 지정한 매매의 목적물이 부족하거나 목적물 일부가 원시적 불능일 것

① 수량을 지정한 매매란/ 당사자가/ 매매의 목적인 특정물의 일정한 수량을 확보하기 위하여/ 일정한 면적・용량・중량・척도 등을 계약에 표시하고/ 그 수량을 기초로 하여 대금을 정한 매매를 말한다.

② 원시적 불능이란/ 계약체결 전부터/ 계약 내용을/ 사회통념상 실현할 수 없는 것을 말한다.

(2) 책임의 내용

1) 무과실책임

담보책임은/ 매도인이 고의・과실이 없는 경우에도 발생하는 무과실책임이다.

2) 해제권

매매 목적물의 수량이 부족하거나 매매 목적물의 일부가 계약 당시에 이미 멸실된 경우/ 잔존 부분만이면 매수인이 이를 매수하지 않았을 경우에는/ 선의의 매수인은 계약을 해제할 수 있으나,/ 악의의 매수인은 계약을 해제할 수 없다.

3) 대금감액청구권

매매의 목적물의 수량이 부족하거나 매매목적물의 일부가 계약 당시에 이미 멸실된 경우/ 선의의 매수인은/ 그 부분의 비율로/ 대금의 감액을 청구할 수 있으나,/ 악의의 매수인은/ 대금의 감액을 청구할 수 없다./ 다만, 다음의 판례에 따르면 악의의 매수인도 대금감액청구권 행사가 가능하다는 해석이 가능하다(대판 2002.11.8. 99다58136).

> **수량지정매매에 있어서 매수인의 대금감액청구권의 제척기간 기산점인 선의의 매수인이 '사실을 안 날'의 의미**
> 수량지정매매에 있어서의 매도인의 담보책임에 기한 매수인의 대금감액청구권은 매수인이 선의인 경우에는 사실을 안 날로부터, 악의인 경우에는 계약한 날로부터 1년 이내에 행사하여야 하며, 여기서 매수인이 사실을 안 날이라 함은 단순히 권리의 일부가 타인에게 속한 사실을 안 날이 아니라 그 때문에 매도인이 이를 취득하여 매수인에게 이전할 수 없게 되었음이 확실하게 된 사실을 안 날을 말한다(대판 2002.11.8. 99다58136).

4) 손해배상청구권

매매 목적물의 수량이 부족하거나 매매 목적물의 일부가 계약 당시에 이미 멸실된 경우/ 선의의 매수인은 손해배상을 청구할 수 있으나,/ 악의의 매수인은 손해배상을 청구할 수 없다.

5) 제척기간

매수인의 권리는 매수인이 선의라면 그 사실을 안 때부터 1년,/ 매수인이 악의라면 계약한 날부터 1년 내에 행사되어야 한다.

4. 매매의 목적물이 제한물권에 의하여 제한받고 있는 경우(민법 제575조)

(1) 성립요건

1) 매매계약이 유효하게 성립할 것

담보책임은 매매계약이 유효하게 성립한 것을 전제로 인정된다.

2) 계약 당시에 목적물이 현존하고 있을 것

계약 당시 목적물이 부존재하거나 소멸한 경우에는/ 계약체결상의 과실책임이 문제된다.

3) 매매의 목적물이/ 지상권, 지역권, 전세권, 유치권, 질권(이하 "제한물권")의 목적일 것

매매의 목적물이/ 제한물권의 목적이 되어/ 매수인이/ 매매의 목적물을/ 완전하게 사용·수익할 수 없는 제한이 있어야 한다.

(2) 책임의 내용

1) 무과실책임

담보책임은/ 매도인이 고의·과실이 없는 경우에도 발생하는 무과실책임이다.

2) 해제권

용익권능의 제한으로 인하여 매매의 목적을 달성할 수 없는 경우,/ 선의의 매수인은 계약을 해제할 수 있으나,/ 악의의 매수인은 계약을 해제할 수 없다.

3) 손해배상청구권

용익권능의 제한으로 인하여 매매의 목적물을 매수인이 사용·수익할 수 없으므로/ 선의의 매수인은 손해배상을 청구할 수 있으나,/ 악의의 매수인은 손해배상을 청구할 수 없다.

4) 제척기간

선의의 매수인은/ 해제권 및 손해배상청구권을/ 그 사실을 안 날로부터 1년 내에/ 행사되어야 한다.

5. 매매의 목적물이 저당권·전세권에 의하여 제한받고 있는 경우(민법 제576조~제577조)

(1) 성립요건

1) 매매계약이 유효하게 성립할 것

담보책임은 매매계약이 유효하게 성립한 것을 전제로 인정된다.

2) 계약 당시에 목적물이 현존하고 있을 것

계약 당시 목적물이 부존재하거나 소멸한 경우에는/ 계약체결상의 과실책임이 문제된다.

3) 매매의 목적물이 된 부동산에/ 저당권, 전세권이 설정되어 있을 것

대법원은/ 가압류의 목적이 된 부동산을/ 매수한 사람이/ 그 후 그 가압류에 기한 강제집행으로 소유권을 상실한 때에도/ 민법 제576조의 담보책임을 인정하였다.

4) 저당권, 전세권의 행사로/ 소유권을 취득할 수 없거나/ 취득한 소유권을 상실하였을 것

(2) 책임의 내용

1) 무과실책임
담보책임은/ 매도인이 고의·과실이 없는 경우에도 발생하는 무과실책임이다.

2) 해제권
매매의 목적이 된 부동산에 설정된 저당권, 전세권의 행사로 소유권을 취득할 수 없거나 취득한 소유권을 상실한 경우/ 매수인은 선의·악의를 불문하고 계약을 해제할 수 있다.

3) 상환청구권
매매의 목적이 된 부동산에 설정된 저당권, 전세권의 행사에 대하여/ 매수인의 출재로 그 소유권을 보전한 때에는/ 매수인은 선의·악의를 불문하고 매도인에게 출재금액의 상환을 청구할 수 있다.

4) 손해배상청구권
매매의 목적이 된 부동산에 설정된 저당권, 전세권의 행사로 소유권을 취득할 수 없거나 취득한 소유권을 잃고,/ 매수인이 손해를 받은 때에는/ 매수인은 선의·악의를 불문하고 손해배상을 청구할 수 있다.

5) 제척기간
민법 제570조와 마찬가지로/ 행사기간에 대해서는 별도의 규정이 없어 견해의 다툼이 있다.

Ⅲ 물건의 하자에 대한 담보책임

1. 성립요건

(1) 매매계약이 유효하게 성립할 것
담보책임은 매매계약이 유효하게 성립한 것을 전제로 인정된다.

(2) 계약 당시에 목적물이 현존할 것
계약 당시 목적물이 부존재하거나 소멸한 경우에는/ 계약체결상의 과실책임이 문제된다.

(3) 목적물에 하자가 있을 것

1) 하자의 개념
하자란/ 매매의 목적물에/ 물질적인 결점이 있는 것을 의미한다./ 하자의 존부는/ 거래관념에 비추어/ 그 종류의 물건이/ 통상적으로 갖추어야 할/ 품질·성능·안정성 등을 표준으로 판단한다(객관적 하자설).

2) 법률상 장애
① 학 설
목적물에 법률상 장애가 있을 때/ 권리의 흠결로 보아 민법 제575조로 해결하자는 견해와/ 물건의 하자로 해결하자는 견해의 다툼이 있다.
② 판 례
대법원은 법률상 장애를 매매목적물에 존재하는 하자로 본다. 즉, 물건의 하자로 본다.
③ 검 토
법률상 장애가 있으면 물건의 사용·수익이 제한된다는 점에서/ 물건의 하자로 보는 것이 타당하다.

(4) 매수인은 하자에 대하여 선의·무과실일 것

2. 책임의 내용

(1) 무과실책임

담보책임은/ 매도인이 고의·과실이 없는 경우에도 발생하는 무과실책임이다.

(2) 해제권

특정물 또는 종류로 지정한 후 특정된 목적물에/ 하자가 있고,/ 이로 인하여 계약의 목적을 달성할 수 없는 경우에는/ 선의·무과실의 매수인은 계약을 해제할 수 있다.

(3) 손해배상청구권

특정물 또는 종류로 지정한 후 특정된 목적물에 하자가 있는 경우/ 계약의 목적 달성과는 무관하게,/ 선의·무과실의 매수인은 손해배상을 청구할 수 있다.

(4) 완전물급부청구권(불특정물매매의 경우에 한함)

종류로 지정한 후 특정된 목적물에 하자가 있는 경우/ 선의·무과실의 매수인은/ 계약해제 또는 손해배상을 청구하지 않고서/ 그에 갈음하여 하자 없는 물건(완전물)의 급부를 청구할 수도 있다.

(5) 제척기간

매수인의 해제권·손해배상청구권·완전물급부청구권은/ 매수인이 그 사실을 안 날로부터 6개월 내에 행사하여야 한다(민법 제582조).

Ⅳ 경매에 있어서의 담보책임

1. 성립요건

(1) 경매가 유효할 것

여기의 경매는 공경매만을 의미하고, 사경매는 포함되지 않는다.

(2) 경매의 목적물에 권리의 하자가 존재할 것

경매의 목적물에/ 권리의 하자가 존재하는 때에는 (추탈)담보책임이 인정되나,/ 물건의 하자에 있는 경우에는 원칙적으로 하자담보책임이 발생하지 않는다.

2. 책임의 내용

(1) 해제권·대금감액청구권(민법 제578조 제1항)

경매의 경우/ 경락인은/ 채무자에게/ 계약의 해제 또는 대금감액을 청구할 수 있다.

(2) 대금반환청구권(민법 제578조 제2항)

채무자가 자력이 없는 경우/ 경락인은/ 대금의 배당을 받은 채권자에게/ 그 대금전부 또는 일부의 반환을 청구할 수 있다.

(3) 손해배상청구권(민법 제578조 제3항)

채무자가 물건 또는 권리의 흠결을 알고 고지하지 아니하거나/ 채권자가 이를 알고 경매를 청구한 때에는/ 경락인은/ 그 흠결을 안 채무자나 채권자에 대하여/ 손해배상을 청구할 수 있다.

Ⅴ 관련문제

1. 담보책임과 동시이행

동시이행의 항변권에 관한 민법 제536조의 규정은/ 권리의 추탈담보책임에 관한 민법 제572조 내지 제575조와/ 물건의 하자담보책임에 관한 민법 제580조 및 제581조의 경우에 각각 준용한다(민법 제583조).

2. 하자담보책임과 착오의 경합

(1) 학 설

착오와 담보책임의 경합이 문제되는 경우에/ 매도인의 담보책임이 적용되는 한 착오의 규정이 적용되지 않는다(법조경합설)는 견해와 양자의 경합을 인정하는 견해의 다툼이 있다.

(2) 판 례

대법원은 「착오로 인한 취소 제도와/ 매도인의 하자담보책임 제도는/ 취지가 서로 다르고, 요건과 효과도 구별된다./ 따라서 매매계약 내용의 중요 부분에 착오가 있는 경우/ 매수인은/ 매도인의 하자담보책임이 성립하는지와 상관없이/ 착오를 이유로 매매계약을 취소할 수 있다(대판 2018.9.13. 2015다78703)」고 판시하였다.

(3) 검 토

착오로 인한 취소 제도와 매도인의 하자담보책임 제도는/ 취지가 서로 다르고, 요건과 효과도 구별되므로,/ 착오와 담보책임의 경합을 인정하는 것이 타당하다.

3. 담보책임과 채무불이행책임의 경합

대법원은/ 「전부 타인권리매매에 있어서/ 매도인이 그 권리를 취득하여 매수인에게 이전하여야 할 의무가/ 매도인의 귀책사유로 인하여 이행불능이 되었다면/ 전부 타인권리매매임을 알았던 악의의 매수인이 매도인의 담보책임에 관한 민법 제570조 단서의 규정에 의해 손해배상을 청구할 수 없다 하더라도/ 채무불이행 일반의 규정(민법 제546조, 제390조)에 좇아서 계약을 해제하고 손해배상을 청구할 수 있다(대판 1993.11.23. 93다37328)」고 판시하여/ 담보책임과 채무불이행책임의 경합을 인정하였다.

제4관 환매

THEME 6 환매와 재매매예약의 비교★

□ 甲은 乙에게 금전을 차용하기 위하여 2016년 5월 2일 자신의 1억 상당의 X토지를 乙에게 8천만원에 매도하는 계약을 체결한 후 등기도 이전해 주었다. 그 후 2016년 5월 12일에 甲과 乙은 X토지를 3년 후에 甲에게 다시 매도할 것을 약정하는 계약을 체결하고, 이 청구권을 보전하기 위하여 甲은 가등기를 하였다. 甲은 2019년 5월 13일에 乙에게 8천만원을 제시하면서 X토지를 자신에게 매도할 것을 요구하고 있다. 이에 대하여 甲은 본 약정은 환매계약이라고 주장하고, 乙은 재매매의 예약이라고 주장하고 있다. 환매와 재매매의 예약과의 차이점에 관하여 설명하고 甲의 주장이 타당한지 검토하시오.

▶ 제7회 기출 사례 20점

핵심해설 제7회 기출 사례

I 논점의 정리

2016월 5월 12일 甲과 乙 사이에 다시 체결된 계약의 성질과 관련하여 환매계약이라는 견해와 재매매의 예약이라는 견해의 다툼이 있다. 이하에서는 환매와 재매매의 예약과의 차이점을 확인한 후 甲의 주장이 타당한지 검토하기로 한다.

II 환매와 재매예약의 비교

1. 의 의
2. 요 건
3. 효 과

III 사안의 해결

1. 매매계약 체결일인 2016년 5월 2일로부터 10일 후인 2016년 5월 12일에 다시 매매계약을 체결하고, 甲이 청구권 보전을 위하여 가등기를 했다는 점에서 재매매예약에 해당한다.
2. 따라서 환매계약이라는 甲의 주장은 타당하지 않다.

핵심이론

I 의 의

1. 환 매

환매란/ 매도인이/ 매매계약 체결과 동시에/ 매수인과 특약에 의하여/ 환매권을 유보하고,/ 일정한 기간 내에/ 그 환매권을 행사하여/ 매매의 목적물을 다시 환수하는 것을 말한다./ 환매의 법적 성질과 관련하여 해제권유보부 매매라는 견해와 재매매의 예약이라는 견해 등의 다툼이 있다.

2. 재매매예약

재매매예약이란/ 어떤 물건 또는 권리를 타인에게 매각하면서/ 장차 그 물건이나 권리를 다시 매수하기로 하는 예약을 말한다.

II 요 건

1. 계약의 동시성(특약 시기)

환매의 경우 매매계약과 동시에 환매특약을 하나,/ 재매매예약은 제한이 없다.

2. 대 금

환매의 경우/ 환매대금에 관하여 특별한 약정이 있으면 그 약정에 의하나,/ 약정이 없다면 그 영수한 대금 및 매수인이 부담한 매매비용을 반환하고 그 목적물을 환매할 수 있다./ 재매매예약은 금액 산정에 제한이 없다.

3. 존속기간

환매의 경우 환매기간은 부동산은 5년, 동산은 3년을 넘지 못하며,/ 약정기간이 이를 넘는 때에는 그 기간을 단축하며,/ 환매기간은 다시 연장하지 못한다./ 재매매예약은 존속기간에 제한이 없다.

4. 등기 가부

부동산 환매의 경우/ 매매등기와 동시에 환매권 유보를 등기할 수 있다./ 재매매예약은 특별한 규정은 없으나 일반적인 청구권보전의 가등기를 할 수는 있다.

Ⅲ 효 과

1. 환 매

환매의 법적 성질을 어떻게 보는지에 따라 환매의 효과가 달라진다. 즉, 해제권유보부 매매라는 견해에 의하면 해제의 효과 문제로 귀결되나,/ 재매매의 예약이라는 견해에 의하면 환매가 성립하고 그 이행이 있어야 환매권자가 소유권을 취득하게 된다./ 현행법 해석상 재매매의 예약이라는 견해가 타당하다.

2. 재매매예약

재매매예약은/ 매매를 완결할 의사를 표시한 때, 즉 가등기에 기한 본등기를 경료한 때에/ 매매의 효력이 생긴다.

| 제3절 | 교 환 |

| 제4절 | 소비대차 |

준소비대차★★★

☐ 준소비대차의 의의, 성립요건 및 효과에 관하여 설명하시오.　　　　▶ 제3회 기출 약술 20점

I 서 설

1. 의 의

준소비대차란/ 소비대차에 의하지 않고/ 금전 기타 대체물을 급부할 의무를 지는 자가/ 상대방과의 계약에 의하여/ 그 목적물을 소비대차의 목적으로 할 것을 약정한 경우를 말한다.

2. 구별개념 : 경개

준소비대차는 신·구채무 간의 동일성이 인정되지만,/ 경개는 동일성이 없다.

II 성립요건

1. 소비대차 외의 기존채무가 존재할 것

기존채무가 처음부터 존재하지 않거나 무효·취소된 때에는 준소비대차도 무효로 되어 신채무는 소급하여 소멸한다.

2. 기존채무를 소비대차의 목적으로 할 것을 약정할 것

준소비대차 계약의 당사자는/ 기존채무의 당사자이어야 한다.

3. 기존채무와 신채무 모두 유효할 것

Ⅲ 효 과

1. 소비대차의 효력
기존채무는 소멸하고 새로운 소비대차계약이 성립한다.

2. 기존채무의 동일성 유지
구채무와 신채무는 동일성이 유지되므로, 구채무에 있던 종전의 항변권과 그 담보도 그대로 존속한다./ 다만, 특약에 의하여 소멸할 수는 있다.

3. 소멸시효기간
준소비대차에 의하여 성립한 신채무를 기준으로 결정된다.

Ⅳ 대 환

1. 의 의
대환은/ 현실적인 자금의 수수 없이/ 형식적으로만 신규 대출을 하여/ 기존채무를 변제하는 것을 말한다.

2. 법적 성질
특별한 사정이 없는 한 형식적으로는 별도의 대출에 해당하나,/ 실질적으로는 기존채무의 변제기 연장에 불과하므로 준소비대차로 보아야 한다.

제5절 사용대차

사용대차

Ⅰ 의의

사용대차는/ 당사자 일방이/ 상대방에게/ 일정한 물건을/ 무상으로 사용·수익하게 하기 위하여/ 인도할 것을 약정하고,/ 상대방은 이를 사용·수익한 후/ 그 물건을 반환할 것을 약정함으로써 성립하는/ 편무·무상·낙성·불요식계약이다.

Ⅱ 성립

1. 합의

사용대차는 낙성계약이므로 당사자 간의 합의가 있으면 성립한다.

2. 목적물

사용대차의 목적물은 제한이 없으므로, 동산이든 부동산이든 모두 가능하다.

Ⅲ 효과

1. 대주의 의무

(1) 목적물 인도의무

대주는 목적물을 차주에게 인도할 의무가 있다.

(2) 목적물 사용·수익을 인용할 소극적 인용의무

대주는 차주의 목적물 사용·수익을 인용할 소극적 의무를 부담한다.

(3) 증여자의 담보책임 준용

사용대차는 무상계약이므로,/ 그 대주의 담보책임에 관하여는 증여자의 담보책임에 관한 민법 제559조가 준용된다.

2. 차주의 권리 · 의무

(1) 목적물 사용 · 수익권

(2) 비용상환청구권

차주는 통상의 필요비를 부담하나,/ 유익비는 상환청구할 수 있다.

(3) 차용물 보관 및 반환의무

① 차주는 선량한 관리자 주의로/ 차용물을 보관하여야 한다.
② 차주가 차용물을 반환하는 때에는 이를 원상에 회복하여야 한다. 이에 부속시킨 물건을 철거할 수 있다.

(4) 공동차주의 연대의무

수인이 공동으로 물건을 차용한 때에는/ 연대하여 그 의무를 부담한다.

Ⅳ 소비대차의 종료

1. 존속기간의 만료

2. 해 지

(1) 대주의 해지

① 차주가/ 계약 또는 그 목적물의 성질에 의하여 정해진 용법에 반하여 사용 · 수익하거나/ 대주의 승낙 없이 제3자에게 차용물을 사용 · 수익하게 한 때에는/ 대주는 계약을 해지할 수 있다.
② 반환시기를 약정하지 않은 경우에는/ 계약 또는 목적물의 성질에 의한 사용 · 수익에 충분한 기간이 경과한 때에는/ 대주는 언제든지 계약을 해지할 수 있다.
③ 차주가 사망 또는 파산선고를 받은 경우에도 대주는 계약을 해지할 수 있다.

(2) 차주의 해지

차주는 다른 특약이 없는 한/ 언제든지 해지할 수 있다.

제6절 임대차

제1관 서 설

제2관 임대차의 존속기간

THEME 9 민법상 임차권의 묵시적 갱신(법정갱신)

 핵심이론

I 의 의

묵시적 갱신이란/ 임대차기간이 만료된 후/ 계약에 의한 갱신의 합의 없이/ 임차인이 임차물의 사용·수익을 계속하는 경우에/ 임대인이 상당한 기간 내에/ 이의를 하지 아니한 경우/ 전임대차와 동일한 조건으로/ 다시 임대차한 것으로 보는 것을 말한다(민법 제639조).

II 요 건

1. **임대차기간이 만료할 것**

   임차인의 차임연체액이 2기의 차임액에 달하여 임대인이 계약을 해지한 경우에는/ 묵시적 갱신이 인정되지 않는다.

2. **임차인이 임차물을 계속하여 사용·수익할 것**

3. **임대인이 상당한 기간 내에 이의를 하지 아니할 것**

Ⅲ. 효과

1. 다시 임대차한 것으로 간주
전임대차와 동일한 조건으로/ 다시 임대차한 것으로 본다.

2. 존속기간의 변동
계약이 갱신된 경우 존속기간은 전(前) 임대차와 달리 약정이 없는 것으로 본다.

3. 해지의 통고
(1) 임대차기간의 약정이 없는 경우
   임대차기간의 약정이 없는 때에는/ 당사자는/ 언제든지/ 계약해지의 통고를 할 수 있다.
(2) 토지, 건물 기타 공작물, 동산의 경우
   토지, 건물 기타 공작물에 대하여/ 임대인이 해지를 통고한 경우에는 임차인이 통고를 받은 날로부터 6월, 임차인이 해지를 통고한 경우에는 임대인이 통고를 받은 날로부터 1월,/ 동산에 대하여는 5일이 경과하면 해지의 효력이 생긴다.

4. 담보의 존속
전(前) 임대차에 대하여/ 제3자가 제공한 담보는 기간의 만료로 소멸하지만,/ 당사자가 제공한 담보는 기간의 만료로 소멸하지 않는다.

5. 편면적 강행규정
판례는 본 규정을 임차인을 보호하기 위한 편면적 강행규정이라고 해석한다.

제3관 임대인의 권리와 의무

제4관 임차인의 권리와 의무★★

임차인의 비용상환청구권★

□ 임차인의 유익비상환청구권에 관하여 약술하시오.   ▶ 제2회 기출 약술 20점

I 서 설

1. 의 의

임차인의 비용상환청구권이란/ 임차인이 목적물에 관하여 보존·수선·개량 등을 위한 비용을 지출한 경우/ 임대인에게 비용의 상환을 청구할 수 있는 권리로서/ 임차물의 수선비 등과 같이 그 보존을 위하여 지출한 비용에 대한 필요비상환청구권과/ 임차물의 객관적 가치를 증가시키기 위하여 지출한 비용에 대한 유익비상환청구권을 말한다(민법 제626조).

2. 법적 성질

비용상환청구권의 법적 성질은 부당이득반환청구권으로,/ 민법 제626조는 부당이득에 관한 특칙이다.

II 요 건

1. 필요비상환청구권

(1) **임차인이 필요비를 지출할 것**

필요비란/ 임차인이/ 수선비 등과 같이 임차목적물의 보존을 위하여 지출한 비용을 의미한다.

(2) **임대인이 부담할 비용일 것**

2. 유익비상환청구권

(1) **임차인이 임차물에 유익비를 지출할 것**

유익비란/ 임차인이/ 임차물의 객관적 가치를 증가시키기 위하여 투입한 비용을 의미한다.

(2) **임대차 계약이 종료되었을 것**

(3) **임대차 종료 시 그 가액의 증가가 현존할 것**

Ⅲ. 효과

1. 행사 시기

(1) 필요비상환청구권

임차인이 필요비를 지출한 경우/ '즉시' 상환을 청구할 수 있으나,/ 임대인이 임차물의 반환을 받은 날로부터 6개월 내에 행사하여야 한다.

(2) 유익비상환청구권

임차인이 유익비를 지출한 경우/ '임대차 계약 종료 시'부터 상환청구할 수 있으나,/ 임대인이 임차물의 반환을 받은 날로부터 6개월 내에 행사하여야 한다.

2. 행사 범위

(1) 필요비상환청구권

임차인은/ 필요비의 현존 여부와 상관없이/ '지출한 비용 전부'를 상환청구할 수 있다.

(2) 유익비상환청구권

임차인이 유익비를 지출한 경우/ 임차물의 가액증가가 현존한 경우에 한하여/ 지출한 금액이나 그 증가액의 상환을 청구할 수 있다./ 법원은/ 임대인의 청구에 의하여/ 유익비의 상환에 상당한 상환기간을 허여할 수 있다.

3. 행사의 상대방

대항력 있는 임차인/ 비용을 지출한 후/ 임차물의 새로운 소유권자에게 비용상환청구권을 행사할 수 있으나,/ 대항력 없는 임차인/ 비용상환청구권을 행사할 수 없다.

4. 유치권 행사 가부

(1) 원 칙

임차인은/ 원칙적으로/ 비용상환청구권에 관하여 유치권을 행사할 수 있다.

(2) 예 외

그러나 ① 유익비에 관하여 법원으로부터 상당한 상환기한을 허여받은 경우와, ② 비용상환청구권을 포기한 경우에는/ 유치권이 발생하지 않는다.

5. 포기특약의 효력

임차인의 비용상환청구권에 관한 규정은 강행규정이 아니므로,/ 당사자 간의 약정으로 이를 포기할 수 있다.

11 THEME 임차인의 부속물매수청구권 ★★

□ 乙소유의 X건물은 5층 건물로서 1층과 2층의 공부상 용도는 음식점이었다. 甲은 乙로부터 X건물의 1층과 2층을 5년간 임차하여 대중음식점을 경영하면서 음식점영업의 편익을 위하여 乙의 동의를 얻어 건물과는 별개인 차양과 유리 출입문 등 영업에 필요한 시설을 1층에 부속시켰다. 한편 甲은 임차한 지 얼마 되지 않아 음식점영업이 부진하자 丙에게 그 건물의 2층에 대한 임차권을 양도하였다. 다음 각 독립된 물음에 답하시오. ▶ 제5회 기출 사례 40점
물음 1) 甲은 임대차 종료 시 위 차양과 유리 출입문 등 영업에 필요한 시설에 대하여 부속물매수청구권을 행사할 수 있는지 여부를 설명하시오. ▶ 20점
□ 임차인의 부속물매수청구권의 의의와 요건 및 효과에 관하여 설명하시오. ▶ 제8회 기출 약술 20점

○ 핵심해설 제5회 기출 사례 물음 1)

I 논점의 정리

임차인 甲이/ 음식점 영업의 편익을 위하여/ 임대인 乙의 동의를 얻어/ 차양과 유리 출입문 등 영업에 필요한 시설을/ X건물의 1층에 부속시킨 경우,/ 부속물매수청구권을 행사할 수 있는지 문제된다.

II 부속물매수청구권

1. 의 의
2. 요 건
3. 효 과

III 사안의 해결

1. 차양과 유리 출입문 등은 부속물에 해당한다.
2. 임대인 乙의 동의를 얻어/ 임차인 甲이 차양과 유리 출입문 등 영업에 필요한 시설을 설치한 것이고,/ X건물 임대차기간이 만료한 때/ 부속물인 차양과 유리 출입문 등이 현존한 경우에 한하여/ 임차인 甲은 임대인 乙에게 부속물매수청구권을 행사할 수 있다.

핵심이론

Ⅰ 서 설

1. 의 의
임차인의 부속물매수청구권이란/ 건물 기타 공작물의 임차인이/ 그 사용의 편익을 위하여/ 임대인의 동의를 얻어/ 이에 부속한 물건이 있는 경우/ 임대차 종료 시/ 임대인에게/ 그 부속물의 매수를 청구할 수 있는 권리를 말한다(민법 제646조).

2. 법적 성질
부속물매수청구권의 법적 성질은 형성권이다.

Ⅱ 요 건

1. 건물 기타 공작물의 임대차일 것

2. 임차인이/ 건물 기타 공작물의 사용편익을 위하여/ 부속한 물건일 것
임차인의 특수 목적에 사용하기 위하여 부속한 물건은 매수청구의 대상이 아니다.

3. 임대인의 동의를 얻어 부속시켰거나/ 임대인으로부터 매수한 부속물일 것
부속물은/ 건물 등에 부속된 물건으로/ 임차인 소유에 속해야 한다.

4. 임대차가 종료된 경우일 것
임대차가 임차인의 차임연체 등 채무불이행으로 인하여 해지된 경우에는/ 임차인은 부속물매수청구권을 행사할 수 없다.

Ⅲ 효 과

1. 매매계약의 성립
부속물매수청구권은 형성권에 해당하여, 임차인이 매수청구권을 행사하면/ 행사 시 시가를 대금으로/ 매매계약이 성립된 것과 같은 효과가 발생한다.

2. 동시이행의 항변권
임차인의 부속물 인도의무와/ 임대인의 대금지급의무는/ 동시이행의 관계에 있다.

3. 포기특약의 효력
부속물매수청구권에 관한 민법 제646조는 편면적 강행규정이므로/ 이에 위반한 약정으로 임차인에게 불리한 것은 무효이다.

토지임차인의 지상물매수청구권 ★★★

☐ 건물의 소유를 목적으로 한 토지임차인의 지상물매수청구권에 관하여 설명하시오.
▶ 제11회 기출 약술 20점

☐ 甲은 乙이 소유한 X토지상에 건물을 지어 음식점을 경영할 목적으로, 乙과 X토지에 대한 임대차계약을 체결하였다. 그 후 甲은 건물을 신축하여 음식점을 경영하고 있다. 한편, 임대차 계약서에는 '임대차기간 만료 시 甲은 X토지상의 건물을 철거하고 원상회복하여 X토지를 반환한다'는 특약이 기재되어 있다. 이러한 경우 임대차기간이 만료된 때에, 甲이 신축한 건물과 관련하여 乙에게 주장할 수 있는 지상물매수청구권에 관하여 설명하시오.
▶ 제6회 기출 사례 20점

☐ 토지임차인의 지상물매수청구권의 의의와 법적 성질, 그 권리의 행사로 발생하는 법률관계를 설명하고, 임대차 종료 전에 임차인이 그 지상물매수청구권을 포기하기로 임대인과 약정한 경우 그 약정의 효력에 관하여 약술하시오.
▶ 제3회 기출 약술 20점

핵심해설 제6회 기출 사례

I 논점의 정리

임대차계약서에 '임대차기간 만료 시 甲은 X토지상의 건물을 철거하고 원상회복하여 X토지를 반환한다'는 지상물매수청구권 포기특약이 기재되어 있는 경우/ 임대차기간이 만료된 때/ 토지임차인 甲이 신축한 건물과 관련하여 토지임대인 乙에게 지상물매수청구권을 행사할 수 있는지 문제된다.

II 지상물매수청구권

1. 의 의
2. 요 건
3. 효 과

III 사안의 해결

1. 지상물매수청구권은 편면적 강행규정이다.
2. 임차인에게 지상물매수청구권을 인정하지 않는 특약은 임차인에게 불리하여 무효이다.
3. 따라서 임차인 甲은 임대인 乙에게 지상물매수청구권을 행사할 수 있다.

> 핵심이론

I 서 설

1. 지상물매수청구권의 의의

토지임차인의 지상물매수청구권이란/ 건물 기타 공작물의 소유 또는 식목, 채염, 목축을 목적으로 한/ 토지임대차의 기간이 만료된 때/ 건물, 수목 기타 지상시설이 현존한 경우/ 토지임차인이 토지임대인에게 그 지상물의 매수를 청구할 수 있는 권리를 말한다(민법 제643조).

2. 법적 성질

토지임대인이 계약의 갱신을 원하지 않는 경우에/ 토지임차인에게 2차적으로 인정되는 형성권이다.

II 요 건

1. 건물 기타 공작물의 소유 또는 식목, 채염, 목축을 목적으로 한/ 토지임대차 계약을 체결할 것

2. 기간 만료로/ 임차권이 소멸되었을 것

임대차가 임차인의 차임연체 등 채무불이행으로 인하여 해지된 경우에는/ 임차인은 지상물매수청구권을 행사할 수 없다.

3. 기간 만료 당시/ 지상물이 현존할 것

기간 만료 당시 지상물이 현존한 이상/ 미등기, 무허가건물이라도 지상물매수청구권을 행사할 수 있다.

4. 임차인의 계약갱신 청구를 임대인이 거절할 것

III 효 과

1. 매매계약의 성립

① 지상물매수청구권은 형성권에 해당하여,/ 임차인이 매수청구권을 행사하면 행사 시 시가를 대금으로 매매계약이 성립된 것과 같은 효과가 발생한다.
② 이 경우 임차목적물 자체에 대하여 유치권을 행사할 수 없다.

2. 동시이행의 항변권

토지임차인의 지상물 명도 및 소유권이전의무와/ 토지임대인의 대금지급의무는/ 동시이행의 관계에 있다.

3. 포기특약의 효력

지상물매수청구권에 관한 민법 제643조는 편면적 강행규정이므로/ 이에 위반한 약정으로 임차인에게 불리한 것은 무효이다.

제5관 임차권의 양도와 전대

임차권의 양도와 전대 ★★

□ 乙소유의 X건물은 5층 건물로서 1층과 2층의 공부상 용도는 음식점이었다. 甲은 乙로부터 X건물의 1층과 2층을 5년간 임차하여 대중음식점을 경영하면서 음식점영업의 편익을 위하여 乙의 동의를 얻어 건물과는 별개인 차양과 유리 출입문 등 영업에 필요한 시설을 1층에 부속시켰다. 한편 甲은 임차한 지 얼마 되지 않아 음식점영업이 부진하자 丙에게 그 건물의 2층에 대한 임차권을 양도하였다. 다음 각 독립된 물음에 답하시오. ▶ 제5회 기출 사례 40점

물음 2) 丙에게 위 건물의 2층에 대한 임차권을 양도한 경우의 법률관계를 乙의 동의가 있는 경우와 乙의 동의가 없는 경우로 나누어 설명하시오. ▶ 20점

□ 甲(임대인)의 동의 없이 乙(임차인)이 임대목적물을 제3자 丙에게 전대(轉貸)한 경우에 甲, 乙, 丙 사이의 법률관계에 관하여 설명하시오. ▶ 제4회 기출 약술 20점

◯ 핵심해설 제5회 기출 사례 물음 2)

I 서설

임차권의 양도란/ 임차권이 동일성을 유지하면서 이전되는 계약을 의미하는데, 임차권 양도의 법률관계를 임대인 乙의 동의가 있는 경우와 없는 경우로 나누어 검토하기로 한다.

II 임대인의 동의 있는 임차권 양도

임차권은 동일성을 유지하면서 양수인 丙에게 이전되고,/ 양도인 甲은 임대차 관계에서 벗어난다. 즉, 임대차관계는 임대인 乙과 양수인 丙 사이에 동일성을 유지하면서 계속된다.

Ⅲ 임대인의 동의 없는 임차권의 무단양도

1. 양도인 甲과 양수인 丙의 관계
양도인 甲과 양수인 丙 사이의 임차권 양도계약은 유효하다./ 다만, 양도인 甲은 양수인 丙을 위하여 임대인 乙의 동의를 받아 줄 의무가 있을 뿐이다.

2. 임대인 乙과 양수인 丙의 관계
① 양수인 丙은 임대인 乙에게 임차권을 주장할 수 없다.
② 임대인 乙이/ 임대차계약을 해지하지 않는 한/ 임차인 甲에게 차임청구권을 행사할 수 있으므로,/ 임대차계약이 존속하는 한/ 양수인 丙에게 불법점유를 이유로 한 차임상당의 손해배상청구권이나 부당이득반환청구권을 행사할 수는 없다.

3. 임대인 乙과 양도인 甲의 관계
① 임대인 乙은 임대차계약을 해지할 수 있다.
② 임대인 乙이 임대차계약을 해지하지 않는 한 임대차관계는 여전히 존속하므로 임대인 乙은 임차인 甲에게 차임지급을 청구할 수 있다.

Ⅳ 결 어

I 의의

임차권의 양도란/ 임차권이 동일성을 유지하면서 이전되는 계약을 의미하고,/ 임차물의 전대란/ 임차인이 스스로 임대인이 되어 임차물을 다시 제3자로 하여금 사용·수익하게 하는 계약을 의미한다.

II 임대인의 동의 있는 양도·전대

1. 임대인의 동의 있는 임차권의 양도

임차권은 동일성을 유지하면서 양수인에게 이전되고,/ 양도인은 임대차 관계에서 벗어난다.

2. 임대인의 동의 있는 임차물의 전대

(1) 임차인(전대인)과 전차인의 관계

임차인과 전차인 사이의 임차물 전대차 계약이 성립한다.

(2) 임대인과 임차인(전대인)의 관계

전대차 계약의 성립에 의하여 종전 임대차 계약은 아무런 영향을 받지 않는다. 즉, 임대인의 임차인에 대한 권리행사에 영향을 미치지 않는다.

(3) 임대인과 전차인의 관계

　1) 임대차 관계의 불성립

　전차인은 임대인에 대하여 비용상환청구권과 같은 임대차 계약상의 권리를 갖지 않는다.

　2) 전차인의 의무부담

　① 전차인은/ 임대인에게 직접 의무를 부담한다.

　② 전차인은/ 임차인에 대한 차임지급시기 이전에 지급한 차임으로 임대인에게 대항하지 못하나,/ 차임지급시기 이후에 지급한 차임으로는 대항할 수 있다.

III 임대인의 동의 없는 양도·전대

1. 임대인의 동의 없는 임차권의 무단양도

(1) 임차인(양도인)과 양수인의 관계

임차인과 양수인 사이의 임차권 양도계약은 유효하고,/ 임차인은 양수인을 위하여 임대인의 동의를 받아 줄 의무가 있다.

(2) 임대인과 양수인의 관계

　① 양수인은 임대인에게 임차권을 주장하지 못한다.

　② 임대인이 임대차 계약을 해지하지 않은 한/ 임대인은 임차인에게 차임지급을 청구할 수 있으므로,/ 양수인의 불법점유를 이유로 차임상당의 손해배상청구나 부당이득반환청구를 할 수는 없다.

(3) 임대인과 임차인(양도인)의 관계
① 임대인은 임차인의 임차권 무단양도를 이유로/ 임대차 계약을 해지할 수 있다.
② 임대인이 임대차 계약을 해지하지 않은 한/ 임대차관계는 여전히 유효하게 존속하므로 임대인은 임차인에게 차임지급을 청구할 수 있다.

2. 임대인의 동의 없는 임차물의 무단전대

(1) 임차인(전대인)과 전차인의 관계
임차인과 전차인 사이의 임차물 전대계약은 유효하고,/ 임차인은 전차인을 위하여 임대인의 동의를 받아줄 의무가 있다.

(2) 임대인과 전차인의 관계
① 전차인은 임대인에게 임차권을 주장하지 못한다.
② 임대인이 임대차 계약을 해지하지 않은 한/ 임대인은 임차인에게 차임지급을 청구할 수 있으므로, 전차인의 불법점유를 이유로 차임상당의 손해배상청구나 부당이득반환청구를 할 수는 없다.

(3) 임대인과 임차인(전대인)의 관계
① 임대인은 임차인의 임차물 무단전대를 이유로 임대차 계약을 해지할 수 있다./ 다만, 임차물 전대가 임대인에 대한 배신행위가 아니라고 인정되는 특별한 사정이 있는 경우에는 임대차 계약을 해지할 수 없다.
② 임대인이 임대차 계약을 해지하지 않은 한/ 임대차관계는 여전히 유효하게 존속하므로 임대인은 임차인에게 차임지급을 청구할 수 있다.

제6관 보증금과 권리금

THEME 14 임대차 보증금 반환 시 피담보채무에 대한 입증책임

Ⅰ 문제점 및 학설

임대인이 보증금을 반환할 때/ 보증금에서 공제될 임차인의 채무에 대하여 누가 증명책임을 부담하는지에 대해/ 임차인이 보증금에서 공제될 채무가 없음을 증명해야 한다는 견해와/ 임대인이 공제될 채권이 있음을 증명해야 한다는 견해의 다툼이 있다.

Ⅱ 판 례

대법원은/ 「임대차보증금에서 피담보채무 등을 공제하려면/ 임대인은/ 임대차보증금에서 공제될 차임채권, 관리비채권 등의 발생 원인에 관하여 주장·증명을 해야 한다./ 다만 그 발생한 채권이 변제 등의 이유로 소멸하였는지에 관하여는/ 임차인이 주장·증명책임을 부담한다(대판 2021.5.27. 2020다263635·263642)」고 판시하였다.

Ⅲ 검 토

임차인 보호 측면(신속한 보증금 수령)에서/ 임대인이 보증금에서 공제될 차임채권 등의 존재를 입증해야 한다고 봄이 타당하다.

제7관	임대차의 종료와 해지권

제8관	특수한 임대차★★★

THEME 15 주택임대차법상 임차권의 대항력★

핵심이론

I 의의

주택임대차보호법(이하 "주택임대차법")은/ 등기가 없는 경우에도 임차인이 주택의 인도와 주민등록을 마친 때에는/ 그 다음 날부터 제3자에 대하여 효력이 생긴다고 하여/ 임차권의 대항력을 인정한다(주택임대차법 제3조 제1항).

II 요건

1. 적법한 임대권한을 가진 임대인과/ 임대차 계약을 체결하였을 것

2. 임차인이 주택을 인도받았을 것

① 주거용 건물에 해당하는지 여부는/ 실제 용도에 따라 정해진다.
② 주거용 건물이라면/ 미등기 또는 무허가 건물도 주택에 해당한다.
③ 주택의 인도는/ 직접점유뿐만 아니라 타인을 매개로 한 간접점유라도 상관없다.

3. 임차인이 주민등록을 경료하였을 것

전입신고를 한 때 주민등록이 된 것으로 본다.

4. 주택의 인도와 주민등록이/ 계속 존속할 것

대법원은/ 「달리 공시방법이 없는 주택임대차에 있어서/ 주택의 인도 및 주민등록이라는 대항요건은/ 그 대항력 취득 시에만 구비하면 족한 것이 아니고/ 그 대항력을 유지하기 위하여서도 계속 존속하고 있어야 한다(대판 1998.1.23. 97다43468)」고 판시함.

제2장 계약각론

Ⅲ. 효과

1. 대항력 취득시기
주택임차인이／ 주택의 인도와 주민등록을 마친 다음 날부터／ 제3자에 대하여 임차권을 주장할 수 있다.

2. 인적 범위
임차주택의 양수인은 임대인의 지위를 승계한 것으로 본다(주택임대차법 제3조 제4항)．／ 이에 따라 양수인이 양도인의 임차인에 대한 보증금금반환채무를 부담하게 된다.

THEME 16 주택임대차법상 보증금의 우선변제권

핵심이론

I 의 의

주택임대차법상 보증금의 우선변제권이란/ 주택임대차의 대항요건(주택의 인도와 주민등록)과 임대차 계약증서상의 확정일자를 갖춘 임차인이/ 임차주택(대지 포함)의 환가대금에서/ 후순위권리자나 그 밖의 채권자보다/ 우선하여 보증금을 변제받을 수 있는 권리를 말한다(주택임대차법 제3조의2 제2항).

II 요 건

1. 주택임차인이/ 대항력을 구비하였을 것

주택임차인이 주택의 인도와 주민등록을 마친 다음 날부터 제3자에 대하여 임차권을 주장할 수 있다. 주민등록은 전입신고를 한 때 된 것으로 본다.

2. 주택임차인이/ 임대차 계약증서에 확정일자를 구비하였을 것

3. 임차인이/ 배당요구 종기(= 첫 매각기일 이전)까지/ 배당요구를 하였을 것

주택임대차법에 의하여 우선변제청구권이 인정되는 임대차보증금반환채권은/ 현행법상 배당요구가 필요한 배당요구채권에 해당한다(대판 1998.10.13. 98다12379).

III 효 과

1. 우선변제의 대상

대항요건과 임대차 계약증서상의 확정일자를 갖춘 임차인은/ 임차주택(대지 포함)의 환가대금에서/ 후순위권리자나 그 밖의 채권자보다/ 우선하여/ 보증금을 변제받을 수 있다(주택임대차법 제3조의2 제2항).

2. 보증금반환채권만을 양수한 자의 우선변제권 행사 가부

채권양수인이/ 우선변제권을 행사할 수 있는 주택임차인으로부터/ 임차보증금반환채권을 양수하였다고 하더라도/ 임차권과 분리된 임차보증금반환채권만을 양수한 이상 우선변제권을 행사할 수 있는 임차인에 해당한다고 볼 수는 없다.

3. 부당이득반환청구권

임대차 계약관계가 소멸된 이후에도/ 임차인이 임차목적물을 계속 점유하기는 하였으나/ 본래의 임대차 계약상의 목적에 따라 사용·수익하지 아니하여 실질적인 이득을 얻은 바 없는 경우에는/ 그로 인하여 임대인에게 손해가 발생하였다 하더라도/ 임차인의 부당이득반환의무는 성립되지 않는다(대판 1998.5.29. 98다6497).

4. 주택소유권 변동 시/ 우선변제권 행사의 상대방

대항력 있는 임차인은/ 임차물의 신소유자에게/ 보증금반환을 청구할 수 있다.

주택임대차법상 소액보증금의 우선변제특권

I. 의 의

주택임대차법상 소액보증금의 우선변제특권이란/ 주택임대차의 대항요건(주택의 인도와 주민등록)을 갖춘 임차인이/ 임차주택(대지 포함)의 환가대금에서/ 보증금 중 일정액을/ 다른 담보물권자보다/ 우선하여 변제받을 수 있는 권리를 말한다(주택임대차법 제8조 제1항).

II. 요 건

1. 소액임차인에 해당할 것

소액보증금 우선변제권이 인정되기 위해서는/ 다음의 구분에 의한 금액 이하의 임차인이어야 한다.
① 서울특별시의 경우 1억6천500만원
② 과밀억제권역, 세종특별자치시, 용인시, 화성시 및 김포시의 경우 1억4천500만원
③ 광역시, 안산시, 광주시, 파주시, 이천시 및 평택시의 경우 8천500만원
④ 그 밖의 지역은 7천500만원

2. 주택임대차의 대항요건을 갖출 것

주택임차인이 주택의 인도와 주민등록을 마친 다음 날부터 제3자에 대하여 임차권을 주장할 수 있다. 주민등록은 전입신고를 한 때 된 것으로 본다.

3. 임차주택이 경매 등에 의하여 매각되었을 것

4. 소액임차인이 배당요구를 하였을 것

소액임차인의 소액보증금반환채권은/ 배당요구가 필요한 배당요구채권에 해당한다(대판 2002.1.22, 2001다70702).

Ⅲ 효과

1. 소액보증금 우선변제권

(1) 우선순위 결정

주택임차인이 대항요건(주택의 인도와 주민등록)을 갖춘 다음 날 오전 0시를 기준으로/ 우선변제 여부를 결정한다.

(2) 환가 범위

임차주택과 대지가 함께 경매될 경우뿐만 아니라 대지만 경매될 경우에도 대지의 환가대금에서/ 소액보증금을/ 다른 담보물권자보다/ 우선하여 변제받을 수 있다.

2. 소액보증금의 범위

① 우선변제권이 인정되는 소액보증금은/ 다음의 구분에 의한 금액 이하로 한다(주택임대차법 시행령 제10조 제1항).
　㉠ 서울특별시의 경우 5천500만원
　㉡ 과밀억제권역, 세종특별자치시, 용인시, 화성시 및 김포시의 경우 4천800만원
　㉢ 광역시, 안산시, 광주시, 파주시, 이천시 및 평택시의 경우 2천800만원
　㉣ 그 밖의 지역은 2천500만원
② 소액보증금이 주택가액의 2분의 1을 초과하는 경우에는/ 주택가액의 2분의 1에 해당하는 금액까지만 우선변제권이 있다(주택임대차법 시행령 제10조 제2항).

THEME 18 상가임대차법상 임차인의 권리금 회수기회 보호 ★★★

□ 甲은 자신 소유의 X상가건물에서 음식점을 운영해 오다가 2008.5.6. 丙에게 X건물을 매도하면서, 丙으로부터 X건물을 보증금 3,000만원, 월 차임 200만원, 계약기간 2008.6.5.부터 1년으로 정하여 임대차계약을 체결하였다. 이후 甲과 丙의 임대차계약은 묵시적으로 갱신되어 왔다. 乙은 2023.5.11. 丙으로부터 X건물을 매수하고 소유권이전등기를 마친 후, 2024.1.24. 甲에게 2024.6.4.자로 X건물에 대한 임대차가 종료됨을 통지하였다. 다음 물음에 답하시오. ▶ 제12회 기출 사례 40점

물음 2) 甲은 2024.3.9. 丁과 X건물에 관하여 5,000만원의 권리금계약을 체결한 다음, 2024.3.22. 乙에게 신규임차인으로 丁을 주선하며 임대차계약 체결을 요구하였다. 그러나 乙은 자신이 X건물에서 직접 샌드위치 가게를 운영할 계획이라는 이유로 甲의 요구를 거절하였다. 임대인의 권리금 회수기회 보호제도에 관하여 약술하고, 甲의 권리금 회수방안에 관하여 검토하시오. ▶ 20점

□ 상가건물 임대차보호법(이하 "상가임대차법")상 권리금의 의의와 임차인의 권리금 회수기회 보호규정에 관하여 설명하시오. ▶ 제7회 기출 약술 20점

◉ 핵심해설   제12회 기출 사례 물음 2)

I   논점의 정리

임차인 甲이 계약갱신요구권을 행사할 수 없는 경우에도/ 임대차기간이 끝나기 6개월 전부터 임대차 종료시까지의 기간 내인 2024.3.22. 권리금 회수방편으로 신규 임차인으로 丁을 주선하며 X상가건물의 소유자(임대인) 乙에게 임대차계약 체결을 요구하였으나,/ 乙이 정당한 사유 없이 임차인 甲의 요구를 거절한 경우 甲의 권리금 회수방안이 문제된다./ 이하에서는 권리금 회수기회 보호제도에 관하여 알아보고,/ 임차인 甲의 권리금 회수방안에 관하여 검토하겠다.

II   권리금 회수기회의 보호제도

1. 의 의

2. 임대인의 권리금 지급방해행위

(1) 원 칙

(2) 예 외

3. 임대인의 권리금 지급방해 금지규정 위반의 효력

(1) 손해배상책임

(2) 소멸시효기간

4. 계약갱신요구권과 권리금 회수기회 보호

5. 권리금 회수기회의 보호 불필요

Ⅲ 임차인 甲의 권리금 회수방안

1. 임대인 乙에게/ 임차인 甲이 주선한 신규임차인 丁과/ 임대차계약의 체결을 거절할 정당한 사유가 인정되는지 여부

자신이 X건물에서 직접 샌드위치 가게를 운영할 계획이라는 이유로/ 임차인 甲이 주선한 신규임차인이 되려는 丁과 임대차계약의 체결을 거절한 임대인 乙의 행위는 정당한 사유가 없는 권리금 지급방해행위에 해당한다.

2. 손해배상청구

임대인 乙의 행위는 정당한 사유가 없는 권리금 지급방해행위에 해당하므로/ 이로 인하여 임차인 甲에게 손해가 발생한 경우 임차인 甲은 임대인 乙에게 손해배상을 청구할 수 있다./ 손해배상액은 신규임차인이 임차인에게 지급하기로 한 권리금과 임대차 종료 당시의 권리금 중 낮은 금액을 넘지 못한다.

Ⅳ 사안의 해결

1. 임차인 甲이 계약갱신요구권을 행사할 수 없는 경우에도 임대인 乙은 권리금 회수기회 보호의무를 부담한다.
2. 정당한 사유 없는 임대인 乙의 권리금 지급방해행위로 임차인 甲에게 손해가 발생한 경우 임차인 甲은 임대인 乙에게 손해배상을 청구할 수 있다. 손해배상액은 신규임차인이 임차인에게 지급하기로 한 권리금과 임대차 종료 당시의 권리금 중 낮은 금액을 넘지 못한다.

핵심이론

I 서 설

1. 권리금의 의의

권리금이란/ 임대차 목적물인 상가건물에서 영업을 하는 자 또는 영업을 하려는 자가/ 영업시설·비품, 거래처, 신용, 영업상의 노하우, 상가건물의 위치에 따른 영업상의 이점 등 유형·무형의 재산적 가치의 양도 또는 이용대가로서/ 임대인, 임차인에게/ 보증금과 차임 이외에 지급하는 금전 등의 대가를 말한다(상가임대차법 제10조의3 제1항).

2. 권리금 계약

신규임차인이 되려는 자가/ 임차인에게/ 권리금을 지급하기로 하는 계약을 말한다(상가임대차법 제10조의3 제2항).

II 권리금 회수기회의 보호제도

1. 의 의

임대인은/ 임대차기간이 끝나기 6개월 전부터 임대차 종료시까지/ 법에서 정한 일정한 행위를 함으로써/ 임차인이 권리금계약에 따라/ 임차인이 주선한 신규임차인이 되려는 자로부터 권리금을 지급받는 것을 방해해서는 아니 된다./ 다만, 제10조 제1항 각 호의 사유가 있는 경우에는 그러하지 아니하다(상가임대차법 제10조의4 제1항).

2. 임대인의 권리금 지급방해행위

(1) 원 칙

다음의 행위는 임대인의 권리금 지급방해행위에 해당한다(상가임대차법 제10조의4 제1항 각 호).

① 임차인이 주선한 신규임차인이 되려는 자에게 〈권리금을 요구〉하거나/ 신규임차인이 되려는 자로부터 〈권리금을 수수〉하는 행위(제1호)
② 임차인이 주선한 신규임차인이 되려는 자로 하여금/ 〈임차인에게 권리금을 지급하지 못하게 하는 행위〉(제2호)
③ 임차인이 주선한 신규임차인이 되려는 자에게/ 상가건물에 관한 조세, 공과금, 주변 상가건물의 차임 및 보증금, 그 밖의 부담에 따른 금액에 비추어/ 〈현저히 고액의 차임과 보증금을 요구하는 행위〉(제3호)
④ 그 밖에 〈정당한 사유 없이〉/ 임대인이/ 임차인이 주선한 〈신규임차인이 되려는 자와 임대차계약의 체결을 거절하는 행위〉(제4호)

(2) 예 외

다만, 다음의 경우에는/ 임대인이/ 임차인이 주선한 신규임차인이 되려는 자와 임대차계약의 체결을 거절할 수 있는 〈정당한 사유가 있는 것〉으로 본다(상가임대차법 제10조의4 제2항).

① 임차인이 주선한 신규임차인이 되려는 자가/ 〈보증금 또는 차임을 지급할 자력이 없는 경우〉(제1호)
② 임차인이 주선한 신규임차인이 되려는 자가/ 〈임차인으로서의 의무를 위반할 우려〉가 있거나/ 그 밖에 〈임대차를 유지하기 어려운 상당한 사유가 있는 경우〉(제2호)

③ 임대차 목적물인 상가건물을/ 〈1년 6개월 이상 영리목적으로 사용하지 아니한 경우〉(제3호)
④ 임대인이 선택한 신규임차인이/ 임차인과 권리금 계약을 체결하고 그 권리금을 지급한 경우(제4호)

3. 임대인의 권리금 지급방해 금지규정 위반의 효력

(1) 손해배상책임

① 임대인이 권리금 지급방해행위로 임차인에게 손해를 발생하게 한 때에는 그 손해를 배상할 책임이 있다(상가임대차법 제10조의4 제3항 전단)./ 이 경우 손해배상액은 신규임차인이 임차인에게 지급하기로 한 권리금과 임대차 종료 당시의 권리금 중 낮은 금액을 넘지 못한다(상가임대차법 제10조의4 제3항 후단).
② 임대인이 신규임차인 주선을 거절하는 의사를 명백하게 표시한 경우,/ 신규임차인을 주선하지 않았더라도/ 임차인은 권리금 회수기회 보호의무 위반을 이유로 손해배상을 청구할 수 있다(대판 2019.7.4. 2018다284226).

(2) 소멸시효기간

손해배상청구권은 임대차가 종료한 날부터 3년 이내에 행사하지 아니하면 시효의 완성으로 소멸한다(상가임대차법 제10조의4 제4항).

4. 신규임차인 정보제공

임차인은/ 임대인에게/ 임차인이 주선한 신규임차인이 되려는 자의 보증금 및 차임을 지급할 자력 또는 그 밖에 임차인으로서의 의무를 이행할 의사 및 능력에 관하여/ 자신이 알고 있는 정보를 제공하여야 한다(상가임대차법 제10조의4 제5항).

5. 계약갱신요구권과 권리금 회수기회 보호

최초의 임대차기간을 포함한 전체 임대차기간이 5년[현행법 10년(註)]을 초과하여 임차인이 계약갱신요구권을 행사할 수 없는 경우에도 임대인은 권리금 회수기회 보호의무를 부담한다고 보아야 한다(대판 2019.5.16. 2017다225312·2017다225329).

6. 권리금 회수기회의 보호 불필요

임대인은/ 임차인의 차임연체액이 3기의 차임액에 해당하는 경우,/ 임차인이 거짓이나 그 밖의 부정한 방법으로 임차한 경우,/ 임차인이 임대인 동의 없이 임대차 목적 건물의 전부 또는 일부를 전대한 경우,/ 임차인이 임차한 건물의 전부 또는 일부를 고의나 중대한 과실로 파손한 경우/ 그 밖에 임차인이 임차인으로서의 의무를 현저히 위반하거나 임대차를 계속하기 어려운 중대한 사유가 있는 경우 등에는/ 임차인의 권리금 회수기회를 보호할 필요가 없다(상가임대차법 제10조의4 제1항 단서, 제10조 제1항 각 호).

주택임대차법상 임차권등기명령★★

□ X주택의 임대인 甲이 임대차 종료 후 정당한 사유 없이 보증금을 반환하지 아니하자 임차인 乙이 임차권등기명령을 신청하여 임차권등기가 이루어진 경우, 그 효과에 관하여 설명하시오.

▶ 제8회 기출 약술 20점

Ⅰ 의의

임대차 종료 후/ 보증금에 대하여 우선변제를 받기 위해서는/ 주택임대차법 제3조에 의한 대항요건 및 확정일자의 요건을 갖추어야 한다./ 그런데, 보증금을 변제받기 전에 다른 곳으로 이사를 가야 하는 경우 임차인은 우선변제권을 상실할 수도 있다는 문제가 발생한다./ 이에 주택임대차법은 임차권등기명령제도를 도입하여 임대차가 끝난 후 보증금이 반환되지 아니한 경우 임차인이 단독으로 법원에 임차권등기명령을 신청할 수 있도록 규정하였다(주택임대차법 제3조의3 제1항).

Ⅱ 내용

1. 대항력과 우선변제권의 취득
임차인이 대항력과 우선변제권을 취득하지 못한 경우,/ 임차권등기명령에 따른 임차권등기를 마치면 대항력과 우선변제권을 취득한다.

2. 대항력과 우선변제권의 유지
① 임차인이 임차권등기 이전에 이미 대항력 또는 우선변제권을 취득한 경우에는/ 그 대항력 또는 우선변제권은 그대로 유지된다.
② 임차권등기 이후에는/ 그 대항요건을 상실하더라도/ 이미 취득한 대항력이나 우선변제권을 상실하지 아니한다.

Ⅲ 타 임차인과의 관계

임차권등기명령에 따른 임차권등기가 끝난 주택을/ 그 이후에 임차한 임차인은 소액보증금 우선변제권을 받을 권리가 없다.

Ⅳ 임대차보증금 반환의무와 임차권등기 말소의무의 관계

임대인의 임대차보증금의 반환의무가/ 임차인의 임차권등기 말소의무보다/ 먼저 이행되어야 할 의무이다(대판 2005.6.9. 2005다4529).

Ⅴ 임차권등기명령에 따른 임차권등기에/ 소멸시효중단사유인 압류 또는 가압류, 가처분에 준하는 효력이 있는지 여부(소극)

주택임대차법 제3조의3에서 정한 임차권등기명령에 따른 임차권등기는/ 특정목적물에 대한 구체적 집행행위나 보전처분의 실행을 내용으로 하는 압류 또는 가압류, 가처분과 달리/ 어디까지나 주택임차인이 주택임대차법에 따른 대항력이나 우선변제권을 취득하거나 이미 취득한 대항력이나 우선변제권을 유지하도록 해 주는 담보적 기능을 주목적으로 한다./ 그렇다면 임차권등기명령에 따른 임차권등기에는 민법 제168조 제2호에서 정하는 소멸시효중단사유인 압류 또는 가압류, 가처분에 준하는 효력이 있다고 볼 수 없다(대판 2019.5.16. 2017다226629).

Ⅵ 민법 제621조에 따른 주택임대차등기의 효력에 준용

주택임차인이/ 임대인과 합의하에/ 민법상 부동산임대차를 등기한 때에는/ 임차권등기명령에 따른 효력과 동일한 효력이 있다(주택임대차법 제3조의4 제1항).

주택임대차법상 임차권의 묵시적 갱신 ★★

□ 주택임대차법상 임차권의 묵시적 갱신에 관하여 약술하시오.　　▶ 제1회 기출 약술 20점

Ⅰ 의 의

묵시적 갱신이란/ 계약에 의한 갱신합의 없이/ 임대차기간이 만료되기 (6개월 전부터) 2월 전까지의 기간에/ 임대인 또는 임차인의 갱신거절의 통지등이 없고,/ 임차인의 의무위반이 없는 경우,/ 임대차기간이 끝난 때/ 전임대차와 동일한 조건으로/ 다시 임대차한 것으로 보는 것을 말한다.

Ⅱ 요 건

1. 임대인 또는 임차인의 갱신거절의 통지등이 없을 것

임대인은 임대차기간이 끝나기 6개월 전부터 2개월 전까지,/ 임차인은 임대차기간이 끝나기 2개월 전까지,/ 갱신거절의 통지를 하거나 계약조건을 변경하지 아니하면 갱신하지 아니한다는 뜻의 통지가 없어야 한다.

2. 임차인의 의무위반이 없을 것

2기의 차임액에 달하도록 연체하거나 그 밖에 임차인으로서 의무를 현저히 위반한 경우/ 묵시적 갱신을 적용하지 아니한다.

Ⅲ 효 과

1. 다시 임대차한 것으로 간주

임대차기간이 끝난 때에/ 전임대차와 동일한 조건으로/ 다시 임대차한 것으로 본다.

2. 존속기간의 변동

계약이 갱신된 경우 존속기간은 2년으로 본다.

3. 해지의 통고
① 계약이 갱신되어 임대차 존속기간이 2년이 된 경우에도/ 임차인은/ 언제든지 임대인에게 계약해지를 통지할 수 있다.
② 이 경우 임대인이 그 통지를 받은 날부터 3개월이 지나면 효력이 발생한다.

4. 담보의 존속
전임대차에 대하여 제3자가 제공한 담보는 기간의 만료로 소멸하지만,/ 당사자가 제공한 담보는 기간의 만료로 소멸하지 않는다.

5. 편면적 강행규정
묵시적 갱신은 편면적 강행규정이므로,/ 임차인에게 묵시적 갱신을 인정하지 않는 특약은 임차인에게 불리하여 무효이다.

21 상가임대차법상 임차권의 묵시적 갱신 ★★

I 의의

묵시적 갱신이란/ 계약에 의한 갱신합의 없이/ 임대인이 임대차기간이 만료되기 6개월 전부터 1개월 전까지 사이에/ 임차인에게 갱신거절의 통지등을 하지 아니한 경우,/ 임대차기간이 만료된 때/ 전임대차와 동일한 조건으로/ 다시 임대차한 것으로 보는 것을 말한다.

II 요건

1. 임대인의 갱신거절 통지등이 없을 것

임대인이/ 임대차기간이 끝나기 6개월 전부터 1개월 전까지,/ 임차인에게/ 갱신거절의 통지 또는 조건을 변경하지 아니하면 갱신하지 아니한다는 뜻의 통지를 하지 아니하여야 한다.

2. 대통령령으로 정하는 보증금액을 초과하지 않는 임대차일 것

대통령령으로 정하는 보증금액을 초과하는 임대차에는/ 상가임대차법상의 묵시적 갱신이 인정되지 않는다.

III 효과

1. 다시 임대차한 것으로 간주

임대차기간이 만료된 때에/ 전임대차와 동일한 조건으로/ 다시 임대차한 것으로 본다.

2. 존속기간의 변동

계약이 갱신된 경우 임대차 존속기간은 1년으로 본다.

3. 해지의 통고

① 계약이 갱신되어 임대차 존속기간이 1년이 된 경우에도/ 임차인은 언제든지 임대인에게 계약해지를 통지할 수 있다.
② 이 경우 임대인이 그 통지를 받은 날부터 3개월이 지나면 효력이 발생한다.

4. 담보의 존속
전임대차에 대하여 제3자가 제공한 담보는 기간의 만료로 소멸하지만,/ 당사자가 제공한 담보는 기간의 만료로 소멸하지 않는다.

5. 편면적 강행규정
묵시적 갱신은 편면적 강행규정이므로,/ 임차인에게 묵시적 갱신을 인정하지 않는 특약은 임차인에게 불리하여 무효이다.

주택임대차법상 임차인의 계약갱신요구권 ★★

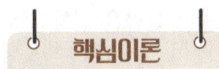

I 의 의

계약갱신요구권이란/ 임차인이 계약갱신을 요구하면/ 임대인이 정당한 사유 없이는 계약갱신을 거절할 수 없는 권리를 말한다.

II 요 건

1. 임차인의 계약갱신 요구가 있을 것
임차인은/ 임대차기간이 끝나기 6개월 전부터 2개월 전까지 사이에/ 계약갱신을 요구하여야 한다.

2. 갱신 요구를 거절할 정당한 사유가 없을 것
임차인이 2기의 차임액에 해당하는 금액에 이르도록 차임을 연체한 사실이 있거나,/ 임차인이 거짓이나 그 밖의 부정한 방법으로 임차한 경우 등 임대인이 갱신을 거절할 사유가 없어야 한다.

III 효 과

1. 다시 임대차한 것으로 간주
① 갱신되는 임대차는/ 전 임대차와 동일한 조건으로/ 다시 계약된 것으로 본다.
② 다만, 차임과 보증금은 증감할 수 있다./ 증액청구는 약정한 차임이나 보증금의 20분의 1을 초과하지 못한다.

2. 존속기간
계약이 갱신된 경우 존속기간은 2년으로 본다.

3. 계약갱신요구권 행사 횟수 제한
임차인은/ 1회에 한하여/ 계약갱신요구권을 행사할 수 있다.

4. 해지의 통고

① 계약이 갱신되어 임대차 존속기간이 2년이 된 경우에도/ 임차인은 언제든지 임대인에게 계약해지를 통지할 수 있다.

② 이 경우 임대인이 그 통지를 받은 날부터 3개월이 지나면 효력이 발생한다.

5. 편면적 강행규정

계약갱신요구권은 편면적 강행규정이므로,/ 임차인에게 계약갱신요구권을 인정하지 않는 특약은 임차인에게 불리하여 무효이다.

상가임대차법상 임차인의 계약갱신요구권★★

□ 甲은 자신 소유의 X상가건물에서 음식점을 운영해 오다가 2008.5.6. 丙에게 X건물을 매도하면서, 丙으로부터 X건물을 보증금 3,000만원, 월 차임 200만원, 계약기간 2008.6.5.부터 1년으로 정하여 임대차계약을 체결하였다. 이후 甲과 丙의 임대차계약은 묵시적으로 갱신되어 왔다. 乙은 2023.5.11. 丙으로부터 X건물을 매수하고 소유권이전등기를 마친 후, 2024.1.24. 甲에게 2024.6.4.자로 X건물에 대한 임대차가 종료됨을 통지하였다. 다음 물음에 답하시오. ▶ 제12회 기출 사례 40점

물음 1) 乙의 임대차 종료 통지에 대하여 甲은 임대차계약의 갱신을 요구하였다. 이와 관련하여 상가건물임대차보호법상 계약갱신요구권을 약술하고, 甲의 계약갱신요구의 인정 여부, 甲과 乙의 임대차계약의 존속 여부에 관하여 검토하시오. ▶ 20점

□ 상가임대차법상 임차인의 계약갱신요구권에 관하여 설명하시오. ▶ 제9회 기출 약술 20점

○ 핵심해설 제12회 기출 사례 물음 1)

I 논점의 정리

최초의 임대차기간을 포함한 전체 임대차기간이 10년을 초과하여 16년이 된 경우에도/ 임차인 甲에게 계약갱신요구권이 인정되는지 여부와/ 임차인 甲과 임대인 丙으로부터 X상가건물을 매수한 乙 사이에/ 임대차계약이 존속하는지 여부가 문제된다.

II 상가임대차법상 임차인의 계약갱신요구권

1. 의 의

2. 요 건

(1) 임차인의 계약갱신요구가 있을 것

(2) 임대인이 임차인의 갱신요구를 거절할 정당한 사유가 없을 것

3. 효 과

(1) 갱신 기간

(2) 갱신 내용

(3) 편면적 강행규정

Ⅲ. 임차인 甲에게 계약갱신요구권이 인정되는지 여부

1. 상가임대차법의 개정 내용

2018.10.16. 계약갱신요구권의 행사기간이 기존 5년에서 10년으로 개정되었으며,/ 부칙 제2조에 의하여 2018.10.16. 이전에 체결되었지만 2018.10.16. 이후 갱신되는 경우에도 개정법이 적용된다./ 이에 따라 최초의 임대차기간을 포함한 전체 임대차기간이 10년을 초과하지 아니하는 범위에서만 임차인의 계약갱신요구권 행사가 가능하다.

2. 소 결

X상가건물의 소유자(임대인) 변동이 있는 경우에도 임차인의 계약갱신요구권은 X상가건물에 최초로 체결된 임대차계약의 기산일로(2008.6.5.)부터 10년 동안만 행사할 수 있다./ 따라서 2024. 현재 10년의 기간이 경과하였으므로 임차인 甲의 임대차계약의 갱신요구는 인정되지 않는다.

Ⅳ. 임차인 甲과 X상가건물의 소유자(임대인) 乙 사이의 임대차계약의 존속 여부

1. 상가임대차법의 해석

임대인이 임대차기간이 만료되기 6개월 전부터 1개월 전까지 사이에 임차인에게 갱신 거절의 통지를 한 경우/ 임대차계약은 임대차기간 만료 시에 종료된다고 해석된다(상가임대차법 제10조 제4항 전단 반대해석).

2. 소 결

임대인 乙이 임대차기간이 만료(2024.6.4.)되기 6개월 전부터 1개월 전까지의 사이인 2024.1.24. 갱신 거절의 통지를 하였으므로/ 임차인 甲과 임대인 乙 사이의 임대차계약은 2024.6.4.에 종료된다.

Ⅴ. 사안의 해결

1. 임차인 甲에게 계약갱신요구권이 인정되지 않는다.
2. 임차인 甲과 X상가건물의 소유자(임대인) 乙 사이의 임대차계약은 존속하지 않는다.

핵심이론

I 의 의

계약갱신요구권이란/ 임차인이 임대차기간이 만료되기 6개월 전부터 1개월 전까지 사이에/ 계약갱신을 요구하면/ 임대인이 정당한 사유 없이는 계약갱신을 거절할 수 없는 권리를 말한다(상가임대차법 제10조 제1항).

II 요 건

1. 임차인의 계약갱신요구가 있을 것

임차인은/ 임대차기간이 만료되기 6개월 전부터 1개월 전까지 사이에/ 계약갱신을 요구하여야 한다(상가임대차법 제10조 제1항 본문).

2. 임대인이 임차인의 갱신요구를 거절할 정당한 사유가 없을 것

임대인은/ 다음의 경우/ 임차인의 계약갱신요구를 거절할 수 있다(상가임대차법 제10조 제1항 단서).
① 임차인이 3기의 차임액에 해당하는 금액에 이르도록/ 차임을 연체한 사실이 있는 경우
② 임차인이 거짓이나 그 밖의 부정한 방법으로 임차한 경우
③ 서로 합의하여/ 임대인이 임차인에게 상당한 보상을 제공한 경우
④ 임차인이 임대인의 동의 없이 목적 건물의 전부 또는 일부를 전대한 경우
⑤ 임차인이 임차한 건물의 전부 또는 일부를 고의나 중대한 과실로 파손한 경우
⑥ 임차한 건물의 전부 또는 일부가 멸실되어/ 임대차의 목적을 달성하지 못할 경우
⑦ 임대인이/ 건물이 노후·훼손 또는 일부 멸실되는 등 안전사고의 우려가 있는 경우 등의 사유로/ 목적 건물의 전부 또는 대부분을 철거하거나 재건축하기 위하여/ 목적건물의 점유를 회복할 필요가 있는 경우
⑧ 그 밖에 임차인이 임차인으로서의 의무를 현저히 위반하거나/ 임대차를 계속하기 어려운 중대한 사유가 있는 경우

III 효 과

1. 갱신 기간

임차인의 계약갱신요구권은/ 최초의 임대차기간을 포함한 전체 임대차기간이 10년을 초과하지 아니하는 범위에서만 행사할 수 있다(상가임대차법 제10조 제2항).

2. 갱신 내용

① 갱신되는 임대차는/ 전 임대차와 동일한 조건으로/ 다시 계약된 것으로 본다(상가임대차법 제10조 제3항 본문).
② 다만, 당사자는 장래의 차임 또는 보증금에 대하여 증감을 청구할 수 있다. 그러나 증액의 경우에는 청구 당시의 차임 또는 보증금의 100분의 5의 금액을 초과하지 못한다(상가임대차법 제10조 제3항 단서·제11조 제1항, 동법 시행령 제4조).

3. 편면적 강행규정

계약갱신요구권은 편면적 강행규정이므로/ 임차인에게 계약갱신요구권을 인정하지 않는 특약은 임차인에게 불리하여 무효이다.

제7절 고용

제8절 도급

THEME 24 제작물 공급계약의 법적 성질과 소유권 귀속의 특약 ★★

□ 승강기 제조업자인 甲은 乙소유의 X신축건물에 특유한 승강기를 제작·설치하는 계약을 乙과 체결하였다. 이 계약의 법적 성질은 무엇이며, 만일 승강기가 완성되어 설치되었다면 그 승강기의 소유권은 누구에게 귀속하는지에 관하여 설명하시오.
▶ 제11회 기출 사례 20점

□ 2018.10.10. 甲은 그 소유의 X토지 위에 특수한 기능과 외관을 가진 Y단독주택을 신축하기로 건축업자 乙과 약정하면서(총 공사대금은 10억원, 공사기간은 계약체결일부터 6개월), 같은 날 계약금의 명목으로 총 공사대금의 10%만 지급하였고, 나머지 공사대금은 완공 이후에 甲의 검수를 거친 뒤 지급하기로 하였다. 그런데 Y단독주택에 관한 건축허가와 소유권보존등기는 甲명의로 하기로 乙과 약정하였다. 다음 물음에 답하시오.
▶ 제8회 기출 사례 40점

물음 1) Y단독주택을 신축하기 위하여 甲과 乙 사이에 체결된 계약의 법적 성질을 설명하고, Y단독주택이 완성된 경우 그 소유권이 누구에게 귀속하는지에 관하여 설명하시오.
▶ 20점

□ 수급인이 재료의 전부를 조달하여 '완성한 물건의 소유권 귀속'에 관하여 약술하시오.
▶ 제1회 기출 약술 20점

○ **핵심해설** 제11회 기출 사례

I 논점의 정리

승강기 제조업자인 甲이/ 乙과 乙소유의 X신축건물에 특유한 승강기를 제작·설치하는 계약을 체결한 경우/ 이 제작물 공급계약의 법적 성질이 문제되며,/ 승강기가 완성되어 설치되었다면 그 승강기의 소유권은 누구에게 귀속하는지 문제된다.

II 제작물 공급계약

1. 의의
2. 법적 성질
3. 검토

Ⅲ. 도급계약에 있어서 완성된 물건의 소유권 귀속

1. 소유권 귀속의 특약이 없는 경우

(1) 도급인이 재료를 제공한 경우

도급인이 재료의 전부 또는 주요 부분을 공급한 경우,/ 완성된 목적물이 동산이든 부동산이든 관계없이/ 도급인에게 소유권이 귀속된다.

(2) 수급인이 재료를 제공한 경우

1) 학설

수급인 소유권설과/ 동산은 수급인, 부동산은 도급인 소유라는 견해의 다툼이 있다.

2) 판례

대법원은/ 「수급인이 자기의 재료와 노력으로 건물을 건축하였을 경우에/ 도급인이 도급대금을 지급하고 건물의 인도를 받기 전에는 그 소유권은 수급인에게 있다 할 것이나 특약이 있으면 그 특약에 따라 그 소유권의 귀속이 결정된다(대판 1972.2.29. 71다2541·2542)」고 판시하였다.

3) 검토

도급계약의 본질은 도급인을 위하여 일을 완성하는 것이므로,/ 완성된 목적물의 소유권은 도급인에게 귀속된다고 봄이 타당하다.

2. 소유권 귀속의 특약이 있는 경우

Ⅳ. 사안의 해결

1. 乙소유 X신축건물에 특유한 승강기는 부대체물이므로 도급에 해당한다.

2. 사안은 도급계약에 있어서 완성된 물건의 소유권 귀속의 특약이 없는 경우로, 도급인이 재료를 제공한 경우에는 도급인에게 소유권이 귀속되고, 수급인이 재료를 제공한 경우에는 판례는 특약이 없는 경우 수급인에게 소유권이 귀속된다고 보나, 도급계약의 본질은 도급인을 위하여 일을 완성하는 것이므로,/ 완성된 목적물의 소유권은 도급인에게 귀속된다고 봄이 타당하다.

핵심해설 제8회 기출 사례 물음 1)

I 논점의 정리

Y단독주택을 신축하기 위하여 도급인 甲과 수급인 乙 사이에 체결된 제작물 공급계약의 법적 성질과/ Y단독주택에 관한 건축허가와 소유권보존등기를 甲 명의로 하기로 乙과 약정한 경우 완성된 Y단독주택의 소유권이 누구에게 귀속하는지 문제된다.

II 제작물 공급계약

1. 의 의
2. 법적 성질
3. 검 토

III 완성된 물건의 소유권 귀속 특약

1. 도급계약의 경우
2. 매매계약의 경우

IV 사안의 해결

1. Y단독주택은 특수한 기능과 외관을 가진 부대체물이므로 도급에 해당한다.
2. 비록 공사대금의 10%만 도급인 甲이 부담하고, 90%의 공사대금은 수급인 乙이 부담하였더라도, 완성된 Y단독주택의 소유권은 소유권 귀속의 특약에 의하여 도급인 甲에게 귀속한다.

I 제작물 공급계약

1. 의 의

제작물 공급계약은/ 당사자의 일방이/ 상대방의 주문에 따라/ 자기 소유의 재료를 사용하여 만든 물건을 공급하기로 하고,/ 상대방은 이에 대한 대가를 지급하기로 약정하는 계약이다.

2. 법적 성질

(1) 학 설

① 도급과 매매의 혼합계약이라는 견해와 ② 대체물은 매매, 부대체물은 도급이라고 보는 견해의 다툼이 있다.

(2) 판 례

대법원은/「이른바 제작물 공급계약은/ 그 제작의 측면에서는 도급의 성질이 있고/ 공급의 측면에서는 매매의 성질이 있어 대체로 매매와 도급의 성질을 함께 가지고 있으므로,/ 그 적용 법률은/ 계약에 의하여 제작 공급하여야 할 물건이 대체물인 경우에는 매매에 관한 규정이 적용되지만,/ 물건이 특정의 주문자의 수요를 만족시키기 위한 부대체물인 경우에는 당해 물건의 공급과 함께 그 제작이 계약의 주목적이 되어 도급의 성질을 띠게 된다(대판 2010.11.25, 2010다56685)」고 판시하여/ 도급에 관한 규정을 적용하여야 한다는 입장이다.

(3) 검 토

대체물은 공급 측면에서 매매,/ 부대체물은 제작 측면에서 도급으로 봄이 타당하다.

II 도급계약에 의해 완성된 물건의 소유권 귀속

1. 소유권 귀속의 특약이 없는 경우

(1) 도급인이 재료를 제공한 경우

도급인이 재료의 전부 또는 주요 부분을 공급한 경우,/ 완성된 목적물이 동산이든 부동산이든 관계없이/ 도급인에게 소유권이 귀속된다.

(2) 수급인이 재료를 제공한 경우

  1) 학 설

수급인이 재료의 전부 또는 주요 부분을 공급하여 완성된 목적물의 소유권이 누구에게 있는가에 대하여 ① 수급인 소유권설과 ② 동산은 수급인, 부동산은 도급인 소유라는 견해의 다툼이 있다.

  2) 판 례

대법원은/「수급인이 자기의 재료와 노력으로 건물을 건축하였을 경우에/ 도급인이 도급대금을 지급하고 건물의 인도를 받기 전에는 그 소유권은 수급인에게 있다 할 것이나 특약이 있으면 그 특약에 따라 그 소유권의 귀속이 결정된다(대판 1972.2.29, 71다2541·2542)」고 판시하였다.

3) 검 토

도급계약의 본질은 도급인을 위하여 일을 완성하는 것이므로,/ 완성된 목적물의 소유권은 도급인에게 귀속된다고 봄이 타당하다.

2. 소유권 귀속의 특약이 있는 경우

(1) 도급계약의 경우

대법원은/「도급계약에 있어서 수급인이 자기의 노력과 재료를 들여 건물을 완성하더라도/ 도급인과 수급인 사이에 도급인 명의로 건축허가를 받아 소유권보존등기를 하기로 하는 등 완성된 건물의 소유권을 도급인에게 귀속시키기로 합의한 것으로 보여질 경우에는/ 그 건물의 소유권은 도급인에게 원시적으로 귀속된다(대판 1992.8.18. 91다25505)」고 판시하였다.

(2) 매매계약의 경우

대법원은「건축업자가 타인의 대지를 매수하여 그 대금을 지급하지 아니한 채 그 위에 자기의 노력과 재료를 들여 건물을 건축하면서 건축허가 명의를 대지소유자로 한 경우에는,/ 부동산등기법 제131조의 규정에 의하여 특별한 사정이 없는 한 건축허가명의인 앞으로 소유권보존등기를 할 수밖에 없는 점에 비추어 볼 때, 그 목적이 대지대금 채무를 담보하기 위한 경우가 일반적이라 할 것이고,/ 이 경우 완성된 건물의 소유권은 일단 이를 건축한 채무자가 원시적으로 취득한 후 채권자 명의로 소유권보존등기를 마침으로써 담보 목적의 범위 내에서 위 채권자에게 그 소유권이 이전된다고 보아야 한다(대판 2002.4.26. 2000다16350)」고 판시하였다.

수급인의 담보책임★★★

□ 2018.10.10. 甲은 그 소유의 X토지 위에 특수한 기능과 외관을 가진 Y단독주택을 신축하기로 건축업자 乙과 약정하면서(총 공사대금은 10억원, 공사기간은 계약체결일부터 6개월), 같은 날 계약금의 명목으로 총 공사대금의 10%만 지급하였고, 나머지 공사대금은 완공 이후에 甲의 검수를 거친 뒤 지급하기로 하였다. 그런데 Y단독주택에 관한 건축허가와 소유권보존등기는 甲 명의로 하기로 乙과 약정하였다. 다음 물음에 답하시오. ▶ 제8회 기출 사례 40점

물음 2) Y단독주택이 약정한 공사기간 내에 완성되어 甲에게 인도되었으나 2020.5.6. 그 주택의 붕괴가 우려되는 정도의 하자가 발견된 경우, 甲은 乙을 상대로 계약을 해제할 수 있는지 여부와 Y단독주택의 철거 및 신축에 필요한 비용에 상응하는 금액을 손해배상으로 청구할 수 있는지 여부에 관하여 설명하시오. ▶ 20점

핵심해설 제8회 기출 사례 물음 2)

Ⅰ 논점의 정리

완공하여 인도된 Y단독주택에 2020.5.6. 붕괴가 우려되는 정도의 하자가 발견된 경우, 도급인 甲이 수급인 乙을 상대로 계약을 해제할 수 있는지 여부와 Y단독주택의 철거 및 신축에 필요한 비용에 상응하는 금액을 손해배상으로 청구할 수 있는지 여부가 수급인의 담보책임과 관련하여 문제된다.

Ⅱ 수급인의 담보책임

1. 의 의

2. 요 건

3. 효과(내용)

(1) 하자보수청구권

(2) 손해배상청구권

(3) 계약해제권

4. 제척기간

Ⅲ 사안의 해결

1. 완공된 주택에 대해서는/ 붕괴 위험에도 불구하고/ 제작물 공급계약을 해제할 수 없다(민법 제668조 단서).

2. 건물 등에 중대한 하자가 있으나,/ 보수가 불가능하여 신축할 수밖에 없는 경우에는/ 철거 및 건축비용 상당액을/ 하자로 인한 손해배상으로 청구할 수 있다.

□ 甲은 자신의 토지 위에 5층짜리 상가건물을 신축하기 위하여 乙과 공사기간 1년, 공사대금 30억원으로 하는 도급계약을 체결하였다. 각각의 독립된 질문에 대하여 답하시오. ▶제2회 기출 사례 40점

물음 2) 乙이 공사일정에 맞춰 기초공사를 마쳤으나 일부 경미한 하자가 발견된 상태에서 甲이 같은 토지 위에 10층짜리 주상복합건물을 대체 신축할 목적으로 위 도급계약을 해제한 경우, 甲과 乙의 법률관계를 논하시오. ▶20점

핵심해설 제2회 기출 사례 물음 2)

I 논점의 정리

乙이 기초공사를 마친 상태에서 일부 경미한 하자가 발생한 경우, 甲이 도급계약을 해제한 경우, 甲은 기초공사에 대한 보수를 지급해야 하는지, 이 경우 乙은 하자보수의무를 부담하는지 문제된다.

II 완성 전 도급인의 해제권

수급인이 일을 완성하기 전에는 도급인은 손해를 배상하고 계약을 해제할 수 있다(민법 제673조).

III 도급인의 보수지급의무

1. 원 칙

보수는 그 완성된 목적물의 인도와 동시에 지급하여야 한다. 그러나 목적물의 인도를 요하지 아니하는 경우에는 그 일을 완성한 후 지체 없이 지급하여야 한다.

2. 예 외

건축공사가 상당한 정도로 진척되어 / 원상회복이 중대한 사회적 · 경제적 손실을 초래하게 되고 / 완성된 부분이 도급인에게 이익이 되는 경우에는, / 도급인이 도급계약을 해제하는 경우에도 계약은 미완성부분에 대하여서만 실효되고 / 수급인은 해제한 때의 상태 그대로 건물을 도급인에게 인도하고 / 도급인은 완성부분에 상당한 보수를 지급하여야 하나, / 건물의 완성부분이 도급인에게 이익이 되지 아니하고 원상회복이 중대한 사회적, 경제적 손실을 초래하지 않는 경우에는 계약해제의 소급효를 인정할 수 있다(대판 1992.12.22. 92다30160).

IV 수급인의 담보책임

1. 하자보수청구권
2. 손해배상청구권
3. 계약해제권

V 결 론

1. 완성된 부분(기초공사)이 도급인 甲에게 이익이 되는 경우에는, / 甲이 도급계약을 해제하는 경우에도 계약은 미완성부분에 대하여서만 실효되고 / 수급인 乙은 해제한 때의 상태 그대로 건물을 도급인 甲에게 인도하고 / 도급인 甲은 완성부분에 상당한 보수를 지급하여야 한다.

2. 완성된 부분(기초공사)에 경미한 하자가 발생한 경우 수급인 乙은 하자보수의무가 있으며, 도급인 甲은 하자의 보수에 갈음하여 / 또는 보수와 함께 / 손해배상을 청구할 수 있다.

Ⅰ 의 의

도급도 유상계약이므로, 담보책임에 관한 규정이 준용되어야 하지만,/ 민법은 도급의 특성을 고려하여 수급인의 담보책임에 관하여 특별히 규정하고 있다.

Ⅱ 성립요건

1. 완성된 목적물/ 또는 완성 전의 성취된 부분에/ 하자가 있어야 한다.
2. 목적물의 하자가/ 도급인이 제공한 재료의 성질/ 또는 도급인의 지시에 기인한 경우가/ 아니어야 한다.
3. 수급인의 귀책사유를 불문한다(무과실책임).

Ⅲ 내용(효과)

1. 하자보수청구권

완성된 목적물/ 또는 완성 전의 성취된 부분에 하자가 있는 때에는/ 도급인은/ 수급인에 대하여/ 상당한 기간을 정하여/ 그 하자의 보수를 청구할 수 있다.

2. 손해배상청구권

(1) 의 의

도급인은/ 하자의 보수에 갈음하여/ 또는 보수와 함께/ 손해배상을 청구할 수 있다(민법 제667조 제2항).

(2) 하자가 중요하지 아니하나 보수에 과다한 비용을 요할 때

하자의 보수에 갈음하는 손해배상을 청구할 수는 없고,/ 그 하자로 인하여 입은 손해배상만을 청구할 수 있다.

(3) 하자가 중대하나 보수가 불가능할 때

철거 및 건축비용 상당액을/ 하자로 인한 손해배상으로 청구할 수 있다.

(4) 동시이행의 항변권

① 도급인의 보수지급의무와/ 수급인의 손해배상의무는/ 동시이행의 관계에 있다(민법 제667조 제3항).
② 민법 제667조 제3항에 의하여 민법 제536조가 준용되는 결과/ 도급인이 수급인에 대하여 하자보수와 함께 청구할 수 있는 손해배상채권과 수급인의 공사대금채권은 서로 동시이행관계에 있는 점 등에 비추어 보면,/ 하자확대손해로 인한 수급인의 손해배상채무와 도급인의 공사대금채무도 동시이행관계에 있다(대판 2005.11.10. 2004다37676).

3. 계약해제권

(1) 원 칙
도급인이/ 완성된 목적물의 하자로 인하여/ 계약의 목적을 달성할 수 없는 때에는/ 계약을 해제할 수 있다(민법 제668조 본문).

(2) 예 외
그러나 건물 기타 공작물에 대하여는 해제할 수 없다(민법 제668조 단서).

IV 담보책임의 존속기간

1. 제척기간
① 하자담보책임에 관한 기간은/ 제척기간으로서/ 재판상 또는 재판 외의 권리행사기간이며,/ 재판상 청구를 위한 출소기간이 아니다.
② 목적물의 인도를 받은 날로부터 1년 내에 행사하여야 하고,/ 인도를 요하지 아니한 경우에는 일을 종료한 날로부터 기산한다.

2. 토지, 건물 등에 대한 특칙
① 토지, 건물 기타 공작물의 수급인은/ 목적물 또는 지반공사의 하자에 대하여/ 인도 후 5년간 담보책임이 있다.
② 목적물이 석조, 석회조, 연와조, 금속 기타 이와 유사한 재료로 조성된 경우에는/ 수급인은/ 인도 후 10년간 담보책임이 있다.

V 담보책임면제에 관한 특칙

1. 하자가 도급인이 제공한 재료 또는 지시에 기인한 경우의 면책
다만, 수급인이 그 재료 또는 지시의 부적당함을 알고 도급인에게 고지하지 아니한 때에는/ 담보책임이 면책되지 않는다(민법 제669조 단서).

> 건축 도급계약의 수급인이 설계도면의 기재대로 시공한 경우,/ 이는 도급인의 지시에 따른 것과 같아서/ 수급인이 그 설계도면이 부적당함을 알고 도급인에게 고지하지 아니한 것이 아닌 이상,/ 그로 인하여 목적물에 하자가 생겼다 하더라도 수급인에게 하자담보책임을 지울 수는 없다(대판 1996.5.14. 95다24975).

2. 특약에 의한 담보책임면제
다만, 수급인은 담보책임이 없음을 약정한 경우에도/ 알고 고지하지 아니한 사실에 대하여는 그 책임을 면하지 못한다(민법 제672조).

> 담보책임을 면제하는 약정을 한 경우뿐만 아니라 담보책임기간을 단축하는 등 법에 규정된 담보책임을 제한하는 약정을 한 경우에도,/ 수급인이 알고 고지하지 아니한 사실에 대하여/ 그 책임을 제한하는 것이 신의성실의 원칙에 위배된다면/ 그 규정의 취지를 유추하여 그 사실에 대하여는 담보책임이 제한되지 않는다고 보아야 한다(대판 1999.9.21. 99다19032).

제8절의2 여행계약

THEME 26 여행계약★

□ 甲은 2019년 8월 중순경 乙여행사와 여행기간 5박 6일, 여행지 동남아 X국으로 정하여 기획여행계약을 체결하였다. 이 계약에서 여행주최자 乙의 의무와 담보책임을 설명하시오.　▶ 제7회 기출 약술 20점

핵심이론

I 서 설

1. 의 의
여행계약은/ 당사자 한쪽이/ 상대방에게/ 운송, 숙박, 관광 또는 그 밖의 여행 관련 용역을 결합하여 제공하기로 약정하고,/ 상대방이/ 그 대금을 지급하기로/ 약정함으로써 성립하는 계약이다.

2. 법적 성질
여행계약은 쌍무·유상계약이며,/ 낙성·불요식의 계약이다.

II 여행계약의 성립
여행계약은 낙성·불요식의 계약이므로,/ 서면의 작성이 없더라도/ 계약은 여행주최자와 여행자의 약정에 의하여 성립한다.

III 여행계약의 효력

1. 여행주최자의 의무

(1) **여행급부 제공의무**
　여행주최자는/ 약정된 대로/ 여행자에게/ 여행급부 전부, 즉 운송·숙박·관광 또는 그 밖의 여행 관련 용역을 결합하여 제공할 의무를 부담한다.

(2) **신의칙상 주의의무**
　여행주최자는/ 여행자에 대하여/ 여행계약상의 부수의무로서,/ 여행자의 생명·신체·재산 등의 안전을 확보하기 위하여/ 신의칙상 주의의무를 부담한다.

(3) 편면적 강행규정

여행주최자의 의무에 관한 규정들은/ 여행자에게 불리한 것은 효력이 없는 편면적 강행규정이다.

2. 여행자의 의무

(1) 대금지급의무

여행자는 약정한 시기에 대금을 지급해야 하며,/ 그 시기의 약정이 없으면 관습에 따르고,/ 관습이 없으면 여행종료 후 지체 없이 지급해야 한다(민법 제674조의5)./ 이 규정은 주의적 규정이다.

(2) 부수적 의무

단체여행에서 여행자 간의 화합도모 및 질서유지에 협력할 의무를 부담한다.

Ⅳ 여행주최자의 담보책임

1. 계약해지권

(1) 의 의

여행자는/ 여행에 중대한 하자가 있는 경우/ 그 시정이 이루어지지 아니하거나/ 계약의 내용에 따른 이행을 기대할 수 없는 경우에는/ 계약을 해지할 수 있다.

(2) 내 용

1) 대금청구권 상실

계약이 해지된 경우 여행주최자는 대금청구권을 상실한다./ 다만, 여행자가 실행된 여행으로 이익을 얻은 경우에는 그 이익을 여행주최자에게 상환하여야 한다.

2) 계약상 귀환운송의무

여행주최자는/ 계약의 해지로 인하여 필요한 조치를 할 의무가 있으며,/ 계약상 귀환운송의무가 있으면 여행자를 귀환운송하여야 한다./ 이 경우 상당한 이유가 있는 때에는/ 여행자에게 그 비용의 일부를 청구할 수 있다.

2. 시정청구권

(1) 원 칙

여행자는/ 여행에 하자가 있는 경우에는/ 여행주최자에게/ 상당한 기간을 정하여/ 하자의 시정을 청구할 수 있다.

(2) 예 외

다만, 그 시정에 지나치게 많은 비용이 들거나/ 그 밖에 시정을 합리적으로 기대할 수 없는 경우에는/ 시정을 청구할 수 없다.

3. 대금감액청구권

여행자는/ 여행에 하자가 있는 경우에는/ 여행주최자에게/ 대금의 감액을 청구할 수 있다.

4. 손해배상청구권

여행자는/ 시정청구, 감액청구에 갈음하여 손해배상을 청구하거나/ 시정청구, 감액청구와 함께 손해배상을 청구할 수 있다.

5. 제척기간

여행주최자의 담보책임에 따른 여행자의 권리는/ 여행기간 중에도 행사할 수 있으며,/ 계약에서 정한 여행종료일부터 6개월 내에 행사하여야 한다.

V 여행계약의 종료

1. 사전 해제

여행자는/ 여행 개시 전/ 언제든지/ 계약을 해제할 수 있다./ 다만, 상대방에게 발생한 손해를 배상하여야 한다.

2. 부득이한 사유로 인한 계약의 해지

(1) 의 의

각 당사자는/ 여행이 개시된 후/ 부득이한 사유가 있는 경우에는/ 계약을 해지할 수 있다.

(2) 내 용

1) 계약상 귀환운송의무

계약이 해지된 경우에도/ 계약상 귀환운송의무가 있는 여행주최자는/ 여행자를 귀환운송할 의무가 있다.

2) 추가비용 부담

부득이한 사유의 계약 해지로 발생하는 추가비용은/ 그 해지 사유가 어느 당사자의 사정에 속하는 경우에는 그 당사자가 부담하고,/ 누구의 사정에도 속하지 아니한 경우에는 각 당사자가 절반씩 부담한다.

3) 손해배상의무

부득이한 사유가 당사자 한쪽의 과실로 인하여 생긴 경우에는/ 상대방에게 손해를 배상해야 한다.

제9절 현상광고

THEME 27 현상광고와 우수현상광고

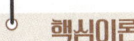

I 서설

1. 의의
현상광고는/ 광고자가/ 일정한 행위를 한 자에게/ 일정한 보수를 지급할 의사를 광고의 방법으로 표시하고,/ 이에 응한 자가/ 그 광고에서 정한 행위를 완료함으로써 성립하는 계약이다(민법 제675조).

2. 법적 성질
단독행위로 보는 견해도 있으나, 계약설로 보는 견해가 다수설이다./ 계약으로서 현상광고는 유상·편무계약이며, 요물계약이다.

II 현상광고의 성립

1. 광고자가/ 일정한 행위를 한 자에게/ 보수를 지급할 것을 표시할 것

2. 광고에서 지정한 행위를/ 완료할 것
광고에서 지정한 행위의 완료에/ 조건이나 기한을 붙일 수 있다.

III 현상광고의 철회

1. 원칙
현상광고는 불특정 다수에 대한 광고이므로,/ 철회하지 못하는 것이 원칙이다.

2. 예외
(1) 지정행위의 완료시기를 정하지 않은 경우
지정행위의 완료시기를 정한 경우에는/ 그 기간 만료 전에는 광고를 철회하지 못하나,/ 지정행위의 완료시기를 정하지 않은 경우에는/ 그 행위를 완료한 자가 있기 전에는/ 그 광고와 동일한 방법으로/ 광고를 철회할 수 있다.

(2) 전 광고와 유사한 방법으로 철회
  ① 전 광고와 동일한 방법으로 철회할 수 없는 때에는/ 그와 유사한 방법으로 철회할 수 있다.
  ② 이 철회는/ 철회한 것을 안 자에게만 그 효력이 있다.

Ⅳ 현상광고의 효과

1. 보수청구권의 취득
광고에서 지정한 행위를 완료한 자가/ 광고자에 대하여/ 보수청구권을 취득한다.

2. 지정행위를 완료한 자가 수인이 있는 경우/ 보수수령권자
  ① 먼저 지정행위를 완료한 자가/ 보수를 받을 권리가 있다.
  ② 수인이 동시에 완료한 경우에는/ 각각 균등한 비율로 보수를 받을 권리가 있다./ 다만, 보수가 그 성질상 분할할 수 없거나/ 광고에 1인만이 보수를 받을 것으로 정한 때에는/ 추첨에 의하여 결정한다.

Ⅴ 우수현상광고

1. 의 의
우수현상광고란/ 광고자가/ 광고에서 지정한 행위를 완료한 자가 수인인 경우/ 우수자에게만 보수를 지급한다는 현상광고를 의미한다(민법 제678조).

2. 성 립
(1) 광고자가/ 우수행위를 한 자에게/ 보수를 지급할 의사를 표시할 것
(2) 광고에서 응모기간을 정하고,/ 그 기간 내 응모할 것
(3) 광고에서 지정한 행위를/ 완료할 것
  광고에서 지정한 행위의 완료에/ 조건이나 기한을 붙일 수 있다.

3. 우수자 판정
(1) 판정의 주체
  ① 우수의 판정은/ 광고 중에 정한 자가 한다.
  ② 광고 중 판정자를 정하지 아니한 때에는/ 광고자가 판정한다.
(2) 우수자가 없다는 판정
  우수자가 없다는 판정은 원칙적으로 할 수 없으나,/ 광고 중에 다른 의사표시가 있거나,/ 광고의 성질상 판정의 표준이 정하여져 있는 때에는/ 우수자가 없다는 판정을 할 수 있다.
(3) 판정에 대한 이의제기
  응모자는/ 판정에 대하여 이의를 제기하지 못한다.

4. 우수현상광고의 효과

(1) 보수청구권의 취득

광고에서 지정한 행위를 완료한 자중에서 우수한 자는/ 광고자에 대하여/ 보수청구권을 취득한다.

(2) 우수자가 수인이 있는 경우의/ 보수수령권자

수인의 행위가 동등으로 판정된 때에는 각각 균등한 비율로 보수를 받을 권리가 있다./ 다만, 보수가 그 성질상 분할할 수 없거나/ 광고에 1인만이 보수를 받을 것으로 정한 때에는/ 추첨에 의하여 결정한다.

제10절 위 임

위 임

□ 위임계약에서 '수임인의 의무'에 관하여 약술하시오.   ▶ 제1회 기출 약술 20점

I 의 의

위임은/ 당사자 일방이/ 상대방에 대하여/ 사무의 처리를 위탁하고/ 상대방이 이를 승낙함으로써 성립하는/ 편무·무상·낙성·불요식계약이다.

II 위임의 성립

위임은 낙성·불요식계약이므로/ 사무처리의 위탁에 관한/ 당사자 간의 의사의 합치로써 성립한다.

III 위임의 효력

1. 수임인의 의무

(1) 사무처리의무

1) 선관주의의무

수임인은/ 선량한 관리자의 주의로써/ 위임사무를 처리하여야 한다.

2) 복위임의 제한

수임인은/ 위임인의 승낙이나 부득이한 사유 없이/ 제3자로 하여금/ 자기에 갈음하여/ 위임사무를 처리하게 하지 못한다.

(2) 보고의무

수임인은/ 위임인의 청구가 있는 때에는/ 위임사무의 처리상황을 보고하고/ 위임이 종료한 때에는/ 지체 없이/ 그 전말을 보고하여야 한다.

(3) 취득물 등의 인도·이전의무
① 수임인은/ 위임사무의 처리로 인하여 받은/ 금전 기타의 물건 및 그 수취한 과실을/ 위임인에게/ 인도하여야 한다.
② 수임인이/ 위임인을 위하여/ 자기의 명의로 취득한 권리를/ 위임인에게/ 이전하여야 한다.

(4) 금전소비의 책임
수임인이/ 위임인에게 인도할 금전/ 또는 위임인의 이익을 위하여 사용할 금전을/ 자기를 위하여 소비한 때에는/ 소비한 날 이후의 이자를 지급하여야 하며,/ 그 외의 손해가 있으면 그 손해를 배상하여야 한다.

2. 위임인의 의무

(1) 보수지급의무
민법상 위임은 무상이 원칙이나,/ 보수에 관한 특약이 있는 유상 위임의 경우 위임인은 보수지급의무를 진다.

(2) 비용선급의무
위임사무의 처리에 비용을 요하는 때에는/ 위임인은/ 수임인의 청구에 의하여/ 이를 선급하여야 한다.

(3) 필요비상환의무
위임인은/ 수임인이/ 위임사무의 처리에 관하여/ 필요비를 지출한 때에는/ 수임인의 청구에 의하여/ 지출한 날 이후의 이자를 부담한다.

(4) 채무대변제의무
수임인이 위임사무의 처리에 필요한 채무를 부담한 때에는/ 위임인은/ 수임인의 청구에 의하여/ 이를 대신 변제할 수 있고,/ 그 채무가 변제기에 있지 아니한 때에는/ 상당한 담보를 제공할 수 있다.

(5) 손해배상의무
위임인은/ 수임인이 위임사무의 처리를 위하여/ 과실 없이 손해를 받은 때에는/ 수임인의 청구에 의하여/ 그 손해를 배상하여야 한다.

Ⅳ 위임의 종료

1. 종료의 원인

(1) 해 지
① 위임계약은 유상이든 무상이든 상관없이/ 각 당사자가/ 언제든지 해지할 수 있다.
② 다만, 부득이한 사유 없이/ 상대방의 불리한 시기에/ 계약을 해지한 때에는/ 그 손해를 배상하여야 한다.

(2) 당사자의 사망 등
① 위임은 당사자 한쪽의 사망이나 파산으로 종료된다.
② 수임인이 성년후견개시의 심판을 받은 경우에도 위임은 종료된다.

2. 위임종료 시의 특별조치

(1) 수임인 측의 긴급처리의무

위임종료의 경우에 급박한 사정이 있는 때에는/ 수임인, 그 상속인이나 법정대리인은/ 위임인, 그 상속인이나 법정대리인이 위임사무를 처리할 수 있을 때까지/ 그 사무의 처리를 계속하여야 한다./ 이 경우에는 위임의 존속과 동일한 효력이 있다.

(2) 위임종료의 대항요건

위임종료의 사유는/ 이를 상대방에게 통지하거나 상대방이 이를 안 때가 아니면/ 이로써 상대방에게 대항하지 못한다.

제11절 임치

29 THEME 임치★

핵심이론

I 서 설

1. 의 의
임치는/ 당사자 일방이/ 상대방에 대하여/ 금전이나 유가증권 기타 물건의 보관을 위탁하고/ 상대방이 이를 승낙함으로써 성립하는 계약이다.

2. 법적 성질
임치는 편무·무상계약이 원칙이나, 유상임치는 쌍무·유상계약이다./ 그리고 낙성·불요식계약이다.

II 임치의 성립
임치는 낙성·불요식계약이므로/ 금전이나 유가증권 기타 물권의 보관에 관한/ 당사자 간의 의사의 합치로써 성립한다.

III 임치의 효력

1. 수치인의 의무

(1) 임치물 보관의무

1) 자기재산과 동일한 주의(원칙)

무상수치인은/ 임치물을/ 자기재산과 동일한 주의로 보관하여야 한다./ 그러나 유상임치인은/ 임치물을/ 선관주의로/ 보관하여야 한다.

2) 복위임의 제한

수치인은/ 임치인의 승낙이나 부득이한 사유 없이/ 제3자로 하여금 자기에 갈음하여 임치사무를 처리하게 하지 못한다.

(2) 임치물 사용금지

수치인은/ 임치인의 동의 없이/ 임치물을 사용하지 못한다.

(3) 통지의무

임치물에 대한 권리를 주장하는 제3자가/ 수치인에 대하여 소를 제기하거나 압류한 때에는/ 수치인은/ 지체 없이/ 임치인에게/ 이를 통지하여야 한다.

(4) 취득물 인도·이전의무

① 수치인은/ 보관과 관련하여/ 받은 금전 기타의 물건을/ 임치인에게/ 인도하여야 한다.
② 수치인이/ 임치인을 위하여/ 자기의 명의로 취득한 권리를/ 임치인에게/ 이전하여야 한다.

(5) 금전소비의 책임

수치인이/ 임치인에게 인도할 금전 또는 임치인의 이익을 위하여 사용할 금전을/ 자기를 위하여 소비한 때에는/ 소비한 날 이후의 이자를 지급하여야 하며,/ 그 외의 손해가 있으면 그 손해를 배상하여야 한다.

(6) 임치물 반환의무

임치물은/ 그 보관한 장소에서/ 반환하여야 한다./ 그러나 수치인이 정당한 사유로 인하여 그 물건을 전치한 때에는/ 현존하는 장소에서/ 반환할 수 있다.

2. 임치인의 의무

(1) 보수지급의무

민법상 임치는 무상이 원칙이나,/ 보수에 관한 특약이 있는 유상 임차의 경우 임치인은 보수지급의무를 진다.

(2) 비용선급의무

임치사무의 처리에 비용을 요하는 때에는/ 임치인은/ 수치인의 청구에 의하여/ 이를 선급하여야 한다.

(3) 필요비상환의무

임치인은/ 수치인이 임치사무의 처리에 관하여/ 필요비를 지출한 때에는/ 수치인의 청구에 의하여/ 지출한 날 이후의 이자를 부담한다.

(4) 채무대변제의무

수치인이 임치사무의 처리에 필요한 채무를 부담한 때에는/ 임치인은/ 수치인의 청구에 의하여/ 이를 대신 변제할 수 있고,/ 그 채무가 변제기에 있지 아니한 때에는/ 상당한 담보를 제공할 수 있다.

(5) 손해배상의무

임치인은/ 수치인이 임치사무의 처리를 위하여/ 과실 없이 손해를 받은 때에는/ 수치인의 청구에 의하여/ 그 손해를 배상하여야 한다.

Ⅳ 임치의 종료

1. 기간의 약정 있는 임치의 해지

수치인은/ 부득이한 사유 없이/ 그 기간 만료 전에/ 계약을 해지하지 못한다./ 다만, 임치인은/ 언제든지/ 계약을 해지할 수 있다.

2. 기간의 약정 없는 임치의 해지

각 당사자는/ 언제든지/ 계약을 해지할 수 있다.

Ⅴ 특수한 임치 : 소비임치

1. 의 의
① 소비임치란/ 임치인이/ 금전 기타 대체물의 소유권을/ 수치인에게 이전하여/ 수치인이 그것을 사용·수익·처분할 수 있도록 하고,/ 임치계약 종료 시/ 동종·동질·동량의 물건을 반환할 것을 내용으로 하는 계약이다.
② 소비임치의 목적물은 대체물이어야 하며,/ 그 소유권은 수치인에게 이전된다.
③ 소비임치에는 소비대차에 관한 규정이 준용된다.

2. 예금계약

(1) 법적 성질

통설·판례는 예금계약을 소비임치로 본다.

(2) 성립시기

금융기관의 창구에서/ 금융기관이/ 돈을 받아 확인하면/ 그때/ 성립한다.

(3) 예금증서(통장)의 의미

대법원은 「통장은 예금계약 사실을 증빙하는 증표일 뿐이므로/ 그 통장이 수기식이라고 하여 이미 성립한 예금계약이 소급하여 무효가 되지는 않는다(대판 1984.8.14. 84도1139)」고 판시하였다.

제12절 조 합

조합의 법률관계★★★

□ 甲, 乙, 丙은 공동으로 법인을 설립하지 않고 각각 1억원을 투자하여 목공예 공방 사업의 공동경영을 위한 민법상 조합을 결성하기로 하였으나, 丙이 출자의무를 이행하지 않고 있다. 민법상 조합계약을 쌍무계약으로 보는 경우, 丙의 출자의무 불이행을 이유로 생길 수 있는 문제와 조합계약의 성립요건에 관하여 설명하고, 목공예 공방 사업의 결과 수익이 발생한 경우 이익분배는 어떻게 하여야 하는지에 관하여 설명하시오.
▶ 제13회 기출 사례 20점

□ 甲·乙·丙은 공동이행방식의 공동수급체를 결성하여 丁과 건축공사 도급계약을 체결하였으며, 업무집행자인 甲은 조합운영자금을 마련하기 위하여 A은행으로부터 1억원을 차용하였다. 위 공사를 완공하여 공사대금채권을 취득한 甲·乙·丙은 위 대여금채무에 대하여 어떤 책임을 지는지 설명하시오.
▶ 제12회 기출 사례 20점

□ 甲과 乙은 공동사업을 경영할 목적으로 각각 5천만원씩을 출자하기로 하는 민법상 조합계약을 체결하면서 A조합을 설립하였다. 이후 乙은 A조합의 업무집행조합원으로서 丙으로부터 1억원의 조합운영자금을 차용하였는데, 그 후 乙은 교통사고로 사망하였다. 이러한 경우에 A조합의 존속 여부 및 甲이 丙에게 부담하는 조합채무의 범위에 관하여 설명하시오. (단, 乙에게는 상속인이 없음을 전제로 함)
▶ 제10회 기출 사례 20점

□ 甲과 乙은 음식점 동업계약을 체결하면서, 각각 현금 1억원씩 투자하였고 음식점 운영으로 발생된 수익금은 50:50으로 나누어 분배하기로 하였다. 乙은 음식점의 운영방식 등으로 甲과 대립하던 중 위 동업계약에서 탈퇴하였다. 乙의 탈퇴로 인한 甲과 乙의 법률관계와 위 음식점에 식자재를 납품해 온 丙이 甲에 대하여 대금채무의 이행을 청구할 수 있는지에 관하여 검토하시오.
▶ 제9회 기출 사례 20점

□ 조합채무에 대한 조합원의 책임 범위에 대하여 약술하시오.
▶ 제2회 기출 약술 20점

○ 핵심해설 제13회 기출 사례

Ⅰ 논점의 정리

민법상 조합계약을 쌍무계약으로 보는 경우, 丙이 출자의무를 불이행을 한 경우 ① 조합계약이 성립할 수 있는지와 ② 동시이행의 항변권과 위험부담의 적용 등 조합계약의 특수성 문제에 대해 알아보기로 한다./ 그리고 ③ 조합의 공동사업인 목공예 공방 사업의 결과 수익이 발생한 경우 이익분배는 어떻게 하여야 하는지도 알아보기로 한다.

Ⅱ 조합계약의 성립요건

1. 단체성

조합계약은 2인 이상이 상호 출자하여 공동사업을 경영할 것을 약정함으로써 성립한다(민법 제703조 제1항)./ 따라서 조합의 성립에는 2인 이상의 당사자가 있어야 한다.

2. 공동사업의 경영을 약정할 것

사업은 공동의 것이어야 하며,/ 일부의 조합원만이 이익분배를 받는 경우는 조합이 아니다(대판 2000.7.7. 98다44666).

3. **모든 당사자가 출자의무를 부담할 것(상호출자)**
   ① 당사자 중 일부가 출자의무를 부담하지 않으면 조합이 아니다.
   ② 출자의 종류나 성질에는 제한이 없다. 따라서 금전 기타 재산 또는 노무도 출자의 목적물이 된다(민법 제703조 제2항).

4. **사안의 적용**
   甲, 乙, 丙은/ 모두 1억원씩 출자의무를 부담하고,/ 목공예 공방 사업을 공동경영하기로 한 조합계약을 체결하였다./ 따라서 비록 丙이 출자의무를 불이행한 경우에도 불구하고 민법상 조합계약은 유효하게 성립하였다.

Ⅲ 조합원 丙의 출자의무 불이행으로 생길 수 있는 문제(조합계약의 특수성)

1. **쌍무계약에 관한 동시이행의 항변권과 위험부담의 적용 문제**
   민법상 조합계약에는 원칙적으로 쌍무계약에 관한 동시이행의 항변권이나 위험부담이 적용되지 않는다./ 따라서 조합의 업무집행자나 이미 출자의무를 이행한 조합원이 출자를 청구하는 경우, 다른 조합원이 아직 출자하지 않았음을 이유로 동시이행의 항변권을 행사할 수 없다./ 또한 어느 조합원의 출자의무가 그에게 책임 없는 사유로 이행할 수 없게 될 경우 다른 조합원의 출자의무가 소멸하게 되는 것도 아니다.

2. **계약의 해제·해지에 관한 일반규정의 적용 문제**
   조합계약에 관해서는 임의탈퇴·제명·해산청구 등의 규정이 있고(민법 제716조 이하),/ 이들 규정은 해제나 해지에 관한 특칙의 성질을 가지므로,/ 해제·해지에 관한 일반규정이 적용되지 않는다(대판 2007.4.26. 2005다62006).

3. **조합계약의 하자와 소급효 제한의 문제**
   조합이 사업을 개시하여 제3자와의 사이에 거래관계가 이루어지고 난 다음에는/ 조합계약체결 당시의 의사표시의 하자를 이유로 취소하여 조합 성립 전으로 환원시킬 수 없다(대판 1972.4.25. 71다1833).

Ⅳ 수익 발생 시 이익분배의 문제

1. **손익분배의 비율**
   ① 손익분배의 비율은 조합계약에서 정할 수 있다./ 이익은 모든 조합원에게 분배되어야 하나,/ 손실은 일부의 조합원에게만 귀속되어도 무방하다.
   ② 민법은 이익 또는 손실에 대하여 분배의 비율을 정한 때에는 그 비율은 이익과 손실에 공통된 것으로 추정하며(민법 제711조 제2항),/ 손익분배의 비율을 정하지 아니한 때에는 각 조합원의 출자가액에 비례하여 정한 것으로 본다(민법 제711조 제1항).

2. **조합원의 출자의무의 불이행을 이유로 이익분배를 거부할 수 있는지 여부**
   당사자들이 공동이행방식의 공동수급체를 구성하여 도급인으로부터 공사를 수급받는 경우 공동수급체는 원칙적으로 민법상 조합에 해당한다./ 건설공동수급체 구성원은 공동수급체에 출자의무를 지는 반면 공동수급체에 대한 이익분배청구권을 가지는데, 이익분배청구권과 출자의무는 별개의 권리·의무이다./ 따라서 공동수급체의 구성원이 출자의무를 이행하지 않더라도, 공동수급체가 출자의무의 불이행을 이유로 이익분배 자체를 거부할 수도 없고,/ 그 구성원에게 지급할 이익배당금에서 출자금이나 그 연체이자를 당연히 공제할 수도 없다./ 다만 구성원에 대한 공동수급체의 출자금 채권과 공동수급체에 대한 구성원의 이익분배청구권이 상계적상에 있으면 상계에 관한 민법 규정에 따라 두 채권을 대등액에서 상계할 수 있을 따름이다(대판 2006.8.25. 2005다16959).

3. 사안의 적용

① 사안은 손익분배의 비율을 정하지 아니한 경우이므로,/ 각 조합원의 출자가액에 비례하여 1/3씩 이익을 분배하여야 한다.

② 이 경우 조합원 丙이 출자의무를 이행하지 않았더라도/ 출자의무의 이행과 이익분배를 직접 연계시키는 특약을 두었다는 사정이 없으므로/ 출자의무의 불이행을 이유로 이익분배 자체를 거부할 수는 없고,/ 이익분배금에서 출자금이나 그 연체이자를 당연히 공제할 수도 없다./ 다만, 조합원 丙에 대한 출자금채권과 그 연체이자채권, 그 밖의 손해배상채권으로 조합원 丙의 이익분배청구권과 상계는 가능하다.

V 사안의 해결

1. 甲, 乙, 丙은/ 모두 1억원씩 출자의무를 부담하고,/ 목공예 공방 사업을 공동경영하기로 한 조합계약을 체결하였으므로, 비록 丙이 출자의무를 불이행한 경우에도 불구하고 민법상 조합계약은 유효하게 성립하였다.

2. 조합계약의 특수성 문제와 관련하여 민법상 조합계약에는 원칙적으로 쌍무계약에 관한 동시이행의 항변권이나 위험부담이 적용되지 않는다. 또한 조합계약에 관해서는 임의탈퇴·제명·해산청구 등의 규정이 있고(민법 제716조 이하),/ 이들 규정은 해제나 해지에 관한 특칙의 성질을 가지므로,/ 해제·해지에 관한 일반규정이 적용되지 않는다(대판 2007.4.26. 2005다62006)./ 그리고 조합이 사업을 개시하여 제3자와의 사이에 거래관계가 이루어지고 난 다음에는 조합계약 체결 당시의 의사표시의 하자를 이유로 취소하여 조합성립 전으로 환원시킬 수도 없다.

3. 사안은 손익분배의 비율을 정하지 아니한 경우이므로, 각 조합원의 출자가액에 비례하여 1/3씩 이익을 분배하여야 한다./ 이 경우 조합원 丙이 출자의무를 이행하지 않았더라도 출자의무의 이행과 이익분배를 직접 연계시키는 특약을 두었다는 사정이 없으므로/ 출자의무의 불이행을 이유로 이익분배 자체를 거부할 수는 없고,/ 이익분배금에서 출자금이나 그 연체이자를 당연히 공제할 수도 없다./ 다만, 조합원 丙에 대한 출자금채권과 그 연체이자채권, 그 밖의 손해배상채권으로 조합원 丙의 이익분배청구권과 상계는 가능하다.

○ 핵심해설   제12회 기출 사례

I 논점의 정리

업무집행자인 甲이 조합운영자금을 마련하기 위하여 A은행으로부터 1억원을 차용한 경우 위 대여금채무가 조합채무에 해당하는지 여부 및 조합채무라면 甲·乙·丙은 조합채권자 A은행에게 어떠한 책임을 부담하는지 문제된다.

II A은행으로부터 1억원을 차용한 경우 위 대여금채무가 조합채무에 해당하는지 여부

1. 조합의 업무집행
   (1) 조합의 대내관계
   (2) 조합의 대외관계

2. 소 결

업무집행자가 1인만 있는 경우 단독으로 업무집행을 결정할 수 있고,/ 조합의 업무를 집행하는 조합원은 그 업무집행의 대리권이 있는 것으로 추정되므로,/ 업무집행자 甲이 조합운영자금을 마련하기 위하여 A은행으로부터 1억원을 차용한 행위는 유효하다./ 따라서 1억원의 대여금채무는 유효한 조합채무에 해당한다.

III 조합채무에 대한 조합원(甲·乙·丙)의 책임 범위

1. 조합재산에 의한 공동책임
2. 조합원의 개인재산에 의한 책임
3. 조합재산에 의한 공동책임과 조합원의 개인재산에 의한 책임의 관계

조합채무는 조합재산에 의한 공동책임과 조합원의 개인재산에 의한 책임이 병존한다./ 이에 따라 조합채권자는 어느 쪽에 대해서도 먼저 청구할 수 있다.

IV 사안의 해결

1. 조합재산에 의한 공동책임

조합원(甲·乙·丙) 모두는 1억원의 대여금채무 전부에 대하여 조합재산으로 조합채권자인 A은행에게 책임을 진다.

2. 조합원의 개인재산에 의한 책임

① 각 조합원은 손실부담의 비율에 따라 개별책임을 진다./ 다만, 조합채권자인 A은행이 그 채권발생 당시에 조합원의 손실부담의 비율을 알지 못한 경우 각 조합원에게 균분하여 그 권리를 행사할 수 있다.
② 조합원 중 변제자력이 없는 자가 있는 때에는/ 그 변제할 수 없는 부분은 다른 조합원이 균분하여 변제할 책임이 있다.

3. 조합재산에 의한 공동책임과 조합원의 개인재산에 의한 책임의 관계

공동책임과 개별책임은 병존하므로, 조합채권자 A은행은 어느 쪽에 대해서도 먼저 청구할 수 있다.

핵심해설 제10회 기출 사례

Ⅰ 논점의 정리
조합원 乙의 사망으로 A조합이 존속하는지와 조합원 甲이 조합채권자 丙에게 부담하는 조합채무의 범위가 문제된다.

Ⅱ A조합의 존속 여부
2인으로 된 동업관계, 즉 조합관계에 있어 그 가운데 한 사람인 업무집행조합원 乙이 상속인 없이 사망한 경우, 조합관계는 종료되나, 특별한 사정이 없는 한 조합은 해산되지 않고, 존속하며, 조합원의 합유에 속한 조합 재산은 남은 조합원의 단독소유가 된다(대판 1996.9.6. 96다19208 참고).

Ⅲ 조합채무에 대한 조합원의 책임 범위

1. 조합원의 책임 범위
조합원으로 가입하기 전이나 탈퇴 이후에 조합채무에 대해서는 책임을 지지 않고,/ 조합원으로 있던 동안에 발생한 조합채무에 대해서만 책임을 진다(대판 1973.12.26. 73다1024).

2. 조합재산에 의한 공동책임

3. 조합원 개인재산에 의한 책임

Ⅳ 사안의 해결

1. 업무집행조합원 乙이 사망한 경우/ 조합관계는 종료되나,/ 특별한 사정이 없는 한 조합은 해산되지 않고, 존속한다.
2. 잔존 조합원 甲은/ 조합원의 합유에 속한 조합재산을 단독으로 소유하게 되며,/ 이에 따라 조합채권자 丙에게 조합채무 전부(조합운영자금 1억원)에 대하여 책임을 부담하게 된다.

핵심해설 제9회 기출 사례

Ⅰ 논점의 정리
조합원 乙의 탈퇴로 甲과 乙의 동업관계, 즉 조합관계가 종료되는지와/ 조합에 대한 채권자 丙이 조합원 甲에 대하여 대금채무의 이행을 청구할 수 있는지가 문제된다.

Ⅱ 조합원 乙의 탈퇴로 인한 甲과 乙의 법률관계
2인으로 된 동업관계, 즉 조합관계에 있어 그 가운데 한 사람이 탈퇴하면 조합관계는 종료되나/ 특별한 사정이 없는 한 조합은 해산되지 아니하고/ 따라서 청산이 뒤따르지 아니하며,/ 다만 조합원의 합유에 속한 조합 재산은 남은 조합원의 단독소유에 속하여 탈퇴자와 남은 자 사이에는 탈퇴로 인한 계산을 하는데 불과하다(대판 1996.9.6. 96다19208).

Ⅲ 조합채무에 대한 조합원의 책임 범위

1. 조합원의 책임 범위
조합원으로 가입하기 전이나 탈퇴 이후에 조합채무에 대해서는 책임을 지지 않고,/ 조합원으로 있던 동안에 발생한 조합채무에 대해서만 책임을 진다(대판 1973.12.26. 73다1024).

2. 조합재산에 의한 공동책임

3. 조합원 개인재산에 의한 책임

Ⅳ 사안의 해결

1. 조합원 乙의 탈퇴로 甲과 乙의 조합관계는 종료되나,/ 특별한 사정이 없는 한 조합은 해산되지 아니하고, 따라서 청산이 뒤따르지 아니한다./ 다만, 조합원의 합유에 속한 조합 재산은/ 남은 조합원의 단독소유에 속하여/ 탈퇴자와 남은 자 사이에는 탈퇴로 인한 계산을 하는데 불과하다.

2. 조합의 채권자 丙에 대하여/ 조합원 甲과 乙은/ 조합원으로 있던 동안에 발생한 조합채무에 대해서만/ 조합재산뿐만 아니라 개인재산을 가지고도 책임을 부담하므로,/ 조합의 채권자 丙은 조합원 甲에게 식자재 납품에 따른 대금채무의 이행을 청구할 수 있다.

I 서 설

1. 조합계약의 의의

조합계약이란/ 2인 이상이 상호출자하여/ 공동사업을 경영할 것을/ 약정함으로써 성립하는 계약이다(민법 제703조 제1항).

2. 조합계약의 특수성

(1) 쌍무계약에 관한 동시이행의 항변권과 위험부담의 적용 문제

민법상 조합계약에는 원칙적으로 쌍무계약에 관한 동시이행의 항변권이나 위험부담이 적용되지 않는다./ 따라서 조합의 업무집행자나 이미 출자의무를 이행한 조합원이 출자를 청구하는 경우, 다른 조합원이 아직 출자하지 않았음을 이유로 동시이행의 항변권을 행사할 수 없다./ 또한 어느 조합원의 출자의무가 그에게 책임 없는 사유로 이행할 수 없게 된 경우 다른 조합원의 출자의무가 소멸하게 되는 것도 아니다.

(2) 계약의 해제·해지에 관한 일반규정의 적용 문제

조합계약에 관해서는 임의탈퇴·제명·해산청구 등의 규정이 있고(민법 제716조 이하),/ 이들 규정은 해제나 해지에 관한 특칙의 성질을 가지므로,/ 해제·해지에 관한 일반규정이 적용되지 않는다(대판 2007.4.26. 2005다62006).

(3) 조합계약의 하자와 소급효 제한의 문제

조합이 사업을 개시하여 제3자와의 사이에 거래관계가 이루어지고 난 다음에는 조합계약체결 당시의 의사표시의 하자를 이유로 취소하여 조합성립 전으로 환원시킬 수 없다(대판 1972.4.25. 71다1833).

II 조합계약의 성립요건

1. 단체성

조합계약은 2인 이상이 상호 출자하여 공동사업을 경영할 것을 약정함으로써 성립한다(민법 제703조 제1항)./ 따라서 조합의 성립에는 2인 이상의 당사자가 있어야 한다.

2. 공동사업의 경영을 약정할 것

사업은 공동의 것이어야 하며,/ 일부의 조합원만이 이익분배를 받는 경우는 조합이 아니다(대판 2000.7.7. 98다44666).

3. 모든 당사자가 출자의무를 부담할 것(상호출자)

① 당사자 중 일부가 출자의무를 부담하지 않으면 조합이 아니다.
② 출자의 종류나 성질에는 제한이 없다. 따라서 금전 기타 재산 또는 노무도 출자의 목적물이 된다(민법 제703조 제2항).

Ⅲ 조합의 업무집행

1. 조합의 대내관계

(1) 업무집행

① 각 조합원은/ 원칙적으로 조합의 업무집행에 참여할 권리, 즉 업무집행권을 가진다.
② 조합의 업무집행은/ 조합원의 과반수로써 결정된다.
③ 조합계약으로/ 1인 또는 수인의 조합원에게/ 업무집행을 위임할 수 있다.

(2) 업무집행자 선임

조합계약으로 업무집행자를 정하지 아니한 경우에는/ 조합원의 3분의 2 이상의 찬성으로/ 업무집행자를 선임할 수 있다.

2. 조합의 대외관계

(1) 의 의

조합은 법인격이 없어 독립한 권리의무의 주체가 되지 못하므로/ 조합이 대외적인 법률행위를 하려면 원칙적으로 조합원 전원의 이름으로 하여야 한다./ 이때 거래의 편의를 위해 대리제도가 활용된다.

(2) 조합대리

조합의 업무를 집행하는 조합원은/ 그 업무집행의 대리권이 있는 것으로 추정한다.

Ⅳ 조합의 재산관계

1. 조합원의 출자

① 조합원은/ 조합계약에 의하여/ 각자 출자의무를 부담한다.
② 금전을 출자의 목적으로 한 조합원이/ 출자시기를 지체한 때에는/ 연체이자를 지급하는 외에 손해가 발생한 경우 그 손해도 배상하여야 한다.
③ 출자한 권리가/ 조합재산으로 되려면/ 등기 등의 권리이전절차를 거쳐야 한다.

2. 조합재산★★

(1) 의 의

조합재산이란/ 조합원이 출자한 재산/ 기타 조합이 공동사업으로 취득한 재산 등을 말한다.

(2) 합유적 귀속

1) 독립성

조합은 권리능력이 없으므로, 조합재산은 조합 자체에 귀속될 수 없다./ 그러나 실질적으로는 조합의 재산으로서 독립성을 지니고 있으므로/ 각 조합원의 고유재산과 구별된다.

2) 조합재산의 처분·변경(민법 제272조와 제706조의 관계)

민법 제272조에 따르면 합유물을 처분 또는 변경함에는 합유자 전원의 동의가 있어야 하나,/ 합유물 가운데서도 조합재산의 경우 그 처분·변경에 관한 행위는 조합의 특별사무에 해당하는 업무집행으로서, 이에 대하여는 특별한 사정이 없는 한 민법 제706조 제2항이 민법 제272조에 우선하여 적용되므로,/ 조합재산의 처분

· 변경은 업무집행자가 없는 경우에는 조합원의 과반수로 결정하고, 업무집행자가 수인 있는 경우에는 그 업무집행자의 과반수로써 결정하며, 업무집행자가 1인만 있는 경우에는 그 업무집행자가 단독으로 결정한다 (대판 2010.4.29. 2007다18911).

3) 지분에 대한 압류의 효력
조합원의 지분에 대한 압류는/ 그 조합원의 장래의 이익배당 및 지분의 반환을 받을 권리에 대하여 효력이 있다.

4) 조합채무자의 상계금지
조합의 채무자는/ 그 채무와 조합원에 대한 채권으로 상계하지 못한다(민법 제715조).

(3) 조합채무에 대한 조합원의 책임

1) 조합재산에 의한 공동책임
조합의 채무도 전 조합원에게 합유적으로 귀속되며,/ 조합재산으로 조합채권자에게 책임을 진다.

2) 조합원의 개인재산에 의한 책임
① 조합채무는 각 조합원의 채무이기도 하므로,/ 각 조합원은/ 손실분담의 비율로/ 각자의 재산으로 책임을 지기도 한다.
② 조합채권자는/ 그 채권발생 당시에/ 조합원의 손실부담의 비율을 알지 못한 때에는/ 각 조합원에게 균분하여 그 권리를 행사할 수 있다(민법 제712조).
③ 조합원 중에 변제할 자력 없는 자가 있는 때에는/ 그 변제할 수 없는 부분은/ 다른 조합원이 균분하여 변제할 책임이 있다(민법 제713조).

3) 조합재산에 의한 공동책임과 조합원의 개인재산에 의한 책임의 관계
조합채무는 조합재산에 의한 공동책임과 조합원의 개인재산에 의한 책임이 병존한다./ 이에 따라 조합채권자는 어느 쪽에 대해서도 먼저 청구할 수 있다.

3. 손익분배

(1) 손익분배의 비율

① 손익분배의 비율은 조합계약에서 정할 수 있다./ 이익은 모든 조합원에게 분배되어야 하나,/ 손실은 일부의 조합원에게만 귀속되어도 무방하다.

② 민법은 이익 또는 손실에 대하여 분배의 비율을 정한 때에는 그 비율은 이익과 손실에 공통된 것으로 추정하며(민법 제711조 제2항),/ 손익분배의 비율을 정하지 아니한 때에는 각 조합원의 출자가액에 비례하여 정한 것으로 본다(민법 제711조 제1항).

(2) 출자의무 불이행을 이유로 이익분배를 거부할 수 있는지 여부

당사자들이 공동이행방식의 공동수급체를 구성하여 도급인으로부터 공사를 수급받는 경우 공동수급체는 원칙적으로 민법상 조합에 해당한다./ 건설공동수급체 구성원은 공동수급체에 출자의무를 지는 반면 공동수급체에 대한 이익분배청구권을 가지는데, 이익분배청구권과 출자의무는 별개의 권리·의무이다./ 따라서 공동수급체의 구성원이 출자의무를 이행하지 않더라도, 공동수급체가 출자의무의 불이행을 이유로 이익분배 자체를 거부할 수도 없고,/ 그 구성원에게 지급할 이익분배금에서 출자금이나 그 연체이자를 당연히 공제할 수도 없다./ 다만 구성원에 대한 공동수급체의 출자금 채권과 공동수급체에 대한 구성원의 이익분배청구권이 상계적상에 있으면 상계에 관한 민법 규정에 따라 두 채권을 대등액에서 상계할 수 있을 따름이다(대판 2006.8.25. 2005다16959).

Ⅴ 조합원의 탈퇴★★

1. 의 의

조합원의 탈퇴란/ 특정조합원이/ 장래를 향하여 조합원의 지위를 벗어나는 것을 말한다.

2. 탈퇴의 유형

(1) 임의탈퇴

① 조합계약으로 조합의 존속기간을 정하지 아니하거나 조합원의 종신까지 존속할 것을 정한 때에는/ 각 조합원은 언제든지 탈퇴할 수 있다./ 다만, 부득이한 사유 없이/ 조합의 불리한 시기에 탈퇴하지 못한다.

② 조합의 존속기간을 정한 때에도/ 조합원은 부득이한 사유가 있으면/ 탈퇴할 수 있다.

(2) 비임의탈퇴

1) 사 유

조합원은/ 사망, 파산, 성년후견의 개시, 제명의 사유가 있으면 탈퇴된다.

2) 제 명

① 조합원의 제명은/ 정당한 사유가 있는 때에 한하여/ 다른 조합원의 일치로써 이를 결정한다.

② 제명결정은/ 제명된 조합원에게 통지하지 아니하면/ 그 조합원에게 대항하지 못한다.

3. 탈퇴의 효과

(1) 조합의 존속

조합은 공동사업의 경영을 위한 단체이므로,/ 일부 조합원이 탈퇴하더라도 조합은 동일성을 유지한다.

(2) 조합원 지위의 상실

탈퇴한 조합원은/ 탈퇴 시부터/ 조합원으로서의 권리와 의무를 상실한다.

(3) 지분의 계산

① 탈퇴한 조합원과 다른 조합원 간의 계산은/ 탈퇴 당시의/ 조합재산상태에 의한다.
② 탈퇴한 조합원의 지분은/ 그 출자의 종류를 불문하고/ 금전으로 반환할 수 있다.
③ 탈퇴 당시에 완결되지 아니한 사항에 대하여는/ 완결 후에 계산할 수 있다.

(4) 조합원 지분의 양도

2인 이상이 상호 출자하여 공동사업을 경영할 것을 약정함에 따라 성립한 민법상 조합에서 조합원 지분의 양도는 원칙적으로 다른 조합원 전원의 동의가 있어야 하지만,/ 다른 조합원의 동의 없이 각자 지분을 자유로이 양도할 수 있도록/ 조합원 상호 간에 약정하거나/ 사후적으로 지분 양도를 인정하는 합의를 하는 것은 유효하다(대판 2016.8.30. 2014다19790).

제13절 종신정기금

제14절 화 해

화해계약

□ 甲이 운전하던 오토바이와 乙의 차량이 충돌하여 甲이 의식불명 상태로 입원하였다. 甲의 법정대리인인 부모는 사고가 오로지 甲의 과실에 의해 발생한 것으로 오해하여 乙로부터 소액의 합의금을 받고 일체의 손해배상청구권을 포기하기로 하는 화해계약을 체결하였다. 이 경우 그 화해계약의 성립요건 및 효력에 대하여 설명하고, 만약 사고에 乙의 과실이 경합한 경우 甲이 화해계약을 취소할 수 있는지 여부에 관하여 설명하시오. ▶ 제13회 기출 사례 20점

□ 가해자 甲과 피해자 乙이 쌍방의 과실로 인하여 교통사고가 발생하였음에도, 甲은 자신의 과실만으로 인해 그 교통사고가 발생한 것으로 잘못 알고 치료비 명목의 합의금에 관하여 乙과 화해계약을 체결하였다. 이러한 경우에 甲은 위 화해계약을 취소할 수 있는지 설명하시오. ▶ 제4회 기출 사례 20점

◎ 핵심해설 제13회 기출 사례

I 논점의 정리

1. 화해계약은 당사자가 상호양보하여 당사자 간의 분쟁을 종지할 것을 약정함으로써 성립하는 계약인바,/ 甲의 법정대리인인 부모가/ 쌍방과실의 교통사고를 오로지 甲의 과실로 인한 것으로 잘못 알고/ 乙과 체결한 화해계약의 성립요건과 효력이 문제된다.

2. 만약 사고의 발생에 乙의 과실이 경합한 경우,/ 甲이 화해계약을 분쟁 이외의 사항에 관하여 착오가 있음을 이유로 /취소할 수 있는지 여부가 문제된다.

II 화해계약의 성립요건

1. **성립요건**

(1) **당사자 간의 분쟁이 존재할 것**
    분쟁은 법률관계의 존부·범위·모습 등에 관하여 / 당사자의 주장이 일치하지 않는 것을 의미한다.

(2) **당사자의 상호양보가 있을 것**
    상호양보라 함은/ 상대방의 주장을 「일부 승인」하고,/ 자기의 주장을 「일부 포기」하는 것을 의미한다.

(3) **당사자에게 처분권한이 있을 것**
    화해는 처분행위이므로,/ 화해 당사자는 분쟁의 대상이 된 법률관계에 대하여 처분권한이 있어야 한다.

(4) **분쟁을 끝내는 합의가 있을 것**
    합의 내용이 강행규정을 위반해서는 안 된다.

2. 사안의 적용

① 당사자 간에 교통사고로 인한 손해배상액에 대한 분쟁이 있고, ② 甲이 의식불명의 상태로 甲의 법정대리인인 부모는 乙과 화해계약을 체결할 처분권한이 있다. 또한 ③ 당사자가 서로 양보하여 소액의 합의금을 받고 ④ 일체의 손해배상청구권을 포기하기로 하였으므로, 사안의 화해계약은 적법하게 체결되었다.

Ⅲ 화해계약의 효력

1. 확정력

화해계약이 성립하면 '분쟁의 대상인 법률관계'는 합의한 대로 확정된다. / 반면에 당사자가 다투지 않았던 사항이나 화해의 전제로서 서로 양해하고 있었던 사항은 그렇지 않다.

2. 창설적 효력

화해계약은 당사자 일방이 양보한 권리는 소멸되고, 상대방이 화해로 인하여 그 권리를 취득하는 효력이 있다(민법 제732조). 이 규정은 임의규정이므로 달리 정할 수 있다.

3. 사안의 적용

교통사고로 인한 손해배상액에 대한 분쟁에 대해 甲의 법정대리인 부모가 소액의 합의금을 받고 일체의 손해배상청구권을 포기하기로 乙과 합의한 바, 분쟁은 합의한 대로 화해 전 법률관계는 소멸하고, 화해계약상 법률관계가 새롭게 발생하고, 확정된다.

Ⅳ 甲이 화해계약을 착오를 이유로 취소할 수 있는지 여부

1. 화해계약과 착오취소

화해계약은 원칙적으로 착오를 이유로 하여 취소하지 못한다. 그러나 화해당사자의 자격 또는 화해의 목적인 분쟁 이외의 사항에 착오가 있는 때에는 취소할 수 있다(민법 제733조).

2. 화해의 목적인 분쟁 이외의 사항의 의미

분쟁의 대상이 아니라 분쟁의 전제 또는 기초가 된 사항으로서, / 쌍방 당사자가 예정한 것이어서 상호양보의 내용으로 되지 않고 / 다툼이 없는 사실로 양해된 사항을 말한다(대판 2004.6.25. 2003다32797).

3. 사안의 적용

실제로는 쌍방 과실이었는데, 교통사고가 오로지 甲의 과실로 발생하였다고 보고 甲의 부모가 乙과 화해계약을 체결한 것은 분쟁 이외의 사항에 대해 착오를 한 것이다. 따라서 甲은 乙과의 화해계약을 착오를 이유로 취소할 수 있다.

Ⅴ 사안의 해결

1. **甲이 의식불명의 상태에서, 甲의 법정대리인인 부모가 乙과 서로 양보하여 소액의 합의금을 받고 일체의 손해배상청구권을 포기하기로 하는 화해계약은 적법하게 체결되었고, 합의한 대로 확정되었다.**

2. **과실이 경합되어 있는데도 오로지 甲의 과실로 인하여 교통사고가 발생한 것으로 오인하여 화해를 한 것은 쌍방 당사자 사이에 다툼이 없어 화해의 목적인 분쟁의 대상이 아니라, 그 분쟁의 전제가 되는 사항에 해당하는 것으로 甲은 착오를 이유로 화해계약을 취소할 수 있다.**

핵심해설 제4회 기출 사례

I 논점의 정리

쌍방의 과실로 교통사고가 발생하였음에도 불구하고, 가해자 甲이 자신의 과실만으로 인해 교통사고가 발생한 것으로 잘못 알고 치료비 명목의 합의금에 관하여 피해자 乙과 화해계약을 체결한 경우, 가해자 甲이 화해계약을 취소할 수 있는지가 화해와 착오취소의 관계에서 문제된다.

II 화해계약

1. 의 의
2. 성립요건
3. 효 과

III 사안의 해결

쌍방의 과실은 착오를 이유로 취소할 수 있는 분쟁 이외의 사항에 관한 착오이므로,/ 가해자 甲은 착오를 이유로 화해계약을 취소할 수 있다.

I 의의

화해란/ 당사자가 상호 양보하여/ 당사자 간의 분쟁을 끝낼 것을 약정함으로써 성립하는 계약이다.

II 요건

1. 당사자 간의 분쟁이 존재할 것
분쟁은 법률관계의 존부·범위·모습 등에 관하여/ 당사자의 주장이 일치하지 않는 것을 의미한다.

2. 당사자의 상호양보가 있을 것
상호양보라 함은/ 상대방의 주장을 「일부 승인」하고,/ 자기의 주장을 「일부 포기」하는 것을 의미한다.

3. 당사자에게 처분권한이 있을 것
화해는 처분행위이므로,/ 화해 당사자는 분쟁의 대상이 된 법률관계에 대하여 처분권한이 있어야 한다.

4. 분쟁을 끝내는 합의가 있을 것
합의 내용이 강행규정을 위반해서는 안 된다.

III 효과

1. 확정력
화해계약이 성립하면 '분쟁의 대상인 법률관계'는 합의한 대로 확정된다./ 반면에 당사자가 다투지 않았던 사항이나 화해의 전제로서 서로 양해하고 있었던 사항은 그렇지 않다.

2. 창설적 효력
화해계약은 당사자 일방이 양보한 권리는 소멸되고, 상대방이 화해로 인하여 그 권리를 취득하는 효력이 있다(민법 제732조)./ 이 규정은 임의규정이므로 달리 정할 수 있다.

3. 화해와 착오취소와의 관계
(1) 의의

화해계약은 착오를 이유로 취소하지 못한다./ 그러나 화해당사자의 자격 또는 화해의 목적인 분쟁 이외의 사항에 착오가 있는 때에는/ 착오를 이유로 취소할 수 있다.

(2) 착오를 이유로 취소할 수 있는 화해의 목적인 분쟁 이외의 사항의 의미

'화해의 목적인 분쟁 이외의 사항'이라 함은 분쟁의 대상이 아니라 분쟁의 전제 또는 기초가 된 사항으로서/ 쌍방 당사자가 예정한 것이어서 상호 양보의 내용으로 되지 않고 다툼이 없는 사실로 양해된 사항을 말한다 (대판 2004.6.25. 2003다32797)./ 예로 환자가 의료과실로 사망한 것으로 전제하고/ 의사가 유족들에게 손해배상금을 지급하기로 하는 합의가 이루어졌으나/ 그 사인이 진료와 관련이 없는 것으로 판명된 경우이다.

4. 화해와 사기취소의 관계

화해계약도 의사표시를 요소로 하는 법률행위이므로 무효, 취소에 관한 규정이 적용된다./ 따라서 화해계약이 사기로 인하여 이루어진 경우에는/ 화해의 목적인 분쟁에 관한 사항에 착오가 있는 때에도/ 민법 제110조에 따라 이를 취소할 수 있다(대판 2008.9.11. 2008다15278).

PART 2 행정절차론

제1장		행정절차법
제2장		공공기관의 정보공개에 관한 법률
제3장		개인정보 보호법
제4장		질서위반행위규제법
제5장		행정조사기본법
제6장		행정규제기본법
제7장		주민등록법
제8장		가족관계의 등록 등에 관한 법률

제1장 행정절차법

(출제 : 40점 사례)

제1절 총칙

THEME 1. 행정절차법의 적용범위

□ 공무원 甲은 코로나19 확산 방지를 위한 집합금지명령 위반 단속업무 등을 담당하던 중, 유흥주점 업자인 乙로부터 위반행위 단속을 피할 수 있도록 단속일시·장소 등을 알려달라는 청탁을 받았다. 甲은 이를 알려준 대가로 자신의 계좌로 30만원을 송금 받은 것을 비롯하여 수회에 걸쳐 합계 190만원의 뇌물을 받은 사실을 이유로 인사 및 징계권자인 A로부터 직위해제처분을 받은 후 징계절차를 거쳐 최종적으로 파면처분을 받았다. 다음 물음에 답하시오. ▶ 제9회 기출 사례 40점

물음 1) 甲은 A가 직위해제처분을 하면서 사전통지나 의견청취 절차를 거치지 않았다는 점을 들어 행정절차법 위반이라고 주장한다. 이 주장의 타당성을 검토하시오. ▶ 10점

 **핵심해설 제9회 기출 사례 물음 1)**

I. 논점의 정리

국가공무원법상 직위해제처분이/ 행정절차법 제3조 제2항에 규정되어 있는 당해 행정작용의 성질상 행정절차를 거치기 곤란하거나 불필요하다고 인정되는 사항 또는 행정절차에 준하는 절차를 거친 사항에 해당하는지 문제된다.

II. 행정절차법의 적용범위

1. 원칙

2. 적용배제사항

(1) 내용
(2) 판례의 태도

III. 사안의 해결

1. 국가공무원법상 직위해제처분은 행정절차법 제3조 제2항에 규정되어 있는 당해 행정작용의 성질상 행정절차를 거치기 곤란하거나 불필요하다고 인정되는 사항 또는 행정절차에 준하는 절차를 거친 사항에 해당한다. 즉, 적용배제사항에 해당한다.

2. 따라서 인사 및 징계권자 A가 직위해제처분을 하면서 사전통지나 의견청취 절차를 거치지 않았다는 점을 들어 행정절차법 위반이라는 甲의 주장은 타당하지 않다.

I 목 적

행정절차법은/ 행정과정에 대한 국민의 참여와/ 행정의 공정성, 투명성, 신뢰성을 확보하여/ 국민의 권익을 보호함을 목적으로 한다.

II 원 칙

행정절차에 관하여 다른 법률에 특별한 규정이 있는 경우를 제외하고는 행정절차법에서 정하는 바에 따른다.

III 적용배제사항

1. 내 용
① 국회 또는 지방의회의 의결을 거친 사항
② 법원 또는 군사법원의 재판에 의한 사항
③ 헌법재판소의 심판을 거친 사항
④ 각급 선거관리위원회의 의결을 거친 사항
⑤ 감사원이 감사위원회의 결정을 거친 사항
⑥ 국가의 중대한 이익을 현저히 해칠 우려가 있는 사항
⑦ 행정작용의 성질상 행정절차를 거치기 곤란하거나 거칠 필요가 없다고 인정되는 사항과 행정절차에 준하는 절차를 거친 사항으로서 대통령령으로 정하는 사항 등

2. 판례의 태도
대법원은/ 「행정과정에 대한 국민의 참여와 행정의 공정성, 투명성 및 신뢰성을 확보하고 국민의 권익을 보호함을 목적으로 하는/ 행정절차법의 입법목적과 행정절차법 제3조 제2항 제9호의 규정 내용 등에 비추어 보면,/ 공무원 인사관계 법령에 의한 처분에 관한 사항 전부에 대하여 행정절차법의 적용이 배제되는 것이 아니라 성질상 행정절차를 거치기 곤란하거나 불필요하다고 인정되는 처분이나 행정절차에 준하는 절차를 거치도록 하고 있는 처분의 경우에만 행정절차법의 적용이 배제된다(대판 2007.9.21. 2006두20631)」는 입장이다.

2 THEME 행정절차법의 일반원칙 ★

□ 어업조합법인 甲은 A시 관할 구역 내 32만m²에 수산물종합유통센터를 건축하기 위하여 B지방해양항만청장으로부터 항만공사 시행 허가 및 항만공사 실시계획 승인을 받았다. 그런데 그 후 甲은 A시장으로부터 위 센터 건축을 위한 항만시설 사용허가를 두 차례 받았으나 건축을 하지 못하고 모두 그 사용기간이 만료되었다. 甲은 다시 위 센터를 건축하고자 항만시설 사용허가를 신청하였으나 A시장은 위 센터 예정 부지 주변의 여건 변화, 각종 행사의 증가로 인한 공공시설 부족 심화 등을 이유로 불허가 처분을 내렸다. 그런데 A시장은 불허가 처분을 하기 전에 甲에게 그 처분의 내용 및 법적 근거, 의견 제출 절차 등을 통지하지 않았다. 다음 물음에 답하시오. ▶ 제8회 기출 사례 40점

물음 1) 甲은 이미 두 차례나 항만시설 사용허가를 해 주었으면서 이번에는 이를 거부한 것은 신뢰보호 원칙 위반이라고 주장한다. 신뢰보호 원칙의 요건에 비추어 이 주장의 타당성을 검토하시오.
▶ 20점

○ **핵심해설** 제8회 기출 사례 물음 1)

Ⅰ 논점의 정리

어업조합법인 甲은/ A시장이 이미 두 차례나 항만시설 사용허가를 해 주었으면서 이번에는 이를 거부한 것은 신뢰보호 원칙 위반이라고 주장하므로, 이하에서는 신뢰보호의 원칙에 대해 살펴보고, 그 주장의 타당성을 검토하기로 한다.

Ⅱ 신뢰보호의 원칙

1. 의 의

신뢰보호의 원칙은 행정기관의 어떤 명시적·묵시적 언동이 있고,/ 그 정당성 또는 존속성에 대한 개인의 보호가치 있는 신뢰가 있는 경우에/ 그 신뢰를 보호하여 주어야 한다는 의미이다.

2. 요 건

(1) 행정청의 선행조치가 있을 것

(2) 선행조치에 대한 사인의 신뢰가 보호가치 있을 것

(3) 행정청의 선행조치를 신뢰한 사인의 행위가 있을 것

(4) 선행조치에 반하는 후행조치가 있을 것

(5) 공익 또는 제3자의 정당한 이익을 현저히 해할 우려가 없을 것

3. 위반의 효과
① 신뢰보호의 원칙에 반하는 행정입법이나 공법상 계약은 위법하여 무효로 된다.
② 신뢰보호의 원칙에 반하는 행정행위는/ 하자의 중대·명백성 여부에 따라 무효 또는 취소할 수 있는 행정행위가 된다./ 대부분은 취소사유에 해당한다.

Ⅲ 사안의 해결

1. 기존에 두 차례 항만시설 사용허가가 있었다는 사유만으로 일반 국민이 행정청의 허가의 존속성을 인정할 만한 일반적인 관행이 존재하지는 않는다. 따라서 어업조합법인 甲이 이전에 있었던 사용허가를 근거로 새로운 허가처분을 기대하였다고 하더라도 이를 보호가치 있는 신뢰라고 볼 수는 없다.

2. 또한 A시장은 센터 예정 부지 주변의 여건 변화, 각종 행사의 증가로 인한 공공시설 부족 심화 등, 즉 공익을 현저히 해할 우려가 있다는 이유로 불허가 처분을 하였다.

3. 따라서 A시장의 불허가 처분이 신뢰보호의 원칙 위반이라는 甲의 주장은 타당하지 않다.

Ⅰ 신의성실의 원칙

행정청은 직무를 수행할 때 신의에 따라 성실히 하여야 한다.

Ⅱ 신뢰보호의 원칙

행정기관의 어떤 명시적·묵시적 언동이 있고,/ 그 정당성 또는 존속성에 대한 개인의 보호가치 있는 신뢰가 있는 경우에/ 그 신뢰를 보호하여 주어야 한다는 의미이다.

Ⅲ 투명성의 원칙

1. 행정작용은 그 내용이 구체적으로 명확해야 한다.
2. 행정작용의 근거가 되는 법령 등이 명확하지 아니한 경우 행정청에 해석을 요청할 수 있으며,/ 해당 행정청은 특별한 사정이 없는 한 해석에 대한 요청을 따라야 한다.
3. 행정청은 상대방에게 행정작용과 관련된 정보를 충분히 제공해야 한다.

Ⅳ 행정업무혁신의 원칙

1. 행정청은 모든 국민이 균등하고 질 높은 행정서비스를 누릴 수 있도록 노력하여야 한다.
2. 행정청은 정보통신기술을 활용하여 행정절차를 적극적으로 혁신하도록 노력하여야 한다.
3. 행정청은 행정청이 생성하거나 취득하여 관리하고 있는 데이터를 행정과정에 적극 활용하도록 노력하여야 한다.
4. 행정청은 행정업무혁신 추진에 필요한 행정적·재정적·기술적 지원방안을 마련하여야 한다.

THEME 3 행정청의 관할 및 협조

핵심이론

I 관 할

1. 행정청이 관할에 속하지 아니한 사안을 접수·이송받은 경우 또는 관할이 변경된 경우/ 지체 없이/ 관할 행정청에 이송하고 신청인에게 통지하여야 한다.
2. 관할이 분명하지 아니한 경우/ 해당 행정청을 공통으로 감독하는 상급 행정청이 관할을 결정하며,/ 공통으로 감독하는 상급 행정청이 없는 경우 각 상급 행정청이 협의하여 관할을 결정한다.

II 행정청 간의 협조 등

1. 행정청은 행정의 원활한 수행을 위하여 서로 협조하여야 한다.
2. 행정청은 업무의 효율성을 높이고 행정서비스에 대한 국민의 만족도를 높이기 위하여 필요한 경우 행정협업의 방식으로 적극적으로 협조하여야 한다.
3. 행정청은 행정협업을 활성화하기 위한 시책을 마련하고,/ 그 추진에 필요한 행정적·재정적 지원방안을 마련하여야 한다.

III 행정응원★★

1. 의 의
    행정청이 다른 행정주체나 다른 행정기관으로부터/ 행정적 지원을 요청받은 경우/ 이에 응하는 것을 의미한다.

2. 요청사유
    ① 법령등의 이유로 독자적인 직무수행이 어려운 경우
    ② 다른 행정청에 소속되어 있는 전문기관의 협조가 필요한 경우
    ③ 다른 행정청이 관리하고 있는 문서·통계 등 행정자료가 직무수행을 위하여 필요한 경우
    ④ 다른 행정청의 응원을 받아 처리하는 것이 보다 능률적이고 경제적인 경우

3. 거부사유
    ① 다른 행정청이 보다 능률적이거나 경제적으로 응원할 수 있는 명백한 이유가 있는 경우
    ② 행정응원으로 인하여 고유의 직무수행이 현저히 지장을 받을 것으로 인정되는 명백한 이유가 있는 경우

송달

I 의의

송달이란 행정업무수행과 관련하여/ 당사자 기타 이해관계인에게/ 관련 내용을 알리기 위해 절차에 따라 서면을 보내는 행위를 의미한다.

II 송달의 방법

1. 원칙 : 우편, 교부 또는 정보통신망 이용 등의 방법

① 송달은 우편, 교부 또는 정보통신망 이용 등의 방법으로 하며,/ 송달받을 자의 주소, 거소, 영업소, 사무소 또는 전자우편주소로 한다.
② 교부에 의한 송달은 수령확인서를 받고 문서를 교부함으로써 한다./ 송달받을 장소에서 송달받을 자를 만나지 못한 경우/ 그 사무원·피용자 또는 동거인으로서 사리를 분별할 지능이 있는 사람에게 문서를 교부할 수 있다./ 다만, 문서를 송달받을 자 또는 그 사무원등이 정당한 사유 없이 송달받기를 거부하는 때에는 그 사실을 수령확인서에 적고, 문서를 송달할 장소에 놓아둘 수 있다.
③ 정보통신망을 이용한 송달은/ 송달받을 자가 동의하는 경우에만 하며,/ 이 경우 송달받을 자는 송달받을 전자우편주소 등을 지정하여야 한다.

2. 예외 : 공고

송달받을 자의 주소 등을 통상적인 방법으로 확인할 수 없는 경우/ 또는 송달이 불가능한 경우에는/ 송달받을 자가 알기 쉽도록/ 관보, 공보, 게시판, 일간신문 중 하나 이상에 공고하고 인터넷에도 공고하여야 한다.

III 송달의 효력발생

1. 원칙

① 송달은 다른 법령 등에 특별한 규정이 있는 경우를 제외하고는/ 해당 문서가 송달받을 자에게 도달함으로써 그 효력이 발생한다.
② 정보통신망을 이용하여 전자문서로 송달하는 경우/ 송달받을 자가 지정한 컴퓨터 등에 입력된 때에 도달된 것으로 본다.

2. 예외

다른 법령 등에 특별한 규정이 있는 경우를 제외하고는/ 공고일부터 14일이 지난 때에 그 효력이 발생한다.

THEME 5 당사자등

□ 甲은 그의 소유인 A시 소재 건물(이하 '이 사건의 건물'이라 한다)에서 유흥주점 영업을 해 오던 중, 甲의 지방세 체납으로 이 사건 건물이 압류되었다. 乙은 「지방세법」에 따른 압류재산 매각절차에서 이 사건 건물을 낙찰 받아, 乙명의로 소유권이전등기를 경료하고, 관할행정청인 A시장에게 위 유흥주점의 영업자지위승계신고를 하였다. 「식품위생법」에 따르면, 관할행정청은 영업자지위승계신고를 받은 날부터 3일 이내에 신고수리 여부를 신고인에게 통지하여야 하며, 그 기간 내에 신고수리 여부 또는 민원 처리 관련 법령에 따른 처리기간의 연장을 신고인에게 통지하지 아니하면 그 기간이 끝난 날의 다음 날에 신고를 수리한 것으로 본다. 다음 물음에 답하시오. ▶ 제12회 기출 사례 40점

물음 1) 乙의 영업자지위승계신고의 법적 성질을 설명한 후, A시장이 乙의 영업자지위승계신고를 수리할 경우 그 수리처분에 있어서 甲은 「행정절차법」상 '당사자등'이 되는지 검토하시오(THEME 16 참조). ▶ 20점

○ 핵심해설   제12회 기출 사례 물음 1)

I 논점의 정리

乙의 영업자지위승계신고의 법적 성질과 관련하여/ ① 관할행정청의 수리를 요하는 신고에 해당하는지 여부, ② 이에 따라 관할행정청의 수리처분의 법적 성질이 문제된다./ 또한 관할행정청인 A시장이 乙의 영업자지위승계신고를 수리한 경우/ ③ 그 수리처분에 있어서/ 영업자지위를 상실한 甲이 「행정절차법」상 '당사자등'에 해당하는지 여부가 문제된다.

II 영업자지위승계신고의 법적 성질

1. 수리를 요하는 신고인지 여부

수리를 요하는 신고란 사인이 행정청에 일정한 사항을 통지하고, 행정청의 별도의 수리행위가 있어야 법적 효과가 발생하는 신고를 말한다./ 사안은 식품위생법상 행정청에게 수리 여부를 통지하도록 규정하고 있다는 점,/ 통지 기간 내 신고수리 여부를 통지하지 아니하면 그 기간이 끝날 날의 다음 날에 신고수리가 간주된다는 점에서/ 행정청이 별도의 수리를 하여야 효력이 발생하는 수리를 요하는 신고에 해당한다.

2. 관할행정청의 수리처분의 법적 성질

대법원은 행정청의 지위승계신고 수리의 법적 성격을 권리설정행위로 본다. 즉, '양도인에 대한 영업허가취소'와 더불어 '양수인에 대한 권리설정행위'로서 사업허가자 등의 변경이라는 법률효과를 발생시키는 행위로 파악한다(대판 2012.1.12, 2011도6561 참고). 이에 따라 복효적 행정행위 중 제3자효적 행정행위에 해당한다고 볼 수 있다.

III. 甲이 행정절차법상 당사자등에 해당하는지 여부

1. 당사자등의 의의

행정절차법상 당사자등이란/ ① 행정청의 처분에 대해 직접 그 상대가 되는 당사자와/ ② 행정청이 직권 또는 신청에 따라 행정절차에 참여하게 한 이해관계인을 의미한다(행정절차법 제2조 제4호).

2. 관련 판례

대법원은 「행정청이/ 영업자지위승계신고를 수리하는 처분은/ 종전의 영업자의 권익을 제한하는 처분이라 할 것이고/ 따라서 종전의 영업자는 그 처분에 대하여 직접 그 상대가 되는 자에 해당한다(대판 2003.2.14. 2001두7015등 참고)」고 판시하였다.

3. 소 결

영업자지위승계신고를 수리하는 처분은/ 수익적 처분의 일종으로 그 처분에 대하여 직접 상대가 되는 당사자는 乙이고,/ 甲은 '이해관계인'으로 '당사자등'에 해당한다고 볼 수 있다./ 다만, 판례에 따르면 종전의 영업자인 甲은 영업자지위승계신고를 수리하는 처분에 대하여 직접 그 상대가 되는 자 즉, '당사자'에 해당한다고 본다.

IV. 사안의 해결

1. 영업자지위승계신고는 행정청의 수리를 요하는 신고에 해당하며,/ 이에 따라 행정청이 한 수리처분은 '권리설정행위'로서/ 성질상 복효적 행정행위 중 제3자효적 행정행위에 해당한다.

2. 甲은 행정절차법상 이해관계인으로 당사자등에 해당한다고 할 수 있으나,/ 판례에 따르면 당사자로서 당사자등에 해당한다고 볼 수 있다.

핵심이론

I 개 념

행정청의 처분에 대해 직접 그 상대가 되는 당사자와 행정청이 직권 또는 신청에 따라 행정절차에 참여하게 한 이해관계인을 의미한다(이하 "당사자등").

II 당사자등의 자격

다음에 해당하는 자는 행정절차에서 당사자등이 될 수 있다.
① 자연인
② 법인, 법인이 아닌 사단 또는 재단(이하 "법인등")
③ 그 밖에 다른 법령등에 따라 권리·의무의 주체가 될 수 있는 자

III 당사자등의 지위의 승계

1. 승계사유

(1) 당사자등이 사망하였을 때
　　상속인과 다른 법령등에 따라 당사자등의 권익을 승계한 자는/ 당사자등의 지위를 승계한다.
(2) 당사자등인 법인등이 합병하였을 때
　　합병 후 존속하는 법인등이나/ 합병 후 새로 설립된 법인등이/ 당사자등의 지위를 승계한다.
(3) 처분에 관한 권익을 사실상 양수한 자
　　행정청의 승인을 받아 당사자등의 지위를 승계할 수 있다.

2. 통 지

① 당사자등의 지위를 승계한 자는/ 행정청에 그 사실을 통지하여야 한다.
② ①의 통지가 있을 때까지/ 사망자 또는 합병 전의 법인등에 대하여 행정청이 한 통지는/ 당사자등의 지위를 승계한 자에게도 효력이 있다.

THEME 6 대표자 / 대리인

I 대표자

1. 선정

(1) 당사자의 선정
다수의 당사자등이 공동으로 행정절차에 관한 행위를 할 때에는/ 대표자를 선정할 수 있다.

(2) 행정청의 요청
행정청은/ 당사자등이 대표자를 선정하지 아니하거나/ 대표자가 지나치게 많아/ 행정절차가 지연될 우려가 있는 경우에는/ 그 이유를 들어/ 상당한 기간 내에 3인 이내의 대표자를 선정할 것을 요청할 수 있다.

(3) 행정청의 선정
당사자등이 행정청의 대표자 선정요청을 따르지 아니하였을 때에는/ 행정청이 직접 대표자를 선정할 수 있다.

2. 대표자 변경·해임
당사자등은/ 대표자를 변경하거나 해임할 수 있다.

3. 대표자의 권한
① 대표자는 당사자등을 위하여 행정절차에 관한 모든 행위를 할 수 있다./ 다만, 행정절차를 끝맺는 행위는 당사자등의 동의를 받아야 한다.
② 다수의 대표자가 있는 경우 그중 1인에 대한 행정청의 행위는 모든 당사자등에게 효력이 있다./ 다만, 행정청의 통지는 대표자 모두에게 하여야 그 효력이 있다.

II 대리인

1. 선임
당사자등은/ 다음의 어느 하나에 해당하는 자를/ 대리인으로 선임할 수 있다.
① 당사자등의 배우자, 직계존속·비속 또는 형제자매
② 당사자등이 법인등인 경우 그 임원 또는 직원
③ 변호사
④ 행정청 또는 청문주재자의 허가를 받은 자
⑤ 법령등에 따라 해당 사안에 대하여 대리인이 될 수 있는 자

2. 대리인 변경·해임
당사자등은/ 대리인을 변경하거나 해임할 수 있다.

3. 대리인의 권한
① 대리인은 당사자등을 위하여 행정절차에 관한 모든 행위를 할 수 있다./ 다만, 행정절차를 끝맺는 행위는 당사자등의 동의를 받아야 한다.
② 다수의 대리인이 있는 경우 그중 1인에 대한 행정청의 행위는 모든 당사자등에게 효력이 있다./ 다만, 행정청의 통지는 대리인 모두에게 하여야 그 효력이 있다.

Ⅲ 통 지

1. 당사자등의 통지
당사자등이/ 대표자·대리인을 선정·선임하거나 변경·해임하였을 경우에는/ 지체 없이/ 그 사실을 행정청에 통지하여야 한다.

2. 청문주재자의 통지
청문주재자가/ 대리인의 선임을 허가한 경우/ 청문주재자가/ 그 사실을 행정청에 통지하여야 한다.

제2절 처분

THEME 7 처분절차

□ 甲은 그의 소유인 A시 소재 건물(이하 '이 사건의 건물'이라 한다)에서 유흥주점 영업을 해 오던 중, 甲의 지방세 체납으로 이 사건 건물이 압류되었다. 乙은 「지방세법」에 따른 압류재산 매각절차에서 이 사건 건물을 낙찰 받아, 乙명의로 소유권이전등기를 경료하고, 관할행정청인 A시장에게 위 유흥주점의 영업자지위승계신고를 하였다. 「식품위생법」에 따르면, 관할행정청은 영업자지위승계신고를 받은 날부터 3일 이내에 신고수리 여부를 신고인에게 통지하여야 하며, 그 기간 내에 신고수리 여부 또는 민원 처리 관련 법령에 따른 처리기간의 연장을 신고인에게 통지하지 아니하면 그 기간이 끝난 날의 다음 날에 신고를 수리한 것으로 본다. 다음 물음에 답하시오. ▶제12회 기출 사례 40점

물음 2) A시장이 乙의 영업자지위승계신고를 수리하지 않을 경우 그 불수리처분에 앞서 乙에 대하여 「행정절차법」 제21조(처분의 사전통지) 및 제23조(처분의 이유제시)의 절차를 거쳐야 하는지 검토하시오. ▶20점

○ 핵심해설 제12회 기출 사례 물음 2)

I 논점의 정리

A시장이 乙의 영업자지위승계신고를 수리하지 않을 경우,/ 즉 수익적 행정행위에 대한 거부처분 시/ 「행정절차법」 제21조(처분의 사전통지) 및 제23조(처분의 이유제시)의 절차를 거쳐야 하는지 문제된다.

II 수익적 행정행위에 대한 거부처분 시 사전통지의 적용 여부

1. 문제의 소재

사전통지는/ 행정청이 당사자에게 의무를 부과하거나 권익을 제한하는 처분, 즉 불이익처분을 대상으로 하는데,/ 설문의 수익적 행정행위에 대한 거부처분을 당사자의 권익을 제한하는 처분에 해당한다고 보아/ 사전통지 절차가 적용된다고 볼 것인지 문제된다.

2. 학 설

① 처분 전에는 아직 권익 제한이 부여되지 않은 결과 사전통지 절차가 적용되는 않는다는 〈부정설〉과 ② 거부처분도 침익적 처분에 해당하여 권익을 손상입을 위험이 있어 사전통지 절차가 적용된다는 〈긍정설〉의 다툼이 있다.

3. 판 례

대법원은 「신청에 따른 처분이 이루어지지 않은 경우 아직 당사자에게 권익이 부과되지 아니하였으므로/ 비록 거부처분이더라도 권익을 제한하는 것이 아니어서 사전통지의 대상이 되지 않는다(대판 2003.11.28. 2003두674)」는 입장이다.

4. 검토(소결)

수익적 행정행위에 대한 신청만 있고,/ 신청에 따른 처분이 이루어지지 않은 경우/ 아직 당사자에게 권익이 부과되지 아니한 상태이므로/ 비록 거부처분이더라도 사전통지의 대상이 되지 않는다고 봄이 타당하다.

Ⅲ. 수익적 행정행위에 대한 거부처분 시 이유제시 절차를 거쳐야 하는지 여부

1. 이유제시

(1) 의 의

이유제시는/ 행정청의 처분의 근거가 된 법적·사실적 사유를/ 처분 시에 구체적으로 명시하는 것을 의미한다.

(2) 이유제시의 대상

1) 원 칙

행정청은/ 원칙적으로 모든 처분 시 이유제시 의무가 있다.

2) 면제사유

다만, ① 신청 내용을 그대로 인정하는 경우,/ ② 단순·반복적인 처분 또는 경미한 처분으로 당사자가 그 이유를 명백히 알 수 있는 경우,/ ③ 긴급한 처분을 할 필요가 있는 경우에는 행정청의 이유제시 의무가 면제된다./ 그러나 ②, ③의 경우 처분 후 당사자가 요청하는 경우에는 그 근거와 이유를 제시하여야 한다.

2. 소 결

행정청은 원칙적으로 모든 처분 시 이유제시 의무가 있으므로/ 특별히 이유제시의 면제사유에 해당하지 않는 한/ 수익적 행정행위에 대한 거부처분 시에도 이유제시 절차를 거쳐야 한다.

Ⅳ. 사안의 해결

수익적 행정행위에 대한 거부처분 시/ 관할행정청인 A시장은 乙에게 행정절차법상 제21조(처분의 사전통지)의 절차를 거칠 필요는 없으나,/ 제23조(처분의 이유제시)의 절차는 거쳐야 한다.

I 공통절차 📖 설·이·방·정·고

1. 처분기준의 설정공표

(1) 원 칙

행정청은/ 처분기준을/ 처분의 성질에 비추어/ 되도록 구체적으로 정하여 공표하여야 한다./ 처분기준을 변경하는 경우에도 또한 같다.

(2) 예 외

처분기준을 공포하는 것이 해당 처분의 성질상 현저히 곤란하거나/ 공공의 안전 또는 복리를 현저히 해치는 것으로 인정될 만한 상당한 이유가 있는 경우/ 공표하지 아니할 수 있다.

(3) 해석 등의 요청

당사자등은 공표된 처분기준이 명확하지 아니한 경우/ 해당 행정청에 그 해석 또는 설명을 요청할 수 있다.

(4) 처분기준과 다른 처분의 효력★
① 처분기준이 법령에 규정된 경우 : 위법한 처분
② 처분기준이 행정규칙으로 규정된 경우 : 행정규칙은 대외적 구속력이 없으므로 적법한 처분이다. 다만, 처분이 행정법의 일반원칙을 침해한 경우 위법성 주장이 가능하다.

2. 처분의 이유제시

(1) 원 칙

행정청은/ 처분을 할 때에는/ 당사자에게/ 그 근거와 이유를 제시하여야 한다.

(2) 예 외

행정청은/ 다음의 어느 하나에 해당하는 경우에는/ 당사자에게/ 그 근거와 이유를 제시하지 아니할 수 있다.
① 신청내용을 그대로 인정하는 처분
② 단순 반복적인 처분 또는 경미한 처분으로 당사자가 그 이유를 명백히 알 수 있는 경우
③ 긴급히 처분을 할 필요가 있는 경우

(3) 통지의무

행정청은 (2)의 ②, ③의 경우에/ 처분 후 당사자가 요청하는 경우에는/ 그 근거와 이유를 제시하여야 한다.

3. 처분의 방식 : 문서

(1) 원 칙

행정청은 처분을 할 때에는/ 다른 법령등에 특별한 규정이 있는 경우를 제외하고는/ 문서로 하여야 한다./ 다만, 다음의 어느 하나에 해당하는 경우 전자문서로 할 수 있다.
① 당사자등의 동의가 있는 경우
② 당사자가 전자문서로 처분을 신청한 경우

(2) 예 외

공공의 안전 또는 복리를 위하여 긴급히 처분할 필요가 있거나/ 사안이 경미한 경우/ 말, 전화, 휴대전화를 이용한 문자 전송, 팩스 또는 전자우편 등 문서가 아닌 방법으로 처분할 수 있다./ 이 경우 당사자가 요청하면 지체 없이 처분에 관한 문서를 주어야 한다.

(3) 실명제

처분을 하는 문서에는/ 그 처분 행정청과/ 담당자의 소속·성명 및 연락처(전화번호, 팩스번호, 전자우편주소 등을 말한다)를 적어야 한다.

4. 처분 정정

행정청은 처분에 오기, 오산 또는 그 밖에 이에 준하는 명백한 잘못이 있을 때에는/ 직권으로 또는 신청에 따라/ 지체 없이 정정하고/ 그 사실을 당사자에게 통지하여야 한다.

5. 행정심판사항 고지 : 불복방법 고지

행정청이 처분을 할 때에는/ 당사자에게/ 그 처분에 관하여 행정심판을 제기할 수 있는지 여부,/ 그 밖에 불복을 할 수 있는지 여부,/ 청구절차 및 청구기간,/ 그 밖에 필요한 사항을 알려야 한다.

Ⅱ 신청에 의한 처분절차

1. 의 의

행정청이 공포한 처분기준에 따라/ 처리기간 내/ 문서로/ 처분이유와 불복방법을 제시하여야 한다.

2. 처리기간

(1) 원칙 : 설정·공표

행정청은/ 신청인의 편의를 위하여/ 처분의 처리기준을/ 종류별, 단계별로/ 미리 정하여 공표하여야 한다.

(2) 예외 : 처리기간 연장

행정청은 처분의 처리기간 내 처리할 의무가 있으나,/ 부득이한 사유로 기간 내 처리하기 곤란한 경우/ 처리기간 내/ 1회에 한하여 기간을 연장할 수 있다./ 이 경우 처리기간의 연장 사유와 처리 예정 기한을/ 지체 없이/ 신청인에게 통지하여야 한다.

(3) 신속처리 요청

신청인은/ 행정청이 처리기간 내 신청을 처리하지 아니하였을 때에는/ 해당 행정청 또는 감독 행정청에/ 신속한 처리를 요청할 수 있다.

Ⅲ 불이익처분의 절차(THEME 9~14 참조)★★

행정청이 공포한 처분기준에 따라 불이익한 처분을 하는 경우/ 사전에 통지하여/ 의견청취 절차를 거쳐/ 문서로 처분이유와 불복방법을 제시하여야 한다. 🔑 사·의·청·공

THEME 8 행정절차의 하자 ★★★

□ 甲은 식품접객업을 영위하고 있는 자로 판매하던 식품에 이물질이 혼입되어 있다는 사실이 관할 행정청의 단속과정에서 적발되었다. 그런데 관할 행정청은 甲에게 시정명령서를 송부하지 아니하고, 담당 공무원이 甲의 영업장을 방문하여 구두로 시정명령의 내용을 고지하였다. 그런데 관할 행정청이 정밀 조사한 결과 위 이물질이 사람의 생명을 해칠 수 있는 유독물질임이 밝혀졌다. 이에 관할 행정청은 甲의 영업소에 대한 폐쇄명령을 하고자 청문통지서를 발송하였으나, 청문일 5일 전에 甲에게 도달하였다. 그런데 행정절차법에 따르면 청문일 10일 전까지 통지하여야 하므로 절차상 하자가 있었지만, 甲은 청문일에 출석하여 자신의 의견을 진술하는 등 방어의 기회를 충분히 가졌고, 관할 행정청은 폐쇄명령을 하였다.

▶ 제10회 기출 사례 40점

물음 1) 위 시정명령의 위법 여부를 설명하시오. ▶ 20점
물음 2) 위 폐쇄명령의 위법 여부를 설명하시오. ▶ 20점

핵심해설 제10회 기출 사례 물음 1)

I 논점의 정리

관할 행정청이 甲에게 시정명령서를 송부하지 아니하고,/ 담당 공무원이 구두로 시정명령의 내용을 고지한 것이/ 처분의 방식에 위배되어 절차상 하자가 있는지,/ 나아가 절차상 하자가 있다면 그 처분의 독자적 위법성이 인정되는지가 문제된다.

II 처분의 방식

1. 원 칙
2. 예 외
3. 실명제

III 절차상 하자의 독자적 위법성 인정 여부

1. 문제점

2. 학 설

3. 판 례

4. 검 토

헌법 제12조의 적법절차의 원리가 행정절차에 유추적용된다는 점에서/ 절차의 하자도 기본권침해에 해당하므로 절차상 하자의 독자적 위법성을 인정하는 것이 타당하다.

IV 절차상 하자 있는 처분의 효력

절차상 하자에 대한 위법성의 정도는 중대·명백설에 따라 판단하는데,/ 사안의 시정명령은 특별한 예외 사유에 해당하지 않는 한 중대하고 명백한 하자로 무효이다.

V 사안의 해결

절차상 하자가 있는 위 시정명령은 독자적 위법성이 인정되며,/ 그 정도가 중대·명백하여 무효이다.

핵심해설 제10회 기출 사례 물음 2)

I 논점의 정리

청문 통지에 하자 있는/ 폐쇄명령의 위법성과 관련하여/ 절차상 하자 있는 처분이 치유될 수 있는지가 문제된다.

II 절차상 하자 있는 처분의 효력(위법성의 정도)

헌법 제12조 적법절차원리가 행정절차에 유추적용된다는 점에서,/ 절차상 하자도 기본권 침해에 해당하므로 절차상 하자의 독자적 위법성을 인정하는 것이 타당하다./ 위법성의 정도는 중대·명백설에 따라 판단하며, 청문 통지의 하자는 취소 사유에 해당한다.

III 하자의 치유

1. 인정 여부

(1) 원 칙

하자의 치유는 원칙적으로 부정된다.

(2) 예 외

치유를 인정하여도 국민의 권익침해가 발생하지 않거나/ 행정의 능률적 수행이 가능한 경우/ 그 한도 내에서 제한적으로 하자의 치유가 가능하다.

2. 치유 시기

(1) 학 설

쟁송제기이전시설과 쟁송종결이전시설의 다툼이 있다.

(2) 판 례

대법원은/ 「적어도 처분에 대한 불복 여부 결정/ 및 불복신청에 편의를 줄 수 있는/ 상당한 기간 내에 치유행위가 있어야 그 하자가 치유된다」고 판시하여/ 쟁송제기이전시설의 입장이다.

(3) 검 토

국민의 신속한 권리구제를 위해 쟁송제기 전까지 가능하다는 견해가 타당하다.

3. 치유 효과

하자가 치유되면 절차상 하자 있는 처분은/ 소급하여 유효하게 된다.

IV 사안의 해결

1. 청문 통지상의 하자 있는 폐쇄명령은 절차상 하자가 존재한다.
2. 비록 청문통지서가 청문일 5일 전에 甲에게 도달하였어도, 甲이 청문일에 출석하여 자신의 의견을 진술하는 등 방어의 기회를 충분히 가졌다는 점에 비추어 하자의 치유를 인정할 수 있다.
3. 따라서 사안의 폐쇄명령은 소급하여 적법한 처분으로 간주된다.

□ 공무원 甲은 코로나19 확산 방지를 위한 집합금지명령 위반 단속업무 등을 담당하던 중, 유흥주점 업자인 乙로부터 위반행위 단속을 피할 수 있도록 단속일시·장소 등을 알려달라는 청탁을 받았다. 甲은 이를 알려준 대가로 자신의 계좌로 30만원을 송금 받은 것을 비롯하여 수회에 걸쳐 합계 190만원의 뇌물을 받은 사실을 이유로 인사 및 징계권자인 A로부터 직위해제처분을 받은 후 징계절차를 거쳐 최종적으로 파면처분을 받았다. 다음 물음에 답하시오. ▶ 제9회 기출 사례 40점

물음 2) 甲은 제시된 징계사유(뇌물수수)를 모두 인정하면서도 A가 관련법령의 징계절차상 처분사유설명서를 교부하지 않았음을 들어 자신에 대한 파면처분은 취소되어야 한다고 주장한다. 이 주장의 타당성을 검토하시오. ▶ 30점

핵심해설 제9회 기출 사례 물음 2)

I 논점의 정리

공무원 甲에 대한 A의 파면처분은 불이익한 처분에 해당하는데,/ 징계절차상 처분사유설명서를 교부하지 않은 하자가/ 파면처분의 절차상 하자에 해당하는지 여부와/ 절차상 하자 있는 처분의 효력이 문제된다.

II 절차상 하자 여부

1. 행정절차법상 불이익한 처분절차

2. 징계절차상 처분사유설명서를 교부하지 않은 경우/ 파면처분의 절차상 하자 여부

파면처분의 상대방은/ 차후 행정구제절차에 대처할 수 있을 정도로 구체적인 이유를 제시받아야 하는데,/ 처분사유설명서는 이유부기에 준하는 절차에 해당한다./ 따라서 처분사유설명서를 교부하지 않은 파면처분은 절차상 하자가 있다.

III 절차상 하자 있는 처분의 효력

1. 절차상 하자의 독자적 위법성 인정 여부

2. 위법성의 정도

절차상 하자가 무효 또는 취소 사유 인지에 대해서는 통설·판례인 중대·명백설에 따라 취소 사유로 보는 것이 타당하다.

IV 사안의 해결

1. 공무원 甲에 대한 A의 파면처분은 절차상 하자가 있다.

2. 따라서 자신에 대한 인사 및 징계권자인 A의 파면처분은 취소되어야 한다는 공무원 甲의 주장은 타당하다.

□ A시의 甲구청장은 음식점을 운영하고 있는 乙이 정당한 사유 없이 6개월 이상 계속 휴업하고 있어 식품위생법 제75조 제3항에 따른 영업허가 취소처분을 하려고 하였다. 이를 위해 청문통지서를 두 차례에 걸쳐 발송하였으나 청문통지서가 주소 불명으로 반송되었다. 이에 甲구청장은 乙이 청문기일에 불출석하였다는 이유로 청문을 생략하고 음식점 영업허가 취소처분을 하였다. 甲구청장의 乙에 대한 영업허가 취소처분의 위법 여부를 설명하시오.
▶ 제7회 기출 사례 40점

핵심해설 제7회 기출 사례

I 논점의 정리

甲구청장이/ 乙의 주소 불명으로 청문통지서가 반송된 경우/ 乙이 청문기일에 불석하였다는 이유로/ 청문을 생략하고 음식점 영업허가 취소처분을 한 경우/ 그 처분의 위법성 여부, 즉 청문 절차를 생략한 처분의 절차상 하자 여부 및 그 독자적 위법성 여부가 문제된다.

II 행정처분의 절차상 하자 여부

1. 청문의 대상

2. 청문의 면제사유

3. 사안의 적용

행정절차법상 청문의 면제사유인 「당해 처분의 성질상 의견청취가 현저히 곤란하거나 명백히 불필요하다고 인정할 만한 상당한 이유가 있는 경우」와 관련하여,/ 이는 당해 처분의 성질에 비추어 판단하여야 하는 것이므로,/ 청문통지서가 반송되었거나 상대방이 청문일시에 불출석하였다는 이유로 청문을 실시하지 아니하였다면 절차상 하자가 존재한다.

III 절차상 하자의 독자적 위법성 인정 여부

1. 문제점

행정절차법상 절차상 하자에 대한 처리규정이 없다./ 이에 따라 다른 위법사유 없이 절차상 하자만으로 처분의 위법성을 인정하는 것이 가능한지가 문제된다.

2. 학 설

3. 판 례

4. 검 토

헌법 제12조의 적법절차의 원리가 행정절차에 유추적용된다는 점에서/ 절차의 하자도 기본권침해에 해당하므로 절차상 하자의 독자적 위법성을 인정하는 것이 타당하다.

Ⅳ 위법성의 정도

절차상 하자가 무효 또는 취소 사유인지에 대해서는 통설·판례인 중대·명백설에 따라 취소 사유로 보는 것이 타당하다.

Ⅴ 사안의 해결

1. 乙이 청문기일에 불출석하였다는 이유로/ 청문을 생략하고 행한 甲구청장의 음식점 영업허가 취소처분은/ 절차적 하자가 존재하며,/ 그 처분에 독자적 위법성이 인정된다.

2. 따라서 청문을 생략하고 행한 甲구청장의 영업허가 취소처분은 위법하다.

□ 관할 행정청 A는 甲에 대해 부담금 부과처분을 하면서 행정절차법상 요구되는 처분의 근거와 이유를 구체적으로 제시하지 않았다. 甲은 자신에 대한 부담금 부과의 근거와 이유를 정확히 알 수 없었으나 납부기한의 도과로 인한 불이익을 우려하여 일단 부담금을 납부하였고, 이후 자신에 대한 부담금 부과처분은 이유제시의 하자가 있는 위법한 것임을 이유로 부담금 부과처분에 대해 취소소송을 제기하였다. 다음 물음에 답하시오.　　　　　　　　　　　　　　　　　　　　　　　　　　　　　▶ 제6회 기출 사례 40점

물음 1) 甲이 납부한 부담금이 내용적으로 정당한 경우에도 법원은 이유제시의 하자가 있음을 이유로 부담금 부과처분을 취소할 수 있는지 설명하시오.　　　　　　　　　　　　　　　　　　▶ 20점

물음 2) 취소소송의 계속 중에 A가 甲에게 부담금 부과의 근거와 이유를 구체적으로 제시하였다면, 이유제시의 하자는 치유되는지 설명하시오.　　　　　　　　　　　　　　　　　　　　　▶ 20점

핵심해설　제6회 기출 사례

I 논점의 정리

법원이/ 관할 행정청 A의 부담금 부과처분 시/ 이유제시의 하자가 있음을 이유로 부담금 부과처분을 취소할 수 있는지,/ 즉 절차상 하자의 독자적 위법성 인정 여부 및 그 처분의 위법성의 정도가 문제되며,/ 나아가 취소소송의 계속 중에/ 관할 행정청 A가/ 甲에게 부담금 부과의 근거와 이유를 구체적으로 제시하였다면,/ 부담금 부과처분의 하자의 치유가 문제된다.

II 절차적 하자 여부

1. 이유제시의 의의

2. 법적 성질

3. 이유제시의 대상
(1) 원 칙
(2) 면제사유(예외사유)

4. 이유제시의 시기

5. 이유제시의 정도

6. 사안의 적용
관할 행정청 A의 甲에 대한 부담금 부과처분은/ 처분의 근거와 이유를 구체적으로 제시하지 않은 절차적 하자가 있다.

Ⅲ 물음 1)에 관하여

1. 절차상 하자의 독자적 위법성 인정 여부
(1) 문제점
(2) 학 설
(3) 판 례
(4) 검 토

2. 위법성의 정도

3. 사안의 해결
① 이유제시의 절차상 하자만으로 처분의 독자적 위법성이 인정된다.
② 따라서 법원은 중대·명백설에 따라 이유제시의 하자가 있음을 이유로 부담금 부과처분을 취소할 수 있다.

Ⅳ 물음 2)에 관하여

1. 절차상 하자의 치유
(1) 인정 여부
  1) 원 칙
  2) 예 외
  치유를 인정하여도 국민의 권익침해가 발생하지 않거나/ 행정의 능률적 수행이 가능한 경우/ 그 한도 내에서 제한적으로만 하자의 치유가 가능하다.

(2) 치유 시기
  1) 학 설
  쟁송제기이전시설과 쟁송종결이전시설등의 다툼이 있다.
  2) 판 례
  대법원은/「적어도 처분에 대한 불복 여부 결정/ 및 불복신청에 편의를 줄 수 있는/ 상당한 기간 내에 치유행위가 있어야 그 하자가 치유된다」고 판시하여 쟁송제기이전시설의 입장이다.
  3) 검 토
  국민의 신속한 권리구제를 위해 쟁송제기 전까지 가능하다는 견해가 타당하다.

(3) 치유 효과
  하자가 치유되면 절차상 하자 있는 처분은/ 소급하여 유효하게 된다.

2. 사안의 해결
① 국민의 신속한 권리구제를 위해 절차상 하자의 치유 시기는 쟁송제기 전까지 가능하다는 견해가 타당하다.
② 따라서 관할 행정청 A가/ 취소소송의 계속 중/ 부담금 부과처분의 근거와 이유를 구체적으로 제시하였다 하더라도 이유제시의 하자는 치유되지 않는다고 보아야 한다.

□ 건강보험 지역가입자인 甲은 동성(同性)인 乙과 동거하던 중 결혼식을 올린 뒤 국민건강보험공단(이하 '공단'이라 한다)에 건강보험 직장가입자인 乙의 사실혼 배우자로 피부양자 자격취득 신고를 하자 공단은 이를 수리하여 피부양자 자격을 취득한 것으로 등록하였다. 이후 甲은 지역가입자 보험료를 납부하지 않고 乙의 피부양자 자격으로 보험급여를 받아왔다. 그런데 이 사실이 언론에 보도되자 공단은 甲을 피부양자로 등록한 것이 착오 처리였다며 甲의 피부양자 자격을 박탈해서 소급하여 상실시키고 지역가입자로 甲의 자격을 변경한 후 그동안의 지역가입자로서의 건강보험료를 납입하라고, 고지(이하 '이 사건 납입고지'라 한다)하였다. 이에 甲은 공단을 방문하여 乙의 사실혼 배우자로 피부양자 자격취득 신고를 다시 하였으나, 며칠 후 공단은 그 수리가 불가하다는 내용을 휴대전화 문자메시지로 통지(이하 '이 사건 통지'라 한다)하였다. 한편,「전자문서 및 전자거래 기본법」의 규정에 따르면 공단이 보낸 위 휴대전화 문자메시지는 전자문서에 해당한다. 다음 물음에 답하시오.
▶ 제13회 기출 사례 40점

물음 1) 공단이 이 사건 납입고지를 할 때 어떤 절차를 밟아야 하는지 검토하시오. ▶ 20점
물음 2) 이 사건 통지의 방식에 하자가 있는지와 공단이 수리거부처분을 할 때 사전통지를 하여야 하는지 검토하시오. ▶ 20점

□ 관할 행정청인 A시장은 'OO치킨'이라는 상호로 음식점 영업을 하고 있는 甲이 2016.9.7. 청소년에게 술을 제공한 사실을 적발하고, 식품위생법령상의 처분기준에 따라 甲에게 2개월의 영업정지처분(이하 "이 사건 처분")을 하고자 한다(식품위생법령상 이 경우에 청문이나 공청회를 거치도록 하는 규정은 없다). 다음 물음에 답하시오.
▶ 제4회 기출 사례 40점

물음 1) A시장은 이 사건 처분을 함에 있어서 어떠한 행정절차를 거쳐야 하는지 설명하시오. ▶ 20점
물음 2) 만약 A시장이 위 물음 1)에서 요구되는 행정절차를 거치지 않고 이 사건 처분을 한 경우, 이 사건 처분이 유효한지 검토하시오. ▶ 10점
물음 3) 만약 A시장이 위 물음 1)에서 요구되는 행정절차를 이 사건 처분을 한 뒤에 비로소 거친 경우라면, 이 사건 처분이 유효한지 검토하시오. ▶ 10점

핵심해설 제13회 기출 사례 물음 1)

I 논점의 정리

공단의 이 사건 납입고지는 지역가입자 甲의 피부양자 자격을 소급하여 박탈하는 내용을 포함하므로 불이익한 처분에 해당한다./ 따라서 공단이 이 사건 납입고지를 하는 경우에는 사전에 통지하여 의견청취 절차를 거친 후 문서로 처분과 그 이유를 명시하고 구제방법 등을 고지하여야 한다./ 이하에서는 이에 대해 검토하기로 한다.

II 처분절차

1. 사전통지

(1) 의 의

행정청이 당사자에게 의무를 부과하거나 권익을 제한하는 처분을 하는 경우 당사자 등에게 관련 사항을 통지하는 것을 말한다.

(2) 생략사유(면제사유)

① 공공의 안전 또는 복리를 위하여/ 긴급히 처분을 할 필요가 있는 경우
② 법령등에서 요구된 자격이 없거나 없어지게 되면 반드시 일정한 처분을 하여야 하는 경우에/ 그 자격이 없거나 없어지게 된 사실이 법원의 재판 등에 의하여 객관적으로 증명된 때

③ 처분의 성질상 의견청취가 현저히 곤란하거나 명백히 불필요하다고 인정될 만한/ 상당한 이유가 있는 경우

2. 의견청취절차

(1) 의견제출
행정청이 어떠한 행정작용을 하기에 앞서/ 당사자 등이 의견을 제시하는 절차로/ 청문이나 공청회에 해당하지 아니하는 절차를 말한다./ 특히 불이익한 처분에 있어 청문이나 공청회를 거치지 않은 경우 의견제출절차를 거쳐야 한다.

(2) 청 문
행정청이 어떠한 처분을 하기 전에/ 당사자 등의 의견을 직접 듣고 증거를 조사하는 절차를 말한다.

(3) 공청회
행정청이 어떠한 행정작용에 대하여/ 공개적인 토론을 통하여/ 당사자 등이나 전문지식과 경험을 가진 자 그 밖의 일반인으로부터/ 의견을 널리 수렴하는 절차를 말한다.

(4) 의견청취절차의 생략사유
사전통지의 생략사유와 당사자가 의견진술의 기회를 포기한다는 뜻을 의견제출 기간 내에 명백히 표시한 경우에는 의견청취절차를 생략할 수 있다.

3. 처분의 이유제시

(1) 의의 및 취지
행정청은/ 처분의 당사자에게 처분을 할 때/ 처분의 근거가 된 사유를 구체적으로 명시하여야 한다./ 이는 행정청의 자의적 결정을 배제하고, 당사자로 하여금 행정구체절차에서 적절히 대처할 수 있도록 함에 그 취지가 있다.

(2) 생략사유
① 신청 내용을 모두 그대로 인정하는 처분인 경우
② 단순·반복적인 처분 또는 경미한 처분으로서/ 당사자가 그 이유를 명백히 알 수 있는 경우
③ 긴급히 처분을 할 필요가 있는 경우

Ⅲ 사안의 해결

국민건강보험공단의 이 사건 납입고지는 불이익한 처분으로서 행정절차법상 사전절차를 거쳐야 한다./ 따라서 국민건강보험공단은 甲에게 보험료 납입고지 처분 전에 사전통지 및 의견청취절차를 거쳐야 하고,/ 납입고지 처분 시 처분사유 등을 문서로 명시하여야 한다.

핵심해설 제13회 기출 사례 물음 2)

I. 논점의 정리

국민건강보험공단이 처분의 상대방에게 신청에 대한 거부처분을 하는 경우 처분의 방식과 관련하여 휴대전화 문자메시지로 통지한 것이 하자가 있는지 여부와 공단이 수리거부처분을 할 때 사전통지를 하여야 하는지 문제된다.

II. 처분의 방식

1. 원칙

행정청이 처분을 할 때에는/ 다른 법령 등에 특별한 규정이 있는 경우를 제외하고는/ 문서로 하여야 한다.

2. 예외

(1) 전자문서

① 당사자등의 동의가 있는 경우, ② 당사자가 전자문서로 처분을 신청한 경우에는 전자문서로 처분을 할 수 있다.

(2) 문서가 아닌 방법

① 공공의 안전 또는 복리를 위하여 긴급히 처분을 할 필요가 있거나, ② 사안이 경미한 경우에는 말, 전화 등 문서가 아닌 방법으로 처분을 할 수 있다. 이 경우 당사자가 요청하면 지체 없이 처분에 관한 문서를 주어야 한다.

3. 실명제

처분을 하는 문서에는 그 처분 행정청과 담당자의 소속·성명 및 연락처를 적어야 한다.

4. 사안의 적용

甲은 전자문서 통지에 동의한 사실이 없고, 공단에 직접 방문하여 신고하였으므로, 전자문서로 처분을 신청한 경우도 아니다. 따라서 공단이 전자문서로 통지할 수 있는 사유에 해당하지 않음에도 피부양자 자격취득 신고 수리가 불가하다는 내용을 휴대전화 문자메시지로 통지한 것은 행정절차법상 문서주의 원칙에 위배되어 위법하다.

III. 수리 거부처분 시 사전통지 여부

1. 사전통지의 대상

행정청은 당사자에게 불이익한 처분을 하기 전에 미리 일정한 사항을 당사자등에게 통지하여야 한다.

2. 거부처분 시 사전통지 대상성 여부

신청에 따른 처분이 이루어지지 않은 경우/ 아직 당사자에게 권익이 부과되지 아니하였으므로/ 특별한 사정이 없는 한 신청에 대한 거부처분이라고 하더라도 직접 당사자의 권익을 제한하는 것은 아니다./ 즉, 불이익한 처분에 해당하지 않아 사전통지 절차를 거칠 필요가 없다.

3. 사안의 적용

甲의 피부양자 자격취득 신고에 대한 공단의 수리거부처분은 당사자의 권익을 제한하는 불이익한 처분이 아니므로 사전통지의 대상이 아니다. 따라서 공단은 사전통지를 할 필요가 없다.

IV. 사안의 해결

1. **공단이 전자문서로 통지할 수 있는 사유에 해당하지 않음에도 피부양자 자격취득 신고 수리가 불가하다는 내용을 휴대전화 문자메시지로 통지한 것은 행정절차법상 문서주의 원칙에 위배되어 위법하다.**

2. **甲의 피부양자 자격취득 신고에 대한 공단의 수리거부처분은 당사자의 권익을 제한하는 불이익한 처분이 아니므로 사전통지의 대상이 아니다. 따라서 공단은 사전통지를 할 필요가 없다.**

○ **핵심해설** 제4회 기출 사례 물음 1)

I 논점의 정리

A시장이/ 식품위생법령상의 처분기준에 따라/ 甲에게 2개월의 영업정지처분, 즉 불이익한 처분을 하는 경우/ 어떠한 행정절차를 거쳐야 하는지 문제된다.

II 사전통지

1. 의 의
2. 대 상
3. 방 법

III 의견제출

1. 의 의
2. 대 상
3. 절 차

IV 처분의 이유제시

1. 의 의
2. 대 상
3. 방 법
4. 이유제시의 정도

V 사안의 해결

A시장이/ 식품위생법령상의 처분기준에 따라/ 甲에게 2개월의 영업정지처분, 즉 불이익한 처분을 하려는 경우에는/ 처분의 사전통지, 의견청취 및 처분 시 이유제시 등의 절차를 거쳐야 한다.

핵심해설 제4회 기출 사례 물음 2)

I 논점의 정리

A시장이/ 甲에게 의무를 부과하거나 권익을 제한하는 영업정지처분을 하였음에도 불구하고/ 사전통지를 하지 않고, 의견제출의 기회를 주지 않으며, 이유 제시 등을 하지 않는 절차상 하자가 있는 경우/ A시장이 행한 '2개월 영업정지처분'의 독자적 위법성이 인정되는지, 나아가 그 처분의 위법성의 정도가 문제된다.

II 절차상 하자의 독자적 위법성 인정 여부

1. 문제점
행정절차법상 절차상 하자에 대한 처리규정이 없다./ 이에 따라 다른 위법사유 없이 절차상 하자만으로 처분의 위법성을 인정하는 것이 가능한지가 문제된다.

2. 학 설

3. 판 례

4. 검 토
헌법 제12조의 적법절차의 원리가 행정절차에 유추적용된다는 점에서/ 절차의 하자도 기본권침해에 해당하므로 절차상 하자의 독자적 위법성을 인정하는 것이 타당하다.

III 위법성의 정도

절차상 하자가 무효 또는 취소 사유인지에 대해서는 통설·판례인 중대·명백설에 따라 취소 사유로 보는 것이 타당하다.

IV 사안의 해결

절차상 하자의 독자적 위법성이 인정되며,/ 그 처분의 위법성의 정도는 중대·명백설에 따라 취소 사유로 보는 것이 타당하다.

핵심해설 제4회 기출 사례 물음 3)

I 논점의 정리

A시장이/ 불이익한 처분 시 요구되는 행정절차를/ 이 사건 처분을 한 뒤에 비로소 거친 경우라면,/ 절차상 하자의 치유가능성, 치유 시기 및 치유의 효과가 문제된다.

II 절차상 하자의 치유

1. 인정 여부

(1) 원 칙

하자의 치유는 원칙적으로 부정된다.

(2) 예 외

치유를 인정하여도 국민의 권익침해가 발생하지 않거나/ 행정의 능률적 수행이 가능한 경우/ 그 한도 내에서만 하자의 치유가 가능하다.

2. 치유 시기

(1) 학 설

쟁송제기이전시설과 쟁송종결이전시설등의 다툼이 있다.

(2) 판 례

대법원은/「적어도 처분에 대한 불복 여부 결정/ 및 불복신청에 편의를 줄 수 있는/ 상당한 기간 내에 치유행위가 있어야 그 하자가 치유된다」고 판시하여/ 쟁송제기이전시설의 입장이다.

(3) 검 토

국민의 신속한 권리구제를 위해 쟁송제기 전까지 가능하다는 견해가 타당하다.

3. 치유의 효과

하자가 치유되면 절차상 하자 있는 처분은/ 소급하여 유효하게 된다.

III 사안의 해결

절차상 하자 있는 처분은 하자가 치유되면 소급하여 적법·유효한 처분이 된다.

□ 甲은 건축법상의 건축허가를 받아 건물을 건축하던 중 건물 옥상의 일부분이 관계법령상의 용적률을 초과하게 되었다. 이에 따라 관할 행정청은 용적률 위반부분에 대하여 건축법에 따라 철거명령을 발하였다. 관할 행정청의 위 철거명령처분이 갖추어야 할 절차적 요건에 대하여 논하시오.

▶ 제2회 기출 논술 40점

핵심해설 제2회 기출 논술

I. 서 론

관할 행정청이/ 건축법에 따라 철거명령을 발한 경우,/ 즉 의무를 부과하거나 권익을 제한하는 불이익한 처분(침익적 처분 포함)을 한 경우/ 거쳐야 하는 절차적 요건은 처분의 사전통지, 의견청취 및 처분 시 이유제시 등이 있다./ 이하에서는 이와 관련하여 순서대로 검토하기로 한다.

II. 사전통지

1. 의 의

2. 대 상

3. 소 결

철거명령 처분은 침익적 처분에 해당하고,/ 사전통지를 생략할 수 있는 경우에 해당하지 않으므로/ 관할 행정청은 甲에게 처분 시 철거명령 처분의 내용 등을/ 甲이 의견제출을 할 수 있는 상당한 기간을 고려하여/ 사전에 통지를 해주어야 한다.

III. 의견청취

1. 의 의

행정절차법은 의견청취의 방법으로 청문, 공청회, 의견제출을 규정하고 있는데,/ 청문을 실시하지 않거나 공청회를 거치지 않은 경우에는 불이익 처분의 당사자에게 원칙적으로 의견제출의 기회를 주도록 하고 있다.

2. 의견청취의 방법

(1) 청문 실시 대상

(2) 공청회 실시 대상

(3) 의견제출 대상

당사자등은/ 행정청이 의무를 부과하거나 권익을 제한하는 처분을 함에 있어서(불이익한 처분 시)/ 청문, 공청회를 거치지 않은 경우/ 의견제출을 할 수 있다.

3. 의견청취 절차의 생략

① 사전통지를 생략할 수 있는 경우와 ② 당사자가 의견진술의 기회를 포기한다는 뜻을 명백히 표시한 경우에는 행정청은 의견청취를 생략할 수 있다.

4. 소 결

① 철거명령 처분은 침익적 처분이고 의견청취 절차를 생략할 수 있는 경우에 해당하지 않으므로/ 의견청취 절차를 거쳐야 한다.
② 따라서 개별법에서 청문이나 공청회를 실시·개최하도록 하는 규정을 두고 있지 않는 한,/ 의견제출의 기회를 주어야 한다.

Ⅳ. 처분의 이유제시

1. 의 의

2. 대 상

3. 방 법

4. 소 결

철거명령 처분은 이유제시를 생략할 수 있는 경우에 해당하지 않으므로/ 관할 행정청은/ 철거명령 처분 시 그 이유를 제시해야 한다.

Ⅴ. 결 론

1. 철거명령 처분은 침익적 처분으로, 사전통지, 의견청취 및 이유제시를 생략할 수 있는 경우에 해당하지 않는다. 따라서 관할 행정청은 철거명령 처분 시 사전통지, 의견청취 절차를 거쳐야 하며, 이유를 제시해야 한다.

2. 만약 관할 행정청이 철거명령 처분 시/ 사전통지나 의견청취 절차를 거치지 않았거나 이유제시를 하지 않았다면/ 절차상 하자 있는 처분으로/ 취소 사유가 있는 위법한 처분이 된다.

I. 절차상 하자의 독자적 위법성 인정 여부

1. 문제점

행정절차법상 절차상 하자에 대한 처리규정이 없다./ 이에 따라 다른 위법사유 없이 절차상 하자만으로 처분의 위법성을 인정하는 것이 가능한지가 문제된다.

2. 학설

① 국민의 권익보호 측면에서 독자적 위법성을 인정하는 견해와 ② 행정의 효율성 측면에서 독자적 위법성을 부정하는 견해의 다툼이 있다.

3. 판례

이유제시, 사전통지, 의견제출 하자를 이유로 행정행위의 취소를 구할 수 있다고 판시하여 절차상 하자를 독자적 위법사유로 인정하고 있다.

4. 검토

헌법 제12조의 적법절차의 원리가 행정절차에 유추적용된다는 점에서/ 절차의 하자도 기본권침해에 해당하므로 절차상 하자의 독자적 위법성을 인정하는 것이 타당하다.

II. 위법성의 정도

절차상 하자가 무효 또는 취소 사유 인지에 대해서는 통설·판례인 중대·명백설에 따라 취소 사유로 보는 것이 타당하다.

III. 하자의 치유

1. 인정 여부

(1) 원칙

하자의 치유는 원칙적으로 부정된다.

(2) 예외

치유를 인정하여도 국민의 권익침해가 발생하지 않거나/ 행정의 능률적 수행이 가능한 경우/ 그 한도 내에서 제한적으로만 하자의 치유가 가능하다.

2. 치유 시기

(1) 학 설

쟁송제기이전시설과 쟁송종결이전시설의 다툼이 있다.

(2) 판 례

대법원은「적어도 처분에 대한 불복 여부 결정/ 및 불복신청에 편의를 줄 수 있는/ 상당한 기간 내에 치유행위가 있어야 그 하자가 치유된다」고 판시하여/ 쟁송제기이전시설의 입장이다.

(3) 검 토

국민의 신속한 권리구제를 위해 쟁송제기 전까지 가능하다는 견해가 타당하다.

3. 치유 효과

하자가 치유되면 절차상 하자 있는 처분은/ 소급하여 유효하게 된다.

THEME 9 사전통지 ★★★

□ 관할 행정청인 A시장(이하 "행정청")은 甲이 소유한 건물(이하 "이 사건 건물")에 대하여 甲의 사전 동의를 받아 甲이 참석한 가운데 현장조사를 실시하였다. 甲은 위 현장조사 과정에서 이 사건 건물의 무단 용도변경 사실을 인정하고 그 위반경위에 대해 진술하였다. 그런데 행정청은 현장조사 다음날에 원상복구를 명하는 시정명령(이하 "이 사건 처분")을 하였다. 이에 甲은 이 사건 처분이 사전통지 및 의견제출기회 부여 절차를 거치지 않은 위법한 처분임을 이유로 취소소송을 제기하였다. 다음 물음에 답하시오.
▶ 제11회 기출 사례 40점

물음 1) 행정청은 '처분의 사전통지'에 관하여, 현장조사 당시 甲이 법률위반 사실을 인정하였고 그 위반경위를 진술하였으므로 「행정절차법」 제21조 제4항 제3호가 정한 "해당 처분의 성질상 의견청취가 현저히 곤란하거나 명백히 불필요하다고 인정될 만한 상당한 이유가 있는 경우"로서 처분의 사전통지를 하지 아니하여도 되는 경우에 해당한다고 주장한다. 「행정절차법」상 '처분의 사전통지'에 관하여 설명하고, 행정청 주장의 타당성을 검토하시오.
▶ 20점

○ 핵심해설   제11회 기출 사례 물음 1)

I 사전통지의 의의

II 사전통지의 법적 성질

III 사전통지의 대상

1. 원칙
행정청의 사전통지는/ 당사자에게 의무를 부과하거나 권익을 제한하는 처분, 즉 불이익처분을 대상으로 한다.

2. 예외(면제사유)
① 공공의 안전 또는 복리를 위하여/ 긴급히 처분을 할 필요가 있는 경우
② 법령등에서 요구된 자격이 없거나 없어지게 되면 반드시 일정한 처분을 하여야 하는 경우에/ 그 자격이 없거나 없어지게 된 사실이 법원의 재판 등에 의하여 객관적으로 증명된 경우
③ 처분의 성질상 의견청취가 현저히 곤란하거나 명백히 불필요하다고 인정될 만한 상당한 이유가 있는 경우

Ⅳ 사전통지의 방법

1. 방 식
2. 시 기

Ⅴ 사안의 해결

1. 시정명령은 불이익한 처분이므로/ 사전통지의 절차는/ 면제사유에 해당하지 않는 한/ 의무적이다.
2. 사안의 경우 사전통지를 면제할 만한 특별한 사정이 없음에도 불구하고,/ 사전통지 내용에 대한 적법한 사전통지가 없었으며, 의견제출에 상당한 기간도 주어지지 않았다./ 따라서 행정청의 주장은 타당하지 않다.

□ 어업조합법인 甲은 A시 관할 구역 내 32만㎡에 수산물종합유통센터를 건축하기 위하여 B지방해양항만청장으로부터 항만공사 시행 허가 및 항만공사 실시계획 승인을 받았다. 그런데 그 후 甲은 A시장으로부터 위 센터 건축을 위한 항만시설 사용허가를 두 차례 받았으나 건축을 하지 못하고 모두 그 사용기간이 만료되었다. 甲은 다시 위 센터를 건축하고자 항만시설 사용허가를 신청하였으나 A시장은 위 센터 예정 부지 주변의 여건 변화, 각종 행사의 증가로 인한 공공시설 부족 심화 등을 이유로 불허가 처분을 내렸다. 그런데 A시장은 불허가 처분을 하기 전에 甲에게 그 처분의 내용 및 법적 근거, 의견제출 절차 등을 통지하지 않았다. 다음 물음에 답하시오. ▶ 제8회 기출 사례 40점

물음 2) 甲은 A시장이 항만시설 사용에 대한 불허가 처분을 하면서 사전통지를 하지 않았다는 점을 들어 행정절차법 위반이라고 주장한다. 이 주장의 타당성을 검토하시오. ▶ 20점

핵심해설 제8회 기출 사례 물음 2)

I 논점의 정리

A시장의 항만시설 사용에 대한 불허가 처분에 사전통지 절차가 적용되는지가 문제된다.

II 사전통지의 대상

1. 원 칙
2. 예외(면제사유)

III 거부처분 시 사전통지의 적용 여부

1. 문제점

    거부처분이 당사자의 권익을 제한하는 처분에 해당하여 사전통지 절차가 적용되는지가 문제된다.

2. 학 설

3. 판 례

4. 검 토

    부정설과 판례에 따라 거부처분 시 사전통지 절차가 적용되지 않는다고 봄이 타당하다.

IV 사안의 해결

1. 항만시설 사용에 대한 불허가 처분은 당사자에게 의무를 부과하거나 권익을 제한하는 처분, 즉 불이익한 처분에 해당하지 않으므로 사전통지의 대상이 아니다.

2. 따라서 사전통지를 하지 않았다는 점을 들어 행정절차법 위반이라는 甲의 주장은 타당하지 않다.

□ 甲은 이슬람교 선교 활동 등을 위한 단체를 설립하고자 관할 행정청인 A시장에게 관련 법령에 따라 乙재단법인 설립허가 신청을 하였다. 이에 A시장은 乙재단법인이 들어서게 될 주소지의 인근에 위치한 丙이슬람사원(비영리법인)을 고려하여, "해당 지역에 특정종교시설의 밀집으로 인한 주민 불안 및 선교사업으로 인한 지역주민 민원 발생 등 해당 법인설립을 허가할 경우 지역사회 갈등이 야기될 수 있다."는 이유로 甲에게 乙재단법인 설립불허가처분을 하였다. 다음 물음에 답하시오. ▶제5회 기출 사례 40점

물음 1) A시장은 위 乙재단법인 설립불허가처분을 하기에 앞서 행정절차법상 사전통지 절차를 거쳐야 하는지를 검토하시오. ▶20점

핵심해설 제5회 기출 사례 물음 1)

I 논점의 정리

A시장의 乙재단법인 설립불허가처분, 즉 거부처분이 '당사자의 권익을 제한하는 처분'에 해당하여 사전통지 절차가 적용되는지 문제된다.

II 사전통지의 대상

1. 원칙
2. 예외(면제사유)

III 거부처분 시 사전통지의 적용 여부

1. 학설

① 처분 전에는 권익 제한이 부여되지 않은 결과 사전통지 절차가 적용되지 않는다는 부정설과 ② 거부처분도 침익적 처분에 해당하여 권익을 손상 입을 위험이 있어 사전통지 절차가 적용된다는 긍정설의 다툼이 있다.

2. 판례

대법원은 「신청에 따른 처분이 이루어지지 않은 경우 아직 당사자에게 권익이 부과되지 아니하였으므로/ 비록 거부처분이더라도 권익을 제한하는 것이 아니어서 사전통지의 대상이 되지 않는다(대판 2003.11.28, 2003두674)」는 입장이다.

3. 검토

부정설과 판례에 따라 거부처분 시 사전통지 절차가 적용되지 않는다고 봄이 타당하다.

IV 사안의 해결

A시장의 乙재단법인 설립불허가처분(거부처분)은 당사자의 권익을 제한하는 처분에 해당한다고 할 수 없어 사전통지의 대상이 되지 않는다고 봄이 타당하다.

Ⅰ 의 의★

행정청이/ 당사자에게 의무를 부과하거나/ 권익을 제한하는 처분을 하는 경우/ 미리 일정한 사항을 당사자등에게 통지하는 것을 말한다.

Ⅱ 법적 성질

1. 절차적 권리
사전통지는 행정청이 불이익처분을 하는 경우/ 당사자의 절차적 권리로서 개인적 공권으로 보호되어야 한다.

2. 의무적 절차
행정청이 불이익처분을 하는 경우/ 사전통지는 면제사유에 해당하지 않는 한 의무적 절차이다.

Ⅲ 사전통지의 대상★★

1. 원 칙
행정청의 사전통지는/ 당사자에게 의무를 부과하거나 권익을 제한하는 처분, 즉 불이익처분을 대상으로 한다.

2. 예 외
(1) 면제사유
  ① 공공의 안전 또는 복리를 위하여/ 긴급히 처분을 할 필요가 있는 경우
  ② 법령등에서 요구된 자격이 없거나 없어지게 되면 반드시 일정한 처분을 하여야 하는 경우에/ 그 자격이 없거나 없어지게 된 사실이 법원의 재판 등에 의하여 객관적으로 증명된 경우
  ③ 처분의 성질상 의견청취가 현저히 곤란하거나 명백히 불필요하다고 인정될 만한 상당한 이유가 있는 경우

(2) 처분 시 불통지 사유의 고지
행정청은/ 사전통지를 하지 아니하는 경우/ 처분을 할 때 당사자등에게 통지를 하지 아니한 사유를 알려야 한다.

3. 통지의무
행정청은/ 2. (1)의 면제사유 ②와 ③의 경우/ 처분 후 당사자가 요청하는 경우/ 그 근거와 이유를 제시하여야 한다.

Ⅳ 사전통지의 방법

1. 방 식

(1) 원 칙

행정청이 처분을 할 때에는/ 다른 법령 등에 특별한 규정이 있는 경우를 제외하고는/ 문서로 하여야 한다(법 제24조 제1항).

> **행정처분의 처분 방식에 관한 행정절차법 제24조 제1항을 위반한 처분이 무효인지 여부(적극)**
> 행정절차에 관한 일반법인 행정절차법은 제24조 제1항에서 "행정청이 처분을 할 때에는 다른 법령 등에 특별한 규정이 있는 경우를 제외하고는 문서로 하여야 하며, 전자문서로 하는 경우에는 당사자 등의 동의가 있어야 한다. 다만 신속히 처리할 필요가 있거나 사안이 경미한 경우에는 말 또는 그 밖의 방법으로 할 수 있다."라고 정하고 있다. 이 규정은 처분내용의 명확성을 확보하고 처분의 존부에 관한 다툼을 방지하여 처분상대방의 권익을 보호하기 위한 것이므로, 이를 위반한 처분은 하자가 중대·명백하여 무효이다(대판 2019.7.11. 2017두38874).

(2) 예 외

1) 전자문서

① 당사자등의 동의가 있는 경우, ② 당사자가 전자문서로 처분을 신청한 경우에는 전자문서로 처분을 할 수 있다(법 제24조 제1항 각 호).

2) 문서가 아닌 방법

① 공공의 안전 또는 복리를 위하여 긴급히 처분을 할 필요가 있거나, ② 사안이 경미한 경우에는 말, 전화 등 문서가 아닌 방법으로 처분을 할 수 있다. 이 경우 당사자가 요청하면 지체 없이 처분에 관한 문서를 주어야 한다(법 제24조 제2항).

(3) 실명제

처분을 하는 문서에는 그 처분 행정청과 담당자의 소속·성명 및 연락처를 적어야 한다(법 제24조 제3항).

2. 시 기

① 청문을 하려면/ 청문이 시작되는 날부터 10일 전까지 통지하여야 한다.
② 의견제출시 통지기간은/ 의견제출에 필요한 기간을 10일 이상 고려하여 정하여야 한다.
③ 공청회를 개최하려는 경우 공청회 개최 14일 전까지 통지하여야 한다.

3. 사항(내용)

행정청은/ 당사자에게 의무를 부과하거나 권익을 제한하는 처분을 하는 경우/ 다음의 사항을/ 당사자등에게 통지하여야 한다(법 제21조 제1항).

① 처분의 제목
② 당사자의 성명 또는 명칭과 주소
③ 처분하려는 원인이 되는 사실과 처분의 내용 및 법적 근거
④ 의견을 제출할 수 있다는 뜻과 의견을 제출하지 아니하는 경우의 처리방법
⑤ 의견제출기관의 명칭과 주소
⑥ 의견제출기한
⑦ 그 밖에 필요한 사항

Ⅴ 거부처분 시 사전통지의 적용 여부★★

1. 문제의 소재
거부처분이 당사자의 권익을 제한하는 처분에 해당하여 사전통지 절차가 적용되는지 문제된다.

2. 학설
① 처분 전에는 권익 제한이 부여되지 않은 결과 사전통지 절차가 적용되지 않는다는 부정설과 ② 거부처분도 침익적 처분에 해당하여 권익을 손상입을 위험이 있어 사전통지 절차가 적용된다는 긍정설의 다툼이 있다.

3. 판례
대법원은 「신청에 따른 처분이 이루어지지 않은 경우 아직 당사자에게 권익이 부과되지 아니하였으므로/비록 거부처분이더라도 권익을 제한하는 것이 아니어서 사전통지의 대상이 되지 않는다(대판 2003.11.28. 2003두674)」는 입장이다.

4. 검토
부정설과 판례에 따라 거부처분 시 사전통지 절차가 적용되지 않는다고 봄이 타당하다.

의견제출★★

□ 관할 행정청인 A시장(이하 "행정청")은 甲이 소유한 건물(이하 "이 사건 건물")에 대하여 甲의 사전 동의를 받아 甲이 참석한 가운데 현장조사를 실시하였다. 甲은 위 현장조사 과정에서 이 사건 건물의 무단 용도변경 사실을 인정하고 그 위반경위에 대해 진술하였다. 그런데 행정청은 현장조사 다음 날에 원상복구를 명하는 시정명령(이하 "이 사건 처분")을 하였다. 이에 甲은 이 사건 처분이 사전통지 및 의견제출기회 부여 절차를 거치지 않은 위법한 처분임을 이유로 취소소송을 제기하였다. 다음 물음에 답하시오.
▶ 제11회 기출 사례 40점

물음 2) 행정청은 "의견제출기회 부여"에 관하여, 현장조사 당시 甲이 법률위반 경위에 대해 진술하였으므로 의견제출기회가 부여되었고, 아니라고 하더라도 위와 마찬가지로「행정절차법」제21조 제4항 제3호에 따라 의견제출기회 부여를 하지 아니하여도 되는 경우에 해당한다고 주장한다.「행정절차법」상 "의견제출"에 관하여 설명하고, 행정청 주장의 타당성을 검토하시오.
▶ 20점

핵심해설 제11회 기출 사례 물음 2)

I 의견제출의 의의

II 의견제출의 법적 성질

III 의견제출의 대상
1. 원 칙
2. 예외(면제사유)

IV 사안의 해결

1. 해당 처분의 성질상 의견청취가 현저히 곤란하거나 명백히 불필요하다고 인정될 만한 상당한 이유가 있는 경우에 해당하는지 여부는/ 해당 행정처분의 성질에 비추어 판단하여야 하며,/ 처분상대방이 이미 행정청에게 위반사실을 시인하였다거나/ 처분의 사전통지 이전에 의견을 진술할 기회가 있었다는 사정을 고려하여 판단할 것은 아니다.

2. 행정청이 불이익한 처분인 시정명령을 하면서/ 의견제출의 기회를 면제할 사유가 없음에도 불구하고/ 의견제출의 기회를 주지 아니하였다면,/ 그 처분은 위법하다.

3. 따라서 행정청의 주장은 타당하지 않다.

I 의 의★★

당사자등이/ 행정청의 처분 전에/ 그 처분의 관할 행정청에/ 서면이나 말로 또는 정보통신망을 이용하여/ 의견을 제시하는 절차를 말한다./ 청문, 공청회에 해당하지 아니하는 절차로서 약식 의견진술 절차에 해당한다.

II 법적 성질

1. 절차적 권리

의견제출절차는 행정청이 불이익처분을 하는 경우/ 당사자의 절차적 권리로서 개인적 공권으로 보호되어야 한다.

2. 의무적 절차

행정절차법은/ 불이익처분 시/ 청문, 공청회를 거치지 않은 경우/ 의견제출절차를 의무적 절차로 규정하고 있다.

III 의견제출의 대상★★

1. 원 칙

당사자등은/ 행정청이 의무를 부과하거나 권익을 제한하는 처분을 함에 있어서(불이익한 처분 시)/ 청문, 공청회를 거치지 않은 경우/ 의견제출을 할 수 있다.

2. 면제사유

① 공공의 안전 또는 복리를 위하여 긴급히 처분을 할 필요가 있는 경우
② 법령등에서 요구된 자격이 없거나 없어지게 되면 반드시 일정한 처분을 하여야 하는 경우에 그 자격이 없거나 없어지게 된 사실이 법원의 재판 등에 의하여 객관적으로 증명된 경우
③ 처분의 성질상 의견청취가 현저히 곤란하거나 명백히 불필요하다고 인정될 만한 상당한 이유가 있는 경우

> 행정절차법 제22조 제4항, 제21조 제4항은 위 예외적인 경우에 관하여, '해당 처분의 성질상 의견청취가 현저히 곤란하거나 명백히 불필요하다고 인정될 만한 상당한 이유가 있는 경우' 등을 들고 있는데,/ 이에 해당하는지 여부는 해당 행정처분의 성질에 비추어 판단하여야 하며,/ 처분상대방이 이미 행정청에 위반사실을 시인하였다거나 처분의 사전통지 이전에 의견을 진술할 기회가 있었다는 사정을 고려하여 판단할 것은 아니다(대판 2019.5.30. 2014두40258).

④ 당사자가 의견진술의 기회를 포기한다는 뜻을 의견제출 기한 내 명백히 표시한 경우

Ⅳ 의견제출의 절차

1. 방식

① 당사자등은/ 처분 전에 서면이나 말로 또는 정보통신망을 이용하여/ 의견제출을 할 수 있다.
② 당사자등은/ 의견제출 시/ 그 주장을 입증하기 위한 증거자료등을 첨부할 수 있다.
③ 행정청은/ 당사자등이 말로 의견제출을 하였을 때/ 서면으로 그 진술의 요지와 진술자를 기록하여야 한다.
④ 당사자등이/ 정당한 이유 없이/ 의견제출 기한까지/ 의견제출을 하지 아니한 경우/ 의견이 없는 것으로 본다.

2. 제출의견 반영 등

① 행정청은/ 처분을 할 때/ 당사자등이 제출한 의견이 상당한 이유가 있다고 인정하는 경우/ 이를 반영하여야 한다.
② 행정청은/ 의견을 반영하지 아니하고 처분을 한 경우/ 당사자등이 처분이 있음을 안 날부터 90일 이내 그 이유의 설명을 요청하면/ 서면으로 그 이유를 알려야 한다./ 다만, 당사자등이 동의하면/ 말, 정보통신망 또는 그 밖의 방법으로 알릴 수 있다.

THEME 11 청 문★★★

핵심이론

Ⅰ 의 의★★
행정청이/ 어떠한 처분을 하기에 앞서/ 당사자 등의 의견을 직접 듣고 증거를 조사하는 절차로서/ 재판에 준하는 절차이다.

Ⅱ 법적 성질
청문은 행정청의 처분 시/ 처분 당사자등의 절차적 권리로서 개인적 공권으로 보호되어야 한다.

Ⅲ 청문실시 대상★★

1. 원 칙
① 다른 법령등에서 실시하도록 규정하는 경우
② 행정청이 필요하다고 인정하는 경우
③ 행정청이 인허가등의 취소,/ 신분·자격의 박탈/ 또는 법인·조합 설립허가 취소처분을 하는 경우
④ 의무를 부과하거나 권익을 제한하는 처분 시

2. 면제사유
① 공공의 안전 또는 복리를 위하여 긴급히 처분을 할 필요가 있는 경우
② 법령등에서 요구된 자격이 없거나 없어지게 되면 반드시 일정한 처분을 하여야 하는 경우에/ 그 자격이 없거나 없어지게 된 사실이 법원의 재판 등에 의하여 객관적으로 증명된 경우
③ 처분의 성질상 의견청취가 현저히 곤란하거나 명백히 불필요하다고 인정될 만한 상당한 이유가 있는 경우
④ 당사자가 의견진술의 기회를 포기한다는 뜻을 의견제출기한 내 명백히 표시한 경우

Ⅳ 청문 절차

1. 사전통지
행정청은/ 청문시작 10일 전까지/ 일정사항을 문서로 통지하여야 한다.

2. 청문의 진행★

(1) 청문주재자의 설명의무
청문주재자가 청문을 시작할 때에는/ 먼저 예정된 처분의 내용, 그 원인이 되는 사실 및 법적 근거등을 설명하여야 한다.

(2) 당사자등의 권리
당사자등은 출석하여 의견을 진술하고 증거를 제출할 수 있으며,/ 참고인이나 감정인등에게 질문을 할 수 있다.

(3) 의견서 제출 시 출석진술 간주
당사자등이 의견서를 제출한 경우/ 그 내용을 출석하여 진술한 것으로 본다.

(4) 청문주재자의 조치의무
청문주재자는 청문의 신속한 진행과 질서유지를 위하여 필요한 조치를 할 수 있다.

(5) 행정청의 서면통지의무
청문을 계속할 경우/ 행정청은 당사자등에게 다음 청문의 일시 및 장소를 서면으로 통지하여야 하며,/ 당사자등이 동의한 경우 전자문서로 통지할 수 있다./ 다만, 청문에 출석한 당사자등에게는 그 청문일에 청문주재자가 말로 통지할 수 있다.

3. 청문결과의 반영
행정청은 처분을 할 때에/ 청문조서, 청문주재자의 의견서, 그 밖의 관계서류 등을 충분히 검토하고/ 상당한 이유가 있다고 인정하는 경우에는/ 청문결과를 반영하여야 한다.

4. 문서열람 및 비밀유지

(1) 문서의 열람 또는 복사
① 당사자등은/ 청문의 통지가 있는 날부터 청문이 끝날 때까지/ 행정청에/ 해당 사안의 조사결과에 관한 문서와 그 밖에 해당 처분과 관련된 문서의 열람 또는 복사를 요청할 수 있다.
② 행정청은/ 다른 법령에 따라 공개가 제한되는 경우를 제외하고는/ 문서의 열람 또는 복사를 거부할 수 없다. 법령에 따라 거부하는 경우에는 그 이유를 소명하여야 한다.

(2) 일시 및 장소 지정
행정청은/ 문서의 열람 또는 복사 시 그 일시 및 장소를 지정할 수 있다.

(3) 비밀 누설금지 또는 목적 외 사용금지
누구든지/ 청문을 통하여 알게 된 사생활이나 경영상 또는 거래상의 비밀을/ 정당한 이유 없이/ 누설하거나 다른 목적으로 사용하여서는 아니 된다.

5. 청문의 공개

(1) 원칙 : 청문의 비공개
당사자의 비밀보장 또는 청문의 신속한 진행을 위하여 비공개함이 원칙이다.

(2) 예외 : 청문의 공개
① 당사자가 공개를 신청하거나 청문주재자가 필요하다고 인정하는 경우 공개할 수 있다.
② 당사자의 공개신청이 있어도/ 청문의 공개가 공익 또는 제3자의 정당한 이익을 현저히 해할 우려가 있는 경우에는 공개하여서는 아니 된다.

6. 청문의 종결

① 청문주재자는/ 당사자등의 의견진술, 증거조사가 충분히 이루어졌다고 인정하는 경우/ 청문을 마칠 수 있다.
② 청문주재자는/ 당사자등이 정당한 사유 없이 기일에 출석하지 아니하거나 의견서를 제출하지 아니한 경우/ 다시 의견진술 및 증거제출 기회를 주지 아니하고 청문을 마칠 수 있다.
③ 청문주재자는/ 청문을 마쳤을 때/ 청문조서, 청문주재자의 의견서, 그 밖의 관계서류등을/ 행정청에/ 지체 없이 제출하여야 한다.

7. 청문의 재개

행정청은/ 청문을 마친 후/ 처분을 할 때까지/ 새로운 사정이 발견되어/ 청문을 재개할 필요가 있다고 인정할 때에는/ 청문조서 등을 되돌려 보내고 청문의 재개를 명할 수 있다.

청문주재자

□ 행정절차법상 청문주재자에 관하여 설명하시오. ▶ 제3회 기출 약술 20점

I. 청문주재자의 자격

1. 청문주재자 선정
행정청은/ 소속 직원 또는 대통령령으로 정하는 자격을 가진 사람 중에서/ 청문주재자를 공정하게 선정하여야 한다.

2. 복수의 청문주재자 선정 및 대표주재자
① 행정청은/ 다수 국민의 이해가 상충되거나/ 다수 국민에게 불편이나 부담을 주는 처분을 하려는 경우,/ 그 밖에 전문적이고 공정한 청문을 위하여 행정청이 청문주재자를 2명 이상으로 선정할 필요가 있다고 인정하는 처분을 하려는 경우/ 청문주재자를 2명 이상으로 선정할 수 있다.
② 선정된 2명 이상의 청문주재자 중 1명이 청문주재자를 대표한다.
③ 대표주재자는/ 청문주재자를 대표하여 청문의 진행과 종결을 하며,/ 청문조서 및 청문주재자 의견서를 대표로 작성한다.
④ 대표주재자는/ 청문주재자 사이에 의견이 일치하지 않는 경우/ 그 내용을 청문주재자의 의견서에 모두 기록해야 한다.

II. 청문 관련자료 사전통지

행정청은/ 청문이 시작되는 날부터 7일 전까지/ 청문주재자에게/ 청문과 관련한 필요한 자료를 미리 통지하여야 한다.

Ⅲ 독립성 보장

1. 신분상 불이익금지
청문주재자는/ 독립하여 공정하게 직무를 수행하며,/ 그 직무수행을 이유로 본인의 의사에 반하여 신분상 어떠한 불이익도 받지 아니한다.

2. 벌칙 적용 시 공무원 의제
청문주재자는/ 형법이나 그 밖의 다른 법률에 따른 벌칙을 적용할 때에는 공무원으로 본다.

Ⅳ 청문주재자의 제척·기피·회피

1. 의 의
행정절차법은/ 공정한 청문을 위하여/ 청문주재자의 제척·기피·회피사유을 명문으로 규정하고 있다.

2. 제 척
청문주재자가/ 다음의 어느 하나에 해당하는 경우에는/ 청문을 주재할 수 없다.
① 자신이 당사자등이거나 당사자등과 민법 제777조 친족관계에 있거나 있었던 경우
② 자신이 해당 처분과 관련하여 증언이나 감정을 한 경우
③ 자신이 해당 처분의 당사자등의 대리인으로 관여하거나 관여하였던 경우
④ 자신이 해당 처분업무를 직접 처리하거나 처리하였던 경우
⑤ 자신이 해당 처분업무를 처리하는 부서에 근무하는 경우

3. 기 피
청문주재자에게/ 공정한 청문 진행을 할 수 없는 사정이 있는 경우/ 당사자등의 신청에 의하여/ 행정청이 청문주재자를 배제하는 제도이다.

4. 회 피
청문주재자가/ 제척·기피사유가 있다고 스스로 인정하여/ 행정청의 승인을 받아/ 청문주재를 피하는 제도이다.

13 THEME 공청회

□ 甲은 이슬람교 선교 활동 등을 위한 단체를 설립하고자 관할 행정청인 A시장에게 관련 법령에 따라 乙재단법인 설립허가 신청을 하였다. 이에 A시장은 乙재단법인이 들어서게 될 주소지의 인근에 위치한 丙이슬람사원(비영리법인)을 고려하여, "해당 지역에 특정종교시설의 밀집으로 인한 주민 불안 및 선교사업으로 인한 지역주민 민원 발생 등 해당 법인설립을 허가할 경우 지역사회 갈등이 야기될 수 있다."는 이유로 甲에게 乙재단법인 설립불허가처분을 하였다. 다음 물음에 답하시오. ▶ 제5회 기출 사례 40점
물음 2) 만약, A시장이 위 처분을 하기에 앞서 행정절차법령상 정보통신망을 이용한 공청회(온라인공청회)를 실시하고자 하는 경우, '온라인공청회의 의의, 실시 요건, 방법 및 절차'에 관하여 설명하시오. ▶ 약술 20점

□ 행정청이 불이익처분을 하면서 공개적으로 당사자, 전문지식과 경험을 가진 사람, 그 밖의 일반인으로부터 의견을 수렴하고자 공청회를 개최하려고 한다. 행정절차법상의 공청회에 관하여 설명하시오.
▶ 제1회 기출 약술 40점

핵심해설 제5회 기출 사례 물음 2)

I. 온라인공청회의 의의

온라인공청회란/ 행정청이 정보통신망을 이용하여/ 행정작용에 대하여/ 당사자 등이나 전문지식과 경험을 가진 자, 기타 일반인으로부터/ 널리 의견을 수렴하는 공청회를 의미한다.

II. 온라인공청회의 실시 요건

1. 원 칙
2. 예외(배제사유)

III. 정보통신망 구축·운영

IV. 개최 방법 및 절차

1. 개최 통지 및 공고 시기
2. 개최 통지 및 공고의 내용
3. 온라인공청회 의제 등의 게시
4. 온라인공청회 결과의 알림
5. 온라인공청회 운영 지원

핵심이론

I 의 의

공청회란 행정청이/ 행정작용에 대하여/ 공개적인 토론을 통하여/ 당사자등이나 전문지식과 경험을 가진 사람, 그 밖에 일반인으로부터/ 의견을 널리 수렴하는 절차이다.

II 법적 성질

공청회는 합리적인 행정을 위한 의견수렴의 의미와 사인의 권리보호를 위한 의미를 갖는다. 후자의 경우 절차적 권리로서 개인적 공권으로 보호되어야 한다.

III 공청회 실시 대상

1. 원 칙
① 다른 법령등에서 실시하도록 규정하는 경우
② 당해 처분의 영향이 광범위하여/ 널리 의견을 수렴할 필요가 있다고 보아/ 행정청이 필요성을 인정하는 경우
③ 국민생활에 큰 영향을 미치는 대통령령으로 정하는 처분에 대하여/ 대통령령으로 정하는 수 이상의 당사자등이 개최를 요구하는 경우
④ 의무를 부과하거나 권익을 제한하는 처분 시/ 이의신청 또는 청문회를 거치지 않은 경우

2. 배제사유
① 공공의 안전 또는 복리를 위하여 긴급히 처분을 할 필요가 있는 경우
② 법령등에서 요구된 자격이 없거나 없어지게 되면 반드시 일정한 처분을 하여야 하는 경우에/ 그 자격이 없거나 없어지게 된 사실이/ 법원의 재판 등에 의하여 객관적으로 증명된 경우
③ 처분의 성질상 의견청취가 현저히 곤란하거나 명백히 불필요하다고 인정될 만한 상당한 이유가 있는 경우
④ 당사자가 의견진술의 기회를 포기한다는 뜻을/ 의견제출기한 내 명백히 표시한 경우

Ⅳ 공청회 절차

1. 공청회 개최의 알림

(1) 원 칙

행정청은/ 공청회 개최 14일 전까지/ 일정한 사항을 당사자등에게 통지하고,/ 관보·공보·인터넷 홈페이지 또는 일간신문등에 공고하는 등의 방법으로 널리 알려야 한다.

(2) 예 외

다만, 공청회 개최를 알린 후 예정대로 개최하지 못하여 새로이 일시 및 장소등을 정한 경우에는/ 공청회 개최 7일 전까지 알려야 한다.

2. 공청회 결과의 알림

행정청은/ 공청회에서 제출된 의견의 반영결과를/ 발표자와 의견제출자 등에게/ 통지하거나 인터넷 홈페이지에 게시하는 등의 방법으로 널리 알려야 한다.

Ⅴ 온라인공청회

1. 의 의

온라인공청회란/ 행정청이 전자적 방법으로/ 행정작용에 대하여/ 당사자 등이나 전문지식과 경험을 가진 사람, 그 밖에 일반인으로부터/ 의견을 널리 수렴하는 공청회를 의미한다.

2. 실시 요건

(1) 원 칙

행정청은/ 공청회와 병행하여서만/ 정보통신망을 이용한 공청회(이하 "온라인공청회")를 실시할 수 있다.

(2) 예 외

행정청은/ 다음의 경우에는/ 온라인공청회를 단독으로 개최할 수 있다.
① 국민의 안전 또는 권익보호등을 이유로 공청회 개최가 어려운 경우
② 공청회가 행정청의 책임질 수 없는 사유로 개최되지 못하거나,/ 개최되더라도 진행되지 못하고 무산된 횟수가 3회 이상인 경우
③ 행정청이 온라인공청회를 단독으로 개최할 필요가 있다고 인정하는 경우

3. 정보통신망 구축·운영
① 행정청은/ 온라인공청회를 실시하는 경우/ 의견제출 및 토론참여가 가능하도록/ 적절한 전자적 처리능력을 갖춘 정보통신망을 구축·운영하여야 한다.
② 전자공청회를 실시하는 경우에는/ 누구든지 정보통신망을 이용하여 의견을 제출하거나 제출된 의견에 대한 토론에 참여할 수 있다.

4. 개최 방법 및 절차
(1) 개최 통지 및 공고 시기
① 전자공청회 개최 14일 전까지/ 당사자등에게/ (2)의 내용을 통지하고,/ 관보·공보·일간신문 또는 인터넷 홈페이지 등에 공고하는 등의 방법으로 널리 알려야 한다.
② 단, 온라인공청회 개최를 알린 후 예정대로 개최하지 못하여 새로 온라인공청회주소 등을 정한 경우에는/ 온라인공청회 개최 7일 전까지 알릴 수 있다.

(2) 개최 통지 및 공고 내용
① 제 목
② 실시기간 및 온라인공청회주소
③ 주요 내용
④ 발표자에 관한 사항
⑤ 발표신청 방법 및 신청기한
⑥ 정보통신망을 활용한 의견제출
⑦ 그 밖에 온라인공청회 개최와 관련하여 필요한 사항

(3) 온라인공청회 의제 등의 게시
① 행정청은/ 온라인공청회를 실시하는 기간 동안/ 해당 온라인공청회주소에 4. (2)의 각 사항을 게시하여야 한다.
② 행정청은/ 온라인공청회를 실시하는 기간에/ 서면으로 제출된 의견이 있는 경우/ 그 의견을 해당 온라인공청회주소에 게시할 수 있다.

(4) 온라인공청회 결과의 알림
행정청은/ 온라인공청회에서 제출된 의견의 반영결과를/ 해당 온라인공청회주소에 게시해야 한다.

(5) 온라인공청회 운영 지원
행정안전부장관은/ 온라인공청회의 효율적 운영을 위하여/ 통합 온라인공청회주소를 마련하여/ 행정청에 제공하는 등 필요한 지원을 할 수 있다.

THEME 14 이유제시

Ⅰ 의 의 ★
행정청이/ 처분의 근거가 된 법적·사실적 사유를/ 처분 시에 구체적으로 명시하는 것을 의미한다.

Ⅱ 법적 성질

1. 절차적 권리
이유제시는 행정청의 처분 시/ 당사자등의 절차적 권리로서 개인적 공권으로 보호되어야 한다.

2. 의무적 절차
이유제시는 면제사유에 해당하지 않는 한 의무적 절차이다.

Ⅲ 이유제시의 대상 ★★

1. 원 칙
일정한 예외사유(면제사유)를 제외하고는/ 원칙적으로 모든 처분 시 이유제시 의무가 있다.

2. 면제사유
① 신청 내용을 그대로 인정하는 경우
② 단순·반복적인 처분/ 또는 경미한 처분으로/ 당사자가 이유를 명백히 알 수 있는 경우
③ 긴급한 처분을 할 필요가 있는 경우

3. 통지의무
행정청은/ 2. 면제사유 ②와 ③의 경우,/ 처분 후 당사자가 요청하는 경우에는/ 그 근거와 이유를 제시하여야 한다.

Ⅳ. 이유제시의 방법★

1. 방식
명시적인 규정이 없으나/ 처분의 일반적 방식에 따라 문서로 하는 것이 원칙이다.

2. 시기
처분 시/ 처분과 함께 이유를 제시하여야 한다.

Ⅴ. 이유제시의 정도

1. 원칙
적극적 처분에서/ 이유부기 정도는/ 적어도/ 처분 상대방 기타 이해관계인이/ 차후 행정구제절차에서 대처할 수 있을 정도로 구체적이어야 한다.

2. 구체적 판단기준
① 처분의 근거법령,/ 해당 조항을 적용하게 된 원인사실 및 포섭경위가 명시되어야 한다.
② 재량행위의 경우에는 재량행사의 전후과정이 제시되어야 한다.

3. 사실적 이유의 제시
처분을 하게 된 사실 전부에 대한 근거를 제시할 필요는 없으나,/ 주요 법률요건 해당 사실만 제시하면 된다.

Ⅵ. 이유제시의 하자

1. 절차상 하자의 독자적 위법성 인정 여부
2. 위법성 정도
3. 하자 치유

제3절 그 외 행정작용

신 청

I 의의
사인이 공법적 효과발생을 목적으로/ 행정청에/ 일정한 행위를 요구하는 의사표시이다.

II 신청 절차

1. 편람 비치 등
행정청은/ 신청에 필요한 사항을 게시하거나 편람을 갖추어 두고 누구나 열람할 수 있도록 하여야 한다.

2. 신청 방법
문서로 하여야 한다./ 다만, 전자문서의 경우에는 행정청 컴퓨터 등에 입력된 때 신청한 것으로 본다.

3. 접수의무
① 행정청은 신청을 받았을 때에는/ 다른 법령등에 특별한 규정이 있는 경우를 제외하고는/ 그 접수를 보류 또는 거부하거나 부당하게 되돌려 보내서는 아니 된다.
② 행정청은 신청을 접수한 경우/ 원칙적으로 접수증을 주어야 한다.
③ 행정청은/ 신청인의 편의를 위해/ 다른 행정청에 신청을 접수하게 할 수 있다.

4. 보완요구
행정청은/ 구비서류의 미비 등의 흠이 있는 경우/ 상당한 기간을 정하여 지체 없이/ 보완을 요구하여야 한다.

5. 반려조치
기간 내 보완을 하지 아니하였을 때/ 그 이유를 구체적으로 밝혀 접수된 신청을 되돌려 보낼 수 있다.

6. 신청인의 처리
신청인은/ 처분이 있기 전에는/ 그 신청의 내용을 보완·변경하거나 취하할 수 있다.

Ⅲ 신청의 효과
수리 시 법적 효과가 발생하며,/ 행정청의 수리거부는 처분성이 인정되고, 행정쟁송의 대상이 된다.

신 고★★

□ 행정절차법상 신고의 절차와 효과에 대하여 설명하시오. ▶ 제2회 기출 약술 20점

I 의 의
사인이 공법적 효과발생을 목적으로/ 행정청에/ 일정한 사항을 알리는 일방적 통고행위이다.

II 신고의 종류

1. 자체완성적 신고
① 사인이 행정청에 일정한 사항을 통지함으로써/ 별도의 수리행위가 없어도 법적 효과가 발생한다.
② 수리행위 또는 수리거부행위는 처분성이 없으므로 행정쟁송의 대상이 아니다.
③ 행정절차법은 자체완성적 신고만을 규정하고 있다.

2. 행위요건적 신고
① 사인이 행정청에 일정한 사항을 통지하고,/ 행정청의 별도의 수리행위가 있어야 법적 효과가 발생한다.
② 수리행위 또는 수리거부행위는 처분성이 인정되며, 행정쟁송의 대상이다.

III 신고 절차★

1. 편람 비치 등
법령등에서/ 자체완성적 신고를 규정하고 있는 경우/ 행정청은 신고에 필요한 사항을 게시하거나 이에 대한 편람을 갖추어 두고 누구나 열람할 수 있도록 하여야 한다.

2. 보완요구
행정청은/ 다음의 형식적 요건을 갖추지 못한 신고서가 제출된 경우/ 지체 없이 상당한 기간을 정하여/ 신고인에게 보완을 요구하여야 한다.

① 신고서의 기재사항에 흠이 없을 것
② 필요한 구비서류가 첨부되어 있을 것
③ 그 밖에 법령 등에 규정된 형식상의 요건에 적합할 것

3. 반려조치

행정청은/ 신고인이 기간 내 보완을 이행하지 아니하였을 때에는/ 이유를 구체적으로 밝혀 신고서를 되돌려 보내야 한다.

Ⅳ 행정절차법상 신고의 효과★

1. 신고의 효력발생

신고가 형식상 요건을 갖춘 경우/ 신고서가 접수기관에 도달된 때 신고의무가 이행된 것으로 본다./ 즉, 신고서가 접수되면 행정청의 수리 없이도 바로 법적 효과가 발생한다.

2. 판 례

대법원은/ 「신고가 있으면 형식적 요건에 하자가 없는 한/ 행정기관은 이를 수리하여야 한다(대판 1992.5.8. 91누5655)」고 판시하였다.

확 약★★

I 의의

1. 개념

확약이란/ 법령 등에서 당사자가 신청할 수 있는 처분을 규정하고 있는 경우/ 행정청이 당사자의 신청에 따라 장래에 어떤 처분을 하거나 하지 아니할 것을 내용으로 하는 의사표시(이하 "확약"이라 한다)를 말한다(법 제40조의2)./ 확약의 예로는 공무원임명의 내정, 자진신고자에 대한 세율 인하의 약속 등을 들 수 있다.

2. 제도 도입의 의의

확약은 그간 일반법에 근거를 두지 않고/ 행정법의 일반원칙인 신뢰보호의 원칙에 근거하여 판례 등을 통해 그 법적 효력이 인정되어 왔었는데,/ 행정청의 업무처리 지연이나 행정과정의 불확실성으로부터 국민이 불편을 겪거나 부당한 불이익을 받지 않도록 하기 위해/ 행정결정을 유보하면서 일정 단계에서 행정청이 처분과 관련한 의사표시를 할 수 있도록 함에/ 그 제도 도입의 의의가 있다.

II 확약의 신청 및 접수

1. 확약의 신청

법령 등에서 당사자가 신청할 수 있는 처분을 규정하고 있는 경우/ 당사자는 행정청에 확약을 신청할 수 있다(법 제40조의2 제1항).

2. 확약의 접수

확약은 해당 처분에 대한 정당한 권한을 가진 행정청만이 행사할 수 있다./ 즉, 관할행정청이 확약 신청을 접수하여야 한다./ 이에 따라 권한 없는 행정청의 확약은 관할위반의 위법한 확약이 되어 기속력이 없다(법 제40조의2 제4항).

Ⅲ 확약의 의사표시

1. 정당한 권한 내 내용 결정
확약의 효과는 행정청이 확약의 내용인 행위를 하여야 할 의무를 지게 되므로/ 행정청은 가지고 있는 정당한 권한 내에서 적법하게 내용을 결정하여야 한다.

2. 관계부처와 협의
행정청은 다른 행정청과 협의 등의 절차를 거쳐야 하는 처분에 대해서는/ 확약을 하기 전에 관계기관과 미리 그 절차를 거쳐야 한다(법 제40조의2 제3항).

3. 문서에 의한 확약의 통지
확약의 통지는 문서로 하여야 하며,/ 문서 형식으로 이루어지지 않은 확약은 형식상 위법성이 인정되어 그 효력이 발생되지 않는다(법 제40조의2 제2항).

Ⅳ 확약의 실효

1. 불기속
행정청은/ 확약을 한 후에 확약의 내용을 이해할 수 없을 정도로 법령 등이나 사정이 변경된 경우 또는 확약이 위법한 경우에는/ 그 확약에 기속되지 아니한다(법 제40조의2 제4항).

2. 확약을 이행할 수 없는 경우 조치
행정청은/ 확약이 1.에 해당하여 확약을 이행할 수 없는 경우에는/ 지체 없이/ 당사자에게 그 사실을 통지하여야 한다(법 제40조의2 제5항).

위반사실 등의 공표★

I 의의

1. 간접적 의무이행 확보수단
위반사실 등의 공표는/ 행정법상 의무를 위반한 경우/ 위반자의 성명·법인명, 위반사실 또는 의무 위반 등을 이유로 한 처분 사실을 일반인에게 공개하여/ 위반자의 명예 또는 신용에 침해를 가함으로써/ 심리적인 압박을 가하여 간접적으로 의무이행을 확보하는 수단이다.

2. 법률유보
위반사실의 공표는/ 일정한 사실을 일반에게 알리는 행위로서/ 위반자의 명예와 신용을 손상시키는 등 기본 권을 침해할 우려가 있으므로/ 위반사실 등을 공표할 때에는 법률에 근거를 두어야 한다(법 제40조의3 제1항).

3. 엄격 운영 및 사전 절차적 보호장치 마련
위반사실 등이 공표된 이후에는/ 당사자에게 이미 발생한 권익의 침해를 회복하기 어려운 측면이 있으므로/ 엄격히 운영하여야 하며,/ 사전적인 절차적 보호장치가 마련되어야 한다.

II 행정청의 사전확인 의무
행정청은/ 위반사실 등의 공표를 하기 전에/ 사실과 다른 공표로 인하여 당사자의 명예·신용 등이 훼손되지 아니하도록/ 객관적이고 타당한 증거와 근거가 있는지를 확인하여야 한다(법 제40조의3 제2항).

III 행정청의 사전통지

1. 의 의
① 당사자에게 위반사실 등의 공표를 하기 전에/ 그 원인이 되는 사실과 구체적 내용 및 법적 근거 등을 미리 통지하여/ 유리한 의견이나 증거자료 등을 준비할 수 있도록 배려하기 위함이다(법 제40조의3 제3항).
② 특히 위반사실 등의 공표는 당사자의 명예·신용 등을 침해하므로/ 사후적 구제만으로는 당사자의 권익 침해를 충분히 회복하기 어려운 측면이 있으므로/ 당사자의 권익보호를 위한 사전 보호장치가 반드시 필요하다.

2. 사전통지의 대상

사전통지의 대상이 되는 위반사실 등의 공표의 범위는/ 법률에 근거를 두고 법령상 의무 위반을 전제로 한 제재적 성격을 가진 경우, 즉 의무불이행에 부과하는 불이익 내지 재제에 해당하는 경우로 한정한다.

3. 사전통지의 상대방

사전통지의 상대방은/ 행정청의 위반사실 등의 공표에 대하여 직접 그 상대가 되는 당사자이다.

4. 사전통지 사항

행정청은/ 위반사실 등의 공표를 할 때에는/ 미리/ 당사자에게 다음 사항을 통지하고 의견제출의 기회를 주어야 한다(법 제40조의3 제3항 본문, 동법 시행규칙 별지 제21호의3 서식).
① 예정된 위반사실 등의 공표의 제목
② 당사자의 성명(명칭)과 주소
③ 위반사실 등의 공표의 원인이 되는 사실과 구체적 내용 및 법적 근거
④ 의견을 제출할 수 있다는 뜻과 의견을 제출하지 아니하는 경우의 처리방법
⑤ 의견제출 제출처와 제출기한
⑥ 기타 필요한 사항

Ⅳ 사전통지의 예외사유

행정청은/ 다음의 경우에는/ 위반사실 등의 공표를 할 때/ 미리/ 당사자에게 사전통지할 필요가 없다(법 제40조의3 제3항 단서).
① 공공의 안전 또는 복리를 위하여 긴급히 공표를 할 필요가 있는 경우(제1호)
② 해당 공표의 성질상/ 의견청취가 곤란하거나 명백히 불필요하다고 인정될 만한 타당한 이유가 있는 경우(제2호)
③ 당사자가 의견진술의 기회를 포기한다는 뜻을 명백히 밝힌 경우(제3호)

Ⅴ 의견제출의 방법

1. 서면이나 말 또는 정보통신망 이용

의견제출의 기회를 받은 당사자는/ 공표 전에/ 〈관할행정청〉에/ 서면이나 말 또는 정보통신망을 이용하여/ 의견을 제출할 수 있다(법 제40조의4 제4항).

2. 법 제27조 준용

의견제출의 방법은 제27조를 준용하도록 되어 있으므로(법 제40조의3 제5항)/ 당사자등이 정당한 이유 없이 의견제출기한까지 의견제출을 하지 아니한 경우에는 의견이 없는 것으로 본다(법 제27조 제4항).

Ⅵ 제출 의견의 반영

1. 제출 의견의 반영 방법
① 제출 의견의 반영 등에 관하여는 제27조의2를 준용하도록 되어 있다(법 제40조의3 제5항).
② 〈행정청〉은/ 처분을 할 때에/ 〈당사자등〉이 제출한 의견이 상당한 이유가 있다고 인정하는 경우에는 이를 반영하여야 한다(법 제27조의2 제1항).
③ 〈행정청〉은/ 〈당사자등〉이 제출한 의견을 반영하지 아니하고 처분을 한 경우/ 〈당사자등〉이 처분이 있음을 안 날로부터 90일 이내에/ 그 이유의 설명을 요청하면/ 서면으로 그 이유를 알려야 한다./ 다만, 당사자등이 동의하면/ 말, 정보통신망 또는 그 밖의 방법으로 알릴 수 있다(법 제27조의2 제2항).

2. 공표 전 의무이행 시 조치
행정청은/ 위반사실 등의 공표를 하기 전에/ 당사자가 공표와 관련된 의무의 이행, 원상회복, 손해배상 등의 조치를 마친 경우에는/ 위반사실 등의 공표를 하지 아니할 수 있다(법 제40조의3 제7항).

Ⅶ 위반사실 등의 공표 방식 및 정정공표

1. 위반사실 등의 공표 방식
위반사실 등의 공표는/ 관보, 공보 또는 인터넷 홈페이지 등을 통하여 하되(법 제40조의3 제6항),/ 그 구체적인 공표 내용과 방식(공표 시기·주기 등)은 개별법령 등에서 정한 바에 따라 운영하여야 한다.

2. 공표된 위반사실 등의 정정공표
행정청은/ 공표된 내용이 사실과 다른 것으로 밝혀지거나 공표에 포함된 처분이 취소된 경우에는/ 그 내용을 정정하여, 정정한 내용을 지체 없이 해당 공표와 같은 방법으로 공표된 기간 이상 공표하여야 한다./ 다만, 당사자가 원하지 아니하면 공표하지 아니할 수 있다(법 제40조의3 제8항).

THEME 19 입법예고

> ☐ 행정절차법상 행정예고의 개념과 대상에 관하여 설명하고, 행정상 입법예고와의 관련성 및 차이점에 관하여 설명하시오(THEME 20 참조).
> ▶ 제1회 기출 약술 20점

I 의 의

국민의 권리·의무 또는 일상생활과 밀접한 관련 등이 있는 법령등을 제정·개정 또는 폐지(이하 "입법")하고자 하는 경우/ 해당 입법안을 마련한 행정청으로 하여금/ 사전에 이를 공개하도록 하는 제도이다.

II 입법예고의 대상

1. 원 칙

행정청은/ 입법하고자 하는 경우/ 이를 예고하여야 한다.

2. 예 외

행정청은/ 다음의 어느 하나에 해당하는 경우에는/ 예고를 하지 아니할 수 있다.
① 신속한 국민의 권리보호 또는 예측 곤란한 특별한 사정의 발생으로/ 입법이 긴급을 요하는 경우
② 상위 법령등의 단순한 집행인 경우
③ 입법내용이/ 국민의 권리·의무 또는 일상생활과 관련이 없는 경우
④ 입법내용의 성질상 예고의 필요가 없거나 곤란하다고 판단되는 경우
⑤ 예고함이 공공의 안전 또는 복리를 현저히 해칠 우려가 있는 경우

3. 재입법예고

입법안을 마련한 행정청은/ 입법예고 후 예고내용에 국민생활과 직접 관련된 내용이 추가되는 등/ 대통령령으로 정하는 중요한 변경이 발생한 경우에는/ 해당 부분에 대한 입법예고를 다시 하여야 한다.

Ⅲ 입법예고의 주체

1. 원칙
입법예고는/ 원칙적으로 해당 입법안을 마련한 행정청이 하여야 한다.

2. 예외
법제처장은/ 입법예고를 하지 아니한 법령안의 심사 요청을 받은 경우/ 입법예고를 하는 것이 적당하다고 판단할 때에는 입법예고를 권고하거나 직접 예고할 수 있다.

Ⅳ 입법예고의 방법

1. 공고
① 행정청은/ 입법안의 취지, 주요 내용 또는 전문을/ 다음의 방법으로 공고하여야 하며,/ 추가로 인터넷, 신문 또는 방송 등을 통하여 공고할 수 있다.
　㉠ 법령의 입법안을 입법예고하는 경우 : 관보 및 법제처장이 구축·제공하는 정보시스템을 통한 공고
　㉡ 자치법규의 입법안을 입법예고하는 경우 : 공보를 통한 공고
② 행정청은/ 대통령령을 입법예고하는 경우/ 국회 소관 상임위원회에 이를 제출하여야 한다.
③ 행정청은/ 예고된 입법안에 대하여/ 온라인공청회등을 통하여 널리 의견을 수렴할 수 있다.

2. 예고기간
예고할 때 정하되,/ 특별한 사정이 없으면 40일(자치법규는 20일) 이상으로 한다.

3. 의견제출 및 처리
① 누구든지/ 예고된 입법안에 대하여/ 의견을 제출할 수 있다.
② 행정청은/ 해당 입법안에 대하여 의견이 제출된 경우/ 특별한 사유가 없으면 이를 존중하여 처리하여야 하며,/ 의견을 제출한 자에게/ 의견의 처리결과를 통지하여야 한다.

4. 공청회 및 온라인공청회 개최
행정청은/ 입법안에 관하여/ 공청회 및 온라인공청회를 개최할 수 있다.

THEME 20 행정예고

□ 행정절차법상 행정예고의 개념과 대상에 관하여 설명하고, 행정상 입법예고와의 관련성 및 차이점에 관하여 설명하시오(THEME 19 참조).　　▶ 제1회 기출 약술 20점

I 의 의

행정예고는/ 행정청이/ 다수 국민의 권익에 관계있는 정책, 제도 및 계획(이하 "정책등")을 수립·시행하거나 변경하려는 경우/ 국민에게 정책참여의 기회를 제공하여/ 국민의 행정에 대한 이해와 협력을 증진시키고,/ 행정에 대한 예측 가능성을 제고시키기 위한 제도이다.

II 행정예고의 대상

1. 원 칙

행정청은/ 다음의 경우 정책등을 예고하여야 한다.
① 국민생활에 매우 큰 영향을 주는 사항
② 많은 국민의 이해가 상충되는 사항
③ 많은 국민에게 불편, 부담을 주는 사항
④ 그 밖에 널리 국민의 의견을 수렴할 필요가 있는 사항

2. 예 외

행정청은/ 다음의 경우에는 예고를 하지 아니할 수 있다.
① 신속하게 국민의 권리를 보호하여야 하거나 예측이 어려운 특별한 사정이 발생하는 등 긴급한 사유로 예고가 현저히 곤란하는 경우
② 법령등의 단순한 집행을 위한 경우
③ 정책등의 내용이/ 국민의 권리·의무 또는 일상생활과 관련이 없는 경우
④ 정책등의 예고가 공공의 안전 또는 복리를 현저히 해칠 우려가 상당한 경우

Ⅲ 행정예고의 방법

1. 공고
행정청은/ 정책등안(案)의 취지, 주요 내용 등을/ 관보·공보나 인터넷·신문·방송 등을 통하여 공고하여야 한다.

2. 예고기간

(1) 원 칙
예고 내용의 성격 등을 고려하여 정하되, 20일 이상으로 한다.

(2) 예 외
행정목적을 달성하기 위하여 긴급한 필요가 있는 경우/ 행정예고기간을 단축할 수 있으며,/ 단축된 행정예고기간은 10일 이상으로 한다.

3. 준 용
의견제출 및 처리, 공청회 및 온라인공청회에 관하여는/ 입법예고 규정을 준용한다.

4. 의견제출 및 처리
① 누구든지/ 예고된 행정안에 대하여/ 의견을 제출할 수 있다.
② 행정청은 해당 행정안에 대하여 의견이 제출된 경우/ 특별한 사유가 없으면 이를 존중하여 처리하여야 하나,/ 입법예고와 달리 행정예고의 경우에는 의견을 제출한 자에게 처리결과 통지의무가 있는 것은 아니다.

5. 공청회 및 온라인공청회 개최
행정청은/ 행정예고안에 관하여/ 공청회를 개최할 수 있으나/ 입법예고와 달리 온라인공청회는 개최하지 않을 수 있다.

THEME 21 행정지도★★

Ⅰ 의의

행정기관이/ 그 소관사무의 범위 안에서/ 일정한 행정목적의 실현을 위해/ 특정인에게 일정한 행위를 하거나 또는 하지 아니하도록/ 지도·권고·조언등을 하는 행정작용을 말한다.

Ⅱ 법적 성질

행정지도는 비권력적 사실행위로서 원칙적으로 처분성이 인정되지 않으므로/ 행정소송의 대상이 아니다.

Ⅲ 행정지도의 원칙

1. 비례성의 원칙
행정지도는/ 목적달성에 필요한 최소한도에 그쳐야 한다.

2. 강제금지(임의성)의 원칙
행정지도는/ 상대방의 의사에 반하여/ 부당하게 강요하여서는 아니 된다.

3. 불이익조치 금지의 원칙
행정기관은/ 행정지도의 상대방이/ 행정지도에 따르지 아니하였다는 것을 이유로 불이익한 조치를 하여서는 아니 된다.

Ⅳ 행정지도의 방식 및 절차

1. 투명성(실명제)
행정지도를 하는 자는/ 그 상대방에게/ 그 행정지도의 취지 및 내용과 신분을 밝혀야 한다.

2. 서면교부요구권
행정지도가 말로 이루어지는 경우/ 상대방이 행정지도의 취지 및 내용을 적은 서면의 교부를 요구하면/ 직무수행에 특별한 지장이 없으면 교부하여야 한다.

3. 의견제출

행정지도의 상대방은/ 해당 행정지도의 방식·내용등에 관하여/ 행정기관에 의견제출을 할 수 있다.

4. 다수인을 대상으로 하는 행정지도

행정기관이/ 같은 행정목적을 실현하기 위하여/ 많은 상대방에게/ 행정지도를 하려는 경우/ 특별한 사정이 없으면/ 행정지도에 공통적인 내용이 되는 사항을 공표하여야 한다.

V 권리구제

1. 문제의 소재

행정지도는 임의적 협력을 전제로 하는 비권력적 사실행위로서 강제력이 없는 것이 원칙이다./ 그러나 행정기관에 의하여 행해지는 관계로 사실상 강제되는 경우가 있는데, 행정지도에 의해서 발생한 피해에 대하여 구제수단이 없어 문제된다.

2. 권리구제 인정 여부

(1) 행정쟁송(△)

행정지도는 비권력적 사실행위로서 원칙적으로 처분성이 부정되어 행정쟁송의 대상이 아니다. 그러나 사실상 강제력을 가지는 경우에는 처분성을 인정하여 행정쟁송의 대상이 된다고 보아야 한다.

(2) 손해배상청구(×)

행정지도는 비권력적 사실행위로서 임의성이 인정된다. 따라서 손해발생의 인과관계를 인정하기 어려우므로 손해배상청구는 사실상 인정되지 않는다.

(3) 손실보상청구(×)

적법한 행정지도에 대한 보상을 인정하는 명문규정이 없어 인정되지 않는다.

(4) 헌법소원(×)

① 원 칙

행정지도는 비권력적 사실행위로서 공권력의 행사로 보기 어려우므로 헌법소원의 대상이 아니다.

② 판 례

행정지도라도 한계를 넘어 규제적·구속적 성격이 강하면 헌법소원의 대상인 공권력 행사에 해당한다./ 그러나 처분성이 인정되지 않아 각하되었다.

제2장 공공기관의 정보공개에 관한 법률

(출제 빈도 8/12)

THEME 1 정보공개청구권

□ 甲은 A시장의 업무추진비가 사적인 용도로 사용되고 있을지도 모른다는 의혹이 생기자 「공공기관의 정보공개에 관한 법률」에 근거하여 A시장에게 'A시장의 업무추진비 집행명세서 사본'(이하 "이 사건 정보")의 공개를 청구하였다. 이 사건 정보의 내용 중에는 A시장의 업무추진비 집행의 상대방이 된 개인의 이름과 주민등록번호도 포함되어 있지만, 이름·주민등록번호가 삭제된 사본을 교부하는 방식에 의한 공개는 가능하다. 그런데 A시장은 "이 사건 정보의 내용 중에는 개인의 이름과 주민등록번호도 포함되어 있어 이를 공개할 경우에는 개인의 사생활의 비밀과 자유를 침해할 우려가 있다"는 이유로 이 사건 정보의 전부에 대해 비공개결정을 하였다. 이 사건 정보 중 이름·주민등록번호를 제외한 나머지 부분은 비공개대상 정보가 아니라고 전제할 때, A시장이 위와 같은 이유로 이 사건 정보의 전부에 대해 비공개결정을 한 것이 타당한지를 검토하시오.
▶ 제11회 기출 사례 20점

○ 핵심해설　제11회 기출 사례

I　논점의 정리
甲의 '이 사건 정보' 공개청구에 대하여 A시장이 전부 비공개결정을 하였는데,/ 공개청구한 정보가 비공개 부분과 공개 가능한 부분이 혼합되어 있는 경우/ 비공개대상 부분을 제외하고 공개할 수 있는지가 문제된다.

II　정보공개청구권
1. 의 의
2. 청구권자
3. 의무자

III　공개대상 정보
1. 원 칙
2. 예외(비공개대상 정보)

Ⅳ 부분 공개 제도(정보공개법 제14조)

공개청구한 정보가 비공개 부분과 공개 가능한 부분이 혼합되어 있는 경우로서/ 공개청구의 취지에 어긋나지 아니한 범위에서/ 두 부분을 분리할 수 있는 경우에는/ 비공개 부분을 제외하고 공개하여야 한다.

Ⅴ 사안의 해결

1. 이 사건 정보 중 이름·주민등록번호를 제외한 나머지 부분은 비공개대상 정보가 아니며,/ 이름·주민등록번호가 삭제된 사본을 교부하는 방식에 의한 공개가 가능하므로,/ A시장은 부분공개 결정을 하여야 한다.
2. 따라서 A시장이 이 사건 정보의 전부에 대해 비공개결정을 한 것은 타당하지 않다.

□ 학교폭력 사건에 연루되어 강제전학조치를 받은 사립중학교에 재학중인 학생 甲이 강제전학조치에 불복하여 행정심판을 제기하고자, 학교폭력대책위원회의 회의록에 대하여 「공공기관의 정보공개에 관한 법률」(이하 "법")에 근거하여 정보공개를 청구하였다. 사립중학교가 이 법의 적용대상이 되는지를 설명하고, 회의록에 사생활 관련 사항이 포함되어 있다면 어떤 범위로 정보공개를 할 수 있는지를 설명하시오.

▶ 제10회 기출 사례 20점

핵심해설 제10회 기출 사례

I 논점의 정리

사립중학교가 「공공기관의 정보공개에 관한 법률」상 공개의무를 부담하는 공공기관에 해당하는지가 문제되며,/ 회의록에 사생활 관련된 사항이 포함되어 있는 경우에/ 사생활 관련 사항을 비공개대상 정보에 해당한다고 볼 수 있는지 여부,/ 나아가 회의록에 비공개대상 부분과 공개가 가능한 부분이 혼합되어 있는 경우 부분공개를 할 수 있는지가 문제된다.

II 정보공개의무자

1. 공공기관

2. 사립학교의 공공기관 해당 여부

대법원은 교육의 공공성, 공·사립학교의 동질성 등을 이유로/ 사립학교를 정보공개의무를 지는 공공기관의 하나로 보고 있다.

III 공개대상 정보

1. 원 칙
2. 예외(비공개대상 정보)

IV 부분 공개 제도

공개청구한 정보가 비공개 부분과 공개 가능한 부분이 혼합되어 있는 경우로서/ 공개청구의 취지에 어긋나지 아니한 범위에서/ 두 부분을 분리할 수 있는 경우에는/ 비공개대상 부분을 제외하고 공개하여야 한다(정보공개법 제14조).

V 사안의 해결

1. 사립학교는 정보공개의무를 지는 공공기관에 해당한다.

2. 회의록은 공공기관이 직무상 작성하여 관리하는 정보이므로, 원칙적으로 공개대상 정보이나,/ 회의록의 사생활 관련 사항은/ 개인의 사생활의 비밀 또는 자유를 침해할 우려가 있다고 인정되는 정보의 경우/ 법에서 규정한 비공개대상 정보에 해당할 수 있다.

3. 따라서 공공기관은/ 공개청구의 취지에 어긋나지 아니한 범위에서/ 두 부분을 분리할 수 있는 경우에는/ 부분 공개의 방법으로/ 사생활 관련 사항을 제외하고/ 회의록을 공개하여야 한다.

> 국내에 주소를 두고 거주하는 외국인 甲은 A광역시에 건물을 보유하고 있다. 그러나 이 건물이 공익사업을 이유로 A광역시지방토지수용위원회의 수용재결을 받게 되었고, 이에 대해 이의신청을 하였으나 중앙토지수용위원회에서 기각재결이 이루어졌다. 그러자 甲은 토지수용위원회의 회의록에 기재된 발언내용에 대한 해당 발언자의 인적사항 부분에 관한 정보공개를 청구하였다. 甲이 정보공개청구권의 주체가 될 수 있는지와 청구내용이 정보공개대상이 되는지를 검토하시오. ▶ 제9회 기출 사례 20점

핵심해설 제9회 기출 사례

I 논점의 정리

외국인 甲이/ 정보공개청구권의 주체가 될 수 있는지 여부와/ 토지수용위원회의 회의록에 기재된 발언내용에 대한 해당 발언자의 인적사항 부분이 정보공개의 대상이 되는지가 문제된다.

II 정보공개청구권자

1. 모든 국민

2. 외국인

외국인의 경우도/ 국내에 일정한 주소를 두고 거주하거나/ 학술·연구를 위하여 일시적으로 체류한 경우,/ 국내에 사무소를 두고 있는 법인 또는 단체의 경우에는/ 정보의 공개를 청구할 수 있다.

III 정보공개의 대상

1. 원 칙

2. 예외(비공개대상 정보)
① 다른 법률등에 따라/ 비밀이나 비공개 사항으로 규정된 정보
② 국가의 중대한 이익을/ 현저히 해칠 우려가 있다고 인정되는 정보
③ 국민의 생명·신체 및 재산의 보호에/ 현저한 지장을 초래할 우려가 있다고 인정되는 정보
④ 진행 중인 재판에 관련된 정보등
⑤ 업무의 공정한 수행이나 연구·개발에/ 현저한 지장을 초래한다고 인정할 만한 상당한 이유가 있는 정보
⑥ 개인의 사생활의 비밀 또는 자유를/ 침해할 우려가 있다고 인정되는 정보
⑦ 법인·단체 또는 개인의 경영상·영업상 비밀에 관한 사항으로서/ 공개될 경우 법인등의 정당한 이익을 현저히 해칠 우려가 있는 정보
⑧ 특정인에게 이익 또는 불이익을 줄 우려가 있다고 인정되는 정보

IV 사안의 해결

1. 외국인 甲은/ 국내에 주소를 두고 거주하는 자로서 정보공개청구권의 주체가 될 수 있다.

2. 회의록은/ 공공기관이 직무상 작성하여 관리하는 정보로서 원칙상 회의록에 기재된 발언내용은 공개대상이 될 수 있으나,/ 발언자의 인적사항은 개인의 사생활의 비밀 또는 자유를 침해할 우려가 있다고 인정되어 비공개대상 정보에 해당될 수 있다.

☐ 공공기관의 정보공개에 관한 법령상 정보공개청구권자와 공공기관의 범위에 관하여 설명하시오.
▶ 제5회 기출 약술 20점
☐ 공공기관의 정보공개에 관한 법률상 정보공개청구를 받은 공공기관의 정보공개 여부 결정 절차에 관하여 설명하시오.
▶ 제4회 기출 약술 20점
☐ 현행 공공기관의 정보공개에 관한 법률상 비공개대상 정보에 대하여 설명하시오.
▶ 제2회 기출 약술 20점

핵심이론

I. 의 의★

공공기관이 직무상 작성 또는 취득·관리하고 있는 정보에 대하여/ 사인이 공공기관에/ 정보의 제공을 요구할 수 있는 개인적 공권이다.

II. 법적 근거★

헌법상 명시되어 있지는 않으나,/ 제21조 표현의 자유에서 직접 파생되는 구체적이고 현실적인 권리로서 헌법상 기본권으로 보장된다고 본다.

III. 정보공개청구권자★★

1. 국 민

① 모든 국민은/ 정보의 공개를 청구할 권리를 가진다.
② 법인과 법인격 없는 단체도/ 설립목적을 불문하고/ 정보의 공개를 청구할 권리를 가진다.

2. 외국인

외국인의 경우도/ 국내에 일정한 주소를 두고 거주하거나/ 학술·연구를 위하여 일시적으로 체류한 경우,/ 국내에 사무소를 두고 있는 법인 또는 단체의 경우에/ 정보의 공개를 청구할 수 있다.

Ⅳ 정보공개의무자★★

1. 공공기관
정보공개의무가 있는 공공기관은/ 국가기관, 지방자치단체, 「공공기관의 운영에 관한 법률」 제2조에 따른 공공기관, 「지방공기업법」에 따른 지방공사 및 지방공단, 그 밖에 대통령령으로 정하는 기관을 말한다.

2. 사립학교의 공공기관 해당 여부
대법원은 교육의 공공성, 공·사립학교의 동질성 등을 이유로/ 사립학교를 정보공개의무를 지는 공공기관의 하나로 보고 있다.

Ⅴ 공개대상 정보★★★

1. 원 칙
공개대상 정보는/ 공공기관이 직무상 작성 또는 취득하여 관리하고 있는 정보[문서(전자문서 포함) 및 전자매체를 비롯한 모든 형태의 매체 등에 기록된 사항]이다.

2. 예외(비공개대상 정보)★★
① 다른 법률등에 따라/ 비밀이나 비공개 사항으로 규정된 정보
② 국가의 중대한 이익을/ 현저히 해칠 우려가 있다고 인정되는 정보
③ 국민의 생명·신체 및 재산의 보호에/ 현저한 지장을 초래할 우려가 있다고 인정되는 정보
④ 진행 중인 재판에 관련된 정보등
⑤ 업무의 공정한 수행이나 연구·개발에/ 현저한 지장을 초래한다고 인정할 만한 상당한 이유가 있는 정보
⑥ 개인의 사생활의 비밀 또는 자유를/ 침해할 우려가 있다고 인정되는 정보
⑦ 법인·단체 또는 개인의 경영상·영업상 비밀에 관한 사항으로서/ 공개될 경우 법인등의 정당한 이익을 현저히 해칠 우려가 있는 정보
⑧ 특정인에게 이익 또는 불이익을 줄 우려가 있다고 인정되는 정보

Ⅵ 정보공개의 청구방법

청구인은/ 해당 정보를 보유하거나 관리하고 있는 공공기관에/ 정보공개청구서를 제출하거나 말로써/ 정보의 공개를 청구할 수 있다.

Ⅶ 정보공개 여부의 결정★★

1. 결정 기간

(1) 원 칙

공공기관은/ 정보공개의 청구를 받으면/ 그 청구를 받은 날부터 10일 이내/ 공개 여부를 결정하여야 한다.

(2) 예 외

부득이한 사유로/ 기간 내 결정할 수 없는 경우/ 기간이 끝나는 날의 다음 날부터 기산하여 10일의 범위에서 연장할 수 있다.

2. 제3자에의 통지

공공기관은/ 공개청구된 정보의 전부 또는 일부가 제3자와 관련이 있다고 인정할 때에는/ 그 사실을 제3자에게 지체 없이 통지하여야 한다.

3. 이 송

공공기관은/ 다른 공공기관이 보유·관리하는 정보의 공개청구를 받았을 때에는/ 지체 없이/ 이를 소관기관으로 이송하여야 한다.

4. 정보공개청구의 민원 처리

공공기관은/ 정보공개청구가 공공기관이 보유·관리하지 아니하는 정보이거나/ 정보공개청구로 보기 어려운 경우로서 민원으로 처리할 수 있는 경우에는/ 민원으로 처리할 수 있다.

5. 반복 청구 등의 처리

① 공공기관은/ 정보공개 여부에 대한 결정의 통지를 받은 자가/ 정당한 사유 없이 다시 동일한 청구를 하는 등의 경우/ 동일 여부를 종합적으로 고려하여 종결 처리할 수 있다.
② 종결 처리 사실을 청구인에게 알려야 한다.

6. 정보공개심의회

① 국가기관등은/ 정보공개 여부 등을 심의하기 위하여/ 위원장 1명을 포함하여 5명 이상 7명 이하의 위원으로 구성하는 정보공개심의회(이하 "심의회")를 설치·운영한다.
② 심의위원회 위원 중 3분의 2는 외부전문가로 위촉하여야 한다.

7. 정보공개 여부 결정의 통지

(1) 정보공개를 결정한 경우
공공기관은／ 공개의 일시 및 장소 등을 분명히 밝혀／ 청구인에게 통지하여야 한다.

(2) 정보의 비공개 결정을 한 경우
공공기관은／ 비공개 이유와 불복방법 및 절차를 구체적으로 밝혀／ 지체 없이 문서로 통지하여야 한다.

(3) 공개대상 정보의 양이 너무 많아／ 정상적인 업무수행에 현저한 지장을 초래할 우려가 있는 경우
공공기관은／ 해당 정보를 나누어 제공하거나／ 사본·복제물의 교부 또는 열람과 병행하여 제공할 수 있다.

(4) 정보의 원본이 더렵혀지거나 파손될 우려가 있는 경우 등
공공기관은／ 그 정보의 사본·복제물을 공개할 수 있다.

8. 부분공개 제도★★★
공공기관은／ 공개청구한 정보가 비공개대상 부분과 공개 가능한 부분이 혼합되어 있는 경우／ 공개청구의 취지에 어긋나지 아니한 범위에서／ 두 부분을 분리할 수 있는 경우／ 비공개대상 부분을 제외하고 공개하여야 한다.

Ⅷ 공공기관의 의무

1. 관계법령을 정비하고,／ 정보를 투명하고 적극적으로 공개하는 조직문화 형성에 노력하여야 한다.
2. 정보관리체계를 정비하고,／ 정보통신망을 활용한 정보공개시스템 등을 구축하도록 노력하여야 한다.
3. 행정안전부장관은／ 공공기관의 정보공개에 관한 업무를 종합적·체계적·효율적으로 지원하기 위하여／ 통합정보공개시스템을 구축·운영하여야 한다.

Ⅸ 정보공개 담당자의 의무

1. 공개 업무의 성실한 수행
정보공개 담당자는／ 정보공개 업무를 성실하게 수행하여야 한다.

2. 부당행위금지
공개 여부의 자의적 결정,／ 고의적인 처리 지연 또는 위법한 공개 거부 및 회피 등 부당한 행위를 하여서는 아니 된다.

X 행정정보의 공표

1. 정기적 공개대상 정보
공공기관은/ 다음의 어느 하나에 해당하는 정보에 대해서는/ 정기적으로 공개하여야 한다.
① 국민생활에 매우 큰 영향을 미치는 정책에 관한 정보
② 대규모 예산이 투입되는 사업에 관한 정보
③ 예산집행의 내용과 사업평가 결과 등/ 행정감시를 위하여 필요한 정보
④ 그 밖에 공공기관의 장이 정하는 정보

2. 정보목록의 작성·비치 등
공공기관은/ 보유·관리하는 정보에 대하여/ 국민이 쉽게 알 수 있도록/ 정보목록을 작성하여 갖추어 두고,/ 그 목록을 정보통신망을 활용한 정보공개시스템등을 통하여 공개하여야 한다.

3. 공개대상 정보의 원문공개
공공기관 중 중앙행정기관 및 대통령령으로 정하는 기관은/ 전자적 형태로 보유·관리하는 정보 중 공개대상으로 분류된 정보를/ 국민의 정보공개 청구가 없더라도 정보통신망을 활용한 정보공개시스템등을 통하여 공개하여야 한다.

구제수단

> ☐ 甲이 공공기관 A에게 공개청구한 정보가 제3자인 乙과 관련이 있는 경우, 乙의 권리보호에 관하여 설명하시오.
> ▶ 제8회 기출 약술 20점
> ☐ 공공기관의 정보공개에 관한 법률상 공공기관의 정보 비공개결정에 대한 청구인의 불복 구제 절차에 관하여 설명하시오.
> ▶ 제6회 기출 약술 20점

핵심이론

I. 청구인의 구제수단 ★★

1. 이의신청

(1) 이의신청 사유

청구인이/ 정보공개와 관련한 공공기관의 비공개결정 또는 부분 공개 결정에 대하여 불복이 있거나/ 정보공개 청구 후 20일이 경과하도록 정보공개 결정이 없는 때에는/ 공공기관에/ 문서로 이의신청을 할 수 있다.

(2) 이의신청 기간

청구인은/ 공공기관으로부터 정보공개 여부의 결정 통지를 받은 날 또는 정보공개 청구 후 20일이 경과한 날부터 30일 이내에/ 해당 공공기관에/ 문서로 이의신청할 수 있다.

(3) 심의회 개최

1) 원칙

국가기관등은/ 청구인의 이의신청이 있는 경우/ 심의회를 개최하여야 한다.

2) 예외

다만, ① 이미 심의회 심의를 거친 사항, ② 단순·반복적인 청구, ③ 법령에 따라 비밀로 규정된 정보에 관한 청구는/ 심의회를 개최하지 아니할 수 있으며, 그 사유를 문서로 청구인에게 통지하여야 한다.

(4) 이의신청의 결정기간

1) 원칙

공공기관은/ 이의신청을 받은 날부터 7일 이내/ 그 이의신청에 대하여 결정하고,/ 그 결과를/ 청구인에게/ 지체 없이 문서로 통지하여야 한다.

2) 예외

부득이한 사유로 정하여진 기간 이내에 결정할 수 없을 때에는/ 그 기간이 끝나는 날의 다음 날부터 기산하여/ 7일의 범위에서 연장할 수 있으며,/ 연장사유는 청구인에게 통지하여야 한다.

(5) 통지의무

공공기관은/ 이의신청을 각하 또는 기각하는 결정을 한 경우/ 청구인에게 행정심판 또는 행정소송을 제기할 수 있다는 사실을 결과 통지와 함께 알려야 한다.

2. 행정심판·행정소송

① 청구인은/ 정보공개와 관련한 공공기관의 결정에 대하여 불복이 있거나 정보공개 청구 후 20일이 경과하도록 정보공개 결정이 없는 때에는/ 행정심판법 또는 행정소송법이 정하는 바에 따라 행정심판 또는 행정소송을 청구할 수 있다.
② 이의신청과 행정심판, 행정소송은 임의적 전치주의 관계이다. 즉, 이의신청 절차를 거치지 아니하고 행정심판, 행정소송을 청구할 수 있다.

Ⅱ 제3자의 구제수단★★

1. 비공개 요청 등

① 공개청구된 사실을 통지받은 제3자는/ 그 통지를 받은 날부터 3일 이내/ 해당 공공기관에/ 자신과 관련된 정보를 공개하지 아니할 것을 요청할 수 있다.
② 비공개 요청에도 불구하고/ 공공기관이 공개결정을 할 때에는/ 공개결정 이유와 공개 실시일을 분명히 밝혀/ 지체 없이 문서로 통지하여야 한다.
③ 공공기관은/ 공개결정일과 공개실시일 사이에 최소한 30일의 간격을 두어야 한다.

2. 이의신청

제3자는/ 비공개 요청에도 불구하고 공공기관이 공개결정을 한 경우/ 공개결정의 통지를 받은 날부터 7일 이내에/ 이의신청을 하여야 한다.

3. 행정심판·행정소송

① 제3자는/ 비공개 요청에도 불구하고 공공기관이 공개결정을 한 경우/ 이의신청을 하거나 행정심판 또는 행정소송을 청구할 수 있다.
② 이의신청과 행정심판, 행정소송은 임의적 전치주의 관계이다.

4. 예방적 부작위소송

이해관계 있는 제3자가/ 정보공개 이전에/ 법원에 공공기관에게 정보를 공개하지 말 것을 명하는 소송은/ 현행법상 인정되지 않는다.

5. 국가배상청구

공공기관이/ 이 법을 위반하여/ 제3자 정보를 공개하여 제3자에게 손해가 발생한 경우/ 제3자는 국가배상청구가 가능하다.

제3장 개인정보 보호법

(출제 빈도 6/13)

THEME 1 개인정보의 보호원칙

□ 개인정보보호자기결정권의 의미와 개인정보 보호법상 개인정보보호원칙에 관하여 설명하시오.
▶ 제9회 기출 약술 20점

Ⅰ 개인정보자기결정권

개인정보자기결정권은 정보주체가 개인정보의 공개와 이용에 관하여 스스로 결정할 수 있는 권리로서,/ 인간의 존엄과 가치, 행복추구권을 규정한 헌법 제10조 제1문에서 도출되는 일반적 인격권 및 헌법 제17조의 사생활의 비밀과 자유에 의하여 보장되는 독립한 기본권이다./ 개인정보 보호법 제4조에서 정보주체의 권리로 규정하고 있다.

Ⅱ 개인정보의 정의

살아 있는 개인에 관한 정보로서/ 다음의 어느 하나에 해당하는 정보를 말한다.
① 성명, 주민등록번호 및 영상 등을 통하여 개인을 알아볼 수 있는 정보
② 해당 정보만으로는 특정 개인을 알아볼 수 없더라도/ 다른 정보와 쉽게 결합하여 개인을 알아 볼 수 있는 정보
③ ①, ②를 가명처리함으로써 원래의 상태로 복원하기 위한 추가 정보의 사용·결합 없이는 특정 개인을 알아 볼 수 없는 정보(가명정보)

Ⅲ 개인정보의 보호원칙

1. 투명성과 비례의 원칙
개인정보처리자는/ 개인정보의 처리 목적을 명확하게 하여야 하며,/ 목적에 필요한 범위에서/ 최소한의 개인정보만을/ 적법하고 정당하게 수집하여야 한다.

2. 목적 범위 내 사용의 원칙
개인정보처리자는/ 개인정보의 처리 목적의 범위에서/ 개인정보를 처리하여야 하며,/ 그 목적 외의 용도로 활용해서는 아니 된다.

3. 정확성, 완전성 및 최신성 보장의 원칙
개인정보처리자는/ 개인정보의 처리 목적에 필요한 범위에서/ 개인정보의 정확성, 완전성 및 최신성이 보장되도록 하여야 한다.

4. 안전관리의 원칙
개인정보처리자는/ 개인정보의 처리 방법 및 종류 등에 따라 정보주체의 권리가 침해받을 가능성과 그 위험 정도를 고려하여/ 개인정보를 안전하게 관리하여야 한다.

5. 정보처리 공개의 원칙 및 정보주체의 권리보장의 원칙★
개인정보처리자는/ 개인정보 처리방침 등 개인정보의 처리에 관한 사항을 공개하여야 하며,/ 열람청구권 등 정보주체의 권리를 보장하여야 한다.

6. 사생활 침해금지의 원칙
개인정보처리자는/ 정보주체의 사생활 침해를 최소화하는 방법으로 개인정보를 처리하여야 한다.

7. 익명 및 가명 처리의 원칙
개인정보처리자는/ 개인정보를 익명 또는 가명으로 처리하여도 개인정보 수집목적을 달성할 수 있는 경우/ 익명처리가 가능한 경우에는 익명으로, 익명으로 목적을 달성할 수 없는 경우에는 가명으로 처리될 수 있도록 하여야 한다.

8. 책임과 의무를 준수하고 실천하는 원칙
개인정보처리자는/ 이 법 및 관계법령에 규정하고 있는 책임과 의무를 준수하고 실천함으로써 정보주체의 신뢰를 얻기 위해 노력하여야 한다.

2 THEME 개인정보 보호위원회

I 설치 및 구성

1. 설치
① 개인정보 보호에 관한 사무를 독립적으로 수행하기 위하여/ 국무총리 소속으로/ 개인정보 보호위원회(이하 "보호위원회")를 둔다.
② 보호위원회는 정부조직법에 따른 중앙행정기관으로 본다.

2. 구성 등
① 보호위원회는 상임위원 2명(위원장 1명, 부위원장 1명)을 포함한 9명의 위원으로 구성한다.
② 보호위원회 위원장과 부위원장은 국무총리의 제청으로,/ 그 외 위원 중 2명은 위원장의 제청으로,/ 2명은 대통령이 소속되거나 소속되었던 정당의 교섭단체 추천으로,/ 3명은 그 외의 교섭단체 추천으로/ 대통령이 임명 또는 위촉한다.
③ 위원장과 부위원장은 정무직 공무원으로 임명한다.
④ 위원장, 부위원장, 사무처의 장은 정부위원이 된다.

II 소관 사무

보호위원회는/ 다음의 소관 사무를 수행한다.
① 개인정보의 보호와 관련된/ 법령의 개선에 관한 사항
② 개인정보 보호와 관련된/ 정책·제도·계획 수립·집행에 관한 사항
③ 정보주체의 권리침해에 대한 조사 및 이에 따른 처분에 관한 사항
④ 개인정보의 처리와 관련된/ 고충처리·권리구제 및 개인정보에 관한 분쟁의 조정
⑤ 개인정보 보호를 위한/ 국제기구 및 외국의 개인정보 보호기구와의 교류·협력
⑥ 개인정보 보호에 관한/ 법령·정책·제도·실태 등의 조사·연구·교육 및 홍보에 관한 사항
⑦ 개인정보 보호에 관한/ 기술개발의 지원·보급, 기술의 표준화 및 전문인력의 양성에 관한 사항
⑧ 이 법 및 다른 법령에 따라 보호위원회의 사무로 규정된 사항

Ⅲ 심의 · 의결사항

보호위원회는/ 다음의 사항을 심의 · 의결한다.
① 개인정보 침해요인 평가에 관한 사항
② 기본계획 및 시행계획에 관한 사항
③ 개인정보 보호와 관련된 정책, 제도 및 법령의 개선에 관한 사항
④ 개인정보의 처리에 관한 공공기관 간의 의견조정에 관한 사항
⑤ 개인정보 보호에 관한 법령의 해석 · 운용에 관한 사항
⑥ 개인정보의 이용 · 제공에 관한 사항
⑦ 개인정보의 국외 이전 중지명령에 관한 사항
⑧ 영향평가 결과에 관한 사항
⑨ 과징금 · 과태료 부과에 관한 사항
⑩ 의견제시 및 개선권고에 관한 사항
⑪ 시정권고에 관한 사항
⑫ 시정조치 등에 관한 사항
⑬ 고발 및 징계권고에 관한 사항
⑭ 처리 결과의 공표 및 공표명령에 관한 사항
⑮ 소관 법령 및 보호위원회 규칙의 제정 · 개정 및 폐지에 관한 사항
⑯ 개인정보 보호와 관련하여 보호위원회의 위원장 또는 위원 2명 이상이 회의에 부치는 사항
⑰ 이 법 또는 다른 법령 등에 따라 보호위원회가 심의 · 의결하는 사항

Ⅳ 과징금 부과

1. 과징금 부과 범위

보호위원회는/ 개인정보처리자에게/ 전체 매출액의 100분의 3을 초과하지 아니하는 범위에서/ 과징금을 부과할 수 있다.

2. 과징금 산정 기준

보호위원회는/ 과징금을 부과하려는 경우/ 전체 매출액에서 위반행위와 관련이 없는 매출액을 제외한 매출액을 기준으로/ 과징금을 산정한다.

3. 영업현황 자료에 근거한 매출액 추정

보호위원회는/ 개인정보청리자가/ 정당한 사유 없이/ 매출액 산정자료의 제출을 거부하거나 거짓의 자료를 제출한 경우/ 해당 개인정보처리자의 전체 매출액을 기준으로 산정하되,/ 해당 개인정보처리자 및 비슷한 규모의 개인정보처리자의 개인정보 보유 규모, 재무제표 등 회계 자료, 상품 · 용역의 가격 등 영업현황 자료에 근거하여 매출액을 추정할 수 있다.

4. 가산금 징수

① 보호위원회는/ 과징금을 내야 할 자가 납부기한까지 이를 내지 아니하면/ 납부기한의 다음 날부터/ 내지 아니한 과징금의 연 100분의 6에 해당하는 가산금을 징수한다.
② 가산금을 징수하는 기간은 60개월을 초과하지 못한다.
③ 보호위원회는 과징금을 내야 할 자가 납부기한까지 내지 아니한 경우에는/ 기간을 정하여 독촉하고,/ 독촉으로 지정한 기간 내에 과징금과 가산금을 내지 아니하면/ 국세강제징수의 예에 따라 징수한다.

THEME 3. 개인정보 수집·이용 등

핵심이론

I. 개인정보의 수집·이용

1. 대 상

개인정보처리자는/ 다음의 어느 하나에 해당하는 경우/ 개인정보를 수집할 수 있으며,/ 그 수집 목적의 범위에서 이용할 수 있다.
① 정보주체의 동의를 받은 경우
② 법률에 특별한 규정이 있거나/ 법령상 의무를 준수하기 위하여 불가피한 경우
③ 공공기관이 법령 등에서 정하는/ 소관 업무의 수행을 위하여 불가피한 경우
④ 정보주체와 체결한 계약을 이행하거나/ 계약을 체결하는 과정에서/ 정보주체의 요청에 따른 조치를 이행하기 위하여 필요한 경우
⑤ 명백히 정보주체 또는 제3자의 급박한 생명·신체·재산의 이익을 위하여 필요하다고 인정되는 경우
⑥ 개인정보처리자의 정당한 이익을 달성하기 위하여 필요한 경우로서/ 명백하게 정보주체의 권리보다 우선하는 경우
⑦ 공중위생 등 공공의 안전과 안녕을 위하여 긴급히 필요한 경우

2. 동의 시 통지 사항

개인정보처리자는/ 정보주체의 동의를 받을 때에는/ 다음의 사항을 정보주체에게 알려야 한다.
① 개인정보의 수집·이용 목적
② 수집하려는 개인정보의 항목
③ 개인정보의 보유 및 이용 기간
④ 동의를 거부할 권리가 있다는 사실 및 동의 거부에 따른 불이익이 있는 경우에는 그 불이익의 내용

3. 정보주체의 동의 없는 개인정보의 이용

개인정보처리자는/ 당초 수집 목적과 합리적으로 관련된 범위에서/ 정보주체에게 불이익이 발생하는지 여부,/ 암호화 등 안전성 확보에 필요한 조치를 하였는지 여부 등을 고려하여/ 대통령령으로 정하는 바에 따라/ 정보주체의 동의 없이 개인정보를 이용할 수 있다.

Ⅱ. 개인정보의 수집 제한

1. 비례원칙
개인정보처리자는/ 개인정보를 수집하는 경우/ 그 목적에 필요한 최소한의 개인정보를 수집하여야 한다.

2. 통지의무
개인정보처리자는/ 정보주체의 동의를 받아 개인정보를 수집하는 경우/ 필요한 최소한의 정보 외의 개인정보 수집에는 동의하지 아니할 수 있다는 사실을 구체적으로 알리고 개인정보를 수집하여야 한다.

3. 불이익제공 금지의무
개인정보처리자는/ 정보주체가 필요한 최소한의 정보 외의 개인정보 수집에 동의하지 아니한다는 이유로/ 정보주체에게 재화 또는 서비스의 제공을 거부하여서는 아니 된다.

개인정보 제공, 목적 외 이용·제공 제한★★★

□ 「개인정보 보호법」상 개인정보처리자의 개인정보의 목적 외 이용·제공 제한에 대하여 설명하시오.
▶ 제13회 기출 약술 20점

I 개인정보의 제공★

1. 대 상

개인정보처리자는/ 다음의 어느 하나에 해당되는 경우/ 정보주체의 개인정보를 제3자에게 제공(공유를 포함)할 수 있다.
① 정보주체의 동의를 받은 경우
② 개인정보를 수집한 목적 범위에서 개인정보를 제공하는 경우

2. 동의 시 통지 사항

개인정보처리자는/ 정보주체의 동의를 받을 때에는/ 다음의 사항을 정보주체에게 알려야 한다.
① 개인정보를 제공받는 자
② 개인정보를 제공받는 자의 개인정보 이용 목적
③ 제공하는 개인정보의 항목
④ 개인정보를 제공받는 자의 개인정보 보유 및 이용기간
⑤ 동의를 거부할 권리가 있다는 사실 및 동의 거부에 따른 불이익이 있는 경우에는 그 불이익의 내용

3. 정보주체의 동의 없는 개인정보의 제공

개인정보처리자는/ 당초 수집 목적과 합리적으로 관련된 범위에서/ 정보주체에게 불이익이 발생하는지 여부, 암호화 등 안전성 확보에 필요한 조치를 하였는지 여부 등을 고려하여/ 대통령령으로 정하는 바에 따라/ 정보주체의 동의 없이 개인정보를 제공할 수 있다.

Ⅱ 개인정보의 목적 외 이용·제공 제한★

1. 원칙

개인정보처리자는/ 개인정보를 수집 목적 범위를 초과하여 이용하거나 제3자에게 제공하여서는 아니 된다.

2. 예외(④~⑧은 공공기관의 경우로 한정)

개인정보처리자는/ 다음의 어느 하나에 해당하는 경우/ 정보주체 또는 제3자의 이익을 부당하게 침해할 우려가 있을 때를 제외하고는/ 개인정보를 목적 외의 용도로 이용하거나 이를 제3자에게 제공할 수 있다.
① 정보주체로부터 별도의 동의를 받은 경우
② 다른 법률에 특별한 규정이 있는 경우
③ 명백히 정보주체 또는 제3자의 급박한 생명·신체·재산의 이익을 위하여 필요하다고 인정되는 경우
④ 개인정보를 목적 외의 용도로 이용하거나 이를 제3자에게 제공하지 아니하면 다른 법률에서 정하는 소관 업무를 수행할 수 없는 경우로서 보호위원회의 심의·의결을 거친 경우
⑤ 조약, 그 밖의 국제협정의 이행을 위하여, 외국정부 또는 국제기구에 제공하기 위하여 필요한 경우
⑥ 범죄의 수사와 공소의 제기 및 유지를 위하여 필요한 경우
⑦ 법원의 재판업무 수행을 위하여 필요한 경우
⑧ 형 및 감호, 보호처분의 집행을 위하여 필요한 경우
⑨ 공중위생 등 공공의 안전과 안녕을 위하여 긴급히 필요한 경우

3. 동의 시 통지 사항

개인정보처리자는/ 정보주체의 동의를 받을 때에는/ 다음의 사항을 정보주체에게 알려야 한다.
① 개인정보를 제공받는 자
② 개인정보의 이용 목적
③ 이용 또는 제공하는 개인정보의 항목
④ 개인정보의 보유 및 이용기간
⑤ 동의를 거부할 권리가 있다는 사실 및 동의 거부에 따른 불이익이 있는 경우에는 그 불이익의 내용

4. 공공기관의 공개의무

공공기관은/ 개인정보를 목적 외 용도로 이용하거나 이를 제3자에게 제공하는 경우/ 그 이용 또는 제공의 법적 근거, 목적 및 범위 등에 관하여 필요한 사항을/ 보호위원회가 고시로 정하는 바에 따라/ 관보 또는 인터넷 홈페이지 등에 게재하여야 한다.

5. 개인정보의 안전성 확보를 위하여 필요한 조치

개인정보처리자는/ 개인정보를 목적 외의 용도로 제3자에게 제공하는 경우에는/ 개인정보를 제공받는 자에게/ 이용 목적, 이용 방법, 그 밖에 필요한 사항에 대하여 제한을 하거나,/ 개인정보의 안전성 확보를 위하여 필요한 조치를 마련하도록 요청하여야 한다./ 이 경우 요청을 받은 자는 개인정보의 안전성 확보를 위하여 필요한 조치를 하여야 한다.

정보주체 이외로부터 수집한 개인정보의 수집 출처 등 통지

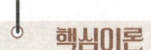

I 통지사항

개인정보처리자가/ 정보주체 이외로부터 수집한 개인정보를 처리하는 때에는/ 정보주체의 요구가 있으면/ 즉시 / 다음의 모든 사항을 정보주체에게 알려야 한다.
① 개인정보의 수집 출처
② 개인정보의 처리 목적
③ 개인정보 처리의 정지를 요구하거나 동의를 철회할 권리가 있다는 사실

II 의무적 통지

1. 대상
다음의 기준에 해당하는 개인정보처리자는/ 정보주체 이외로부터 개인정보를 수집하여 처리하는 때에는/ 통지의무가 있다.
① 5만명 이상의 정보주체에 관하여/ 민감정보 또는 고유식별정보를 처리하는 자
② 100만명 이상의 정보주체에 관하여 개인정보를 처리하는 자

2. 통지 방법
① 개인정보처리자는/ 서면·전화·문자전송·전자우편 등 정보주체가 쉽게 알 수 있는 방법으로/ 개인정보를 제공받은 날부터 3개월 이내에/ 정보주체에게 알려야 한다.
② 다만, 정보주체의 동의를 받은 범위에서 연 2회 이상 주기적으로 개인정보를 제공받아 처리하는 경우에는/ 개인정보를 제공받은 날부터 3개월 이내에/ 정보주체에 알리거나 그 동의를 받은 날부터 기산하여 연 1회 이상 정보주체에게 알려야 한다.

Ⅲ 통지의 예외

개인정보처리자는/ 다음의 어느 하나에 해당하는 경우에는 통지의무가 없다./ 다만, 이 법에 따른 정보주체의 권리보다 명백히 우선하는 경우에 한한다.

(1) 통지를 요구하는 대상이 되는 개인정보가/ 다음의 개인정보파일에 포함되어 있는 경우
   ① 국가 안전, 외교상 비밀, 그 밖에 국가의 중대한 이익에 관한 사항을 기록한 개인정보파일
   ② 범죄의 수사, 공소의 제기 및 유지, 형 및 감호의 집행, 교정처분, 보호처분, 보안관찰처분과 출입국관리에 관한 사항을 기록한 개인정보파일
   ③ 「조세범 처벌법」에 따른 범칙행위 조사 및 「관세법」에 따른 범칙행위 조사에 관한 사항을 기록한 개인정보파일
   ④ 일회적으로 운영되는 파일 등 지속적으로 관리할 필요성이 낮다고 인정되어 대통령령으로 정하는 개인정보파일
   ⑤ 다른 법령에 따라 비밀로 분류된 개인정보파일
(2) 통지로 인하여/ 다른 사람의 생명·신체를 해할 우려가 있거나/ 다른 사람의 재산과 그 밖의 이익을 부당하게 침해할 우려가 있는 경우

THEME 6 · 동의를 받는 방법

I 각각의 동의 사항을 구분하여 동의를 받아야 하는 경우

개인정보처리자는/ 개인정보의 수집·이용, 제공, 목적 외의 이용·제공, 민감정보·고유식별정보 처리, 재화나 서비스를 홍보하거나 판매 권유등에 해당하는 경우/ 각각의 동의 사항을 구분하여/ 정보주체가 명확하게 인지할 수 있도록 알리고/ 각각 동의를 받아야 한다.

II 중요한 내용 표시의무

개인정보처리자는/ 동의를 서면으로 받을 때에는/ 개인정보의 수집·이용 목적, 수집·이용하려는 개인정보의 항목 등 대통령령으로 정하는 중요한 내용을/ 보호위원회가 고시로 정하는 방법에 따라/ 명확히 표시하여 알아보기 쉽게 하여야 한다.

III 정보주체의 동의 없이 처리할 수 있는 개인정보

개인정보처리자는/ 정보주체의 동의 없이 처리할 수 있는 개인정보에 대해서는/ 그 항목과 처리의 법적 근거를/ 정보주체의 동의를 받아 처리하는 개인정보와/ 구분하여 공개하거나 전자우편 등 대통령령으로 정하는 방법에 따라 정보주체에게 알려야 한다.

IV 불이익제공금지

개인정보처리자는/ 정보주체가 선택적으로 동의할 수 있는 사항을 동의하지 아니한다는 이유로/ 정보주체에게 재화 또는 서비스의 제공을 거부하여서는 아니 된다.

Ⅴ 아동의 개인정보 보호

1. 법정대리인의 동의
개인정보처리자는/ 만 14세 미만 아동의 개인정보를 처리하기 위하여/ 법정대리인의 동의를 받아야 한다.

2. 아동으로부터 직접 수집 가능한 정보
법정대리인의 동의를 받기 위하여 필요한 최소한의 정보로서 대통령령으로 정하는 정보는/ 법정대리인의 동의 없이/ 해당 아동으로부터 직접 수집할 수 있다.

3. 개인정보 처리와 관련한 사항의 고지 등 방법
개인정보처리자는/ 만 14세 미만의 아동에게/ 개인정보 처리와 관련한 사항을 고지 등을 할 때에는/ 이해하기 쉬운 양식과 명확하고 알기 쉬운 언어를 사용하여야 한다.

THEME 7. 개인정보의 처리 제한

I 민감정보의 처리 제한

1. 원칙
개인정보처리자는/ 사상·신념, 노동조합·정당의 가입·탈퇴, 정치적 견해, 건강, 성생활 등에 관한 정보, 그 밖에 정보주체의 사생활을 현저히 침해할 우려가 있는 개인정보로서 민감정보를 처리하여서는 아니 된다.

2. 예외
개인정보처리자는/ 정보주체에게 다른 개인정보의 처리에 대한 동의와 별도로 동의를 받은 경우,/ 법령에서 민감정보의 처리를 요구하거나 허용하는 경우에는/ 민감정보를 처리할 수 있다.

3. 안전조치의무
개인정보처리자가/ 민감정보를 처리하는 경우에는/ 그 민감정보가 분실·도난·유출·위조·변조 또는 훼손되지 아니하도록 안전성 확보에 필요한 조치를 하여야 한다.

4. 통지의무
개인정보처리자는/ 재화 또는 서비스를 제공하는 과정에서 공개되는 정보에 정보주체의 민감정보가 포함됨으로써 사생활 침해의 위험성이 있다고 판단하는 때에는/ 재화 또는 서비스의 제공 전에/ 민감정보의 공개 가능성 및 비공개를 선택하는 방법을/ 정보주체가 알아보기 쉽게 알려야 한다.

II 고유식별정보의 처리 제한

1. 고유식별정보의 예외적 처리
개인정보처리자는/ 정보주체에게 다른 개인정보의 처리에 대한 동의와 별도 동의를 받은 경우, 법령에서 구체적으로 고유식별정보의 처리를 요구하거나 허용하는 경우에는/ 예외적으로 고유식별정보를 처리할 수 있다.

2. 안전조치의무
개인정보처리자가/ 고유식별정보를 처리하는 경우에는/ 그 고유식별정보가 분실·도난·유출·위조·변조 또는 훼손되지 아니하도록 암호화 등 안전성 확보에 필요한 조치를 하여야 한다.

3. 보호위원회의 정기적 조사

① 보호위원회는 ㉠ 1만명 이상의 정보주체에 관하여 고유식별정보를 처리하는 공공기관, ㉡ 보호위원회가 법 위반 이력 및 내용·정도, 고유식별정보 처리의 위험성 등을 고려하여 정기조사가 필요하다고 인정하는 공공기관, ㉢ 공공기관 외의 자로서 5만명 이상의 정보주체에 관하여 고유식별정보를 처리하는 자에 해당하는 개인정보처리자가/ 안전성 확보에 필요한 조치를 하였는지에 관하여 3년마다 1회 이상 정기적으로 조사하여야 한다.

② 개인정보 보호수준 평가를 받은 경우 또는 개인정보 보호 인증을 받은 경우로서/ 고유식별정보의 안전성 확보 조치에 대한 점검이 이루어진 경우 정기조사를 실시한 것으로 본다.

③ 보호위원회는 한국인터넷진흥원등이 정기조사를 수행하게 할 수 있다.

Ⅲ 주민등록번호 처리 제한

1. 주민등록번호의 예외적 처리

개인정보처리자는/ 다음의 경우 주민등록번호를 예외적으로 처리할 수 있다.

① 법률·대통령령·국회규칙·대법원규칙·헌법재판소규칙·중앙선거관리위원회규칙 및 감사원규칙에서/ 구체적으로 주민등록번호의 처리를 요구하거나 허용하는 경우

② 정보주체 또는 제3자의 급박한 생명, 신체, 재산의 이익을 위하여 명백히 필요하다고 인정되는 경우

③ 주민등록번호 처리가 불가피한 경우로서 보호위원회가 고시로 정하는 경우

2. 암호화 조치

개인정보처리자는/ 주민등록번호가 분실·도난·유출·위조·변조 또는 훼손되지 아니하도록/ 암호화 조치를 통하여 안전하게 보관하여야 한다.

3. 인터넷 홈페이지 회원 가입 방법

개인정보처리자는/ 인터넷 홈페이지에서 정보주체가 주민등록번호를 사용하지 아니하고도 회원으로 가입할 수 있는 방법을 제공하여야 한다.

Ⅳ 업무위탁에 따른 개인정보의 처리 제한

1. 서면주의

개인정보처리자가/ 제3자에게 개인정보의 처리 업무를 위탁하는 경우에는/ 다음의 내용이 포함된 문서로 하여야 한다.

① 위탁업무 수행 목적 외 개인정보의 처리금지에 관한 사항

② 개인정보의 기술적·관리적 보호조치에 관한 사항

③ 개인정보의 안전한 관리를 위하여 대통령령으로 정한 사항

2. 공개주의
개인정보처리자(이하 "위탁자")는/ 위탁하는 업무의 내용과 수탁자를/ 정보주체가 언제든지 쉽게 확인할 수 있도록 공개하여야 한다.

3. 수탁자 교육 및 감독
위탁자는/ 정보주체의 개인정보 보호를 위하여 수탁자를 교육하고,/ 수탁자가 개인정보를 안전하게 처리하는지를 감독하여야 한다.

4. 수탁자의 업무처리 제한
수탁자는/ 위탁받은 해당 업무 범위를 초과하여 개인정보를 이용하거나 제3자에게 제공하여서는 아니 된다.

5. 개인정보 처리 업무 재위탁
수탁자는/ 위탁받은 개인정보의 처리 업무를 제3자에게 다시 위탁하려는 경우에는/ 위탁자의 동의를 받아야 한다.

6. 수탁자를 개인정보처리자의 소속 직원으로 간주하는 경우
수탁자가 위탁받은 업무와 관련하여 개인정보를 처리하는 과정에서 개인정보 보호법을 위반하여 발생한 손해배상책임에 대하여는 수탁자를 개인정보처리자의 소속 직원으로 본다.

Ⅴ 영업양도 등에 따른 개인정보의 처리 제한

1. 개인정보처리자의 통지의무
개인정보처리자는/ 영업의 전부 또는 일부의 양도·합병 등으로 개인정보를 다른 사람에게 이전하는 경우에는/ 미리 다음의 사항을 정보주체에게 알려야 한다.
① 개인정보를 이전하려는 사실
② 개인정보를 이전받는 자의 성명, 주소, 전화번호 및 그 밖의 연락처
③ 정보주체가 개인정보의 이전을 원하지 아니하는 경우/ 조치할 수 있는 방법 및 절차

2. 영업양수인등의 통지의무
영업양수인등이/ 개인정보를 이전받았을 때에는/ 지체 없이/ 그 사실을 정보주체에게 알려야 한다./ 다만, 개인정보처리자가 이전 사실을 이미 알린 경우에는 그러하지 아니한다.

3. 영업양수인등의 개인정보 처리 제한
영업양수인등은/ 영업의 양도·합병 등으로 개인정보를 이전받은 경우에는/ 이전 당시의 본래 목적으로만 개인정보를 이용하거나 제3자에게 제공할 수 있다.

THEME 8 고정형 영상정보처리기기의 설치·운영 제한

□ A시는 시민들의 복리증진을 목적으로 시민공원을 설치하여 24시간 무료개방하고 있다. 그런데 이 공원에서 범죄와 무질서행위가 증가하여 시민들의 민원이 제기되자, A시의 시장 甲은 공원 출입문, 산책로 및 화장실에 고정형 영상정보처리기기를 설치·운영하고자 한다. 개인정보 보호법상 甲의 위 영상정보처리기기 설치·운영에 관하여 논하시오.
▶ 제3회 기출수정 논술 40점

핵심해설 제3회 기출수정 논술

Ⅰ 서 론

고정형 영상정보처리기기를/ 공원 출입문, 산책로 및 화장실 등에 설치·운영하는 경우에는/ 개인의 프라이버시권과 충돌하는 문제가 발생할 수 있는바,/ 이와 관련하여 개인정보 보호법상 고정형 영상정보처리기기의 개념 및 설치·운영에 대해 검토하기로 한다.

Ⅱ 고정형 영상정보처리기기의 개념

Ⅲ 고정형 영상정보처리기기의 설치·운영 제한 장소

1. 공개된 장소
   (1) 원 칙
   (2) 예 외

2. 개인의 사생활을 현저히 침해할 우려가 있는 장소
   (1) 원 칙
   (2) 예 외

Ⅳ 고정형 영상정보처리기기의 설치·운영 제한 절차

1. 관계 전문가 및 이해관계인의 의견 수렴
2. 안내판 설치 등의 조치의무
3. 임의조작 금지, 녹음기능 사용금지
4. 안전조치의무
5. 운영·관리방침 마련
6. 설치·운영에 관한 사무 위탁

Ⅴ 결 론(개인정보 보호원칙)

고정형 영상정보처리기기를 설치·운영하는 자는/ 투명성과 비례의 원칙에 입각하여 개인정보를 처리하여야 하며,/ 목적 범위 내에서 사용하여야 한다./ 또한 개인정보를 안전하게 관리하여야 하며,/ 정보주체의 사생활 침해를 최소화하는 방법으로 개인정보를 처리하여야 한다.

I 고정형 영상정보처리기기의 개념

일정한 공간에 설치되어/ 지속적 또는 주기적으로/ 사람 또는 사물의 영상 등을 촬영하거나 이를 유·무선망을 통하여 전송하는 장치로서/ 폐쇄회로 텔레비전, 네트워크 카메라 등을 말한다.

II 고정형 영상정보처리기기의 설치·운영 제한 장소

1. 공개된 장소

(1) 원 칙

누구든지/ (2)의 경우를 제외하고는/ 공개된 장소에/ 고정형 영상정보처리기기를 설치·운영하여서는 아니 된다.

(2) 예 외

① 법령에서 구체적으로 허용하고 있는 경우
② 범죄의 예방 및 수사를 위하여 필요한 경우
③ 시설의 안전 및 관리, 화재 예방,/ 교통단속,/ 교통정보의 수집·분석 및 제공, 촬영된 영상정보를 저장하지 아니한 경우 등을 위하여/ 정당한 권한을 가진 자가 설치·운영하는 경우

2. 개인의 사생활을 현저히 침해할 우려가 있는 장소

(1) 원 칙

누구든지/ 불특정 다수가 이용하는 목욕실, 화장실, 발한실, 탈의실 등 개인의 사생활을 현저히 침해할 우려가 있는 장소의 내부를 볼 수 있도록/ 고정형 영상정보처리기기를 설치·운영하여서는 아니 된다.

(2) 예 외

다만, 법령에 근거하여 사람을 구금하거나 보호하는 시설로서/ 교정시설, 정신의료기관, 정신요양시설 및 정신재활시설의 경우에는/ 고정형 영상정보처리기기의 설치·운영이 가능하다.

III 고정형 영상정보처리기기의 설치·운영 제한 절차

1. 관계 전문가 및 이해관계인의 의견 수렴

고정형 영상정보처리기기를 설치·운영하려는 자는/ 공청회·설명회의 개최 등 대통령령으로 정하는 절차를 거쳐/ 관계 전문가 및 이해관계인의 의견을 수렴하여야 한다.

2. 안내판 설치 등의 조치의무

① 고정형 영상정보처리기기를 설치·운영하는 자는/ 정보주체가 쉽게 인식할 수 있도록/ 설치 목적 및 장소, 촬영 범위 및 시간, 관리책임자의 연락처 등이 포함된 안내판을 설치하는 등 필요한 조치를 하여야 한다.
② 다만, 군사시설, 국가중요시설, 국가보안시설 등의 경우에는 ①이 적용되지 않는다.

3. 임의조작 금지, 녹음기능 사용금지

고정형 영상정보처리기기를 설치·운영하는 자는/ 설치 목적과 다른 목적으로 고정형 영상정보처리기기를 임의로 조작하거나 다른 곳을 비춰서는 아니 되며, 녹음기능은 사용할 수 없다.

4. 안전조치의무

고정형 영상정보처리기기를 설치·운영하는 자는/ 개인정보가 분실·도난·유출·위조·변조 또는 훼손되지 아니하도록/ 안전성 확보에 필요한 조치를 하여야 한다.

5. 운영·관리방침 마련

고정형 영상정보처리기기를 설치·운영하는 자는/ 고정형 영상정보처리기기 운영·관리 방침을 마련하여야 한다.

6. 설치·운영에 관한 사무 위탁

고정형 영상정보처리기기를 설치·운영하는 자는/ 고정형 영상정보처리기기 설치·운영에 관한 사무를 위탁할 수 있다.

THEME 9 이동형 영상정보처리기기의 운영 제한

 핵심이론

I 이동형 영상정보처리기기의 개념

사람이 신체에 착용 또는 휴대하거나/ 이동 가능한 물체에 부착 또는 거치하여/ 사람 또는 사물의 영상 등을 촬영하거나 이를 유·무선망을 통하여 전송하는 장치로서/ 착용형 장치, 휴대형 장치, 부착·거치형 장치등을 말한다.

II 이동형 영상정보처리기기의 운영 제한

1. 원칙

업무를 목적으로 이동형 영상정보처리기기를 운영하려는 자는/ 다음의 경우를 제외하고는/ 공개된 장소에서/ 이동형 영상정보처리기기로 사람 또는 그 사람과 관련된 사물의 영상(개인정보에 해당하는 경우로 한정)을 촬영하여서는 아니 된다.
① 개인정보를 수집·이용할 수 있는 경우
② 촬영 사실을 명확히 표시하여/ 정보주체가 촬영 사실을 알 수 있도록 하였음에도 불구하고/ 촬영 거부의 사를 밝히지 아니한 경우
③ ①, ②에 준하는 경우로서 대통령령으로 정하는 경우

2. 개인의 사생활을 현저히 침해할 우려가 있는 장소

(1) 원칙

누구든지/ 불특정 다수가 이용하는 목욕실, 화장실, 발한실, 탈의실 등 개인의 사생활을 현저히 침해할 우려가 있는 장소의 내부를 볼 수 있는 곳에서/ 이동형 영상정보처리기기로 사람 또는 그 사람과 관련된 사물의 영상을 촬영하여서는 아니 된다.

(2) 예외

다만, 범죄, 화재, 재난 또는 이에 준하는 상황에서/ 인명의 구조·구급 등을 위하여 사람 또는 그 사람과 관련된 사물의 영상(개인정보에 해당하는 경우로 한정한다)의 촬영이 필요한 경우에는 촬영할 수 있다.

3. 촬영 사실의 표시 및 공지의무

업무를 목적으로 이동형 영상정보처리기기를 운영하려는 자는 이동형 영상정보처리기기로 사람 또는 그 사람과 관련된 사물의 영상을 촬영하는 경우에는/ 불빛, 소리, 안내판 등 대통령령으로 정하는 바에 따라 촬영 사실을 표시하고 알려야 한다.

4. 고정형 영상정보처리기기 운영에 관한 규정 준용

업무를 목적으로 이동형 영상정보처리기기를 운영하려는 자는/ 고정형 영상정보처리기기 운영에 관한 다음의 내용을 준용한다.
① 안전조치의무
② 운영·관리 방침 마련
③ 설치·운영에 관한 사무 위탁

THEME 10 가명정보의 처리에 관한 특례

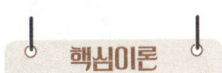 핵심이론

I 가명정보의 개념

가명정보는/ 살아 있는 개인에 관한 정보를 가명처리함으로써/ 추가 정보의 사용·결합 없이는/ 특정 개인을 알아볼 수 없는 정보를 의미한다.

II 가명정보의 처리 등

1. 가명정보의 처리

개인정보처리자는/ 통계작성, 과학적 연구, 공익적 기록보존 등을 위하여/ 정보주체의 동의 없이 가명정보를 처리할 수 있다.

2. 가명정보의 제3자 제공

개인정보처리자는/ 가명정보를 제3자에게 제공하려는 경우/ 특정 개인을 알아보기 위하여 사용될 수 있는 정보를 포함해서는 아니 된다.

III 가명정보의 결합 제한

1. 가명정보의 결합

통계작성, 과학적 연구, 공익적 기록보존 등을 위한 서로 다른 개인정보처리자 간의 가명정보의 결합은/ 보호위원회 또는 관계 중앙행정기관의 장이 지정하는 전문기관이 수행한다.

2. 결합된 정보의 반출

결합을 수행한 기관 외부로 결합된 정보를 반출하려는 개인정보처리자는/ 가명정보 또는 개인을 알아 볼 수 없는 정보에 해당하는 정보로 처리한 뒤/ 전문기관의 장의 승인을 받아야 한다.

Ⅳ 가명정보에 대한 안전조치의무 등

1. 안전성 확보에 필요한 조치의무
개인정보처리자는/ 가명정보를 처리한 경우에는/ 원래의 상태로 복원하기 위한 추가 정보를 별도로 분리하여 보관·관리하는 등 해당 정보가 분실·도난·유출·위조·변조 또는 훼손되지 않도록 안전성 확보에 필요한 기술적·관리적 및 물리적 조치를 하여야 한다.

2. 가명정보 처리기간 지정
개인정보처리자는/ 가명정보를 처리하는 경우 처리목적 등을 고려하여 가명정보의 처리 기간을 별도로 정할 수 있다.

3. 관련 기록 작성·보관의무 등
개인정보처리자는/ 가명정보를 처리하고자 하는 경우/ 가명정보의 처리 목적, 제3자 제공 시 제공받는 자, 가명정보의 처리 기간 등 가명정보의 처리 내용을 관리하기 위하여 관련 기록을 작성하여 보관하여야 하며,/ 가명정보를 파기한 경우에는 파기한 날부터 3년 이상 보관하여야 한다.

Ⅴ 가명정보의 처리 시 금지의무 등

1. 가명정보를 처리하는 자는/ 특정 개인을 알아보기 위한 목적으로/ 가명정보를 처리해서는 아니 된다.
2. 개인정보처리자는 가명정보를 처리하는 과정에서 특정 개인을 알아볼 수 있는 정보가 생성된 경우에는/ 즉시 해당 정보의 처리를 중지하고, 지체 없이 회수·파기하여야 한다.

Ⅵ 가명정보의 적용범위 제한

가명정보는/ 정보주체 이외로부터 수집한 개인정보의 수집출처 등 통지(제20조),/ 개인정보 이용·제공 내역의 통지(제20조의2),/ 영업양도 등에 따른 개인정보의 이전 제한(제27조),/ 개인정보 유출 등의 통지(제34조 제1항),/ 개인정보의 열람(제35조),/ 개인정보의 전송 요구(제35조의2),/ 개인정보의 정정·삭제(제36조),/ 개인정보의 처리정지 등(제37조)을 적용하지 아니한다.

THEME 11 개인정보의 국외 이전

Ⅰ 개인정보의 국외 이전

1. 원칙
개인정보처리자는/ 개인정보를 국외로 제공(조회 포함)·처리위탁·보관(이하 "이전")하여서는 아니 된다.

2. 개인정보를 국외로 이전할 수 있는 경우
① 정보주체로부터 국외 이전에 관한 별도의 동의를 받은 경우
② 법률, 조약 또는 그 밖의 국제협정에 개인정보의 국외 이전에 관한 특별한 규정이 있는 경우
③ 정보주체와의 계약의 체결 및 이행을 위하여 필요한 경우로서/ ㉠ 개인정보 처리방침을 공개하거나,/ ㉡ 전자우편 등의 방법으로 정보주체에게 알린 경우
④ 개인정보를 이전받는 자가/ 보호위원회가 정하여 고시하는 인증을 받은 경우로서/ ㉠ 개인정보 보호에 필요한 안전조치 및 정보주체 권리보장에 필요한 조치,/ ㉡ 인증받은 사항을 개인정보가 이전되는 국가에서/ 이행하기 위하여 필요한 조치를 모두 한 경우
⑤ 개인정보가 이전되는 국가 또는 국제기구의 개인정보 보호체계, 정보주체 권리보장 범위, 피해구제 절차 등이/ 개인정보 보호법에 따른 개인정보 보호 수준과 실질적으로 동등한 수준을 갖추었다고/ 보호위원회가 인정하는 경우

3. 통지의무
개인정보처리자는/ 정보주체로부터 국외 이전에 관한 별도의 동의를 받을 때에는/ 미리 다음의 사항을 정보주체에게 알려야 한다.
① 이전되는 개인정보 항목
② 개인정보가 이전되는 국가, 시기 및 방법
③ 개인정보를 이전받는 자의 성명(법인의 경우 그 명칭과 연락처), 개인정보 이용목적 및 보유·이용 기간
④ 개인정보의 이전을 거부하는 방법, 절차 및 거부의 효과

4. 통지사항 변경
개인정보처리자는/ 통지사항을 변경하는 경우/ 정보주체에게 알리고 동의를 받아야 한다.

5. 개인정보 국외 이전에 관한 계약체결 금지
개인정보처리자는/ 개인정보 보호법을 위반하는 사항을 내용으로 하는/ 개인정보의 국외 이전에 관한 계약을 체결하여서는 아니 된다.

Ⅱ 보호위원회의 개인정보 국외 이전 중지명령

1. 내용

보호위원회는/ 개인정보의 국외 이전이 계속되고 있거나 추가적인 국외 이전이 예상되는 경우로서/ 다음의 어느 하나에 해당하는 경우에는/ 개인정보처리자에게 개인정보의 국외 이전을 중지할 것을 명할 수 있다.
① 개인정보를 국외로 이전할 수 있는 경우에 해당하지 않는 경우
② 개인정보를 국외로 이전할 수 있는 경우/ 국외 이전과 관련한 이 법의 다른 규정, 제17조부터 제19조까지의 규정(개인정보의 제공, 목적 외 이용·제공 제한, 개인정보를 제공받은 자의 이용·제공 제한) 및 제5장(정보주체의 권리 보장)의 규정을 준수하지 않거나, 대통령령으로 정하는 보호조치 등을 하지 않은 경우
③ 개인정보 보호법을 위반하는 국외 이전에 관한 계약을 체결한 경우
④ 개인정보를 이전받는 자나 이전되는 국가 또는 국제기구가/ 개인정보 보호법에 따른 개인정보 보호수준에 비하여/ 개인정보를 적정하게 보호하지 아니하여 정보주체에게 피해가 발생하거나 발생할 우려가 현저한 경우

2. 이의 제기

개인정보처리자는/ 보호위원회의 국외 이전 중지 명령을 받은 날부터 7일 이내에/ 보호위원회에/ 이의를 제기할 수 있다.

Ⅲ 상호주의

개인정보의 국외 이전을 제한하는 국가의 개인정보처리자에 대해서는/ 해당 국가의 수준에 상응하는 제한을 할 수 있다.

개인정보의 안전한 관리

□ 인터넷몰 사업자 A는 2만명 이상의 회원정보를 수집하여 회원정보 파일을 관리하던 중, 그 파일을 해킹당하여 회원 정보 일체가 유출되었음을 알게 되었다. 이때 개인정보 보호법상 A가 취하여야 할 조치를 설명하시오.

▶ 제4회 기출 약술 20점

I 안전조치의무★

개인정보처리자는/ 개인정보가 분실·도난·유출·위조·변조 또는 훼손되지 아니하도록/ 내부 관리계획 수립, 접속기록 보관 등 대통령령으로 정하는 바에 따라/ 안전성 확보에 필요한 기술적·관리적 및 물리적 조치를 하여야 한다.

II 개인정보 처리방침의 수립 및 공개 등

1. 개인정보 처리방침의 수립

개인정보처리자는/ 다음의 사항이 포함된 개인정보 처리방침을 정하여야 한다.
① 개인정보의 처리 목적
② 개인정보의 처리 및 보유 기간
③ 개인정보의 제3자 제공에 관한 사항
④ 개인정보의 파기절차 및 파기방법
⑤ 민감정보의 공개 가능성 및 비공개를 선택하는 방법
⑥ 개인정보처리의 위탁에 관한 사항
⑦ 가명정보의 처리 등에 관한 사항
⑧ 정보주체와 법정대리인의 권리·의무 및 그 행사방법에 관한 사항
⑨ 개인정보 보호책임자의 성명/ 또는 개인정보 보호업무 및 관련 고충사항을 처리하는 부서의 명칭과 전화번호 등 연락처
⑩ 인터넷 접속정보파일 등 개인정보를 자동으로 수집하는 장치의 설치·운영 및 그 거부에 관한 사항 등

2. 개인정보 처리방침의 수립·변경 공개

개인정보처리자는/ 개인정보 처리방침을 수립하거나 변경하는 경우에는/ 정보주체가 쉽게 확인할 수 있도록 공개하여야 한다.

3. 개인정보 처리방침의 내용과 계약 내용이 다른 경우

개인정보 처리방침의 내용과 개인정보처리자와 정보주체 간에 체결한 계약의 내용이 다른 경우에는/ 정보주체에게 유리한 것을 적용한다.

4. 개인정보 처리방침의 작성지침 준수 권장

보호위원회는/ 개인정보 처리방침의 작성지침을 정하여/ 개인정보처리자에게 그 준수를 권장할 수 있다.

Ⅲ 개인정보 처리방침의 평가 및 개선권고

보호위원회는/ 개인정보 처리방침에 관하여/ 그 내용과 형식, 공개방법 등을 평가하고,/ 평가 결과 개선이 필요하다고 인정하는 경우에는 개인정보처리자에게 개선을 권고할 수 있다.

Ⅳ 개인정보 보호책임자의 지정 등

1. 개인정보 보호책임자 지정

(1) 원 칙

개인정보처리자는/ 개인정보의 처리에 관한 업무를 총괄해서 책임질/ 개인정보 보호책임자를 지정하여야 한다.

(2) 예 외

① 다만, 종업원 수, 매출액 등이 대통령령으로 정하는 기준에 해당하는 소상공인인 개인정보처리자의 경우에는 지정하지 아니할 수 있다./ 이 경우에는 개인정보처리자의 사업주 또는 대표자가 개인정보 보호책임자가 된다.

② 연간 매출액 등이 1,500억원 이상인 자로서 5만명 이상의 정보주체에 관하여 민감정보 또는 고유식별정보를 처리하는 개인정보처리자와 100만명 이상의 정보주체에 관하여 개인정보를 처리하는 자는/ 개인정보 보호 경력, 정보보호 경력, 정보기술 경력을 합하여 총 4년 이상의 경력 보유자를 개인정보 보호책임자로 지정해야 한다.

2. 개인정보 보호책임자의 업무

개인정보 보호책임자는 다음의 임무를 수행한다.
① 개인정보 보호계획의 수립 및 시행
② 개인정보 처리 실태 및 관행의 정기적인 조사 및 개선
③ 개인정보 처리와 관련한/ 불만의 처리 및 피해 구제
④ 개인정보 유출 및 오용·남용방지를 위한/ 내부통제시스템 구축
⑤ 개인정보 보호 교육 계획의 수립 및 시행
⑥ 개인정보파일의 보호 및 관리·감독
⑦ 그 밖에 개인정보의 적절한 처리를 위하여 대통령령으로 정한 업무

3. 수시 조사, 보고

개인정보 보호책임자는/ 2.의 업무를 수행함에 있어서 필요한 경우/ 개인정보의 처리 현황, 처리 체계 등에 대하여 수시로 조사하거나/ 관계 당사자로부터 보고를 받을 수 있다.

4. 개선조치의무 및 보고의무

개인정보 보호책임자는/ 개인정보 보호와 관련하여 개인정보 보호법 및 다른 관계 법령 위반 사실을 알게 된 경우에는 즉시 개선조치를 하여야 하며,/ 필요한 경우 소속 기관 또는 단체의 장에게 개선조치를 보고하여야 한다.

5. 불이익제공의 금지 및 독자적 업무수행 보장

개인정보처리자는/ 개인정보 보호책임자가 업무를 수행함에 있어서 정당한 이유 없이 불이익을 주거나 받게 하여서는 아니 되며,/ 개인정보 보호책임자가 업무를 독립적으로 수행할 수 있도록 보장하여야 한다.

6. 개인정보 보호책임자 협의회 구성·운영

개인정보처리자는/ 개인정보의 안전한 처리 및 보호, 정보의 교류, 그 밖에 대통령령으로 정하는 공동의 사업을 수행하기 위하여/ 개인정보 보호책임자를 구성원으로 하는 개인정보 보호책임자 협의회를 구성·운영할 수 있다.

7. 개인정보 보호책임자 협의회 활동의 지원

보호위원회는/ 개인정보 보호책임자 협의회의 활동에 필요한 지원을 할 수 있다.

V 국내대리인의 지정

1. 서면주의

국내에 주소 또는 영업소가 없는 개인정보처리자로서 매출액, 개인정보의 보유 규모 등을 고려하여 대통령령으로 정하는 자는/ 다음의 사항을 대리하는 국내에 주소 또는 영업소가 있는 국내대리인을 문서로 지정하여야 한다.
① 개인정보 처리와 관련한 불만의 처리 및 피해 구제 업무
② 개인정보 유출 등의 통지 및 신고
③ 물품·서류 등 자료의 제출

2. 소속 법인 중에서 국내대리인 지정

다음의 어느 하나에 해당하는 법인이 있는 개인정보처리자는/ 그 법인 중에서 국내대리인을 지정하여야 한다.
① 해당 개인정보처리자가 설립한 국내 법인
② 해당 개인정보처리자가 임원 구성, 사업 운영 등에 지배적인 영향력을 행사하는 국내 법인으로서 대통령령으로 정하는 법인

3. 개인정보처리자의 관리·감독

국내대리인을 지정한 개인정보처리자는/ 국내대리인이 업무를 충실히 수행하도록/ 대통령령으로 정하는 바에 따라 교육하고 업무현황을 점검하는 등의 관리·감독을 하여야 한다.

4. 개인정보 처리방침의 내용

개인정보처리자는/ 국내대리인을 지정한 경우에는/ 국내대리인의 성명(법인의 경우 그 명칭 및 대표자의 성명), 주소(법인의 경우 영업소의 소재지), 전화번호 및 전자우편 주소를/ 개인정보 처리방침에 포함하여야 한다.

5. 국내대리인의 개인정보 보호법 위반행위의 효과

개인정보처리자가 그 행위를 한 것으로 간주한다.

Ⅵ 개인정보파일의 등록 및 공개

1. 개인정보파일의 보호위원회 등록의무

(1) 원 칙

공공기관의 장이/ 개인정보파일을 운용하는 경우/ 다음의 사항을 보호위원회에 등록하여야 한다.
① 개인정보파일의 명칭
② 개인정보파일의 운영 근거 및 목적
③ 개인정보파일에 기록되는 개인정보의 항목
④ 개인정보의 처리방법
⑤ 개인정보의 보유기간
⑥ 개인정보를 통상적 또는 반복적으로 제공하는 경우 그 제공받는 자
⑦ 그 밖에 대통령령으로 정하는 사항

(2) 예 외

다음의 어느 하나에 해당하는 개인정보파일은/ 등록의무가 면제된다.
① 국가 안전, 외교상 비밀, 그 밖에 국가의 중대한 이익에 관한 사항을 기록한 개인정보파일
② 범죄의 수사, 공소의 제기 및 유지, 형 및 감호의 집행, 교정처분, 보호처분, 보안관찰처분과 출입국관리에 관한 사항을 기록한 개인정보파일
③ 「조세범처벌법」 및 「관세법」에 따른 범칙행위 조사에 관한 사항을 기록한 개인정보파일
④ 일회적으로 운영되는 파일 등 지속적으로 관리할 필요성이 낮다고 인정되어 대통령령으로 정하는 개인정보파일
⑤ 다른 법령에 따라 비밀로 분류된 개인정보파일

2. 개인정보파일의 개선 권고

보호위원회는/ 필요하면/ 개인정보파일의 등록 여부와 그 내용을 검토하여/ 해당 공공기관의 장에게 개선을 권고할 수 있다.

3. 개인정보파일의 등록현황 공개

보호위원회는/ 정보주체의 권리보장 등을 위하여 필요한 경우/ 개인정보파일의 등록 현황을 누구든지 쉽게 열람할 수 있도록 공개할 수 있다.

Ⅶ 개인정보 보호 인증

1. 보호위원회의 인증

보호위원회는/ 개인정보처리자의 개인정보 처리 및 보호와 관련한 일련의 조치가 개인정보 보호법에 부합하는지 등에 관하여/ 인증할 수 있다.

2. 보호위원회의 인증 취소

보호위원회는/ 다음의 어느 하나에 해당하는 경우 인증을 취소할 수 있다./ 다만, ①은 인증을 취소하여야 한다.
① 거짓이나 그 밖의 부정한 방법으로 개인정보 보호 인증을 받은 경우
② 사후관리를 거부 또는 방해한 경우
③ 인증기준에 미달하게 된 경우
④ 개인정보 보호 관련 법령을 위반하고 그 위반사유가 중대한 경우

3. 사후관리 실시

보호위원회는/ 개인정보 보호 인증의 실효성 유지를 위하여/ 연 1회 이상 사후관리를 실시하여야 한다.

4. 전문기관의 보호위원회 업무 수행

보호위원회는/ 대통령령으로 정하는 전문기관으로 하여금/ 인증, 인증 취소, 사후관리 및 인증 심사원 관리 업무를 수행하게 할 수 있다.

Ⅷ 개인정보 영향평가

1. 의 의

공공기관의 장은/ 개인정보파일의 운용으로 인하여 정보주체의 개인정보 침해가 우려되는 경우/ 위험요인의 분석과 개선사항 도출을 위한 평가(이하 "영향평가")를 하여야 한다./ 그 결과는 보호위원회에 제출하여야 한다.

2. 절 차

① 공공기관의 장은/ 보호위원회가 지정한 평가기관에 영향평가를 의뢰하여야 한다.
② 보호위원회는/ 제출받은 영향평가 결과에 대하여 의견을 제시할 수 있다.
③ 공공기관의 장은/ 영향평가를 한 개인정보파일을 등록할 때/ 영향평가 결과를 함께 첨부하여야 한다.
④ 보호위원회는/ 영향평가의 활성화를 위하여/ 관계 전문가의 육성, 영향평가 기준의 개발·보급 등 필요한 조치를 마련하여야 한다.

3. 고려사항
공공기관의 장은/ 영향평가를 하는 경우에는 다음의 사항을 고려하여야 한다.
① 처리하는 개인정보의 수
② 개인정보의 제3자 제공 여부
③ 정보주체의 권리를 해할 가능성 및 그 위험 정도
④ 그 밖에 대통령령으로 정하는 사항

4. 평가기관의 지정취소
보호위원회는/ 지정된 평가기관이 다음의 어느 하나에 해당하는 경우/ 청문절차를 거쳐/ 평가기관의 지정을 취소할 수 있다./ 다만, ① 또는 ②의 경우에는 지정을 취소하여야 한다.
① 거짓이나 그 밖의 부정한 방법으로 지정을 받은 경우
② 지정된 평가기관 스스로 지정취소를 원하거나 폐업한 경우
③ 지정요건을 충족하지 못하게 된 경우
④ 고의 또는 중대한 과실로 영향평가업무를 부실하게 수행하여 그 업무를 적정하게 수행할 수 없다고 인정되는 경우
⑤ 그 밖에 대통령령으로 정하는 사유에 해당하는 경우

5. 국회, 법원, 헌법재판소, 중앙선거관리위원회의 영향평가에 관한 사항
국회규칙, 대법원규칙, 헌법재판소규칙 및 중앙선거관리위원회규칙으로 정하는 바에 따른다.

6. 영향평가를 위한 개인정보처리자의 노력
공공기관 외의 개인정보처리자는/ 개인정보파일 운용으로 인하여 정보주체의 개인정보 침해가 우려되는 경우/ 영향평가를 하기 위하여 적극 노력하여야 한다.

IX 개인정보 유출 등의 통지·신고 ★★

1. 개인정보 유출 등의 통지의무
개인정보처리자는/ 개인정보가 분실·도난·유출(이하 "유출등")되었음을 알게 되었을 때에는/ 지체 없이/ 해당 정보주체에게 다음의 사항을 알려야 한다.
① 유출등이 된 개인정보의 항목
② 유출등이 된 시점과 그 경위
③ 유출등으로 인하여 발생할 수 있는 피해를 최소화하기 위하여 정보주체가 할 수 있는 방법 등에 관한 정보
④ 개인정보처리자의 대응조치 및 피해 구제절차
⑤ 정보주체에게 피해가 발생한 경우 신고 등을 접수할 수 있는 담당부처 및 연락처

2. 피해 최소화 대책 마련 및 조치의무

개인정보처리자는/ 개인정보가 유출등이 된 경우/ 그 피해를 최소화하기 위한 대책을 마련하고 필요한 조치를 하여야 한다.

3. 개인정보 유출등 신고의무

① 개인정보처리자는/ 개인정보의 유출등이 있음을 알게 되었을 때에는/ 개인정보의 유형, 유출등의 경로 및 규모 등을 고려하여/ 지체 없이/ 보호위원회 또는 전문기관에 신고하여야 한다.
② 이 경우 보호위원회 또는 전문기관은/ 피해 확산방지 피해 복구 등을 위한 기술을 지원할 수 있다.

X 노출된 개인정보의 삭제·차단★★

1. 개인정보처리자의 개인정보 관리의무

개인정보처리자는/ 고유식별정보, 계좌정보, 신용카드정보등 개인정보가/ 정보통신망을 통하여 공중에 노출되지 아니하도록 하여야 한다.

2. 노출된 개인정보의 삭제·차단의무

개인정보처리자는/ 공중에 노출된 개인정보에 대하여/ 보호위원회 또는 전문기관의 요청이 있는 경우/ 해당 정보를 삭제하거나 차단하는 등 필요한 조치를 하여야 한다.

정보주체의 권리 보장

□ 개인정보 보호법상 보호의 대상이 되는 개인정보의 개념 및 개인정보처리자의 손해배상책임에 관하여 설명하시오. ▶ 제7회 기출 약술 20점
□ 개인정보 보호법상 정보주체의 권리에 대하여 설명하시오. ▶ 제2회 기출 약술 20점

I 개인정보주체의 권리

정보주체는/ 자신의 개인정보 처리와 관련하여 다음의 권리를 가진다(법 제4조).
① 개인정보의 처리에 관한 정보를 제공받을 권리
② 개인정보의 처리에 관한 동의 여부,/ 동의 범위 등을 선택하고 결정할 권리
③ 개인정보의 처리 여부를 확인하고/ 개인정보에 대한 열람 및 전송을 요구할 권리
④ 개인정보의 처리정지, 정정·삭제 및 파기를 요구할 권리
⑤ 개인정보의 처리로 발생한 피해를 신속하고 공정한 절차에 따라 구제받을 권리
⑥ 완전히 자동화된 개인정보 처리에 따른 결정을 거부하거나 그에 대한 설명등을 요구할 권리

II 개인정보의 열람

1. 열람청구

정보주체는/ 개인정보처리자(공공기관의 경우 공공기관 또는 보호위원회)가 처리하는 자신의 개인정보에 대한 열람을 요구할 수 있다(법 제35조 제1항).

2. 열람 제한 또는 거절 사유

개인정보처리자는/ 다음의 어느 하나에 해당하는 경우/ 정보주체에게 그 사유를 알리고 열람을 제한하거나 거절할 수 있다(법 제35조 제4항).
① 법률에 따라 열람이 금지되거나 제한되는 경우
② 다른 사람의 생명, 신체를 해할 우려가 있거나 다른 사람의 재산과 그 밖의 이익을 부당하게 침해할 우려가 있는 경우
③ 공공기관이 업무를 수행할 때 중대한 지장을 초래하는 경우

Ⅲ 개인정보 전송 관리 및 지원

1. 체계적 관리·감독
보호위원회는/ 개인정보처리자 및 개인정보관리 전문기관 현황, 활동내역 및 관리실태 등을/ 체계적으로 관리·감독하여야 한다(법 제35조의4 제1항).

2. 개인정보 전송 지원 플랫폼 구축·운영
보호위원회는/ 개인정보가 안전하고 효율적으로 전송될 수 있도록/ 개인정보 전송 지원 플랫폼을 구축·운영할 수 있다(법 제35조의4 제2항).

3. 전송시스템의 상호 연계 또는 통합
보호위원회는/ 개인정보 전송지원 플랫폼의 효율적 운영을 위하여/ 개인정보관리 전문기관에서 구축·운영하는 전송시스템을 상호 연계하거나 통합할 수 있다(법 제35조의4 제3항).

Ⅳ 개인정보의 처리정지 등 ★

1. 개인정보 처리정지 요청등
정보주체는/ 개인정보처리자에게/ 자신의 개인정보 처리의 정지를 요구하거나 개인정보 처리에 대한 동의를 철회할 수 있다(법 제37조 제1항).

2. 처리정지 요구 거절사유
개인정보처리자는/ 다음의 어느 하나에 해당하는 경우/ 정보주체의 처리정지 요구를 거절할 수 있다(법 제37조 제2항).
① 법률에 특별한 규정이 있거나 법령상 의무를 준수하기 위하여 불가피한 경우
② 다른 사람의 생명·신체를 해할 우려가 있거나 다른 사람의 재산과 그 밖의 이익을 부당하게 침해할 우려가 있는 경우
③ 공공기관이 개인정보를 처리하지 아니하면 다른 법률에서 정하는 소관 업무를 수행할 수 없는 경우
④ 개인정보를 처리하지 아니하면 정보주체와 약정한 서비스를 제공하지 못하는 등 계약의 이행이 곤란한 경우로서 정보주체가 그 계약의 해지의사를 명확하게 밝히지 아니한 경우

3. 개인정보처리자의 조치사항
① 개인정보처리자는/ 정보주체가 개인정보 처리의 정지를 요구하거나 동의를 철회한 때에는/ 지체 없이/ 수집된 개인정보를 복구·재생할 수 없도록 파기하는 등 필요한 조치를 하여야 한다(법 제37조 제3항 본문).
② 다만, 처리정지 요구 거절사유에 해당하는 경우에는 동의 철회에 따른 조치를 하지 아니할 수 있다(법 제37조 제3항 단서).

4. 개인정보처리자의 통지의무
개인정보처리자는/ 처리정지 요구를 거절하거나 동의 철회에 따른 조치를 하지 아니하였을 때에는/ 정보주체에게/ 지체 없이 그 사유를 알려야 한다(법 제37조 제4항).

V 권리행사의 방법 및 절차

1. 대리인에 의한 열람등요구
정보주체는/ 열람등요구를/ 문서 등 대통령령으로 정하는 방법·절차에 따라 대리인에게 하게 할 수 있다(법 제38조 제1항).

2. 법정대리인에 의한 아동의 개인정보 열람등요구
만 14세 미만 아동의 법정대리인은/ 개인정보처리자에게/ 그 아동의 개인정보 열람등요구를 할 수 있다(법 제38조 제2항).

3. 열람등요구의 구체적인 방법과 절차 마련 및 공개의무
개인정보처리자는/ 정보주체가/ 열람등요구를 할 수 있는 구체적인 방법과 절차를 마련하고,/ 이를 정보주체가 알 수 있도록 공개하여야 한다./ 이 경우 개인정보의 수집 방법과 절차보다 어렵지 않아야 한다(법 제38조 제4항).

4. 이의 제기 시 필요한 절차 마련 및 안내의무
개인정보처리자는/ 정보주체가 열람등요구에 대한 거절 등 조치에 대하여 불복이 있는 경우/ 이의를 제기할 수 있도록 필요한 절차를 마련하고 안내하여야 한다(법 제38조 제5항).

VI 손해배상책임★★

1. 손해배상의 청구
① 정보주체는/ 개인정보처리자의 이 법 위반행위로 손해를 입은 경우/ 손해배상을 청구할 수 있다(법 제39조 제1항).
② 개인정보처리자의 고의 또는 중대한 과실로/ 개인정보가 분실·도난·유출·위조·변조 또는 훼손된 경우로서/ 정보주체에게 손해가 발생한 경우/ 법원은/ 그 손해액의 5배를 넘지 아니하는 범위에서/ 손배해상액을 정할 수 있다(법 제39조 제3항).

2. 법정손해배상의 청구
① 정보주체는/ 개인정보처리자의 고의 또는 과실로/ 개인정보가 분실·도난·유출·위조·변조 또는 훼손된 경우/ 300만원 이하의 범위에서 상당한 금액을 손해액으로 하여/ 손해배상을 청구할 수 있다(법 제39조의2 제1항).
② 손해배상을 청구한 정보주체는/ 사실심의 변론이 종결되기 전까지/ 그 청구를 법정손해배상의 청구로 변경할 수 있다(법 제39조의2 제3항).

Ⅶ 자료의 제출

1. 법원의 자료제출명령
① 법원은/ 손해배상청구소송에서/ 당사자의 신청에 따라/ 상대방 당사자에게/ 해당 손해의 증명 또는 손해액 산정에 필요한 자료의 제출을 명할 수 있다(법 제39조의3 제1항).
② 법원은/ 제출명령을 받은 자가/ 정당한 이유 없이/ 그 명령에 따르지 아니한 경우에는/ 자료의 기재에 대한 신청인의 주장을 진실한 것으로 인정할 수 있다(법 제39조의3 제4항).

2. 자료의 제출을 거부할 정당한 이유
① 법원은/ 자료제출명령을 받은 자가 그 자료의 제출을 거부할 정당한 이유가 있다고 주장하는 경우/ 그 주장의 당부를 판단하기 위하여 자료의 제시를 명할 수 있다(법 제39조의3 제2항).
② 제출되어야 할 자료가 영업비밀에 해당하나/ 손해의 증명 또는 손해액의 산정에 반드시 필요한 경우에는 자료의 제출을 거부할 정당한 이유로 보지 아니한다(법 제39조의3 제3항).

Ⅷ 비밀유지명령★★

1. 의 의
법원은/ 개인정보 보호법을 위반한 행위로 인한 손해배상청구소송에서/ 당사자의 신청에 따른 결정으로/ 당사자가 보유한 영업비밀을 해당 소송의 계속적인 수행 외의 목적으로 사용하거나 비밀유지명령을 받은 자 외의 자에게 공개하지 아니할 것을/ 명할 수 있다(법 제39조의4 제1항).

2. 소명의무
비밀유지명령을 신청하는 자는/ ① 준비서면, 증거조사 또는 제출 자료에 영업비밀이 포함되어 있다는 것, ② 영업비밀의 사용 또는 공개를 제한할 필요가 있다는 것을/ 모두 소명하여야 한다(법 제39조의4 제2항).

3. 서면주의
비밀유지명령의 신청은/ ① 비밀유지명령을 받을 자, ② 비밀유지명령의 대상이 될 영업비밀을 특정하기에 충분한 사실, ③ 소명사유에 해당하는 사실을 적은/ 서면으로 하여야 한다(법 제39조의4 제3항).

4. 송달의무
법원은/ 비밀유지명령이 결정된 경우/ 그 결정서를 비밀유지명령을 받을 자에게 송달하여야 한다(법 제39조의4 제4항).

5. 비밀유지명령의 효력 발생
비밀유지명령은/ 결정서가/ 비밀유지명령을 받을 자에게/ 송달된 때부터 효력이 발생한다(법 제39조의4 제5항).

6. 즉시항고
비밀유지명령의 신청을 기각하거나 각하한 재판에 대해서는/ 즉시항고를 할 수 있다(법 제39조의4 제6항).

IX. 비밀유지명령의 취소 ★★

1. 의의
비밀유지명령을 신청한 자 또는 비밀유지명령을 받은 자는/ 비밀유지명령 신청의 소명사유에 부합하지 아니하는 사실이나 사정이 있는 경우/ 소송기록을 보관하고 있는 법원에/ 비밀유지명령의 취소를 신청할 수 있다(법 제39조의5 제1항).

2. 송달의무
법원은/ 비밀유지명령의 취소신청에 대한 재판이 있는 경우/ 그 결정서를/ 그 신청을 한 자 및 상대방에게 송달하여야 한다(법 제39조의5 제2항).

3. 즉시항고
비밀유지명령의 취소신청에 대한 재판에 대해서는 즉시항고를 할 수 있다(법 제39조의5 제3항).

4. 비밀유지명령 취소의 효력발생
비밀유지명령을 취소하는 재판이 확정되어야/ 효력이 발생한다(법 제39조의5 제4항).

5. 통지의무
비밀유지명령을 취소하는 재판을 한 법원은/ 비밀유지명령의 취소신청을 한 자 또는 상대방 외에 해당 영업비밀에 관한 비밀유지명령을 받은 자가 있는 경우 그 자에게/ 즉시/ 비밀유지명령의 취소 재판을 한 사실을 알려야 한다(법 제39조의5 제5항).

X. 소송기록 열람 등의 청구 통지등

1. 의의
비밀유지명령이 내려진 소송에 관한 소송기록에 대하여/ 열람 등의 신청인을 당사자로 제한하는 결정이 있었던 경우로서/ 당사자가 비밀 기재부분의 열람 등의 청구를 하였으나,/ 그 청구 절차를 해당 소송에서 비밀유지명령을 받지 아니한 자가 밟은 경우/ 법원사무관등은/ 신청을 한 당사자(비밀 기재부분의 열람등의 청구를 한 자는 제외)에게/ 그 청구 직후에 그 열람 등의 청구가 있었다는 사실을 알려야 한다(법 제39조의6 제1항).

2. 비밀 기재부분의 열람 등 금지
법원사무관등은/ 열람 등의 청구가 있었던 날부터 2주일이 지날 때까지/ 그 청구 절차를 밟은 자에게/ 비밀 기재부분의 열람 등을 하게 하여서는 아니 된다(법 제39조의6 제2항).

3. 비밀 기재부분의 열람 등 금지 적용 제한
열람 등의 청구를 한 자에게/ 비밀 기재부분의 열람 등을 하게 하는 것에 대하여 당사자 모두가 동의하는 경우에는/ 비밀 기재부분의 열람 등 금지가 적용되지 아니한다(법 제39조의6 제3항).

XI 손해배상의 보장

1. 손해배상책임의 이행을 위해 필요한 조치의무

개인정보처리자로서/ 매출액, 개인정보의 보유 규모 등을 고려하여/ 대통령령으로 정하는 기준에 해당하는 자는/ 손해배상책임의 이행을 위하여/ 보험 또는 공제에 가입하거나 준비금을 적립하는 등 필요한 조치를 하여야 한다(법 제39조의7 제1항).

2. 조치의무 면제 사유

다음의 어느 하나에 해당하는 자는/ 손해배상책임의 이행을 위해 필요한 조치를 하지 아니할 수 있다(법 제39조의7 제2항).

① 대통령령으로 정하는 공공기관, 비영리법인 및 단체
② 소상공인으로서/ 대통령령으로 정하는 자에게 개인정보처리를 위탁한 자
③ 다른 법률에 따라/ 손해배상책임의 이행을 보장하는 보험 또는 공제에 가입하거나 준비금을 적립한 개인정보처리자

THEME 14 분쟁조정절차

☐ 「개인정보 보호법」상 '집단분쟁조정'의 실시 요건과 이에 대한 분쟁조정위원회의 처리절차에 관하여 설명하시오.
▶ 제12회 기출 약술 20점

핵심이론

I 조정의 신청 등

1. 분쟁조정의 신청
개인정보와 관련한 분쟁의 조정을 원하는 자는/ 분쟁조정위원회에/ 분쟁조정을 신청할 수 있다(법 제43조 제1항).

2. 통지의무
분쟁조정위원회는/ 당사자 일방으로부터 분쟁조정 신청을 받았을 때에는/ 그 신청 내용을/ 상대방에게 알려야 한다(법 제43조 제2항).

3. 분쟁조정에 응할 의무
개인정보처리자가 분쟁조정의 통지를 받은 경우/ 특별한 사정이 없으면/ 분쟁조정에 응하여야 한다(법 제43조 제3항).

II 자료의 요청 및 사실조사 등

1. 분쟁조정을 위하여 필요한 자료 요청
분쟁조정위원회는/ 분쟁조정 신청을 받았을 때/ 해당 분쟁의 조정을 위하여 필요한 자료를/ 분쟁당사자에게 요청할 수 있다(법 제45조 제1항).

2. 사건과 관련된 장소에 출입 및 관련 자료 조사·열람
① 분쟁조정위원회는/ 분쟁의 조정을 위하여 사실 확인이 필요한 경우/ 위원등으로 하여금/ 사건과 관련된 장소에 출입하여 관련 자료를 조사하거나 열람하게 할 수 있다./ 이 경우 위원등은 그 권한을 표시하는 증표를 지니고 이를 관계인에게 내보여야 한다(법 제45조 제2항 전문).
② 분쟁당사자는/ 정당한 사유가 있을 때에는/ 그 사유를 소명하고/ 조사·열람에 따르지 아니할 수 있다(법 제45조 제2항 후문).

3. 관계기관 등에 협조요청

분쟁조정위원회는/ 분쟁의 조정을 위하여 필요하다고 인정하면/ 관계기관 등에 자료 또는 의견의 제출 등 필요한 협조를 요청할 수 있다(법 제45조 제4항).

4. 위원회 출석요구 및 의견청취

분쟁조정위원회는/ 필요하다고 인정하면/ 분쟁당사자나 참고인을/ 위원회에 출석하도록 하여 그 의견을 들을 수 있다(법 제45조 제5항).

Ⅲ 진술의 원용 제한

조정절차에서의 의견과 진술은/ 소송(해당 조정에 대한 준재심은 제외)에서 원용하지 못한다(법 제45조의2).

Ⅳ 조정 전 합의 권고

분쟁조정위원회는/ 분쟁조정 신청을 받았을 때에는/ 당사자에게/ 그 내용을 제시하고 조정 전 합의를 권고할 수 있다(법 제46조).

Ⅴ 분쟁의 조정

1. 조정안 작성 및 제시

① 분쟁조정위원회는/ 다음의 어느 하나에 해당하는 사항을 포함하여/ 조정안을 작성할 수 있다(법 제47조 제1항).
  ㉠ 조사대상 침해행위의 중지
  ㉡ 원상회복, 손해배상, 그 밖에 필요한 구제조치
  ㉢ 같거나 비슷한 침해의 재발을 방지하기 위하여 필요한 조치
② 분쟁조정위원회는/ 조정안을 작성하면/ 지체 없이/ 각 당사자에게 제시하여야 한다(법 제47조 제2항).

2. 조정 수락 간주

조정안을 제시받은 당사자가/ 제시받은 날부터 15일 이내 수락 여부를 알리지 아니하면/ 조정을 수락한 것으로 본다(법 제47조 제3항).

3. 당사자가 조정내용을 수락한 경우(수락 간주 포함) 조치

① 분쟁조정위원회는/ 조정서를 작성하고,/ 위원장과 각 당사자가 기명날인 또는 서명을 한 후/ 조정서 정본을/ 지체 없이/ 각 당사자 또는 그 대리인에게/ 송달하여야 한다(법 제47조 제4항 본문).
② 다만, 수락 간주의 경우에는 각 당사자의 기명날인 또는 서명을 생략할 수 있다(법 제47조 제4항 단서).

4. 재판상 화해와 동일효

당사자가 조정내용을 수락한 경우/ 조정의 내용은 재판상 화해와 동일한 효력을 갖는다(법 제47조 제5항).

VI 조정의 거부 및 중지

1. 조정의 거부사유 및 통지

분쟁조정위원회는/ 분쟁의 성질상 분쟁조정위원회에서 조정하는 것이 적합하지 아니한다고 인정하거나/ 부정한 목적으로 조정이 신청되었다고 인정하는 경우/ 그 조정을 거부할 수 있다./ 이 경우 거부사유 등을 신청인에게 알려야 한다(법 제48조 제1항).

2. 조정의 처리 중지 및 통지

분쟁조정위원회는/ 신청된 조정사건에 대한 처리절차를 진행하던 중/ 한쪽 당사자가 소를 제기하면/ 그 조정의 처리를 중지하고 이를 당사자에게 알려야 한다(법 제48조 제2항).

VII 집단분쟁조정

1. 의 의

〈국가 및 지방자치단체, 개인정보 보호단체 및 기관, 정보주체, 개인정보처리자〉는/ 정보주체의 피해 또는 권리침해가 다수의 정보주체에게 같거나 비슷한 유형으로 발생하는 경우로서 대통령령으로 정하는 사건에 대하여는/ 〈분쟁조정위원회〉에/ 일괄적인 분쟁조정(이하 "집단분쟁조정"이라 한다)을 의뢰 또는 신청할 수 있다(법 제49조 제1항).

2. 집단분쟁조정의 신청 대상

법 제49조 제1항의 "대통령으로 정하는 사건"이란 다음의 요건을 모두 갖춘 사건을 말한다(동법 시행령 제52조).

(1) 피해 또는 권리침해를 입은 정보주체의 수가/ 다음의 정보주체를 제외하고/ 50명 이상일 것
① 개인정보처리자와 분쟁해결이나 피해보상에 관한 합의가 이루어진 정보주체
② 같은 사안으로 다른 법령에 따라 설치된 분쟁조정기구에서 분쟁조정 절차가 진행 중인 정보주체
③ 해당 개인정보 침해로 인한 피해에 대하여 법원에 소를 제기한 정보주체
(2) 사건의 중요한 쟁점이 사실상 또는 법률상 공통될 것

3. 분쟁조정위원회의 처리절차

(1) 집단분쟁조정 절차의 개시 및 공고

집단분쟁조정을 의뢰받거나 신청받은 분쟁조정위원회는/ 그 의결로써/ 집단분쟁조정의 절차를 개시할 수 있다./ 이 경우 분쟁조정위원회는 대통령령으로 정하는 기간(14일 이상의 기간) 동안 그 절차의 개시를 공고하여야 한다(법 제49조 제2항, 동법 시행령 제53조 제1항).

(2) 집단분쟁조정의 당사자 아닌 정보주체 등의 추가

분쟁조정위원회는/ 집단분쟁조정의 당사자가 아닌 정보주체 또는 개인정보처리자로부터/ 그 분쟁조정의 당사자에 추가로 포함될 수 있도록 하는 신청을 받을 수 있다(법 제49조 제3항).

(3) 대표당사자 선임

분쟁조정위원회는/ 그 의결로써/ 집단분쟁조정의 당사자 중에서/ 공동의 이익을 대표하기에 가장 적합한 1인 또는 수인을 대표당사자로 선임할 수 있다(법 제49조 제4항).

(4) 보상계획서 제출 권고

분쟁조정위원회는/ 개인정보처리자가 분쟁조정위원회의 집단분쟁조정의 내용을 수락한 경우에는/ 집단분쟁조정의 당사자가 아닌 자로서 피해를 입은 정보주체에 대한 보상계획서를 작성하여/ 분쟁조정위원회에 제출하도록 권고할 수 있다(법 제49조 제5항).

(5) 절차의 속행 등

분쟁조정위원회는/ 집단분쟁조정의 당사자인 다수의 정보주체 중 일부의 정보주체가 법원에 소를 제기한 경우에는/ 그 절차를 중지하지 아니하고,/ 소를 제기한 일부의 정보주체를 그 절차에서 제외한다(법 제49조 제6항).

(6) 집단분쟁조정의 기간

집단분쟁조정의 기간은/ 분쟁절차의 개시 공고가 종료된 날의 다음 날부터 60일 이내로 한다./ 다만, 부득이한 사정이 있는 경우에는/ 분쟁조정위원회의 의결로 처리기간을 연장할 수 있다(법 제49조 제7항).

15 THEME 단체소송

Ⅰ 단체소송의 대상 ★

단체소송의 주체는/ 개인정보처리자가 집단분쟁조정을 거부하거나 집단분쟁조정의 결과를 수락하지 아니한 경우에는/ 법원에/ 권리침해 행위의 금지·중지를 구하는 소송(이하 "단체소송")을 제기할 수 있다.

Ⅱ 전속관할

단체소송의 소는/ 피고의 주된 사무소 또는 영업소가 있는 곳,/ 주된 사무소나 영업소가 없는 경우에는 주된 업무담당자의 주소가 있는 곳의/ 지방법원 본원 합의부의 관할에 전속한다.

Ⅲ 단체소송의 주체 ★★

1. 소비자단체

공정거래위원회에 등록한 소비자단체로서/ 다음의 요건을 모두 갖추어야 한다.
① 정관에 따라/ 상시적으로/ 정보주체의 권익증진을 주된 목적으로 하는 단체일 것
② 단체의 정회원수가 1천명 이상일 것
③ 공정거래위원회에 소비자단체로서 등록 후 3년이 경과하였을 것

2. 비영리민간단체

비영리민간단체로서/ 다음의 요건을 모두 갖추어야 한다.
① 법률상 또는 사실상 동일한 침해를 입은/ 100명 이상의 정보주체로부터 단체소송의 제기를 요청받을 것
② 정관에 개인정보 보호를 단체의 목적으로 명시한 후/ 최근 3년 이상 이를 위한 활동실적이 있을 것
③ 단체의 상시 구성원수가 5천명 이상일 것
④ 중앙행정기관에 등록되어 있을 것

Ⅳ 소송대리인의 선임

단체소송의 원고는/ 변호사를 소송대리인으로 선임하여야 한다.

Ⅴ 소송허가신청

1. 소송허가신청서 제출의무

단체소송을 제기하는 단체는/ 소장과 함께/ 다음의 내용을 기재한 소송허가신청서를/ 법원에 제출하여야 한다.
① 원고 및 그 소송대리인
② 피 고
③ 정보주체의 침해된 권리의 내용

2. 소송허가신청서에 첨부할 자료

① 소제기단체가 단체소송의 주체로서 요건을 갖추고 있음을 소명하는 자료
② 개인정보처리자가 조정을 거부하였거나 조정결과를 수락하지 아니하였음을 증명하는 서류

Ⅵ 소송허가요건 등

1. 소송허가요건

법원은/ 다음의 요건을 모두 갖춘 경우에 한하여/ 결정으로/ 단체소송을 허가한다.
① 개인정보처리자가 분쟁조정위원회의 조정을 거부하거나 조정결과를 수락하지 아니하였을 것
② 소송허가신청서의 기재사항에 흠결이 없을 것

2. 즉시항고

단체소송을 허가하거나 불허가하는 결정에 대하여는/ 즉시항고할 수 있다.

Ⅶ 확정판결의 효력

1. 원 칙

원고의 청구를 기각하는 판결이 확정된 경우/ 동일한 사안에 관하여는/ 다른 단체는 단체소송을 제기할 수 없다.

2. 예 외

다음의 어느 하나에 해당하는 경우에는/ 다른 단체는 단체소송을 제기할 수 있다.
① 판결이 확정된 후 그 사안과 관련하여/ 국가·지방자치단체 또는 국가·지방자치단체가 설립한 기관에 의하여 새로운 증거가 나타난 경우
② 기각판결이 원고의 고의로 인한 것임이 밝혀진 경우

제4장 질서위반행위규제법

(출제 빈도 6/12)

THEME 1 질서위반행위

□ 甲은 질서위반행위로 인하여 과태료 부과처분을 받았다. 질서위반행위규제법에 따를 때 다음 각각의 경우에 위 과태료 부과처분이 적법한지 설명하시오.　▶ 제7회 기출 사례 20점
물음 1) 甲이 위 위반행위에 대한 고의 또는 과실이 없었고, 설령 고의가 있었다고 하더라도 위 위반행위가 위법한 줄 몰랐던 경우　▶ 10점
물음 2) 甲이 18세이지만 심신장애로 인하여 자신의 행위의 옳고 그름을 판단할 능력이 없었던 경우　▶ 10점

◉ 핵심해설 　제7회 기출 사례

I 논점의 정리

질서위반행위규제법상 질서위반행위의 성립요건과 관련하여 각 물음의 경우 과태료 부과처분의 적법성 여부가 문제된다.

II 질서위반행위

1. 의 의

2. 성립요건
(1) 질서위반행위 법정주의
(2) 고의 또는 과실
(3) 위법성의 착오
(4) 책임연령
(5) 심신장애

3. 효 과

Ⅲ 물음 1)에 대하여

1. 고의 또는 과실

고의 또는 과실이 없는 질서위반행위는 과태료를 부과하지 아니한다.

2. 위법성의 착오

자신의 행위가 위법하지 아니한 것으로 오인하고 행한 질서위반행위는/ 그 오인에 정당한 이유가 있는 때에 한하여/ 과태료를 부과하지 아니한다.

3. 사안의 해결

甲이 질서위반행위에 대해 고의 또는 과실이 없었고,/ 설령 고의가 있었다고 하더라도 위 위반행위가 위법한 줄 몰랐던 경우/ 과태료 부과처분을 받았다면 그 처분은 위법하다.

Ⅳ 물음 2)에 대하여

1. 책임연령

14세가 되지 아니한 자의 질서위반행위는 과태료를 부과하지 아니한다./ 다만, 다른 법률에 특별한 규정이 있는 경우에는 그러하지 아니하다.

2. 심신장애

① 심신장애로 인하여/ 행위의 옳고 그름을 판단할 능력이 없거나/ 그 판단에 따른 행위를 할 능력이 없는 자의 질서위반행위는/ 과태료를 부과하지 아니한다.
② 심신장애로 인하여/ ①의 능력이 미약한 자의 질서위반행위는/ 과태료를 감경한다.
③ 단, 스스로 심신장애 상태를 일으켜/ 질서위반행위를 한 자에 대하여는/ ①, ②를 적용하지 아니한다.

3. 사안의 해결

甲이 18세이므로 과태료 부과처분을 받을 수 있는 책임연령에 해당하지만,/ 심신장애로 인하여 자신의 행위의 옳고 그름을 판단할 능력이 없었던 경우/ 과태료 처분을 받았다면 위 처분도 역시 위법하다./ 단, 甲 스스로 심신장애 상태를 일으켜 질서위반행위를 한 경우라면 그 과태료 처분은 적법하다.

> **핵심이론**

I 의 의★

질서위반행위는/ 법률(조례 포함)상 의무를 위반하여/ 과태료를 부과하는 행위를 말한다./ 다만, 다음의 행위를 제외한다.
① 대통령령으로 정하는 사법상·소송법상 의무를 위반하여 과태료를 부과하는 행위
② 대통령령으로 정하는 법률에 따른 징계사유에 해당하여 과태료를 부과하는 행위

II 성립요건★★

1. 질서위반행위 법정주의

법률에 따르지 아니하고는/ 어떤 행위도 질서위반행위로 과태료를 부과하지 아니한다.

2. 고의 또는 과실

고의 또는 과실이 없는 질서위반행위는 과태료를 부과하지 아니한다.

3. 위법성의 착오

자신의 행위가 위법하지 아니한 것으로 오인하고 행한 질서위반행위는/ 그 오인에 정당한 이유가 있는 때에 한하여/ 과태료를 부과하지 아니한다.

4. 책임연령

14세가 되지 아니한 자의 질서위반행위는 과태료를 부과하지 아니한다./ 다만, 다른 법률에 특별한 규정이 있는 경우에는 그러하지 아니하다.

5. 심신장애

① 심신장애로 인하여/ 행위의 옳고 그름을 판단할 능력이 없거나 그 판단에 따른 행위를 할 능력이 없는 자의 질서위반행위는/ 과태료를 부과하지 아니한다.
② 심신장애로 인하여/ ①의 능력이 미약한 자의 질서위반행위는/ 과태료를 감경한다.
③ 스스로 심신장애 상태를 일으켜 질서위반행위를 한 자에 대하여는 ① 및 ②를 적용하지 아니한다.

Ⅲ 효과

1. 법인의 처리 등
법인의 대표자, 법인 또는 개인의 대리인·사용인 및 그 밖의 종업원이/ 업무에 관하여 법인 또는 그 개인에게 부과된 법률상 의무를 위반한 때에는/ 법인 또는 그 개인에게 과태료를 부과한다.

2. 다수인의 질서위반행위 가담★
① 2인 이상이 질서위반행위에 가담한 때에는 각자가 질서위반행위를 한 것으로 본다.
② 신분에 의하여 성립하는 질서위반행위에/ 신분이 없는 자가 가담한 때에는/ 신분이 없는 자에 대하여도 질서위반행위가 성립한다.
③ 신분에 의하여 과태료를 감경 또는 가중하거나 과태료를 부과하지 아니하는 때에는/ 그 신분의 효과는 신분이 없는 자에게는 미치지 아니한다.

3. 수개의 질서위반행위의 처리★
① 하나의 행위가 2 이상의 질서위반행위에 해당하는 경우에는/ 각 질서위반행위에 대하여 정한 과태료 중 가장 중한 과태료를 부과한다.
② ①을 제외하고 2 이상의 질서위반행위가 경합하는 경우에는/ 각 질서위반행위에 대하여 정한 과태료를 각각 부과한다./ 다만, 다른 법령, 조례에 특별한 규정이 있는 경우에는 그 법령, 조례에 따른다.

4. 과태료의 시효
과태료는/ 행정청의 과태료 부과처분이나 법원의 과태료 재판이 확정된 후/ 5년간 징수하지 아니하거나 집행하지 아니하면/ 시효로 인하여 소멸한다.

# 적용범위

□ 질서위반행위규제법상 질서위반행위의 개념과 시간적, 장소적 적용범위에 관하여 설명하시오.
▶ 제9회 기출 약술 20점

I 질서위반행위의 개념

법률(조례 포함)상 의무를 위반하여/ 과태료를 부과하는 행위를 말한다./ 다만, 다음의 행위를 제외한다.
① 대통령령으로 정하는 사법상·소송법상 의무를 위반하여 과태료를 부과하는 행위
② 대통령령으로 정하는 법률에 따른 징계사유에 해당하여 과태료를 부과하는 행위

II 시간적 적용범위

1. 원 칙
질서위반행위의 성립과 과태료 처분은/ 행위 시의 법률에 따른다.

2. 예외(법률변경)
① 질서위반행위 후 법률이 변경되어/ 그 행위가 질서위반행위에 해당하지 아니하게 되거나 과태료가 변경되기 전의 법률보다 가볍게 된 경우에는/ 법률에 특별한 규정이 없는 한 변경된 법률을 적용한다.
② 행정청의 과태료 처분이나 법원의 과태료 재판이 확정된 후 법률이 변경되어/ 그 행위가 질서위반행위에 해당하지 아니하게 된 때/ 변경된 법률에 특별한 규정이 없는 한 과태료의 징수 또는 집행을 면제한다.

III 장소적 적용범위

1. 속지주의
대한민국 영역 안에서/ 질서위반행위를 한 자에게 적용한다.

2. 속인주의
대한민국 영역 밖에서/ 질서위반행위를 한 대한민국 국민에게 적용한다.

3. 기국주의
대한민국 영역 밖에 있는 대한민국의 선박 또는 항공기 안에서/ 질서위반행위를 한 외국인에게 적용한다.

THEME 3. 과태료 부과

> □ 질서위반행위규제법상 행정청의 과태료 부과·징수 및 불복절차에 관하여 설명하시오.
>
> ▶ 제4회 기출 약술 20점

I 법적 근거

질서위반행위규제법은/ 질서위반행위의 성립요건과 과태료의 부과·징수 및 재판 등에 있어 일반법이다.

II 과태료 부과의 법적 성질 ★

행정청의 과태료 부과는 행정행위이다./ 그러나 상대방의 이의제기로 과태료 부과처분의 효력이 소멸하고, 별도로 법원의 과태료재판이 진행되므로 원칙적으로 항고소송의 대상이 되는 처분성이 인정되지 않는다.

III 과태료 부과·징수 및 불복절차

1. 사전통지 및 의견제출 등

① 행정청이/ 과태료를 부과하고자 하는 때에는/ 미리/ 당사자에게/ 대통령령으로 정하는 사항을 적은 서면으로 통지하고,/ 10일 이상의 기간을 정하여/ 의견을 제출할 기회를 주어야 한다.

② 당사자는/ 의견제출 기한 이내에/ 행정청에/ 서면(전자문서 포함)으로/ 의견을 진술하거나 필요한 자료를 제출할 수 있다.

2. 과태료 부과·납부

① 행정청은/ 의견제출 절차를 마친 후/ 서면(당사자가 동의하는 경우에는 전자문서 포함)으로/ 과태료를 부과하여야 한다.

② 당사자는/ 과태료, 가산금, 중가산금 및 체납처분비를/ 대통령령으로 정하는 과태료 납부대행기관을 통하여 신용카드등으로 납부할 수 있다.

3. 과태료 부과의 제척기간
① 행정청은/ 질서위반행위가 종료된 날부터 5년이 경과한 경우에는/ 해당 질서위반행위에 대하여 과태료를 부과할 수 없다.
② 행정청은/ 재판 또는 약식재판에 따른 법원의 결정이 있는 경우에는/ 그 결정이 확정된 날부터 1년이 경과하기 전까지/ 과태료를 정정부과 하는 등 해당 결정에 따라 필요한 처분을 할 수 있다.

4. 이의제기
① 행정청의 과태료 부과에 불복하는 당사자는/ 과태료 부과통지를 받은 날부터 60일 이내에/ 해당 행정청에/ 서면으로 이의제기를 할 수 있다.
② 이의제기가 있는 경우 행정청의 과태료 부과처분은 그 효력을 상실한다.
③ 당사자는/ 행정청으로부터 통지를 받기 전까지는/ 행정청에 대하여 서면으로 이의제기를 철회할 수 있다.

5. 법원에 통보
① 이의제기를 받은 행정청은/ 이의제기를 받은 날부터 14일 이내/ 이에 대한 의견 및 증빙서류를 첨부하여/ 관할 법원에 통보하여야 한다.
② 행정청은/ 사실상 또는 법률상 같은 원인으로 말미암아 다수인에게 과태료를 부과할 필요가 있는 경우에는/ 다수인 가운데 1인에 대한 관할권이 있는 법원에/ 이의제기 사실을 통보할 수 있다.
③ 행정청이/ ① 및 ②에 따라 관할 법원에 통보를 하거나 통보하지 아니하는 경우에는/ 그 사실을 즉시/ 당사자에게 통지하여야 한다.

THEME 4 과태료 재판

□ 「질서위반행위규제법」상 약식재판에 대한 이의신청이 제기된 경우 법원의 처리절차를 설명하고, '이의신청 취하'와 '이의신청 각하'를 비교하여 공통점과 차이점을 설명하시오.
▶ 제12회 기출 약술 20점

○ 핵심해설 제12회 기출 약술

I. 약식재판에 대한 이의신청 시 법원의 처리절차

1. 약식재판의 의의
약식재판이란/ 법원이 상당하다고 인정하는 때 심문 없이 행하는 과태료 재판을 의미한다(법 제44조 참고).

2. 이의신청 시 법원의 처리절차

(1) 이의신청 등

1) 이의신청 기간
당사자와 검사는/ 원칙적으로 약식재판의 고지를 받은 날부터 7일 이내에/ 이의신청을 할 수 있다(법 제45조 제1항). 이 기간은 불변기간으로 한다(법 제45조 제3항).

2) 이의신청 방식
이의신청은/ 이의신청서를 약식재판을 한 법원에 제출함으로써 한다(법 제46조 제1항).

(2) 법원의 처리절차

1) 이의신청서 부본의 송달
법원은/ 이의신청이 있은 때에는/ 이의신청의 상대방에게/ 이의신청서 부본을 송달하여야 한다(법 제46조 제2항).

2) 정식재판절차로의 이행
법원이 이의신청이 적법하다고 인정하는 때에는/ 약식재판은 그 효력을 잃는다./ 이 경우 법원은 심문을 거쳐 다시 재판하여야 한다(법 제50조 제1항·제2항).

II. 이의신청의 취하 및 각하의 비교

1. 이의신청의 취하
이의신청의 취하란/ 이의신청을 한 당사자 또는 검사가/ 정식재판 절차에 따른 결정을 고지받기 전까지 이의신청을 취하하는 것을 의미한다.

2. 이의신청의 각하
이의신청의 각하란/ 이의신청이 법령상 방식에 어긋나거나 이의신청권이 소멸된 뒤의 것임이 명백한 경우/ 법원이 결정으로 각하해야 하는 것을 의미한다.

3. 공통점과 차이점

(1) 공통점

당사자 또는 검사가 이의신청을 취하하거나,/ 이의신청에 대한 법원의 각하결정이 확정된 때에는/ 약식재판이 확정된다(법 제49조 제2호·제3호).

(2) 차이점

① 이의신청의 취하는 이의신청을 한 당사자 또는 검사가/ 이의신청취하서를 법원에 제출함으로써 하거나/ 심문기일에 말로써 할 수 있으나(법 제47조 제2항),/ 이의신청의 각하는 흠결을 보정할 수 있는 경우를 제외하고는/ 법원의 결정으로 한다.

② 이의신청의 각하결정에 대해서는 즉시항고가 가능하나(법 제48조 제2항),/ 이의신청의 취하의 경우에는 그러하지 아니하다.

③ 법원은 이의신청서 부본을 송달한 뒤에/ 이의신청의 취하가 있은 때에는/ 그 상대방에게 이의신청취하서 부본을 송달하여야 하나(법 제47조 제3항),/ 이의신청의 각하결정의 경우에는 그러한 규정이 없다.

핵심이론

I 의 의

행정청의 과태료 부과에 불복하는 당사자는 해당 행정청에 이의제기가 가능하다./ 이의제기가 있는 경우 행정청의 과태료 부과처분은 그 효력을 상실하고, 통보받은 법원은 과태료에 대해 심사하여야 한다.

II 관 할

1. 관할 법원
과태료 사건은/ 다른 법령에 특별한 규정이 있는 경우를 제외하고는/ 당사자의 주소지의 지방법원 또는 그 지원의 관할로 한다.

2. 관할의 표준이 되는 시기
법원의 관할은/ 행정청이 이의제기 사실을 통보한 때를 표준으로 정한다.

III 심 리

1. 심문 등
① 법원은/ 심문기일을 열어/ 당사자의 진술을 들어야 한다.
② 법원은 검사의 의견을 구하여야 하고,/ 검사는 심문에 참여하여 의견을 진술하거나 서면으로 의견을 제출하여야 한다.
③ 법원은/ 당사자 및 검사에게/ 심문기일을 통지하여야 한다.

2. 행정청에 대한 출석 요구 등
① 법원은/ 행정청의 참여가 필요하다고 인정하는 때에는/ 행정청으로 하여금 심문기일에 출석하여 의견을 진술하게 할 수 있다.
② 행정청은/ 법원의 허가를 받아/ 소속 공무원으로 하여금/ 심문기일에 출석하여 의견을 진술하게 할 수 있다.

3. 직권에 의한 사실탐지와 증거조사
법원은 직권으로 사실의 탐지와 필요하다고 인정하는 증거의 조사를 하여야 한다.

Ⅳ 재판 및 불복

1. 재판
① 과태료 재판은 이유를 붙인 결정으로써 한다.
② 결정은/ 당사자와 검사에게/ 고지함으로써 효력이 생긴다.

2. 불복(항고)
① 당사자와 검사는/ 과태료 재판에 대하여 즉시항고를 할 수 있다./ 항고는 집행정지의 효력이 있다.
② 항고법원의 과태료 재판에는/ 이유를 적어야 한다.

3. 과태료 재판의 집행
과태료 재판은 검사의 명령으로써 집행한다./ 이 경우 그 명령은 집행력 있는 집행권원과 동일한 효력이 있다.

Ⅴ 약식재판 등

1. 약식재판의 의의
법원이 상당하다고 인정하는 때에는/ 심문 없이 행하는 과태료 재판을 의미한다.

2. 이의신청★★

(1) 신 청
① 당사자와 검사는/ 약식재판의 고지를 받은 날부터 7일 이내/ 이의신청을 할 수 있다.
② ①의 기간은 불변기간이다.
③ 당사자와 검사가/ 책임질 수 없는 사유로 ①의 기간을 지킬 수 없었던 경우/ 그 사유가 없어진 날부터 14일 이내에 이의신청을 할 수 있다./ 다만, 그 사유가 없어질 당시 외국에 있던 당사자에 대하여는 그 기간을 30일로 한다.
④ 이의신청은/ 이의신청서를 약식재판을 한 법원에 제출함으로써 한다.

(2) 취 하
① 이의신청을 한 당사자 또는 검사는/ 정식재판 절차에 따른 결정을 고지받기 전까지/ 이의신청을 취하할 수 있다.
② 이의신청의 취하는/ 이의신청취하서를 법원에 제출함으로써 한다./ 다만, 심문기일에는 말로 할 수 있다.

(3) 각 하
① 법원은/ 이의신청이 법령상 방식에 어긋나거나 이의신청권이 소멸된 뒤의 것임이 명백한 경우/ 결정으로 각하하여야 한다./ 다만, 그 흠을 보정할 수 있는 경우 그러하지 아니하다.
② 각하결정에 대하여는 즉시항고를 할 수 있다.

3. 약식재판의 확정
약식재판은/ 다음의 어느 하나에 해당하는 때에 확정된다.
① 이의신청 기간 이내에 이의신청이 없는 때
② 이의신청에 대한 각하결정이 확정된 때
③ 당사자 또는 검사가 이의신청을 취하한 때

4. 정식재판절차로의 이행
① 법원이/ 이의신청이 적법하다고 인정하는 때에는/ 약식재판은 그 효력을 잃는다.
② ①의 경우 법원은 심문을 거쳐 다시 재판하여야 한다.

THEME 5 체납자 제재

□ 甲은 허가를 요하는 사업의 주무관청인 A행정청으로부터 허가를 받아 사업을 경영하고 있다. 그러던 중 甲은 법률상의 의무위반을 이유로 B행정청으로부터 과태료를 부과받았으나 이를 체납하고 있다. 이 경우 행정청이 질서위반행위규제법령에 따라 과태료 체납자에 대한 제재로서 위 허가를 취소할 수 있는 요건과, 그 요건이 충족된다면 B행정청이 취할 수 있는 조치에 관하여 설명하시오. ▶제11회 기출 약술 20점
□ 「질서위반행위규제법」상 과태료 체납자에 대한 제재로서 관허사업의 제한과 고액·상습 체납자에 대한 제재를 설명하시오. ▶제8회 기출 약술 20점

I 가산금 징수 및 체납처분 등

1. 가산금 징수

행정청은/ 당사자가 납부기한까지 과태료를 납부하지 아니한 때에는/ 납부기한을 경과한 날부터/ 체납된 과태료에 대하여 100분의 3에 상당하는 가산금을 징수한다.

2. 중가산금 징수

① 체납된 과태료를 납부하지 아니한 때에는/ 납부기한을 경과한 날부터 매 1개월이 경과할 때마다/ 체납된 과태료의 1천분의 12에 상당하는 가산금(중가산금)을 가산금에 가산하여 징수한다.
② 중가산금을 가산하여 징수하는 기간은 60개월을 초과하지 못한다.

3. 체납처분

행정청은/ 당사자가 과태료 부과통지를 받은 날로부터 60일 이내 이의제기를 하지 아니하고 가산금을 납부하지 아니한 때에는/ 국세 또는 지방세 체납처분의 예에 따라 징수한다.

Ⅱ 관허사업의 제한★★

1. 의 의
행정청은/ 허가등을 요하는 사업을 경영하는 자로서/ 2. 요건에 모두 해당하는 체납자에 대하여는/ 사업의 정지 또는 허가등의 취소를 할 수 있다.

2. 요 건
① 해당 사업과 관련된 질서위반행위로 부과받은 과태료를 3회 이상 체납하고 있고,/ 체납발생일로부터 각 1년이 경과하였으며,/ 체납금액의 합계가 500만원 이상인 체납자
② 천재지변이나 그 밖의 중대한 재난 등/ 대통령령으로 정하는 특별한 사유 없이 과태료를 체납한 자

3. 관허사업 제한의 철회
행정청은/ 관허사업 제한 후/ 당해 과태료를 징수한 때에는/ 지체 없이/ 사업의 정지 또는 허가등의 취소를 철회하여야 한다.

Ⅲ 고액·상습체납자에 대한 제재

1. 의 의
법원은/ 검사의 청구에 따라/ 결정으로/ 30일의 범위 이내에서/ 과태료의 납부가 있을 때까지/ 2. 요건에 모두 해당하는 경우/ 체납자를 감치에 처할 수 있다.

2. 요 건
① 과태료를 3회 이상 체납하고 있고,/ 체납발생일로부터 각 1년이 경과하였으며,/ 체납금액이 합계가 1천만원 이상인 체납자
② 과태료 납부능력이 있음에도 불구하고/ 정당한 사유 없이 체납한 경우

3. 즉시항고
법원의 감치결정에 대하여는 즉시항고를 할 수 있다.

4. 재감치금지
감치에 처하여진 과태료 체납자는/ 동일한 체납사실로 인하여 재차 감치되지 아니한다.

Ⅳ 자동차 관련 과태료 체납자에 대한 자동차 등록번호판의 영치

1. 의의
행정청은/ 자동차 관련 과태료를 납부하지 아니한 자에 대하여/ 체납된 자동차 관련 과태료와 관계된 그 소유의 자동차의 등록번호판을 영치할 수 있다.

2. 일시해제
행정청은/ 자동차의 등록번호판이 영치된 당사자가/ 해당 자동차를 직접적인 생계유지 목적으로 사용하고 있어/ 자동차 등록번호판을 영치할 경우 생계유지가 곤란하다고 인정되는 경우/ 자동차 등록번호판을 내주고 영치를 일시 해제할 수 있다.

3. 자동차 관련 과태료 납부증명서 제출
자동차 관련 과태료와 관계된 자동차가/ 그 자동차 관련 과태료의 체납으로 인하여 압류등록이 된 경우/ 그 자동차에 대하여 소유권 이전등록을 하려는 자는/ 압류등록의 원인이 된 자동차 관련 과태료를 납부한 증명서를 제출하여야 한다./ 다만, 행정정보의 공동이용을 통하여 납부사실을 확인할 수 있는 경우에는 그러하지 아니하다.

Ⅴ 결손처분

1. 의의
행정청은/ 당사자에게/ 다음의 어느 하나에 해당하는 사유가 있을 경우에는/ 결손처분을 할 수 있다.
① 과태료의 소멸시효가 완성된 경우
② 체납자의 행방이 분명하지 아니하거나 재산이 없는 등 징수할 수 없다고 인정되는 경우

2. 결손처분 취소 및 체납처분
행정청은/ 결손처분을 한 후/ 압류할 수 있는 다른 재산을 발견하였을 때에는/ 지체 없이/ 그 처분을 취소하고 체납처분을 하여야 한다.

THEME 6 과태료 감경·징수유예

핵심이론

I. 과태료 감경

1. 자진납부자에 대한 과태료 감경
행정청은/ 당사자가/ 의견제출 기한 이내에/ 과태료를 자진하여 납부하고자 하는 경우/ 부과될 과태료의 100분의 20 범위 이내에서/ 과태료를 감경할 수 있다.

2. 과태료 부과 및 징수절차의 종료
당사자가 감경된 과태료를 납부한 경우/ 해당 질서위반행위에 대한 과태료 부과 및 징수절차는 종료한다.

II. 과태료 징수유예등

1. 의 의
행정청은/ 당사자가/ 과태료를 납부하기가 곤란하다고 인정되면/ 1년의 범위에서/ 과태료의 분할납부나 납부기일의 연기(이하 "징수유예등")를 결정할 수 있다.

2. 징수유예등 대상
① 국민기초생활보장법에 따른 수급권자
② 국민기초생활보장법에 따른 차상위계층 중/ 의료급여법에 따른 수급권자, 한부모가족지원법에 따른 지원대상자, 자활사업 참여자
③ 장애인복지법에 따른 장애인
④ 본인 외에는 가족을 부양할 사람이 없는 사람
⑤ 불의의 재난으로 피해를 당한 사람
⑥ 납부의무자 또는 그 동거 가족이/ 질병이나 중상해로 1개월 이상의 장기치료를 받아야 하는 경우
⑦ 채무자 회생 및 파산에 관한 법률에 따른/ 개인회생절차개시결정자
⑧ 고용보험법에 따른/ 실업급여수급자 등

3. 신 청

징수유예등을 받으려는 당사자는/ 행정청에 신청할 수 있다.

4. 행정청의 조치

행정청은/ 징수유예등을 하는 경우/ 유예하는 금액에 상당하는 담보의 제공이나 제공된 담보의 변경을 요구할 수 있고,/ 그 밖에 담보보전에 필요한 명령을 할 수 있다.

5. 징수유예등의 기간 중 가산금, 중가산금의 징수 또는 체납처분의 금지

행정청은/ 징수유예등의 기간 중에는/ 그 유예한 과태료 징수금에 대하여 가산금, 중가산의 징수 또는 체납처분(교부청구는 제외)을 할 수 없다.

6. 징수유예등의 취소·통지의무

① 행정청은/ 다음의 어느 하나에 해당하는 경우/ 그 징수유예등을 취소하고, 유예된 과태료 징수금을 한꺼번에 징수할 수 있다.
  ㉠ 과태료 징수금을 지정된 기한까지 납부하지 아니하였을 때
  ㉡ 담보의 제공이나 변경, 그 밖에 담보보전에 필요한 행정청의 명령에 따르지 아니하였을 때
  ㉢ 재산상황이나 그 밖의 사정의 변화로 유예할 필요가 없다고 인정될 때
② ①의 경우 그 사실을 당사자에게 통지하여야 한다.

제5장 행정조사기본법

(출제 빈도 8/13)

THEME 1 행정조사

□ 甲은 음주 상태로 차량 운행 중에 중상을 입는 사고가 발생하여 의식이 없는 상태로 병원 응급센터로 후송되었다. 담당 경찰관은 음주측정기에 의한 호흡측정을 할 수 없다는 사유로 甲의 혈액을 채취하였는데, 이 채혈과 관련하여 「도로교통법」은 운전자의 동의를 받도록 규정하고 있으나 甲의 동의를 얻지 않았을 뿐 아니라 사후에 법원으로부터 영장을 발부받지도 않았다. 그런데, 채혈된 甲의 혈액을 감정한 결과 혈중알코올농도는 0.125%로 분석되어 관할 경찰청장은 甲에 대해 음주운전을 이유로 자동차운전면허를 취소하는 처분을 하였다. 위 채혈에 근거한 운전면허취소처분이 적법한지 검토하시오.
▶ 제13회 기출 사례 20점

□ 행정조사기본법상 행정조사의 기본원칙 및 위법한 행정조사에 기초한 행정행위의 효력에 관하여 설명하시오.
▶ 제7회 기출 약술 20점

□ 행정조사기본법상 행정조사의 기본원칙에 관하여 설명하시오.
▶ 제1회 기출 약술 20점

핵심해설   제13회 기출 사례

I 논점의 정리

사안의 채혈은 행정조사에 해당하며,/ 행정조사에 절차적 위법성이 인정된다면 위법한 행정조사가 근거하여 내려진 행정행위의 효력, 즉 운전면허취소처분이 적법한지 문제된다.

II 행정조사

1. 의 의

행정조사란/ 행정기관이/ 정책을 결정하거나 직무를 수행하는 데 필요한 정보나 자료를 수집하기 위하여/ 행하는 현장조사·문서열람·시료채취 등의 활동을 말한다(법 제2조 제1호 참조).

2. 행정조사의 법적 근거

행정기관은 법령등에서 행정조사를 규정하고 있는 경우에 한하여 행정조사를 실시할 수 있다. 다만, 조사대상자의 자발적인 협조를 얻어 실시하는 경우에는 그러하지 아니하다(법 제5조).

3. 사안의 적용

채혈과 관련하여 도로교통법은 운전자의 동의를 받도록 규정하고 있고, 사전동의가 없는 경우 사후에 영장을 청구하여 법원으로부터 영장을 발부받도록 하고 있다. 사안의 경우 甲의 동의를 얻지 않았을 뿐 아니라 사후에 법원으로부터 영장을 발부받지도 않고 이루어진 채혈행위로서 절차상 하자가 있다. 따라서 위법한 행정조사에 해당한다.

Ⅲ 위법한 행정조사에 기초한 행정행위의 적법성 여부

1. 견해의 대립

① 행정의 효율성을 강조하는 승계부정설과 ② 국민의 권익보호를 강조하는 승계긍정설이 대립한다.

2. 검토

행정조사와 그에 기초한 행정행위는 별개라 할지라도 밀접한 관련성을 가지므로 국민의 권익보호를 강조하는 측면에서 행정조사의 위법성은 행정행위에도 원칙적으로 승계된다고 보는 것이 타당하다.

3. 사안의 적용

국민의 권익보호를 강조하는 승계긍정설의 입장에서/ 사안의 채혈은 위법한 행정조사에 해당하고,/ 그 위법성은 이를 기초로 내린 처분인 운전면허취소처분에도 승계된다./ 따라서 위법한 채혈에 근거한 운전면허취소처분은 위법하다.

Ⅳ 사안의 해결

사안의 채혈은 운전자 甲의 동의를 얻지 않았고, 법원의 영장을 발부받지도 않았으므로 위법한 행정조사에 해당한다./ 따라서 위법한 행정조사인 채혈에 기초하여 내린 운전면허취소처분에도 그 위법성이 승계되어 운전면허취소처분은 위법하다(승계긍정설).

I 행정조사의 의의★★

행정조사란/ 행정기관이/ 정책을 결정하거나 직무를 수행하는 데 필요한 정보나 자료를 수집하기 위하여/ 현장조사·문서열람·시료채취 등을 하거나/ 조사대상자에게 보고요구·자료제출요구 및 출석·진술요구를 행하는 활동을 말한다.

II 행정조사의 기본원칙★★

1. 비례의 원칙
행정조사는 조사목적을 달성하는데 필요한 최소한의 범위 안에서 실시하여야 한다.

2. 조사권 남용 금지의 원칙
다른 목적 등을 위하여/ 조사권을 남용하여서는 아니 된다.

3. 적합성의 원칙
행정기관은/ 조사목적에 적합하도록/ 조사대상자를 선정하여/ 행정조사를 실시하여야 한다.

4. 중복조사 금지의 원칙
행정기관은/ 유사하거나 동일한 사안에 대하여는 공동조사 등을 실시함으로써/ 행정조사가 중복되지 아니하도록 하여야 한다.

5. 법령등 준수 유도의 원칙
행정조사는/ 법령등의 위반에 대한 처벌보다는 법령등을 준수하도록 유도하는 데 중점을 두어야 한다.

6. 비밀누설 금지의 원칙
다른 법률에 따르지 아니하고는/ 행정조사의 대상자 또는 행정조사의 내용을/ 공포하거나 직무상 알게 된 비밀을 누설하여서는 아니 된다.

7. 목적 외 사용 금지의 원칙
행정기관은/ 행정조사를 통하여 알게 된 정보를/ 원래의 조사목적 이외의 용도로 이용하거나 타인에게 제공하여서는 아니 된다.

Ⅲ 적용범위

1. 원칙
다른 법률에 특별한 규정이 있는 경우를 제외하고는/ 행정조사기본법으로 정하는 바에 따른다.

2. 예외
다음의 어느 하나에 해당하는 사항에 대하여는/ 이 법을 적용하지 아니한다.
① 행정조사를 한다는 사실이나 조사내용이 공개될 경우 국가의 존립을 위태롭게 하거나 국가의 중대한 이익을 현저히 해칠 우려가 있는 국가안전보장·통일 및 외교에 관한 사항
② 국방 및 안전에 관한 사항 중 군사시설·군사기밀보호 또는 방위사업에 관한 사항,/ 징집·소집·동원 및 훈련에 관한 사항
③ 국가안전보장에 관련되는 정보 및 보안 업무를 관장하는 기관에서/ 국가안전보장과 관련된 정보의 분석을 목적으로 수집하거나 작성한 정보에 관한 사항
④ 근로감독관의 직무에 관한 사항
⑤ 조세·형사·행형 및 보안처분에 관한 사항
⑥ 금융감독기관의 감독·검사·조사 및 감리에 관한 사항
⑦ 공정거래위원회의 법률위반행위 조사에 관한 사항

Ⅳ 조사의 주기 ★★

1. 정기조사
행정조사는/ 법령등 또는 행정조사운영계획으로 정하는 바에 따라/ 정기적으로 실시함을 원칙으로 한다.

2. 수시조사
다음의 어느 하나에 해당하는 경우에는 수시조사를 할 수 있다.
① 법률에서 수시조사를 규정하고 있는 경우
② 법령등의 위반에 대하여 혐의가 있는 경우
③ 다른 행정기관으로부터 법령등의 위반에 관한 혐의를 통보 또는 이첩받은 경우
④ 법령등의 위반에 대한 신고를 받거나 민원이 접수된 경우
⑤ 행정조사의 필요성이 인정되는 사항으로서 대통령령으로 정하는 경우

Ⅴ 조사대상의 선정

1. 명백하고 객관적인 기준에 따른 선정
행정기관의 장은/ 명백하고 객관적인 기준에 따라/ 행정조사의 대상을 선정하여야 한다.

2. 조사대상 선정기준 열람 신청
조사대상자는/ 조사대상 선정기준에 대한 열람을/ 행정기관의 장에게 신청할 수 있다.

3. 열람 거절 사유
① 행정기관이 당해 행정조사업무를 수행할 수 없을 정도로 조사활동에 지장을 초래하는 경우
② 내부고발자등 제3자에 대한 보호가 필요한 경우

Ⅵ 위법한 행정조사에 기초한 행정행위의 적법성 ★★

1. 문제의 소재
행정조사를 반드시 행정행위의 선행요건으로 볼 수는 없으나, 행정행위와 관련성을 갖는 경우가 많다./ 따라서 하자 있는 위법한 행정조사가 실시된 경우 그에 근거해 내려진 행정행위의 효력이 문제된다.

2. 학설
① 행정의 효율성 측면을 강조하는 승계부정설과 ② 국민의 권익구제 측면을 강조하는 승계긍정설의 다툼이 있다.

3. 검토
행정조사와 행정행위는 별개라 할지라도,/ 밀접한 관련성이 있으므로/ 국민의 권익구제 측면에서 행정조사의 위법성은 행정행위에도 원칙적으로 승계된다고 보는 것이 타당하다./ 이에 따라 위법한 행정조사에 기초한 행정행위는 위법하다.

행정조사 방법

□ 행정조사기본법에서는 정기조사와 수시조사를 규정하고 있다. 수시조사를 실시하고 있는 경우를 설명하고, 정기조사 또는 수시조사를 실시한 행정기관의 장은 동일한 사안에 대하여 동일한 조사대상자를 조사하여서는 안 된다는 원칙과 그 예외에 관하여 설명하시오. ▶ 제10회 기출 약술 20점
□ 「행정조사기본법」상 행정조사 방법에 관하여 설명하시오. ▶ 제8회 기출 약술 20점
□ 행정기관의 장 A는 조사원 B로 하여금 행정법규 위반이 의심되는 甲의 사업장에 출입하여 현장조사를 실시하게 하고자 한다. 행정조사기본법상 현장조사의 절차 및 제한에 관하여 설명하시오. ▶ 제6회 기출 약술 20점

핵심이론

I 출석·진술요구

1. 출석요구서 발송

행정기관의 장은/ 조사대상자의 출석·진술을 요구하는 때에는/ ① 일시와 장소, ② 출석요구의 취지, ③ 출석하여 진술할 내용, ④ 제출자료, ⑤ 출석거부에 대한 제재 등이 기재된/ 출석요구서를 발송하여야 한다.

2. 출석일시 변경 신청

조사대상자는/ 지정된 출석일시에 출석하는 경우 업무 또는 생활에 지장이 있는 때에는/ 행정기관의 장에게/ 출석일시를 변경하여 줄 것을 신청할 수 있다.

3. 1회 출석으로 조사 종결

조사원은/ 원칙적으로/ 조사대상자의 1회 출석으로 당해 조사를 종결하여야 한다.

Ⅱ 보고요구와 자료제출의 요구

1. 보고요구서 발송
행정기관의 장은/ 조사대상자에게/ 보고를 요구하는 때에는/ ① 일시와 장소, ② 조사의 목적과 범위, ③ 보고하여야 하는 내용, ④ 보고거부에 대한 제재 등이 기재된/ 보고요구서를 발송하여야 한다.

2. 자료제출요구서 발송
행정기관의 장은/ 조사대상자에게/ 장부·서류나 그 밖의 자료를 제출하도록 요구하는 때에는/ ① 제출기간, ② 제출요청사유, ③ 제출서류, ④ 제출서류의 반환 여부 ⑤ 제출거부에 대한 제재 등이 기재된/ 보고요구서를 발송하여야 한다.

Ⅲ 현장조사

1. 현장출입조사서 발송
조사원이/ 가택·사무실 또는 사업장 등에 출입하여 현장조사를 실시하는 경우/ 행정기관의 장은 ① 조사목적, ② 조사기간과 장소, ③ 조사원의 성명과 직위, ④ 조사범위와 내용, ⑤ 제출자료, ⑥ 조사거부에 대한 제재 등이 기재된/ 현장출입조사서 또는 법령등에서 현장조사 시 제시하도록 규정하고 있는 문서를 조사대상자에게 발송하여야 한다.

2. 현장조사 시기

(1) 원 칙
현장조사는 해가 뜨기 전이나 해가 진 뒤에는 할 수 없다.

(2) 예 외
다음의 어느 하나에 해당하는 경우에는 그러하지 아니하다.
① 조사대상자가 동의한 경우
② 사무실 또는 사업장 등의 업무시간에 행정조사를 실시하는 경우
③ 해가 뜬 후부터 해가 지기 전까지 행정조사를 실시하는 경우 조사목적의 달성이 불가능하거나 증거인멸로 인하여 조사대상자의 법령등의 위반 여부를 확인할 수 없는 경우

3. 증표 소지 및 제시
현장조사를 하는 조사원은/ 그 권한을 나타내는 증표를 지니고,/ 이를 조사대상자에게 내보여야 한다.

Ⅳ 시료채취

1. 원 칙
조사원이 조사목적의 달성을 위하여 시료채취를 하는 경우에는/ 그 시료의 소유자 및 관리자의 정상적인 경제활동을 방해하지 아니하는 범위 안에서/ 최소한도로 하여야 한다.

2. 손실보상
행정기관의 장은/ 시료채취로 조사대상자에게 손실을 입힌 때에는/ 그 손실을 보상하여야 한다.

Ⅴ 자료등 영치

1. 원 칙
조사원이/ 현장조사 중에 자료등을 영치하는 때에는/ 조사대상자 또는 그 대리인을 입회시켜야 한다.

2. 영치조서
조사원이 영치를 완료한 때에는/ 영치조서 2부를 작성하여/ 입회인과 함께 서명날인하고,/ 그중 1부를 입회인에게 교부하여야 한다.

3. 영치갈음
조사원이 자료등을 영치하는 경우/ 조사대상자의 생활이나 영업이 사실상 불가능하게 될 우려가 있는 때에는/ 조사원은 자료등을 사진으로 촬영하거나 사본을 작성하는 등의 방법으로 영치에 갈음할 수 있다./ 그러나 증거인멸의 우려가 있는 자료등을 영치하는 경우에는 그러하지 아니하다.

4. 영치한 자료등의 반환
행정기관의 장은/ 영치한 자료등이/ ① 당해 행정조사와 관련이 없다고 인정되는 경우, ② 당해 행정조사의 목적 달성 등으로 자료등에 대한 영치의 필요성이 없게 된 경우에는/ 즉시 반환하여야 한다.

VI 공동조사★

1. 의무적 공동조사

행정기관의 장은/ 다음의 어느 하나에 해당하는 행정조사를 하는 경우/ 공동조사를 하여야 한다.
① 당해 행정기관 내의 2 이상의 부서가/ 동일하거나 유사한 업무분야에 대하여/ 동일한 조사대상자에게 행정조사를 실시하는 경우
② 서로 다른 행정기관이/ 대통령령으로 정하는 분야에 대하여/ 동일한 조사대상자에게 행정조사를 실시하는 경우

2. 조사대상자의 공동조사 신청

행정조사의 사전통지를 받은 조사대상자는/ 관계 행정기관의 장에게 공동조사를 실시하여 줄 것을 신청할 수 있다./ 공동조사를 요청받은 행정기관의 장은 이에 응하여야 한다.

3. 국무조정실장의 요청

국무조정실장은/ 행정기관의 장이 제출한 행정조사운영계획의 내용을 검토한 후/ 관계 부처의 장에게/ 공동조사의 실시를 요청할 수 있다.

VII 중복조사의 제한★★

1. 행정기관의 재조사 금지

(1) 원 칙

정기조사 또는 수시조사를 실시한 행정기관의 장은/ 동일한 사안에 대하여/ 동일한 조사대상자를/ 재조사 하여서는 아니 된다.

(2) 예 외

조사대상자에 대하여 위법행위가 의심되는 새로운 증거를 확보한 경우에는 재조사가 가능하다.

2. 행정기관 간 중복조사 금지

① 행정조사를 실시할 행정기관의 장은/ 행정조사를 실시하기 전에/ 다른 행정기관에서/ 동일한 조사대상자에게/ 동일하거나 유사한 사안에 대하여/ 행정조사를 실시하였는지 여부를 확인할 수 있다.
② 행정조사를 실시할 행정기관의 장이/ ①에 따른 사실을 확인하기 위하여 행정조사의 결과에 대한 자료를 요청하는 경우/ 요청받은 행정기관의 장은 특별한 사유가 없는 한 관련 자료를 제공하여야 한다.

행정조사 절차

> □ 행정조사기본법상 행정조사의 사전통지와 연기신청에 관하여 설명하시오. ▶ 제3회 기출 약술 20점

I 개별조사계획 수립

행정조사를 실시하고자 하는 행정기관의 장은/ 사전통지를 하기 전에/ 개별조사계획을 수립하여야 한다./ 다만, 행정조사의 시급성으로 행정조사계획을 수립할 수 없는 경우에는 행정조사에 대한 결과보고서로 개별조사계획을 갈음할 수 있다.

II 조사의 사전통지★

1. 원 칙

행정조사를 실시하고자 하는 행정기관의 장은/ 출석요구서등을/ 조사개시 7일 전까지/ 조사대상자에게/ 서면으로 통지하여야 한다.

2. 예 외

다음의 어느 하나에 해당하는 경우에는/ 행정조사의 개시와 동시에 출석요구서등을 조사대상자에게 제시하거나/ 행정조사의 목적 등을 조사대상자에게 구두로 통지할 수 있다.
① 관련 사항을 미리 통지하는 때에는 증거인멸등으로 행정조사의 목적을 달성할 수 없다고 판단되는 경우
② 통계법에 따른 지정통계의 작성을 위하여 조사하는 경우
③ 조사대상자의 자발적인 협조를 얻어 실시하는 행정조사의 경우

Ⅲ 조사의 연기신청★

1. 의 의
출석요구서등을 통지받은 자가/ 천재지변 그 밖에 대통령령으로 정하는 사유로 행정조사를 받을 수 없는 때에는/ 당해 행정조사를 연기하여 줄 것을/ 행정기관의 장에게 요청할 수 있다.

2. 연기신청서 제출
연기요청을 하고자 하는 자는/ 연기하고자 하는 기간과 사유가 포함된 연기신청서를/ 행정기관의 장에게 제출하여야 한다.

3. 조사의 연기 여부 결정 및 통지
행정기관의 장은/ 행정조사의 연기요청을 받은 때에는/ 연기요청을 받은 날부터 7일 이내에/ 조사의 연기 여부를 결정하여 조사대상자에게 통지하여야 한다.

Ⅳ 의견제출 및 반영

조사대상자는/ 사전통지의 내용에 대하여/ 행정기관의 장에 의견을 제출할 수 있으며,/ 행정기관의 장은/ 상당한 이유가 있다고 인정하는 경우/ 이를 행정조사에 반영하여야 한다.

Ⅴ 조사원 교체신청

1. 원 칙
① 조사대상자는/ 조사원에게 공정한 행정조사를 기대하기 어려운 사정이 있다고 판단되는 경우/ 행정기관의 장에게 당해 조사원의 교체를 신청할 수 있다.
② 교체신청은 그 이유를 명시한 서면으로 하여야 한다.

2. 기각 및 그 취지 통지
행정기관의 장은/ 교체신청이 조사를 지연할 목적으로 한 것이거나 그 밖에 교체신청에 타당한 이유가 없다고 인정되는 때에는/ 그 신청을 기각하고 그 취지를 신청인에게 통지하여야 한다.

VI. 제3자에 대한 보충조사★★

1. 실시 사유

행정기관의 장은/ 조사대상자에 대한 조사만으로는 당해 행정조사의 목적을 달성할 수 없거나/ 조사대상이 되는 행위에 대한 사실 여부등을 입증하는 데 과도한 비용등이 소용되는 경우로서/ 다른 법률에서 제3자에 대한 조사를 허용하고 있거나 제3자의 동의가 있는 경우에는/ 제3자에 대하여 보충조사를 할 수 있다.

2. 서면통지

(1) 제3자에 대한 서면통지

행정기관의 장은/ 제3자에 대한 보충조사를 실시하는 경우/ 조사개시 7일 전까지/ 보충조사의 일시·장소 및 보충조사의 취지 등을/ 제3자에게 서면으로 통지하여야 한다.

(2) 원 조사대상자에 대한 통지

행정기관의 장은/ 제3자에 대한 보충조사를 하기 전에 그 사실을 원래의 조사대상자에게 통지하여야 한다./ 다만, 사전에 통지하여서는 조사목적을 달성할 수 없거나 조사목적의 달성이 현저히 곤란한 경우에는/ 제3자에 대한 조사결과를 확정하기 전에 그 사실을 통지하여야 한다.

3. 의견제출

원래의 조사대상자는/ 제3자 보충조사에 대한 의견을 제출할 수 있다.

VII. 자발적인 협조에 따라 실시하는 행정조사

1. 행정조사 거부 가능

행정기관의 장이/ 조사대상자의 자발적인 협조를 얻어 행정조사를 실시하고자 하는 경우/ 조사대상자는 문서·전화·구두 등의 방법으로 당해 행정조사를 거부할 수 있다.

2. 조사거부 간주

조사대상자가 조사에 응할 것인지에 대한 응답을 하지 아니하는 경우/ 법령등에 특별한 규정이 없는 한 그 조사를 거부한 것으로 본다.

Ⅷ 조사권 행사의 제한

1. 추가조사

(1) 원 칙

조사원은/ 사전에 발송된 사항에 한하여/ 조사대상자를 조사할 수 있다.

(2) 예 외

사전통지한 사항과 관련된 추가적인 행정조사가 필요한 경우/ 조사대상자에게 추가조사의 필요성과 조사내용등에 관한 사항을 서면이나 구두로 통보한 후 추가조사를 실시할 수 있다.

2. 전문가 입회, 의견진술

조사대상자는/ 법률·회계등에 대하여/ 전문지식이 있는 관계 전문가로 하여금/ 행정조사를 받는 과정에 입회하게 하거나/ 의견을 진술하게 할 수 있다.

3. 녹음·녹화

① 조사대상자와 조사원은/ 조사과정을 방해하지 아니하는 범위 안에서/ 행정조사의 과정을 녹음하거나 녹화할 수 있다./ 이 경우 녹음·녹화의 범위등은 상호 협의하여 정한다.

② 조사대상자와 조사원이 녹음이나 녹화를 하는 경우/ 사전에 이를 당해 행정기관의 장에게 통지하여야 한다.

Ⅸ 조사결과의 통지

행정기관의 장은/ 법령등에 특별한 규정이 있는 경우를 제외하고는/ 행정조사의 결과를 확정한 날부터 7일 이내에/ 그 결과를 조사대상자에게 통지하여야 한다.

자율관리체제의 구축 등

□ 「행정조사기본법」상 자율관리체제의 구축신고에 관하여 설명하시오.   ▶ 제12회 기출 약술 20점

I 자율신고제도

1. 의 의
〈행정기관의 장〉은/ 법령 등에서 규정하고 있는 조사사항을/ 〈조사대상자〉로 하여금 스스로 신고하도록 하는 제도를 운영할 수 있다(법 제25조 제1항).

2. 신고 내용의 행정조사 갈음
〈행정기관의 장〉은/ 〈조사대상자〉가 신고한 내용이 거짓의 신고라고 인정할 만한 근거가 있거나 신고 내용을 신뢰할 수 없는 경우를 제외하고는/ 그 신고 내용을 행정조사에 갈음할 수 있다(법 제25조 제2항).

II 자율관리체제의 구축

1. 자율관리체제의 의의
자율관리체제란/ 조사대상자가 자율적으로 행정조사사항을 신고·관리하고,/ 스스로 법령준수사항을 통제하도록 하는 체제를 의미한다.

2. 자율관리체제의 기준 마련 및 고시
〈행정기관의 장〉은/ 자율관리체제의 기준을 마련하여 고시할 수 있다(법 제26조 제1항).

3. 자율관리체제의 신고
① 〈조사대상자〉나 ② 조사대상자가 법령 등에 따라 설립하거나 자율적으로 설립한 〈단체 또는 협회〉는/ 자율관리체제의 기준에 따라 자율관리체제를 구축하여/ 대통령령으로 정하는 절차와 방법에 따라/ 〈행정기관의 장〉에게 신고할 수 있다(법 제26조 제2항).

4. 자율관리체제의 구축 지원

〈국가와 지방자치단체〉는/ 행정사무의 효율적인 집행과 법령 등의 준수를 위하여/ 조사대상자의 자율관리체제 구축을 지원하여야 한다(법 제26조 제3항).

Ⅲ 자율관리에 대한 혜택의 부여

〈행정기관의 장〉은/ 자율신고를 하는 자와 자율관리체제를 구축하고 자율관리체제의 기준을 준수한 자에 대하여는/ 법령 등으로 규정한 바에 따라 행정조사의 감면 또는 행정·세제상의 지원을 하는 등 필요한 혜택을 부여할 수 있다(법 제27조).

제6장 행정규제기본법

(출제 빈도 5/13)

THEME 1. 행정규제의 기본원칙 ★★

- □ 「행정규제기본법」상 규제법정주의 및 규제의 원칙을 설명하고 우선허용·사후규제 원칙에 대하여 설명하시오.
  ▶ 제13회 기출 약술 20점
- □ 행정규제기본법상 규제의 원칙을 설명하고 규제개혁위원회의 심의·조정 사항을 기술하시오(THEME 4 참조).
  ▶ 제10회 기출 약술 20점
- □ 행정규제기본법상 행정규제의 개념과 행정규제 법정주의에 관하여 설명하시오.
  ▶ 제1회 기출 약술 20점

핵심해설 제13회 기출 약술

I. 행정규제의 의의

행정규제란/ 국가나 지방자치단체가/ 특정한 행정 목적을 실현하기 위하여/ 국민(국내법을 적용받는 외국인을 포함한다)의 권리를 제한하거나 의무를 부과하는 것으로서/ 법령 등이나 조례·규칙에 규정되는 사항을 말한다(법 제2조 제1항 제1호).

II. 규제 법정주의

1. 법률유보

규제는 법률에 근거하여야 하며,/ 그 내용은 알기 쉬운 용어로 구체적이고 명확하게 규정되어야 한다(법 제4조 제1항).

2. 규제의 방식

① 규제는 법률에 직접 규정하되,/ 규제의 세부적인 내용은/ 법률 또는 상위법령에서 구체적으로 범위를 정하여 위임한 바에 따라 대통령령·총리령·부령 또는 조례·규칙으로 정할 수 있다(법 제4조 제2항 본문).

② 법령에서 전문적·기술적 사항이나 경미한 사항으로서 업무의 성질상 위임이 불가피한 사항에 관하여/ 구체적으로 범위를 정하여 위임한 경우에는 고시 등으로 정할 수 있다(법 제4조 제2항 단서).

3. 국민의 권리를 제한하거나 의무 부과

행정기관은/ 법률에 근거하지 아니한 규제로 국민의 권리를 제한하거나 의무를 부과할 수 없다(법 제4조 제3항).

Ⅲ 규제의 원칙

1. 국민의 자유와 창의 존중 및 본질적 내용 침해 금지

국가나 지방자치단체는/ 국민의 자유와 창의를 존중하여야 하며,/ 규제를 정하는 경우에도 그 본질적 내용을 침해하지 아니하도록 하여야 한다(법 제5조 제1항).

2. 실효성 있는 규제

국가나 지방자치단체가 규제를 정할 때에는/ 국민의 생명·인권·보건 및 환경 등의 보호와/ 식품·의약품의 안전을 위한/ 실효성이 있는 규제가 되도록 하여야 한다(법 제5조 제2항).

3. 규제의 대상과 수단의 설정

규제의 대상과 수단은/ 규제의 목적 실현에 필요한 최소한의 범위에서/ 가장 효과적인 방법으로 객관성·투명성 및 공정성이 확보되도록 설정되어야 한다(법 제5조 제3항).

Ⅳ 우선허용·사후규제 원칙

1. 우선적 고려 방식

국가나 지방자치단체가/ 신기술 서비스·제품과 관련된 규제를 법령등에 규정할 때에는/ 다음의 방식을 우선적으로 고려하여야 한다(법 제5조의2 제1항).

(1) 네거티브 리스트 규정 방식

규제로 인하여 제한되는 권리나 부과되는 의무는 한정적으로 열거하고/ 그 밖의 사항은 원칙적으로 허용하는 규정 방식

(2) 포괄적 규정 방식

서비스와 제품의 인정 요건·개념 등을/ 장래의 신기술 발전에 따른 새로운 서비스와 제품도 포섭될 수 있도록 하는 규정 방식

(3) 분류기준의 유연한 규정 방식

서비스와 제품에 관한 분류기준을/ 장래의 신기술 발전에 따른 서비스와 제품도 포섭될 수 있도록/ 유연하게 정하는 규정 방식

(4) 사후규제 방식

신기술 서비스·제품과 관련하여 출시 전에 권리를 제한하거나 의무를 부과하지 아니하고 필요에 따라 출시 후에 권리를 제한하거나 의무를 부과하는 규정 방식

2. 개선방안 강구

국가와 지방자치단체는/ 신기술 서비스·제품과 관련된 규제를 점검하여/ 해당 규제를 1.의 규정 방식으로 개선하는 방안을 강구하여야 한다(법 제5조의2 제2항).

핵심이론

I. 행정규제의 의의

행정규제란/ 국가나 지방자치단체가/ 특정한 행정 목적을 실현하기 위하여/ 국민(국내법을 적용받는 외국인을 포함한다)의 권리를 제한하거나 의무를 부과하는 것으로서/ 법령 등이나 조례·규칙에 규정되는 사항을 말한다(법 제2조 제1항 제1호).

II. 규제 법정주의

1. 법률유보

규제는 법률에 근거하여야 하며,/ 그 내용은 알기 쉬운 용어로 구체적이고 명확하게 규정되어야 한다(법 제4조 제1항).

2. 규제의 방식

① 규제는 법률에 직접 규정하되,/ 규제의 세부적인 내용은/ 법률 또는 상위법령에서 구체적으로 범위를 정하여 위임한 바에 따라 대통령령·총리령·부령 또는 조례·규칙으로 정할 수 있다(법 제4조 제2항 본문).
② 법령에서 전문적·기술적 사항이나 경미한 사항으로서 업무의 성질상 위임이 불가피한 사항에 관하여/ 구체적으로 범위를 정하여 위임한 경우에는 고시 등으로 정할 수 있다(법 제4조 제2항 단서).

3. 국민의 권리를 제한하거나 의무 부과

행정기관은/ 법률에 근거하지 아니한 규제로 국민의 권리를 제한하거나 의무를 부과할 수 없다(법 제4조 제3항).

III. 규제의 원칙

1. 국민의 자유와 창의 존중 및 본질적 내용 침해 금지

국가나 지방자치단체는/ 국민의 자유와 창의를 존중하여야 하며,/ 규제를 정하는 경우에도 그 본질적 내용을 침해하지 아니하도록 하여야 한다(법 제5조 제1항).

2. 실효성 있는 규제

국가나 지방자치단체가 규제를 정할 때에는/ 국민의 생명·인권·보건 및 환경 등의 보호와/ 식품·의약품의 안전을 위한/ 실효성이 있는 규제가 되도록 하여야 한다(법 제5조 제2항).

3. 규제의 대상과 수단의 설정

규제의 대상과 수단은/ 규제의 목적 실현에 필요한 최소한의 범위에서/ 가장 효과적인 방법으로 객관성·투명성 및 공정성이 확보되도록 설정되어야 한다(법 제5조 제3항).

Ⅳ. 우선허용 · 사후규제 원칙

1. 우선적 고려 방식

국가나 지방자치단체가/ 신기술 서비스·제품과 관련된 규제를 법령등에 규정할 때에는/ 다음의 방식을 우선적으로 고려하여야 한다(법 제5조의2 제1항).

(1) 네거티브 리스트 규정 방식

규제로 인하여 제한되는 권리나 부과되는 의무는 한정적으로 열거하고/ 그 밖의 사항은 원칙적으로 허용하는 규정 방식

(2) 포괄적 규정 방식

서비스와 제품의 인정 요건·개념 등을/ 장래의 신기술 발전에 따른 새로운 서비스와 제품도 포섭될 수 있도록 하는 규정 방식

(3) 분류기준의 유연한 규정 방식

서비스와 제품에 관한 분류기준을/ 장래의 신기술 발전에 따른 서비스와 제품도 포섭될 수 있도록/ 유연하게 정하는 규정 방식

(4) 사후규제 방식

신기술 서비스·제품과 관련하여 출시 전에 권리를 제한하거나 의무를 부과하지 아니하고 필요에 따라 출시 후에 권리를 제한하거나 의무를 부과하는 규정 방식

2. 개선방안 강구

국가와 지방자치단체는/ 신기술 서비스·제품과 관련된 규제를 점검하여/ 해당 규제를 1.의 규정 방식으로 개선하는 방안을 강구하여야 한다(법 제5조의2 제2항).

THEME 2. 행정규제의 신설·강화 시 심사절차★★

□ 행정규제기본법령상 규제영향분석 및 자체심사에 관하여 설명하시오. ▶ 제5회 기출 약술 20점

 핵심이론

I. 행정기관 자체 심사★

1. 규제영향분석 및 규제영향분석서 작성

중앙행정기관의 장은/ 규제를 신설하거나 강화하려면/ 다음의 사항을 종합적으로 고려하여/ 규제영향분석을 하고 규제영향분석서를 작성하여야 한다.
① 규제의 신설 또는 강화의 필요성
② 규제 목적의 실현 가능성
③ 규제 외의 대체수단 존재 여부 및 기존규제와의 중복 여부
④ 규제의 시행에 따라 규제를 받는 집단과 국민이 부담하여야 할 비용과 편익의 비교 분석
⑤ 규제의 시행이 중소기업에 미치는 영향
⑥ 기술규정 및 적합성평가의 시행이 기업에 미치는 영향
⑦ 경쟁 제한적 요소의 포함 여부
⑧ 규제 내용의 객관성과 명료성
⑨ 규제의 존속기한·재검토기한의 설정 근거 또는 미설정 사유
⑩ 규제의 신설 또는 강화에 따른 행정기구·인력 및 예산의 소요
⑪ 규제의 신설 또는 강화에 따른 부담을 경감하기 위하여 폐지·완화가 필요한 기존규제 대상
⑫ 관련 민원사무의 구비서류 및 처리절차 등의 적정 여부

2. 규제영향분석서 공표, 보완 및 처리 결과 통지

중앙행정기관의 장은/ 규제영향분석서를/ 입법예고 기간 동안 국민에게 공표하여야 하고,/ 제출된 의견을 검토하여 규제영향분석서를 보완하며,/ 의견을 제출한 자에게 제출된 의견의 처리 결과를 알려야 한다.

3. 자체심사

① 중앙행정기관의 장은/ 규제영향분석의 결과를 기초로 규제의 대상·범위·방법 등을 정하고/ 자체규제 심사위원회의 심의를 거쳐 그 타당성에 대하여 자체심사를 하여야 한다.
② 이 경우 관계 전문가등의 의견을 충분히 수렴하여 심사에 반영하여야 한다.

4. 규제의 존속기한 및 재검토기한 명시

(1) 원 칙
중앙행정기관의 장은/ 규제를 신설하거나 강화하려는 경우/ 존속시켜야 할 명백한 사유가 없는 규제는/ 존속기한 또는 재검토기한을 설정하여 그 법령등에 규정하여야 한다.

(2) 기 간
규제의 존속기한 또는 재검토기한은/ 규제의 목적을 달성하기 위하여 필요한 최소한의 기간 내에서 설정되어야 하며,/ 그 기간은 원칙적으로 5년을 초과할 수 없다.

(3) 연장 절차

1) 위원회 심사요청

중앙행정기관의 장은/ 규제의 존속기한 또는 재검토기한을 연장할 필요가 있을 때에는/ 그 규제의 존속기한 또는 재검토기한의 6개월 전까지/ 위원회에 심사를 요청하여야 한다.

2) 국회 제출

중앙행정기관의 장은/ 법률에 규정된 규제의 존속기한 또는 재검토기한을 연장할 필요가 있을 때에는/ 그 규제의 존속기한 또는 재검토기한의 3개월 전까지/ 규제의 존속기한 또는 재검토기한 연장을 내용으로 하는 개정안을 국회에 제출하여야 한다.

5. 규제의 재검토

(1) 규제의 재검토 실시 및 조치의무
중앙행정기관의 장은/ 규제의 재검토기한이 도래하는 경우/ 자체규제심사위원회의 심의를 거쳐/ 해당 규제의 시행상황을 점검하는 방법 등으로 규제의 재검토를 실시하고/ 그 결과에 따라 규제의 폐지 또는 완화 등 필요한 조치를 하여야 한다.

(2) 재검토 결과보고서 작성ㆍ보존 및 공개
중앙행정기관의 장은/ 재검토의 결과보고서를 작성ㆍ보존 및 공개하고,/ 다음 재검토를 실시할 때 그 내용을 반영하여야 한다.

6. 소상공인 등에 대한 규제 형평

(1) 적용면제ㆍ유예
중앙행정기관의 장은/ 규제를 신설하거나 강화하려는 경우/ 소상공인 및 소기업에 대하여 해당 규제를 적용하는 것이 적절하지 아니하거나 과도한 부담을 줄 우려가 있다고 판단되면/ 규제의 전부 또는 일부의 적용을 면제하거나 일정기간 유예하는 등의 방안을 검토하여야 한다.

(2) 근거자료 제출
중앙행정기관의 장은/ (1)을 적용하는 것이 적절하지 아니하다고 판단될 경우/ 위원회에 심사를 요청할 때 그 판단의 근거를 제시하여야 한다.

Ⅱ 위원회의 심사

1. 절차

(1) 심사요청

중앙행정기관의 장은/ 규제를 신설하거나 강화하려면/ 규제안에 다음의 사항을 첨부하여/ 위원회에 제출하고, 심사를 요청하여야 한다.
① 규제영향분석서
② 자체심사 의견
③ 행정기관·이해관계인 등의 제출의견 요지

(2) 예비심사

위원회는/ 심사를 요청받은 날부터 10일 이내에/ 그 규제가 국민의 일상생활과 사회·경제활동에 미치는 파급 효과를 고려하여/ 심사를 받아야 할 중요규제인지를 결정하여야 한다.

(3) 심사

위원회는/ 중요규제라고 결정한 규제에 대하여는/ 심사요청을 받은 날부터 45일 이내에 심사를 끝내야 한다./ 다만, 불가피한 경우/ 위원회 결정으로 15일을 넘지 아니한 범위에서 한 차례만 연장할 수 있다.

2. 중요규제 판단기준

(1) 원칙

다음의 어느 하나에 해당하는 규제는 중요규제로 본다.
① 규제를 받는 집단과 국민이 부담하여야 할 비용이 연간 100억원 이상인 규제
② 규제를 받는 사람의 수가 연간 100만명 이상인 규제
③ 명백하게 진입이나 경쟁이 제한적인 성격의 규제
④ 국제기준에 비추어 규제 정도가 과도하거나 불합리한 규제
⑤ 다른 행정기관에 의하여 시행되고 있거나 시행 예정인 규제와 심각한 불일치 또는 간섭을 발생시키는 규제
⑥ 이해관계인 간 이견이 첨예하게 대립하거나/ 사회·경제적으로 상당한 부작용이 우려되는 규제
⑦ 중소기업영향평가·경쟁영향평가·기술영향평가의 결과 개선이 필요한 규제
⑧ 규제 수준 및 정도가 현저히 부당하여 위원회의 심도 있는 논의가 필요한 규제

(2) 예외

위원회는/ 심사를 요청받은 규제가 중요규제의 판단기준에 해당하더라도/ 이해관계인 간의 이견이 없으면서 다른 규제대안이 없는 경우 등 불가피성이 인정되는 경우에는/ 중요규제로 보지 아니할 수 있다.

3. 긴급한 규제의 신설·강화 심사

(1) 원 칙

중앙행정기관의 장은/ 긴급하게 규제를 신설하거나 강화하여야 할 특별한 사유가 있는 경우에는/ 규제영향분석 및 자체심사, 존속기한 및 재검토기한 연장 요청, 의견 수렴 및 심사 요청의 절차를 거치지 아니하고/ 위원회에 심사를 요청할 수 있다.

(2) 위원회의 규제의 긴급성 인정 시 조치

① 위원회는/ 심사를 요청받은 날부터 20일 이내에/ 규제의 신설 또는 강화의 타당성을 심사하고,/ 그 결과를 관계 중앙행정기관의 장에게 통보하여야 한다.

② 관계 중앙행정기관의 장은/ 위원회의 심사결과를 통보받은 날부터 60일 이내에/ 위원회에 규제영향분석서를 제출하여야 한다.

(3) 위원회의 규제의 긴급성 불인정 시 조치

위원회는/ 심사를 요청받은 날부터 10일 이내에/ 관계 중앙행정기관의 장에게 상기 절차를 거치도록 요구할 수 있다.

THEME 3 기존규제의 정비

I 요청에 의한 정비

1. 원칙
① 누구든지/ 위원회에/ 고시등 기존규제의 폐지 또는 개선(이하 "정비")를 요청할 수 있다.
② 위원회는/ 정비 요청을 받으면/ 해당 규제의 소관 행정기관의 장에게/ 지체 없이 통보하여야 하고,/ 통보를 받은 행정기관의 장은/ 책임자 실명으로 성실히 답변하여야 한다.
③ 위원회는/ 필요한 경우/ 해당 행정기관의 장에게 규제 존치의 필요성 등에 대하여 소명할 것을 요청할 수 있으며,/ 소명 요청을 받은 행정기관의 장은 특별한 사유가 없으면 이에 따라야 한다.

2. 중앙행정기관장의 요청
중앙행정기관의 장은/ 규제 개선 또는 소관 정책의 목적을 효과적으로 달성하기 위하여/ 다른 중앙행정기관의 소관 규제를 개선할 필요가 있다고 판단하는 경우에는/ 그에 관한 의견을 위원회에 제출할 수 있다.

II 자체정비

1. 정비가 필요한 규제 선정 · 정비
중앙행정기관의 장은/ 매년/ 소관 기존규제에 대하여/ 이해관계인 · 전문가 등의 의견을 수렴하여/ 정비가 필요한 규제를 선정하여 정비하여야 한다.

2. 정비 결과 위원회 제출
중앙행정기관의 장은/ 정비 결과를 위원회에 제출하여야 한다.

3. 신기술 서비스·제품 관련 규제의 정비 및 특례

(1) 규제의 정비

1) 확인·통보
중앙행정기관의 장은/ 신기술 서비스·제품과 관련된 규제와 관련하여/ 규제의 적용 또는 존재 여부에 대하여/ 국민이 확인을 요청하는 경우/ 지체 없이/ 확인하여 통보하여야 한다.

2) 정 비
중앙행정기관의 장은/ 신기술 서비스·제품과 관련된 규제와 관련하여/ ① 기존규제를 신기술 서비스·제품에 적용하는 것이 곤란하거나 맞지 아니한 경우이거나 ② 신기술 서비스·제품에 대하여 명확히 규정되어 있지 아니한 경우에 해당되어/ 신기술 서비스·제품의 육성을 저해하는 경우에는/ 해당 규제를 신속하게 정비하여야 한다.

(2) 규제 특례

1) 면제·완화
중앙행정기관의 장은/ 규제를 정비하여야 하는 경우로서 필요한 경우에는/ 해당 규제가 정비되기 전이라도/ 신기술 서비스·제품과 관련된 규제 특례를 부여하는 관계법률로서 대통령령으로 정하는 법률(이하 "규제 특례 관계법률")로 정하는 바에 따라/ 해당 규제의 적용을 면제하거나 완화할 수 있다.

2) 면제·완화 규정을 두는 경우 고려사항
중앙행정기관의 장은 규제 특례 관계법률에 규제의 적용을 면제하거나 완화하는 규정을 두는 경우에는 다음의 사항을 종합적으로 고려하여야 한다.
① 국민의 안전·생명·건강에 위해가 되거나 환경 및 지역균형발전을 저해하는지 여부와 개인정보의 안전한 보호 및 처리 여부
② 해당 신기술 서비스·제품의 혁신성 및 안전성과 그에 따른 이용자의 편익
③ 규제의 적용 면제 또는 완화로 인하여 발생할 수 있는 부작용에 대한 사후책임 확보 방안

3) 신기술 서비스·제품 관련 규제 특례에 관한 사항의 심의·의결
신기술 서비스·제품과 관련된 규제 특례를 부여받고자 하는 자의 신청을 받은 중앙행정기관의 장(이하 "규제 특례 주관기관")은/ 신기술 서비스·제품 관련 규제 특례에 관한 사항을 심의·의결하기 위하여/ 규제 특례 관계법률에 따라 설치된 위원회(이하 "규제 특례 위원회")의 심의·의결을 거쳐/ 1)의 특례를 부여하려는 경우에는 대통령령으로 정하는 기간 이내에 규제 특례 위원회에 신청된 사항을 상정하여야 한다.

4) 규제의 면제·완화가 규제 특례 위원회에서 부결된 경우
1)의 규제 특례 부여가/ 규제 특례 위원회에서 부결된 경우에는/ 규제 특례의 부여를 신청한 자는/ 대통령령으로 정하는 바에 따라 규제 특례 주관기관의 장에게/ 재심의를 신청할 수 있다.

5) 규제 특례의 내용·조건 등 변경 신청
신기술 서비스·제품과 관련된 규제 특례를 부여받은 자는/ 사정의 변경 등 정당한 사유가 있는 경우/ 규제 특례 주관기관의 장에게/ 규제 특례의 내용·조건 등의 변경을 신청할 수 있다.

6) 규제 특례와 관련된 법령의 정비 여부 및 사유, 정비 계획 등의 통보
신기술 서비스·제품의 규제 특례와 관련된 규제 법령을 소관하는 중앙행정기관의 장은/ 대통령령으로 정하는 바에 따라/ 규제 특례와 관련된 법령의 정비 여부 및 사유, 정비 계획 등에 대해/ 규제 특례를 부여받은 자 및 규제 특례 주관기관의 장에게 통보하여야 한다.

Ⅲ 규제정비 종합계획

1. 규제정비 종합계획의 수립
① 위원회는/ 매년 중점적으로 추진할 규제분야나 특정한 기존규제를 선정하여/ 기존규제의 정비지침을 작성하고/ 위원회의 의결을 거쳐/ 중앙행정기관의 장에게 통보하여야 한다.
② 중앙행정기관의 장은/ 정비지침에 따라/ 그 기관의 규제정비 계획을 수립하여/ 위원회에 제출하여야 한다.

2. 규제정비 종합계획의 시행
중앙행정기관의 장은/ 수립·공표된 정부의 규제정비 종합계획에 따라/ 소관 기존규제를 정비하고/ 그 결과를 위원회에 제출하여야 한다.

3. 조직 정비 등
① 위원회는/ 기존규제가 정비된 경우/ 정부의 조직과 예산을 관장하는 관계 중앙행정기관의 장에게/ 이를 통보하여야 한다.
② 통보를 받은 관계 중앙행정기관의 장은/ 기존규제의 정비에 따른 정부의 조직 또는 예산의 합리화 방안을 마련하여야 한다.

규제개혁위원회

□ 행정규제기본법상 규제의 원칙을 설명하고 규제개혁위원회의 심의·조정 사항을 기술하시오(THEME 1 참조).
▶ 제10회 기출 약술 20점
□ 행정규제기본법상 규제개혁위원회의 설치, 기능 및 조사·의견청취 등에 관하여 설명하시오.
▶ 제7회 기출 약술 20점

Ⅰ 설 치

정부의 규제정책을 심의·조정하고/ 규제의 심사·정비등에 관한 사항을 종합적으로 추진하기 위하여/ 대통령 소속으로 규제개혁위원회를 둔다.

Ⅱ 기 능

1. 심의·조정 사항★★

위원회는 다음의 사항을 심의·조정한다.
① 규제정책의 기본방향과 규제제도의 연구·발전에 관한 사항
② 규제의 신설·강화 등에 대한 심사에 관한 사항
③ 기존규제의 심사, 신산업 규제정비 기본계획 및 규제정비 종합계획의 수립·시행에 관한 사항
④ 규제의 등록·공표에 관한 사항
⑤ 규제 개선에 관한 의견 수렴 및 처리에 관한 사항
⑥ 각급 행정기관의 규제 개선 실태에 대한 점검·평가에 관한 사항
⑦ 그 밖에 위원장이 위원회의 심의·조정이 필요하다고 인정하는 사항

2. 의견제출, 권고 등

위원회는 규제 특례 위원회에 의견을 제출하거나, 필요한 경우 권고할 수 있다. 이 경우 권고를 받은 규제 특례 위원회는 권고사항에 대한 처리결과를 위원회에 제출하여야 한다.

Ⅲ 조사 및 의견청취 등

1. 위원회의 조치
위원회는/ Ⅱ.의 기능을 수행할 때 필요하다고 인정하면/ 다음의 조치를 할 수 있다.
① 관계 행정기관에 대한 설명 또는 자료·서류등의 제출 요구
② 이해관계인·참고인 또는 관계 공무원의 출석 및 의견진술 요구
③ 관계 행정기관 등에 대한 현지조사

2. 위원회 출석·의견진술·자료제출
관계 행정기관의 장은/ 규제의 심사 등과 관련하여/ 소속 공무원이나 관계 전문가를/ 위원회에 출석시켜 의견을 진술하게 하거나 필요한 자료를 제출할 수 있다.

Ⅳ 위원회의 사무처리 등

1. 사무기구 설치
위원회의 사무처리를 위하여/ 전문성을 갖춘 사무기구를 둔다.

2. 전문 연구기관의 지정
위원회의 전문적인 심사사항을 지원하기 위하여/ 전문 연구기관을 지정할 수 있다.

Ⅴ 벌칙 적용 시의 공무원 의제
위원 중 공무원이 아닌 위원·전문위원 및 조사요원은/「형법」이나 그 밖의 법률에 따른 벌칙을 적용할 때에는 공무원으로 본다.

제7장 주민등록법

(출제 빈도 2/12)

THEME 1. 주민등록번호의 정정

□ 「주민등록법」상 주민등록번호의 '정정사유'와 '변경사유'에 관하여 설명하시오(THEME 2 참조).
▶ 제11회 기출 약술 20점

핵심이론

I 정정 요구 등

1. 정정 요구
〈주민등록지의 시장·군수 또는 구청장〉은/ 일정한 사유가 발생하면/ 〈번호부여지의 시장·군수 또는 구청장〉에게/ 주민등록번호의 정정을 요구하여야 한다.

2. 직접 정정
다만, 〈주민등록지의 시장·군수 또는 구청장〉이/ 〈번호부여지의 시장·군수 또는 구청장〉인 경우에는/ 직접 주민등록번호를 정정하여야 한다.

II 정정 요구 사유 ★★

① 등록 사항의 정정으로 인하여/ 주민등록번호를 정정하여야 하는 경우
② 주민으로부터 주민등록번호의 오류를 이유로 정정신청을 받은 경우
③ 주민등록번호에 오류가 있음을 발견한 경우

Ⅲ 정정 절차 등

1. 정정 및 통보
〈번호부여지의 시장·군수 또는 구청장〉은/ 주민등록번호 정정의 요구를 받으면/ 지체 없이 이를 정정하고,/ 그 정정사항을 〈주민등록지의 시장·군수 또는 구청장〉에게 알려야 한다.

2. 사유 통보
〈번호부여지의 시장·군수 또는 구청장〉은/ 주민등록번호에 오류가 있음을 발견하지 못하였거나 주민등록번호 부여사실을 확인하지 못하면/ 그 사유를 적어/ 〈주민등록지의 시장·군수 또는 구청장〉에게 알려야 한다.

3. 주민등록표 정정
〈주민등록지의 시장·군수 또는 구청장〉은/ 〈번호부여지의 시장·군수 또는 구청장〉으로부터 1.의 통보를 받은 경우에는/ 정정통보서에 따라 주민등록표를 정정하여야 하며,/ 2.에 따라 주민등록번호의 부여사실을 확인하지 못하였다는 통보를 받은 경우에는/ 주민등록번호를 직접 새로 부여하여 주민등록표를 정정할 수 있다.

4. 주민등록증 회수 및 재발급
〈주민등록지의 시장·군수 또는 구청장〉은/ 3.에 따라 주민등록번호가 정정되거나/ 주민등록번호의 변경 결정을 통지받은 사람이 주민등록증을 이미 발급받은 사람이면/ 종전의 주민등록증을 회수한 후 주민등록증을 재발급하여야 한다.

THEME 2 주민등록번호의 변경

☐ 「주민등록법」상 주민등록번호의 '정정사유'와 '변경사유'에 관하여 설명하시오(THEME 1 참조).
▶ 제11회 기출 약술 20점

핵심이론

I 변경신청 등

1. 변경신청

〈일정한 변경사유가 있는 자〉는/ 입증할 수 있는 자료를 갖추어/ 〈주민등록지 또는 거주지의 시장·군수 또는 구청장〉에게/ 주민등록번호의 변경을 신청할 수 있다.

2. 이송 및 통지

다만, 신청인의 주민등록지가 아닌 〈거주지의 시장·군수 또는 구청장〉이 주민등록번호의 변경 신청을 받은 경우/ 이를 지체 없이 〈주민등록지의 시장·군수 또는 구청장〉에게/ 이송하고 그 사실을 신청인에게 통지하여야 한다.

II 변경신청 사유★★

① 유출된 주민등록번호로 인하여/ 생명·신체에 위해를 입거나 입을 우려가 있다고 인정되는 사람
② 유출된 주민등록번호로 인하여/ 재산에 피해를 입거나 입을 우려가 있다고 인정되는 사람
③ 각종 성보호관련 법률에 따른 피해아동·청소년, 성폭력피해자, 성매매피해자,/ 가족폭력피해자로서/ 유출된 주민등록번호로 인하여/ 피해를 입거나 입을 우려가 있다고 인정되는 사람
④ 그 밖에 이에 준하는 사람으로서 대통령령으로 정하는 사람

III 변경 절차

1. 변경 여부에 관한 결정 청구
변경신청 또는 이의신청을 받은 주민등록지의 시장·군수 또는 구청장은/ 주민등록번호변경위원회에/ 주민등록번호 변경 여부에 관한 결정을 청구하여야 한다.

2. 주민등록번호변경위원회의 심사

(1) 의 의
주민등록번호의 변경에 관한 사항을 심사·의결하기 위하여/ 행정안전부에/ 주민등록번호변경위원회(이하 "변경위원회")를 둔다./ 변경위원회는 그 권한에 속하는 업무를 독립하여 수행한다.

(2) 심사기간

1) 원 칙

변경위원회는/ 청구를 받은 날부터 90일 이내에/ 심사·의결을 완료하고/ 그 결과를 주민등록지의 시장·군수 또는 구청장에게 통보하여야 한다./ 다만, 기간 안에 심사·의결을 완료하기 어려운 경우에 변경위원회는 그 의결로 30일의 범위에서 연장할 수 있다.

2) 예 외

변경위원회는 1)의 원칙에도 불구하고/ Ⅱ. 변경신청 사유에 해당하는 사람이/ 유출된 주민등록번호로 인하여 생명·신체에 위해를 입거나 위해의 발생이 긴박하여 변경청구의 중대성·시급성이 인정되는 경우에는/ 대통령령으로 정하는 바에 따라 주민등록번호 변경 여부 결정에 관한 청구를 받은 날부터 45일 이내에 심사·의결을 완료하고 그 결과(변경결정 외의 결정을 한 경우에는 그 사유를 포함)를/ 해당 주민등록지의 시장·군수 또는 구청장에게 통보하여야 한다./ 다만, 이 기간 안에 심사·의결을 완료하기 어려운 경우 변경위원회는 그 의결로 30일의 범위에서 그 기간을 연장할 수 있다.

(3) 변경거부 사유
변경위원회는/ 심사결과 다음의 어느 하나에 해당하는 사유가 있는 경우/ 청구를 받아들이지 아니하는 결정을 할 수 있다.
① 범죄경력을 은폐하거나 법령상의 의무를 회피할 목적이 있는 경우
② 수사나 재판을 방해할 목적이 있는 경우
③ 선량한 풍속 기타 사회질서에 위반되는 경우
④ 그 밖에 대통령령으로 정하는 경우

(4) 의결사항
변경위원회는/ 심사를 위하여 필요하다고 인정하면 다음의 행위를 의결할 수 있다.
① 전과조회, 신용정보조회 등 대통령령으로 정하는 방법으로 행하는 사실조사
② 신청인 또는 관계 공무원 등의 출석 요구
③ 신청인 또는 관계 기관 등에 대한 자료의 제출 요구

3. 통지 및 이의신청

(1) 변경결정 통보 시 조치

주민등록지의 시장·군수 또는 구청장은/ 변경위원회로부터/ 주민등록번호의 변경결정을 통보받은 경우에는/ 신청인의 주민등록번호를 지체 없이 변경하고/ 이를 신청인에게 통지하여야 한다.

(2) 변경결정 이외의 통보 시 조치

① 주민등록지의 시장·군수 또는 구청장은/ 변경위원회로부터 주민등록번호의 변경결정 이외의 결정을 통보를 받은 경우/ 그 사실과 사유를/ 신청인에게 통지하여야 한다.
② 이의 있는 신청인은/ 그 통지를 받은 날부터 30일 이내에/ 그 주민등록지의 시장·군수 또는 구청장에게/ 이의신청을 할 수 있다.

(3) 서면 또는 행정안전부장관이 정하는 정보시스템 이용

통지 및 이의신청은 서면 또는 행정안전부장관이 정하는 정보시스템을 이용하여 할 수 있다.

Ⅳ 과태료

주민등록번호변경신청 시 허위의 입증자료 제출한 경우/ 1천만원 이하의 과태료를 부과한다.

THEME 3. 주민등록의 신고

Ⅰ 신고주의 원칙

주민의 등록 또는 그 등록사항의 정정 또는 말소는/ 주민의 신고에 따르며,/ 이중으로 신고할 수 없다.

Ⅱ 신고의 방법

주민등록법에 따른 신고는 구술이나 서면으로 한다.

Ⅲ 신고사항

주민(재외국민은 제외)은/ 성명, 성별, 생년월일, 세대주와의 관계, 합숙하는 곳은 관리책임자, 등록기준지, 주소, 가족관계등록이 되어 있지 아니한 자 또는 가족관계등록의 여부가 분명하지 아니한 자는 그 사유, 대한민국의 국적을 가지지 아니한 자는 그 국적명이나 국적의 유무, 거주지를 이동하는 경우에는 전입 전의 주소 또는 전입지와 해당 연월일을/ 해당 거주지를 관할하는 시장, 군수 또는 구청장에게/ 신고하여야 한다.

Ⅳ 신고의무자

1. 원 칙

세대주는/ 신고사유가 발생한 날부터 14일 이내에 신고하여야 한다./ 다만, 세대주가 신고할 수 없으면 그를 대신하여 세대를 관리하는 자, 본인, 세대주의 위임을 받은 자로서 세대주의 배우자, 세대주의 직계혈족, 세대주의 배우자의 직계혈족, 세대주의 직계혈족의 배우자가 할 수 있다.

2. 합숙하는 곳의 경우

기숙사, 노인요양시설, 노숙인요양시설, 아동양육시설 등 여러 사람이 동거하는 숙소에 거주하는 주민은/ 신고사유가 발생한 날부터 14일 이내에/ 그 숙소의 관리자가 신고하여야 한다./ 다만, 관리자가 신고할 수 없으면 본인이 하여야 한다.

Ⅴ 신고 유형

1. 재외국민의 신고(입국)

재외국민이/ 국내에 30일 이상 거주할 목적으로 입국하는 때에는/ 재외국민 본인이/ 다음의 사항을/ 해당 거주지 관할하는 시장·군수 또는 구청장에게 신고하여야 한다.
① Ⅲ.의 신고사항
② 영주 또는 거주하는 국가나 지역의 명칭과 체류자격의 종류

2. 해외체류에 관한 신고(출국)

주민등록을 한 거주자 또는 거주불명자가/ 90일 이상 해외에 체류할 목적으로 출국하려는 경우/ 출국 후에 그가 속할 세대의 거주지를 주소로/ 미리/ 주소지를 관할하는 시장·군수 또는 구청장에게 신고할 수 있다.

3. 정정신고

신고의무자는/ 신고사항에 변동이 있으면/ 변동이 있은 날부터 14일 이내에/ 그 정정신고를 하여야 한다.

4. 전입신고

(1) 신고의무자의 신고

하나의 세대에 속하는 자의 전원 또는 그 일부가/ 거주지를 이동하면/ 신고의무자가/ 신 거주지에 전입한 날부터 14일 이내에/ 신 거주지의 시장·군수 또는 구청장에게/ 전입신고를 하여야 한다.

(2) 관련 공부 이송 요청

신 거주지의 시장·군수 또는 구청장은/ 전입신고를 받으면/ 지체 없이/ 전 거주지의 시장·군수 또는 구청장에게/ 전입신고 사항을 알리고/ 주민등록정보시스템을 이용하여/ 주민등록표와 관련 공부의 이송을 요청하여야 한다.

(3) 이 송

이송요청을 받은 전 거주지의 시장·군수 또는 구청장은/ (개인별) 주민등록표와 관련 공부를 지체 없이 정리하여/ 신 거주지의 시장·군수 또는 구청장에게/ 주민등록정보시스템을 통하여/ 이송하여야 한다.

(4) 주민등록표 정리

신 거주지의 시장·군수 또는 구청장은/ 주민등록표와 관련 공부가 이송되어 오면/ 전입신고서와 대조·확인한 후/ 지체 없이/ 주민등록표와 관련 공부를 정리 또는 작성하여야 한다.

(5) 통 보

시장·군수 또는 구청장은/ 관할구역에 거주지를 가진 세대주나 거주지에 있는 건물 또는 시설의 소유자 또는 임대인의 신청이 있는 경우에는/ 그 거주지를 신 거주지로 하는 전입신고를 받을 때마다/ 전입신고가 있었다는 사실을/ 그 세대주, 소유자 또는 임대인에게 통보할 수 있다.

5. 국외이주신고 등

① 주민등록을 한 거주자 또는 거주불명자가/ 대한민국 외에 거주지를 정하려는 때에는/ 그의 현 거주지를 관할하는 시장·군수 또는 구청장에게/ 미리 신고하여야 한다.
② 재외국민 신고를 한 재외국민이/ 국외에 30일 이상 거주할 목적으로 출국하려는 때에는/ 그의 현 거주지를 관할하는 시장·군수 또는 구청장에게/ 미리 신고하여야 한다.

THEME 4 주민등록법상 사실조사, 직권조치, 이의신청

I 사실조사

1. 실시 사유
시장·군수·구청장은/ 신고의무자가/ 다음의 어느 하나에 해당하면/ 그 사실을 조사할 수 있다.
① 주민등록법상 신고사항을/ 신고사유가 발생한 날부터 14일 이내에 신고하지 아니한 때
② 주민등록법상 신고사항을/ 부실하게 신고한 때
③ 주민등록법상 신고사항의 신고된 내용이/ 사실과 다르다고 인정할 만한 상당한 이유가 있는 경우

2. 최고 또는 공고
① 시장·군수 또는 구청장은/ 사실조사를 통하여 신고의무자가 신고할 사항을 신고하지 아니하였거나 신고된 내용이 사실과 다른 것을 확인하면/ 일정한 기간을 정하여/ 신고의무자에게/ 사실대로 신고할 것을 최고하여야 한다.
② 시장·군수 또는 구청장은/ 신고의무자에게 최고할 수 없으면/ 일정한 기간을 정하여/ 신고할 것을 공고하여야 한다.
③ 최고 또는 공고를 할 때에는/ 정하여진 기간에 신고하지 아니하면/ 시장·군수·구청장이/ 주민등록을 하거나 등록사항을 정정 또는 말소(직권조치)할 수 있다는 내용을 포함하여야 한다.

II 직권조치

1. 주민등록 또는 등록사항 정정·말소
시장·군수·구청장은/ 신고의무자가/ 기간에 신고하지 아니하면/ 사실조사, 공부상의 근거 또는 통장·이장의 확인에 따라/ 주민등록을 하거나 등록사항을 정정 또는 말소하여야 한다.

2. 거주불명 등록
시장·군수·구청장은/ 신고의무자가 거주사실이 불분명하다고 인정되는 경우에는/ 그 신고의무자가 마지막으로 신고한 주소를 행정상 관리주소로 하여/ 거주불명 등록을 하여야 한다.

3. 통 지
시장·군수·구청장은/ 직권조치를 한 경우에는/ 14일 이내에 그 사실을 신고의무자에게 알려야 하고,/ 알릴 수 없다면 공고하여야 한다.

Ⅲ. 이의신청

1. 서면주의
직권조치 처분을 받은 자가/ 그 처분에 대하여 이의가 있으면/ 그 처분일이나 통지를 받거나 공고된 날부터 30일 이내에/ 서면으로/ 해당 시장·군수 또는 구청장에게/ 이의를 신청할 수 있다.

2. 심사·결정 통지, 직권조치
시장·군수 또는 구청장은/ 이의신청을 받으면/ 그 신청을 받은 날부터 10일 이내에/ 심사·결정하여 그 결과를 지체 없이 신청인에게 알려야 하며,/ 그 요구가 정당하다고 결정되면/ 그에 따라 주민등록을 하거나 등록사항을 정정 또는 말소하여야 한다.

3. 각하·기각 결정 시 불복수단 통지
시장·군수 또는 구청장은/ 이의신청을 각하 또는 기각하는 결정을 하면/ 결과통지서에 행정심판이나 행정소송을 제기할 수 있다는 취지를 함께 적어/ 신청인에게 알려야 한다.

THEME 5 주민등록증의 발급 등

핵심이론

I. 주민등록증 발급 신청 등

1. 주민등록증 발급 신청

① 주민등록증을 발급받을 나이가 된 사람(재외국민 및 해외체류자는 제외한다)은/ 대통령령으로 정하는 바에 따라/ 시장·군수 또는 구청장에게/ 주민등록증의 발급을 신청하여야 한다.

② 주민등록증을 발급받지 아니한 17세 이상의 재외국민 또는 해외체류자가/ 국내에 30일 이상 거주할 목적으로 입국하는 때에는/ 대통령령으로 정하는 바에 따라/ 시장·군수 또는 구청장에게/ 주민등록증의 발급을 신청하여야 한다.

2. 발급신청의 최고

시장·군수 또는 구청장은/ 대통령령으로 정하는 기간 내에 발급신청을 하지 아니한 사람(재외국민 및 해외체류자는 제외한다)에게/ 발급신청을 할 것을 최고할 수 있다.

II. 주민등록증의 발급

1. 원칙

시장·군수 또는 구청장은/ 관할 구역에 주민등록이 된 자 중 17세 이상인 자에 대하여/ 주민등록증을 발급한다.

2. 예외

다만, 「장애인복지법」 제2조 제2항에 따른 장애인 중 시각장애인이 신청하는 경우/ 시각장애인용 점자 주민등록증을 발급할 수 있다.

Ⅲ 주민등록증의 기재사항

주민등록증에는/ 성명, 사진, 주민등록번호, 주소, 지문, 발행일, 주민등록기관을 수록한다.

Ⅳ 재외국민의 표시

시장·군수 또는 구청장은/ 재외국민에게 발급하는 주민등록증에는 재외국민임을 추가로 표시하여야 한다.

Ⅴ 주민등록증 갱신 또는 검인

행정안전부장관은/ 필요하다고 인정되면/ 시장·군수 또는 구청장에게/ 주민등록증을 일제히 갱신하거나 검인(檢印)하게 할 수 있다.

Ⅵ 수수료 및 공과금 징수금지

주민등록증을 발급할 때에는/ 주민등록증의 재발급의 경우 외에는 수수료를 징수하지 못하며,/ 주민등록증의 발급을 이유로/ 조세나 그 밖의 어떠한 명목의 공과금도 징수하여서는 아니 된다.

# THEME 6 모바일 주민등록증

I 모바일 주민등록증 발급 신청 등

1. 모바일 주민등록증 발급 신청

〈시장·군수 또는 구청장〉은/ 〈주민등록증을 발급받은 사람〉이/ 주민등록증과 효력이 동일한 모바일 주민등록증(「전기통신사업법」 제2조 제20호에 따른 이동통신단말장치에 암호화된 형태로 설치된 주민등록증을 말한다)의 발급을 신청하는 경우에는/ 대통령령으로 정하는 바에 따라 이를 발급할 수 있다(법 제24조의2 제1항 전문).

2. 모바일 주민등록증의 기재사항 및 표시방법

(1) 모바일 주민등록증의 기재사항

모바일 주민등록증에는 성명, 사진, 주민등록번호, 주소, 지문, 발행일, 주민등록기관을 수록한다(법 제24조의2 제1항 후문, 제24조 제2항).

(2) 재외국민의 표시

〈시장·군수 또는 구청장〉은/ 재외국민에게 발급하는 주민등록증에는 재외국민임을 추가로 표시하여야 한다(법 제24조의2 제1항 후문, 제24조 제3항).

II 모바일 주민등록증의 재발급 신청

〈모바일 주민등록증을 발급받은 사람〉이/ 다음의 어느 하나에 해당하는 경우에는 대통령령으로 정하는 바에 따라/ 〈시장·군수 또는 구청장〉에게/ 모바일 주민등록증의 재발급을 신청할 수 있다. 다만, ①부터 ③까지의 어느 하나에 해당하는 경우에는 재발급을 신청하여야 한다(법 제24조의2 제2항).
① 주민등록번호가 정정되어 주민등록증을 재발급받은 경우(제1호)
② 주민등록증의 기재사항 중 주소 외의 사항이 변경되어 주민등록증을 재발급받은 경우(제2호)
③ 성명, 생년월일 또는 성별의 변경에 따라 주민등록증을 재발급받은 경우(제3호)
④ 모바일 주민등록증이 설치된 이동통신단말장치의 분실이나 훼손으로 모바일 주민등록증의 사용이 불가능한 경우(제4호)
⑤ 그 밖에 모바일 주민등록증의 재발급이 필요하다고 인정되는 경우로서 대통령령으로 정하는 경우(제5호)

Ⅲ 수수료 및 공과금 징수금지

〈시장·군수 또는 구청장〉은/ 모바일 주민등록증을 발급하거나 재발급하는 경우/ 수수료를 징수하지 못하며,/ 모바일 주민등록증의 발급을 이유로 조세나 그 밖의 어떠한 명목의 공과금도 징수하여서는 아니 된다(법 제24조의2 제3항).

THEME 7. 주민등록증등의 확인

I 주민등록증등의 확인

1. 원 칙

국가기관, 지방자치단체, 공공단체, 사회단체, 기업체 등에서 해당 업무를 수행할 때에/ 다음 각 호의 어느 하나에 해당하는 경우로서 17세 이상의 자에 대하여/ 성명·사진·주민등록번호 또는 주소를 확인할 필요가 있으면/ 증빙서류를 붙이지 아니하고 주민등록증 또는 모바일 주민등록증(이하 "주민등록증등"이라 한다)으로 확인하여야 한다(법 제25조 제1항).

① 민원서류나 그 밖의 서류를 접수할 때(제1호)
② 특정인에게 자격을 인정하는 증서를 발급할 때(제2호)
③ 그 밖에 신분을 확인하기 위하여 필요할 때(제3호)

2. 예 외 : 주민등록증등이 아닌 증명서류에 의하여 확인해야 하는 경우(동법 시행령 제39조 제1항)

① 민원서류 및 그 밖의 서류를 우편으로 부치는 방법으로 제출한 경우(제1호)
② 주민등록증등의 발급 또는 재발급을 받지 못하여 주민등록증등을 갖고 있지 아니한 경우(제2호)
③ 법령에 따라 증명서류를 제출하도록 되어 있는 경우. 이 경우 증명서류를 제출하게 하는 법령을 제정하려면 주무부장관은 행정안전부장관과 협의하여야 한다(제3호).
④ 그 밖에 주민등록증등으로 확인할 수 없는 경우(제4호)

II 주민등록확인서비스 제공

〈행정안전부장관〉은/ 주민등록정보시스템을 이용하여/ 주민등록확인서비스(휴대전화 등 정보통신기기로 성명·사진·주민등록번호 또는 주소를 확인할 수 있는 서비스를 말한다)를 제공할 수 있다(법 제25조 제2항).

III 주민등록확인서비스 이용 효과

주민등록확인서비스를 이용하여 성명·사진·주민등록번호 또는 주소를 확인한 경우/ 주민등록증등으로 성명·사진·주민등록번호 또는 주소를 확인한 것으로 본다(법 제25조 제3항).

Ⅳ 주민등록확인서비스의 신청

1. 주민등록확인서비스 이용신청서 제출
〈주민등록확인서비스를 이용하려는 자〉는/ 주민등록확인서비스 이용신청서를/ 〈행정안전부장관〉에게 제출[「민원 처리에 관한 법률」에 따른 전자민원창구 및 통합전자민원창구(이하 "전자민원창구"라 한다)를 통한 제출을 포함한다]해야 한다(동법 시행령 제39조의2 제1항).

2. 처리 결과의 통지
〈행정안전부장관〉은/ 주민등록확인서비스 이용신청서를 제출받은 경우에는/ 그 제출받은 날부터 7일 이내에/ 신청에 대한 처리 결과를 〈신청인〉에게 알려야 한다(동법 시행령 제39조의2 제2항).

3. 주민등록확인서비스의 효율적 이용을 위한 조치
〈행정안전부장관〉은/ 주민등록확인서비스의 효율적 이용을 위해 필요하다고 인정하는 경우에는/ 〈주민등록확인서비스를 이용하려는 사람〉에게/ 전자민원창구 등을 통해 전자적 형태의 프로그램을 제공할 수 있다(동법 시행령 제39조의2 제3항).

THEME 8. 주민등록증등의 제시요구

핵심이론

I. 주민등록증등의 제시요구

〈사법경찰관리〉가 범인을 체포하는 등 그 직무를 수행할 때에/ 17세 이상인 주민의 신원이나 거주 관계를 확인할 필요가 있으면/ 주민등록증등의 제시를 요구할 수 있다(법 제26조 제1항 전문).

II. 주민등록증등을 제시하지 아니한 경우 조치

〈사법경찰관리〉는/ 주민등록증등을 제시하지 아니하는 자로서 신원을 증명하는 증표나 그 밖의 방법에 따라 신원이나 거주 관계가 확인되지 아니하는 자에게는/ 범죄의 혐의가 있다고 인정되는 상당한 이유가 있을 때에 한정하여/ 인근 관계 관서에서 신원이나 거주 관계를 밝힐 것을 요구할 수 있다(법 제26조 제1항 후문).

III. 신원 등을 확인할 때 유의사항

〈사법경찰관리〉는/ 신원 등을 확인할 때 친절과 예의를 지켜야 하며,/ 정복근무 중인 경우 외에는 미리 신원을 표시하는 증표를 지니고 이를 관계인에게 내보여야 한다(법 제26조 제2항).

주민등록증의 재발급

□ 주민등록법상 주민등록증의 재발급에 관하여 설명하시오. ▶ 제3회 기출 약술 20점

 핵심이론

I 주민등록증의 재발급

1. 본인의 재발급 신청

주민등록증을 발급받은 후/ 다음의 어느 하나에 해당하는 사유로/ 재발급을 받으려는 자는/ 대통령령으로 정하는 바에 따라/ 시장·군수 또는 구청장에게/ 그 사실을 신고하고 재발급을 신청하여야 한다.
① 주민등록증의 분실이나 훼손
② 성명, 생년월일 또는 성별의 변경
③ 그 밖에 대통령령으로 정하는 사유

2. 회수 및 재발급 신청

〈주민등록 업무를 수행하는 공무원〉은/ 다음의 어느 하나에 해당하는 사유로 업무수행이 어려우면/ 대통령령으로 정하는 바에 따라 그 주민등록증을 회수하고,/ 〈본인〉이 〈시장·군수 또는 구청장〉에게/ 재발급신청을 하도록 하여야 한다.
① 주민등록증이 훼손되거나 그 밖의 사유로 그 내용을 알아보기 어려운 경우
② 주민등록증의 주요 기재내용이 변경된 경우

3. 수수료 징수

〈시장·군수 또는 구청장〉은/ 주민등록증을 재발급 신청하는 자에게/ 행정자치부령으로 정하는 수수료를 징수할 수 있다./ 다만, 다음의 어느 하나에 해당하면 그러하지 아니하다.
① 주민등록증 발급상의 잘못으로 인하여 재발급하는 경우
② 그 밖에 행정자치부령으로 정하는 경우

II 중증장애인에 대한 주민등록증의 발급 및 재발급 : 관계공무원 방문 발급

〈시장·군수 또는 구청장〉은/ 신체적·정신적 장애정도가 심하여 자립하기가 매우 곤란한 장애인(중증장애인)으로서 본인이 직접 주민등록증의 발급·재발급을 신청하기가 어렵다고 판단하는 경우에는/ 해당 중증장애인, 그 법정대리인 또는 대통령령으로 정하는 보호자의 신청에 따라/ 관계공무원으로 하여금 해당 중증장애인을 직접 방문하게 하여/ 주민등록증을 발급·재발급(발급의 경우는 관할구역에 주민등록이 된 중증장애인에 한정한다)할 수 있다.

THEME 10. 주민등록표 열람 / 등·초본 교부

핵심이론

I 신청자

1. 원칙

주민등록표의 열람이나 등·초본의 교부신청은/ 본인이나 세대원이 할 수 있다.

2. 예외

본인이나 세대원의 위임이 있거나/ 다음의 어느 하나에 해당하면/ 이외의 자도 할 수 있다.
① 국가나 지방자치단체가 공무상 필요한 경우
② 관계법령에 따른 소송·비송사건·경매목적 수행상 필요한 경우
③ 다른 법령에 주민등록자료를 요청할 수 있는 근거가 있는 경우
④ 다른 법령에서 본인이나 세대원이 아닌 자에게 등·초본의 제출을 의무화하고 있는 경우
⑤ 세대주의 배우자, 세대주의 직계혈족, 세대주의 배우자의 직계혈족, 세대주의 직계혈족의 배우자, 세대원의 배우자(초본에 한정), 직계혈족(초본에 한정)이 신청하는 경우
⑥ 채권·채무관계등 정당한 이해관계가 있는 사람이 신청하는 경우(초본에 한정)
⑦ 그 밖에 공익상 필요하여 대통령령으로 정하는 경우

II 방식

1. 주민등록정보시스템 이용

주민등록표의 열람이나 등·초본의 교부는/ 주민등록정보시스템을 이용하여 열람하거나 교부한다.

2. 전자문서나 무인민원발급기 이용

신청자 본인이나 세대원의 주민등록표 등·초본의 교부에 한정한다.

Ⅲ 열람 또는 등·초본 교부의 제한

1. 열람 또는 등·초본 발급 제한
열람 또는 등·초본 교부기관의 장은/ 본인이나 세대원이 아닌 자로부터 주민등록표의 열람 또는 등·초본의 교부신청을 받으면/ 그 열람 또는 등·초본의 교부가 개인의 사생활을 침해할 우려가 있거나 공익에 반한다고 판단되는 경우/ 그 열람을 하지 못하게 하거나 등·초본을 발급하지 아니할 수 있다./ 이 경우 그 사유를 신청인에게 서면으로 알려야 한다.

2. 열람 또는 등·초본 교부 제한 신청 등
① 가정폭력피해자는/ 가정폭력행위자가 본인과 주민등록지를 달리하는 경우/ 대상자를 지정하여/ 시장·군수 또는 구청장에게/ 본인과 세대원 및 직계존비속(가정폭력피해자등)의 주민등록표의 열람 또는 등·초본의 교부를 제한하도록 신청할 수 있다.
② 열람 또는 등·초본교부기관의 장은/ ①의 제한신청이 있는 경우/ 제한대상자에게/ 가정폭력피해자등의 주민등록표 열람을 하지 못하게 하거나 등·초본을 교부하지 아니하는 제한조치를 할 수 있다./ 이 경우 그 사유를 제한대상자에게 서면으로 알려야 한다.
③ 열람 또는 등·초본교부기관의 장은/ 채권·채무관계 등 대통령령으로 정하는 정당한 이해관계가 있는 사람의 주민등록표 초본의 교부신청에도 불구하고/ 제한대상자가 가정폭력피해자등의 주민등록표 초본의 열람을 하지 못하게 하거나 교부하지 아니하는 제한조치를 할 수 있다./ 이 경우 그 사유를 제한대상자에게 서면으로 알려야 한다.
④ 열람 또는 등·초본교부기관의 장은/ 다음의 어느 하나에 해당하는 사유가 있는 경우에는/ 행정안전부령으로 정하는 바에 따라 제한대상자에 대하여 주민등록표를 열람하게 하거나 등·초본을 교부할 수 있다.
　㉠ 주민등록표의 열람 또는 등·초본의 교부 제한을 신청한 사람이/ 제한대상자에 대하여 제한조치를 하지 말 것을 시장·군수 또는 구청장에게 신청하는 경우
　㉡ 그 밖에 대통령령으로 정하는 불가피한 사유가 있는 경우

3. 초본만 열람 또는 교부
이혼한 자와 같은 세대를 구성하지 아니한 그 직계비속이/ 이혼한 자의 주민등록표의 열람 또는 등·초본의 교부를 신청한 경우/ 열람 또는 등·초본 교부기관의 장은/ 주민등록표 초본만을 열람하게 하거나 교부할 수 있다.

제8장 가족관계의 등록 등에 관한 법률

(출제 빈도 1/12)

THEME 1 가족관계등록법상 증명서의 교부 등

I 증명서 교부 신청권자

1. 원칙
① 본인 또는 배우자, 직계혈족(이하 "본인등")은/ 등록사항별 증명서의 교부를 청구할 수 있다.
② 본인등의 대리인이 청구하는 경우에는/ 본인등의 위임을 받아야 한다.

2. 예외
다음의 어느 하나에 해당하는 경우에는/ 본인등이 아닌 경우에도 교부를 신청할 수 있다.
① 국가 또는 지방자치단체가 직무상 필요에 따라 문서로 신청하는 경우
② 소송·비송·민사집행의 각 절차에서 필요한 경우
③ 다른 법령에서 본인등에 관한 증명서를 제출하도록 요구하는 경우
④ 그 밖에 정당한 이해관계가 있는 사람이 신청하는 경우

II 친양자입양관계증명서 청구

친양자입양관계증명서는 다음의 어느 하나에 해당하는 경우에 한하여/ 교부를 청구할 수 있다.
① 친양자가 성년이 되어 신청하는 경우
② 혼인당사자가 친족관계를 파악하고자 하는 경우
③ 법원의 사실조회촉탁이 있거나/ 수사기관이 수사상 필요에 따라 문서로 신청하는 경우 등

Ⅲ 제 한

1. 교부거부

   시·읍·면의 장은/ 증명서 교부 청구가/ 등록부에 기재된 사람에 대한 사생활의 비밀을 침해하는 등 부당한 목적에 의한 것이 분명하다고 인정되는 때에는/ 증명서의 교부를 거부할 수 있다.

2. 등록사항별 증명서의 제출을 요구하는 경우

   사용목적에 필요한 최소한의 등록사항이 기록된 일반증명서 또는 특정증명서를 요구하여야 한다.

3. 상세증명서를 요구하는 경우 그 이유를 설명하여야 한다.

4. 제출받은 증명서는 사용목적 외의 용도로 사용하여서는 아니 된다.

5. 가정폭력피해자 본인의 등록사항별 증명서 교부 제한 또는 교부 제한 해지 신청 등

   ① 가정폭력피해자 또는 그 대리인은/ 교부제한대상자를 지정하여/ 시·읍·면의 장에게/ 가정폭력피해자 본인의 등록사항별 증명서의 교부를 제한하거나 그 제한을 해지하도록 신청할 수 있다.
   ② 시·읍·면의 장은/ ①의 신청을 받은 경우/ 교부제한대상자 또는 그 대리인에게/ 가정폭력피해자 본인의 등록사항별 증명서를/ 교부하지 아니할 수 있다.

Ⅳ 열 람

1. 전자적 방법에 의한 열람 청구

   본인 또는 배우자, 부모, 자녀는/ 등록부등의 기록사항의 전부 또는 일부에 대하여/ 전자적 방법에 의한 열람을 청구할 수 있다.

2. 친양자입양관계증명서 열람 청구

   친양자가 성년이 된 이후에만 청구할 수 있다.

3. 제 한

   교부제한대상자에게는/ 1.과 2.에도 불구하고/ 가정폭력피해자 본인의 등록부등의 기록사항을 열람하게 하지 아니한다.

증명서의 종류 및 기록사항

I 등록부등의 기록사항

등록부등의 기록사항은 증명서별로 일반증명서와 상세증명서로 발급한다. / 다만, 외국인의 기록사항에 관하여는 성명, 성별, 출생연월일, 국적 및 외국인등록번호를 기재하여 증명서를 발급하여야 한다.

II 일반증명서의 기재사항

1. 가족관계증명서
① 본인의 등록기준지·성명·성별·본·출생연월일 및 주민등록번호
② 부모의 성명·성별·본·출생연월일 및 주민등록번호(입양의 경우 양부모를 부모로 기록한다. 다만, 단독입양한 양부가 친생모와 혼인관계에 있는 때에는 양부와 친생모를, 단독입양한 양모가 친생부와 혼인관계에 있는 때에는 양모와 친생부를 각각 부모로 기록한다)
③ 배우자, 생존한 현재의 혼인 중의 자녀의 성명·성별·본·출생연월일 및 주민등록번호

2. 기본증명서
① 본인의 등록기준지·성명·성별·본·출생연월일 및 주민등록번호
② 본인의 출생, 사망, 국적상실에 관한 사항

3. 혼인관계증명서
① 본인의 등록기준지·성명·성별·본·출생연월일 및 주민등록번호
② 배우자의 성명·성별·본·출생연월일 및 주민등록번호
③ 현재의 혼인에 관한 사항

4. 입양관계증명서
① 본인의 등록기준지·성명·성별·본·출생연월일 및 주민등록번호
② 친생부모, 양부모, 양자의 성명·성별·본·출생연월일 및 주민등록번호
③ 현재의 입양에 관한 사항

5. **친양자입양관계증명서**
   ① 본인의 등록기준지・성명・성별・본・출생연월일 및 주민등록번호
   ② 친생부모, 양부모, 친양자의 성명・성별・본・출생연월일 및 주민등록번호
   ③ 현재의 친양자 입양에 관한 사항

Ⅲ 상세증명서의 기재사항(일반증명서에 추가)

1. 가족관계증명서
모든 자녀의 성명・성별・본・출생연월일 및 주민등록번호

2. 기본증명서
국적취득 및 회복 등에 관한 사항

3. 혼인관계증명서
혼인 및 이혼에 관한 사항

4. 입양관계증명서
입양 및 파양에 관한 사항

5. 친양자입양관계증명서
친양자 입양 및 파양에 관한 사항

Ⅳ 특정증명서의 기재사항

1. 가족관계증명서
① 본인의 성명・성별・출생연월일 및 주민등록번호
② 부모, 배우자 및 자녀 중 신청인이 선택한 사람의 성명・성별・출생연월일 및 주민등록번호(사람을 복수로 선택할 수 있다)
③ 본인의 등록기준지(신청인이 기재사항으로 선택한 경우)
④ 본인 및 신청인이 선택한 사람 전부의 본(신청인이 기재사항으로 선택한 경우)

2. **기본증명서**
    ① 본인의 성명·성별·출생연월일 및 주민등록번호
    ② 다음의 내용 중 신청인이 선택한 어느 하나에 관한 사항
        ㉠ 출생, 사망과 실종
        ㉡ 인지와 친생자관계 정정
        ㉢ 친권과 미성년후견(다만, 현재의 사항만을 선택할 수도 있다)
        ㉣ 개명과 성·본 변경
        ㉤ 국적의 취득과 상실
        ㉥ 성별 등의 정정
    ③ 본인의 등록기준지(신청인이 기재사항으로 선택한 경우)
    ④ 본인의 본(신청인이 기재사항으로 선택한 경우)

3. **혼인관계증명서**
    ① 본인의 성명·성별·출생연월일 및 주민등록번호
    ② 신청인이 선택한 과거의 혼인에 관한 사항
    ③ 본인의 등록기준지(신청인이 기재사항으로 선택한 경우)
    ④ 본인의 본(신청인이 기재사항으로 선택한 경우)

THEME 3 가족관계등록부의 정정

□ 자신의 가족관계등록부에 기재된 출생연월일이 잘못되었다고 생각한 甲은 행정사 乙을 방문하였다. 甲의 사정을 들은 乙이 검토해야 할 가족관계의 등록 등에 관한 법률상 가족관계등록부의 정정절차에 관하여 설명하시오.
▶ 제5회 기출 약술 20점

I 서 설

가족관계등록부에 기재된 출생연월일이 잘못되었을 경우,/ 즉 등록부의 기록이 법률상 위법한 경우이거나 무효인 경우/ 가족관계등록법상 검토할 수 있는 가족관계등록부의 정정절차에 관하여 서술하기로 한다.

II 등록부의 정정 (법 제18조)

1. 시·읍·면의 장의 통지

① 등록부의 기록이/ 법률상 무효인 것이거나 그 기록에 착오 또는 누락이 있음을 안 때에는/ 〈시·읍·면의 장〉은/ 지체 없이/ 〈신고인 또는 신고사건의 본인〉에게/ 그 사실을 통지하여야 한다.
② 다만, 그 착오 또는 누락이 시·읍·면의 장의 잘못으로 인한 것인 때에는 그러하지 아니하다.

2. 시·읍·면의 장의 직권 정정

① 신고인 또는 신고사건의 본인에게 통지를 할 수 없을 때/ 또는 통지를 하였으나 정정신청을 하는 사람이 없는 때/ 또는 그 기록의 착오 또는 누락이 시·읍·면의 장의 잘못으로 인한 것인 때에는/ 〈시·읍·면의 장〉은/ 〈감독법원의 허가〉를 받아/ 직권으로 정정할 수 있다.
② 다만, 대법원규칙으로 정하는 경미한 사항인 경우에는/ 시·읍·면의 장이 직권으로 정정하고,/ 감독법원에 보고하여야 한다.

3. 국가 또는 지방자치단체 공무원의 통지

〈국가 또는 지방자치단체의 공무원〉이/ 그 직무상 등록부의 기록에 착오 또는 누락이 있음을 안 때에는/ 지체 없이/ 신고사건의 본인의 등록기준지의 〈시·읍·면의 장〉에게/ 통지하여야 한다./ 이 경우 통지를 받은 시·읍·면의 장은 1과 2에 따라 처리한다.

Ⅲ 위법한 가족관계 등록기록의 정정(법 제104조)

등록부의 기록이 법률상 허가될 수 없는 것 또는 그 기재에 착오나 누락이 있다고 인정한 때에는/ 〈이해관계인〉은/ 사건 본인의 등록기준지를 관할하는 〈가정법원의 허가〉를 받아/ 등록부의 정정을 신청할 수 있다.

Ⅳ 무효인 행위의 가족관계등록기록의 정정(법 제105조)

신고로 인하여 효력이 발생하는 행위에 관하여 등록부에 기록하였으나/ 그 행위가 무효임이 명백한 때에는/ 〈신고인 또는 신고사건의 본인〉은 사건 본인의 등록기준지를 관할하는 〈가정법원의 허가〉를 받아/ 등록부의 정정을 신청할 수 있다.

Ⅴ 정정신청의 의무(법 제106조)

〈이해관계인, 신고인 또는 신고사건의 본인〉은/ 법 제104조 및 제105조에 따라 허가의 재판이 있었을 때에는/ 재판서의 등본을 받은 날부터 1개월 이내에/ 그 등본을 첨부하여/ 등록부의 정정을 신청하여야 한다.

Ⅵ 판결에 의한 등록부의 정정(법 제107조)

확정판결로 인하여 등록부를 정정하여야 할 때에는/ 〈소를 제기한 사람〉은/ 판결확정일부터 1개월 이내에/ 판결의 등본 및 그 확정증명서를 첨부하여/ 등록부의 정정을 신청하여야 한다.

Ⅶ 결 어

1. 행정기관의 정정절차 : 법 제18조
2. 이해관계인의 정정 신청 : 법 제104조・제106조
3. 신고인 또는 신고사건의 본인의 정정 신청 : 법 제105조・제106조
4. 소를 제기한 사람의 정정 신청 : 법 제107조

가족관계의 등록 등에 관한 법률상 신고

I 의의
가족관계의 등록등과 관련된 공법적 효과의 발생을 목적으로/ 일정한 사실을 알리는 행위이다.

II 신고의 장소

1. 원칙
이 법에 따른 신고는 신고사건 본인의 등록기준지 또는 신고인의 주소지나 현재지에서 할 수 있다.

2. 예외

(1) 재외국민에 관한 신고
   재외국민 가족관계등록사무소에서도 할 수 있다.

(2) 외국인에 관한 신고
   그 거주지 또는 신고인의 주소지나 현재지에서 할 수 있다.

III 신고방법

1. 신고는 서면이나 말로 할 수 있다.

2. 신고로 효력이 발생하는 등록사건의 경우
   본인이 시·읍·면에 출석하지 아니하는 경우에는/ 본인의 신분증명서를 제시하거나 신고서에 본인의 인감증명서를 첨부하여야 한다.

IV 대리인에 의한 신고
신고인이 질병 또는 그 밖의 사고로 출석할 수 없는 경우/ 대리인으로 하여금 신고하게 할 수 있다./ 다만, 태아의 인지, 입양, 파양, 혼인 및 이혼의 신고는 그러하지 아니하다.

V 제한능력자의 신고

신고하여야 할 사람이 미성년자 또는 피성년후견인인 때에는/ 친권자 또는 후견인을 신고의무자로 한다./ 다만, 미성년자 또는 피성년후견인 본인이 신고를 하여도 된다.

VI 신고기간의 기산점

1. 원 칙

신고사건은/ 발생일부터 기산한다.

2. 예 외

재판의 확정일부터 기간을 기산하여야 할 경우에/ 재판이 송달 또는 교부 전에 확정된 때에는 그 송달 또는 교부된 날부터 기산한다.

VII 신고의 최고

1. 최고의무

시·읍·면의 장은/ 신고를 게을리한 사람을 안 때에는/ 상당한 기간을 정하여/ 신고의무자에 대하여/ 그 기간 내에 신고할 것을 최고하여야 한다.

2. 재최고

신고의무자가/ 상당한 기간 내/ 신고를 하지 아니한 때에는/ 시·읍·면의 장은/ 다시 상당한 기간을 정하여/ 최고할 수 있다.

VIII 신고의 수리·불수리증명서

신고인은/ 신고의 수리 또는 불수리의 증명서를 청구할 수 있다.

IX 신고불수리의 통지

시·읍·면의 장이/ 신고를 수리하지 아니한 때에는/ 그 사유를/ 지체 없이/ 신고인에게/ 서면으로/ 통지하여야 한다.

THEME 5 출생신고

Ⅰ 신고기간

출생의 신고는/ 출생 후 1개월 이내에/ 하여야 한다.

Ⅱ 신고서 기재사항

신고서에는 다음의 사항을 기재하여야 한다.
① 자녀의 성명·본·성별 및 등록기준지
② 자녀의 혼인 중 또는 혼인 외의 출생자의 구별
③ 출생의 연월일시 및 장소
④ 부모의 성명·본·등록기준지 및 주민등록번호(부 또는 모가 외국인인 때에는 그 성명·출생연월일·국적 및 외국인등록번호)
⑤ 부모가 혼인신고 시 모의 성과 본을 따르기로 협의한 경우 그 사실
⑥ 자녀가 복수국적자인 경우 그 사실 및 취득한 외국 국적

Ⅲ 출생증명서 첨부

1. 원칙

출생신고서에는/ 의사나 조산사가 작성한 출생증명서를 첨부하여야 한다.

2. 예외

다만, 다음의 어느 하나에 해당하는 서면을 첨부하는 경우에는/ 그러하지 아니하다.
① 분만에 직접 관여한 자가/ 모의 출산사실을 증명할 수 있는 자료 등을 첨부하여/ 작성한 출생사실을 증명하는 서면
② 국내 또는 외국의 권한 있는 기관에서 발행한 출생사실을 증명하는 서면
③ 모의 출산사실을 증명할 수 있는 「119구조·구급에 관한 법률」 제22조에 따른 구조·구급활동상황일지

Ⅳ 출생신고의 장소

1. 원칙
출생의 신고는/ 출생지에서 할 수 있다.

2. 예외

(1) 기차나 그 밖의 교통기관 안에서 출생한 경우
  모가 교통기관에서 내린 곳에서/ 신고할 수 있다.

(2) 항해 중 출생한 경우
  ① 선장은/ 24시간 이내/ 항해일지에 출생신고서 기재사항을 기재하고 서명 또는 날인하여야 한다.
  ② 선박이 대한민국의 항구에 도착하였을 때에는/ 선장은/ 지체 없이/ 출생에 관한 항해일지의 등본을/ 그곳의 시·읍·면의 장 또는 재외국민 가족관계등록사무소의 가족관계등록관에게/ 발송하여야 한다.
  ③ 선박이 외국의 항구에 도착하였을 때에는/ 선장은/ 지체 없이/ 출생에 관한 항해일지의 등본을/ 그 지역을 관할하는 재외공관의 장에게 발송하고,/ 재외공관의 장은/ 지체 없이/ 외교부장관을 경유하여/ 재외국민 가족관계등록사무소의 가족관계등록관에게 발송하여야 한다.

(3) 항해일지가 비치되지 아니한 선박 안에서 출생한 경우
  그 선박이 최초로 입항한 곳에서/ 신고할 수 있다.

Ⅴ 신고의무자

1. 혼인 중 출생자
혼인 중 출생자의 출생의 신고는/ 부 또는 모가 하여야 한다.

2. 혼인 외 출생자
혼인 외 출생자의 신고는/ 모가 하여야 한다[잠정적용 헌법불합치 결정(헌재 2023.3.23. 2021헌마975)].

3. 민법에 따라 법원이 부를 정하는 때
출생신고는 모가 하여야 한다.

4. 신고의무자가/ 신고의무 기간 내/ 신고하지 아니하여/ 자녀의 복리가 위태롭게 될 우려가 있는 경우
검사 또는 지방자치단체의 장이/ 출생의 신고를 할 수 있다.

Ⅵ 친생부인의 소를 제기한 때

친생부인의 소를 제기한 때에도 출생신고를 하여야 한다.

Ⅶ 출생신고 전 사망한 때

출생의 신고 전에 자녀가 사망한 때에는/ 출생의 신고와 동시에 사망신고를 하여야 한다.

Ⅷ 기아의 경우

1. 통 보

기아를 발견한 사람 또는 기아발견의 통지받은 경찰공무원은/ 24시간 이내/ 그 사실을 시·읍·면의 장에게/ 통보하여야 한다.

2. 조서 기재

통보를 받은 시·읍·면의 장은/ 소지품, 발견장소, 발견연월일시, 그 밖의 상황, 성별, 출생의 추정연월일을 조서에 기재하여야 한다./ 이 경우 그 조서를 신고서로 본다.

출생사실의 통보 등

Ⅰ   의료기관에 종사하는 의료인의 출생정보 기재의무

1. 내 용
의료기관에 종사하는 의료인은/ 해당 의료기관에서 출생이 있는 경우/ 출생사실을 확인하기 위하여 출생정보를/ 해당 의료기관에서 관리하는 출생자 모의 진료기록부 또는 조산기록부(전자적 형태로 바꾼 문서를 포함)에 기재하여야 한다.

2. 출생정보
① 출생자의 모에 관한 성명, 주민등록번호 또는 외국인등록번호. 다만, 주민등록번호 또는 외국인등록번호를 확인할 수 없는 경우에는 사회보장정보시스템에서의 의료급여 자격관리를 위한 번호를 기재하여야 한다.
② 출생자의 성별, 수 및 출생 연월일시
③ 그 밖에 의료기관의 주소 등 출생사실을 확인하기 위하여 대법원규칙으로 정하는 사항

Ⅱ   출생정보의 제출 등

1. 출생정보의 제출
의료기관의 장은/ 출생일부터 14일 이내에/ 출생정보를/ 건강보험심사평가원(이하 "심사평가원")에/ 전산정보시스템을 이용하여/ 제출하여야 한다.

2. 출생사실의 통보
심사평가원은/ 출생정보를 제출받은 경우/ 출생자 모의 주소지를 관할하는 시·읍·면의 장(모의 주소지를 확인할 수 없는 경우에는 출생지를 관할하는 시·읍·면의 장을 말한다)에게/ 해당 출생정보를 포함한 출생사실을/ 지체 없이/ 통보하여야 한다./ 이 경우 심사평가원은/ 행정정보 공동이용센터를 통하여/ 전자적인 방법으로 출생사실을 통보할 수 있다.

Ⅲ 출생신고의 확인

심사평가원의 출생정보를 포함한 출생사실을 통보받은 시·읍·면의 장은/ 신고기간 내에/ 출생자에 대한 출생신고가 되었는지를 확인하여야 한다.

Ⅳ 출생신고의 최고

시·읍·면의 장은/ 신고기간이 지나도록/ 통보받은 출생자에 대한 출생신고가 되지 아니한 경우에는/ 즉시/ 신고의무자에게/ 7일 이내에/ 출생신고를 할 것을 최고하여야 한다.

Ⅴ 직권 출생 기록

시·읍·면의 장은/ 다음의 어느 하나에 해당하는 경우/ 통보받은 자료를 첨부하여/ 감독법원의 허가를 받아/ 해당 출생자에 대하여/ 직권으로/ 등록부에 출생을 기록하여야 한다.
① 신고의무자가 최고기간 내에 출생신고를 하지 아니한 경우
② 신고의무자를 특정할 수 없는 등의 이유로 신고의무자에게 최고할 수 없는 경우

Ⅵ 자료제공의 요청

시·읍·면의 장은/ 직권으로 등록부에 출생을 기록하기 위하여 필요한 경우/ 대법원규칙으로 정하는 자료를 관계 기관의 장에게 요청할 수 있고,/ 해당 기관의 장은 특별한 사유가 없으면 요청에 따라야 한다./ 다만,「전자정부법」제36조 제1항에 따른 행정정보 공동이용을 통하여 확인할 수 있는 사항은 예외로 한다.

THEME 7 인지신고

I 의 의
혼인 외 출생자를/ 그의 생부 또는 생모가/ 자기의 자녀라고 인정하고,/ 시·읍·면의 장에게 신고하는 것을 말한다.

II 인지신고서의 기재사항
인지의 신고서에는 다음 사항을 기재하여야 한다.
① 자녀의 성명·성별·출생연월일, 주민등록번호 및 등록기준지(자가 외국인인 때에는 그 성명·성별·출생연월일, 국적 및 외국인등록번호)
② 사망한 자녀를 인지할 때에는 사망연월일, 그 직계비속의 성명·출생연월일·주민등록번호 및 등록기준지
③ 부가 인지할 때에는 모의 성명·등록기준지 및 주민등록번호
④ 인지 전의 자녀의 성과 본을 유지할 경우 그 취지의 내용
⑤ 민법 제909조 제4항 또는 제5항에 따라 친권자가 정하여진 때에는 그 취지와 내용

III 태아의 인지
태내에 있는 자녀를 인지할 때에는/ 신고서에 그 취지, 모의 성명 및 등록기준지를 기재하여야 한다.

IV 친생자출생의 신고에 의한 인지
부가 혼인 외 자녀에 대하여 친생자출생의 신고를 한 때 그 신고는 인지의 효력이 있다[잠정적용 헌법불합치 결정(헌재 2023.3.23. 2021헌마975)].

V 재판에 의한 인지

인지의 재판이 확정된 경우/ 소를 제기한 사람은/ 재판의 확정일부터 1개월 이내에/ 재판서의 등본 및 확정증명서를 첨부하여/ 그 취지를 신고하여야 한다.

VI 유언에 의한 인지

유언에 의한 인지의 경우에는/ 유언집행자가/ 그 취임일부터 1개월 이내에/ 인지에 관한 유언서등본 또는 유언녹음을 기재한 서면을 첨부하여/ 신고를 하여야 한다.

VII 인지된 태아의 사산

인지된 태아가 사체로 분만된 경우에/ 출생의 신고의무자는/ 그 사실을 안 날부터 1개월 이내에/ 그 사실을 신고하여야 한다./ 다만, 유언집행자가 유언에 의한 인지신고를 하였을 경우에는/ 유언집행자가 그 신고를 하여야 한다.

THEME 8 국적의 취득과 상실

I 서 설

1. 국적과 가족관계등록과의 관계

국적은 국가의 구성원으로서의 자격에 관한 제도임에 반하여/ 가족관계등록은 개인의 기본적인 신분 정보사항과 가족 상호 간의 신분관계를 공시·공증하는 제도로서/ 각기 그 법적 근거와 자격요건이 다르다./ 하지만, 국적은 이를 공시하는 공적장부가 따로 없어/ 가족관계등록법은 제4장 제11절에 국적의 취득과 상실에 관한 규정을 두어/ 가족관계등록부에 국적 공시기능을 부여한다.

2. 법무부장관의 국적통보제도의 채택

종전 호적법은 국적의 취득 및 상실과 관련하여 신고제를 규정하고 있었으나,/ 가족관계등록법은 이를 대신하여 법무부장관의 국적관련 통보제를 도입하였다./ 이로써 법무부에 등록된 내용과 등록관서에 신고된 내용 사이의 불일치와 신고의무에 따른 국민의 불편이 상당 부분 해소되었다.

II 인지 등에 따른 국적취득의 통보 등

1. 국적취득의 통보

〈법무부장관〉은/ 국적법 제3조 제1항 또는 같은 법 제11조 제1항에 따라 대한민국의 국적을 취득한 사람이 있는 경우/ 지체 없이 국적을 취득한 사람이 정한 등록기준지의 〈시·읍·면의 장〉에게/ 대법원규칙으로 정하는 사항을 통보하여야 한다(법 제93조 제1항).

2. 등록부 작성

1.의 통보를 받은 〈시·읍·면의 장〉은/ 국적을 취득한 사람의 등록부를 작성한다(법 제93조 제2항).

Ⅲ 귀화허가의 통보 등

1. 귀화허가의 통보
〈법무부장관〉은/ 국적법 제4조에 따라 외국인을 대한민국 국민으로 귀화허가한 경우/ 지체 없이 귀화허가를 받은 사람이 정한 등록기준지의 〈시·읍·면의 장〉에게/ 대법원규칙으로 정하는 사항을 통보하여야 한다(법 제94조 제1항).

2. 등록부 작성
1.의 통보를 받은 〈시·읍·면의 장〉은/ 귀화허가를 받은 사람의 등록부를 작성한다(법 제94조 제2항).

Ⅳ 국적회복허가의 통보 등

1. 국적회복허가의 통보
〈법무부장관〉은/ 국적법 제9조에 따라 대한민국의 국적회복을 허가한 경우/ 지체 없이/ 국적회복을 한 사람이 정한 등록기준지의 〈시·읍·면의 장〉에게/ 대법원규칙으로 정하는 사항을 통보하여야 한다(법 제95조 제1항).

2. 등록부 작성
1.의 통보를 받은 〈시·읍·면의 장〉은/ 국적회복을 한 사람의 등록부를 작성한다./ 다만, 국적회복을 한 사람의 등록부 등이 있는 경우/ 등록부 등에 기재된 등록기준지의 〈시·읍·면의 장〉에게/ 그 사항을 통보하여야 한다(법 제95조 제2항).

Ⅴ 국적취득자의 성(姓)과 본(本)의 창설신고

1. 성(姓)·본(本)의 창설허가 및 신고
① 외국의 성을 쓰는 국적취득자가/ 그 성을 쓰지 아니하고 새로이 성(姓)·본(本)을 정하고자 하는 경우에는/ 그 등록기준지·주소지 또는 등록기준지로 하고자 하는 곳을 관할하는 가정법원의 허가를 받고/ 그 등본을 받은 날부터 1개월 이내에/ 그 성과 본을 신고하여야 한다(법 제96조 제1항).
② ①의 경우 〈가정법원〉은/ 심리(審理)를 위하여/ 〈국가경찰관서의 장〉에게/ 성·본 창설허가 신청인의 범죄경력 조회를 요청할 수 있고,/ 그 요청을 받은 〈국가경찰관서의 장〉은/ 지체 없이 그 결과를 회보하여야 한다(법 제96조 제6항).
③ 국적취득자의 성과 본의 창설신고서에는 ㉠ 종전의 성, ㉡ 창설한 성·본, ㉢ 허가의 연월일을 기재하여야 하며(법 제96조 제4항), 관할 가정법원의 허가의 등본을 첨부하여야 한다(법 제96조 제5항).

2. 국적회복 및 국적재취득의 경우
① 대한민국의 국적을 회복하거나 재취득하는 경우에는/ 종전에 사용하던 대한민국식 성명으로/ 국적회복신고 또는 국적재취득신고를 할 수 있다(법 제96조 제2항).
② ①의 신고서에는/ 종전에 사용하던 대한민국식 성명을 소명하여야 한다(법 제96조 제3항).

Ⅵ 국적상실신고

1. 신고의무자 및 신고적격자
① 국적상실의 신고는/ 〈배우자 또는 4촌 이내의 친족〉이/ 그 사실을 안 날부터 1개월 이내에 하여야 한다(법 제97조 제1항).
② 〈국적상실자 본인〉도/ 신고적격자로서 국적상실의 신고를 할 수 있다(법 제97조 제4항).

2. 신고서 기재사항 등
① 국적상실신고서에는 ㉠ 국적상실자의 성명·주민등록번호 및 등록기준지, ㉡ 국적상실의 원인 및 연월일, ㉢ 새로 외국국적을 취득한 때에는 그 국적을 기재하여야 한다(법 제97조 제2항).
② 국적상실신고서에는 국적상실을 증명하는 서면을 첨부하여야 한다(법 제97조 제3항).

Ⅶ 국적선택 등의 통보 등

1. 국적선택 등의 통보
〈법무부장관〉은/ 다음의 어느 하나에 해당하는 사유가 발생한 경우/ 그 사람의 등록기준지(등록기준지가 없는 경우에는 그 사람이 정한 등록기준지)의 〈시·읍·면의 장〉에게/ 대법원규칙으로 정하는 사항을 통보하여야 한다(법 제98조 제1항).
① 국적법 제13조에 따라 복수국적자로부터 대한민국의 국적을 선택한다는 신고를 수리한 때(제1호)
② 국적법 제14조 제1항에 따라 국적이탈신고를 수리한 때(제2호)
③ 국적법 제20조에 따라 대한민국 국민으로 판정한 때(제3호)

2. 등록부 작성
대한민국 국민으로 판정받은 사람이/ 등록되어 있지 아니한 때에는/ 그 통보를 받은 〈시·읍·면의 장〉은/ 등록부를 작성한다(법 제98조 제2항).

THEME 9 가족관계 등록 창설

핵심이론

I 서설

1. 의의
가족관계 등록 창설이란/ 대한민국 국민으로서 등록부에 등록이 되어 있지 아니한 사람에 대하여/ 등록을 하려는 곳을 관할하는 가정법원의 허가를 받아/ 가족관계등록부를 작성할 수 있게 하는 것을 말한다.

2. 특징
① 가족관계 등록 창설은/ 다른 제도를 이용할 수 없는 경우에 인정되는 예외적이고 보완적인 제도이다./ 따라서 출생신고가 가능하다면 그 신고로 등록부가 작성되고, 기아인 경우에는 기아발견조서에 의해 등록된다.
② 가족관계 등록 창설은/ 국민 모두를 등록하기 위한 제도로,/ 반드시 국적을 전제로 한다./ 따라서 외국인은 귀화나 국적회복의 대상이지 등록 창설의 대상이 될 수 없다.
③ 가족관계 등록 창설은/ 등록이 되어 있는 사람에게는 허용되지 아니하고,/ 처음으로 등록을 하고자 하는 경우에만 허용되는 것으로/ 등록 창설신고는 보고적 신고이다.

II 가족관계 등록 창설신고

1. 신고인 및 신고기간
① 가족관계 등록 창설허가를 받은 사건 〈본인〉은/ 가정법원의 허가를 받고 그 등본을 받은 날부터 1개월 이내에/ 가족관계 등록 창설신고를 하여야 한다(법 제101조 제1항).
② 등록 창설허가의 재판을 얻은 사람이/ 등록 창설의 신고를 하지 아니한 때에는/ 〈배우자 또는 직계혈족〉이 할 수 있다(법 제102조).
③ 확정판결에 의하여 등록 창설의 신고를 하여야 할 경우에는/ 판결확정일부터 1개월 이내에 하여야 한다(법 제103조 제1항).

2. 가족관계 등록 창설신고서의 작성
① 가족관계 등록 창설신고서에는/ 제9조 제2항에 규정된 사항 외에 등록 창설허가의 연월일을 기재하여야 하며(법 제101조 제2항),/ 등록 창설허가의 등본을 첨부하여야 한다(법 제101조 제3항).
② 확정판결에 의한 등록 창설신고서에는/ 제9조 제2항에 규정된 사항 외에 판결확정일을 기재하여야 하며(법 제103조 제2항),/ 판결의 등본 및 확정증명서를 첨부하여야 한다(법 제103조 제3항).

불복절차 ★★

Ⅰ 의 의

1. 관할 가정법원에 불복신청

등록사건에 관하여/ ⟨이해관계인⟩은/ 시·읍·면의 장의 위법 또는 부당한 처분에 대하여/ ⟨관할 가정법원⟩에 불복의 신청을 할 수 있다(법 제109조 제1항).

2. 등록사무의 특수성을 고려한 불복절차

시·읍·면의 장이/ 등록사건에 관하여 행한 처분도 행정처분에 해당하기 때문에/ 이에 대한 불복도 원칙적으로 행정소송절차에 따를 것이나,/ 등록사무의 특수성을 고려하여 법이 특별한 불복절차를 규정하고 있는 것이다.

Ⅱ 불복신청절차

1. 신청대상

불복신청의 대상은/ 등록사건에 대한 시·읍·면의 장의 위법 또는 부당한 처분이다.

2. 관할법원

불복신청 사건의 관할법원은/ 위법 또는 부당한 처분을 한 시·읍·면의 소재지를 관할하는 가정법원이다.

3. 신청인

불복신청을 할 수 있는 자는/ 등록사건에 관하여 시·읍·면의 장의 위법 또는 부당한 처분으로 인하여 권익을 침해받은 모든 이해관계인이다.

Ⅲ 법원의 처리절차

1. 처분청의 의견을 구함
불복신청을 받은 가정법원은／ 신청에 관한 서류를 시・읍・면의 장에게 송부하며 그 의견을 구할 수 있다(법 제109조 제2항).

2. 처분청의 조치
가정법원으로부터 불복신청에 대한 의견을 요청받은 〈시・읍・면의 장〉은／ ① 그 〈신청이 이유 있다〉고 인정하는 때에는／ 지체 없이 처분을 변경하고,／ 그 취지를 법원과 신청인에게 통지하여야 하나(법 제110조 제1항), ② 〈신청이 이유 없다〉고 인정하는 때에는／ 의견을 붙여 지체 없이 그 서류를 법원에 반환하여야 한다(법 제110조 제2항).

3. 불복신청에 대한 법원의 결정
① 〈가정법원〉은／ 신청이 이유 없는 때에는 각하하고,／ 이유 있는 때에는 〈시・읍・면의 장〉에게 상당한 처분을 명하여야 한다(법 제111조 제1항).
② 신청의 각하 또는 처분을 명하는 재판은 결정으로써 하고,／ 시・읍・면의 장 및 신청인에게 송달하여야 한다(법 제111조 제2항).

4. 법원의 결정에 대한 불복절차(항고)
가정법원의 결정에 대하여는／ 법령을 위반한 재판이라는 이유로만 「비송사건절차법」에 따라 항고할 수 있다(법 제112조).

Ⅳ 불복신청의 비용
불복신청의 비용에 관하여는 「비송사건절차법」의 규정을 준용한다(법 제113조).

하느냐의 문제가 아니야,
언제 하느냐의 문제야.

– 미생 中 –

PART 3 사무관리론

제1장	민원 처리에 관한 법령
제2장	행정업무의 운영 및 혁신에 관한 규정

제1장 민원 처리에 관한 법령

제1절 총칙

THEME 1 민원의 의의 및 종류 ★

□ 법정민원과 고충민원의 개념, 법정민원의 거부처분에 대한 이의신청 기간과 방법(내용포함), 그리고 이의신청 처리절차에 관하여 설명하시오(THEME 28 참조).
　　　　　　　　　　　　　　　　　　　　　　　　　　　　▶ 제12회 기출 약술 20점
□ 일반민원의 종류를 설명하고, 각각의 종류에 따른 처리기간에 관하여 기술하시오(THEME 13 참조).
　　　　　　　　　　　　　　　　　　　　　　　　　　　　▶ 제5회 기출 약술 20점

핵심이론

I 민원의 의의

민원이란/ 민원인이/ 행정기관에 대하여/ 처분 등 특정한 행위를 요구하는 것을 말한다.

II 민원의 종류

1. **일반민원**

(1) **법정민원**

　법령·훈령·예규·고시·자치법규(이하 "관계법령")에서 정한 일정한 요건에 따라/ ① 인가·허가·승인·특허·면허 등을 신청하거나 ② 장부·대장 등에 등록·등재를 신청 또는 신고하거나 ③ 특정한 사실 또는 법률관계에 관한 확인 또는 증명을 신청하는 민원이다.

(2) **질의민원**

　법령·제도·절차 등 행정업무에 관하여/ 행정기관의 설명이나 해석을 요구하는 민원이다.

(3) 건의민원
행정제도 및 운영의 개선을 요구하는 민원이다.

(4) 기타민원
법정민원, 질의민원, 건의민원 및 고충민원 외에/ 행정기관에 단순한 행정절차 또는 형식요건 등에 대한 상담·설명을 요구하거나 일상생활에서 발생하는 불편사항에 대하여 알리는 등 행정기관에 특정한 행위를 요구하는 민원이다.

2. 고충민원
행정기관등의 위법·부당하거나 소극적인 처분(사실행위 및 부작위를 포함)/ 및 불합리한 행정제도로 인하여/ 국민의 권리를 침해하거나 국민에게 불편 또는 부담을 주는 사항의 해결을 요구하는 민원이다.

THEME 2 민원인, 행정기관★

> 「민원 처리에 관한 법률」 및 같은 법 시행령상 민원이란 민원인이 행정기관에 대하여 처분 등 특정한 행위를 요구하는 것을 말한다. 민원인과 행정기관에 관한 다음 물음에 답하시오. ▶ 제11회 기출 40점
> 물음 1) 행정기관에 민원을 제기하는 개인·법인 또는 단체 중 민원인의 범위에서 제외되는 자에 관하여 설명하시오. ▶ 약술 20점
> 물음 2) 민원인이 민원을 제기하는 행정기관의 종류에 관하여 설명하시오. ▶ 약술 20점

I 민원인★★

1. 의 의
행정기관에/ 민원을 제기하는/ 개인·법인 또는 단체를 말한다.

2. 민원인 제외 대상
① 행정기관에/ 처분 등 특정한 행위를 요구하는/ 행정기관(사경제의 주체로서 제기하는 경우는 제외)
② 행정기관과 사법상의 계약관계가 있는 자로서/ 계약관계와 직접 관련하여/ 행정기관에 처분 등 특정한 행위를 요구하는 자
③ 행정기관에/ 처분 등 특정한 행위를 요구하는 자로서/ 성명·주소(법인 또는 단체의 경우에는 그 명칭, 사무소 또는 사업소의 소재지와 대표자의 성명) 등이 불명확한 자

II 행정기관★★

행정기관은 다음의 기관을 말한다.
① 국회·법원·헌법재판소·중앙선거관리위원회의 행정사무를 처리하는 기관,/ 중앙행정기관과 그 소속 기관(대통령 소속 기관과 국무총리 소속 기관을 포함),/ 지방자치단체와 그 소속 기관
② 공공기관
③ 법령 또는 자치법규에 따라 행정권한이 있거나/ 행정권한을 위임 또는 위탁받은 법인·단체 또는 그 기관이나 개인

3 THEME 민원 처리 담당자의 의무와 보호 / 민원인의 권리와 의무, 정보보호★★

☐ 민원 처리에 관한 법률 및 같은 법 시행령상 민원 처리의 원칙과 정보보호에 관하여 설명하시오(THEME 12 참조).
▶ 제4회 기출 약술 20점

핵심이론

I 민원 처리 담당자의 의무와 보호

1. 민원 처리 담당자의 의무
민원을 처리하는 담당자는/ 담당 민원을 신속·공정·친절·적법하게 처리하여야 한다(법 제4조 제1항).

2. 민원 처리 담당자의 보호
① 〈행정기관의 장〉은/ 민원인의 폭언·폭행, 목적이 정당하지 아니한 반복 민원 등으로부터/ 민원 처리 담당자를 보호하기 위하여/ 민원 처리 담당자의 신체적·정신적 피해의 예방 및 치료 등 다음의 조치를 하여야 한다(법 제4조 제2항, 동법 시행령 제4조 제1항).
　㉠ 담당자의 안전을 보장하기 위한/ 영상정보처리기기·호출장치·보호조치음성안내 등 안전장비의 설치 및 안전요원 등의 배치
　㉡ 민원인의 폭언·폭행 등을 방지하고/ 증거를 수집하기 위한 휴대용 영상음성기록장비, 녹음전화 등의 운영
　㉢ 폭언·폭행,/ 무기·흉기 등 위험한 물건의 소지,/ 목적이 정당하지 않은 반복·중복민원 제기를 통한 공무방해 행위 등으로/ 민원 처리를 지연시키거나 방해하는 민원인에 대한 퇴거 또는 일시적 출입 제한
　㉣ 민원인의 폭언·폭행 등이 발생한 경우/ 민원인으로부터 담당자를 보호하기 위한 조치로서 담당자의 분리 또는 업무의 일시적 중단
　㉤ 민원인의 폭언·폭행 등으로 인한 신체적·정신적 피해의 치료 및 상담 지원
　㉥ 폭언·폭행 등 형사처벌 규정을 위반한 행위를 한 민원인에 대한 수사기관에의 고발
　㉦ 담당자가 ㉥에 해당하는 민원인에 대한 고소를 희망하는 경우 해당 고소를 위한 행정적·절차적 지원
　㉧ 민원인의 폭언·폭행 등으로 고소·고발 또는 손해배상 청구 등이 발생한 경우/ 담당자를 지원하기 위한 조치로서 관할 수사기관 또는 법원에 증거물·증거서류 제출 등 필요한 지원

ⓩ 민원인과의 전화 또는 면담에 대한 1회당 권장시간 설정./ 이 경우 민원별 특성을 고려하여 권장시간을 달리 설정할 수 있다.
　　　ⓩ 전화 또는 면담 중 민원인이 반복적·지속적으로 욕설, 협박 등 폭언을 하거나 모욕, 성희롱을 한 경우, 권장시간을 상당히 초과하여 공무를 방해한 경우 전화나 면담의 종료 조치. 이 경우 그 조치 전에 해당 사유를 민원인게 고지해야 한다.
　② 〈민원 처리 담당자〉는/ 〈행정기관의 장〉에게/ ①에 따른 조치를 요구할 수 있다(법 제4조 제3항).
　③ 〈행정기관의 장〉은/ ②에 따른 민원 처리 담당자의 요구를 이유로/ 해당 민원 처리 담당자에게 불이익을 주어서는 아니 된다(법 제4조 제4항).
　④ 〈행정기관의 장〉은/ 민원인과 담당자 간에 고소·고발 또는 손해배상 청구 등이 발생한 경우/ 이에 대응하는 업무를 총괄하는 전담부서를 지정해야 하고,/ 변호사 선임비용, 소송비용 등 소송수행이나 수사단계에서의 대응에 필요한 비용의 전부 또는 일부를 예산의 범위에서 지원할 수 있다(동법 시행령 제4조 제2항).
　⑤ 〈행정기관의 장〉은/ 담당자의 민원 처리 과정에서의 행위와 관련하여/ 인사상 불이익 조치 등을 하려는 경우에는/ 그 발생 경위 등을 충분히 고려해야 한다(동법 시행령 제4조 제3항).

Ⅱ 민원인의 권리와 의무

1. 민원인의 권리
민원인은 행정기관에 민원을 신청하고,/ 신속·공정·친절·적법한 응답을 받을 권리가 있다.

2. 민원인의 의무
① 민원을 처리하는 담당자의 적법한 민원 처리를 위한 요청에 협조하여야 한다.
② 행정기관에 부당한 요구를 하거나/ 다른 민원인에 대한 민원 처리를 지연시키는 등/ 공무를 방해하는 행위를 하여서는 아니 된다.

Ⅲ 민원인등의 정보보호 ★

1. 정보보호의 원칙

(1) 개인정보 등 누설 방지 조치
〈행정기관의 장〉은/ 민원 처리와 관련하여 알게 된 민원의 내용과 민원인 및 민원의 내용에 포함되어 있는 특정인의 개인정보 등이/ 누설되지 아니하도록 필요한 조치를 강구하여야 한다.

(2) 민원 처리 목적 외 용도 사용금지
수집된 정보가/ 민원 처리의 목적 외의 용도로/ 사용되지 아니하도록 하여야 한다.

2. 정보보호 실태 확인·점검 및 교육

〈행정기관의 장〉은/ 정보보호의 실태를 확인·점검하고/ 민원을 처리하는 담당자에게/ 연 1회 이상 정보보호에 필요한 교육을 실시하여야 한다.

3. 징계등 조치

〈행정기관의 장〉은/ 확인·점검 결과 법령위반 사실을 발견하거나 이행상태가 불량하다고 판단되는 경우에는/ 지체 없이 이를 시정하고, 담당자에 대하여 징계등 조치를 하여야 한다.

제2절 민원의 처리

민원의 신청 등★

□ 국민의 권익을 실현해야 하는 민주행정에 있어서 민원행정은 중요한 사무이다. 현재 우리나라에서 행정기관을 대상으로 하는 민원의 신청과 접수에 관하여 논하시오(THEME 5 참조). ▶제3회 기출 논술 40점

I 민원의 신청 및 신청방법

1. 민원 신청의 원칙 : 문서
민원의 신청은 문서(전자문서 포함)로 하여야 한다.

2. 예 외
① 기타민원은 구술 또는 전화로 할 수 있다.
② 민원인 또는 그 위임을 받은 사람이/ 직접 방문할 필요가 없는 민원은/ 팩스·인터넷 등 정보통신망 또는 우편 등으로 신청할 수 있다.

II 증명서류 또는 구비서류의 전자적 제출

1. 원 칙
① 〈민원인〉은/ 민원의 처리에 필요한 증명서류나 구비서류를/ 전자문서나 전자화문서로 제출할 수 있다.
② 〈행정기관의 장〉은/ 민원인이 제출한 전자화문서가/ 다른 행정기관이 발급한 문서와 일치하는지에 대해/ 〈다른 행정기관〉에 그 확인을 요청할 수 있다./ 이 경우 확인을 요청받은 행정기관의 장은 〈그 진본성〉을 확인해 주어야 한다.

2. 예 외
① 행정기관이/ 전자문서나 전자화문서로 증명서류나 구비서류를 받을 수 있는 정보시스템을 구축하지 아니한 경우 등 다음의 어느 하나에 해당하는 경우에는 그러하지 아니하다.
  ㉠ 행정기관이/ 전자문서나 전자화문서로 증명서류나 구비서류를 받을 수 있는 정보시스템을 구축하지 않은 경우
  ㉡ 정보시스템의 장애로/ 전자문서나 전자화문서로 증명서류나 구비서류를 받기 어려운 경우

ⓒ 민원인이 발송한 전자문서나 전자화문서가/ 정보시스템을 통해 판독할 수 없는 상태로 수신된 경우
ⓔ 전자문서나 전자화문서의 제출이나 수신 등에 관하여 다른 법령에 별도의 규정이 있는 경우
② 〈행정기관의 장〉은/ ①의 ⊙~ⓔ의 사유로 민원의 처리에 필요한 증명서류나 구비서류를 전자문서나 전자화문서로 받을 수 없는 경우/ 그 사실을 민원인에게 지체 없이 알리고,/ 방문·우편·팩스 등 다른 방법을 활용하여 제출할 수 있도록 안내해야 한다.

민원의 접수

□ 국민의 권익을 실현해야 하는 민주행정에 있어서 민원행정은 중요한 사무이다. 현재 우리나라에서 행정기관을 대상으로 하는 민원의 신청과 접수에 관하여 논하시오(THEME 4 참조). ▶ 제3회 기출 논술 40점

I 민원의 접수

행정기관의 장은/ 민원의 신청을 받았을 때에는/ 다른 법령에 특별한 규정이 있는 경우를 제외하고는/ 그 접수를 보류하거나 거부할 수 없으며,/ 접수된 민원문서를 부당하게 되돌려 보내서는 아니 된다.

II 민원의 접수 절차

1. 민원실(전자민원창구 포함) 접수

① 민원은 민원실(전자민원창구 포함)에서 접수한다.
② 다만, 민원실이 설치되어 있지 아니한 경우에는 문서의 접수·발송을 주관하는 문서담당부서 또는 민원 처리주무부서에서 민원을 접수한다.

2. 민원 처리부 기록 및 접수증 발급

① 〈행정기관의 장〉은/ 민원을 접수하였을 때에는/ 그 순서에 따라/ 민원 처리부에 기록하고/ 해당 민원인에게 접수증을 발급하여야 한다.
② 다만, 기타민원과/ 민원인이 직접 방문하지 아니하고 신청한 민원/ 및 처리기간이 '즉시'인 민원,/ 접수증을 갈음하는 문서를 주는 민원의 경우에는/ 접수증 교부를 생략할 수 있다.

3. 다수의 민원인이 대표자를 정하여 신청한 민원의/ 접수증 발급

민원실, 문서의 접수·발송을 주관하는 문서담당부서 및 민원 처리주무부서는/ 2명 이상의 민원인이 대표자를 정하여 신청한 민원을 접수하였을 때에는/ 그 대표자에게/ 하나의 접수증을 발급한다.

4. 민원 안내 사항

〈행정기관의 장〉은/ 민원을 접수하였을 때에는/ 구비서류의 완비 여부, 처리기준과 절차, 예상 처리소요기간, 필요한 현장확인 또는 조사 예정시기 등을/ 해당 민원인에게 안내하여야 한다.

5. 본인 등 확인
〈행정기관의 장〉은/ 민원을 접수할 때 필요하다고 인정되는 경우에는/ 해당 민원인 본인 또는 그 위임을 받은 사람이 맞는지 확인할 수 있다.

6. 민원의 병합 접수
〈행정기관의 장〉은/ 5명 이상의 민원인으로부터/ 동일한 취지의 민원을 접수할 때에는/ 이를 병합하여 접수할 수 있다.

7. 전자민원창구를 통한 민원 접수
〈행정기관의 장〉은/ 전자민원창구를 통하여 민원이 신청된 경우에는/ 그 민원이 소관 행정기관의 전자민원창구에 도달한 때부터 8근무시간 이내에 접수해야 한다.

THEME 6 불필요한 서류 요구의 금지 ★

□ 민원인 편의를 위해 법령에 규정된 '신청서 및 구비서류'의 원칙과 행정기관의 불필요한 서류 요구 금지사항을 기술하시오(THEME 4 참조). ▶ 제7회 기출 약술 20점

I 구비서류 외의 추가 요구 금지

〈행정기관의 장〉은/ 민원을 접수·처리할 때에/ 민원인에게 관계법령등에서 정한 구비서류 외의 서류를/ 추가로 요구하여서는 아니 된다.

II 사본 제출 허용

〈행정기관의 장〉은/ 동일한 민원서류 또는 구비서류를 복수로 받는 경우에는/ 특별한 사유가 없으면/ 원본과 함께 그 사본의 제출을 허용하여야 한다.

III 공무원의 직접 확인·처리

1. 의 의

〈행정기관의 장〉은/ 민원을 접수·처리할 때에/ 다음의 어느 하나에 해당하는 경우에는/ 민원인에게 관련 증명서류 또는 구비서류의 제출을 요구할 수 없으며,/ 그 민원을 처리하는 담당자가 직접 이를 확인·처리하여야 한다.
① 민원인이 소지한 주민등록증·여권·자동차운전면허증 등 행정기관이 발급한 증명서로/ 그 민원의 처리에 필요한 내용을 확인할 수 있는 경우
② 해당 행정기관의 공부(公簿) 또는 행정정보로/ 그 민원의 처리에 필요한 내용을 확인할 수 있는 경우
③ 행정정보의 공동이용을 통하여/ 그 민원의 처리에 필요한 내용을 확인할 수 있는 경우
④ 행정기관이 증명서류나 구비서류를 다른 행정기관으로부터 전자문서로 직접 발급받아/ 그 민원의 처리에 필요한 내용을 확인할 수 있는 경우로서/ 민원인이 행정기관에 미리 해당 증명서류 또는 구비서류에 대하여 관계법령등에서 정한 수수료를 납부한 경우

2. 증명서류나 구비서류 확인·처리 간주

〈행정기관의 장〉이/ 1.에 따라 증명서류나 구비서류를 확인·처리한 경우에는/ 관계법령등에서 정한 절차에 따라 증명서류나 구비서류를 확인·처리한 것으로 본다.

3. 민원의 종류·범위 등 공표

〈행정기관의 장〉은/ 행정정보의 공동이용을 통하여 그 내용을 확인할 수 있는 민원의 종류·범위와 그 밖에 필요한 사항을/ 인터넷 홈페이지 등을 통하여 공표하여야 한다.

Ⅳ 이미 제출된 서류의 재요구 금지

〈행정기관의 장〉은/ 원래의 민원의 내용 변경 또는 갱신 신청을 받았을 때에는/ 특별한 사유가 없으면/ 이미 제출되어 있는 관련 증명서류 또는 구비서류를 다시 요구하여서는 아니 된다.

Ⅴ 민원 처리 과정에 대한 시정 요구

1. 의 의

〈민원인〉은/ 민원 처리 과정에서/ 〈행정기관의 장〉이 관계법령등에서 정한 구비서류 외의 서류를 추가로 요구하는 경우/ 〈그 행정기관의 장 또는 감독기관의 장〉에게/ 이를 시정할 것을 요구할 수 있다.

2. 통지의무

〈시정요구를 받은 행정기관의 장 또는 감독기관의 장〉은/ 지체 없이/ 이를 조사하여 필요한 조치를 하고,/ 그 처리결과를 민원인에게 통지하여야 한다.

 민원인의 요구에 의한 본인정보 공동이용★★

> 「민원 처리에 관한 법률」 및 같은 법 시행령상 민원의 처리에 관한 다음 물음에 답하시오.
> ▶ 제13회 기출 약술 40점
>
> 물음 1) 민원인의 요구에 의한 본인정보 공동이용과 관련해 민원인의 권리를 설명하고, 행정안전부장관이 행정정보 보유기관의 장과 협의하여 정할 수 있는 본인정보의 종류 및 세부유형을 기술하시오.
> ▶ 20점

핵심이론

I 민원인 본인에 대한 행정정보 제공요구

1. 의 의

〈민원인〉은/ 행정기관이 컴퓨터 등 정보처리능력을 지닌 장치에 의하여 처리가 가능한 형태로 본인에 관한 행정정보를 보유하고 있는 경우/ 민원을 접수·처리하는 기관을 통하여 〈행정정보 보유기관의 장〉에게/ 본인에 관한 증명서류 또는 구비서류 등의 행정정보(법원의 재판사무·조정사무 및 그 밖에 이와 관련된 사무에 관한 정보는 제외한다)를/ 본인의 민원 처리에 이용되도록 제공할 것을 요구할 수 있다(법 제10조의2 제1항 전단)./ 이 경우 본인정보의 종류, 접수하려는 민원 및 민원처리기관을 명시하여/ 〈민원접수기관의 장〉에게 신청해야 한다(영 제7조의3 제1항).

2. 행정정보 제출요구 금지

〈민원을 접수·처리하는 기관의 장〉은/ 〈민원인〉에게 관련 증명서류 또는 구비서류의 제출을 요구할 수 없으며,/ 〈행정정보 보유기관의 장〉으로부터 해당 정보를 제공받아 민원을 처리하여야 한다(법 제10조의2 제1항 후단).

3. 본인정보 제공 요구를 받은 기관의 조치 등

① 〈민원접수기관의 장〉은/ 민원인의 신청 내용을/ 지체 없이 〈행정정보 보유기관의 장〉에게 전달해야 한다 (영 제7조의3 제2항).

② 본인정보 제공 요구를 전달받은 〈행정정보 보유기관의 장〉은/ 해당 민원처리기관에/ 본인정보를 제공해야 한다(영 제7조의3 제3항).

II 행정정보 보유기관장의 정보제공

1. 원칙
민원인 본인에 대한 행정정보 제공 요구를 받은 〈행정정보 보유기관의 장〉은/ 해당 정보를 컴퓨터 등 정보처리능력을 지닌 장치에 의하여 처리가 가능한 형태로/ 본인 또는 본인이 지정한 〈민원처리기관〉에 지체 없이 제공하여야 한다(법 제10조의2 제2항 본문).

2. 제한 또는 거절 사유
〈행정정보 보유기관의 장〉은 다음의 개인정보 보호법 제35조 제4항에 따른 제한 또는 거절의 사유에 해당하는 사유가 있는 경우에는/ 본인정보 제공을 거절할 수 있다(법 제10조의2 제2항 단서)./ 이 경우 〈행정정보 보유기관의 장〉은/ 지체 없이 해당 사실 및 그 사유를/ 민원접수기관을 통하여 〈민원인〉에게 알려야 한다(영 제7조의3 제4항).

(1) 법률에 따라 열람이 금지되거나 제한되는 경우
(2) 다른 사람의 생명·신체를 해할 우려가 있거나 다른 사람의 재산과 그 밖의 이익을 부당하게 침해할 우려가 있는 경우
(3) 공공기관이 다음의 어느 하나에 해당하는 업무를 수행할 때 중대한 지장을 초래하는 경우
    ① 조세의 부과·징수 또는 환급에 관한 업무
    ② 「초·중등교육법」 및 「고등교육법」에 따른 각급 학교, 「평생교육법」에 따른 평생교육시설, 그 밖의 다른 법률에 따라 설치된 고등교육기관에서의 성적 평가 또는 입학자 선발에 관한 업무
    ③ 학력·기능 및 채용에 관한 시험, 자격 심사에 관한 업무
    ④ 보상금·급부금 산정 등에 대하여 진행 중인 평가 또는 판단에 관한 업무
    ⑤ 다른 법률에 따라 진행 중인 감사 및 조사에 관한 업무

3. 본인정보 제공 지연 등
〈행정정보 보유기관의 장〉은/ 전산시스템 장애 등으로 본인정보 제공이 지연되거나 어려운 경우에는/ 지체 없이 해당 사실 및 그 사유를/ 민원접수기관을 통하여 〈민원인〉에게 알리고,/ 그 사유가 해소된 즉시 본인정보를 제공해야 한다(영 제7조의3 제5항).

III 행정정보의 종류 결정 및 공표

1. 의의
〈행정안전부장관〉은/ 〈민원인〉이 〈행정정보 보유기관의 장〉에게 요구할 수 있는 본인에 관한 행정정보(본인정보)의 종류를/ 〈보유기관의 장〉과 협의하여 정하고, 이를 국민에게 공표하여야 한다(법 제10조의2 제3항).

2. 본인정보의 종류 및 세부유형
〈행정안전부장관〉이/ 〈행정정보 보유기관의 장〉과 협의하여 정할 수 있는 본인정보의 종류 및 세부유형은 다음과 같다(영 제7조의3 제7항).

(1) 개인의 신원에 관한 다음의 본인정보
　① 주민등록표 등 개인의 신원에 관한 사실을 확인하기 위하여 필요한 본인정보
　② 병적증명서 등 개인의 경력에 관한 사항 등을 확인하기 위하여 필요한 본인정보
(2) 등기사항증명서 등 법인 또는 그 밖의 단체의 지위 및 성격을 파악하기 위하여 필요한 본인정보
(3) 개인 또는 법인, 그 밖의 단체(이하 "개인등"이라 한다)의 자격의 증명에 관한 다음의 본인정보
　① 국가기술자격 증명 등 개인등의 자격을 확인하기 위하여 필요한 본인정보
　② 인가·허가 등 행정청의 처분의 존재 여부를 확인하기 위하여 필요한 본인정보
(4) 물건 또는 법률상의 권리에 관한 다음의 본인정보
　① 부동산등기부 또는 자동차등록증 등 부동산 또는 동산의 권리를 확인하기 위하여 필요한 본인정보
　② 특허등록원부 등 법률상 등록 또는 등기된 권리의 내용에 관한 본인정보
(5) 토지 등 특정한 물건이나 그 밖의 권리의 소재(所在)·형상 및 그에 대한 평가를 확인하기 위하여 필요한 다음의 본인정보
　① 지적도, 임야도 등 특정한 부동산의 소재, 그 현황 등에 대하여 행정기관이 작성한 본인정보
　② 개별공시지가 확인서 등 특정한 물건에 대한 객관적인 평가 또는 가치 등에 대하여 행정기관이 작성한 정보로서 다른 개인등의 업무수행에 필요한 본인정보
(6) 개인등의 행위에 대한 사실을 증명하기 위하여 필요한 다음의 본인정보
　① 출입국증명, 국내거소사실증명 등 개인의 소재 및 지위 등의 확인을 위하여 필요한 본인정보
　② 납세증명, 각종 등록확인증 등 개인등의 법령에 따른 행위의 존재 여부 및 법령상의 의무 준수 여부를 확인하기 위하여 필요한 본인정보
(7) 그 밖에 행정기관이 민원처리 등 소관 업무를 수행하는 데에 반드시 필요한 본인정보

Ⅳ 보안대책 마련 및 실태조사

1. 의 의

〈다른 기관으로부터 행정정보를 제공받아 이용하는 행정기관의 장〉은 해당 행정정보가 위조·변조·훼손·유출 또는 오용·남용되지 아니하도록 적절한 보안대책을 마련하여야 하며, / 〈행정안전부장관〉은 이에 대한 실태를 점검할 수 있다(법 제10조의2 제7항).

2. 보안대책 마련

본인정보를 제공받으려는 〈민원처리기관의 장〉은/ 암호화, 전사시스템 접근통제 및 접속기록관리 등의 보안대책을 마련해야 한다(영 제7조의3 제8항).

3. 보안대책 수립에 필요한 세부기준 설정

〈행정안전부장관〉은/ 보안대책 수립에 필요한 세부기준을 정할 수 있다(영 제7조의3 제9항).

4. 실태점검 시 조치

〈행정안전부장관〉은/ 실태점검을 하는 경우 〈민원처리기관의 장〉에게/ 점검항목·절차 및 시기 등을 미리 알려야 하고,/ 필요한 자료의 제출을 요구할 수 있다(영 제7조의3 제10항).

Ⅴ 민원인의 요구에 의한 본인정보 정기적 공동이용

1. 의 의

〈민원인〉이/ 본인정보 제공을 요구할 때에는/ 〈행정정보 보유기관의 장〉에게/ 본인정보의 정확성 및 최신성이 유지될 수 있도록 정기적으로 같은 내역의 본인정보를 민원처리기관에 제공할 것을 요구할 수 있다(영 제7조의4 제1항).

2. 철 회

정기적인 본인정보 제공을 요구한 〈민원인〉은/ 그 요구를 철회할 수 있다(영 제7조의4 제2항).

민원 신청 편의제공 ★★★

□ 「민원 처리에 관한 법률」 및 같은 법 시행령상 민원의 처리에 관한 다음 물음에 답하시오.
▶ 제13회 기출 약술 40점

물음 2) 행정기관의 장(지방자치단체와 그 소속기관은 제외)이 편의를 제공하기 위해 노력해야 하는 민원 취약계층의 범위와 제공할 수 있는 편의 및 수수료 감면에 관하여 설명하시오. ▶ 20점

핵심이론

I 민원취약계층에 대한 편의제공

1. 의 의
〈행정기관의 장〉은/ 민원의 신청 및 접수·처리 과정에서/ 민원취약계층(장애인, 임산부, 노약자 및 정보격차로 인하여 민원의 신청 등에 제약을 받는 사람을 말함)에 대한/ 편의를 제공하기 위하여 노력하여야 한다.

2. 민원취약계층의 범위
민원취약계층은 다음의 사람으로 한다.
① 장애인복지법에 따라 등록된 장애인
② 65세 이상인 사람
③ 국민기초생활 보장법에 따른 수급자
④ 재한외국인 처우 기본법에 따른 결혼이민자
⑤ 북한이탈주민의 보호 및 정착지원에 관한 법률에 따른 보호대상자
⑥ 모자보건법에 따라 임신 또는 분만 사실을 신고한 임산부
⑦ 영유아보건법에 따른 영유아를 동반한 보호자
⑧ ①~⑦까지의 사람 외에 신체적·정신적·언어적 능력 등에서 어려움이 있어 민원 편의의 제공이 필요하다고 행정기관의 장이 인정하는 사람

3. 편의제공 사항
〈행정기관의 장〉은/ 민원취약계층에 대해/ 다음의 편의를 제공할 수 있다.
① 휠체어, 점자 안내책자, 보청기기, 돋보기 등 편의용품 비치
② 민원취약계층 전용 민원창구의 설치 및 운영
③ 정보시스템을 이용한 민원 처리 방법 등에 대한 안내 및 교육
④ ①~③의 사항 외에 행정기관의 장이 민원 편의를 위하여 필요하다고 인정하는 사항

4. 수수료 감면
〈행정기관의 장〉은/ 민원취약계층에 대하여 민원 처리에 관한 수수료를 감면할 수 있다.

5. 수수료 감면사항의 공개
〈행정기관의 장〉은/ 민원취약계층에 대한 민원 처리 수수료의 감면 비율이나 감면 금액을 정한 경우/ 이를 〈행정기관의 인터넷 홈페이지 등〉을 통해 공개해야 한다.

Ⅱ 민원실

1. 민원실 설치
〈행정기관의 장〉은/ 민원을 신속히 처리하고/ 민원인에 대한 안내와 상담의 편의를 제공하기 위하여/ 민원실을 설치할 수 있다.

2. 민원실 구성
〈행정기관의 장〉은/ 소속 직원 중에서/ 행정실무경험이 풍부하고 근무태도가 성실한 사람을/ 민원실에 배치하여야 한다.

3. 민원상담인 위촉
〈행정기관의 장〉은/ 민원인에 대한 안내와 상담을 위하여 필요하다고 인정되는 경우에는/ 행정실무에 관한 지식과 경험이 있는 사람을 민원상담인으로 위촉할 수 있다.

4. 편의제공
① 〈행정기관의 장〉은/ 민원인에게 편의를 제공하기 위하여/ 민원실에 민원을 신청하는 데 필요한 용지·필기구 등을 갖추어 두어야 한다.
② 〈행정기관의 장〉은/ 민원인에게 편의를 제공하고/ 담당자의 안정적인 근무환경 조성을 위하여/ 민원실 시설·환경 등의 개선에 노력하여야 한다.

5. 민원실의 운영
① 1일 운영시간은 오전 9시부터 오후 6시까지로 한다.
② 〈행정기관의 장〉은/ 민원인 접근의 편의를 위하여/ 행정기관 외의 공공장소 등에/ 다양한 형태의 민원실을 설치하여 운영할 수 있다.
③ 민원실의 운영시간이나 운영방법은/ 각 행정기관의 특성에 따라/ 행정안전부령 또는 해당 지방자치단체의 조례로 달리 정할 수 있다.

Ⅲ 민원편람의 비치 등 신청 편의제공

1. 민원 신청의 편의제공

〈행정기관의 장〉은/ 민원실에/ 민원 관련 법령·편람과 민원의 처리 기준과 절차 등 민원의 신청에 필요한 사항을 게시하고/ 이를 인터넷 홈페이지를 통하여 제공하는 등/ 민원인에게 민원 신청의 편의를 제공하여야 한다.

2. 민원편람의 비치 등

〈행정기관의 장〉은/ 민원인이 민원편람을 열람할 수 있도록/ 민원실에/ 민원편람을 비치하거나 컴퓨터를 설치하는 등 필요한 조치를 하여야 한다.

3. 민원편람 게재사항

① 〈행정기관의 장〉은/ 민원편람에/ 민원의 종류별로/ 신청서식, 구비서류, 처리주무부서, 경유기관·협의기관, 처리절차, 처리기간, 심사기준, 수수료, 그 밖에 민원에 관한 안내에 필요한 사항을/ 분명히 적어야 한다.
② 〈행정기관의 장〉은/ 다음의 어느 하나에 해당하는 민원에 대해서는/ 그 종류를 정하여/ 민원실에 게시하거나 민원편람에 게재하여야 한다.
  ㉠ 무인민원발급창구를 통하여/ 발급할 수 있는 민원
  ㉡ 팩스·인터넷 등 정보통신망 또는 우편 등으로 신청할 수 있는 민원
  ㉢ 민원인이 구술하고/ 담당자가 그 사항을 문서로 작성하여/ 신청할 수 있는 민원

THEME 9 전자민원창구 및 통합전자민원창구★

□ 현 정부의 국정추진기반인 '정부3.0'에서 강조하고 있는 협업시스템과 통합전자민원창구('민원24')의 개념을 정의하고, 협업시스템의 서비스 내용과 통합전자민원창구의 부가서비스 내용에 관하여 약술하시오 (행정업무의 운영 및 혁신에 관한 규정 THEME 27 참조).   ▶제1회 기출 약술 20점

핵심이론

I 전자민원창구 및 통합전자민원창구 운영

1. 관계법령등 개선 및 조치의무

〈행정기관의 장〉은/ 민원인이 해당 기관을 직접 방문하지 아니하고도 민원을 처리할 수 있도록/ 관계법령등을 개선하고,/ 민원의 전자적 처리를 위한 시설과 정보시스템을 구축하는 등 필요한 조치를 하여야 한다.

2. 전자민원창구 구축 · 운영

① 〈행정기관의 장〉은/ 인터넷을 통하여/ 민원을 신청 · 접수받아 처리할 수 있는 정보시스템(이하 "전자민원창구")을/ 구축 · 운영할 수 있다.
② 다만, 전자민원창구를 구축하지 아니한 경우에는/ 통합전자민원창구를 통하여/ 민원을 신청 · 접수받아 처리할 수 있다.

3. 전자민원창구의 구축 · 운영 지원 등

〈행정안전부장관〉은/ 전자민원창구의 구축 · 운영을 지원하고,/ 각 행정기관의 전자민원창구를 연계하기 위하여/ 통합전자민원창구를 구축 · 운영할 수 있다.

4. 전자민원창구 등을 통한 민원 신청의 효과

민원인이/ 전자민원창구나 통합전자민원창구를 통하여 민원을 신청한 경우/ 관계법령등에 따라 소관하는 행정기관에 민원을 신청한 것으로 본다.

5. 수수료 감면

〈행정기관의 장〉은/ 전자민원창구나 통합전자민원창구를 통하여 민원을 처리하는 경우에는/ 다른 법률에도 불구하고 수수료를 감면할 수 있다.

Ⅱ 전자민원창구의 설치

〈행정기관의 장〉은/ 전자민원창구를 설치하려는 경우에는/ 특별한 사유가 없으면/ 하나의 창구로 설치해야 하며,/ 통합전자민원창구와 효율적으로 연계될 수 있도록 해야 한다.

Ⅲ 전자민원창구의 운영 등

1. 전자민원창구 처리사항
〈행정기관의 장〉은/ 전자민원창구를 통하여/ 다음의 사항을 처리할 수 있다.
① 민원의 신청·접수, 민원문서의 이송 및 처리결과의 통지
② 처리기간 연장의 통지, 처리진행상황과 처리완료예정일 등 민원의 처리상황 안내
③ 법령, 민원편람 및 민원처리기준표 등 민원 처리와 관련된 정보의 제공

2. 보안 강화 등
〈행정기관의 장〉은/ 전자민원창구를 통하여 민원을 처리할 때에는/ 개인정보 보호 등을 위하여 보안 강화 및 그 밖에 필요한 조치를 하여야 한다.

3. 전자민원담당관 임명
① 〈행정기관의 장〉은/ 전자민원창구를 효율적으로 운영하기 위하여/ 소속 공무원 중에서 전자민원담당관을 임명해야 한다.
② 업무가 지나치게 많다고 판단되는 경우에는/ 그 업무의 일부를 분장하기 위하여/ 분임전자민원담당관을 둘 수 있다.

4. 전자민원담당관 또는 분임전자민원담당관 겸임
〈행정기관의 장〉은/ 민원창구의 단일화와 업무의 효율적 처리를 위하여/ 민원심사관 또는 분임 민원심사관으로 하여금/ 전자민원담당관 또는 분임전자민원담당관을 겸하게 할 수 있다.

5. 민원의 일괄적 신청 및 이송
〈행정안전부장관〉은/ 통합전자민원창구를 통하여/ 둘 이상의 민원을 일괄적으로 신청받아/ 소관 행정기관에 이송하여 처리하게 할 수 있다.

Ⅳ 전자민원창구 등의 이용 제한

〈행정기관의 장〉은/ 민원인 또는 그 위임을 받은 자가/ 전자민원창구 또는 통합전자민원창구를 통하여/ 정당하지 않은 목적으로/ 비정상적인 전자적 수단 등을 이용하여/ 동일한 민원을 반복하여 신청함으로써/ 다른 민원인에 대한 민원 처리를 지연시키는 등 심각하게 공무를 방해하는 경우에는/ 해당 민원인 또는 그 위임을 받은 자의 전자민원창구 또는 통합전자민원창구의 이용을 제한할 수 있다.

Ⅴ 고유식별정보의 처리

〈행정기관의 장〉은/ 전자민원창구 또는 통합민원창구를 통한/ 민원 처리에 관한 사무를 수행하기 위하여 불가피한 경우/ 주민등록번호, 여권번호, 운전면허의 면허번호 또는 외국인등록번호가 포함된 자료를 처리할 수 있다.

THEME 10 다른 행정기관 등을 이용한 민원의 접수·교부 ★★★

 핵심이론

I 의 의
〈행정기관의 장〉은/ 민원인의 편의를 위하여/ 그 행정기관이 접수하고 처리결과를 교부하여야 할 민원을/ 다른 행정기관이나 특별법에 따라 설립되고 전국적 조직을 가진 법인(농협, 새마을금고)으로 하여금/ 접수·교부하게 할 수 있다.

II 다른 행정기관 등을 이용한/ 민원사항 처리절차

1. 접 수
〈다른 행정기관이나 농협 또는 새마을금고(이하 "접수기관")〉는/ 민원인이 소관 행정기관이 다른 둘 이상의 민원을 통합하여 신청했을 때에는/ 이를 통합하여 접수·교부할 수 있다.

2. 소관 기관으로 송부
민원을 접수한 접수기관은/ 그 민원을/ 지체 없이/ 소관 행정기관에 보내야 한다.

3. 소관 기관의 처리
① 민원을 받은 소관 행정기관은/ 그 민원을 신속히 처리하고/ 그 처리 결과를/ 민원인이 교부받으려는 다른 행정기관이나 농협 또는 새마을금고(교부기관)에 보내야 한다.
② 다만, 민원을 받은 소관 행정기관의 장은/ 동일한 민원인이 동시에 많은 양의 동일한 증명서 등 문서(전자문서는 제외)의 교부를 신청하여 처리기간 내에 처리하기 어려운 경우에는/ 20통마다/ 처리기간을 1일씩 연장하여 교부할 수 있다.

4. 관 인
① 민원문서를 교부하는 다른 행정기관의 장은/ 소관 행정기관의 관인(전자이미지관인을 포함)을 생략하고/ 해당 기관의 관인을 찍어 민원문서를 교부할 수 있다.
② 다만, 법령상 또는 그 민원의 성질상/ 소관 행정기관의 관인을 찍을 필요가 있는 민원문서에는/ 소관 행정기관의 관인을 찍어야 한다.

III 다른 행정기관 등을 이용한/ 민원사항의 고시

〈행정안전부장관〉은/ 다른 행정기관이나 농협 또는 새마을금고를 통하여 접수·처리할 수 있는 민원의 종류, 접수·교부 기관 및 추가비용 등을/ 관계 행정기관의 장과 협의하여 정한 후 고시하여야 한다.

IV 민원을 접수·교부하는 자의 지위

민원을 접수·교부하는 법인의 임직원은/ 형벌이나 그 밖의 법률에 따른 벌칙을 적용할 때에는/ 공무원으로 본다.

V 정보통신망을 이용한/ 다른 행정기관 소관 민원의 접수·교부

〈행정기관의 장〉은/ 정보통신망을 이용하여/ 다른 행정기관 소관의 민원을 접수·교부할 수 있는 경우에는/ 이를 직접 접수·교부할 수 있다.

VI 고유식별정보의 처리

〈다른 행정기관 소관의 민원을 접수·교부하는 행정기관(농협 및 새마을금고를 포함)의 장〉은/ 민원을 접수·교부하기 위하여 불가피한 경우/ 주민등록번호, 여권번호, 운전면허의 면허번호 또는 외국인등록번호가 포함된 자료를 처리할 수 있다.

11 THEME 민원문서의 이송★

□ 접수된 민원문서 중 해당 민원실의 주관 또는 소관이 아니거나 다른 행정기관 소관인 경우 민원문서의 이송 절차 및 방법에 관하여 설명하시오.
▶ 제7회 기출 약술 20점

핵심이론

I 의의

〈행정기관의 장〉은/ 접수한 민원이 다른 행정기관의 소관인 경우에는/ 접수된 민원문서를/ 지체 없이/ 소관 행정기관에 이송하여야 한다.

II 민원문서의 이송 절차 및 방법 등

1. 1근무시간 이내 이송
① 민원실에 접수된 민원문서 중/ 〈그 처리가 민원실의 주관에 속하지 아니하는 것에 대해서는〉/ 1근무시간 이내에/ 이를 처리주무부서에 이송하여야 한다.
② 다만, 처리주무부서가 상당히 떨어져 있는 등 특별한 사유가 있어 1근무시간 이내에 이송하기 어려운 경우에는/ 3근무시간 이내에 이송할 수 있다.

2. 3근무시간 이내 이송
〈같은 행정기관 내에서/ 소관이 아닌 민원문서를 접수한 경우〉에는/ 3근무시간 이내에/ 〈민원실을 거쳐〉/ 처리주무부서에 이송하여야 한다.

3. 8근무시간 이내 이송
① 〈다른 행정기관 소관의 민원문서를 접수한 경우〉에는/ 8근무시간 이내에/ 소관 행정기관에 이송하고,/ 그 사실을 민원인에게 통지하여야 한다./ 다만, 민원인에게 인터넷 홈페이지 등에 민원문서의 이송 상황이 공개될 것임을 사전에 안내한 경우에는 통지를 생략할 수 있다.
② 민원문서를 이송받은 행정기관은/ 민원문서를 이송한 행정기관의 요청이 있을 때에는/ 그 행정기관에 처리 결과를 통보하여야 한다.

4. 전자문서인 경우
접수된 민원문서가 전자문서인 경우에는/ 지체 없이/ 소관 기관에/ 전자적 방법으로 이송하여야 한다.

THEME 12 민원의 처리★★

- 법정민원을 제외한 행정기관의 장이 접수한 민원 중 민원 처리를 하지 않을 수 있는 사항에 관하여 설명하시오.
  ▶ 제12회 기출 약술 20점
- 민원 처리에 관한 법률상 민원 처리의 예외로서 접수된 민원을 처리하지 아니할 수 있는 민원사항 5가지만 기술하시오.
  ▶ 제6회 기출 약술 10점
- 민원 처리에 관한 법률 및 같은 법 시행령상 민원 처리의 원칙과 정보보호에 관하여 설명하시오(THEME 3 참조).
  ▶ 제4회 기출 약술 20점

핵심이론

I 민원 처리의 원칙★

1. 민원 처리 지연 금지

〈행정기관의 장〉은/ 다른 법령에 특별한 규정이 있는 경우를 제외하고는/ 관계법령등에서 정한 처리기간이 남아 있다거나/ 그 민원과 관련 없는 공과금 등을 미납하였다는 이유로/ 민원 처리를 지연시켜서는 아니 된다.

2. 민원 처리 절차 등 강화 금지

〈행정기관의 장〉은/ 법령의 규정 또는 위임이 있는 경우를 제외하고는/ 민원 처리의 절차 등을 강화하여서는 아니 된다.

II 민원 처리의 예외★★

〈행정기관의 장〉은/ 접수된 민원(법정민원은 제외)이/ 다음의 어느 하나에 해당하는 경우에는/ 그 민원을 처리하지 아니할 수 있다./ 이 경우 그 사유를 해당 민원인에게 통지하여야 한다.
① 고도의 정치적 판단을 요하거나 국가기밀 또는 공무상 비밀에 관한 사항
② 수사, 재판 및 형집행에 관한 사항 또는 감사원의 감사가 착수된 사항
③ 행정심판, 행정소송, 헌법재판소의 심판, 감사원의 심사청구, 그 밖에 다른 법률에 따라 불복구제절차가 진행 중인 사항
④ 법령에 따라 화해・알선・조정・중재 등 당사자 간의 이해 조정을 목적으로 행하는 절차가 진행 중인 사항
⑤ 판결・결정・재결・화해・조정・중재 등에 따라 확정된 권리관계에 관한 사항

⑥ 감사원이 감사위원회의 결정을 거쳐 행하는 사항
⑦ 각급 선거관리위원회의 의결을 거쳐 행하는 사항
⑧ 사인 간의 권리관계 또는 개인의 사생활에 관한 사항
⑨ 행정기관 소속 직원에 대한 인사행정상의 행위에 관한 사항

Ⅲ 관계기관·부서 간의 협조

1. 처리기간 내 협조 요청

〈민원을 처리하는 주무부서〉는/ 민원을 처리할 때 관계 기관·부서의 협조가 필요한 경우에는/ 민원을 접수한 후 지체 없이/ 그 민원의 처리기간 내에서/ 회신기간을 정하여 협조를 요청하여야 하며,/ 〈요청받은 기관·부서〉는/ 그 회신기간 내에/ 이를 처리하여야 한다.

2. 회신기간의 연장

① 〈협조를 요청받은 기관·부서〉는/ 회신기간 내에 그 민원을 처리할 수 없는 특별한 사정이 있는 경우에는/ 그 회신기간 범위에서/ 한 차례만/ 기간을 연장할 수 있다.
② 이 경우 회신기간이 끝나기 전에/ 그 연장사유·처리진행상황 및 회신예정일 등을/ 협조를 요청한 민원처리 주무부서에 통보하여야 한다.

Ⅳ 처리민원의 사후관리

〈행정기관의 장〉은/ 처리한 민원에 대하여/ 민원인의 만족 여부 및 개선 사항 등을 조사하여/ 업무에 반영할 수 있다.

법정민원, 질의민원, 건의민원, 기타민원 처리기간 등 ★

□ 일반민원의 종류를 설명하고, 각각의 종류에 따른 처리기간에 관하여 기술하시오(THEME 1 참조).

▶ 제5회 기출 약술 20점

Ⅰ 법정민원의 처리기간 설정·공표

1. 종류별 처리기간 설정·공표
〈행정기관의 장〉은/ 법정민원을 신속히 처리하기 위하여/ 행정기관에 법정민원의 신청이 접수된 때부터 처리가 완료될 때까지 소요되는 처리기간을/ 법정민원의 종류별로/ 미리 정하여 공표하여야 한다.

2. 각 기관별 처리기간 구분 설정
〈행정기관의 장〉은/ 법정민원의 처리기간을 정할 때에는/ 접수기관·경유기관·협의기관 및 처분기관 등 각 기관별로/ 처리기간을 구분하여 정하여야 한다.

3. 처리기간의 민원편람 수록
〈행정기관의 장〉은/ 법정민원의 처리기간을/ 민원편람에 수록하여야 한다.

Ⅱ 질의민원 처리기간

〈행정기관의 장〉은/ 특별한 사유가 없으면/ ① 법령에 관하여 설명이나 해석을 요구하는 질의민원은 14일 이내, ② 제도·절차 등 법령 외의 사항에 관하여 설명이나 해석을 요구하는 질의민원은 7일 이내/ 각각 처리하여야 한다.

Ⅲ 건의민원 처리기간

〈행정기관의 장〉은/ 건의민원을 접수한 경우에는/ 특별한 사유가 없으면/ 14일 이내에 처리하여야 한다.

제1장 민원 처리에 관한 법령

Ⅳ 기타민원 처리기간 등

1. 처리기간
〈행정기관의 장〉은/ 기타민원을 접수한 경우에는/ 특별한 사정이 없으면/ '즉시' 처리하여야 한다.

2. 처리절차
① 〈행정기관의 장〉은/ 구술 또는 전화로 신청한 기타민원을 처리하는 경우에는/ 민원 처리부에 기록하는 절차를 생략할 수 있다.

② 〈행정기관의 장〉은/ 해당 기관의 특성을 고려하여/ 기타민원의 처리기간 및 처리절차 등을 달리 정하여 운영할 수 있다.

고충민원의 처리 등★★

□ 민원 처리에 관한 법률상 고충민원의 개념과 그 처리절차에 관하여 설명하시오.

▶ 제8회 기출 약술 20점

Ⅰ 고충민원의 의의

행정기관등의 위법·부당하거나 소극적인 처분(사실행위 및 부작위를 포함)/ 및 불합리한 행정제도로 인하여/ 국민의 권리를 침해하거나/ 국민에게 불편 또는 부담을 주는 사항에 관한 민원을 말한다.

Ⅱ 처리기간

〈행정기관의 장〉은/ 고충민원을 접수한 때에는/ 특별한 사유가 없으면/ 7일 이내에 처리하여야 한다.

Ⅲ 정당한 사유가 있는 경우의 조치

〈행정기관의 장〉은/ 처리하는 고충민원의 내용이 정당한 사유가 있다고 인정될 때에는/ 지체 없이/ 원처분의 취소·변경 등 적절한 조치를 하고,/ 이를 민원인에게 통지하여야 한다.

Ⅳ 현장조사 등

1. 조사기간

〈행정기관의 장〉은/ 고충민원의 처리를 위하여 필요한 경우/ 14일의 범위에서/ 현장조사 등을 할 수 있다.

2. 기간의 연장

부득이한 사유로/ 14일 내에 현장조사 등을 완료하기 어렵다고 인정되는 경우에는/ 7일의 범위에서/ 그 기간을 한 차례만 연장할 수 있다.

3. 처리기간 미산입

현장조사 등에 걸린 기간은/ 처리기간에 산입하지 않는다.

Ⅴ 동일한 내용의 고충민원

1. 감사부서 등의 조사
〈행정기관의 장〉은/ 민원인이 동일한 내용의 고충민원을 다시 제출한 경우에는/ 〈감사부서 등〉으로 하여금 이를 조사하도록 하여야 한다.

2. 고충민원 신청
〈민원인〉은/ 감사부서 등의 조사를 거친 경우에는/ 그 고충민원과 관련한 사무에 대한 지도·감독 등의 권한을 가진 감독기관의 장에게/ 고충민원을 신청할 수 있다.

3. 처리결과 통보 및 조치 통지
① 〈감독기관의 장〉은/ 고충민원의 처리결과를/ 〈소관 행정기관의 장〉에게/ 통보하여야 한다.
② 〈소관 행정기관의 장〉은/ 특별한 사유가 없으면/ 그 결과를 존중하여 적절한 조치를 하고,/ 이를 〈민원인〉에게 통지하여야 한다.

Ⅵ 국민권익위원회 등에 대한 고충민원 신청

〈민원인〉은/ 고충민원을 신청하거나 처리결과를 통보받은 경우에도/ 국민권익위원회 또는 시민고충처리위원회에/ 고충민원을 신청할 수 있다.

THEME 15 처리기간의 계산★

□ 민원과 관련하여 '처리기간의 계산'을 설명하고, 부득이한 경우 처리기간을 연장하는 절차를 기술하시오.
▶ 제5회 기출 약술 20점

핵심이론

I 처리기간의 계산

1. 처리기간을 '즉시'로 정한 경우
정당한 사유가 있는 경우를 제외하고는／ 3근무시간 이내에 처리하여야 한다.

2. 처리기간을 '5일 이하'로 정한 경우
민원의 접수시각부터 "시간"단위로 계산하되, 공휴일과 토요일은 산입하지 아니한다.／ 1일은 8시간의 근무시간을 기준으로 한다.

3. 처리기간을 '6일 이상'으로 정한 경우
"일"단위로 계산하고,／ 첫날을 산입하되,／ 공휴일과 토요일은 산입하지 아니한다.

4. 처리기간을 '주·월·연'으로 정한 경우
첫날을 산입하되, 민법의 규정을 준용한다.

II 처리기간에 산입하지 아니하는 기간

처리기간에 산입하지 아니하는 기간은 다음의 기간을 말한다.
① 신청서의 보완에 소요되는 기간
② 접수·경유·협의 및 처리하는 기관이 각각 상당히 떨어져 있는 경우 문서의 이송에 소요되는 기간
③ 대표자를 선정하는 데 소요되는 기간
④ 당해 처분과 관련하여／ 의견청취가 실시되는 경우 그에 소요되는 기간
⑤ 실험·검사·감정, 전문적인 기술검토등 특별한 추가절차를 거치기 위하여 부득이하게 소요되는 기간
⑥ 선행사무의 완결을 조건으로 하는 경우 그에 소요되는 기간

Ⅲ 처리기간의 연장 등

1. 처리기간의 연장
① 〈행정기관의 장〉은/ 부득이한 사유로 처리기간 내에 민원을 처리하기 어렵다고 인정되는 경우/ 그 처리기간의 범위에서/ 처리기간을 한 차례 연장할 수 있다.
② 다만, 연장된 처리기간 내에/ 처리하기 어려운 경우에는/ 민원인의 동의를 받아/ 그 민원의 처리기간의 범위에서 처리기간을 한 차례만 다시 연장할 수 있다.

2. 서면통지
〈행정기관의 장〉은/ 처리기간을 연장하였을 때에는/ 처리기간의 연장 사유와 처리완료 예정일을/ 지체 없이/ 〈민원인〉에게/ 문서로 통지하여야 한다.

THEME 16. 위법·부당한 민원 처리에 대한 시정 요구★★

Ⅰ 의 의

〈민원인〉은/ 민원 처리 과정에서/ 행정기관의 위법·부당한 민원 처리가 발생한 경우/ 〈그 행정기관의 장 또는 감독기관의 장〉에게/ 이를 시정할 것을 요구할 수 있다.

Ⅱ 입법 취지

위법·부당한 민원 처리에 대한 시정 요구는/ 행정의 공정성과 신뢰성을 담보하는데 그 목적이 있다.

Ⅲ 위법·부당한 민원 처리의 유형

다음의 어느 하나에 해당하는 경우/ 위법·부당한 민원 처리에 해당한다.
① 〈행정기관의 장〉이/ 법을 위반하여/ 민원의 접수를 보류·거부하거나/ 접수된 민원문서를 부당하게 되돌려 보낸 경우
② 〈행정기관의 장〉이/ 법을 위반하여/ 관계법령등에서 정한 구비서류 외의 서류를 추가로 요구하는 경우
③ 민원의 처리기간을 경과한 경우

Ⅳ 처리결과 통지

〈시정 요구를 받은 행정기관의 장 또는 감독기관의 장〉은/ 지체 없이/ 조사하여 필요한 조치를 하고/ 그 처리결과를 민원인에게 통지하여야 한다.

민원문서의 보완·취하 등 ★★★

핵심이론

I. 민원문서의 보완·취하

1. 보완 요구
〈행정기관의 장〉은/ 접수한 민원문서에 보완이 필요한 경우에는/ 상당한 기간을 정하여/ 지체 없이/ 〈민원인〉에게/ 보완을 요구하여야 한다.

2. 신청 내용의 보완·변경 또는 취하
〈민원인〉은/ 해당 민원의 처리가 종결되기 전에는/ 그 신청의 내용을 보완하거나 변경 또는 취하할 수 있다.

II. 민원문서의 보완 절차

1. 문서 또는 구술 등에 의한 보완 요구
〈행정기관의 장〉은/ 〈민원인〉에게/ 민원문서의 보완을 요구하는 경우에는/ 문서 또는 구술 등으로 하되,/ 민원인이 특별히 요청한 경우에는 문서로 하여야 한다.

2. 재보완 요구
〈행정기관의 장〉은/ 민원인이 보완기간 또는 다시 정한 보완기간 내에 민원문서를 보완하지 아니한 경우에는/ 10일 이내의 기간을 정하여/ 다시 보완을 요구할 수 있다.

III. 보완기간의 연장요청

1. 의의
〈행정기간의 장〉은/ 〈보완 요구를 받은 민원인〉이/ 보완 요구를 받은 기간 내에 보완할 수 없음을 이유로/ 보완이 필요한 기간을 밝혀 연장을 요청한 경우/ 이를 고려하여 다시 보완기간을 정하여야 한다.

2. 연장 횟수 제한 : 민원인의 기간 연장 요청은 2회로 한정한다.

IV. 민법 규정의 준용
민원문서의 보완에 필요한 기간의 계산방법에 관하여는/ 민법 규정을 준용한다.

18 THEME 민원문서의 반려 및 종결처리★★★

I 민원문서의 반려

① 〈행정기관의 장〉은/ 민원인이/ 기간 내에 민원문서를 보완하지 아니한 경우에는/ 그 이유를 분명히 밝혀/ 접수된 민원문서를 되돌려 보낼 수 있다.
② 〈행정기관의 장〉은/ 민원인이 민원을 취하하여 민원문서의 반환을 요청한 경우에는/ 다른 법령에 특별한 규정이 있는 경우를 제외하고는/ 그 민원문서를 돌려주어야 한다.

II 민원의 종결처리

〈행정기관의 장〉은/ 다음의 경우/ 민원을 종결처리할 수 있다.
① 민원인의 소재불분명으로/ 보완요구가 2회에 걸쳐 반송된 경우
② 민원인에게 직접 교부할 필요가 있는 허가서·신고필증·증명서 등의 문서를/ 정당한 사유 없이/ 처리완료 예정일로부터 15일이 지날 때까지/ 〈민원인 또는 그 위임을 받은 자〉가/ 수령하지 아니한 경우

반복 및 중복민원의 처리★★

□ 반복 및 중복민원의 개념과 종결처리절차 그리고 반복 및 중복민원인지 여부 판단 시 고려해야 할 사항들에 관하여 설명하시오.
▶ 제6회 기출 약술 30점

핵심이론

I 반복민원★

1. 개념
동일한 내용의 민원(법정민원은 제외)을/ 정당한 사유 없이/ 3회 이상 반복하여 제출하는 경우를 의미한다.

2. 반복민원의 처리
〈행정기관의 장〉은/ 2회 이상 그 처리결과를 통지하고,/ 그 후에 접수되는 민원은/ 종결처리할 수 있다.

II 중복민원★

1. 개념
민원인이/ 2개 이상의 행정기관에 제출한/ 동일한 내용의 민원을 의미한다.

2. 중복민원의 처리
반복민원 처리 규정을 준용하여 처리할 수 있다.

III 민원조정위원회 심의

〈행정기관의 장〉은/ 반복 또는 중복되는 다수인관련민원을 종결처리하려는 경우에는/ 민원조정위원회의 심의를 거쳐야 한다.

IV 반복 및 중복민원 판단 시 고려사항★

〈행정기관의 장〉은/ 동일한 내용의 민원인지 여부에 대하여는/ 해당 민원의 성격, 종전 민원과의 내용적 유사성·관련성 및 종전 민원과 동일한 답변을 할 수밖에 없는 사정 등을/ 종합적으로 고려하여 결정하여야 한다.

다수인관련민원의 처리★

□ 민원 처리에 관한 법률 및 같은 법 시행령상 다수인관련민원의 개념을 정의하고 그 처리에 관하여 설명하시오.
▶ 제10회 기출 약술 20점

I 다수인관련민원의 개념
5세대(世帶) 이상의 공동이해와 관련되어/ 5명 이상이/ 연명으로 제출하는 민원을 말한다.

II 연명부 제출
다수인관련민원을 신청하는 〈민원인〉은/ 연명부를 원본으로 제출하여야 한다.

III 다수인관련민원의 처리 및 관리

1. **신속ㆍ공정ㆍ적법한 해결 조치**
   〈행정기관의 장〉은/ 다수인관련민원이 발생한 경우/ 신속ㆍ공정ㆍ적법하게 해결될 수 있도록 조치하여야 한다.

2. **사전예방대책 마련**
   〈행정기관의 장〉은/ 다수인관련민원이 발생하지 아니하도록/ 사전예방대책을 마련하여야 한다.

3. **처리상황 확인ㆍ분석**
   〈행정기관의 장〉은/ 다수인관련민원을 효율적으로 관리하기 위하여/ 다수인관련민원의 처리상황을 확인ㆍ분석하여야 한다.

Ⅳ 민원조정위원회 심의

〈민원조정위원회〉는/ 다수인관련민원과 반복 및 중복 민원 처리에 따라 종결처리된 후 다시 접수된 민원에 관한 사항을/ 매년 1회 이상 심의해야 한다.

Ⅴ 민원심사관의 수시 보고

〈민원심사관〉은/ 다수인관련민원의 처리상황을 확인·점검하고,/ 그 결과를/ 〈소속 행정기관의 장〉에게/ 수시로 보고하여야 한다.

THEME 21 민원심사관★

□ 민원행정서비스 향상을 위하여 다양한 제도가 운영되고 있다. 다음 물음에 답하시오.
▶ 제9회 기출 40점

물음 2) 민원사무 처리 제도로서 민원심사관의 목적과 업무, 그리고 민원실무심의회의 목적과 운영방식을 설명하시오(THEME 27 참조).
▶ 약술 20점

 핵심이론

Ⅰ 민원심사관 지정 목적

〈행정기관의 장〉은/ 민원 처리상황의 확인·점검 등을 위하여/ 소속 직원 중에서/ 민원심사관을 지정하여야 한다.

Ⅱ 분임 민원심사관 지정

〈행정기관의 장〉은/ 민원심사관의 업무가 지나치게 많거나 특별히 전문성이 필요하다고 판단되는 경우에는/ 분임 민원심사관을 지정하여/ 민원심사관의 업무를 나눠 맡도록 할 수 있다.

Ⅲ 민원심사관의 업무

1. 독촉장 발급

〈민원심사관(분임 민원심사관을 포함)〉은/ 민원의 처리상황을 수시로 확인·점검하여/ 처리기간이 지난 민원을 발견한 경우에는/ 지체 없이/ 처리주무부서의 장(민원심사관이 처리주무부서의 장인 경우에는 관계 직원을 말함)에게/ 독촉장을 발급하여야 한다.

2. 수시 보고

〈민원심사관(분임 민원심사관을 포함)〉은/ 다수인관련민원의 처리상황을 확인·점검하고/ 그 결과를/ 소속 행정기관의 장에게/ 수시로 보고하여야 한다.

민원의 진행 및 처리결과의 통지 ★

□ 민원 처리결과의 통지 및 통지방법 등에 관하여 설명하시오.　　▶ 제10회 기출 약술 20점

Ⅰ 처리진행상황 등의 통지

1. 의 의
〈행정기관의 장〉은/ ① 민원이 접수된 날부터 30일이 지났으나 처리가 완료되지 아니한 경우/ 또는 ② 민원인의 명시적인 요청이 있는 경우에는/ 그 처리진행상황과 처리완료 예정일 등을 적은 문서를/ 〈민원인〉에게/ 교부하거나/ 정보통신망 또는 우편 등의 방법으로 통지하여야 한다.

2. 통지의 주기
처리진행상황 등의 통지는/ 민원이 접수된 날부터 30일이 지날 때마다 통지하는 것이 원칙이다.

3. 통지의 생략
〈민원인〉에게/ 인터넷 홈페이지 등에 민원의 처리진행상황 등이 공개될 것임을 사전에 안내한 경우에는/ 통지를 생략할 수 있다.

Ⅱ 민원 처리결과의 통지 및 통지방법 등

1. 서면통지의 원칙
〈행정기관의 장〉은/ 접수된 민원에 대한 처리를 완료한 때에는/ 그 결과를/ 〈민원인〉에게/ 문서로 통지하여야 한다.

2. 예 외
다만, ① 기타민원의 경우, ② 민원인에게 처리결과를 신속하게 통지하여야 하는 경우, ③ 민원인이 구술 또는 전화로 통지하도록 요청하거나 구술 또는 전화로 통지하는 것에 동의하는 경우에는/ 구술, 전화, 문자메시지, 팩시밀리 또는 전자우편 등으로 통지할 수 있다.

3. 전자문서 통지로 서면통지 갈음

〈행정기관의 장〉은/ 다음의 어느 하나에 해당하는 경우에는/ 처리결과에 대한 서면통지를 전자문서로 통지하는 것으로 갈음할 수 있다.
① 민원인의 동의가 있는 경우
② 민원인이 전자민원창구나 통합전자민원창구를 통하여 전자문서로 민원을 신청한 경우(단, 민원인이 요청하면 지체 없이 처리결과에 관한 문서를 교부하여야 한다)

4. 거부 이유와 구제절차의 통지

〈행정기관의 장〉은/ 민원의 처리결과를 통지할 때에/ 민원의 내용을 거부하는 경우에는/ 거부 이유와 구제절차를 함께 통지하여야 한다.

5. 민원인 등에게 직접 교부

〈행정기관의 장〉은/ 민원의 처리결과를/ 허가서·신고필증·증명서 등의 문서(전자문서 및 전자화문서는 제외)로/ 민원인에게 직접 교부할 필요가 있는 때에는/ 그 민원인 또는 그 위임을 받은 자임을 확인한 후 이를 교부하여야 한다.

Ⅲ 담당자의 명시

〈행정기관의 장〉이/ 〈민원인〉에게/ 처리기간 연장의 통지, 민원문서의 보완 요구, 처리진행상황의 통지, 처리결과의 통지 등을 할 때에는/ 그 담당자의 소속·성명 및 연락처를 안내하여야 한다.

무인민원발급창구를 이용한 민원문서의 발급★

□ 무인민원발급창구를 이용한 민원문서의 발급에 관하여 설명하시오.   ▶ 제10회 기출 약술 10점

I 무인민원발급창구의 개념
〈행정기관의 장〉이/ 행정기관 또는 공공장소 등에 설치하여/ 민원인이 직접 민원문서를 발급받을 수 있도록 하는 전자장비를 말한다.

II 무인민원발급창구를 이용한 민원문서의 발급

1. 의 의
〈행정기관의 장〉은/ 무인민원발급창구를 통하여/ 민원문서(다른 행정기관 소관의 민원문서를 포함)를 발급할 수 있다.

2. 수수료 감면
무인민원발급창구를 통하여 민원문서를 발급하는 경우에는/ 다른 법률에도 불구하고/ 수수료를 감면할 수 있다.

3. 발급할 수 있는 민원문서의 종류
무인민원발급창구를 통하여 발급할 수 있는 민원문서의 종류는/ 〈행정안전부장관〉이/ 〈관계 행정기관의 장〉과의 협의를 거쳐/ 결정·고시한다.

4. 본인 확인 방법
〈행정기관의 장〉은/ 민원문서를 발급할 때/ 법령에 따라 본인임을 확인하여야 하는 경우에/ 법령에서 특별히 본인 확인 방법을 정하고 있지 아니한 경우에는/ 행정안전부장관이 정한 전자적 매체를 이용하여 확인할 수 있다.

5. 관보 고시 및 인터넷 홈페이지 게시
〈행정안전부장관〉은/ 무인민원발급창구를 이용하여 처리할 수 있는 민원의 종류/ 및 추가비용과/ 전자적 매체를 이용하여 본인 확인을 할 수 있는 민원의 종류 등을 정하여/ 관보에 고시하고,/ 인터넷 홈페이지에 게시하여야 한다./ 이 경우 소관 민원을 관장하는 중앙행정기관의 장과 미리 협의하여야 한다.

전자증명서의 발급과 전자문서의 출력 사용 등

□ 전자증명서의 발급과 전자문서의 출력 사용 등에 관하여 설명하시오. ▶ 제10회 기출약술 10점

I 전자증명서의 개념

〈행정기관의 장〉이/ 특정한 사실이나 관계 등을 증명하기 위하여/ 전자문서 및 전자화문서로 발급하는 민원문서를 말한다.

II 전자증명서의 발급

1. 전자민원창구 또는 통합전자민원창구를 통한 발급
〈행정기관의 장〉은/ 전자민원창구 또는 통합전자민원창구를 통하여/ 전자증명서를 발급할 수 있다.

2. 수수료 감면
〈행정기관의 장〉은/ 전자증명서를 발급하는 경우/ 관계법령등에 특별한 규정이 있는 경우를 제외하고는/ 수수료를 감면할 수 있다.

3. 발급할 수 있는 전자증명서의 종류 결정·고시
〈행정안전부장관〉은/ 전자민원창구 또는 통합전자민원창구를 통하여 발급할 수 있는 전자증명서의 종류를/ 〈관계 행정기관의 장〉과의 협의를 거쳐 결정·고시한다.

III 전자문서의 출력 사용 등

1. 「행정업무의 운영 및 혁신에 관한 규정」에 따른 공문서 간주
〈행정기관의 장〉이/ 위조·변조 방지조치,/ 출력한 문서의 진위확인조치,/ 그 밖에 출력한 문서의 위조·변조를 방지하기 위하여 행정부장관이 고시한 조치를 하여/ 〈민원인〉에게/ 전자문서로 통지하고,/ 〈민원인〉이 그 전자문서를 출력한 경우에는/ 이를 행정업무의 운영 및 혁신에 관한 규정에 따른 공문서로 본다.

2. 관보 고시 및 인터넷 홈페이지 등 게시
〈행정기관의 장〉은/ 민원인이 출력한 문서를 공문서로 보는 전자문서의 종류를 정하여/ 미리 관보에 고시하고,/ 해당 기관의 인터넷 홈페이지 등에 게시하여야 한다.

사전심사의 청구 등★★★

□ 민원 처리에 관한 법률 및 같은 법 시행령상 법정민원 중 사전심사청구 대상민원에 관한 다음 물음에 답하시오.
　　　　　　　　　　　　　　　　　　　　　　　　　　　　　　　▶ 제4회 기출 40점
　물음 1) '사전심사의 청구 등'을 설명하시오.　　　　　　　　　▶ 약술 20점
　물음 2) 대상과 안내 및 처리기간을 설명하시오.　　　　　　　▶ 약술 20점

I 사전심사청구의 개념

인·허가 등의 정식민원을 제출하기 전에/ 소정의 사전심사청구서와 최소한의 구비서류만 제출하고/ 행정기관에서 민원의 가부, 적부 등을 사전에 심사하여/ 민원인이 사업수행상 안전성을 보장하고,/ 시간적·경제적 부담을 경감하여/ 행정서비스의 질적 향상을 도모하기 위한 제도이다.

II 사전심사청구 대상민원

다음의 민원은 사전심사청구 대상민원에 해당한다.
① 법정민원 중 정식으로 신청할 경우/ 토지매입 등이 필요하여/ 민원인에게 경제적으로 많은 비용이 수반되는 민원
② 행정기관의 장이 거부처분을 할 경우/ 민원인에게 상당한 경제적 손실이 발생하는 민원

III 사전심사청구 대상민원의 안내

〈행정기관의 장〉은/ 사전심사청구 대상 민원의 종류 및 민원별 처리기간·구비서류 등을 미리 정하여/ 민원인이 이를 열람할 수 있도록 게시하고,/ 민원편람에 수록하여야 한다.

Ⅳ 사전심사청구 대상민원의 처리절차

1. 정식민원 처리절차 준용
사전심사청구 대상 민원의 접수 및 처리절차에 관하여는/ 정식민원 처리절차(관계기관·부서 간의 협조, 민원의 접수, 민원문서의 보완 절차 및 방법 등, 민원문서의 반려 등)를 준용한다.

2. 처리기간
다음의 범위에서/ 〈행정기관의 장〉이 정한다./ 다만, 불가피한 사유로 처리기간 내 처리하기 어려운 경우에는 처리기간을 연장할 수 있다.
① 처리기간이 30일 미만인 민원 : 처리기간
② 처리기간이 30일 이상인 민원 : 30일 이내

3. 구비서류
〈행정기관의 장〉은/ 사전심사청구 대상 민원의 구비서류를 최소화하여야 하며,/ 사전심사의 청구 후 정식으로 민원이 접수되었을 때에는/ 이미 제출된 구비서류를 추가로 요구해서는 아니 된다.

Ⅴ 사전심사의 효과

1. 결과의 서면통지
〈행정기관의 장〉은/ 사전심사 결과를/ 〈민원인〉에게/ 문서로 통지하여야 한다.

2. 처리기간 단축·신속 처리
〈행정기관의 장〉은/ 사전심사를 거친 민원의 경우/ 특별한 사유가 없으면/ 처리기간을 단축하여 신속히 처리하여야 한다.

3. 법적·제도적 장치 마련 및 시행
〈행정기관의 장〉은/ 사전심사 제도를 효율적으로 운영하기 위하여/ 필요한 법적·제도적 장치를 마련하여 시행하여야 한다.

THEME 26 복합민원의 처리★

> 공장설립 승인과 같이 다수 기관과 연관된 민원사무에 대하여 개별처리의 번거로움을 덜고 효율적 업무처리를 위해 행정기관이 적용하는 민원 처리 방식들에 관하여 약술하시오.   ▶ 제1회 기출 약술 20점

핵심이론

Ⅰ 복합민원의 개념

하나의 민원 목적을 실현하기 위하여/ 관계법령등에 따라/ 여러 관계기관(민원과 관련된 단체·협회 등을 포함) 또는 관계 부서의/ 인가·허가·승인·추천·협의 또는 확인 등을 거쳐 처리되는 법정민원을 말한다.

Ⅱ 복합민원의 효율적 처리

민원 처리법령에서는/ 복합민원의 효율적 처리를 위해/ '사전심사청구제'와 '민원 1회방문 처리제'를 규정하고 있다.

Ⅲ 복합민원 처리 방법 및 절차 등

1. 처리주무부서의 지정
〈행정기관의 장〉은/ 복합민원을 처리할 주무부서를 지정하고/ 그 부서로 하여금/ 관계 기관·부서 간의 협조를 통하여/ 민원을 한꺼번에 처리하게 할 수 있다.

2. 민원서류의 일괄제출
〈행정기관의 장〉은/ 복합민원과 관련된 모든 민원문서를/ 지정된 주무부서에/ 한꺼번에 제출하게 할 수 있다.

3. 게시 및 민원편람 수록
〈행정기관의 장〉은/ 〈관계 기관의 장〉과 협의하여/ 복합민원의 종류와 접수방법·구비서류·처리기간 및 처리절차 등을 미리 정하여/ 민원인이 열람할 수 있도록 게시하고,/ 민원편람에 수록하여야 한다.

Ⅳ 민원 1회방문 처리제

복합민원을 처리할 때/ 행정기관의 내부에서 처리할 수 있는 자료의 확인, 관계 기관·부서와의 협조 등에 따른 모든 절차를 담당 직원이 직접 진행하도록 하여/ 불필요한 사유로/ 민원인이 행정기관을 다시 방문하지 않도록 하는 민원 처리제도이다.

Ⅴ 민원실무심의회의 설치·운영 등

1. 설치·운영
〈행정기관의 장〉은/ 복합민원을 심의하기 위하여/ 〈그 소속으로〉/ 민원실무심의회를 설치·운영하여야 한다.

2. 민원실무심의회의 심의 생략
〈행정기관의 장〉은/ 창업·공장설립 등 경제적으로 많은 비용이 수반되는 복합민원의 경우에는/ 신속한 처리를 위하여/ 민원실무심의회의 심의를 생략하고,/ 〈민원조정위원회〉에 직접 상정하여 심의할 수 있다.

Ⅵ 민원후견인의 지정·운영

〈행정기관의 장〉은/ 소속 직원을 복합민원에 대한 민원후견인으로 지정하여/ 관련 직무를 수행하게 할 수 있다.

민원 1회방문 처리제★★

□ 민원행정서비스 향상을 위하여 다양한 제도가 운영되고 있다. 다음 물음에 답하시오.
▶ 제9회 기출 40점

물음 1) 법정민원의 개념을 쓰고, 민원 1회방문 처리제의 의의 및 절차, 민원후견인의 지정 및 직무, 그리고 민원조정위원회의 심의사항에 관하여 설명하시오(THEME 1 참조). ▶ 약술 20점

물음 2) 민원사무 처리 제도로서 민원심사관의 목적과 업무, 그리고 민원실무심의회의 목적과 운영방식을 설명하시오(THEME 21 참조). ▶ 약술 20점

핵심이론

I 의 의★

1. 개 념

복합민원을 처리할 때/ 행정기관의 내부에서 처리할 수 있는 자료의 확인, 관계 기관·부서와의 협조 등에 따른 모든 절차를 담당 직원이 직접 진행하도록 하여/ 불필요한 사유로/ 민원인이 행정기관을 다시 방문하지 않도록 하는 민원 처리제도이다.

2. 실시 배경

민원 1회방문 처리제는 다음의 측면에서 실시되었다.
① 공무원과 국민의 민원업무에 대한 의식과 행태의 전환
② 행정문화 선진화 촉진
③ 경제활동의 활성화 유도

II 주요 내용

1. 민원 1회방문 상담창구의 설치운영

〈행정기관의 장〉은/ 민원 1회방문 처리에 관한 안내와 상담의 편의를 제공하기 위하여/ 민원 1회방문 상담창구를 설치하여야 한다.

2. 민원후견인의 지정·운영★

(1) 민원후견인 제도의 의의

〈행정기관의 장〉은/ 민원 1회방문 처리제의 원활한 운영을 위하여/ 민원 처리에 경험이 많은 소속 직원을/ 민원후견인으로 지정하여/ 민원을 안내하거나 민원인과 상담하게 할 수 있다.

(2) 민원후견인의 직무
① 민원 처리 방법에 관한 민원인과의 상담
② 민원실무심의회 및 민원조정위원회에서의/ 민원인의 진술 등 지원
③ 민원문서 보완 등의 지원
④ 민원 처리 과정 및 결과의 안내

3. 복합민원을 심의하기 위한 실무기구의 운영★

(1) 민원실무심의회의 설치·운영
① 〈행정기관의 장〉은/ 복합민원을 심의하기 위하여/ 〈그 소속으로〉/ 민원실무심의회를 설치·운영하여야 한다.
② 민원실무심의회의 위원장은 처리주무부서의 장이 되고,/ 위원은 관계 기관 또는 부서의 실무책임자가 된다.
③ 〈행정기관의 장〉은/ 특히 필요하다고 인정하는 경우/ 민원 관련 외부전문가를/ 민원실무심의회의 위원으로 위촉할 수 있다.

(2) 민원실무심의회 위원장의 권한

1) 회의 참석 요청
관계 기관 또는 부서의 실무책임자에게/ 회의 참석을 요청할 수 있으며,/ 그 요청을 받은 사람은/ 정당한 사유가 없으면 이에 따라야 한다.

2) 이해관계인 등의 의견청취
민원실무심의회의 효율적인 운영을 위하여/ 필요하다고 인정되는 경우/ 이해관계인·참고인 또는 감정인의 의견을 들을 수 있다.

3) 현장확인이나 조사 등 합동 실시 요청
심의를 위하여 필요하다고 인정되는 경우에는/ 관계 기관 또는 부서에/ 현장확인이나 조사 등을 합동으로 실시할 것을 요청할 수 있으며,/ 그 요청을 받은 관계 기관 또는 부서는 특별한 사정이 없으면 이에 따라야 한다.

4) 회의일정 등 사전통지
민원실무심의회에 민원인을 참석하게 하는 경우에는/ 민원인에게 회의일정 등을 미리 통지하여야 한다./ 이 경우 민원인이 희망하거나 출석할 수 없는 특별한 사정이 있는 경우에는 서면(전자적 방법에 의한 서면을 포함)으로 의견을 진술하게 할 수 있다.

(3) 민원실무심의회의 심의 생략
〈행정기관의 장〉은/ 창업·공장설립 등 경제적으로 많은 비용이 수반되는 복합민원의 경우에는/ 신속한 처리를 위하여/ 민원실무심의회의 심의를 생략하고,/ 〈민원조정위원회〉에 직접 상정하여 심의할 수 있다.

4. 민원실무심의회의 심의결과에 대한 민원조정위원회의 재심의★

(1) 민원조정위원회의 심의사항

〈행정기관의 장〉은/ 다음의 사항을 심의하기 위하여/ 민원조정위원회를 설치·운영하여야 한다.
① 장기 미해결 민원, 반복 민원 및 다수인관련민원에 대한 해소·방지 대책
② 거부처분에 대한 이의신청
③ 민원 처리 주무부서의 법규적용의 타당성 여부와 재심의
④ 소관이 명확하지 아니한 민원의 처리주무부서의 지정
⑤ 민원 관련 법령 또는 제도 개선 사항
⑥ 창업·공장설립 등 경제적으로 많은 비용이 수반되는 복합민원으로 신속한 처리를 위하여 민원실무심의회의 심의를 생략하고 민원조정위원회에 직접 상정된 복합민원
⑦ 그 밖에 민원의 종합적인 검토·조정 또는 종결처리 등을 위하여/ 그 기관의 장이 민원조정위원회의 회의에 부치는 사항

(2) 민원조정위원회의 심의 생략

〈행정기관의 장〉은/ 다음의 어느 하나에 해당하는 경우에는/ 민원조정위원회의 심의를 생략할 수 있다.
① 해당 민원을 처리할 때/ 행정기관의 판단 여지가 없는 경우
② 법령에 따라 민원 처리요건이 구체적으로 규정되어 있어/ 해석의 여지가 없는 경우
③ 이미 민원조정위원회의 심의를 거쳐 거부된 민원이/ 같은 사유로 다시 접수된 경우

5. 행정기관의 장의 최종결정

〈행정기관의 장〉은/ 접수된 민원을 처리하려는 경우에는/ 민원실무심의회 및 민원조정위원회의 심의결과를 존중하여야 한다.

THEME 28. 법정민원의 거부처분에 대한 이의신청 ★

□ 법정민원과 고충민원의 개념, 법정민원의 거부처분에 대한 이의신청 기간과 방법(내용포함), 그리고 이의신청 처리절차에 관하여 설명하시오(THEME 1 참조).   ▶ 제12회 기출 약술 20점
□ 민원 거부처분에 대한 이의신청과 그 방법 및 처리절차 등에 관하여 논술하시오.
　　　　　　　　　　　　　　　　　　　　　　　　　　　　　　▶ 제2회 기출 논술 40점

핵심이론

Ⅰ. 이의신청 제도의 의의

이의신청 제도는/ 행정기관의 거부처분에 대해/ 행정심판 또는 행정소송과는 별개로/ 행정기관에게/ 자신이 행한 처분의 적정성을 다시 검토하여/ 스스로 잘못을 시정할 기회를 부여함으로써/ 불필요한 쟁송을 예방하고,/ 민원인의 시간적·경제적 부담을 줄이기 위한 제도이다.

Ⅱ. 이의신청의 방법

1. 이의신청 기간

법정민원에 대한 행정기관의 장의 거부처분에/ 불복하는 〈민원인〉은/ 그 거부처분을 받은 날부터 60일 이내에/ 〈그 행정기관의 장〉에게/ 문서로/ 이의신청을 할 수 있다(법 제35조 제1항).

2. 서면주의

이의신청은/ 신청인의 성명 및 주소와 연락처, 이의신청의 대상이 되는 민원, 이의신청의 취지 및 이유, 거부처분을 받은 날 및 거부처분의 내용을 적은 문서로/ 하여야 한다(동법 시행령 제40조 제1항).

3. 이의신청의 인용 여부 결정 및 결과 통지

(1) 원 칙

〈행정기관의 장〉은/ 이의신청을 받은 날부터 10일 이내에/ 그 이의신청에 대하여 인용 여부를 결정하고/ 그 결과를 민원인에게 지체 없이 문서로 통지하여야 한다(법 제35조 제2항 본문).

(2) 예 외

부득이한 사유로/ 정하여진 기간 이내에 인용 여부를 결정할 수 없을 때에는/ 그 기간의 만료일 다음 날부터 기산(起算)하여 10일 이내의 범위에서 연장할 수 있으며,/ 연장 사유를 민원인에게 통지하여야 한다(법 제35조 제2항 단서).

Ⅲ 이의신청의 처리절차 등

1. 결과 통지
〈행정기관의 장〉은/ 이의신청에 대한 결과를 통지할 때에는/ 결정 이유, 원래의 거부처분에 대한 불복방법 및 불복절차를 구체적으로 분명하게 밝혀야 한다(동법 시행령 제40조 제2항).

2. 연장 통지
〈행정기관의 장〉은/ 이의신청 결정기간의 연장을 통지할 때에는/ 통지서에 연장 사유 및 기간 등을 구체적으로 적어야 한다(동법 시행령 제40조 제3항).

3. 처리상황 기록·유지
〈행정기관의 장〉은/ 이의신청에 대한 처리상황을 이의신청 처리대장에 기록·유지하여야 한다(동법 시행령 제40조 제4항).

Ⅳ 행정심판 및 행정소송

〈민원인〉은/ 이의신청 여부와 관계없이/ 행정심판 또는 행정소송을 제기할 수 있다(법 제35조 제3항).

제3절 민원제도의 개선 등

민원처리기준표 ★★★

I 민원처리기준표의 고시 및 게시

〈행정안전부장관〉은/ 민원인의 편의를 위하여/ 관계법령등에 규정되어 있는 민원의 처리기관, 처리기간, 구비서류, 처리절차, 신청방법 등에 관한 사항을 종합한/ 민원처리기준표를 작성하여/ 관보에 고시하고,/ 통합전자민원창구에 게시하여야 한다.

II 민원처리기준표의 변경

〈행정기관의 장〉은/ 관계법령등의 제정·개정 또는 폐지 등으로 고시된 민원처리기준표를 변경할 필요가 있으면/ 즉시/ 그 내용을 〈행정안전부장관〉에게 통보하여야 하며,/ 〈행정안전부장관〉은/ 그 내용을 관보에 고시하고,/ 통합전자민원창구에 게시한 후/ 민원처리기준표에 반영하여야 한다.

III 관계법령 개정 요청

〈행정안전부장관〉은/ 민원의 간소화를 위하여 필요하다고 인정하는 경우에는/ 〈관계 행정기관의 장〉에게/ 관계법령등에 규정된 처리기간, 구비서류, 처리절차, 신청방법 등의 개정을 요청할 수 있다.

IV 민원처리기준표의 조정 등

1. 민원처리기준표의 조정

〈행정안전부장관〉은/ 민원처리기준표를 작성·고시할 때에/ 민원의 간소화를 위하여 필요하다고 인정하는 경우에는/ 〈관계 행정기관의 장〉과 협의를 거쳐/ 관계법령등이 개정될 때까지/ 잠정적으로/ 관계법령등에 규정되어 있는 처리기간과 구비서류를 줄이거나 처리절차·신청방법을 변경할 수 있다.

2. 관계법령등 개정·정비

민원처리기준표가 조정·고시된 경우에는/ 〈행정기관의 장〉은/ 이에 따라 민원을 처리하여야 하며,/ 〈중앙행정기관의 장〉은/ 민원처리기준표의 조정 또는 변경된 내용에 따라/ 관계법령등을 지체 없이 개정·정비하여야 한다.

민원행정 및 제도개선 ★

I 민원행정 및 제도개선 계획 등

1. 기본지침 작성 및 통보

〈행정안전부장관〉은/ 매년/ 민원행정 및 제도개선에 관한 기본지침을 작성하여/ 〈행정기관의 장〉에게/ 통보하여야 한다.

2. 계획 수립·시행

〈행정기관의 장〉은/ 기본지침에 따라/ 그 기관의 특성에 맞는/ 민원행정 및 제도개선 계획을 수립·시행하여야 한다.

II 민원제도의 개선

1. 개선안 발굴 및 개선 내용 통보

① 〈행정기관의 장〉은/ 민원제도에 대한 개선안을/ 발굴·개선하도록 노력하여야 한다.
② 〈행정기관의 장〉은/ 개선한 내용을/ 〈행정안전부장관〉에게/ 통보하여야 한다.

2. 개선안의 적용 절차

(1) 개선안의 제출

〈행정기관의 장과 민원을 처리하는 담당자〉는/ 민원제도에 대한 개선안을/ 〈행정안전부장관 또는 그 민원의 소관 행정기관의 장〉에게/ 제출할 수 있다.

(2) 검토 요청 통보

〈행정안전부장관〉은/ 제출받은 개선안을 검토하여 필요한 경우에는/ 〈그 소관 행정기관의 장〉에게/ 통보하여 검토하도록 하여야 한다.

(3) 수용 여부 결정 및 개선 권고

〈개선안을 제출·통보받은 소관 행정기관의 장〉은/ 그 수용 여부를 결정하여야 하며,/ 〈행정안전부장관〉은/ 행정기관의 장이 수용하지 아니하기로 한 사항 중/ 개선할 필요성이 있다고 인정되는 사항에 대해서는/ 〈소관 행정기관의 장〉에게/ 개선을 권고할 수 있다.

(4) 민원제도개선조정회의 심의 요청

〈행정기관의 장〉이/ 행정안전부장관으로부터 개선을 권고 받은 사항을 수용하지 아니하는 경우/ 〈행정안전부장관〉은/ 민원제도개선조정회의에 심의를 요청할 수 있다.

III 민원의 실태조사 및 간소화

1. 민원의 처리 및 운영실태 조사
〈중앙행정기관의 장〉은/ 매년/ 그 기관이 관장하는 민원의 처리 및 운영 실태를/ 조사하여야 한다.

2. 간소화 방안 마련 등
① 〈중앙행정기관의 장〉은/ 소관 민원의 구비서류, 처리절차 등의 간소화 방안을 마련하여야 하며,/ 그 간소화 방안은/ 〈행정안전부장관〉에게/ 제출해야 한다.
② 〈행정안전부장관〉은/ 제출받은 간소화 방안을 점검하고/ 필요한 경우 개선을 권고할 수 있다.
③ 〈중앙행정기관의 장〉은/ 행정안전부장관의 권고에 따라/ 개선하도록 노력해야 한다.

IV 법정민원의 신설 사전진단

1. 사전진단 실시 의무
〈중앙행정기관의 장〉은/ 소관 법정민원을 신설하려는 경우에는/ 그 민원의 처리기간·구비서류·수수료 등의 적정성에 대해/ 사전진단을 실시해야 한다.

2. 사전진단 결과 통보
〈중앙행정기관의 장〉은/ 사전진단의 결과를/ 〈행정안전부장관〉에게/ 통보해야 한다.

3. 개선 사항 협의
〈행정안전부장관〉은/ 통보받은 사전진단의 결과에 대해/ 〈소관 중앙행정기관의 장〉과/ 그 법정민원의 개선에 필요한 사항을 협의할 수 있다.

V 민원 개선 상황과 운영실태 확인·점검·평가 등

1. 의 의
〈행정안전부장관〉은/ 효과적인 민원행정 및 제도의 개선을 위하여 필요하다고 인정할 때에는/ 〈행정기관〉에 대하여/ 민원의 개선 상황과 운영실태를 확인·점검·평가하고/ 그 결과를/ 해당 〈행정기관의 장〉에게/ 통보할 수 있다.

2. 확인·점검·평가 결과의 공개
〈행정기관의 장〉은/ 민원의 개선 상황과 운영 실태의 확인·점검·평가 결과를 통보받은 경우/ 이를 해당 행정기관의 인터넷 홈페이지에 공개하여야 한다.

3. 시정에 필요한 조치 건의
〈행정안전부장관〉은/ 확인·점검·평가 결과 민원 개선에 소극적이거나 이행 상태가 불량하다고 판단되는 경우/ 〈국무총리〉에게/ 이를 시정하기 위하여 필요한 조치를 건의할 수 있다.

Ⅵ 행정기관의 협조

〈행정기관의 장〉은/ 〈행정안전부장관〉이 실시하는/ 민원 관련 자료수집과 민원제도 개선사업에/ 적극 협조하여야 한다.

Ⅶ 민원행정에 관한 여론 수집

1. 의의

〈행정안전부장관〉은/ 행정기관의 민원 처리에 관하여 필요한 경우/ 국민들의 여론을 수집하여/ 민원행정제도 및 그 운영의 개선에 반영할 수 있다.

2. 여론조사 의뢰

〈행정안전부장관〉은/ 효율적인 여론 수집을 위하여 필요한 경우에는/ 〈관련 기관 또는 단체 등〉에/ 여론조사를 의뢰할 수 있다.

3. 시정조치 등

(1) 시정조치 요구

〈행정안전부장관〉은/ 국민들의 여론을 수집한 결과/ 민원행정제도 및 운영의 개선이 필요한 경우/ 〈국무총리〉의 승인을 받아/ 〈관계 행정기관의 장〉에게/ 시정에 필요한 조치를 요구할 수 있다.

(2) 조치 및 통보의무

〈관계 행정기관의 장〉은/ 적절한 조치를 하고,/ 그 처리결과를/ 〈행정안전부장관〉에게/ 통보하여야 한다.

THEME 31 민원제도개선조정회의★

핵심이론

Ⅰ 민원제도개선조정회의의 설치

여러 부처와 관련된 민원제도 개선사항을/ 심의·조정하기 위하여/ 국무총리 소속으로/ 민원제도개선조정회의(이하 "조정회의")를 둔다.

Ⅱ 조정회의의 심의·조정기능

조정회의는/ ① 여러 부처와 관련된 민원제도 개선사항,/ ② 행정기관의 미이행 또는 미개선 과제에 대한 심의 및 이행 권고 등에 관한 사항,/ ③ 민원제도 개선업무의 효율적 추진에 관한 사항,/ ④ 행정기관의 장이/ 행정안전부장관으로부터 민원제도의 개선을 권고 받은 사항을 수용하지 아니하는 경우/ 행정안전부장관이 조정회의에 심의를 요청한 경우,/ ⑤ 그 밖에 조정회의의 위원장이 필요하다고 인정하는 사항을/ 심의·조정한다.

Ⅲ 조정회의의 구성 등

1. 구 성
조정회의는/ 위원장 1명을 포함하여/ 10명 이내의 위원으로 구성한다.

2. 구성원
위원장은 국무조정실장으로 하고,/ 위원은 기획재정부·행정안전부·국무조정실·법제처 및 관련 과제의 소관 행정기관의 부기관장으로 한다./ 다만, 민원제도 개선을 위하여 필요한 경우에는 외부전문가를 위원으로 위촉할 수 있다.

3. 간 사
조정회의에 간사 2명을 두며,/ 간사는 〈행정안전부장관 및 국무조정실장〉이/ 소속 공무원 중에서/ 각각 지명하는 사람이 된다.

Ⅳ 조정회의의 의견청취 등

조정회의의 위원장은/ 필요하다고 인정하는 경우/ ① 〈관계 행정기관의 장〉에 대한 설명 또는 자료·서류 등의 제출 요구, ② 〈참고인 또는 관계 직원〉의 출석 및 의견진술을 요구할 수 있다.

Ⅴ 조정회의 위원장의 직무

조정회의 위원장은/ 조정회의를 대표하여/ 회의를 소집하고 그 의장이 된다.

Ⅵ 조정회의 위원장의 직무대행

조정회의 위원장이 조정회의에 참석할 수 없을 때에는/ 위원장이 미리 지정한 위원의 순서로/ 그 직무를 대행한다.

제4절 보 칙

제2장 행정업무의 운영 및 혁신에 관한 규정
(약칭 : 행정업무규정)

제1절 총칙

용어의 정의 ★★

□ 행정업무의 운영 및 혁신에 관한 규정에 명시되어 있는 '공문서', '전자문자서명', '전자문서시스템', '정책실명제'의 개념을 정의하시오.
▶ 제10회 기출수정 약술 20점

□ 행정업무의 운영 및 혁신에 관한 규정에 명시되어 있는 '전자이미지관인', '행정정보시스템', '문서과', '서명'의 개념을 정의하시오.
▶ 제7회 기출수정 약술 20점

Ⅰ 공문서 ★

행정기관에서/ 공무상 작성하거나 시행하는 문서(도면·사진·디스크·테이프·필름·슬라이드·전자문서 등의 특수매체기록을 포함)와/ 행정기관이 접수한 모든 문서를 말한다.

Ⅱ 전자문서 및 개방형 문서 형식

1. 전자문서
컴퓨터 등 정보처리능력을 가진 장치에 의하여/ 전자적인 형태로 작성되거나/ 송신·수신 또는 저장되는 문서를 말한다.

2. 개방형 문서 형식
다음의 요건을 모두 갖춘/ 전자문서 형식을 말한다.
① 기술의 표준과 규격이 공개되어 있을 것
② 공공데이터의 제공 및 이용 활성화에 관한 법률 제2조 제3호에 따른 기계 판독이 가능한 형태일 것

III 문서과 및 처리과

1. 문서과★
행정기관 내의/ 공문서를 분류·배부·보존하는 업무를 수행하거나 수신·발신하는 업무를 지원하는 등 문서에 관한 업무를 주관하는 과(課)·담당관 등을 말한다.

2. 처리과
업무 처리를 주관하는 과·담당관 등을 말한다.

IV 서명 등

1. 서 명★
기안자·검토자·협조자·결재권자[결재, 위임전결 또는 대결하는 자를 말함] 또는 발신명의인이/ 공문서(전자문서는 제외)에/ 자필로/ 자기의 성명을/ 다른 사람이 알아볼 수 있도록/ 한글로 표시하는 것을 말한다.

2. 전자이미지서명
기안자·검토자·협조자·결재권자[결재, 위임전결 또는 대결하는 자를 말함] 또는 발신명의인이/ 전자문서상에/ 전자적인 이미지 형태로 된 자기의 성명을/ 표시하는 것을 말한다.

3. 전자문자서명★
기안자·검토자·협조자·결재권자[결재, 위임전결 또는 대결하는 자를 말함] 또는 발신명의인이/ 전자문서상에/ 자동 생성된/ 자기의 성명을/ 전자적인 문자 형태로/ 표시하는 것을 말한다.

4. 행정전자서명
기안자·검토자·협조자·결재권자[결재, 위임전결 또는 대결하는 자를 말함] 또는 발신명의인의/ 신원과 전자문서의 변경 여부를 확인할 수 있도록/ 그 전자문서에 첨부되거나 결합된 전자적 형태의 정보로서/ 전자정부법 시행령 제29조에 따른 인증기관으로부터 인증을 받은 것을 말한다.

V 전자이미지관인★

관인의 인영(印影 : 도장을 찍은 모양)을/ 컴퓨터 등 정보처리능력을 가진 장치에/ 전자적인 이미지 형태로 입력하여 사용하는 관인을 말한다.

Ⅵ 전자문서시스템★

문서의 기안·검토·협조·결재·등록·시행·분류·편철·보관·보존·이관·접수·배부·공람·검색·활용 등 모든 처리절차가/ 전자적으로 처리되는 시스템을 말한다.

Ⅶ 업무관리시스템★

행정기관이/ 업무처리의 모든 과정을/ 과제관리카드 및 문서관리카드 등을 이용하여/ 전자적으로 관리하는 시스템을 말한다.

Ⅷ 행정정보시스템★

행정기관이/ 행정정보를 생산·수집·가공·저장·검색·제공·송신·수신하고 활용할 수 있도록/ 하드웨어·소프트웨어·데이터베이스 등을 통합한 시스템을 말한다.

Ⅸ 정보통신망

전기통신설비를 활용하거나/ 전기통신설비와 컴퓨터 및 컴퓨터의 이용기술을 활용하여/ 정보를 수집·가공·저장·검색·송신 또는 수신하는 정보통신체제를 말한다.

Ⅹ 정책실명제★

정책의 투명성과 책임성을 높이기 위하여/ 행정기관에서 소관 업무와 관련하여 수립·시행하는 주요 정책의 결정 및 집행 과정에 참여하는/ 관련자의 실명과 의견을 기록·관리하는 제도를 말한다.

제2절 공문서 관리 등 행정업무의 처리

문서의 종류★★★

□ 「행정업무의 운영 및 혁신에 관한 규정」상 공문서의 종류를 설명하고, 문서 처리의 기본원칙과 문서의 성립 및 효력발생의 조건을 기술하시오(THEME 4~5 참조). ▶ 제11회 기출 약술 20점

핵심이론

I 작성 주체에 의한 구분

1. 공문서
행정기관에서 공무상 작성하거나 시행하는 문서와/ 행정기관이 접수한 모든 문서를 말한다.

2. 사문서
개인이 사적인 목적을 위하여 작성한 문서이다.

II 유통대상 여부에 의한 구분

1. 유통되지 않는 문서 : 내부결재문서
행정기관이/ 내부적으로/ 계획 수립, 처리방침 결정, 업무보고, 소관사항 검토 등을 하기 위하여/ 결재를 받는 문서를 말한다.

2. 유통대상 문서
(1) 대내문서

　당해 기관 내부에서/ 보조기관 또는 보좌기관 상호 간/ 협조·보고·통지를 위해 수신·발신하는 문서이다.

(2) 대외문서

　당해 기관 이외에/ 다른 행정기관, 국민이나 단체 등에/ 수신·발신하는 문서이다.

(3) 발신자와 수신자 명의가 같은 문서

　행정기관의 장 또는 합의제 행정기관이 자신의 명의로 발신·수신하는 문서이다.

Ⅲ 문서의 성질에 의한 구분★★

공문서는/ 문서의 성질에 따라/ 다음과 같이 구분한다. 🔑 법·지·공·비·원·반

1. 법규문서
헌법·법률·대통령령·총리령·부령·조례·규칙(이하 "법령") 등에 관한 문서이다.

2. 지시문서
훈령·지시·예규·일일명령 등/ 행정기관이/ 그 하급기관이나 소속 공무원에 대하여/ 일정한 사항을 지시하는 문서이다.

3. 공고문서
고시·공고 등/ 행정기관이/ 일정한 사항을/ 일반에게 알리는 문서이다.

4. 비치문서
행정기관이/ 일정한 사항을 기록하여/ 행정기관 내부에 비치하면서/ 업무에 활용하는 대장, 카드 등의 문서이다.

5. 민원문서
민원인이/ 행정기관에/ 인·허가, 그 밖의 처분 등/ 특정한 행위를 요구하는 문서와 그에 대한 처리문서이다.

6. 일반문서
1.~5. 문서에 속하지 아니하는 모든 문서이다.

THEME 3. 문서의 필요성과 기능

핵심이론

I. 문서의 필요성
문서는/ 행정업무를 수행하는 과정에서/ 필수적인 요소로서/ 다음과 같은 경우에 필요하다.
① 내용이 복잡하여 문서 없이는 업무처리가 곤란한 경우
② 업무처리에 대한 의사소통이 대화로는 불충분하여/ 문서가 필요한 경우
③ 행정기관의 의사표시 내용을/ 증거로 남겨야 하는 경우
④ 업무처리의 형식상 또는 절차상/ 문서가 필요한 경우
⑤ 업무처리 결과를/ 보존할 필요가 있는 경우

II. 문서의 기능 두 구전·보·자 / 연·조

1. 의사의 구체화
문서는/ 사람의 의사를/ 구체적으로 표현하는 기능을 갖는다.

2. 의사의 전달
문서는/ 자기의 의사를/ 타인에게 전달하는 기능을 갖는다.

3. 의사의 보존
문서는/ 의사를 오랫동안 보전하는 기능을 갖는다.

4. 자료 제공
보관 및 보존된 문서는/ 언제든지/ 참고자료 내지 증거자료로 제공될 수 있다.

5. 업무의 연결·조정
조직 내외의 업무처리 및 정보순환이 이루어져/ 업무의 연결 및 조정이 가능하다.

문서 처리의 기본원칙★★

- 문서작성과 문서처리의 원칙에 관하여 각각 설명하시오(THEME 6 참조). ▶ 제12회 기출 약술 20점
- 「행정업무의 운영 및 혁신에 관한 규정」상 공문서의 종류를 설명하고, 문서 처리의 기본원칙과 문서의 성립 및 효력발생의 조건을 기술하시오(THEME 2, 5 참조). ▶ 제11회 기출 약술 20점

I 신속처리의 원칙
효율적인 업무수행을 위해서는/ 가능한 한 빠른 시일 내에 조속히 처리하여야 한다.

II 책임처리의 원칙
문서는/ 정해진 사무분장에 따라/ 각자가 직무범위 내에서 책임을 가지고/ 관계 규정에 따라/ 신속·정확하게 처리하여야 한다.

III 적법처리의 원칙
문서는/ 법령의 규정에 따라/ 일정한 형식 및 요건을 갖추어야 하며,/ 권한 있는 자에 의하여 작성·처리되어야 한다.

IV 전자적 처리의 원칙
〈행정기관의 장〉은/ 문서의 기안·검토·협조·결재·등록·시행·분류·편철·보관·보존·이관·접수·배부·공람·검색·활용 등 처리절차를/ 전자문서시스템 또는 업무관리시스템상에서/ 전자적으로 처리하도록 하여야 한다.

V 문서 처리기준에 따른 처리의 원칙
〈행정기관의 장〉은/ 국민생활의 편의를 제고하고,/ 전자문서를 체계적으로 관리·활용하기 위하여/ 다음의 기준에 따라/ 문서를 처리하도록 노력해야 한다.
① 개방형 문서 형식으로/ 문서 요지와 키워드를 포함하여 작성할 것
② 국민에게/ 문서를/ 다양한 형식으로 제공할 것
③ 국민이/ 다양한 장치에서/ 문서에 접근할 수 있도록 할 것

THEME 5 문서의 성립 및 효력발생★★

- □ 「행정업무의 운영 및 혁신에 관한 규정」상 공문서의 종류를 설명하고, 문서 처리의 기본원칙과 문서의 성립 및 효력발생의 조건을 기술하시오(THEME 2, 4 참조).　　▶제11회 기출 약술 20점
- □ 행정업무를 수행하는 과정에서 문서의 효력발생시기는 중요하다. 다음 물음에 답하시오.
　　　　　　　　　　　　　　　　　　　　　　　　　　　　　　　　　▶제8회 기출 40점
  물음 1) 문서의 효력발생시기에 대한 입법주의에 관하여 설명하시오.　　　▶약술 20점
  물음 2) 「행정업무의 운영 및 혁신에 관한 규정」상 문서(전자문서, 공고문서 포함)의 효력발생시기에 관하여 설명하시오.　　　　　　　　　　　　　　　　　　　　　　　▶약술 20점
- □ 문서작성 시 용어(글자, 숫자, 연호, 날짜, 시간 등) 표기와 기준을 제시하고, 작성된 문서가 성립되고 효력을 발생하기 위한 요건을 기술하시오(THEME 6 참조).　　▶제7회 기출 약술 20점
- □ 문서의 성립요건과 성립시기 및 문서의 효력발생시기에 관하여 약술하시오.　▶제2회 기출 약술 20점

핵심이론

I 문서의 성립요건★

1. 행정기관의/ 적법한 권한 범위 내에서/ 작성되어야 한다.
2. 행정기관의 의사표시가/ 명확하게 표현되어야 한다.
3. 위법·부당하거나/ 시행 불가능한 내용이 아니어야 한다.
4. 법령에 규정된 절차 및 형식을 갖추어야 한다.

II 문서의 성립시기★

문서는/ 결재권자가/ 해당 문서에/ 서명(전자이미지서명, 전자문자서명 및 행정전자서명을 포함)의 방식으로 결재함으로써/ 성립한다.

Ⅲ 문서의 효력발생시기★

1. 입법주의

문서의 효력발생시기와 관련하여 ① 문서가 성립한 때, 즉 결재로써 문서의 작성이 끝난 때에 효력이 발생한다는 표백주의, ② 성립한 문서가 상대방에게 발신된 때 효력이 발생한다는 발신주의, ③ 문서가 상대방에게 도달한 때 효력이 발생한다는 도달주의, ④ 상대방이 문서의 내용을 안 때에 효력이 발생한다는 요지주의 등의 견해 다툼이 있다.

2. 문서의 종류에 따른 효력발생시기

(1) 일반문서

문서가 수신자에게 도달됨으로써 효력이 발생한다.

(2) 전자문서

전자문서의 경우에는/ 수신자가 관리하거나 지정한 전자적 시스템 등에 입력됨으로써 효력이 발생한다.

(3) 공고문서

공고문서는 그 문서에서 효력발생시기를 명시하지 않은 경우/ 그 고시 또는 공고 등이 있은 날부터 5일이 경과한 때에 효력이 발생한다.

문서 작성의 방법 ★

□ 문서작성과 문서처리의 원칙에 관하여 각각 설명하시오(THEME 4 참조). ▶ 제12회 기출 약술 20점
□ 「행정업무의 운영 및 혁신에 관한 규정」상 서식이 요구되는 상황, 제정 방법 및 설계의 일반원칙을 기술하고, 날짜 및 시·분의 표기와 용지의 규격과 관련하여 문서 작성의 방법을 설명하시오. ▶ 제11회 기출 약술 20점
□ 문서작성 시 용어(글자, 숫자, 연호, 날짜, 시간 등) 표기와 기준을 제시하고, 작성된 문서가 성립되고 효력을 발생하기 위한 요건을 기술하시오. ▶ 제7회 기출 약술 20점

Ⅰ 이해하기 쉽게 작성 ★

1. 어문규범의 준수
문서는/ 어문규범에 맞게/ 한글로 작성하여야 한다.

2. 국민이 이해하기 쉬운 용어 사용
문서의 내용은 간결하고 명확하게 표현하고,/ 일반화되지 않은 약어와 전문용어 등의 사용을 피하여/ 이해하기 쉽게 작성하여야 한다.

Ⅱ 작성기준 ★

1. 바코드 등 표기
문서에는/ 음성정보나 영상정보 등이 수록되거나 연계된 바코드 등을 표기할 수 있다.

2. 숫자, 날짜, 시·분 및 금액의 표기
① 문서의 숫자는 특별한 사유가 없으면 아라비아 숫자를 쓴다.
② 문서에 쓰는 날짜는 숫자로 표기하되,/ 연·월·일의 글자는 생략하고, 그 자리에 온점을 찍어 표시할 수 있다.
③ 문서에 쓰는 시·분은 24시각제에 따라 숫자로 표기하되,/ 시·분의 글자는 생략하고, 그 사이에 쌍점을 찍어 구분한다.
④ 문서에 금액을 표시할 때에는 아라비아 숫자로 쓰되,/ 숫자 다음에 괄호를 하고, 한글로 적어야 한다.

3. 규격용지의 사용
문서작성에 사용하는 용지는/ 특별한 사유가 없으면 가로 210mm, 세로 297mm의 직사각형 용지로 한다.

4. 그 밖의 사항
상기 사항 외에 문서 작성에 필요한 사항은 행정안전부령으로 정한다.

Ⅲ 쪽 번호 등 표시★★

2장 이상으로 이루어진 문서가/ 1.의 어느 하나에 해당하는 경우에는/ 2.의 구분에 따라/ 쪽 번호 또는 발급번호를 표시하거나 간인(間印) 등을 해야 한다.

1. 대상 문서
① 문서의 순서 또는 연결 관계를 명백히 할 필요가 있는 문서
② 사실관계나 법률관계의 증명에 관계되는 문서
③ 허가, 인가 및 등록 등에 관계되는 문서

2. 표시 방법
(1) 전자문서의 경우
① 각종 증명발급에 관한 문서를 제외한 문서에는/ 문서의 중앙 하단에 쪽 번호를 표시한다.
② 각종 증명발급에 관한 문서에는/ 해당 문서의 왼쪽 하단에 발급번호를 표시한다.

(2) 종이문서의 경우
관인 관리자가/ 관인을 이용하여 간인한다./ 다만, 민원서류나 그 밖에 필요하다고 인정하는 종이문서에는/ 간인을 갈음하여 구멍뚫기(천공)방식으로 표시할 수 있다.

Ⅳ 발의자 및 보고자의 표시

1. 원칙
기안문에는/ 발의자(기안하도록 지시하거나 스스로 기안한 사람을 말함)와 보고자를/ 알 수 있도록 표시하여야 한다.

2. 발의자와 보고자의 표시 생략 가능 문서
① 검토나 결정이 필요하지 아니한 문서
② 각종 증명 발급, 회의록, 그 밖의 단순 사실을 기록한 문서
③ 일상적·반복적인 업무로서/ 경미한 사항에 관한 문서

문서의 기안 등 ★

Ⅰ 문서 기안의 개념

기안이란/ 행정기관의 의사를 결정하기 위하여/ 문안을 작성하는 것을 말한다.

Ⅱ 기안의 요인(원인)

기안은 ① 상급자의 지시사항을 처리하거나, ② 접수문서의 처리를 위한 경우, ③ 순수한 자기발안이나 ④ 법령·훈령·예규 등의 근거에 의하는 경우가 대부분이다.

Ⅲ 기안의 원칙

1. 전자문서 기안의 원칙
문서의 기안은 전자문서로 하는 것을 원칙으로 한다.

2. 종이문서 기안
업무의 성질상 전자문서로 기안하기 곤란하거나/ 그 밖의 특별한 사정이 있는 경우 종이문서로 기안할 수 있다.

Ⅳ 기안자의 자격

1. 기안자의 범위
특별한 제한이 없으면/ 공무원이면 누구든지 기안자가 될 수 있다.

2. 업무분장을 받은 경우
그 업무를 담당하는 자는/ 직급 등에 상관없이 기안할 수 있다.

3. 둘 이상의 행정기관의 장의 결재가 필요한 경우
문서 처리를 주관하는 행정기관에서 기안하여야 한다.

4. 결재권자의 처리담당자 지정의 경우

접수문서를 공람하는 결재권자는 그 처리담당자를 따로 지정할 수 있으므로／ 이 경우의 지정된 자도 기안자가 될 수 있다.

Ⅴ 기안의 종류

1. 일반기안

가장 일반적인 형태로／ 어떤 하나의 안건을 처리하기 위하여／ 정해진 기안서식에 문안을 작성하는 것을 말한다.

2. 일괄기안

(1) 개 념

기안하려는 여러 문서의 내용이 서로 관련성이 있는 경우／ 각 문서의 내용을 하나의 기안문으로 일괄하여 기안하는 것을 말한다.

(2) 작성 및 시행방법

① 일괄기안은／ 각각의 기안문에／ 작성하여야 한다.／ 이 경우 각각의 기안문에는／ 두문, 본문 및 결문의 구성요소가 모두 포함되어야 한다.
② 전자문서시스템에서 일괄기안은／ 한 번의 지정으로／ 각각의 기안문에／ 기안자, 검토자, 협조자, 결재권자의 정보가／ 동시에 생성되도록 하여야 한다.
③ 각각 다른 생산등록번호를 사용하여 같은 날짜로 시행하여야 한다.
④ 제목은 각 안의 내용 및 성격에 따라 다르게 설정할 수 있다.
⑤ 발송할 것을 전제로 하는 기안문이／ 내부결재의 내용과 동일한 경우에는／ 내부결재문서를 별도로 작성할 필요 없이 생략할 수 있다.
⑥ 대내외로 발송할 문서의 경우／ 각각의 기안문에／ 발신명의를 모두 표시해야 한다.

3. 공동기안

(1) 개 념

둘 이상의 행정기관의 장의 결재를 받아／ 공동명의로 시행하기 위하여／ 문안을 작성하는 것을 말한다.

(2) 작성 및 시행방법

① 문서의 처리를 주관하는 행정기관에서 기안하여야 한다.
② 문서의 처리를 주관하는 행정기관의 장의 결재를 받은 후／ 관계 행정기관의 장의 결재를 받아／ 공동명의로 시행하여야 한다.
③ 관계 행정기관의 장의 결재를 받기 전에／ 그 기관의 보조기관 등과 충분한 사전협의가 필요하다.

(3) 문서의 등록

문서의 처리를 주관하는 행정기관이 문서등록대장에 등록하고,／ 그 등록번호를 부여하는 등 주관기관의 문서 처리절차에 따른다.

(4) 발신명의의 표시

① 당해 문서를 주관하는 행정기관의 장의 명의를 맨 위에 표시하며,/ 관계 행정기관의 장의 명의는 바로 밑에 표시한다.
② 관계 행정기관의 장이 동일 직급인 경우에는 정부조직법에 따른 부, 처, 청의 순위에 따라 표시하고,/ 동일 직급이 아닌 경우에는 상위 직급의 행정기관의 장의 명의부터 표시한다.

4. 수정기안

① 수신된 문서 그 자체에 간단한 수정을 하거나/ 필요한 사항을 추가하여 기안에 갈음하는 것으로서/ 일반 기안의 번거로움을 줄일 수 있는 기안 방법이다.
② 수신한 종이문서를 수정하여 기안하는 경우에는/ 수신한 문서와 색깔이 다른 글자로 수정하는 방법으로 할 수 있다.

5. 서식에 의한 처리

설계된 서식으로 작성한 문서는/ 별도의 기안문을 작성하지 아니하고/ 해당 서식의 기안자·검토자·협조자·결재권자의 서명란에 결재를 받아야 한다./ 다만, 서명란이 따로 설치되지 않은 경우에는 〈간이결재인〉을 찍어 이에 결재함으로써 기안에 갈음할 수 있다.

Ⅵ 기안문 작성을 위한 착안점

1. 작성 전 고려사항

① 관계규정 및 과거 행정선례를 숙지하여야 한다.
② 관련 자료를 수집·분석하며/ 필요한 경우 의견을 청취한다.
③ 복잡한 기안은 초안을 작성한다.
④ 기안자는/ 담당 업무에 대한 책임의식을 가져야 하며,/ 해당 기관과 수신자와의 입장을 고려하여 기안하여야 한다.

2. 작성 시 유의사항

(1) 정확성

6하 원칙에 따라/ 필요한 내용을 정확하게 작성한다.

(2) 용이성

알기 쉽게 작성하고,/ 문장은 짧게 끊어서 항목별로 표현하며,/ 구체적인 용어를 사용한다.

(3) 성실성

성의 있고 진실하게 작성하고,/ 적절한 경어를 사용한다.

(4) 경제성

표준 기안문을 활용하고,/ 서식을 통일하며,/ 1건 1매주의로 작성한다.

8 기안의 검토와 협조

□ 기안문의 검토와 결재에 관하여 서술하시오(THEME 9 참조). ▶제1회 기출 약술 40점

I 검토와 협조의 개념

〈검토〉는/ 보조기관 또는 보좌기관이/ 그 소속 공무원이 기안한 내용을/ 분석하고 점검하여 동의 여부를 결정하는 것이고,/ 〈협조〉는/ 기안 내용과 관련 있는/ 다른 부서나 기관의 합의를 얻는 것을 말한다. 즉, 검토는 직제상 수직적 합의를, 협조는 수평적 합의를 의미한다.

II 검토 및 협조의 절차

1. 검토의 절차

① 기안문은/ 결재권자의 결재를 받기 전에/ 보조기관 또는 보좌기관의 검토를 받아야 한다.
② 보조기관 또는 보좌기관이/ 출장 등의 사유로 검토할 수 없는 등/ 부득이한 경우에는 검토를 생략할 수 있으며,/ 이 경우 검토자의 서명란에 출장 등의 사유를 적어야 한다.

2. 협조의 절차

① 기안문의 내용이/ 행정기관 내의 다른 보조기관 또는 보좌기관의 업무에 관련이 있을 때에는/ 그 기관의 협조를 받아야 한다.
② 협조의 내용이 간단한 때에는 기안문의 협조란을 이용하고,/ 내용이 복잡하여 충분한 검토를 요하는 때에는 기관 간의 업무협조에 관한 규정에 따라 처리한다.

Ⅲ 검토 및 협조 시 다른 의견의 표시 등

1. 다른 의견의 표시
① 보조기관 또는 보좌기관이 〈기안을 검토하는 경우〉에/ 그 내용과 다른 의견이 있으면/ 기안문을 직접 수정하거나 기안문 또는 별지에 그 의견을 표시하여야 한다.
② 보조기관 또는 보좌기관이 〈협조하는 경우〉에/ 그 내용과 다른 의견이 있으면/ 기안문 또는 별지에 그 의견을 표시하여야 한다.

2. 의견 있음 표시
검토자나 협조자가 다른 의견을 표시하는 경우에는/ 서명란의 해당 직위나 직급 다음에 "(의견 있음)"이라고 표시하여야 한다.

3. 기안자 · 검토자 · 협조자 상호 간에 의견이 다를 경우 조치
가능한 한 의견을 조정하여 합의하도록 노력하여야 하며,/ 합의가 가능한 때에는 문안을 수정하거나 재작성하면 되기 때문에 의견표시는 불필요하다.

4. 수정 또는 재작성
〈기안자와 검토자〉는 기안문의 문안을 직접 수정하거나 재작성할 수 있지만,/ 〈협조자〉는 수정 또는 재작성할 수 없다.

THEME 9 문서의 결재

☐ 기안문의 검토와 결재에 관하여 서술하시오(THEME 8 참조). ▶ 제1회 기출 약술 40점

 핵심이론

Ⅰ 결재의 의의

결재란/ 당해 사안에 대하여/ 기관의 의사를 결정할 권한이 있는 자가/ 그 의사를 결정하는 행위를 말한다.

Ⅱ 결재권자

1. 원칙
문서는/ 해당 행정기관의 장의 결재를 받아야 한다.

2. 예외
① 보조기관 또는 보좌기관의 명의로 발신하는 문서는/ 그 보조기관 또는 보좌기관의 결재를 받아야 한다.
② 행정기관의 장이/ 업무의 내용에 따라 보조기관 또는 보좌기관이나 해당 업무를 담당하는 공무원으로 하여금 위임전결하게 하는 경우,/ 위임전결 사항은 해당 기관의 장이 훈령이나 지방자치단체의 규칙으로 정한다.
③ 결재할 수 있는 사람이/ 휴가, 출장, 그 밖의 사유로 결재할 수 없을 때에는/ 그 직무를 대리하는 사람이 대결하고,/ 내용이 중요한 문서는 사후에 보고하여야 한다.

Ⅲ 결재의 표시

1. 좁은 의미의 결재의 표시
결재권자의 서명란에는 서명날짜를 함께 표시한다.

2. 전결의 표시
① 위임전결의 경우/ 전결하는 사람의 서명란에 "전결" 표시를 한 후 서명하여야 한다.
② 서명 또는 "전결" 표시를 하지 아니하는 사람의 서명란은 만들지 아니한다.

3. 대결의 표시
① 대결의 경우/ 대결하는 사람의 서명란에 "대결" 표시를 하고 서명하여야 한다.
② 위임전결사항을 대결하는 경우/ 전결하는 사람의 서명란에 "전결" 표시를 한 후/ 대결하는 사람의 서명란에 "대결" 표시를 하고 서명하여야 한다.
③ 서명 또는 "전결" 표시를 하지 아니하는 사람의 서명란은 만들지 아니한다.

Ⅳ 결재의 효과

문서는/ 결재권자가/ 서명의 방식으로 결재함으로써 성립한다./ 즉, 결재가 문서가 성립하기 위한 최종적이며, 절대적인 요건이다.

문서의 등록★★★

Ⅰ 문서 등록의 의의

1. 개 념
문서의 등록이란/ 〈처리과를 단위로〉/ 그 부서에서 생산, 접수한 모든 등록대상 문서를/ 시간순서에 따라/ 기록물 등록대장에 등재하여 관리하는 것을 말한다.

2. 문서 등록의 필요성
내부결재문서의 관리를 개선하고,/ 모든 중요 문서의 종합적 관리의 측면에서 등록이 요구된다.

Ⅱ 등록대상 문서

1. 당해 부서에서 기안하여 결재를 받은 모든 문서
2. 기안문 형식 외의 방법으로 작성하여 결재권자의 결재를 받은 문서
3. 접수한 문서

Ⅲ 문서 등록방법

1. 생산등록번호 부여 및 등록 등
① 행정기관은/ 문서를 생산하였을 때에는/ 지체 없이/ 생산등록번호를 부여하고 등록하여야 한다.
② 공문서 중 법규문서, 지시문서, 공고문서는/ 생산등록번호 외에/ 다음의 구분에 따른 번호를 부여한다.
　㉠ 법규문서 : 연도구분과 관계없이/ 누적되어 연속되는 일련번호(누년 일련번호)
　㉡ 지시문서 중 훈령 및 예규에는 〈누년 일련번호〉를 부여하고,/ 일일명령에는 〈연도별 일련번호〉를 부여하고, 지시에는 〈연도표시 일련번호〉를 부여한다.
　㉢ 공고문서에는/ 〈연도표시 일련번호〉를 부여한다.

2. 생산·접수문서의 통합
〈처리과〉별로/ 〈문서등록대장〉에/ 생산문서, 접수문서를 통합하여/ 등록된 순서에 따라/ 〈연도별 일련번호〉를 부여하여 관리한다.

3. 내부결재문서
문서등록대장의 수신란에 내부결재라고 표시한다.

4. 전자적으로 문서등록 표시를 할 수 없는 결재문서
문서의 왼쪽 상단에/ 문서등록표시를 한 후 등록한다.

5. 관리가 곤란한 첨부물
일반문서에 첨부된 녹음테이프, 도면 등 관리하기가 곤란한 첨부물은/ 생산등록번호를 표시하여 별도로 등록한다.

THEME 11 문서의 시행★

□ 「행정업무의 운영 및 혁신에 관한 규정」 및 「행정업무의 운영 및 혁신에 관한 규정 시행규칙」상 문서의 발신명의와 발신방법 등에 관하여 설명하시오.
▶ 제13회 기출 약술 20점
□ 문서의 시행에 있어서 관인 또는 서명의 표시 및 생략 방법에 관하여 약술하시오.
▶ 제9회 기출 약술 20점

핵심이론

I 문서 시행의 의의★

1. 개 념
문서 시행이란/ 내부적으로 성립한 행정기관의 의사를/ 외부로 표시하는 단계로서/ 문서의 효력을 발생하게 하는 절차를 말한다.

2. 시행 절차
문서를 시행하기 위해서는/ 시행문의 작성, 관인의 날인 또는 서명, 문서의 발신 등의 절차를 거쳐야 한다.

3. 시행 방법
문서를 시행하는 방법으로는/ 발신, 홈페이지 게시, 관보 게재, 고시·공고, 교부 등이 있다.

II 시행문의 작성

1. 일반 사항
결재를 받은 문서 가운데 발신하여야 하는 문서는/ 다음의 구분에 따른 내용을 시행문으로 작성하여 발신하여야 한다.
① **종이문서** : 기안문을 복사하여 관인을 날인
② **전자문서** : 업무관리시스템 또는 전자문서시스템에서 전자이미지관인을 날인

2. 수신자가 여럿인 경우
① 수신자 전체를 함께 표시하여/ 시행문을 작성·시행할 수 있다.
② 다만, 수신자의 개인정보 보호 등을 위하여 필요할 때에는/ 수신자별로 작성·시행하여야 한다.

3. 시행문의 준용

① 단순한 업무에 관한 지시, ② 자료요구, 업무연락, 통보, 공지사항, 일일명령 등에 해당하는 시행문은/ 업무관리시스템 또는 전자문서시스템의 전자게시판이나 행정기관의 홈페이지 등에 게시된 때에 시행된 것으로 본다.

4. 시행문을 작성하지 않는 문서

(1) 서식으로 작성한 문서

서식 자체를 기안문과 시행문으로 갈음할 수 있도록 설계된 서식으로 기안한 경우/ 별도의 시행문을 작성하지 아니하고, 해당 문서의 발신명의란에 관인(전자이미지관인 포함)을 찍거나 행정기관의 장이 서명(전자이미지서명 포함)하여 시행할 수 있다.

(2) 전신·전신타자·전화로 발신하는 문서

시행문을 작성하지 아니하나,/ 시행문 형식으로 발신한다.

Ⅲ 관인날인 또는 서명★★

1. 관인 또는 서명의 표시

(1) 행정기관의 장 또는 합의제기관의 명의로 발신하는 문서

① 관인(전자이미지관인을 포함)을 찍는다.
② 행정기관의 장의 명의로 발신하는 문서의 발신 명의에는/ 행정기관의 장이 관인의 날인을 갈음하여 서명(전자문서서명과 행정전자서명은 제외)을 할 수도 있다.

(2) 보조기관 또는 보좌기관의 명의로 발신하는 문서

행정기관 내의 보조기관 또는 보좌기관 상호 간에 발신하는 문서의/ 발신 명의에는 보조기관 또는 보좌기관이 서명을 한다.

2. 관인 또는 서명의 생략

(1) 생략 표시를 하지 않는 문서

관보나 신문 등에 실리는 문서에는 관인을 찍거나 서명하지 아니한다.

(2) 생략 표시를 해야 하는 문서

경미한 내용의 문서(일일명령 등 단순 업무처리에 관한 지시문서와 행정기관 간의 단순한 자료요구, 업무연락, 통보 등을 위한 문서)에는 관인생략이나 서명생략 표시를 하고, 관인날인 또는 서명을 생략할 수 있다.

3. 관인의 인영을 인쇄하여 사용하는 문서
① 관인을 찍어야 할 문서로서 다수의 수신자에게 동시에 발신 또는 교부하거나 알리는 문서에는/ 관인의 날인을 갈음하여 관인의 인영을 인쇄하여 사용할 수 있다./ 이 경우 실제 규격대로 인쇄하기 어려운 경우에는 관인의 실제 규격보다 축소하여 인쇄할 수 있다.
② 〈처리과의 장〉은/ 관인의 인영을 인쇄하여 사용하려면/ 미리 〈관인을 관리하는 부서의 장〉과 협의하고/ 〈해당 행정기관의 장〉의 승인을 받아야 한다.
③ 〈처리과의 장〉은/ 관인의 인영을 인쇄하여 사용하는 경우에는/ 다른 법령에 특별한 규정이 없으면/ 관인인쇄용지 관리대장을 갖추어 두고, 관인의 인영을 인쇄하여 사용한 내용을 기록하고 유지하여야 한다.

Ⅳ 문서의 발신

1. 발신 명의
① 문서의 발신 명의는 〈행정기관의 장〉으로 한다./ 다만, 합의제기관의 권한에 속하는 문서의 발신 명의는 그 〈합의제기관〉으로 한다.
② 행정기관 내의 보조기관 또는 보좌기관 상호 간에 발신하는 문서는 해당 〈보조기관 또는 보좌기관의 명의〉로 한다.
③ 발신할 필요가 없는 내부결재문서의 경우 발신 명의를 표시하지 아니한다.

2. 문서의 발신 원칙

(1) 직접 처리 행정기관에 발신
문서는 직접 처리하여야 할 행정기관에 발신한다. 다만, 필요한 경우 행정조직상의 계통에 따라 발신한다.

(2) 처리과 발신
문서는 처리과에서 발신하되,/ 관인을 찍는 문서의 경우로서 〈전자문서의 경우〉/ 처리과의 기안자나 문서의 수신·발신업무를 담당하는 사람이/ 전자이미지관인을 찍고,/ 〈종이문서의 경우〉에는/ 관인을 관리하는 사람이 관인을 찍는다.

(3) 재발신
다음의 어느 하나에 해당하는 경우에는/ 해당 문서를 생산한 처리과의 장의 승인을 받아/ 이미 발신한 문서의 수신자를 변경하거나 추가하여 다시 발신할 수 있다.
① 결재권자나 해당 문서를 생산한 처리과의 장의 지시가 있는 경우
② 수신자의 명칭이 변경된 경우
③ 착오로 인하여 수신자를 누락하였거나 잘못 지정한 경우
④ 해당 업무와 관련된 기관의 요청이 있는 경우

3. 문서의 발신방법 등

(1) 원칙
문서는/ 업무관리시스템 또는 전자문서시스템 등을 이용하여 〈정보통신망〉을 이용하여 발신하는 것을 원칙으로 한다./ 이 경우 그 발신 기록을 전자적으로 관리하여야 한다.

(2) 예외

1) 우편·팩스 등의 방법
업무의 성질상 정보통신망을 이용한 발신이 적절하지 아니하거나 특별한 사정이 있는 경우/ 우편·팩스 등의 방법으로 문서를 발신할 수 있다.

2) 등기우편 또는 특수한 방법
내용이 중요한 문서는/ 등기우편이나 그 밖에 발신 사실을 증명할 수 있는 특수한 방법으로 발신하여야 한다.

(3) 공무원임을 확인할 수 있는 전자적인 방법
행정기관이 아닌 자에게는/ 행정기관의 홈페이지나 행정기관이 공무원에게 부여한 전자우편주소 등 공무원임을 확인할 수 있는 전자적인 방법을 이용하여 문서를 발신할 수 있다.

(4) 문서의 보안 유지 등을 위한 적절한 조치 마련
〈행정기관의 장〉은/ 문서를 수신·발신하는 경우에/ 문서의 보안 유지와 위조, 변조, 분실, 훼손 및 도난 방지를 위한 적절한 조치를 마련하여야 한다.

(5) 문서의 보안 유지가 가능한 발신방법의 지정
〈결재권자〉는/ 비밀사항이거나 누설되면 국가안전보장, 질서유지, 경제안정, 그 밖의 국가이익을 해칠 우려가 있는 내용의 문서를 결재할 때에는/ 그 문서 내용의 암호화 등 보안 유지가 가능한 발신방법을 지정하여야 한다.

 결재받은 문서의 수정★

□ 행정업무의 운영 및 혁신에 관한 규정 및 같은 규정 시행규칙상 결재받은 문서의 수정에 관하여 기술하시오.
▶ 제6회 기출수정 약술 20점

I 원 칙
결재를 받은 문서의 일부분을 삭제하거나 수정할 때에는/ 재작성하여 결재를 받아야 한다.

II 종이문서의 경우

1. 수 정
종이문서의 경우로서 삭제하거나 수정하려는 사항이 명백한 오류의 정정 등 경미한 사항인 경우에는/ 원안의 글자를 알 수 있도록 해당 글자의 중앙에 가로로 두 선을 그어 삭제하거나 수정한다.

2. 서명 또는 날인
삭제하거나 수정한 사람이/ 그 곳에/ 서명이나 날인을 하여야 한다.

문서의 접수 및 처리★★★

I 원 칙

1. 처리과 접수
문서는 처리과에서 접수하여야 하며,/ 접수한 문서에는 접수일시와 접수등록번호를 〈전자적으로〉 표시하되,/ 〈종이문서인 경우〉에는 접수인을 찍고 접수일시와 접수등록번호를 적는다.

2. 문서과 접수
1.에도 불구하고 문서과에서 받은 문서는/ 문서과에서 접수일시를 〈전자적으로〉 표시하거나 적고 지체 없이 〈처리과〉에 배부하여야 한다./ 이 경우 〈처리과〉는/ 배부받은 문서에 접수등록번호를 표시하거나 적는다.

II 정보통신망을 이용하여 행정기관이 아닌 자로부터 받은 문서

1. 일반적인 문서의 접수 규정에 따라 처리한다.
2. 해당 문서에 대한 위조·변조 방지 조치 등으로 인하여/ 접수일시와 접수등록번호를 표시할 수 없으면/ 그 문서에 표시하지 아니할 수 있고,/ 발신자의 주소와 성명 등이 불분명한 때에는/ 접수하지 아니할 수 있다.

III 둘 이상의 보조·보좌기관 관련 문서

〈관련성이 가장 높은 보조기관 또는 보좌기관〉이/ 〈처리과로서〉 문서를 접수하며,/ 문서와 관련이 있는 〈다른 보조기관 또는 보좌기관〉에 접수한 문서의 내용을 통보하여야 한다.

IV 당직근무자가 받은 문서

다음 근무시간 시작 후/ 지체 없이/ 〈문서과〉에 인계하여야 한다.

THEME 14 문서의 반송 및 이송★

□ 「행정업무의 운영 및 혁신에 관한 시행규칙」상 문서의 접수 및 처리과정에서 문서의 반송과 이송(행정기관 간 이송, 보조기관 또는 보좌기관 간 이송)에 관하여 설명하시오. ▶ 제11회 기출 약술 20점

핵심이론

I 문서의 반송

1. 개 념
문서를/ 발신기관으로 되돌려 보내는 것을 의미한다.

2. 반송의 종류(사유)

(1) 행정기관 간의 반송

〈행정기관의 장〉은/ 접수한 문서에 형식상 흠이 있으면/ 그 문서의 생산등록번호, 시행일, 제목 및 반송사유를 구체적으로 밝혀/ 〈발신한 행정기관의 장〉에게/ 반송할 수 있다.

(2) 보조기관 또는 보좌기관 간의 반송

처리과에서/ 그 소관에 속하지 아니하는 문서를 접수한 때에는/ 지체 없이/ 그 문서를 발신한 처리과에 반송하여야 하며,/ 문서과로부터 배부받은 문서인 경우에는 문서과에 재배부 요청을 하여야 한다./ 이 경우 문서과는 그 문서를 즉시 소관 처리부에 재배부하여야 한다.

II 문서의 이송

1. 개 념
접수한 문서가/ 다른 행정기관의 소관사항인 경우/ 〈소관 행정기관의 장〉에게 송부하는 것을 의미한다.

2. 이송의 종류(사유)

(1) 행정기관 간의 이송

〈행정기관의 장〉은/ 접수한 문서가 다른 행정기관의 소관사항인 경우에는/ 그 문서를 지체 없이/ 〈소관 행정기관의 장〉에게/ 이송하여야 한다.

(2) 보조기관 또는 보좌기관 간의 이송

처리과에서/ 접수한 문서가 다른 보조기관이나 보좌기관의 소관사항인 경우에는/ 지체 없이/ 소관 보조기관 또는 보좌기관에 이송하여야 한다.

문서의 공람 및 경유문서★

I 문서의 공람

1. 의 의
〈처리과의 문서 수신·발신 업무를 담당하는 사람〉은/ 접수한 문서를 처리담당자에게 인계하여야 하고,/ 〈처리담당자〉는/ 공람할 문서에 대한 공람할 자의 범위를 정하여 문서를 공람하게 할 수 있다.

2. 공람할 문서
공람의 대상문서는 다음과 같다./ 다만, 통계·설문조사 등을 위하여 각 기관으로부터 취합하는 문서는 제외한다.
① 결재권자로부터 처리지침을 받아야 할 필요가 있는 문서
② 민원문서
③ 행정기관이나 보조기관 또는 보좌기관 간의 업무협조에 관한 문서
④ 접수된 문서를 처리하기 위하여/ 미리 검토할 필요가 있는 문서
⑤ 그 밖에 공무원의 신상, 교육·훈련 등과 관련하여/ 공무원이 알아야 할 필요가 있는 문서

3. 공람순서
특별한 규정을 두고 있지 않다./ 이에 따라 순차공람과 병렬공람이 모두 가능하다.

4. 공람의 표시
전자문서를 공람하였다는 기록(공람자의 직위 또는 직급, 성명 및 공람일시 등)이 업무관리시스템 또는 전자문서시스템 상에서 자동으로 표시되도록 하여야 한다.

5. 결재권자의 지시
공람을 하는 결재권자는 문서의 처리기한 및 처리방법을 지시할 수 있으며,/ 필요하면 업무분장된 담당자 외에 그 문서의 처리담당자를 따로 지정할 수 있다.

Ⅱ 경유문서

1. 접수
일반문서의 접수절차와 동일하다.

2. 결재 및 처리
① 〈경유문서를 접수한 기관〉은/ 〈해당 기관장의 명의〉로/ 〈다른 경유기관의 장이나 최종 수신자〉에게/ 경유문서를 첨부하여 발신하여야 한다.
② 경유기관의 의견이 있으면/ 그 의견을 시행문 본문에 표시하거나 첨부하여 보내야 한다.

3. 반송 및 보완
〈경유기관의 장〉은/ 경유문서를 최종적으로 처리할 권한이 있는 자가 아니므로/ 검토과정에서 형식상·내용상 흠이 있더라도/ 〈발신 행정기관의 장〉에게/ 반송, 수정 또는 보완요구를 할 수 없다.

업무관리시스템의 의의 및 구축·운영★★★

□ 「행정업무의 운영 및 혁신에 관한 규정」상 업무관리시스템의 구축·운영 주체에 관하여 설명하고, 업무관리시스템의 일반적인 기대효과에 관하여 설명하시오. ▶ 제12회 기출 약술 20점

□ '행정업무의 운영 및 혁신에 관한 규정'에 의거하여 업무관리시스템의 구성 및 운영방식에 대해 설명하고, 효율적인 업무수행을 위한 업무관리시스템과 다른 행정정보시스템과의 연계에 관하여 설명하시오(THEME 17 참조). ▶ 제3회 기출수정 약술 20점

I 업무관리시스템의 의의

1. 업무관리시스템의 개념★

행정기관이/ 업무처리의 모든 과정을/ 과제관리카드 및 문서관리카드 등을 이용하여/ 전자적으로 관리하는 시스템을 말한다.

2. 업무관리시스템의 일반적 기대효과★★

(1) 정책의 투명성 및 책임성 제고

정책결정과정에서/ 제시된 다양한 의견의 기록·관리로/ 정책의 투명성 및 책임성을 제고할 수 있다.

(2) 정책품질의 제고

업무수행과 전자적 문서관리, 과제관리, 정책품질관리 등을 연계하여/ 정책품질을 제고할 수 있다.

(3) 행정업무의 효율성 제고

① 일하는 방식의 표준화·시스템화로 신속한 업무처리가 가능하다.
② 업무과정이 표준화되어 시스템에서 관리가 가능하다.
③ 관련 업무담당자 사이에 업무처리 내용이 긴밀하게 공유된다.
④ 업무 내용은 과제별로·체계적으로 분류·등록된다.
⑤ 추진 내용이나 과제수행에 대한 정확한 상황을 실시간으로 확인할 수 있다.
⑥ 추진실적은 자동으로 기록·관리되어 행정의 효율성을 크게 향상시킬 수 있다.

Ⅱ 업무관리시스템의 구축·운영

1. 구축·운영의 주체★

① 〈행정기관의 장〉은/ 업무처리의 모든 과정을 효율적으로 관리하기 위하여/ 업무관리시스템을 구축·운영하여야 한다.
② 〈중앙행정기관, 지방자치단체 또는 지방교육행정기관의 장〉은/ 업무관리시스템을 구축·운영하는 경우/ 그 소속기관 등을 포함하여 구축·운영할 수 있다.
③ 〈행정안전부장관〉은/ 업무관리시스템의 구축·운영을 지원하기 위한 계획을 수립·시행할 수 있으며,/ 지원계획을 수립하는 경우/ 〈관계 행정기관의 장〉에게/ 관련자료 및 필요한 의견의 제출을 요청할 수 있다.

2. 업무관리시스템의 구성

(1) 과제관리카드

① 과제관리카드는/ 행정기관 업무의 기능별 단위 과제의 담당자·내용 및 추진실적 등을 기록·관리할 수 있도록 구성되어야 한다.
② 과제관리카드에는 표제, 실적관리, 접수관리, 계획관리, 품질관리, 홍보관리, 고객관리 부분과 그 밖에 필요한 사항이 포함되어야 한다./ 다만, 행정기관의 장은 특별한 사유가 있다고 인정하는 경우에는 일부 사항을 제외할 수 있다.

(2) 문서관리카드

① 문서관리카드는/ 문서의 작성·검토·결재·등록·공개 등 문서처리의 모든 과정을 기록·관리할 수 있도록(㉠ 기안한 내용, ㉡ 의사결정 과정에서 제기된 의견, 수정한 내용 및 지시 사항, ㉢ 의사결정 내용을 포함하여) 구성하여야 한다.
② 문서관리카드에는 문서정보, 보고경로, 시행정보, 관리정보 부분과 그 밖에 필요한 사항이 포함되어야 한다. 다만, 행정기관의 장은 특별한 사유가 있다고 인정하는 경우에는 일부 사항을 제외할 수 있다.
③ 문서의 기안은 업무관리시스템의 문서관리카드로 할 수 있다. 이 경우 검토자·협조자 및 결재권자는 보고경로 부분의 의견·지시란에 의견을 표시할 수 있고, 전결·대결 및 끝 표시를 생략할 수 있다.

THEME 17 업무관리시스템의 연계·운영, 표준 고시, 정부전자문서유통지원센터

I 업무관리시스템의 연계·운영 ★

1. 〈행정기관의 장〉은/ 효율적인 업무운영을 위하여/ 업무관리시스템 또는 전자문서시스템을 기능분류시스템 등 행정정보시스템과 연계·운영하여야 한다.
2. 〈행정기관의 장〉은/ 업무관리시스템으로 관리한 업무실적 등을/ 효과적으로 활용하도록 노력하여야 한다.

II 업무관리시스템 등의 표준관리 ★

1. 규격 및 유통표준 제정
〈행정안전부장관〉은/ 업무관리시스템 및 전자문서시스템 관련 규격에 관한 표준 및 유통에 관한 표준 등을 정하여야 한다.

2. 규격·유통 및 연계표준 등 고시 및 게시
업무관리시스템 또는 전자문서시스템의 규격·유통 및 연계에 관한 표준 등을 정한 경우에는/ 이를 관보에 고시하고 인터넷에 게시하여야 한다./ 그 표준을 변경하는 경우에도 또한 같다.

3. 표준에 적합한 시스템 사용
〈행정기관의 장〉은/ 특별한 사유가 없으면 관보에 고시된 규격에 관한 표준, 유통에 관한 표준과 「공공기록물 관리에 관한 법률」에 따른 표준에 적합한 업무관리시스템이나 전자문서시스템 등을 구축·운영하여야 한다.

Ⅲ 정부전자문서유통지원센터 ★

1. 설치·운영
〈행정안전부장관〉은/ 전자문서의 원활한 유통을 지원하기 위하여/ 행정안전부에/ 정부전자문서유통지원센터(이하 "센터")를 둔다.

2. 센터의 업무
센터는 다음의 업무를 수행한다.
① 전자문서의 원활한 유통을 위한 지원과 유통 및 연계에 관한 표준 등의 운영
② 전자문서의 효율적인 유통을 위한 프로그램의 개발 및 보급
③ 전자문서의 유통 시 발생하는 장애를 복구하기 위한 지원
④ 유통되는 전자문서의 위조·변조·훼손 또는 유출을 방지하기 위한 보호대책 마련
⑤ 행정기관, 공공기관 및 국민 간 전자문서의 유통을 위한 시스템 구축 및 운영

3. 센터의 운영에 필요한 사항
〈행정안전부장관〉은/ 전자문서유통상의 장애가 발생하거나 업무관리시스템 또는 전자문서시스템 간의 문제가 발생한 경우/ 〈센터 이용자〉에게/ 업무관리시스템 또는 전자문서시스템 등의 관련 정보를 요청할 수 있다.

THEME 18 서식의 의의, 제정 및 설계원칙

☐ 「행정업무의 운영 및 혁신에 관한 규정」상 서식이 요구되는 상황, 제정 방법 및 설계의 일반원칙을 기술하고, 날짜 및 시·분의 표기와 용지의 규격과 관련하여 문서 작성의 방법을 설명하시오(THEME 6 참조).
▶ 제11회 기출 약술 20점
☐ 서식의 제정 방법과 서식 설계의 일반원칙을 설명하시오.
▶ 제5회 약술 20점

핵심이론

I 서식의 의의★

1. 개 념
서식이란/ 장기간에 걸쳐 반복되는 업무와 관련하여/ 행정상의 필요사항을 기재할 수 있도록 도안한 일정한 형식 또는 그 업무용지를 말한다.

2. 서식의 종류
(1) 법령서식
법률·대통령령·총리령·부령·조례·규칙 등 법령으로 정한 서식을 말한다.
(2) 일반서식
법령서식을 제외한 모든 서식을 말한다.

II 서식의 제정★★

1. 제정 원칙
행정기관에서 장기간에 걸쳐 반복적으로 사용하는 문서로서/ 정형화할 수 있는 문서는/ 특별한 사유가 없으면 서식으로 정하여 사용한다.

2. 제정 방법
(1) 법령으로 제정하는 경우
① 국민의 권리·의무와 직접 관련되는 사항을 기재사항으로 정하는 서식, ② 인가·허가·승인 등 민원에 관계되는 서식, ③ 행정기관에서 공통적으로 사용하는 서식 중 중요한 서식
(2) 고시·훈령·예규 등으로 제정하는 경우
① 일반서식, ② 법령에서 고시 등으로 정하도록 한 경우, ③ 그 밖의 특별한 사유가 있는 경우

Ⅲ 서식 설계의 일반 원칙★★

1. 민원인의 개인정보를 보호할 수 있도록 설계

2. 기입항목의 식별이 용이하도록 설계

3. 쉬운 용어를 사용하고,/ 필요한 항목만 설계

4. 기안(시행)문 겸용 설계
서식은 특별한 사유가 없으면 별도의 기안문과 시행문을 작성하지 아니하고,/ 그 서식 자체를 기안문과 시행문으로 갈음할 수 있도록 설계한다.

5. 서명 또는 날인의 선택적 설계
법령에서 서식에 날인하여야 한다고 정하고 있지 아니하면/ 서명이나 날인을 선택할 수 있도록 하여야 한다.

6. 행정기관의 이미지 제고 노력
서식에는 가능하면 행정기관의 로고·상징·마크·홍보문구 등을 표시하여, 행정기관의 이미지를 높일 수 있도록 하여야 한다.

7. 민원서식의 설계
① 민원인의 편의를 도모하기 위하여/ 그 민원업무의 처리흐름도, 처리기간, 전자적 처리가 가능한지 등을 표시하여야 한다.
② 음성정보나 영상정보 등을 수록하거나 연계한 바코드 등을 표기할 수 있다.

8. 큰글자 서식 설계 기준의 적용
① 노년층 등 디지털 약자의 이용 빈도가 높은 서식
② 오프라인 방문 이용 건수가 많은 서식
③ 다수의 국민이 큰글자 서식으로의 개편을 요구하는 서식 등

서식의 승인과 관리 ★★★

□ 서식의 승인과 승인 신청에 관하여 약술하시오. ▶ 제2회 기출 약술 20점

Ⅰ 서식의 승인

1. 승인기관

(1) 행정안전부장관

〈중앙행정기관〉이/ 법령으로 서식을 제정하려는 경우/ 〈행정안전부장관의 승인〉을 받아야 한다.

(2) 중앙행정기관의 장

① 중앙행정기관이/ 법령으로 제정한 서식을 변경(개정)하는 경우에는/ 해당 〈중앙행정기관의 장〉이/ 자체 심사를 하여야 한다.
② 〈중앙행정기관 및 그 소속기관〉이/ 훈령·고시·예규 등으로 서식을 제정 또는 개정하는 경우/ 해당 〈중앙행정기관의 장〉의 승인을 받아야 한다.

(3) 지방자치단체 또는 지방교육행정기관의 장

〈지방자치단체의 장이나 지방교육행정기관의 장〉은/ 소관 업무의 수행을 위하여 필요한 서식을 정할 수 있다.

2. 승인의 신청

(1) 승인신청서 제출

① 〈중앙행정기관〉은/ 해당 법령의 입법예고와 동시에 서식 승인의 신청을 하여야 한다.
② 〈중앙행정기관의 장 및 그 소속기관의 장〉은/ 서식을 정하거나 변경하기 위하여 승인을 신청할 때에는/ 서식 목록과 서식 초안을 첨부하여야 한다.

(2) 관계기관 간 사전협의

둘 이상의 기관의 업무에 관계되는 서식은/ 관계기관 간의 사전협의를 거쳐 승인을 신청하여야 한다.

3. 승인서식의 통보

〈서식을 승인한 기관〉은/ 서식 목록과 승인서식안을 첨부하여/ 문서로/ 그 서식의 승인을 신청한 기관에 통보하여야 한다.

Ⅱ 서식의 관리

1. 서식의 전자적 제공

〈행정기관의 장〉은/ 국민이 편리하게 사용할 수 있도록/ 정보통신망을 이용하여/ 소관 업무와 관련된 서식을 제공하여야 한다.

2. 서식의 변경 및 폐지

(1) 서식의 변경사용

승인된 서식을 업무관리시스템, 행정정보시스템 등에서 그대로 사용할 수 없는 경우에는/ 서식의 주요 내용을 변경하지 아니하는 범위에서/ 기재항목 또는 형식을 변경하여 사용할 수 있다./ 이 경우 서식 승인기관에 사후 통보로 승인을 갈음할 수 있다.

(2) 서식의 폐지

〈서식을 제정한 기관〉은/ 그 서식을 폐지하였을 때에는/ 지체 없이/ 그 〈서식을 승인한 기관〉에/ 그 사실을 통보하여야 한다.

관인의 개념과 종류★

□ 「행정업무의 운영 및 혁신에 관한 규정」상 관인의 종류 및 비치, 그리고 특수관인에 관하여 설명하시오.
▶ 제13회 기출 약술 20점

□ 관인의 종류와 폐기에 관하여 약술하시오(THEME 22 참조).
▶ 제1회 기출 약술 20점

I 관인의 개념★

관인(官印)이란/ 일반적으로 정부기관에서 공식문서에 사용하는 인장을 말한다.

II 관인의 종류 및 비치★★

1. 청인과 직인

관인은 행정기관의 명의로 발신하거나 교부하는 문서에 사용하는 청인(廳印)과/ 행정기관의 장이나 보조기관의 명의로 발신하거나 교부하는 문서에 사용하는 직인(職印)으로 구분한다(행정업무규정 제33조 제1항).

2. 관인의 구분

① 합의제기관은 청인을 가진다./ 다만, 행정기관의 소관 사무에 관한 자문에 응하기 위하여 설립된 합의제기관은 필요한 경우에만 청인을 가진다(행정업무규정 제33조 제2항 제1호).
② 합의제기관 외의 기관은/ 그 기관장의 직인을 가진다(행정업무규정 제33조 제2항 제2호).
③ 보조기관이/ 위임받은 사무를 행정기관으로서 처리하는 경우에는/ 그 사무처리를 위하여 직인을 가진다(행정업무규정 제33조 제2항 제3호).
④ 합의제기관의 장이/ 법령에 따라 합의제기관의 장으로서 사무를 처리하는 경우에는/ 그 사무처리를 위하여 직인을 가질 수 있다(행정업무규정 제33조 제2항 제4호).

3. 전자이미지관인

각급 행정기관은/ 전자문서에 사용하기 위하여 전자이미지관인을 가진다(행정업무규정 제33조 제3항).

Ⅲ 특수관인★★

1. 특수한 업무처리에 사용하는 관인
행정기관의 장은/ 유가증권 등 특수한 증표 발행, 민원업무 또는 재무에 관한 업무 등 특수한 업무처리에 사용하는 관인을 따로 가질 수 있다(행정업무규정 제34조 제1항).

2. 특별한 기관에서 사용하는 관인
세입징수관, 지출관, 회계 등 재무에 관한 업무를 담당하는 공무원의 직인은 기획재정부장관이,/ 국립의 각급 학교에서 사용하는 관인은 교육부장관이,/ 외교부와 재외공관에서 외교문서에 사용하는 관인은 외교부장관이,/ 검찰기관에서 사용하는 관인은 법무부장관이,/ 군 기관에서 사용하는 관인은 국방부장관이/ 각각 그 규격과 등록 등 관리에 필요한 사항을 정한다(행정업무규정 제34조 제2항).

전자이미지관인★★★

Ⅰ 개념

관인의 인영(印影 : 도장을 찍은 모양)을/ 컴퓨터 등 정보처리능력을 가진 장치에/ 전자적인 이미지 형태로 입력하여 사용하는 관인을 말한다.

Ⅱ 등록

① 행정기관은/ 전자이미지관인의 인영을/ 그 행정기관의 전자이미지관인대장에 등록하여 관리하여야 한다.
② 전자이미지관인의 컴퓨터파일은/ 정보화 담당 부서에서 관리하여야 한다.

Ⅲ 제출 및 관리

1. 전자이미지관인의 제출
〈둘 이상의 행정기관이 공동으로 사용하는 행정정보시스템을 구축·운영하는 행정기관의 장(이하 "행정정보시스템 운영기관장")〉은/ 행정정보시스템에/ 전자이미지관인을 전자입력하기 위하여/ 그 행정정보시스템을 사용하는 〈행정기관의 장〉에게/ 전자이미지관인을 제출하게 할 수 있다.

2. 전자이미지관인의 관리
〈행정정보시스템 운영기관장〉은/ 다른 행정기관의 전자이미지관인을 제출받은 경우/ 전자이미지관인 관리대장에/ 해당 관인의 인영을 등재하여 관리하여야 한다.

Ⅳ 재등록 및 폐기

1. 전자이미지관인의 재등록 또는 폐기 통보
〈행정기관의 장〉은/ 전자이미지관인을 재등록하거나 폐기하려는 경우/ 그 사실을 지체 없이/ 〈행정정보시스템 운영기관장〉에게/ 통보하여야 한다.

2. 전자이미지관인의 재등록 또는 폐기
① 〈전자이미지관인을 사용하는 기관〉은/ 사용 중인 전자이미지관인의 인영의 원형이 제대로 표시되지 아니하는 경우/ 전자이미지관인을 재등록하여 사용하여야 한다.
② 〈전자이미지관인을 사용하는 기관〉은/ 관인을 폐기하거나 재등록한 경우/ 즉시 사용 중인 전자이미지관인을 삭제하고,/ 재등록한 관인의 인영을 전자이미지관인으로 재등록하여 사용하여야 한다.
③ 전자이미지관인대장에 폐기 또는 재등록 사유를 적어야 한다.

관인의 관리(등록과 폐기) ★

- □ 관인의 등록·재등록에 관하여 설명하시오.   ▶ 제3회 기출 약술 20점
- □ 관인의 종류와 폐기에 관하여 약술하시오(THEME 20 참조).   ▶ 제1회 기출 약술 20점

I 관인의 개념

관인(官印)이란/ 일반적으로 정부기관에서 공식문서에서 사용하는 인장을 말한다.

II 관인의 효력

1. 행정기관의 장 또는 합의제기관 명의 문서에 사용
행정기관의 장 또는 합의제기관의 명의로 발신 또는 교부하는 문서에 관인을 찍는다.

2. 문서 보완 요청 등
① 관인생략의 대상문서를 제외하고는/ 관인이 날인되지 아니한 문서는 흠이 있는 문서로서/ 해당 문서를 시행한 행정기관에 보완을 요청할 수 있다.
② 〈관인이 날인되지 아니한 흠 있는 문서를 접수한 행정기관의 장〉은/ 형식상의 흠을 이유로/ 〈발신 행정기관의 장〉에게 반송할 수 있다.

III 관인의 등록 및 재등록 ★★

1. 등록(재등록) 기관
〈행정기관〉은/ 관인의 인영을 그 행정기관의 관인대장에,/ 전자이미지관인의 인영을 전자이미지관인대장에/ 각각 등록(재등록)하여야 한다./ 다만, 부득이한 경우에는 〈바로 위 상급기관〉에 신청하여/ 등록(재등록)할 수 있다.

2. 등록(재등록) 사유
관인을 등록(재등록)해야 하는 사유는 다음과 같다.
① 행정기관이 신설 또는 분리된 경우
② 기존 기관의 명칭이 변경된 경우

③ 관인이 분실되거나 마멸된 경우
④ 법령에 따라 권한을 위임받은 경우
⑤ 그 밖에 관인을 다시 새길 필요가 있는 경우 등

Ⅳ 관인의 폐기★★

1. 폐기 사유

〈관인 등록기관〉은/ ① 행정기관이 폐지된 경우, ② 기관 명칭이 변경된 경우, ③ 관인이 분실 또는 마멸된 경우, ④ 그 밖에 관인을 폐기할 필요가 있는 경우에는/ 해당 관인을 폐기하여야 한다.

2. 폐기 절차

〈관인 등록기관〉이/ 〈관인대장〉에 관인 폐기일과 폐기 사유 등의 내역을 기재한 후/ 그 관인의 인영을 등록하여 보존하고,/ 그 〈관인〉은 관인 폐기 공고문과 함께 영구기록물관리기관에 이관하여야 한다.

관인의 공고★

I 관인의 공고 사유

〈관인 등록기관〉은/ 관인을 ① 등록, ② 재등록, ③ 폐기한 경우에는/ 그 사실을 관보에 공고하여야 한다.

II 관인이 공고 방법

〈관인 등록기관〉은/ 공고 사유가 발생한 때에는/ 〈행정안전부장관〉에게/ 관보 게재를 의뢰하여 공고하여야 한다./ 다만 〈지방자치단체〉는/ 조례가 정하는 바에 따른다.

III 관인의 공고 내용

〈관인 등록기관〉이 관인을 관보에 공고하는 때에는/ 다음 사항을 포함하여야 한다.
① 관인의 등록·재등록 또는 폐기 사유
② 등록·재등록 관인의 최초 사용 연월일 또는 폐기 관인의 폐기 연월일
③ 등록·재등록 또는 폐기 관인의 이름 및 인영
④ 공고 기관의 장

제3절 행정업무의 효율적 수행

행정업무의 효율적 운영 ★★

I 행정업무의 효율적 운영의 개념

조직의 목적 달성에 필요한/ 행정업무의 과정이/ 효율적으로 이루어질 수 있도록 행하는 제반 활동,/ 즉 업무 전반을 효율적으로 개선하고/ 비용을 최소화하기 위한 각종 관리활동을 의미한다.

II 행정업무의 효율화 방안

1. **행정업무의 간소화**

   불필요한 업무 폐지, 보고·결재단계 축소, 전자결재 활성화 등이 있다.

2. **행정업무의 표준화**

   업무 담당자가 바뀌어도 원활하게 업무를 처리하고, 일상 업무의 대응 속도를 높일 수 있도록 업무 인수인계의 정밀화, 전자결재의 활성화, 업무처리의 자동화 등이 있다.

3. **행정업무의 과학화 및 정보화**

   정보통신기술을 활용하여 행정업무를 보다 정확하고 신속하게 처리할 수 있도록/ 전자결재시스템, 지식행정시스템, 협업시스템 등을 활용하여 행정지식을 공유하고 활용한다.

4. **행정업무의 혁신**

   업무의 효율성을 높이고 행정서비스에 대한 국민의 만족도를 높이기 위하여/ 해당 행정기관의 업무수행 방식을 지속적으로 혁신해야 한다.

THEME 25 사무개선의 개요

□ 사무개선의 개념과 사무개선을 위한 집단아이디어 발상법에 관하여 설명하시오.
▶ 제12회 기출 약술 20점

Ⅰ 사무개선의 의의

1. 사무개선의 개념★
사무개선이란/ 현행 사무가 합리적·경제적인 방법으로 이루어지고 있는지 여부를 조사 및 분석하여 필요에 따라 개선하는 것을 의미한다. 사무개선은 한 번으로 끝나는 대수술과 같은 개혁이 아니라 일상적인 업무수행 중 수시로 시도할 수 있다.

2. 사무개선의 기본목표
사무능력의 향상을 실현하기 위한 사무개선은/ 용이성·정확성·신속성·경제성을 기본목표로 한다.

Ⅱ 사무개선의 절차

사무개선의 일반적인 절차는 ① 현상 파악, ② 문제점 인지, ③ 개선안 작성, ④ 개선안 실시의 4단계를 들수 있다. 이 중 가장 중요한 것은 현상 파악이다.

1. 현상 파악
① 개선의 대상이 되는 사무에 대해 다양하고 자세한 자료를 수집하는 단계로/ 객관적으로 파악해야 한다.
② 문제의 복잡성·해결의 곤란성 및 조사에 할당된 시간이나 자원에 따라 현상 파악이 다를 수 있다.

2. 문제점 인지
사무 작업, 사무 분담, 사무처리 과정, 사무환경 등을 분석하여 문제점을 파악하는 단계이다.

3. 개선안 작성
① 가능한 한 개선 방안을 많이 수집하여 열거한다.
② 간소화·기계화·전문화 방안을 모색한다.
③ 개선안 작성에 브레인스토밍(Brainstorming) 방법을 활용한다.

4. 개선안의 실시
① 개선안 실시 전 시험적으로 일부 조직에 개선안을 단기간 적용하여 예상치 못한 문제점을 조사한다.
② 시험기간 동안 해당 직원들에 대한 훈련과 홍보를 실시한다.

Ⅲ 사무조사의 목적 등

1. 사무조사의 목적
사무조사의 목적은 현행 사무의 실태를 정확히 파악하고, 대상 사무의 문제점 파악과 개선에 필요한 정보를 수집하는 데 있다.

2. 사무조사의 방법
사무조사의 방법으로는 사회학에서 사용하는 면접법, 질문지법, 관찰법, 자료법의 방법을 원용하여 사용하고 있다.

(1) 면접법
담당자를 면접하여 대화로 조사하는 방법이다.

(2) 질문지법
조사 사항을 기재한 질문지를 배포하여 해당 사항을 기입하게 하는 방법이다.

(3) 관찰법
조사원이 현장에 가서 그곳에서 일어나고 있는 상황과 행동을 관찰·기록하는 방법이다.

(4) 자료법
사내외에서 수집 가능한 기존 자료를 중심으로 분석·검토하는 방법이다.

3. 조사 시 일반적 주의사항
① 담당자에게 조사 목적을 설명하고 협력을 부탁한다.
② 우호적으로 조사를 진행한다.
③ 상대방 형평을 고려하여 조사한다.
④ 사실을 그대로 받아들이고 토론하지 않는다.
⑤ 제안은 적극적으로 받아들인다.
⑥ 의견이나 개선안을 말하지 않도록 한다.
⑦ 상대방을 곤란한 입장에 처하게 하거나 비판하지 않도록 한다.
⑧ 권위 있는 듯한 태도를 취하지 않는다.

Ⅳ. 사무개선을 위한 집단아이디어 발상법(사무개선의 기술) ★

집단아이디어 발상법을 통한 풍부한 아이디어 유발은 사무개선의 방안이 될 수 있다./ 대표적인 집단아이디어 발상법으로는 브레인스토밍, 고든법, 오스본의 체크리스트법을 들 수 있다.

1. 브레인스토밍(Brainstorming)

(1) 의의

브레인스토밍은/ 집단연산작용을 활용하여 아이디어를 창조하는 기법으로,/ 참여자들이 일정한 주제에 관하여 자유롭게 아이디어를 제안하는 발상법이다.

(2) 오스본(Alex F. Osborne)이 규정한 브레인스토밍 규칙

① 격식을 차리지 않은 환경에서 브레인스토밍이 이루어지게 한다.
② 참여자들이 지적인 대화를 마음 놓고 나누도록 격려한다.
③ 다른 사람의 아이디어를 비판하지 않도록 한다.
④ 아이디어 제안이 많으면 많을수록 더 좋다.
⑤ 아이디어는 결합될 수 있고, 재결합될 수도 있다.
⑥ 모든 브레인스토밍 참여자의 견해를 추구한다.
⑦ 모든 브레인스토밍 참여자들의 신분은 동등하다.

2. 고든법

(1) 의의

미국의 고든(William J. Gorden)에 의해 고안되었으며,/ 브레인스토밍과 마찬가지로 아이디어를 집단적으로 발상하는 방법이다./ 다만, 브레인스토밍이 가능한 한 문제를 구체적으로 좁히면서 아이디어를 발상하는 방법이라면 고든법은 그 반대로 문제를 구상화시켜서 무엇이 진정한 문제인가를 모르는 상태에서 출발하여 참여자들에게 그것에 관련된 정보를 탐색하게 하는 방법이다. 즉, 고든법은 주제와 관계 없는 사실로부터 발상을 시작하여 문제해결로 몰입하게 만드는 것이다.

(2) 구체적 진행 방법

① 문제해결에 필요한 전문지식을 가진 사람은 물론 다양한 분야의 창조적 능력을 가진 사람을 포함하여 그룹을 만든다.
② 리더가 문제를 이해하고, 리더만이 해결해야 할 문제를 안다./ 리더는 그룹이 편성되어 좋은 아이디어가 나와 해결이 가까워질 때까지 멤버들에게는 문제를 알리지 않는다.
③ 리더는 발상의 방향을 제시하여 자유롭게 발언하도록 한다.
④ 생각이 날 때까지 계속한다.
⑤ 문제에 대한 해결점을 찾는다./ 문제해결이 가까운 아이디어가 나오기 시작하면 리더는 문제가 무엇인지 알려 구체적으로 실현가능성을 논의하고 아이디어를 유용한 것으로 형성해 나간다.

3. 체크리스트법

(1) 의 의

오스본(Alex F. Osborne)이 고안한 창의적인 아이디어 개발기법으로,/ 말 또는 시각적 이미지의 리스트를 작성 및 체크하며 아이디어를 구상하는 방법이다.

(2) 오스본의 체크리스트 패턴

① 달리 사용할 길은 없을까?
② 아이디어를 빌릴 수 없을까?
③ 바꾸어 보면 어떨까?
④ 크게 하면 어떨까?
⑤ 작게 하면 어떨까?
⑥ 대용한다면 어떨까?
⑦ 바꾸면 어떨까?
⑧ 반대로 하면 어떨까?
⑨ 조합하면 어떨까?
⑩ 나누면 어떨까?

Ⅴ 사무개선 계획서 작성

1. 사무개선의 기본적 사고

(1) 부가가치를 만들지 못하는 업무가 없도록 한다.

업무개선의 대상은 부가가치를 만들지 못하는 업무들로,/ 가장 먼저 손해보는 일을 없애고, 다음은 어쩔 수 없이 해야 하는 일로서 가치를 만들지 못하는 업무들을 없애도록 한다.

(2) 자신이 하는 업무의 고객을 찾아야 한다.

모든 업무에는 고객이 있어야 하며,/ 고객이 없는 업무란 단순히 자신의 사정을 고려하여 실시하는 작업으로 기업활동에서 제거되어야 하는 낭비업무이다.

(3) 후 공정을 고객으로 생각하여 부서이기주의(= 부서할거주의)를 타파한다.

조직이 비대해 질수록 고객이 누구인지 파악하기 어려워지며,/ 업무가 고객과 직접 접촉이 없는 경우에는 부서이기주의에 빠질 수 있다./ '후 공정은 고객'이라는 의식을 갖고 업무에 임할 때 비로소 낭비를 찾아내고 업무혁신을 추진해 나갈 수 있다.

(4) 업무의 흐름을 정리하여 업무의 전후관계를 확실히 파악한다.

업무의 흐름을 정리하여 업무의 전후관계를 명확히 함으로써 소속된 부문의 고객이 누구인지 알 수 있고 낭비업무를 찾아낼 수 있다.

2. 사무개선 계획서 작성의 목적

사무개선 계획서를 작성하는 것은 개선의 순서·일정·분담·비용을 문서화하여 개선이 목적으로부터 벗어나는 것을 방지하며,/ 개선의 추진 방법이 무책임한 것이 되지 않도록 하기 위함이다.

〈참고〉 유희숙, 사무관리론(제4판), 대영문화사, 2016, P. 50~60

THEME 26 행정업무 혁신★★

Ⅰ 행정업무 혁신의 의의

〈행정기관의 장〉은/ 업무의 효율성을 높이고 행정서비스에 대한 국민의 만족도를 높이기 위하여/ 해당 행정기관의 업무수행 방식을 지속적으로 혁신(이하 "행정업무 혁신")해야 한다.

Ⅱ 행정업무 혁신의 대상

행정업무 혁신은 다음의 업무를 대상으로 한다.
① 행정협업과제의 발굴・수행 등 행정협업 촉진
② 불필요한 절차 간소화 및 디지털 기술을 활용한 업무처리 자동화 등 업무절차 개선
③ 불합리한 관행 타파 및 구성원 간 이해・소통을 위한 조직문화 개선
④ 사무공간, 회의공간, 휴게공간, 민원공간 등 업무공간 혁신
⑤ 지식행정 활성화
⑥ 그 밖에 행정업무 혁신을 위하여 추진이 필요한 사항

Ⅲ 행정업무 혁신의 절차

1. 행정업무 혁신을 위한 계획 수립・시행

〈행정안전부장관〉은/ 행정업무 혁신을 위한 계획을 수립・시행할 수 있다.

2. 지원 요청

〈행정안전부장관〉은/ 필요하다고 인정하는 경우/ 〈관계 행정기관의 장〉에게/ 행정업무 혁신에 필요한 지원을 요청할 수 있다.

3. 자문단 운영

〈행정안전부장관〉은/ 행정업무 혁신의 효과적인 추진을 위하여/ 관계 전문가 등으로 구성된 자문단을 운영할 수 있다.

Ⅳ 행정업무 혁신의 점검·관리 및 지원

1. 행정업무 혁신 추진상황 점검
〈행정기관의 장〉은/ 해당 기관의 행정업무 혁신 추진상황을/ 지속적으로 점검해야 한다.

2. 혁신 성과 평가·분석 및 관리
〈행정기관의 장〉은/ 그 행정기관의 행정업무 혁신 성과를/ 평가·분석하고 체계적으로 관리해야 한다.

3. 행정업무 혁신을 위한 지원
〈행정안전부장관〉은/ 필요하다고 인정하거나 관련 행정기관이 요청한 경우에는/ 행정업무 혁신을 위하여 필요한 지원을 할 수 있다.

THEME 27. 행정협업의 촉진 및 행정협업과제의 등록 ★★★

□ 행정업무의 운영 및 혁신에 관한 규정상 행정협업의 촉진과 행정협업과제의 등록에 관하여 설명하시오 (THEME 28 참조).
▶ 제4회 기출 약술 20점

핵심이론

I. 행정협업의 촉진

1. 행정협업의 의의

행정협업이란/ 업무의 효율성을 높이고 행정서비스에 대한 국민의 만족도를 높이기 위하여/ 〈행정기관의 장〉이 〈다른 행정기관〉과/ 공동의 목표를 설정하고/ 해당 행정기관 상호 간의 기능을 연계하거나/ 시설·장비 및 정보 등을 공동으로 활용하는 방식의/ 행정기관 간 협업을 말한다.

2. 행정협업의 촉진 및 행정협업과제의 발굴 등

행정기관의 장은/ 행정협업을 촉진하고 이에 적합한 행정협업과제를 발굴해야 한다./ 이 경우 행정기관의 장은/ 발굴한 행정협업과제 수행을 위하여 노력해야 한다.

II. 행정협업과제 대상 업무

행정협업과제는 다음의 업무를 대상으로 한다.
① 다수의 행정기관이 공동으로 수행할 필요가 있는 업무
② 다른 행정기관의 행정지원을 필요로 하는 업무
③ 법령에 따라 다른 행정기관의 인가·승인 등을 거쳐야 하는 업무
④ 행정기관 간 행정정보의 공유 또는 행정정보시스템의 상호 연계나 통합이 필요한 업무
⑤ 그 밖에 다른 행정기관의 협의·동의 및 의견조회 등이 필요한 업무

III. 행정협업과제의 등록

1. 의 의

〈행정기관의 장〉은/ 행정협업과제를 행정업무혁신시스템에 등록·관리할 수 있다./ 이 경우 〈행정기관의 장〉은/ 등록하려는 행정협업과제를 공동으로 수행할 〈관련 행정기관의 장〉과/ 사전에 협의해야 한다.

2. 행정업무혁신시스템 등록사항

〈행정기관의 장〉은/ 행정협업과제를 행정업무혁신시스템에 등록하려는 경우에는/ 다음의 사항을 포함하여 등록하여야 한다.
① 행정협업과제의 주관부서 및 과제담당자와 협업부서 및 담당자
② 행정협업과제와 관련된 다른 행정기관의 단위과제
③ 행정협업과제의 이력, 내용 및 취지
④ 그 밖에 행정안전부장관이 정하는 사항

Ⅳ 원활한 협의 지원

〈행정안전부장관〉은/ 행정협업과제의 발굴 및 수행 과정에서/ 관련 행정기관 간 이견이 발생한 경우/ 관련 행정기관의 혁신책임관 간의 회의 등을 통하여/ 원활한 협의가 이루어질 수 있도록 필요한 지원을 할 수 있다.

행정협업과제의 추가 발굴 ★★★

Ⅰ 주 체

〈행정안전부장관〉은/ 행정협업을 촉진하기 위하여/ 〈행정기관의 장〉이 발굴한 행정협업과제 외의/ 행정협업과제를 추가로 발굴할 수 있다.

Ⅱ 조사 사항

〈행정안전부장관〉은/ 행정협업과제를 추가로 발굴하기 위하여 필요한 경우/ 〈행정기관, 국민, 공공기관, 민간기업 또는 단체 등〉을 대상으로/ 다음의 사항과 관련된 행정협업의 수요, 현황 및 애로사항 등을 조사할 수 있다.
① 목표달성을 위하여 다수의 행정기관이 함께 협력할 필요가 있고,/ 구심적 역할을 수행하는 행정기관이 필요한 정책 또는 사업
② 행정기관 간 협력을 통하여 비용 또는 예산을 절감할 수 있는 정책 또는 사업
③ 행정기관 간 이해상충 가능성이 높아 이견에 대한 협의·조정이 필요한 정책 또는 사업
④ 그 밖에 관련 행정기관과의 협의 결과 행정협업과제 발굴을 위하여 필요하다고 인정하는 사항

Ⅲ 절 차

1. 조사 의뢰

〈행정안전부장관〉은/ 조사의 전문성 및 효율성을 높이기 위하여 필요한 경우/ 〈관련 학회 등 연구단체, 전문기관 또는 민간 기업〉에/ 조사 사항에 관한 조사를 의뢰할 수 있다.

2. 행정협업과제의 확정

〈행정안전부장관〉은/ 조사 결과로 발굴된 행정협업과제를/ 〈관련 행정기관〉과의 협의를 통하여 확정한다.

3. 행정업무혁신시스템 등록·관리

〈행정안전부장관〉은/ 확정된 행정협업과제를/ 행정업무혁신시스템에 등록·관리할 수 있다.

행정업무 혁신의 효율적 수행 ★★

□ 행정협업의 지원제도로서 혁신책임관, 행정업무혁신시스템 및 행정협업조직의 개념을 기술하고, 각각의 제도와 관련하여 행정기관장의 임무를 설명하시오.
▶ 제5회 기출수정 약술 20점

□ 행정업무의 운영 및 혁신에 관한 규정에 의거하여 기관 간 업무협조가 필요한 경우와 그것을 실행하는 방안 및 행정협업의 개념과 그것을 실행하는 방안에 관하여 각각 설명하시오.
▶ 제3회 기출수정 약술 20점

I 협의체 구성 및 업무협약 체결

〈행정기관〉은/ 행정업무 혁신의 효율적인 수행을 위하여 필요한 경우/ 〈관련 행정기관〉과의 협의체를 구성하거나 행정업무 혁신의 목적, 협력 범위 및 기능 분담 등에 관한 업무협약을 체결할 수 있다.

II 혁신책임관 ★

1. 임 명
〈행정기관의 장〉은/ 소속 기획조정실장 또는 이에 준하는 직위의 공무원을/ 해당 행정기관의 행정업무 혁신을 총괄하는 책임관(이하 "혁신책임관")으로 임명하여야 한다.

2. 등 록
〈행정기관의 장〉은/ 혁신책임관을 임명한 경우에는/ 그 사실을 행정업무혁신시스템에 등록하여야 한다.

3. 혁신책임관의 임무
혁신책임관의 업무는 다음과 같다.
① 해당 행정기관의 행정업무 혁신 과제 발굴 및 수행의 총괄
② 해당 행정기관의 행정정보시스템의 다른 행정기관과의 연계 및 효율적 운영에 관한 총괄 관리
③ 해당 행정기관의 행정업무 혁신을 위한 행정업무 절차, 관련 제도 등의 정비·개선
④ 해당 행정기관의 행정업무 혁신과 관련된 다른 행정기관과의 협의·조정
⑤ 해당 행정기관의 공공기관, 기업, 단체 등과의 협업 추진에 관한 업무를 총괄하는 부서의 지정·운영
⑥ 그 밖에 행정업무 혁신을 위하여 필요한 업무

Ⅲ 행정업무혁신시스템★

1. 구축·운영
① 〈행정안전부장관〉은/ 행정기관이 행정혁신을 위한 업무를 원활하게 수행할 수 있도록/ 전자적 시스템(이하 "행정업무혁신시스템")을 구축할 수 있다.
② 〈행정기관의 장〉은/ 행정업무혁신시스템을 이용하여/ 행정업무 혁신을 수행하도록 노력해야 한다.

2. 행정업무 혁신을 위한 업무
행정업무 혁신은 다음의 업무를 대상으로 한다.
① 행정협업과제의 발굴·수행 등 행정협업 촉진
② 불필요한 절차 간소화 및 디지털 기술을 활용한 업무처리 자동화 등 업무절차 개선
③ 불합리한 관행 타파 및 구성원 간 이해·소통을 위한 조직문화 개선
④ 사무공간, 회의공간, 휴게공간, 민원공간 등 업무공간 혁신
⑤ 지식행정 활성화
⑥ 그 밖에 행정업무 혁신을 위하여 추진이 필요한 사항

3. 행정업무혁신시스템의 활용 촉진
① 〈행정기관의 장〉은/ 소관 업무 중 행정업무혁신시스템을 이용하여 업무를 수행한 실적 등/ 행정업무혁신시스템 활용 실태를 평가·분석하고 그 활용을 촉진하여야 한다.
② 〈행정안전부장관〉은/ 각급 행정기관의 행정업무혁신시스템 활용 실태를/ 점검·평가하고 필요한 지원을 할 수 있다.

Ⅳ 행정정보시스템의 상호 연계 및 통합

1. 행정기관 간 행정정보시스템의 상호 연계 및 통합 추진의무
〈행정기관의 장〉은/ 행정업무 혁신의 원활한 추진을 위하여/ 행정기관 간 행정정보시스템의 상호 연계나 통합을 적극적으로 추진하여야 한다.

2. 행정정보시스템의 연계·통합 지원
〈행정안전부장관〉은/ 행정업무 혁신을 위하여 필요하다고 인정되거나 관련 행정기관의 지원 요청이 있는 경우/ 행정정보시스템의 연계·통합에 필요한 지원을 할 수 있다.

V 행정협업조직★

1. 설치·운영
〈행정기관의 장〉은/ 다수의 행정기관이 수행하는 사무의 목적, 대상 또는 관할구역 등이 유사하거나 연관성이 높은 경우에는/ 관련 기능, 업무처리절차 및 정보시스템 등을 연계·통합하거나 시설·인력 등을 공동으로 활용하는 등 협력하여 업무를 수행하는 조직(이하 "행정협업조직")을 설치·운영할 수 있다.

2. 공동운영규정의 제정
행정협업조직 설치·운영에 참여하는 〈관계 행정기관의 장〉은/ 해당 행정협업조직의 운영을 위하여 필요한 공동운영규정을 제정할 수 있다.

VI 행정업무 혁신 관련 시설 등의 확보

1. 공동시설·공간·설비 등 마련
〈행정기관의 장〉은/ 행정업무 혁신을 위하여 필요한 경우/ 공동시설·공간·설비 등을 마련하여/ 다른 행정기관에 제공할 수 있다.

2. 행정협업 관련 시설 활용·연계
〈행정안전부장관〉은/ 전자적 행정업무 수행을 위하여/ 정부가 설치한 시설이/ 행정협업 관련 시설로 활용되거나 연계되도록 노력하여야 한다.

VII 행정업무 혁신문화의 조성 및 국제협력

1. 행정업무 혁신문화 조성을 위한 추진 사업
〈행정안전부장관〉은/ 행정업무 혁신에 대한 인식을 높이고, 행정업무 혁신문화를 조성하기 위하여/ 다음의 사업을 추진할 수 있다.
① 행정업무 혁신 우수사례의 발굴·포상 및 홍보
② 행정업무 혁신을 위한/ 자문 등 전문인력 및 기술지원
③ 행정업무 혁신을 위한/ 포럼 및 세미나 개최
④ 행정업무 혁신을 위한/ 교육콘텐츠의 개발·보급
⑤ 행정업무 혁신을 위한/ 정책연구 및 제도개선 사업
⑥ 그 밖에 행정업무 혁신에 필요한 사업

2. 국제협력 추진

〈행정안전부장관〉은/ 행정업무 혁신의 참고사례 발굴 및 우수사례의 전파, 전문인력의 양성 및 교류, 관련 전문기술의 확보 등을 위하여/ 국제협력을 적극적으로 추진하여야 한다.

3. 사무공간 마련

〈행정기관의 장〉은/ 행정업무 혁신이 원활하게 수행될 수 있도록/ 조직 내 활발한 소통을 유도하는 사무공간을 마련하는 데 노력하여야 한다.

Ⅷ 행정업무 혁신우수기관 포상 및 홍보 등

1. 행정업무 혁신우수기관 포상 또는 홍보

〈행정안전부장관〉은/ 행정업무 혁신의 성과가 우수한 행정기관을 선정하여 포상 또는 홍보할 수 있다.

2. 인사상 우대조치 등

〈행정기관의 장〉은/ 행정업무 혁신에 이바지한 공로가 뚜렷한 공무원 등을 포상하고/ 인사상 우대조치 등을 할 수 있다.

30 지식행정 ★

□ 지식행정의 의의 및 추진배경을 서술하고, 온-나라 지식(GKMC ; Government Knowledge Management Center)의 개념과 주요기능에 관하여 설명하시오.
▶ 제8회 기출 약술 20점

I 지식행정의 개념

지식행정이란/ 행정기관의 행정정보, 행정업무 수행의 경험 및 업무에 관한 지식의 공동이용 등을 통하여/ 정책과 행정서비스의 질을 높이는 방식의 행정을 말한다.

II 추진배경

1. 지식정보화사회로의 패러다임의 변화
행정기관의 지식 창출과 관리능력은 조직의 생존과 발전을 크게 좌우한다.

2. 행정의 생산성, 전문성 및 창의성 향상
지식행정은 행정의 생산성 및 전문성을 높일 수 있다./ 또한 창의적 업무수행으로 정책의 품질개선 등 행정서비스의 질 향상에 기여할 수 있다.

III 지식행정의 구성요소

지식행정을 수행하는 데 필요한 구성요소로는 크게 '기반요소'와 '활동요소'가 있다.

1. 기반요소
전략, 제도, 조직, 정보기술, 문화, 리더십

2. 활동요소
필요지식 창출, 보유지식 관리

Ⅳ 지식행정시스템

1. 온-나라 지식시스템(Government Knowledge Management Center)

(1) 개 념

기관단위로 분산되어 있는 행정지식을/ 통합·연계하여/ 모든 공무원이/ 다양한 행정지식을 상호 공유·활용하고/ 정책의견을 교환할 수 있는/ 정부 내 '단일 지식창구'로서의 지식관리시스템을 의미한다.

(2) 주요 기능

1) 지식뱅크

정부 내 업무지식을 통합적으로 공유·활용할 수 있도록 시스템과 연계되어 있는 지식통합저장소의 역할을 한다.

2) 커뮤니티

각종 지식활동을 통하여 생산되는 지식을 공유·활용하는 공간이다.

3) 정보통합게시판

다양한 의사소통과 각 기관 간의 정책자료를 공유할 수 있는 공간이며 공무원 상호 간의 정책정보 소통 공간으로 활용한다.

2. 표준 KMS(Knowledge Management System)

(1) 개 념

행정기관의 체계적인 지식관리 및 공유·활용을 위해/ 정부가 지원하는 표준 지식관리시스템이다.

(2) 주요 기능

지식뱅크, 커뮤니티, 공유와 소통

Ⅴ 지식활동

1. CoP(Community of Practice : 학습동아리) 활동

공식 업무조직은 아니지만/ 공통 사안에 대하여/ 함께 토의하고 지식을 공유하는 등/ 학습활동을 통해 문제를 해결하는 사람들의 모임으로/ 업무를 보다 효율적으로 처리하거나 깊이 있는 전문지식을 학습, 토론하기 위해 형성된 네트워크를 의미한다.

2. 협업·공유

(1) 모이소(MOISO, 문화체육관광부)

행정업무 수행에 있어/ 공직 내부와 외부 전문가의 연계기능 구축으로/ 업무에 필요한 전문지식·정보를 상호 공유할 수 있는 소통의 장소를 제공한다.

(2) 지식거래장터(관세청)

업무분야별(감사, 통관, 조사, 정보 등 7개 분야) 전문가로 구성된/ 지식리더그룹을 형성하여/ 이들로 하여금 전문지식을 제공한다.

THEME 31. 행정기관의 지식행정 활성화 ★

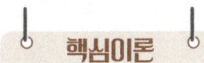

I 의의

〈행정기관의 장〉은/ 해당 기관의 행정정보, 행정업무 수행의 경험 및 업무에 관한 지식의 공동이용 등을 통하여/ 정책과 행정서비스의 질을 높이는 방식의 행정(이하 "지식행정")을 활성화하도록 노력하여야 한다.

II 지식행정 활성화 추진

〈행정기관의 장〉은/ 다음의 사항을 포함하여/ 해당 기관의 지식행정 활성화를 추진할 수 있다.
① 업무수행 과정에서/ 행정지식의 수집·생산, 보관·활용 방안
② 연구모임 등을 통한/ 업무수행 경험 활용 활성화에 관한 사항
③ 전문가 전문지식의 업무 활용에 관한 사항
④ 행정지식관리시스템의 운영·관리에 관한 사항(다만, 행정지식관리시스템을 구축·운영하지 않은 경우에는 제외 가능)
⑤ 지식행정 활성화를 위한 지원 사항
⑥ 그 밖에 지식행정 활성화를 위하여 필요한 사항

III 각종 행정정보시스템과 정부통합지식행정시스템(GKMC)의 연계

〈행정기관의 장〉은/ 특별한 사유가 없으면/ 전자문서시스템, 업무관리시스템, 행정지식관리시스템 등 각종 행정정보시스템과 정부통합지식행정시스템을 연계하여/ 행정지식이 범정부적으로 활용·관리되도록 하여야 한다.

IV 행정지식의 수집·관리

〈행정안전부장관〉은/ 정부통합지식행정시스템을 통해/ 행정지식을 수집하여 관리할 수 있으며,/ 이를 위하여 필요한 경우 〈행정기관의 장〉에게/ 소관 행정정보의 등록 또는 갱신을 요청할 수 있다./ 이 경우 〈행정기관의 장〉은/ 특별한 사유가 없으면 요청에 따라야 한다.

V 최신 행정정보의 유지

〈행정기관의 장〉은/ 정부통합지식행정시스템상의 소관 행정정보가/ 최신으로 유지되도록 노력해야 한다.

정책연구과제

□ 행정업무의 운영 및 혁신에 관한 규정 및 같은 규정 시행규칙상 정책연구과제의 선정에 관하여 설명하시오.
▶ 제6회 기출수정 약술 20점

I 정책연구의 의의

〈중앙행정기관(그 소속기관을 포함)의 장〉이/ 정책의 개발 또는 주요 정책현안에 대한 조사·연구 등을 목적으로/ 정책연구과제를 선정하고/ 정책연구를 수행할 자와 연구수행에 관한 내용의 계약을 체결하는 방식으로 추진하는 사업을 말한다.

II 연구과제의 선정

1. 의 의
〈중앙행정기관의 장〉은/ 공정하고 투명하게 정책연구가 이루어지도록/ 정책연구위원회(이하 "위원회")의 심의를 거쳐 연구과제를 선정하여야 하며,/ 연구과제별로/ 담당부서의 과장급 공무원을 과제담당관으로 지정하여야 한다.

2. 위원회 심의 생략
다음의 어느 하나에 해당하는 경우에는 위원회의 심의를 거치지 아니한다.
① 위원회의 심의를 거치지 아니하고 연구자를 선정하여 정책연구를 하는 경우 중/ 긴급하게 정책연구를 할 필요가 있어 연구과제를 선정하는 경우
② 예산의 편성에 따라 특성 사업 수행의 일부로 정책연구 사업이 정해진 경우로서/ 그 사업을 주관하는 부서의 장이 그 사업의 내용에 따라 연구과제를 선정하는 경우

Ⅲ 연구과제의 중복선정 금지

1. 의 의
〈중앙행정기관의 장〉은/ 다른 행정기관이나 정부의 출연·보조 또는 지원을 받은 연구기관(이하 "행정기관 등")에서/ 이미 연구가 완료되었거나 연구를 하고 있는 연구과제와 중복되는 연구과제를 선정하여서는 아니 된다.

2. 예외적으로 산정할 수 있는 경우
다음의 어느 하나에 해당하는 경우에는 예외적으로 연구과제로 산정할 수 있다.
① 행정기관등에서 유사한 연구를 이미 수행한 경우로서/ 해당 분야의 이론 및 기술의 발전 등에 따라 새로운 연구가 필요한 경우
② 관련 정책의 수행을 위하여/ 이미 수행된 연구과제 결과와 구분되는 학문적·이론적 체계의 구축이 필요한 경우
③ 행정기관등에서 연구를 진행하고 있는 경우로서/ 관련 사항에 대한 연구가 필요하여/ 행정기관등과 공동으로 정책연구를 하려는 경우

3. 차별성 검토보고서
〈정책연구를 하려는 부서의 장〉은/ 연구과제 선정에 관하여 위원회의 심의를 거치려면/ 정책연구과제 심의신청서와 정책연구과제 차별성 검토보고서를/ 〈위원회〉에/ 제출하여야 한다.

4. 중복 검토 방법
수행하고자 하는 정책연구과제에 대한 중복 여부는/ 정책연구관리시스템의 정책연구 DB 검색기능을 활용하여 검토할 수 있다.

THEME 33 정책연구심의위원회

Ⅰ 설 치

〈중앙행정기관의 장〉은/ 계약을 통한 정책연구에 관한 일정한 사항을 심의하기 위하여/ 정책연구심의위원회(이하 "위원회")를 둔다.

Ⅱ 심의사항

다음의 사항은 위원회의 심의 대상이다.
① 연구과제와 연구자의 선정에 관한 사항
② 연구결과의 평가에 관한 사항
③ 연구결과의 활용상황 점검 및 공개 등에 관한 사항
④ 그 밖에 정책연구의 체계적인 관리를 위하여 필요한 사항

Ⅲ 소위원회 설치·위임

〈위원회〉는/ 업무를 효율적으로 수행하기 위하여 필요하면/ 소위원회를 둘 수 있으며,/ 심의사항 중에서/ 연구과제의 선정을 제외한 사항에 대한/ 심의를 소위원회에 위임할 수 있다.

Ⅳ 위원의 참석 배제 기준 등

〈위원회 위원〉은/ 본인 또는 본인의 배우자, 4촌 이내의 혈족, 2촌 이내의 인척 또는 그 사람이 속한 기관·단체와의/ 정책연구 계약에 관한 사항의 심의·의결에 관여하지 못한다.

Ⅴ 구성 및 운영

1. 구 성
위원회는/ 위원장 1명을 포함하여/ 10명 이상 30명 이하의 위원으로/ 성별을 고려하여 구성하되,/ 위촉하는 위원의 수가/ 전체 위원의 수의 과반수가 되도록 한다.

2. 개의 및 의결
위원회의 회의는/ 재적위원 과반수의 출석으로 개의하고,/ 출석위원 과반수의 찬성으로 의결한다./ 이 경우 위촉위원의 과반수가 출석한 경우에만 개의할 수 있다.

3. 위촉위원의 참여 배제
〈위원회〉는/ 군사기밀 관련 사항, 국가기밀 관련 사항, 보안 관련 법령에 따라 비밀로 관리되는 사항을 심의하는 경우에는/ 위촉위원의 참여를 배제할 수 있다.

정책연구심의소위원회

Ⅰ 필요성

중앙행정기관의 과제가 많고 진행 시점이 서로 달라 매번 정책연구심의위원회(이하 "위원회")를 개최하는 것이 현실적으로 어렵거나,/ 과제의 분야가 다양하여 과제별로 외부전문가를 위촉해야 할 필요가 있는 등/ 위원회에서 모든 정책연구를 실질적으로 관리하기 어려운 경우에는 위원회의 업무를 효율적으로 수행하기 위하여 정책연구심의소위원회(이하 "소위원회")를 둘 수 있다.

Ⅱ 심의사항

〈소위원회〉는/ 위원회의 심의사항 중에서/ 연구과제의 선정을 제외한 정책연구 전반에 대하여/ 위원회의 위임을 받아 심의할 수 있다.

Ⅲ 인적 구성

〈소위원회〉는/ 위원장 1명을 포함하여/ 4명 이상 10명 이하의 위원으로/ 성별을 고려하여 구성하되,/ 위촉하는 위원의 수가/ 전체 소위원회 위원 수의 과반수가 되도록 구성하여야 한다.

Ⅳ 위원회 준용

1. 개의 및 의결
소위원회의 회의는 재적위원 과반수의 출석으로 개의하고,/ 출석위원 과반수의 찬성으로 의결한다./ 이 경우 위촉위원의 과반수가 출석한 경우에만 개의할 수 있다.

2. 위촉위원의 참여 배제
소위원회는/ 군사기밀 관련 사항, 국가기밀 관련 사항, 보안 관련 법령에 따라 비밀로 관리되는 사항을 심의하는 경우에는/ 위촉위원의 참여를 배제할 수 있다.

3. 위원 참석 배제 기준 등
소위원회의 위원은/ 본인 또는 본인의 배우자, 4촌 이내의 혈족, 2촌 이내의 인척 또는 그 사람이 속한 기관·단체와의/ 정책연구 계약에 관한 사항의 심의·의결에 관여하지 못한다.

THEME 35 정책연구자 선정 ★★★

핵심이론

I 의 의
〈중앙행정기관의 과제담당관 또는 계약담당관〉은/ 국가를 당사자로 하는 계약에 관한 법률(이하 "국가계약법")에서 정한 바에 따라 공정하고 투명한 방법으로 연구자를 선정해야 한다./ 연구자라 함은/ 국가계약법에 의하여 국가와 정책연구에 관한 계약을 체결한 단체 또는 개인을 말한다.

II 경쟁에 의한 연구자의 선정

1. 선정방법
정책연구는/ 국가계약법에 따라 2단계 경쟁 등의 입찰, 제한경쟁입찰 등 경쟁에 의한 방법으로/ 연구자를 선정할 수 있다.

2. 정책연구심의위원회 심의 생략
다음의 어느 하나에 해당하는 경우에는 위원회의 심의를 생략할 수 있다.
① 일반경쟁 방식으로 연구자를 선정하는 경우
② 입찰참가자격 사전심사를 하는 경우
③ 제안서를 제출받아 평가하는 경우

III 수의계약에 의한 연구자의 선정

1. 수의계약 대상
수의계약을 할 수 있는 경우는 다음과 같다.
① 경쟁에 부칠 여유가 없거나/ 경쟁에 부쳐서는 계약의 목적을 달성하기 곤란하다고 판단되는 경우
② 경쟁이 성립될 수 없는 경우
③ 계약의 목적·성질 등에 비추어 경쟁에 따라 계약을 체결하는 것이 비효율적이라고 판단되는 경우 등

2. 연구자에 대한 정책연구심의위원회 심의
수의계약으로 연구자를 선정할 때에는/ 계약체결 전에/ 위원회를 개최하여 심의를 거쳐야 한다.

Ⅳ 계약체결 및 공개

〈계약담당관〉은/ 연구자와 계약을 체결하고 결과를 통보하며,/ 〈과제담당관〉은/ 통보받은 계약의 내용을 정책연구관리시스템에 등록하여 공개하여야 한다./ 다만, 비공개 사유에 해당하는 경우에는 비공개 할 수 있다.

Ⅴ 계약의 변경 등

〈과제담당관〉은/ 정책연구과제의 추진 내용 및 예산규모 등 본질적인 계약 내용이 변경 또는 해제·해지되었을 경우에는/ 그 사실을 위원회에 보고하여야 한다.

THEME 36 정책연구의 진행

핵심이론

I. 정책연구 착수

1. 착수보고회 개최

〈과제담당관〉은/ 연구자가 선정되면/ 연구자와 합동으로/ 착수보고회를 개최하여/ 과업내용과 추진 일정 등을 상호 협의한 후/ 〈연구자〉로부터/ 착수보고회 결과를 반영한 〈수행계획서〉를 제출받아/ 연구 진행상황을 관리할 수 있다.

2. 서약서 접수

〈과제담당관〉은/ 정책연구의 위조, 변조, 표절, 부당한 저자 표기 등 부정행위를 사전에 방지하기 위하여/ 연구자로 하여금 정책연구 윤리 준수 서약서를 제출받아야 한다.

II. 정책연구 수행

〈연구자〉는/ 정책연구 윤리 자가점검표와 정책연구 윤리 점검기준을 고려하여/ 연구를 수행한다.

III. 중간점검

1. 중간점검 실시

〈과제담당관〉은/ 정책연구 계약서에서 정한 연구기간 중에/ 필요한 경우/ 연구 진행상황을 중간점검하고/ 연구자와 향후 연구 일정을 협의한 후/ 점검결과서를 작성하여/ 정책연구관리시스템에 등록한다.

2. 점검결과 보완 요구

〈과제담당관〉은/ 중간점검 결과, 연구자가 연구계획서상의 연구일정 이행을 태만히 하거나 연구 진행상황이 연구의 목적에 부합하지 아니한다고 판단되는 경우에는/ 〈해당 연구자〉에 대하여/ 시정 또는 보완을 요구하여야 한다.

3. 중간점검 결과 등록

〈과제담당관〉은/ 중간점검이 완료되면/ 중간점검 결과를/ 정책연구관리시스템에 등록하여야 한다.

Ⅳ 정책연구결과의 평가 및 관리

1. 정책연구결과의 평가

정책연구결과의 평가는/ ① 과제담당관과 과제담당관이 지정한 외부 전문가 1명이 공동으로 평가하는 방법이나 ② 외부 전문가가 참석하는 정책연구 완료보고회를 개최하여 평가하는 방법으로 하여야 한다.

2. 정책연구 윤리 점검 절차 및 방법

(1) 정책연구결과 평가 시 점검

① 〈연구자〉는/ 정책연구가 완료되면/ 정책연구 윤리 자가점검표와 유사도 검사결과서를/ 발주기관에 제출한다.
② 〈중앙행정기관 등 발주기관〉은/ 연구자가 제출한 정책연구 윤리 자가점검표와 검사결과서를 참고하여/ '정책연구 윤리 점검기준'에 따라/ 연구결과 평가 시 정책연구 윤리 준수 여부를 점검한다.

(2) 제보 등에 의한 사후 점검

① 제보 등에 의한 연구부정행위 점검 필요 시/ 〈중앙행정기관 등 발주기관〉은/ 〈연구기관〉에/ 자체 조사를 요구한다.
② 연구자가 속한 〈연구기관〉은/ 발주기관 요청 시/ 사후 점검을 실시한 후,/ 점검 결과를 발주기관에 제출한다.

3. 평가 결과에 따른 조치

① 〈과제담당관〉은/ 연구결과가 미흡한 경우/ 연구자로 하여금 시정하도록 조치하여야 한다.
② 연구 부정행위가 발견된 경우/ 제재처분을 할 수 있다.

4. 정책연구관리시스템 등록사항 점검 및 시정요구

〈총괄부서장〉은/ 〈과제담당관〉이/ 정책연구과제 진행단계별로/ 정책연구관리시스템에 등록한 사항을 최종 점검하고,/ 등록사항이 잘못된 경우/ 시정조치 후 승인처리하여야 한다.

5. 연구결과물 발간 및 사후관리

〈행정기관〉은/ 정책연구결과를 기록물, 간행물로 등록하여 관리하여야 한다.

V 정책연구결과의 활용

1. 연구결과의 활용상황 점검
〈과제담당관〉은/ 정책연구 종료일로부터 6개월 이내에/ 정책연구결과 활용상황을 점검하여야 한다./ 이 경우 위원회 심의를 거쳐야 한다.

2. 활용결과의 등록
① 〈과제담당관〉은/ 활용결과를 정책연구관리시스템에 등록하여야 한다.
② 활용결과 보고서 작성 시/ 활용결과는 법령 제·개정, 제도 개선 및 정책 반영, 정책 참조 등으로 구분하여 작성하고,/ 정책연구 활용결과를 명확히 밝혀야 한다.

VI 정책연구의 공개

1. 공개 내용
① 〈중앙행정기관의 장〉은/ 다음의 사항을/ 그 공개가 가능한 때에/ 지체 없이/ 정책연구관리시스템을 통하여 공개하여야 한다.
   ㉠ 정책연구의 계약체결 내용
   ㉡ 정책연구결과 및 그 평가 결과
   ㉢ 정책연구결과 활용상황
   ㉣ 그 밖에 중앙행정기관의 장이 필요하다고 인정하는 정책연구에 관한 사항
② 〈지방자치단체의 장 및 교육감〉은/ 정책연구가 종료된 후/ 정책연구결과를 해당 지방자치단체의 조례로 정하는 바에 따라/ 정책연구관리시스템을 통하여 공개하여야 한다.

2. 비공개 대상 사후관리
〈행정기관의 장〉은/ 비공개 대상으로 분류된 정책연구과제는/ 다른 법령에 특별한 규정이 있는 경우를 제외하고는/ 2년의 범위에서 비공개 기간을 정하되,/ 기간의 경과 등으로 비공개의 필요성이 없어지거나, 공개하는 것으로 재분류된 경우에는 공개하여야 한다.

Ⅶ 기관별 성과점검 등 관리

1. 기관별 정책연구 점검 분야
〈중앙행정기관의 장〉은/ 매년/ 기관의 정책연구 추진과정, 연구결과의 공개 및 활용상황을/ 점검하여야 한다.

2. 종합 정책연구 성과 점검
〈행정안전부장관〉은/ 기관별 점검사항을 종합하여/ 정책연구의 성과를 점검할 수 있다.

3. 점검결과 활용
① 〈행정안전부장관〉은/ 종합점검 결과를/ 〈해당 중앙행정기관의 장, 기획재정부장관 및 감사원장〉에게/ 통보해야 한다.
② 〈기획재정부장관〉은/ 〈행정안전부장관〉으로부터 통보받은 점검결과를/ 다음 해 예산을 편성할 때에 반영할 수 있다.

정부영상회의★★

□ 행정업무의 운영 및 혁신에 관한 규정상 영상회의실을 설치·운영할 수 있는 회의 유형을 제시하고, 정부영상회의실 관리·운영을 위한 정부관리소장의 조치사항과 해당 시설의 사용신청에 관하여 약술하시오.
▶ 제9회 기출수정 약술 20점

□ 영상회의의 의의를 기술하고, 행정업무의 운영 및 혁신에 관한 규정 및 같은 규정 시행규칙상 정부영상회의실에서 개최할 수 있는 회의와 그 사용신청에 관하여 설명하시오. ▶ 제6회 기출수정 약술 20점

핵심이론

I 정부영상회의의 의의

지리적으로 멀리 떨어져 있는 사람들 간에/ 직접 대면하지 않고서도/ 정보통신을 기반으로 일대일 또는 다자간 회의를 실시간으로 진행할 수 있으며,/ 단순한 영상 및 음성을 제공하는 범위에서 벗어나/ 문서, 이미지, 동영상 등의 콘텐츠를 서로 공유하며 업무를 수행할 수 있도록 구축된 시스템을 말한다.

II 정부영상회의실 설치·운영

1. 설치·운영 주체
〈행정안전부장관〉은/ 정부영상회의실을 설치·운영할 수 있다.

2. 개최 회의★
〈행정안전부장관〉은/ 다음의 회의를 개최하기 위하여/ 정부영상회의실을 설치·운영한다.
① 국무회의 및 차관회의
② 장관·차관이 참석하는 회의
③ 둘 이상의 정부청사에 위치한 기관 간에 개최하는 회의
④ 정부청사에 위치한 기관과 지방자치단체 간에 개최하는 회의
⑤ 그 밖에 원격지에 위치한 기관 간 회의

3. 영상회의실 지정
〈행정안전부장관〉은/ 행정기관이 공동으로 사용할 수 있는 영상회의실을/ 지정할 수 있다.

제2장 행정업무의 운영 및 혁신에 관한 규정

Ⅲ 정부영상회의실 등의 관리·운영

1. 정부청사관리소장의 조치 사항★
〈정보청사관리소장〉은/ 정부영상회의실의 관리·운영을 위하여/ 다음의 조치를 하여야 한다.
① 정부영상회의시스템의 관리책임자 및 운영자 지정
② 정부영상회의실 및 정부영상회의시스템 보안대책의 수립
③ 각종 회의용 기자재의 제공 및 정부영상회의 운영의 지원

2. 정부영상회의실 회의 개최
〈행정안전부장관〉은/ 정부영상회의실을 설치·운영할 수 있는 〈회의를 주관하는 관계 행정기관의 장〉에게/ 정부영상회의실을 이용하여/ 회의를 개최할 것을 요청할 수 있다.

Ⅳ 정부영상회의실 이용절차

1. 사전협의
〈정부영상회의실을 이용하고자 하는 기관〉은/ 〈정부청사관리소장〉과/ 사용가능 여부(사용의 적정성, 예약 상황, 시스템 정상 여부, 기자재 준비사항, 회의 보안) 등에 관하여/ 사전에 협의하여야 한다.

2. 사용신청★
① 정부영상회의실 사용은/ 문서 또는 정부영상회의실 사용신청서로/ 신청하여야 한다.
② 회의진행에 필요한 서류는/ 팩스 또는 정보통신망을 이용하여/ 회의 개최일 2일 전까지/ 정부청사관리소장에게/ 제출하여야 한다.
③ 중앙행정기관과 시·도 간 영상회의를 개최할 때에는/ 〈회의 주관기관〉에서/ 시·도 영상회의실의 예약 상황을 고려하여/ 〈참석 대상기관〉에/ 문서로/ 사용신청 또는 협조·요청하여야 한다.

제4절 행정업무의 관리

업무의 분장 및 인계·인수

□ 행정업무 인계·인수의 절차 및 인계·인수서의 작성내용에 관하여 약술하시오.

▶ 제9회 기출 약술 20점

I 업무의 분장

행정기관의 업무는/ 〈각 처리과의 장〉이/ 업무를 효율적으로 처리하고 책임소재를 명확하게 하기 위하여/ 소관 업무를 단위업무별로 분장하되,/ 소속 공무원 간의 업무량이 균형을 이룰 수 있도록 하여야 한다.

II 업무의 인계·인수

1. 인계·인수 사전준비
   ① 업무관리시스템에 공식문서를 작성·등록한다.
   ② 단위과제의 분류체계 및 관련정보를 수정·보완하여 현행화한다.
   ③ PC는 보존·임시폴더로 구분하여 불필요한 자료 축적을 방지한다.

2. 업무자료 정리
   ① 인계·인수 사유 발생 시/ 담당과제를 모두 종료한다.
   ② 업무관리시스템의 담당과제 관련 실적자료를 정리한다.
   ③ 개인용 컴퓨터(PC)에 보관된 불필요한 자료들을 삭제하고/ 이동용 저장장치에 복사한다.
   ④ 정리된 업무자료의 구성 및 내용을 살펴볼 수 있는/ 자료 개요를 작성한다.

3. 인계·인수서 작성

(1) 작성 내용
〈업무관리시스템이나 전자문서시스템을 이용하여 업무를 인계·인수하는 사람〉은/ 다음의 내용에 대한 업무인계·인수서를 작성하여야 한다.
① 업무현황(담당 업무, 주요 업무계획 및 진행사항, 현안사항 및 문제점, 주요 미결사항)
② 관련 문서 현황
③ 주요 물품 및 예산 등 인계·인수가 필요한 사항
④ 그 밖의 참고사항

(2) 업무를 인계할 수 없는 경우
〈후임자가 정해지지 아니한 경우〉와 〈그 밖의 특별한 사유로 후임자에게 업무를 인계할 수 없는 경우〉에는/ 그 직무를 대리하는 사람에게 인계하고,/ 그 직무를 대리하는 사람은 후임자가 업무를 인수할 수 있게 되었을 때에/ 즉시 인계하여야 한다.

4. 대면 인계·인수 진행
① 대면 인계·인수는/ 실제 인계·인수 발생시점 이후 7일 이내에/ 완료하는 것을 원칙으로 한다.
② 〈인계자〉는/ 인계·인수서를 전달하고/ 내용을 간략히 설명하며,/ 기록되지 않은 업무처리 방법이나 업무지식 등도/ 〈인수자〉에게 전달한다.

5. 인계·인수서 확인
① 〈인수자〉는/ 인계자가 작성한 인계·인수서를 바탕으로/ 업무관리시스템상의 자료 및 전달받은 개인문서자료 등을 확인한다.
② 인계·인수서에 기록된 현안·미결 업무 등에 대해 명확히 확인하고/ 처리 방안에 관하여/ 인계자로부터 충분한 의견을 수렴한다.
③ 〈인수자〉는/ 인계·인수서의 내용을 파악한 후/ 인계·인수서에 서명하고/ 그 결과를 〈입회자(직근 상급자 등)〉에게 보고한다.
④ 〈입회자〉는/ 인수자가 인계·인수서를 충실히 파악하였는지를 확인하고/ 인계·인수서에 서명하여/ 인계·인수 결과보고를 공식적으로 처리한다.

6. 인계·인수 사후관리
① 〈인계자〉는/ 인계·인수가 종료된 이후에도 〈인수자나 입회자〉가 요청할 경우/ 관련 업무처리를 지원해야 한다./ 특히 인계·인수 후 최소 1개월까지는 인계·인수과정에서 발생하는 인수자의 업무파악을 위하여 적극적으로 업무를 지원해야 한다.
② 사후 업무지원은/ 사안의 정도에 따라/ 구두 설명이나 이메일, 전화, 행정업무관리 등을 통한 원격 지원도 가능하다.

THEME 39 업무편람★

- 「행정업무의 운영 및 혁신에 관한 규정」및 「행정업무의 운영 및 혁신에 관한 규정 시행규칙」상 업무편람의 작성·활용과 직무편람의 작성·관리 등에 관하여 설명하시오. ▶ 제13회 기출 약술 20점
- 행정기관은 업무편람을 작성하여 활용하고 있다. 업무편람의 개념, 종류, 작성효과와 활용효과에 관하여 설명하시오. ▶ 제8회 기출 약술 20점

핵심이론

I 업무편람의 개념

〈업무편람〉이란/ 합리적인 업무수행 방향 및 기준을 제시하여 주는 것으로/ 조직의 방침과 기능, 업무처리의 절차와 방법, 준수하여야 할 제 원칙, 기타 업무와 관련된 자료 등을 단순화하고 표준화하여 이해하기 쉽고 업무처리에 편리하도록 작성한 업무지침서를 말한다.

II 업무편람의 작성·활용

행정기관이 상당기간에 걸쳐 반복적으로 하는 업무는/ 그 업무의 처리가 표준화·전문화될 수 있도록 업무편람을 작성하여 활용하는 것을 원칙으로 한다(행정업무규정 제62조 제1항).

III 업무편람의 종류

1. 행정편람

(1) 개념

〈행정편람〉이란/ 업무처리 절차와 기준, 장비운용 방법, 그 밖의 일상적 근무규칙 등에 관하여/ 〈각 업무담당자〉에게 필요한 지침·기준 또는 지식을 제공하는 업무지도서 또는 업무참고서 등을 말한다(행정업무규정 제62조 제2항 제1호).

(2) 자문

행정기관의 장은 행정편람을 발간할 때 필요하면 그 기관의 공무원이나 관계 전문가에게 자문할 수 있다(행정업무규정 제62조 제3항).

(3) 발간 및 수정·보완

① 행정편람은 해당 행정기관이 발간한다.
② 관련 제도의 변경 등으로 행정편람의 내용을 수정 또는 보완하여야 하는 사유가 발생하면 그 내용을 수정 또는 보완하여야 한다.

(4) 관리 및 활용

행정편람은 개인 소장을 금지하고, 서가 또는 책장에 비치하여 관계자가 누구든지 항상 손쉽게 참고·활용할 수 있도록 하여야 한다.

2. 직무편람

(1) 개 념

〈직무편람〉이란/ 부서별로 그 소관 단위업무에 대한 업무계획, 업무현황 및 그 밖의 참고자료 등을 체계적으로 정리한 업무 자료철 등을 말한다(행정업무규정 제62조 제2항 제2호).

(2) 작성·관리 등

1) 작성 단위

직무편람은/ 특별한 사유가 없으면/ 행정기관의 직제에 규정된 최하 단위 부서별로 작성하여야 하며,/ 처리과의 장은 정기적으로 또는 수시로 그 내용을 수정하거나 보완하여야 한다(행정업무규정 시행규칙 제46조 제1항).

2) 작성 내용

직무편람은/ 다음의 사항을 포함하여 작성되어야 하며,/ 업무를 인계·인수할 때에는 직무편람을 함께 인계·인수하여야 한다(행정업무규정 시행규칙 제46조 제2항).

① 업무 연혁, 관련 업무현황 및 주요 업무계획
② 업무의 처리절차 및 흐름도
③ 소관 보존문서 현황
④ 그 밖의 업무처리에 필요한 참고사항

Ⅳ 작성 및 활용효과

1. 작성효과

① 현재의 업무상태를 파악할 수 있다.
② 업무의 표준화·단순화·전문화를 촉진할 수 있다.
③ 그 밖에 현재의 불합리한 점을 발견하여 업무를 개선할 수 있다.

2. 활용효과

① 업무활동의 목표와 방침의 기준을 세워준다.
② 업무를 통제하는 데 필요한 적절함 지침을 준다.
③ 업무의 혼란, 불확실 및 중복을 줄일 수 있다.
④ 교육훈련을 위한 실효성 있는 교재가 된다.
⑤ 관리층과 부하직원 상호 간 또는 각 조직 간의 협력을 증진한다.
⑥ 그 밖에 업무 효율성 증진에 대한 관심을 높여 준다.

# THEME 40 정책실명제 활성화 방안★★

□ 정책설명제의 개념 및 중점관리 대상사업 선정을 위한 행정기관장의 역할을 설명하고, 주요 정책과 관련하여 기록·관리해야 할 종합적인 사항을 기술하시오.
▶ 제7회 기출 약술 20점
□ 정책의 실명 관리의 목적과 정책 자료, 정책결정 회의, 보도자료의 실명 관리에 관하여 약술하시오.
▶ 제2회 기출 약술 20점

I 정책실명제의 개념★

〈정책실명제〉란/ 행정기관에서 소관 업무와 관련되어 수립·시행되는 주요 정책의 결정 및 집행과정 등에 참여하는 관련자의 실명과 의견을 기록·관리함으로써/ 정책의 투명성과 책임성을 높이기 위한 제도를 말한다.

II 정책의 실명 관리

1. 종합적 기록·관리의무

〈행정기관의 장〉은/ 주요 정책의 결정이나 집행과 관련되는 참여자의 실명 등(소속, 직급 또는 직위, 성명 및 그 의견, 각종 계획서, 보고서, 회의·공청회·세미나 관련 자료 및 토의내용)을 종합적으로 기록·관리하여야 한다.

2. 회의 등 개최 시 기록 지시

〈행정기관의 장〉은/ 주요 정책의 결정을 위하여 회의·공청회·세미나 등을 개최하는 경우/ 일시, 참석자, 발언내용, 결정사항, 표결내용 등을/ 〈처리과의 직원〉으로 하여금 기록하게 하여야 한다.

3. 보도자료에 담당부서 등을 적시

행정기관이 언론기관에 보도자료를 제공하는 경우에는/ 그 보도자료에 담당부서·담당자·연락처 등을 함께 적어야 한다.

III 정책실명제 책임관 지정

1. 의 의

〈행정기관의 장〉은/ 해당 기관의 정책실명제를 효율적으로 운영하기 위하여/ 기획조정실장 등 해당 기관의 기획 업무를 총괄하는 직위에 있는 공무원을/ 정책실명제 책임관으로 지정하여야 한다.

2. 정책실명제 책임관의 임무

정책실명제 책임관은 다음의 임무를 수행한다.
① 해당 기관의 정책실명제 활성화 계획 수립 및 시행
② 해당 기관의 정책실명제 대상사업 선정 및 추진실적 공개
③ 자체 평가 및 교육
④ 그 밖에 해당 기관의 정책실명제 운영을 위하여 필요한 업무

Ⅳ 정책실명제 중점관리 대상사업 선정 ★

1. 정책실명제 중점관리 대상사업

〈행정기관의 장〉은/ 다음의 사항 중에서/ 정책실명제 중점관리 대상사업을 선정·관리하여야 한다.
① 주요 국정 현안에 관한 사항
② 대규모 예산이 투입되는 사업
③ 일정 규모 이상의 연구용역
④ 법령 또는 자치법규의 제정·개정 및 폐지
⑤ 행정안전부장관이 정한 절차에 따라 국민이 신청한 사업
⑥ 그 밖에 중점관리가 필요한 사업

2. 대상사업 선정 절차 및 추진실적 공개

(1) 대상사업 선정 절차

〈행정기관의 장〉은/ 정책실명제 중점관리 대상사업 선정을 위하여/ 자체 세부 기준을 마련하고,/ 심의위원회를 구성하여 심의를 거친 후/ 대상사업을 선정하여야 한다.

(2) 대상사업의 추진실적 공개

〈행정기관의 장〉은/ 정책실명제 중점관리 대상사업의 추진실적을/ 해당 기관의 인터넷 홈페이지 등을 통하여 공개하여야 한다./ 다만, 비공개대상 정보의 경우에는 그러하지 아니한다.

Ⅴ 정책실명제 평가

〈행정안전부장관〉은/ 정책실명제의 활성화를 위하여 필요한 경우/ 각 행정기관의 정책실명제 추진실적 등을 평가할 수 있다.

제5절 보 칙

PART 4 행정사실무법

제1장	행정사법
제2장	행정심판법
제3장	비송사건절차법

행정사법

(출제 : 단문 1문)

제1절 총칙

THEME 1. 행정사법의 목적 및 행정사의 업무 ★★

□ 행정사법령상 일반행정사가 다른 사람의 위임을 받아 수행하는 업무에 관하여 설명하시오.
▶ 제12회 기출 약술 20점

I. 행정사법의 목적 (법 제1조)

행정사법은/ 행정사 제도를 확립하여/ 행정과 관련한 국민의 편익을 도모하고,/ 행정제도의 건전한 발전에 이바지함을/ 목적으로 한다.

II. 행정사의 업무 (법 제2조 제1항 본문)

행정사는/ 다른 사람의 위임을 받아/ 다음의 업무를 수행한다.
① 행정기관에 제출하는/ 서류의 작성
② 권리·의무나 사실증명에 관한/ 서류의 작성
③ 행정기관의 업무에 관한/ 서류의 번역
④ ①~③에 따라 작성된 서류의 제출 대행
⑤ 인가·허가 및 면허 등을 받기 위하여/ 행정기관에 하는/ 신청·청구 및 신고 등의 대리
⑥ 행정 관계법령 및 행정에 대한/ 상담 또는 자문에 대한 응답
⑦ 법령에 따라 위탁받은 사무의 사실조사 및 확인

III. 업무 제한 (법 제2조 제1항 단서)

다른 법률에 따라 제한된 업무는 할 수 없다.

THEME 2. 행정사의 종류

I 행정사의 종류(법 제4조)
행정사는/ 소관 업무에 따라/ 일반행정사, 해사행정사 및 외국어번역행정사로 구분한다.

II 종류별 업무의 범위와 내용(영 제3조)
행정사의 종류별 업무의 범위와 내용은 다음과 같다.

1. 일반행정사
법 제2조 제1항의 업무, 단 서류의 번역업무, 해운 또는 해양안전심판에 관한 업무는 제외한다.

2. 해사행정사
해운 또는 해양안전심판에 관한 법 제2조 제1항의 업무, 단 서류의 번역업무는 제외한다.

3. 외국어번역행정사
행정기관의 업무에 관한 서류의 번역 및 제출 대행 업무

III 행정사가 아닌 사람에 대한 금지사항(법 제3조)

1. 법 제2조 제1항의 행정사 업무 제한
다른 법률에 따라 허용되는 경우를 제외하고는/ 법 제2조에 따른 업무를 업으로 하지 못한다.

2. 명칭 사용금지
행정사가 아닌 사람은/ 행정사 또는 이와 비슷한 명칭을 사용하지 못한다.

3. 벌 칙
① 행정사 아닌 사람이/ 법 제2조 제1항의 업무를 업으로 한 경우/ 3년 이하의 징역 또는 3천만원 이하의 벌금에 처해진다.
② 행정사 아닌 사람이/ 행정사 또는 이와 비슷한 명칭을 사용한 경우/ 500만원 이하의 과태료 처분을 받게 된다.

제2절 행정사의 자격과 시험

행정사의 자격과 시험

I 행정사의 자격(법 제5조)

행정사 자격시험에 합격한 사람은/ 행정사 자격이 있다.

II 결격사유(법 제6조) ★★

다음의 어느 하나에 해당하는 사람은 행정사가 될 수 없다.
① 피성년후견인 또는 피한정후견인
② 파산선고를 받고 복권되지 아니한 사람
③ 금고 이상의 실형을 선고받고/ 그 집행이 끝나거나(집행이 끝난 것으로 보는 경우를 포함)/ 집행이 면제된 날부터/ 3년이 지나지 아니한 사람
④ 금고 이상의 형의 집행유예를/ 선고받고/ 그 유예기간이 끝난 날부터/ 2년이 지나지 아니한 사람
⑤ 금고 이상의 형의 선고유예를 받고/ 그 유예기간 중에 있는 사람
⑥ 공무원으로서/ 징계처분에 따라/ 파면되거나 해임된 후 3년이 지나지 아니한 사람
⑦ 행정사 자격이 취소된 후 3년이 지나지 아니한 사람

III 행정사자격심의위원회(법 제7조)

행정사 자격의 취득과 관련된/ 다음의 사항을 심의하기 위하여/ 행정안전부에/ 행정사자격심의위원회를 둘 수 있다.
① 행정사 자격시험 과목 등 시험에 관한 사항
② 행정사 자격시험 선발 인원의 결정에 관한 사항
③ 행정사 자격시험의 일부면제 대상자의 요건에 관한 사항
④ 그 밖에 행정사 자격의 취득과 관련한 중요 사항

Ⅳ 행정사 자격시험(법 제8조)

① 행정안전부장관이 실시한다.
② 제1차 시험과 제2차 시험으로 구분하여 실시한다.
③ 행정안전부장관은/ 행정사 자격시험의 관리에 관한 업무를/ 한국산업인력공단에 위탁할 수 있다.

Ⅴ 시험의 일부 면제(법 제9조)

1. 경력에 의한 면제

① 일정 요건에 해당하는 사람은 제1차 시험을 면제하거나, 제1차 시험 전과목과 제2차 시험의 과목 중 일부를 면제하거나 전부를 면제한다(전부면제는 2011.3.8. 행정사법 전부개정 시 부칙 제3조에서 경과조치를 두었다).
② 외국어 번역 업무에 종사한 경력 등 자격인정에 필요한 사항은 대통령령으로 정한다.

2. 시험에 의한 면제

제1차 시험에 합격한 사람에 대하여는/ 다음 회의 시험에서만/ 제1차 시험을 면제한다.

Ⅵ 시험부정행위자에 대한 조치(법 제9조의2)

1. 시험 정지 또는 무효 처리

행정안전부장관은/ 행정사 자격시험에서 부정행위를 한 사람에 대하여는/ 그 시험을 정지시키거나 무효로 처리한다.

2. 5년간 시험 응시 제한

시험이 정지되거나 무효로 처리된 사람은/ 그 처분이 있은 날부터 5년간/ 행정사 자격시험에 응시하지 못한다.

| 제3절 | 업무신고 |

행정사의 업무신고★★★

□ 행정사법상 행정사의 업무신고 및 업무신고의 수리 거부에 관하여 설명하시오.
▶ 제13회 기출 약술 20점
□ 행정사법상 행정사법인의 업무신고 및 그 수리의 거부와 행정사법인의 업무수행방법에 관하여 기술하시오
(단, 행정사법인의 업무신고 기준 및 절차에 관한 것은 제외함).
▶ 제10회 기출 약술 20점
□ 행정사법상 업무신고의 기준과 행정사업무신고확인증에 관하여 설명하시오. ▶ 제8회 기출 약술 20점
□ 행정사법상 업무신고와 그 수리 거부에 관하여 설명하시오.
▶ 제5회 기출 약술 20점

I 행정사의 업무신고(법 제10조)★★

1. 주된 사무소의 소재지를 관할하는 시장등에게 신고

행정사 자격이 있는 사람이/ 행정사로서 업무를 하려면/ 주된 사무소의 소재지를 관할하는 특별자치시장·특별자치도지사·시장·군수 또는 자치구의 구청장(이하 "시장등")에게/ 행정사 업무신고 기준을 갖추어 신고하여야 한다./ 신고한 사항을 변경할 때도 또한 같다(법 제10조 제1항).

2. 행정사 업무신고 기준을 갖추어 신고

행정사 업무신고 기준이란 ① 결격사유에 해당하지 않을 것, ② 행정사 자격증이 있을 것, ③ 실무교육을 이수했을 것, ④ 행정사회에 가입했을 것을 말한다(영 제20조 제1항).

3. 신고서에 첨부하여 제출해야 하는 서류

행정사 업무신고를 하려는 사람은/ 행정안전부령으로 정하는 신고서에/ ① 행정사회 회원증 1부와 ② 사진(신청일 전 6개월 이내에 모자를 쓰지 않은 상태에서 배경 없이 찍은 상반신 사진으로서 가로 3센티미터, 세로 4센티미터인 것을 말한다) 1장을 첨부하여/ 주된 사무소의 소재지를 관할하는 시장등에게 제출해야 한다.

4. 신고서를 제출받은 시장등의 서류 확인

신고서를 제출받은 시장등은/ 행정사정보시스템을 통하여/ ① 행정사 자격증 1부, ② 실무교육 수료증 1부를 확인해야 한다./ 다만, 행정사 업무 신고를 하려는 사람이 확인에 동의하지 않는 경우에는 해당 서류의 사본을 첨부하게 해야 한다.

5. 벌 칙

행정사 업무신고를 하지 아니하고 행정사 업무를 한 자는/ 1년 이하의 징역 또는 1천만원 이하의 벌금에 처한다(법 제36조 제2항 제1호).

Ⅱ 업무신고의 수리 거부(법 제11조)★★

1. 거부사유

시장등은/ 행정사업무신고를 하려는 사람이 행정사업무신고 기준을 갖추지 아니한 경우에는/ 그 수리를 거부할 수 있다./ 이 경우 지체 없이 행정사업무신고의 수리 거부 사실 및 그 사유를 당사자에게 알려야 한다.

2. 수리간주

시장등이/ 업무신고를 받은 날부터 3개월이 지날 때까지 ① 행정사업무신고확인증(이하 "신고확인증")을 발급하지 아니하거나/ ② 행정사업무신고의 수리 거부 통지를 하지 아니하면/ 3개월이 되는 날의 다음 날에 행정사업무신고가 수리된 것으로 본다.

3. 이의신청

① 행정사업무신고의 수리가 거부된 사람은/ 그 통지를 받은 날부터 3개월 이내에/ 수리 거부에 대한 불복의 이유를 밝혀/ 시장등에게/ 이의신청을 할 수 있다.
② 시장등은/ 이의신청이 이유 있다고 인정하면/ 신고확인증을 발급하여야 한다.

Ⅲ 신고확인증★

1. 발 급

시장등은/ 행정사업무신고를 받은 때에는/ 그 내용을 확인한 후/ 행정안전부령으로 정하는 바에 따라/ 신고확인증을 행정사에게 발급하여야 한다.

2. 재발급

신고확인증을 발급받은 사람은/ 신고확인증을 잃어버리거나 못쓰게 된 경우에는 행정안전부령으로 정하는 바에 따라 시장등에게 재발급을 신청할 수 있다.

3. 신고확인증 대여 등 금지(법 제13조)

① 행정사는 다른 사람에게 신고확인증을 대여하여서는 아니 된다.
② 누구든지 다른 사람의 신고확인증을 대여받아 사용하여서는 아니 된다.
③ 누구든지 신고확인증의 대여를 알선하여서는 아니 된다.

4. 자격취소(법 제30조)

행정안전부장관은/ 행정사가 신고확인증을 양도하거나 대여한 경우/ 청문을 거쳐 그 자격을 취소하여야 한다.

5. 벌칙(법 제36조 제1항 제2호)

신고확인증을 다른 자에게 대여한 행정사, 행정사법인과 이를 대여받은 자 또는 대여를 알선한 자는 3년 이하의 징역 또는 3천만원 이하의 벌금에 처한다.

Ⅳ 사무소 이전신고

① 행정사가 사무소를 이전한 때에는 10일 이내에/ 이전 후의 사무소 소재지를 관할하는 시장등에게 신고하여야 한다.
② 이전신고를 받은 시장등은/ 이전신고한 행정사에게 신고확인증을 발급하여야 하며,/ 종전의 사무소 소재지를 관할하는 시장등에게/ 사무소의 이전 사실을 통지하여야 한다.
③ 신고 전에 발생한 사유로 인한 행정사에 대한 행정처분은/ 이전신고를 받은 시장등이 행한다.
④ 사무소 이전신고를 하지 아니한 자에게는 100만원 이하의 과태료를 부과한다(법 제38조 제2항 제1호).

Ⅴ 폐업신고 및 재개신고

행정사가 폐업한 경우에는 본인이,/ 사망한 경우에는 가족이나 동거인 또는 그 사무직원이/ 지체 없이 그 사실을 시장등에게 신고하여야 한다./ 폐업한 행정사가 업무를 다시 시작할 때에도 또한 같다.

Ⅵ 휴업신고 및 재개신고

1. 의 의

행정사가 3개월이 넘도록 휴업하거나/ 휴업한 행정사가 업무를 다시 시작하려면/ 시장등에게 신고하여야 한다.

2. 신고수리 여부 통지

시장등은/ 업무재개신고를 받은 날부터 15일 이내에/ 신고수리 여부를 신고인에게 통지하여야 한다.

3. 신고수리 간주

시장등은/ 업무재개신고를 받은 날부터 15일 이내에 신고수리 여부/ 또는 민원 처리 관련 법령에 따른 처리기간의 연장을 신고인에게 통지하지 아니하면/ 그 기간이 끝난 날의 다음 날에 신고를 수리한 것으로 본다.

4. 폐업간주

휴업한 행정사가/ 2년이 지나도 업무를 다시 시작하지 아니하는 경우에는 폐업한 것으로 본다.

THEME 5. 사무소의 설치 및 명칭 등★

핵심이론

I. 사무소의 설치 등

1. 단일사무소 설치
행정사는 업무를 하기 위한 사무소를 하나만 설치할 수 있다.

2. 합동사무소 설치
① 행정사는/ 행정사업무를 효율적으로 수행하고 공신력을 높이기 위하여/ 2명 이상의 행정사로 구성된 합동사무소를 설치할 수 있다.
② 합동사무소를 구성하는 행정사의 수를 넘지 아니하는 범위에서/ 주사무소와 분사무소를 설치할 수 있다.
③ 주사무소와 분사무소에는 행정사합동사무소를 구성하는 행정사가 각각 1명 이상 상근하여야 한다.

3. 행정사법인의 설립
① 행정사는/ 행정사업무를 조직적이고 전문적으로 수행하기 위하여/ 3명 이상의 행정사를 구성원으로 하는 행정사법인을 설립할 수 있다.
② 행정사법인은/ 법인구성원의 수를 넘지 아니하는 범위에서/ 주사무소와 분사무소를 설치할 수 있다.
③ 주사무소와 분사무소에는 각각 1명 이상의 법인구성원이 상근하여야 한다.

II. 사무소의 명칭 등

1. 행정사인 경우
① 행정사는/ 그 사무소의 종류별로/ 사무소의 명칭 중에/ 행정사사무소 또는 행정사합동사무소라는 글자를 사용하고,/ 행정사합동사무소의 분사무소에는 그 분사무소임을 표시하여야 한다.
② 행정사법인은/ 사무소의 명칭 중에 행정사법인이라는 글자를 사용하여야 하고, 행정사법인의 분사무소에는 그 분사무소임을 표시하여야 한다.

2. 행정사가 아닌 사람
행정사가 아닌 사람은/ 행정사사무소 또는 이와 비슷한 명칭을 사용하지 못한다.

제1장 행정사법

3. 행정사법인이 아닌 자

행정사법인이 아닌 자는/ 행정사법인 또는 이와 비슷한 명칭을 사용하지 못한다.

4. 500만원 이하의 과태료

행정사법을 위반하여 행정사사무소 등 이와 비슷한 명칭을 사용한 자는 500만원 이하의 과태료가 부과된다.

제4절 행정사의 권리 · 의무

행정사의 권리와 의무 ★★★

□ 행정사법상 '금지행위'를 제외하고 제21조의 행정사의 의무와 책임을 포함하여 행정사법 제4장에서 규정하는 행정사의 업무와 관련된 의무와 책임을 기술하시오. ▶ 제7회 기출 약술 20점
□ 행정사법상 행정사와 그 사무직원의 금지행위와 이를 위반할 경우의 벌칙에 관하여 설명하시오. ▶ 제6회 기출 약술 20점

I 행정사의 권리

1. 보수
① 행정사는/ 업무를 위임한 자로부터 보수를 받는다.
② 행정사와 그 사무직원은/ 보수 외에/ 어떠한 명목으로도/ 위임인으로부터 금전 또는 재산상의 이익이나 그 밖의 반대급부를 받지 못한다.
③ 행정사 사무소의 소재지를 관할하는 시장등은/ 행정사 또는 행정사법인이/ 보수 외에 금전 등을 받은 경우/ 6개월의 범위에서 기간을 정하여 업무의 정지를 명할 수 있다.
④ 위임인으로부터 보수 외에 금전 등을 받은 사람은 100만원 이하의 벌금에 처한다.

2. 사무직원
① 행정사는/ 사무직원을 둘 수 있으며,/ 소속 사무직원을 지도·감독할 책임이 있다.
② 사무직원의 직무상 행위는 그를 고용한 행정사의 행위로 본다.

3. 증명서의 발급
① 행정사는/ 업무에 관련된 사실의 확인증명서를 발급할 수 있다.
② 외국어번역행정사는/ 그가 번역한 번역문에 대하여 번역확인증명서를 발급할 수 있다.
③ 행정사가 발급할 수 있는 증명서의 범위는/ 자신이 행한 업무에 관련된 사실과/ 자신이 번역한 번역문으로 한정한다.

Ⅱ 행정사의 의무와 책임★★

1. 성실수행의무
행정사는 품위를 유지하고/ 신의와 성실로써 공정하게 직무를 수행하여야 한다.

2. 손해배상책임
행정사가/ 위임받은 업무를 수행하면서/ 고의 또는 과실로/ 위임인에게 재산상의 손해를 입힌 경우에는 그 손해를 배상할 책임이 있다.

3. 수임제한의무
① 공무원직에 있다가 퇴직한 행정사는/ 퇴직 전 1년부터 퇴직할 때까지 근무한 행정기관에 대한/ 인가·허가 및 면허 등을 받기 위하여 행정기관에 하는 신청·청구 및 신고 등의 대리 업무를/ 퇴직한 날부터 1년 동안 수임할 수 없다.
② 수임제한은 행정사법인의 법인구성원 또는 소속 행정사로 지정되는 경우를 포함한다.
③ 수임제한 규정을 위반한 사람은 1년 이하의 징역 또는 1천만원 이하의 벌금에 처한다.

4. 금지행위★★

(1) 내 용

행정사와 그 사무직원은 다음의 행위를 하여서는 아니 된다.
① 정당한 사유 없이 업무에 관한 위임을 거부하는 행위
② 당사자 중 한쪽의 위임을 받아 취급하는 업무에 관하여/ 이해관계를 달리 하는 상대방으로부터 같은 업무를 위임받는 행위./ 다만, 당사자 양쪽이 동의한 경우는 제외한다. (쌍방대리금지)
③ 행정사의 업무 범위를 벗어나서/ 타인의 소송이나 그 밖의 권리관계분쟁 또는 민원사무처리과정에 개입하는 행위
④ 업무수임 또는 수행과정에서/ 관련 공무원의 연고등 사적인 관계를 드러내며 영향력을 미칠 수 있는 것으로 선전하는 행위
⑤ 행정사의 업무에 관하여 거짓된 내용을 표시하거나 객관적 사실을 과장 또는 누락하여 소비자를 오도하거나 오해를 불러일으킬 우려가 있는 내용의 광고행위
⑥ 행정사 업무의 알선을 업으로 하는 자를 이용하거나 그 밖의 부당한 방법으로 행정사 업무의 위임을 유치하는 행위

(2) 벌 칙

①, ②, ③, ⑥을 위반한 자는 100만원 이하의 벌금에 처하나,/ ④, ⑤를 위반한 자는 1년 이하의 징역 또는 1천만원 이하의 벌금에 처한다.

5. 비밀엄수의무

① 행정사 또는 행정사였던 사람(행정사의 사무직원 또는 사무직원이었던 사람을 포함)은/ 정당한 사유 없이/ 직무상 알게 된 사실을 다른 사람에게 누설하여서는 아니 된다.

② 업무상 알게 된 사실을 다른 사람에게 누설한 자는 1년 이하의 징역이나 1천만원 이하의 벌금에 처한다.

6. 업무처리부 작성·보관의무

(1) 작성·보관의무

행정사는 업무를 위임받으면 업무처리부를 작성하여 보관하여야 한다.

(2) 기재사항

업무처리부에는/ ① 일련번호, ② 위임받은 연월일, ③ 위임받은 업무의 개요, ④ 보수액, ⑤ 위임인의 주소와 성명, ⑥ 그 밖에 위임받은 업무의 처리에 필요한 사항을/ 적어야 한다.

(3) 100만원 이하의 과태료

업무처리부를 작성하지 아니하거나 거짓으로 작성한 자에게는/ 100만원 이하의 과태료를 부과한다.

7. 의무교육

(1) 실무교육

행정사 자격이 있는 사람이/ 행정사 업무를 시작하려면 실무교육을 받아야 한다.

(2) 연수교육

행정사의 (주)사무소의 소재지를 관할하는 시·도지사는/ 행정사의 자질과 업무수행능력 향상을 위하여/ 직접 또는 위탁하여 행정사에 대한 연수교육을 실시하여야 한다. 이에 따라 행정사는 연수교육을 받아야 한다.

(3) 100만원 이하의 과태료

연수교육을 받지 아니하고 행정사업무를 수행한 사람에게는 100만원 이하의 과태료를 부과한다.

THEME 7 행정사의 교육 ★

I 의의

1. 실무교육
행정사 자격이 있는 사람이/ 행정사 업무를 시작하려면 실무교육을 받아야 한다.

2. 연수교육
행정사의 (주)사무소의 소재지를 관할하는 시·도지사는/ 행정사의 자질과 업무수행능력 향상을 위하여/ 직접 또는 위탁하여 행정사에 대한 연수교육을 실시하여야 한다.

II 실무교육

1. 기본소양교육 및 실무수습교육
① 실무교육은 기본소양교육과 실무수습교육으로 구분한다.
② 기본소양교육은 20시간 실시하며, 실무수습교육은 40시간 동안 행정사 사무소 또는 행정안전부장관이 지정하는 장소에서 실시한다.
③ 실무교육은 집합교육 또는 온라인 교육으로 실시한다.

2. 공고
행정안전부장관은/ 실무교육계획을 수립하여/ 교육 실시 30일 전까지/ 인터넷 홈페이지 등에 공고해야 한다.

3. 실무교육 수료증
행정사 업무신고를 하려는 사람은/ 행정안전부령으로 정하는 신고서에/ 실무교육 수료증 사본 1부를 첨부하여/ 주된 사무소의 소재지를 관할하는 시장등에게 제출해야 한다.

Ⅲ 연수교육

행정사는/ 전문성과 윤리의식을 높이기 위하여/ 다음의 구분에 따른 날부터 2년마다 16시간의 연수교육을 받아야 한다.

1. **사무소 또는 합동사무소를 설치한 행정사의 경우**
   행정사업무신고확인증을 발급받은 날

2. **행정사법인을 구성하는 행정사의 경우**
   법인업무신고확인증을 발급받은 날

3. **고용된 행정사의 경우**
   행정사법인이 해당 소속 행정사의 고용을 신고한 날

Ⅳ 위임 및 위탁

1. **권한의 위임**
   행정안전부장관의 권한은/ 그 일부를 대통령령으로 정하는 바에 따라 시·도지사에게 위임할 수 있다.

2. **업무의 위탁**
   ① 행정안전부장관의 업무는/ 그 일부를 대통령령으로 정하는 바에 따라 행정사회에 위탁할 수 있다.
   ② 행정안전부장관은/ ㉠ 실무교육에 관한 업무, ㉡ 행정사정보시스템의 구축·운영에 관한 업무를/ 행정사회에 위탁한다. 다만, ㉡의 업무는 2027년 10월 11일부로 시행한다.

제5절 **행정사법인**

행정사법인의 설립 절차★

□ 행정사법령상 행정사법인의 설립과 설립인가의 취소에 관하여 설명하시오.   ▶ 제9회 기출 약술 20점

I 행정사법인의 설립

행정사는/ 행정사업무를 조직적이고 전문적으로 수행하기 위하여/ 3명 이상의 행정사를 구성원으로 하는 행정사법인을 설립할 수 있다.

II 설립 절차

1. 정관 작성 및 설립인가

행정사법인을 설립하려면/ 행정사법인의 구성원이 될 행정사가/ 정관을 작성하여 대통령령으로 정하는 바에 따라 행정안전부장관의 인가(이하 '설립인가'라 한다)를 받아야 한다./ 정관을 변경할 때에도 또한 같다.

(1) 설립인가 신청

행정사법인의 설립인가를 받으려는 행정사법인의 구성원이 될 행정사는/ 설립인가신청서에/ ① 정관, ② 업무계획서 및 예산서, ③ 법인구성원 및 소속행정사의 행정사 자격증 사본 각 1부, ④ 자본금 납입을 증명하는 서류, ⑤ 주사무소와 분사무소(분사무소를 두는 경우에만 해당한다)의 설치 예정지가 기재된 서류를 첨부하여/ 행정안전부장관에게 제출해야 한다.

(2) 설립인가증 발급

행정안전부장관은/ 행정사법인의 설립을 인가하는 경우/ 행정사법인 인가대장에/ ① 인가 번호 및 인가 연월일, ② 행정사법인의 명칭, ③ 주사무소 및 분사무소의 소재지, ④ 법인구성원 및 소속행정사의 성명 및 자격증번호, ⑤ 그 밖에 행정안전부장관이 필요하다고 인정하는 사항을 적고/ 신청인에게 설립인가증을 발급해야 한다.

2. 정관 기재사항

행정사법인의 정관에는/ ① 목적, 명칭, 주사무소 및 분사무소의 소재지, ② 행정사법인을 구성하는 행정사의 성명과 주소, ③ 법인구성원의 출자에 관한 사항, ④ 법인구성원의 회의에 관한 사항, ⑤ 자산 및 회계에 관한 사항, ⑥ 행정사법인의 대표에 관한 사항, ⑦ 존립시기, 해산사유를 정한 경우에는 그 시기 또는 사유 등을/ 적어야 한다.

3. 설립등기
① 행정사법인은/ 그 주사무소의 소재지에서 설립등기를 함으로써 성립한다.
② 행정사법인의 설립등기는/ 설립인가증을 받은 날부터 14일 이내에/ 주사무소의 소재지의 관할 등기소에서 해야 한다.

Ⅲ 행정사법인의 사무소 설치 등

1. 주사무소와 분사무소 설치
행정사법인은 법인구성원의 수를 넘지 아니하는 범위에서 주사무소와 분사무소를 설치할 수 있다./ 이 경우 주사무소와 분사무소에는 각각 1명 이상의 법인구성원이 상근하여야 한다.

2. 사무소 명칭
① 행정사법인은 사무소의 명칭 중에 행정사법인이라는 글자를 사용하여야 하고, 행정사법인의 분사무소에는 그 분사무소임을 표시하여야 한다.
② 행정사법인이 아닌 자는 행정사법인 또는 이와 비슷한 명칭을 사용하지 못하며,/ 행정사법인의 사무소나 그 분사무소가 아니면 행정사법인이나 그 분사무소 또는 이와 비슷한 명칭을 사용하지 못한다.

Ⅳ 설립인가의 취소

행정안전부장관은/ 행정사법인이 다음의 어느 하나에 해당하는 경우에는/ 설립인가를 취소할 수 있다. 단, ①은 설립인가를 취소하여야 한다.
① 거짓이나 그 밖의 부정한 방법으로 설립인가를 받은 경우
② 법인구성원에 관한 요건을 6개월 이내에 보충하지 아니한 경우
③ 업무정지처분을 받고 업무정지 기간 중에 업무를 수행한 경우
④ 법령을 위반하여 업무를 수행한 경우

Ⅴ 손해배상책임의 보장

1. 의 의
행정사법인은/ 그 직무를 수행하면서/ 고의나 과실로/ 의뢰인에게 손해를 입힌 경우/ 그 손해에 대한 배상책임을 보장하기 위하여/ 손해배상준비금 적립이나 보험가입 등 필요한 조치를 하여야 한다.

2. 손해배상책임 보장조치
행정사법인은/ 법인업무신고 후 15일 이내에/ 다음의 어느 하나에 해당하는 손해배상책임 보장조치를 해야 한다.
① 보험 가입
② 주사무소 소재지를 관할하는 공탁기관에 현금 또는 국공채의 공탁

Ⅵ 준용규정

1. 행정사법인에 관하여는/ 그 성질에 반하지 아니하는 범위에서/ 행정사업무신고 절차, 행정사의 권리·의무에 관한 규정을 준용한다.
2. 행정사법인에 관하여/ 행정사법에서 정한 것 외에는/ 상법 중 합명회사에 관한 규정을 준용한다.

행정사법인의 업무수행방법★★★

□ 행정사법상 행정사법인의 업무신고 및 그 수리의 거부와 행정사법인의 업무수행방법에 관하여 기술하시오 (단, 행정사법인의 업무신고 기준 및 절차에 관한 것은 제외함).
▶ 제10회 기출 약술 20점

I 행정사법인의 설립 목적

행정사는/ 행정사 업무를 조직적이고 전문적으로 수행하기 위하여/ 3명 이상의 행정사를 구성원으로 하는 행정사법인을 설립할 수 있다.

II 행정사법인의 의무

1. 행정사 고용 시 신고의무
행정사법인은/ 행정사를 고용한 경우에는/ 주사무소 소재지의 시장등에게 신고하여야 한다.

2. 법인구성원에 관한 요건 보충의무
행정사법인이 법인구성원에 관한 요건을 갖추지 못하게 된 경우에는 6개월 이내에 이를 보충하여야 한다.

III 소속 행정사 등의 요건

1. 소속 행정사 및 법인구성원은/ 업무정지 중이거나 휴업 중인 사람이 아니어야 한다.
2. 소속 행정사 및 법인구성원은/ 그 행정사법인의 사무소 외에 따로 사무소를 설치할 수 없다.
3. 법인업무신고를 한 행정사법인은/ 실무교육을 받지 아니한 사람을/ 소속 행정사로 고용하거나 법인구성원으로 할 수 없다.
4. 소속 행정사 및 법인구성원은 행정사회에 가입하여야 한다.

제1장 행정사법

Ⅳ 행정사법인의 업무신고 등

1. 법인업무신고 기준

행정사법인이/ 행정사업무를 하려면/ 주사무소의 소재지를 관할하는 시장등에게/ 다음의 행정사법인업무신고 기준을 갖추어 신고하여야 한다.
① 법인구성원 및 소속행정사가/ 결격사유에 해당하지 않을 것
② 법인구성원 및 소속행정사가/ 실무교육을 이수했을 것
③ 법인구성원 및 소속행정사가/ 행정사 자격증을 보유하고 있을 것
④ 법인구성원 및 소속행정사가/ 행정사회에 가입했을 것
⑤ 행정안전부장관의 인가를 받고 설립등기를 했을 것

2. 법인업무신고의 수리 거부

① 시장등은/ 법인업무신고를 하려는 자가 법인업무신고 기준을 갖추지 아니한 경우에는/ 그 법인업무신고의 수리를 거부할 수 있다.
② 이 경우 지체 없이 법인업무 신고의 수리 거부 사실 및 그 사유를 당사자에게 알려야 한다.

3. 법인업무신고확인증 발급

시장등은/ 법인업무신고를 받은 때에는/ 그 내용을 확인한 후/ 법인업무신고확인증을 행정사법인에 발급하여야 한다.

Ⅴ 행정사법인의 업무수행방법

1. 법인 명의 업무수행

행정사법인은/ 법인의 명의로 업무를 수행하여야 한다.

2. 담당행정사 지정

① 행정사법인은/ 수임한 업무마다/ 그 업무를 담당할 법인구성원 또는 소속 행정사(이하 "담당행정사")를 지정하여야 한다.
② 소속 행정사를 담당행정사로 지정할 경우에는/ 법인구성원과 공동으로 지정하여야 한다.

3. 담당행정사 지정 간주

행정사법인이/ 수임한 업무에 대하여/ 담당행정사를 지정하지 아니한 경우에는/ 법인구성원 모두를 담당행정사로 지정한 것으로 본다.

4. 담당행정사는/ 지정된 업무에 관하여/ 그 법인을 대표한다.

5. 명의 표시 및 기명날인

행정사법인이/ 그 업무에 관하여 작성하는 서면에는/ 행정사법인의 명의를 표시하고/ 담당행정사가 기명날인하여야 한다.

Ⅵ 경업의 금지

1. 재직 중 경업의 금지

법인구성원 또는 소속 행정사는/ 자기 또는 제3자를 위하여/ 그 행정사법인의 업무범위에 속하는 업무를 수행하거나/ 다른 행정사법인의 법인구성원 또는 소속 행정사가 되어서는 아니 된다.

2. 퇴직 후 경업의 금지

행정사법인의 법인구성원 또는 소속 행정사이었던 사람은/ 그 행정사법인에 소속한 기간 중에 그 행정사법인의 담당행정사로서 수행하고 있었거나 수행을 승낙한 업무에 관하여는/ 퇴직 후 행정사의 업무를 수행할 수 없다./ 다만, 그 행정사법인의 동의가 있는 경우에는 그러하지 아니한다.

THEME 10 행정사법인의 해산 등★

핵심이론

I 해산

1. 해산사유
행정사법인은/ 정관에서 정하는 해산 사유의 발생,/ 법인구성원 전원의 동의,/ 합병 또는 파산,/ 설립인가의 취소의 사유로/ 해산한다.

2. 청산인 신고
행정사법인이 해산하면/ 청산인은/ 지체 없이/ 그 사유를/ 행정안전부장관에게 신고하여야 한다.

II 합병
행정사법인은/ 법인구성원 전원의 동의가 있으면/ 다른 행정사법인과 합병할 수 있다.

III 설립인가의 취소
행정안전부장관은/ 행정사법인이 다음의 어느 하나에 해당하는 경우에는/ 설립인가를 취소할 수 있다. 단, ①은 설립인가를 취소하여야 한다.
① 거짓이나 그 밖의 부정한 방법으로 설립인가를 받은 경우
② 법인구성원에 관한 요건을 6개월 이내에 보충하지 아니한 경우
③ 업무정지처분을 받고 업무정지 기간 중에 업무를 수행한 경우
④ 법령을 위반하여 업무를 수행한 경우

제6절 행정사회

THEME 11 행정사회 ★

핵심이론

I 행정사회의 설립 등

1. 설립 목적

행정사의 품위 향상과 직무의 개선·발전을 도모하기 위하여 행정사회를 둔다.

2. 행정사회는 법인으로 한다.

3. 성립시기

행정사회는/ 정관을 정하여/ 행정안전부장관의 인가를 받아/ 설립등기를 함으로써 성립한다.

II 행정사회의 설립인가 신청

행정사회의 설립인가를 받으려는 행정사는/ 행정사회 설립인가 신청서에 다음의 서류를 첨부하여/ 행정안전부장관에게 제출해야 한다.
① 발기인이 서명하거나 날인한 명부 및 이력서 각 1부
② 정관 1부
③ 해당 사업연도의 사업계획 및 수지예산을 적은 서류 1부
④ 임원 취임예정자의 취임승낙서 1부
⑤ 창립총회 회의록 1부

III 가입의무

행정사(법인구성원 및 소속 행정사 포함)로서 개업하려면/ 행정사회에 가입하여야 한다.

IV 공익활동의무

행정사회는/ 취약계층의 지원 등 공익활동에/ 적극 참여하여야 한다.

V 행정사회의 정관

1. 정관 기재사항

행정사회의 정관에는 ① 목적·명칭과 사무소의 소재지, ② 대표자와 그 밖의 임원에 관한 사항, ③ 회의에 관한 사항, ④ 행정사의 품위유지와 업무 및 교육에 관한 사항, ⑤ 회원의 가입·탈퇴 및 지도·감독에 관한 사항, ⑥ 회계 및 회비부담에 관한 사항, ⑦ 자산에 관한 사항, ⑧ 그 밖에 행정사회의 목적을 달성하기 위하여 필요한 사항이 포함되어야 한다.

2. 정관변경

정관을 변경하려면/ 행정안전부장관의 인가를 받아야 한다.

VI 민법의 준용

행정사회에 관하여 이 법에서 규정하지 아니한 사항에 대하여는/ 민법 중 사단법인에 관한 규정을 준용한다.

VII 행정사회에 대한 감독 등

1. 감독기관

행정사회는 행정안전부장관의 감독을 받는다.

2. 보고명령 등

행정안전부장관은/ 감독을 위하여 필요하다고 인정하면/ 행정사회에 대하여/ 그 업무에 관한 사항을 보고하게 하거나/ 자료의 제출 또는 그 밖에 필요한 명령을 할 수 있다.

3. 출입검사 등

① 행정안전부장관은/ 소속 공무원으로 하여금/ 행정사회의 사무소에 출입하여/ 업무상황과 그 밖의 서류 등을 검사하게 할 수 있다.
② 출입·검사 등을 하는 공무원은/ 증표를 지니고/ 상대방에게 이를 보여주어야 한다.

4. 500만원 이하의 과태료

① 정당한 사유 없이 보고 또는 자료제출을 하지 아니하거나, ② 거짓으로 보고·자료제출을 하거나, ③ 출입·검사를 방해·거부 또는 기피한 자는/ 500만원 이하의 과태료를 부과한다.

THEME 12. 행정사정보시스템의 구축·운영

핵심이론

I. 행정사정보시스템의 구축·운영

행정안전부장관은/ 다음의 업무의 효율적 수행을 위하여/ 행정사정보시스템을 구축·운영할 수 있다.
① 행정사 자격 관리
② 행정사·행정사법인의 업무신고 및 변경신고 등 각종 신고의 접수·처리
③ 행정사에 대한 교육 관리
④ 행정사 제도 관련 각종 통계 관리
⑤ 그 밖에 행정사 제도의 원활한 운영을 위하여 필요한 업무

II. 업무수행에 필요한 자료 입력 요청

행정안전부장관은/ 시·도지사 또는 시장등에게/ I.의 업무수행에 필요한 자료를/ 행정사정보시스템에 입력하도록 요청할 수 있다.

제7절 지도·감독

자격의 취소 등★★★

□ 행정사법상 행정사의 자격취소와 업무정지에 관하여 설명하시오(THEME 14 참조).
▶ 제11회 기출 약술 20점

□ 행정사법 제31조(감독상 명령 등)에 따른 '장부검사'와 제30조(자격취소)에 따른 '자격취소'에 관하여 설명하시오.
▶ 제3회 기출 약술 20점

I 자격의 취소(법 제30조)★★

행정안전부장관은/ 행정사가 다음의 어느 하나에 해당하는 경우에는/ 그 자격을 취소하여야 한다.
① 거짓이나 그 밖의 방법으로 행정사 자격을 취득한 경우
② 신고확인증을 양도하거나 대여한 경우
③ 업무정지처분을 받고 그 업무정지 기간에 행정사 업무를 한 경우
④ 행정사법을 위반하여 징역형이 확정된 경우

II 청문

행정안전부장관은/ 행정사 자격을 취소하려는 경우에는/ 청문을 하여야 한다.

III 감독상 명령 등(법 제31조)

1. 감독기관

행정안전부장관 또는 행정사의 사무소(행정사합동사무소 또는 행정사법인의 경우에는 주사무소를 말한다)의 소재지를 관할하는 시장등은/ 행정사 또는 행정사법인에 대한 감독을 할 수 있다.

2. 보고명령 등

행정안전부장관 또는 행정사의 사무소(행정사합동사무소 또는 행정사법인의 경우에는 주사무소를 말한다)의 소재지를 관할하는 시장등은/ 행정사 또는 행정사법인에 대하여/ 업무에 관한 사항을 보고하게 하거나 업무처리부 등 자료의 제출 또는 그 밖에 필요한 명령을 할 수 있다.

3. 출입검사 등

① 행정안전부장관/ 또는 행정사의 사무소(행정사합동사무소 또는 행정사법인의 경우에는 주사무소를 말한다)의 소재지를 관할하는 시장등은/ 소속 공무원으로 하여금/ 그 사무소에 출입하여 장부·서류 등을 검사하거나 질문하게 할 수 있다.
② 출입·검사 등을 하는 공무원은/ 증표를 지니고 상대방에게 이를 보여주어야 한다.

4. 500만원 이하의 과태료

① 정당한 사유 없이 보고 또는 자료제출을 하지 아니하거나/ ② 거짓으로 보고·자료제출을 하거나,/ ③ 출입·검사를 방해·거부 또는 기피하는 자에게는/ 500만원 이하의 과태료를 부과한다.

업무정지 ★★★

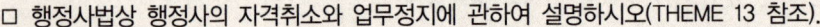

□ 행정사법상 행정사의 자격취소와 업무정지에 관하여 설명하시오(THEME 13 참조).
▶ 제11회 기출 약술 20점
□ 행정사법상 행정사의 업무정지사유와 업무정지처분효과의 승계에 대하여 설명하시오.
▶ 제2회 기출 약술 20점

I 업무정지(법 제32조) ★★

1. 내 용

행정사의 사무소(행정사합동사무소 또는 행정사법인의 경우에는 주사무소를 말함)의 소재지를 관할하는 시장등은/ 행정사 또는 행정사법인이 2.의 업무정지사유에 해당하는 경우에는/ 6개월의 범위에서 기간을 정하여 업무의 정지를 명할 수 있다.

2. 업무정지사유

① 두 개 이상의 사무실을 설치한 경우
② 행정사합동사무소를 구성하는 행정사 또는 법인구성원이 상근하지 아니한 경우
③ 휴업신고를 하지 아니한 경우
④ 위임인으로부터/ 보수 외에 금전 또는 재산상 이익이나 그 밖의 반대급부를 받은 경우
⑤ 소속 행정사 및 법인구성원이 행정사법인의 사무소 외에 따로 사무소를 둔 경우
⑥ 보고 또는 업무처리부 자료제출 등의 명령에 따르지 아니하거나/ 검사 또는 질문을 거부·방해 또는 기피한 경우

II 제척기간

업무정지처분은/ 그 사유가 발생한 날부터 3년이 지나면 할 수 없다.

Ⅲ 행정제재처분효과의 승계 등

1. 지위승계
폐업신고를 한 후/ 업무를 다시 시작하는 신고를 한 행정사(행정사법인을 포함)는/ 폐업신고 전 행정사의 지위를 승계한다.

2. 처분승계
폐업신고 전의 행정사에 대하여/ 제32조 제1항(업무정지)의 위반행위를 사유로 한 행정처분의 효과는/ 그 처분일부터 1년간/ 업무를 다시 시작하는 신고를 한 행정사에게 승계된다.

3. 행위승계
① 업무를 다시 시작하는 신고를 한 행정사에 대하여/ 폐업신고 전 행정사의 제32조 제1항(업무정지)의 위반행위를 사유로 행정처분을 할 수 있다. 다만, 폐업신고를 한 날부터 업무를 다시 시작하는 신고를 한 날까지의 기간이 1년을 넘는 경우에는 그러하지 아니하다.
② 행정처분을 하는 경우/ 폐업한 기간과 폐업의 사유 등을 고려하여/ 업무정지의 기간을 정하여야 한다.

제8절 **벌 칙**

벌칙 및 양벌규정 ★★★

□ 행정사법상 행정사와 그 사무직원의 금지행위와 이를 위반할 경우의 벌칙에 관하여 설명하시오.
▶ 제6회 기출 약술 20점

I 벌칙(법 제36조)

1. 3년 이하의 징역 또는 3천만원 이하의 벌금
① 행정사 아닌 사람이/ 행정사업무를 업으로 한 경우
② 신고확인증을/ 다른 자에게 대여한 행정사, 행정사법인과/ 이를 대여받은 자 또는/ 대여를 알선한 자

2. 1년 이하의 징역 또는 1천만원 이하의 벌금
① 행정사업무신고 또는 법인업무신고를 하지 아니하고 행정사업무를 한 자
② 수임제한 규정을 위반한 사람
③ 사적인 관계를 드러내며/ 영향력을 미칠 수 있는 것으로 선전한 자
④ 소비자를 오도하거나/ 오해를 불러일으킬 우려가 있는/ 내용의 광고행위를 한 자
⑤ 업무상 알게 된 사실을/ 다른 사람에게 누설한 자
⑥ 업무정지처분을 받고/ 그 업무정지 기간에 행정사업무를 한 자

3. 100만원 이하의 벌금
① 위임인으로부터/ 보수 외에/ 금전 또는 재산상 이익이나 그 밖의 반대급부를 받은 자
② 정당한 사유 없이/ 업무에 관한 위임을 거부한 자
③ 당사자 양쪽으로부터/ 같은 업무에 관한 위임을 받은 자(쌍방대리금지 위반)
④ 타인의 소송이나/ 그 밖의 권리관계분쟁/ 또는 민원사무처리과정에/ 개입한 자
⑤ 알선을 업으로 하는 자를 이용하거나/ 그 밖의 부당한 방법으로/ 행정사 업무의 위임을 유치한 자
⑥ 경업을 한 자

Ⅱ 양벌규정(법 제37조)

1. 의 의
행정사 또는 행정사법인의 사무직원이나 소속 행정사가/ 행정사 또는 행정사법인의 업무와 관련하여/ 제36조(벌칙)를 위반하면/ 그 행위자를 벌하는 외에/ 그 행정사 또는 행정사법인에도 해당 조문의 벌금형을 과한다.

2. 면 책
행정사 또는 행정사법인이/ 그 위반행위를 방지하기 위하여/ 해당 업무에 관하여 상당한 주의와 감독을 게을리하지 아니한 경우에는/ 그러하지 아니하다.

THEME 16 과태료★★

□ 행정사법상 과태료 부과 대상자의 유형 및 내용에 대하여 설명하시오. ▶제4회 기출 약술 20점

 핵심이론

I 과태료

1. 500만원 이하의 과태료
① 행정사 또는 이와 비슷한 명칭을 사용한 자
② 행정사사무소, 행정사합동사무소/ 또는 그 분사무소나 행정사법인/ 또는 그 분사무소와 비슷한 명칭을 사용한 자
③ 손해배상준비금 적립이나 보험가입 등/ 필요한 조치를 취하지 아니한 행정사법인
④ 정당한 사유 없이 행정사법에 따른 보고 또는 자료제출을 하지 아니하거나/ 거짓으로 보고·자료제출을 하거나/ 출입·검사를 방해·거부 또는 기피한 자

2. 100만원 이하의 과태료
① 사무소 이전신고를 하지 아니한 자
② 행정사사무소, 행정사합동사무소 또는 행정사법인이라는 글자를 사용하지 아니하거나/ 그 분사무소임을 표시하지 아니한 자
③ 업무처리부를 작성하지 아니하거나 거짓으로 작성한 자
④ 연수교육을 받지 아니하고 행정사업무를 수행한 사람

II 부과 및 징수
과태료는 대통령령으로 정하는 바에 따라 행정안전부장관, 시·도지사 또는 시장등이 부과·징수한다.

III 규제의 재검토
행정안전부장관은/ 과태료 부과기준에 대하여/ 2년마다/ 폐지, 완화 또는 유지 등의 타당성을 검토하여야 한다.

제2장 행정심판법

(출제 : 사례 2문)

제1절 총 칙

THEME 1 행정심판법의 목적 및 행정심판의 종류

핵심이론

I. 행정심판법의 목적

이 법은 행정심판 절차를 통하여/ 행정청의 위법 또는 부당한 처분이나 부작위로/ 침해된 국민의 권리 또는 이익을 구제하고,/ 아울러 행정의 적정한 운영을 꾀함을 목적으로 한다(행정심판법 제1조).

II. 행정심판의 종류

행정심판의 종류는 다음과 같다(행정심판법 제5조).

1. **취소심판**
   행정청의 위법 또는 부당한 처분을/ 취소하거나 변경하는 행정심판이다.

2. **무효등확인심판**
   행정청의 처분의 효력 유무 또는 존재 여부를 확인하는 행정심판이다.

3. **의무이행심판**
   당사자의 신청에 대한/ 행정청의 위법 또는 부당한 거부처분이나 부작위에 대하여/ 일정한 처분을 하도록 하는 행정심판이다.

THEME 2 의무이행심판 개관

□ A시는 영농상 편의를 위해 甲의 토지와 인근 토지에 걸쳐서 이미 형성되어 사용되고 있던 자연발생적 토사구거를 철거하고, 콘크리트 U형 수로관으로 된 구거를 설치하는 공사를 완료하였다. 甲은 A시의 공사가 자신의 토지 약 75m²를 침해하였다는 사실을 발견하게 되었다. 이에 甲은 A시에 자신의 토지 약 75m²에 설치되어 있는 구거를 철거하고 자신의 토지 외의 지역에 새로 구거를 설치해달라는 민원을 제기하였다. 다음 물음에 답하시오. ▶ 제6회 기출 사례 40점

물음 2) 甲이 민원제기와는 별도로 A시에 대하여 해당 토지에 설치되어 있는 구거의 철거와 새로운 구거의 설치를 요구하는 의무이행심판을 제기하였다면, 甲이 제기한 행정심판의 대상적격과 청구인적격의 적법여부에 관하여 논하시오. ▶ 논술 20점

핵심해설 제6회 기출 사례 물음 2)

I 논점의 정리

행정심판청구가 적법하려면/ 대상적격, 청구인적격, 청구이익, 피청구인적격, 기간 내 청구 등이 요구되는데,/ 본 사안은 대상적격, 청구인적격이 문제된다.

II 대상적격

1. 의 의

2. 거부처분

3. 부작위

4. 소 결
   ① A시의 거부행위가 없어 거부처분은 검토할 필요가 없다.
   ② A시는/ 갑의 신청에 대하여 어떠한 처분도 하지 않았으나,/ 상당한 기간 내에 일정한 처분을 할 법률상 의무가 있는지 여부 등을 알 수 없어/ 의무이행심판의 대상적격인 부작위에 해당한다고 볼 수 없다.
   ③ 따라서 甲이 제기한 행정심판의 대상적격은 부적법하다.

III 청구인적격

1. 의 의

2. 법률상 이익이 있는 자

3. 소 결
   청구인 甲은/ 민원 처리에 관한 법률상 보호되는 개별적·직접적·구체적 이익이 있으므로/ 의무이행심판의 청구인적격이 인정된다.

IV 결 론

甲이 제기한 행정심판의 대상적격은 부적법하나,/ 청구인적격은 인정된다. 즉, 적법하다.

I. 의 의★

의무이행심판은 당사자의 신청에 대한/ 행정청의 위법 또는 부당한 거부처분이나 부작위에 대하여/ 일정한 처분을 하도록 하는 행정심판을 말한다.

II. 심판청구요건 : 요건심리

1. 대상적격★

행정심판은 위법 또는 부당한 거부처분이나 부작위를 대상으로 한다.

(1) 거부처분

1) 거부처분의 개념

당사자의 신청에 대해/ 행정청이 처분을 하지 않겠다는 소극적인 의사표시이다.

2) 거부행위가 처분성을 갖기 위한 요건

행정청의 거부행위가 행정처분이 되기 위해서는/ ① 신청한 행위가 공권력의 행사 또는 이에 준하는 행정작용이어야 하고, ② 그 거부행위가 신청인의 법률관계에 어떤 변동을 일으키는 것이어야 하며, ③ 청구인에게 그 행위의 발동을 요구할 법규상·조리상의 신청권이 있어야 한다(대판 2009.9.10. 2007두20638).

(2) 부작위

부작위란/ 행정청이/ 당사자의 신청에 대하여/ 상당한 기간 내에/ 일정한 처분을 하여야 할 법률상 의무가 있음에도 불구하고/ 이를 하지 아니하는 것을 의미한다.

2. 청구인적격★

의무이행심판은 처분을 신청한 자로서/ 행정청의 거부처분 또는 부작위에 대하여/ 일정한 처분을 구할 법률상 이익이 있는 자가 청구할 수 있다. 여기서 법률상 이익의 의미가 문제된다.

(1) 법률상 이익의 의미

1) '법률'의 범위

대법원은 처분의 근거법규 및 관련법규까지 고려하고 있다(대판 2005.5.12. 2004두14229).

2) 법률상 이익에서 '이익'의 의미

① 학 설

권리회복설, 법률상 보호이익구제설, 보호가치있는 이익구제설, 적법성보장설의 견해 다툼이 있다.

② 판 례

대법원은/ 여기에서 말하는 법률상 보호되는 이익이란/ 당해 처분의 근거법규(관련법규 포함)/ 및 일련의 단계적인 근거법규에 의해/ 명시적으로 보호받는 이익 및 근거법규 및 관련법규의 합리적 해석상 보호되는 개별적·직접적·구체적인 이익으로 판단하고 있다.

③ 검토

행정심판을 주관소송으로 규정한 현행 행정심판법의 태도와/ 의회민주주의 원칙상/ 법률상 보호이익구제설의 입장이 타당하다.

3. 피청구인적격(행정청)

피청구인이란 처분등을 행한 행정청, 즉 처분청을 말한다.

4. 협의의 청구이익

청구인적격에서 말하는 법률상 이익을 실제적으로 보호할 필요성을 말한다.

5. 청구기간

① 행정심판은 처분이 있음을 알게 된 날부터 90일 이내에 청구하여야 하고, 처분이 있었던 날부터 180일이 지나면 청구하지 못한다.
② 부작위에 대한 의무이행심판과 무효 등 확인심판의 경우에는 적용되지 않는다.

III 심판청구 : 본안심리

1. 청구취지
2. 청구이유

IV 재 결

1. 재결의 종류

각하재결, 기각재결(사정재결 포함), 인용재결(기속력)

2. 재결에 대한 불복 : 행정소송

V 가구제

1. 집행정지(THEME 18 참조)
2. 임시처분(THEME 19 참조)

VI 실효성 확보수단

1. 직접처분(의무이행심판)(THEME 26 참조)
2. 간접강제(THEME 26 참조)

THEME 3 대상적격★★★

□ 법령에 따라 행정권한을 위탁받은 A공사의 공익사업 시행으로 甲은 주거용 건축물이 수용되어 생활의 근거를 상실하게 되었다. 이에 甲은 관련 법령에 따른 이주대책인 주택 특별공급을 신청하였다. 관련 법령에서는 사업시행자의 이주대책 수립·실시 의무와 이주대책 대상자에 대한 통지의무를 규정하고 있다. 그런데, 신청 후 상당 기간이 경과하였음에도 불구하고 A공사는 甲에게 아무런 회신을 하지 않고 있다.
▶ 제13회 기출 사례 40점

물음 1) 甲이 A공사의 '아무런 회신을 하지 않고 있음'을 다투기 위하여 이용할 수 있는 행정심판법상 구제수단(가구제 포함)을 설명하시오(THEME 18, 19 참조). ▶ 20점

□ 甲은 자신이 소유한 토지에 주택을 건축하기 위하여 관할행정청인 구청장 乙에게 토지형질변경허가를 신청하였으나 乙은 이 토지가 그 지형조건 등에 비추어 주택을 건축하기에 매우 부적법하다는 점을 이유로 허가를 거부하였다. 다음 물음에 답하시오. ▶ 제12회 기출 사례 40점

물음 1) 乙의 거부행위가 행정심판의 대상이 되는지 그 요건을 검토하고, 乙의 거부행위에 대한 불복방법으로서 적합한 행정심판의 유형에 관하여 설명하시오(THEME 1 참조). ▶ 20점

핵심해설 제13회 기출 사례 물음 1)

I 논점의 정리

甲이 A공사의 부작위를 다투기 위하여 이용할 수 있는 행정심판법상 구제수단으로 의무이행심판과/ 가구제 수단으로서 집행정지나 임시처분이 인정될 수 있는지 문제된다.

II 의무이행심판

1. 의 의

당사자의 신청에 대한/ 행정청의 위법 또는 부당한 거부처분이나 부작위에 대하여/ 일정한 처분을 하도록 하는 행정심판이다(법 제5조 제3호).

2. 부작위의 성립요건

행정심판의 청구대상이 되는 부작위가 성립하기 위해서는 ① 당사자의 신청이 있을 것, ② 행정청이 일정한 처분을 하여야 할 법률상 의무가 있을 것, ③ 상당한 기간이 경과하였을 것, ④ 처분이 존재하지 않을 것을 요건으로 한다.

3. 사안의 적용

① 甲은 법령에 따라 주거용 건축물이 수용되어 생활의 근거를 상실한 자로서 관련 법령에 따라 이주대책인 주택 특별공급을 신청하였고, ② A공사는 관련 법령에 따라 이주대책 수립·실시 의무가 있다. 또한 ③ 신청 후 상당기간이 경과하였음에도 불구하고 ④ A공사는 甲에게 아무런 회신을 하지 않고 있으므로, 甲은 의무이행심판을 청구할 수 있다.

Ⅲ 가구제

1. 집행정지

(1) 의 의

집행정지란/ 처분의 집행 등으로 인하여/ 중대한 손해가 생기는 것을/ 예방할 필요성이 긴급하다고 인정할 때/ 위원회가/ 직권으로 또는 당사자의 신청에 의하여/ 처분의 효력, 처분의 집행 또는 절차의 속행의 전부 또는 일부의 정지를 결정하는 것을 말한다(법 제30조 제2항 본문).

(2) 요 건

1) 적극적 요건

① 집행정지대상인 처분 등이 존재할 것, ② 적법한 심판청구가 계속 중일 것, ③ 중대한 손해발생 가능성이 있을 것, ④ 예방필요성이 긴급하다고 인정되어야 한다.

2) 소극적 요건

① 집행정지가 공공복리에 중대한 영향을 미칠 우려가 없을 것
② 심판청구의 이유 없음이 명백하지 않을 것

(3) 사안의 적용

A공사의 부작위는 집행정지의 대상되는 처분이 없다는 점에서 집행정지가 인정되지 않는다.

2. 임시처분

(1) 의 의

임시처분이란/ 처분 또는 부작위가 위법·부당하다고 상당히 의심되는 경우로서/ 처분 또는 부작위 때문에/ 당사자가 받을 우려가 있는 중대한 불이익이나/ 당사자에게 생길 급박한 위험을 막기 위해/ 임시지위를 정해야 할 필요가 있는 경우/ 위원회가 직권으로 또는 당사자의 신청에 의해/ 발할 수 있는 적극적 가구제 수단이다(법 제31조 제1항).

(2) 요 건

1) 적극적 요건

① 처분 또는 부작위가 위법·부당하다고 상당히 의심되는 경우일 것, ② 행정심판청구가 계속 중일 것, ③ 당사자가 받을 우려가 있는 중대한 불이익이나 당사자에게 생길 급박한 위험이 존재할 것, ④ 이를 막기 위하여 임시지위를 정하여야 할 필요가 있을 것(법 제31조 제1항)

2) 소극적 요건

임시처분이 공공복리에 중대한 영향을 미칠 우려가 없을 것(법 제31조 제2항, 제30조 제3항)

3) 보충성 요건

임시처분은 집행정지로 목적을 달성할 수 있는 경우에는 허용되지 아니한다(법 제31조 제3항).

(3) 사안의 적용

① 일응 행정심판청구가 계속 중이라고 판단하고, ② 부작위가 위법·부당하다고 상당히 의심되는 경우이며, ③ 주거용 건축물이 수용되어 생활의 근거를 상실하게 된 甲이 받을 우려가 있는 중대한 불이익이나 당사자에게 생길 급박한 위험이 존재한다고 판단되어, ④ 甲에게 이주대책인 주택 특별공급을 신청할 임시지위를 인정받을 필요성이 인정된다. 나아가 ⑤ 임시처분으로 공공복리에 중대한 영향을 미칠 우려가 없어 보이고, ⑥ 집행정지가 허용되는 경우가 아니므로 甲은 임시처분을 신청할 수 있다.

Ⅳ 사안의 해결

A공사의 부작위에 대하여 甲은 의무이행심판을 청구할 수 있고, 가구제 수단으로써 임시처분을 신청할 수 있다.

핵심해설 제12회 기출 사례 물음 1)

I. 논점의 정리

사안은 甲의 토지형질변경허가신청에 대한 관할행정청인 구청장 乙의 거부행위가 행정심판의 대상이 되는지 문제되며,/ 나아가 구청장 乙의 거부행위가 행정심판의 대상이 된다면 그 불복방법으로서 적합한 행정심판의 유형이 문제된다.

II. 행정심판의 대상적격

1. 의의

행정심판은 행정청의 처분 또는 부작위를 대상으로 한다(행정심판법 제3조 제1항).

2. 처분의 정의

행정심판의 대상인 처분이란/ 행정청이 행하는 구체적 사실에 관한 법집행으로서의 공권력의 행사 또는 그 거부, 그 밖에 이에 준하는 행정작용을 말한다(행정심판법 제2조 제1호).

3. 거부행위가 처분성을 갖기 위한 요건

행정청의 거부행위가 행정처분이 되기 위해서는/ ① 신청한 행위가 공권력의 행사 또는 이에 준하는 행정작용이어야 하고,/ ② 그 거부행위가 신청인의 법률관계에 어떤 변동을 일으키는 것이어야 하며,/ ③ 국민에게 그 행위의 발동을 요구할 법규상·조리상 신청권이 있어야 한다(대판 2009.9.10, 2007두20638).

4. 사안의 적용

구청장 乙의 거부행위는/ 토지형질변경허가를 전제로 하는 주택건축을 진행할 수 없게 한다는 점에서/ 토지소유자 甲의 토지소유권행사에 제한을 주는 공권력 행사에 해당한다./ 또한 토지소유자 甲에게는 국토의 계획 및 이용에 관한 법률상 토지형질변경을 신청할 신청권이 인정된다는 점에서 구청장 乙의 거부행위는 행정심판의 대상이 되는 거부처분에 해당한다.

III. 거부처분에 대한 행정심판의 유형

1. 행정심판법상 행정심판의 종류

(1) 취소심판

취소심판은 행정청의 위법 또는 부당한 처분을 취소하거나 변경하는 행정심판이다.

(2) 무효등확인심판

무효등확인심판은 행정청의 처분의 효력 유무 또는 존재 여부를 확인하는 행정심판이다.

(3) 의무이행심판

의무이행심판은 당사자의 신청에 대한 행정청의 위법 또는 부당한 거부처분이나 부작위에 대하여 일정한 처분을 하도록 하는 행정심판이다.

2. 사안의 적용

① 토지형질변경허가 신청에 대한 거분처분도 처분에 해당하므로 행정심판법상 취소심판을 청구할 수 있고,/ ② 그 거부처분에 중대하고 명백한 하자가 있다면 무효확인심판을 청구할 수도 있다./ ③ 또한 당사자의 신청에 대한 행정청의 거부처분에 대하여 일정한 처분을 하도록 하는 의무이행심판을 청구할 수도 있다.

IV. 사안의 해결

1. 甲은 토지소유권자로서 토지형질변경허가를 신청할 법규상 신청권이 인정되고,/ 허가신청이 거부당할 경우 토지소유권 행사에 제한을 받게 되므로/ 구청장 乙의 거부행위에 대한 행정심판의 대상적격이 인정된다.

2. 이에 따라 구청장 乙의 거부행위에 대해/ 토지소유자 甲이 불복할 수 있는 적합한 행정심판 유형으로 취소심판, 무효등확인심판, 의무이행심판을 들 수 있다.

□ A시는 2014.5.30. 구(舊) 도심지의 도시재생사업을 수행할 사업자를 공모하였다. 이 공모에는 甲, 乙, 丙 3개 업체가 지원하였다. 공모심사 결과 乙이 사업자로 선정되고, 甲과 丙은 탈락하였다. 甲은 2015.5.4. 乙이 해당 사업을 시행할 능력이 부족하고 사업자 선정과정도 공정하지 못하였다고 주장하면서, A시장에게 ① 심사위원별 평가점수, ② 심사위원 인적 사항 및 ③ 乙업체의 재정상태와 사업실적의 정보공개를 청구하였다. 그런데 A시장은 2015.5.18. 위 청구 중 ③에 관한 정보를 보유하고 있지 않으며, ①과 ②에 관한 정보는 비공개대상이라는 사유로 공개를 거부하고, 같은 날 이를 甲에게 통지하였다. 甲은 A시장의 정보공개 거부처분의 위법·부당함을 주장하면서 이의신청을 하였으나 2015.6.15. 기각결정서를 송달받았다. 이에 甲은 2015.8.31. A시장을 상대로 관할 행정심판위원회에 정보공개거부처분의 취소를 구하는 행정심판을 청구하였다. 위 행정심판 청구요건의 적법 여부 및 A시장의 정보공개거부처분의 적법 여부에 관하여 논하시오.

▶ 제3회 기출 사례 논술 40점

핵심해설 제3회 기출 사례 논술

I 논점의 정리

행정심판청구가 적법하려면/ 대상적격, 청구인적격, 청구이익, 피청구인적격, 기간 내 청구 등이 요구되는데,/ 사안의 경우 대상적격, 청구인적격, 청구기간이 문제된다./ 또한 정보공개거부처분의 적법 여부는 정보공개법에 따라 검토할 문제이다.

II 행정심판청구의 적법 여부

1. 대상적격

(1) 의 의

(2) 처 분

(3) 거부처분

2. 청구인적격

(1) 의 의

(2) 법률상 이익이 있는 자

3. 청구기간

(1) 원 칙

(2) 예 외

4. 소 결

① 甲이 신청한 행위는/ A시장의 공권력행사이고,/ 그 거부로 甲의 법률관계에 영향을 미쳤으며,/ 甲의 신청은 법규상 신청권이 인정되므로/ 취소심판의 대상적격으로서 거부처분에 해당한다.

② 甲은/ 공공기관의 정보공개에 관한 법률에 의하여 보호되는 개별적·직접적·구체적인 이익이 있는 자이므로/ 취소심판의 청구인적격이 있다.

③ 이의신청에 따른 기각결정서를 송부받은 2015. 6.15.을 기준으로/ 90일 이내인 2015.8.31. 취소심판을 청구한 것이므로/ 청구기간을 준수하였다.

④ 따라서 甲이 2015.8.31. A시장을 상대로 관할 행정심판위원회에 정보공개거부처분의 취소를 구하는 행정심판을 청구한 것은 적법하다.

Ⅲ 정보공개거부처분의 적법 여부

1. 정보공개 청구(정보공개법 제10조)

2. 비공개대상 정보(정보공개법 제9조)

3. 소 결
① 심사위원별 평가점수는/ 정보공개법 제9조 제1항 제5호에 따라/ 공개될 경우 업무의 공정한 수행에 현저한 지장을 초래한다고 인정할 만한 상당한 이유가 있는 정보에 해당하여 비공개대상 정보에 해당한다./ 이에 따라 심사위원별 평가점수의 비공개결정은 적법하다.
② 심사위원의 인적사항은/ 정보공개법 제9조 제1항 제6호에 따라/ 개인정보로서 공개될 경우 사생활의 비밀 또는 자유를 침해할 우려가 있다고 인정되는 정보로서 비공개대상 정보에 해당한다./ 이에 따라 심사위원의 인적사항의 비공개결정도 적법하다.
③ 乙 업체의 재정상태와 사업실적은/ A시가 보유·관리하는 정보가 아니므로/ A시장의 공개거부는 적법하다.
④ 따라서 A시장의 정보공개거부처분은 적법하다.

Ⅳ 결 론
1. 甲의 행정심판 청구요건은 적법하다.
2. A시장의 정보공개거부처분은 적법하다.

I 서 설

1. 행정심판법의 개괄주의★

법 제3조 제1항은 행정청의 처분 또는 부작위에 대하여는/ 다른 법률에 특별한 규정이 있는 경우 외에는/ 이 법에 따라 행정심판을 청구할 수 있다고 규정하여/ 개괄주의를 채택하고 있다.

2. 예외(제외대상)

(1) 대통령의 처분 또는 부작위
다른 법률에서 행정심판을 청구할 수 있도록 정한 경우 외에는 행정심판을 청구할 수 없다(법 제3조 제2항).

(2) 행정심판의 재결과 그 대상인 처분 또는 부작위(법 제51조)

(3) 별도의 불복절차가 마련된 경우
과태료부과처분이나 통고처분과 같이/ 개별 법률의 규정에 의해 특별한 불복절차가 마련된 처분 또는 부작위에 대해서는/ 행정심판법에 따른 행정심판을 청구할 수 없다.

II 처 분★★

1. 개 념

행정심판의 대상인 처분이란/ 행정청이 행하는/ 구체적 사실에 관한 법집행으로서의 공권력의 행사 또는 그 거부, 그 밖에 이에 준하는 행정작용을 말한다(법 제2조 제1호).

2. 처분이 되기 위한 요건

(1) '행정청'이 행하는 행위일 것
행정청이란/ 행정주체의 의사를 결정하여/ 외부에 표시할 수 있는 권한을 가진 행정기관/ 및 법령에 의하여 행정권한의 위임 또는 위탁을 받은 행정기관·공공단체 및 그 기관 또는 사인을 말한다.

(2) '구체적 사실에 관한 행위'일 것
처분의 상대방이 개별적이고,/ 규율의 대상이 구체적인 것을 의미한다.

(3) '법집행행위'일 것
법집행행위란/ 국민의 권리·의무에 직접적인 변동을 일으키는 행위/ 또는 국민의 권리·의무에 관계되거나 국민이 법적 지위에 불안을 초래할 수 있는 행위를 말한다.

(4) '공권력의 행사'일 것
행정청이/ 우월적인 지위에서/ 상대방에게 일방적으로 행하는 권력적 단독행위를 말한다.

3. 그 거부

(1) 거부처분의 개념

당사자의 신청에 대해/ 행정청이 처분을 하지 않겠다는 소극적인 의사표시이다.

(2) 거부행위가 처분성을 갖기 위한 요건

행정청의 거부행위가 행정처분이 되기 위해서는/ ① 신청한 행위가 공권력의 행사 또는 이에 준하는 행정작용이어야 하고, ② 그 거부행위가 신청인의 법률관계에 어떤 변동을 일으키는 것이어야 하며, ③ 국민에게 그 행위의 발동을 요구할 법규상·조리상의 신청권이 있어야 한다(대판 2009.9.10. 2007두20638).

4. 그 밖에 이에 준하는 행정작용

개괄주의에 따라 행정심판의 대상을 확장시킨다.

Ⅲ 부작위★★

1. 개 념

부작위란/ 행정청이/ 당사자의 신청에 대하여/ 상당한 기간 내에/ 일정한 처분을 하여야 할 법률상 의무가 있는데도/ 처분을 하지 아니한 것을 말한다.

2. 부작위의 성립요건

(1) 당사자의 신청이 있을 것

당사자의 신청과 관련하여/ 신청인에게 법규상·조리상의 신청권이 있어야 한다.

(2) 상당한 기간의 경과

상당한 기간이란/ 사회통념상/ 당해 신청에 대한 처분을 하는데 필요한 것으로 인정되는 기간을 말한다.

(3) 일정한 처분을 하여야 할 법률상 의무가 있을 것

법률상 의무에는 명문의 규정에 의해 인정되는 경우뿐만 아니라 법령의 해석상 인정되는 경우도 포함된다.

(4) 처분의 부존재

부작위는 행정청의 처분으로 볼만한 외관 자체가 존재하지 않는 상태를 말한다.

THEME 4 특별행정심판★

I 의의

특별행정심판이란/ 사안의 전문성과 특수성을 살리기 위하여/ 특정분야의 행정심판에 대하여/ '행정심판법에 의한 일반행정심판' 절차에 따라 심판하지 아니하고 각 개별법에서 행정심판법에 갈음하여 따로 정한 특례절차에 따라 하는 행정심판을 말한다.

II 종류와 특별행정심판기관

1. 전문적 분야
① 세무서장의 과세처분에 대한 심사청구 및 심판청구(국세청장 및 조세심판원)
② 특허처분에 대한 특허심판 및 재심(특허심판원)
③ 토지수용재결에 대한 이의신청(중앙토지수용위원회)
④ 공정거래 관련 처분에 대한 이의신청(공정거래위원회)
⑤ 지방해양안전심판원의 재결에 대한 제2심 청구(중앙해양안전심판원)

2. 엄정한 심사가 필요한 분야
① 국가・지방공무원의 징계처분에 대한 소청심사(소청심사위원회)
② 교육공무원법상의 교원징계에 대한 소청심사(교원소청심사위원회)
③ 감사원에 대한 심사청구(감사원)

3. 대량 반복적인 업무 분야
① 부당해고에 관한 구제명령에 대한 재심(중앙노동위원회)
② 국민건강보험금 급여결정에 대한 심판(건강보험분쟁조정위원회)
③ 산재보험급여결정에 대한 재심사(산업재해보상보험재심사위원회)
④ 고용보험급여결정에 대한 재심사(고용보험심사위원회)
⑤ 연금보험급여결정에 대한 재심사(국민연금심사위원회)

THEME 5 국가보훈처분에 대한 이의신청 등★

핵심이론

I. 이의신청의 의의

국가보훈부장관의 일정한 처분에 이의가 있는 자는/ 국가보훈부장관에게/ 이의신청을 할 수 있다(국가유공자법 제74조의18 제1항).

II. 이의신청 사유 및 절차

1. 이의신청 사유 (국가유공자법 제74조의18 제1항)

국가보훈부장관의 일정한 처분에 이의가 있는 자는/ 다음의 어느 하나에 해당하는 경우/ 국가보훈부장관에게 이의신청을 할 수 있다.
① 해당 처분이 법령 적용의 착오에 기초하였다고 판단되는 경우
② 국가보훈부장관이 해당 처분을 할 때에 중요한 증거자료를 검토하지 아니하였다고 판단되는 경우
③ 해당 처분이 있은 후 그와 관련된 새로운 증거자료가 발견된 경우

2. 이의신청 절차

(1) 이의신청 기간

이의신청은/ 국가보훈부장관의 처분을 받은 날부터 30일 이내에/ 하여야 한다(국가유공자법 제74조의18 제2항).

(2) 이의신청서 제출

이의신청을 하려는 사람은/ 이의신청서에 주장하는 사실을 증명할 수 있는 서류를 첨부하여/ 관할 청장 또는 지청장에게 제출해야 한다(동법 시행규칙 제16조의5).

(3) 결과 통보

국가보훈부장관은/ 이의신청에 대하여/ 보훈심사위원회의 심의·의결을 거쳐 결정하고,/ 그 결과를/ 이의신청을 한 자에게/ 통보하여야 한다(국가유공자법 제74조의18 제3항).

III. 행정심판

1. 의의
이의신청을 한 자는/ 그 이의신청과 관계없이/ 행정심판법에 따른 행정심판을 청구할 수 있다(국가유공자법 제74조의18 제4항).

2. 심판청구 기간
이의신청을 하여 그 결과를 통보받은 자는/ 통보받은 날부터 90일 이내에/ 행정심판법에 따른 행정심판을 청구할 수 있다(국가유공자법 제74조의18 제4항).

3. 행정심판법상 행정심판의 종류

(1) 취소심판
행정청의 위법 또는 부당한 처분을/ 취소하거나 변경하는 행정심판이다.

(2) 무효등확인심판
행정청의 처분의 효력 유무 또는 존재 여부를/ 확인하는 행정심판이다.

(3) 의무이행심판
당사자의 신청에 대한/ 행정청의 위법 또는 부당한 거부처분이나 부작위에 대하여/ 일정한 처분을 하도록 하는 행정심판이다.

4. 중앙행정심판위원회의 심리·의결
행정심판이 제기되면/ 중앙행정심판위원회에서 심리·의결하게 된다(행정심판법 제6조 제2항 제1호).

THEME 6 운전면허취소처분에 대한 이의신청 등 ★★

□ 甲은 운전면허취소사유에 해당하는 혈중알콜농도 0.15%인 상태로 운전하다가 경찰관 乙에게 적발되었다. 乙은 운전면허취소권자인 관할 시·도 경찰청장에게 甲에 대한 운전면허취소의 행정처분을 의뢰하였다. 한편 乙과 함께 근무하는 순경의 전산입력 착오로 甲은 운전면허정지 대상자로 분류되어 관할 경찰서장은 2014.7.20. 운전면허정지처분을 하였고, 甲은 운전면허증을 반납하였다. 이후 乙의 의뢰를 받은 관할 시·도 경찰청장은 2014.8.27. 甲의 운전면허를 취소하는 처분을 하였다. 甲은 운전면허취소처분의 취소를 구하는 행정심판을 청구하면서 자신은 운전면허정지처분을 신뢰하였으며, 그 신뢰는 보호되어야 한다고 주장한다. 甲의 청구가 인용될 수 있는지에 대하여 논하시오. ▶제2회 기출수정 사례 논술 40점

◐ 핵심해설 제2회 기출 사례 논술

Ⅰ 논점의 정리

행정심판청구가 인용되려면 심판청구가 적법하고, 청구이유가 있어야 한다./ 취소심판청구가 적법하려면/ 대상적격, 청구인적격, 청구이익, 피청구인적격, 기간 내 청구 등이 요구되는데,/ 본 사안은 대상적격, 청구인적격, 청구기간이 문제된다./ 나아가 청구이유와 관련하여 신뢰보호원칙이 적용되는지 문제된다.

Ⅱ 심판청구의 적법 여부

1. 대상적격
(1) 의 의
(2) 처 분
(3) 거부처분

2. 청구인적격
(1) 의 의
(2) 법률상 이익이 있는 자

3. 청구기간
(1) 원 칙
(2) 예 외

4. 소 결
① 관할 시·도 경찰청장이 행하는 운전면허취소처분은 공권력행사이므로,/ 취소심판의 대상적격인 처분에 해당한다.
② 甲은 해당 처분이 취소되기 전까지는 도로교통법에 의해 보호되는 개별적·직접적·구체적 이익이 있는 자이므로 청구인적격이 인정된다.
③ 처분서의 송달 여부 및 송달일을 구체적으로 알 수는 없으나,/ 2014.8.27.을 기준으로 취소심판을 청구하였으므로,/ 일응 청구기간을 준수한 것으로 보인다.
④ 따라서 甲의 심판청구는 적법하다.

Ⅲ 청구이유 유무

1. 문제제기
甲의 청구가 이유 있는지 여부는/ 행정행위 철회사유의 존재 여부와/ 철회의 제한으로 신뢰보호의 원칙이 적용되는지 여부와 관련이 있다.

2. 행정행위의 철회사유

(1) 의 의
판례에 의하면 행정청이 일단 행정처분을 한 경우에는/ 행정처분을 한 행정청이라도/ 법령에 규정이 있는 때, 행정처분에 하자가 있는 때, 행정처분의 존속이 공익에 위반되는 때, 또는 상대방의 동의가 있는 때 등의 특별한 사유가 있는 경우를 제외하고는/ 행정처분을 자의로 취소(철회의 의미를 포함한다)할 수 없다는 입장이다(대판 1990.2.23. 89누7061).

(2) 운전면허정지처분 철회의 적법성
선행처분인 운전면허정지처분은/ 비록 그와 같은 처분이 도로교통법 시행규칙 제53조 제1항 [별표 16](현 제91조 제1항 [별표 28])에서 정한 행정처분 기준에 위배하여 이루어진 것이라 하더라도/ 그와 같은 사실만으로 곧바로 당해 처분이 위법하게 되는 것은 아니므로/ 적법한 운전면허정지처분에 대해 철회사유가 존재하지 않음에도 불구하고 관할 시·도 경찰청장이 운전면허정지처분을 철회한 것은 위법하다.

3. 신뢰보호의 원칙 적용 여부

(1) 문제점
甲이 선행처분인 운전면허정지처분을 신뢰하였음에도 불구하고/ 관할 시·도 경찰청장이 이를 철회하고 운전면허취소처분을 한 경우/ 甲의 신뢰에 반한 위법한 처분인지 문제된다.

(2) 신뢰보호의 원칙 적용 요건
① 행정청의 선행조치 : 운전면허정지처분은 선행조치에 해당한다.
② 보호가치 있는 사인의 신뢰 : 사안은 사후에 선행조치가 변경될 것을 예상하거나 중대한 과실로 알지 못한 경우 또는 사위나 사실은폐 등의 사유가 없는 경우에 해당하여 甲의 신뢰는 보호가치가 있다.
③ 신뢰에 기초한 사인의 처리 : 甲은 운전면허정지처분을 신뢰하여 운전면허증을 반납하였다.
④ 인과관계 : 甲이 운전면허정지처분에 따라 운전면허증을 반납한 것은 인과관계가 있다.
⑤ 선행조치에 반하는 후행처분 : 관할 시·도 경찰청장은 甲의 운전면허정지처분에 대한 신뢰에도 불구하고 선행조치에 반하여 운전면허취소처분을 하였다.

(3) 소 결
운전면허정지처분에 대한 甲의 신뢰는 보호가치 있고, 즉 운전면허정지처분이 효력을 발생함으로써 그 처분의 존속에 대한 신뢰가 이미 형성되었다 할 것이고,/ 또한 그와 같은 처분의 존속이 현저히 공익에 반한다고는 보이지 아니하므로/ 동일한 사유에 관하여 보다 무거운 면허취소처분을 하기 위하여 이미 행하여진 가벼운 운전면허정지처분을 취소하는 것은/ 선행처분에 대한 당사자의 신뢰 및 법적 안정성을 크게 저해하는 것이 되어 허용될 수 없다(대판 2000.2.25. 99두10520)./ 따라서 甲의 신뢰에 반하여 관할 시·도 경찰청장이 행한 운전면허취소처분은 위법하다.

Ⅳ 결 론

甲의 청구는 인용될 수 있다.

핵심이론

I 이의신청

1. 의 의

운전면허처분에 대한 이의신청이란/ 도로교통법상 운전면허의 취소처분 또는 정지처분이나 연습운전면허취소처분에 대하여 이의를 제기하는 것을 말한다.

2. 이의신청기간

운전면허의 취소처분 또는 정지처분이나 연습운전면허 취소처분에 대하여/ 이의가 있는 사람은/ 그 처분을 받은 날부터 60일 이내에/ 시·도 경찰청장에게/ 이의를 신청할 수 있다(도로교통법 제94조 제1항).

3. 이의심의위원회의 설치(도로교통법 제94조 제2항)

시·도 경찰청장은/ 이의를 심의하기 위하여/ 운전면허행정처분 이의심의위원회를 두어야 한다.

4. 공무원 의제 간주

이의심의위원회의 위원 중 공무원이 아닌 사람은/ 형법 제129조부터 제132조까지의 규정을 적용할 때에는 공무원으로 본다.

II 행정심판

1. 의 의

이의신청을 한 자는/ 그 이의신청과 관계없이/ 행정심판법에 따른 행정심판을 청구할 수 있다(도로교통법 제94조 제3항).

2. 심판청구기간

(1) 원 칙

이의신청을 하여 그 결과를 통보받은 사람은/ 통보받은 날부터 90일 이내에/ 행정심판법에 따른 행정심판을 청구할 수 있다(도로교통법 제94조 제3항).

(2) 예 외

이의신청을 하여/ 그 결과를 통보받기 전에 행정심판법에 따른 행정심판을 청구한 사람은/ 제외한다.

3. 행정심판법상 행정심판의 종류

(1) 취소심판

행정청의 위법 또는 부당한 처분을/ 취소하거나 변경하는 행정심판이다.

(2) 무효등확인심판

행정청의 처분의 효력 유무 또는 존재 여부를/ 확인하는 행정심판이다.

(3) 의무이행심판

당사자의 신청에 대한/ 행정청의 위법 또는 부당한 거부처분이나 부작위에 대하여/ 일정한 처분을 하도록 하는 행정심판이다.

4. 중앙행정심판위원회의 심리·의결

행정심판이 제기되면/ 중앙행정심판위원회에서 심리·의결하게 된다(행정심판법 제6조 제2항 제1호).

Ⅲ 행정소송과의 관계(행정심판전치주의)

도로교통법상/ 해당 처분에 대한 행정소송은/ 행정심판의 재결을 거치지 아니하면 제기할 수 없다(도로교통법 제142조).

제2절 심판기관

행정심판위원회 ★

> 서울특별시 A구에 거주하는 甲은, 乙의 건축물(음식점 영업과 주거를 함께하는 건물)이 甲 소유의 주택과 도보에 연접하고 있는데 乙이 건축관계법령을 위반하여 증개축공사를 하였고, 그로 인하여 甲의 집 앞 도로의 통행에 심각한 불편을 초래한다고 주장하면서 A구청을 상대로 지속적으로 민원을 제기하였다. 자신의 민원이 받아들여지지 않자 甲은 자신의 주장의 정당성과 乙이 행한 건축행위의 위법성을 입증하기 위하여 A구청장을 상대로 乙소유 건축물의 설계도면과 준공검사내역 등의 문서를 공개해달라며 정보공개를 청구하였다. 그러나 A구청장은 해당정보가 乙의 사생활 및 영업상 비밀보호와 관련된 것임을 이유로 비공개결정 하였다. 乙 또한 정보공개를 강력하게 반대하고 있다. 그러나 甲은 이에 불복하여 행정심판을 청구하려고 한다. 다음 물음에 답하시오. ▶ 제7회 기출 사례 40점
>
> 물음 1) 甲이 청구하는 행정심판은 어느 행정심판위원회의 관할에 속하는가? 또한 이 행정심판에서 乙은 어떠한 지위에서 자신의 권익을 주장할 수 있는가? ▶ 20점

핵심해설 제7회 기출 사례 물음 1)

I 논점의 정리

甲이 청구한 행정심판의 경우 어느 위원회가 관할을 갖는지, 나아가 제3자인 乙이 甲이 청구한 행정심판에서 어떠한 지위에서 권익을 주장할 수 있는지, 즉 행정심판에 참가할 수 있는지 문제된다.

II 관 할

1. 피청구인 적격

(1) 의 의

(2) 효 과

2. 심판기관의 종류

3. 소 결

  ① 서울특별시 A구청장은/ 피청구인적격이 있다.
  ② 서울특별시 A구청장의 처분·부작위는/ 서울특별시행정심판위원회에서 행정심판을 심리·재결한다.
  ③ 따라서 甲이 청구한 행정심판은 서울특별시행정심판위원회의 관할에 속한다.

Ⅲ 乙의 지위

1. 제3자의 심판참가

(1) 의 의
(2) 이해관계인의 의미
(3) 참가의 종류(절차)
(4) 참가인의 지위

2. 소 결

乙은 재결주문에 의하여 직접 자기의 법률상 이익을 침해받는 자, 즉 이해관계인에 해당하므로/ 신청 또는 위원회의 요구에 의하여 심판참가를 할 수 있다.

Ⅳ 사안의 해결

1. 甲이 청구한 행정심판은/ 서울특별시행정심판위원회의 관할에 속한다.
2. 乙은 재결주문에 의하여 직접 자기의 법률상 이익을 침해받는 자, 즉 이해관계인에 해당하므로/ 신청 또는 위원회의 요구에 의하여 심판참가를 할 수 있다.

핵심이론

I 서 설

1. 의의
행정심판위원회는/ 행정심판의 청구를 심리·재결하기 위하여/ 일정한 행정기관 소속하에 설치한 행정기관을 말한다.

2. 법적 근거
법 제6조 이하에서/ 종류 및 구성에 대해 규정하고 있다.

II 행정심판위원회의 지위

행정심판위원회는 ① 심리기관으로서의 성격과 ② 재결기관으로서의 성격 및 ③ 합의제 행정기관이자 독립기관으로서의 성격을 갖는다.

III 행정심판위원회의 종류

1. 일반행정심판위원회
(1) 중앙행정심판위원회(법 제6조 제2항)
(2) 독립기관 등 소속 행정심판위원회(법 제6조 제1항)
(3) 시·도지사 소속 행정심판위원회(법 제6조 제3항)
(4) 직근 상급행정기관 소속 행정심판위원회(법 제6조 제4항)

2. 특별행정심판위원회
개별법에 의해 설치되는 특별행정심판위원회로는 소청심사위원회, 조세심판원, 특허심판원등이 있다.

Ⅳ 위원회의 구성

1. 행정심판위원회의 구성
① 위원장 1명을 포함하여 50명 이내의 위원으로 구성한다.
② 회의는 위원장과 위원장이 회의마다 지정하는 8명의 위원으로 구성한다.
③ 행정심판위원회는 구성원 과반수의 출석과 출석위원 과반수의 찬성으로 의결한다.

2. 중앙행정심판위원회의 구성
① 위원장 1명을 포함하여 70명 이내의 위원으로 구성하되, 위원 중 상임위원은 4명 이내로 한다.
② 회의는 위원장과, 상임위원 및 위원장이 회의마다 지정하는 비상임위원을 포함하여 총 9명으로 구성한다.
③ 심판청구사건 중 자동차운전면허 행정처분에 관한 사건을 심리·의결하기 위하여 4명의 위원으로 구성하는 소위원회를 둘 수 있다.
④ 중앙행정심판위원회 및 소위원회는 구성원 과반수의 출석과 출석위원 과반수의 찬성으로 의결한다.
⑤ 중앙행정심판위원회는/ 위원장이 지정하는 사건을 미리 검토하도록 필요한 경우에는/ 전문위원회를 둘 수 있다.

Ⅴ 위원회의 권한

1. 심리권
행정심판위원회는 심판청구사건에 대한 심리권을 갖는다. 여기서 심리란 행정심판청구에 대한 재결을 하기 위하여/ 당사자와 관계인의 주장을 듣고,/ 증거와 기타 자료 등을 수집조사하는 절차를 말한다.

2. 심리에 부수된 권한
행정심판위원회는/ 심리권을 효율적으로 행사하기 위하여/ ① 선정대표자 선정권고권(행정심판법 제15조 제2항), ② 청구인의 지위승계허가권(행정심판법 제16조 제5항), ③ 피청구인 경정권(행정심판법 제17조 제2항), ④ 대리인선임허가권(행정심판법 제18조 제1항 제5호), ⑤ 심판참가 허가 및 요구권(행정심판법 제20조 제5항, 제21조 제1항), ⑥ 청구변경허가권(행정심판법 제29조 제6항), ⑦ 보정명령권(행정심판법 제32조 제1항), ⑧ 자료제출 요구권(행정심판법 제35조), ⑨ 증거조사권(행정심판법 제36조) 등의 부수적 권한이 있다.

3. 재결권
행정심판위원회는/ 심판청구된 사건에 대하여/ 행정심판법에 따라 각하재결, 기각재결(사정재결 포함), 인용재결을 할 권한을 갖는다.

4. 집행정지결정 및 집행정지취소결정권
행정심판위원회는/ 직권으로 또는 당사자의 신청에 의하여 집행정지를 결정할 수 있고,/ 결정된 집행정지를 직권으로 또는 당사자의 신청에 의하여 취소할 수도 있다(행정심판법 제30조).

5. 임시처분 결정권

행정심판위원회는/ 집행정지로 목적을 달성할 수 없는 경우/ 직권 또는 당사자의 신청에 의하여 임시처분을 결정할 수 있다(행정심판법 제31조).

6. 조정권

행정심판위원회는/ 당사자의 권리 및 권한의 범위에서/ 당사자의 동의를 받아/ 심판청구의 신속하고 공정한 해결을 위하여 조정을 할 수 있다(행정심판법 제43조의2 제1항 본문).

7. 직접처분권 및 간접강제권

① 행정심판위원회는/ 피청구인이 의무이행심판의 명령재결에도 불구하고 처분을 하지 아니한 경우에는/ 당사자가 신청하면 기간을 정하여 서면으로 시정을 명하고, 그 기간에 이행하지 아니하면 직접처분을 할 수 있다(행정심판법 제50조 제1항).

② 행정심판위원회는/ 피청구인이 거부처분취소재결 또는 의무이행재결에도 불구하고 이에 따른 재처분의 무를 다하지 아니하는 경우에는/ 청구인의 신청에 의하여 결정으로 상당한 기간을 정하고,/ 피청구인이 그 기간 내에 이행하지 않은 경우에는/ 그 지연기간에 따라 일정한 배상을 하도록 명하거나 즉시 배상할 것을 명할 수 있다(행정심판법 제50조의2 제1항).

8. 불합리한 법령 등에 대한 시정조치 요청권

중앙행정심판위원회는/ 심판청구를 심리·재결할 때에/ 불합리한 명령 등에 대하여/ 관계 행정기관에게 적절한 시정조치를 요청할 수 있다(행정심판법 제59조 제1항).

VI 벌칙 적용 시의 공무원의 의제

위원 중 공무원이 아닌 위원은/ 형법과 그 밖의 법률에 따른 법칙을 적용할 때에는/ 공무원으로 본다.

VII 위원회의 권한승계

1. 송부

심판청구 후/ 위원회가 법령의 개정·폐지 또는 피청구인의 경정 결정에 따라 그 심판청구에 대하여 재결할 권한을 잃게 된 경우에는/ 해당 위원회는/ 심판청구서와 관계서류, 그 밖의 자료를/ 새로 재결할 권한을 갖게 된 위원회에 보내야 한다.

2. 통지

송부를 받은 새 위원회는/ 지체 없이/ 행정심판의 청구인, 행정심판의 피청구인, 참가인에게/ 그 사실을 알려야 한다.

THEME 8 위원의 제척·기피·회피★

▫ 행정심판위원회의 위원등의 제척·기피·회피를 설명하시오. ▶ 제1회 기출 약술 20점

I 서 설

행정심판의 심리·재결의 공정성을 확보하기 위하여/ 위원회의 위원과 직원을/ 그 심판으로부터 배제하는 제도를 말한다.

II 위원의 제척

1. 의 의

제척이란/ 위원이 법정사유에 해당되는 경우/ 당연히 그 사건의 직무집행(심리·의결)에서 배제되는 것을 말한다.

2. 제척사유

위원회의 위원은 다음의 어느 하나에 해당하는 경우 그 사건의 심리·의결에서 제척된다.
① 위원 또는 그 배우자나 배우자였던 사람이 사건의 당사자이거나 사건에 관하여 공동 권리자 또는 의무자인 경우
② 위원이 사건의 당사자와 친족이거나 친족이었던 경우
③ 위원이 사건에 관하여 증언이나 감정을 한 경우
④ 위원이 당사자의 대리인으로서 사건에 관여하거나 관여하였던 경우
⑤ 위원이 사건의 대상이 된 처분 또는 부작위에 관여한 경우

3. 절 차

① 제척결정은/ 위원회의 위원장이/ 직권으로 또는 당사자의 신청에 의하여 한다.
② 위원에 대한 제척신청은 그 사유를 소명한 문서로 하여야 한다.

4. 효 과
① 제척사유에 해당하는 위원은 직무집행에서 당연히 배제되며, 제척사유 있는 위원이 관여한 심리·의결은 절차상 하자가 있으므로 당연무효가 된다.
② 제척결정에 대해서는 불복신청을 하지 못한다.

Ⅲ 위원의 기피

1. 의 의
기피란/ 위원에게 제척사유 이외에 심리·의결의 공정성을 의심할만한 사유가 있는 때에/ 당사자의 신청에 따라/ 위원장의 결정에 의하여/ 직무집행에서 배제되는 것을 말한다.

2. 기피사유
당사자는 위원에게 공정한 심리·의결을 기대하기 어려운 사정이 있는 경우 기피를 신청할 수 있다.

3. 절 차
① 기피결정은/ 당사자의 신청에 따라/ 위원장의 결정에 의한다.
② 위원에 대한 기피신청은 그 사유를 소명한 문서로 하여야 한다.

4. 효 과
기피결정에 대해서는 불복신청을 하지 못한다.

Ⅳ 위원의 회피

1. 의 의
회피란/ 위원이/ 제척사유 또는 기피사유에 해당되는 것을 알게 되었을 때/ 스스로 그 사건의 심리·의결을 피하는 것을 말한다.

2. 절 차
회피하고자 하는 위원은/ 위원장에게/ 그 사유를 소명하여야 한다.

Ⅴ 위원 아닌 직원에 관한 제척·기피·회피
사건의 심리·의결에 관한 사무에 관여하는 위원 아닌 직원에게도/ 위원에 대한 제척·기피·회피의 규정을 준용한다.

제3절 당사자와 관계인

 **THEME 9** 청구인적격 ★★★

I 청구인적격

1. 의 의 ★

청구인적격이란/ '행정심판을 청구할 자격이 있는 자'를 말한다./ 행정심판의 청구인은 '행정심판을 제기할 법률상 이익이 있는 자'이다(법 제13조).

2. 구별개념 : 청구인능력

청구인이/ 행정심판을 제기하여 이를 수행할 수 있는 능력을 청구인능력이라고 한다./ 청구인은 원칙적으로 자연인 또는 법인이어야 한다./ 그러나 법인이 아닌 사단 또는 재단으로서 대표자나 관리인이 정해져 있는 경우에는/ 그 사단이나 재단의 이름으로 심판청구를 할 수 있다(법 제14조).

II 심판의 종류에 따른 청구인적격 ★

1. 취소심판의 청구인적격

처분의 취소 또는 변경을 구할 법률상 이익이 있는 자이다.

2. 무효등확인심판의 청구인적격

처분의 효력 유무 또는 존재 여부의 확인을 구할 법률상 이익이 있는 자이다.

3. 의무이행심판의 청구인적격

처분을 신청한 자로서/ 행정청의 거부처분 또는 부작위에 대하여/ 일정한 처분을 구할 법률상 이익이 있는 자이다.

Ⅲ 법률상 이익의 의미★

1. '법률'의 범위
대법원은 처분의 근거법규 및 관련법규까지 고려하고 있다(대판 2005.5.12. 2004두14229).

2. 법률상 이익에서 '이익'의 의미

(1) 학 설
① 권리회복설, ② 법률상 보호이익구제설, ③ 보호가치 있는 이익구제설, ④ 적법성보장설의 견해 다툼이 있다.

(2) 판 례
대법원은/ 당해 처분의 근거법규(관련법규 포함)/ 및 일련의 단계적인 근거법규에 의해/ 명시적으로 보호받는 이익 및 근거법규 및 관련법규의 합리적 해석상 보호되는 개별적·직접적·구체적인 이익으로 판단하고 있다.

(3) 검 토
행정심판을 주관소송으로 규정한 현행 행정심판법의 태도와/ 의회민주주의 원칙상/ 법률상 보호이익구제설의 입장이 타당하다.

Ⅳ 제3자의 청구인적격

1. 경원자 관계

(1) 의 의
경원자란/ 신규 인·허가를 신청한 여러 사람 중/ 일방에 대한 허가가 타방에 대한 불허가로 귀결되는 관계를 말한다.

(2) 청구인적격 인정 여부
학설과 판례(대판 2009.12.10. 2009두8359)는 경원자들의 청구인적격을 일반적으로 인정한다./ 다만, 그 처분이 취소된다고 하더라도/ 그러한 불이익이 회복될 수 없는 경우에는/ 청구의 이익이 없으므로/ 청구인적격이 인정되지 않는다.

2. 경업자 관계

(1) 의 의
경업자란/ 신규 인·허가를 획득한 새로운 사업자가 시장에 출현함으로써/ 기존의 사업자가 추가적인 경쟁을 부담하게 되는 관계를 말한다.

(2) 청구인적격 인정 여부
일반적으로 면허나 인허가 등의 수익적 행정처분의 근거가 되는 법률이/ 해당 업자들 사이의 과당경쟁으로 인한 경영의 불합리를 방지하는 것도 목적으로 하고 있는 경우,/ 기존의 업자는/ 경업자에 대하여 이루어진 면허나 인허가 등 행정처분의 상대방이 아니라 하더라도/ 당해 행정처분의 취소를 구할 당사자적격이 있다 (대판 2018.4.26. 2015두53824).

3. 인근 주민

(1) 의 의
특정인에 대한 신규 인·허가로 인해/ 이웃하는 주민에게 불이익한 결과가 발생되는 경우/ 그 침해를 받는 인근주민을 말한다.

(2) 청구인적격 인정 여부
판례는 인인소송의 경우/ 환경영향평가대상지역 안의 토지를 이용하는 자의 원고적격과 관련하여/ 환경상 이익에 대한 침해 또는 침해 우려가 있는 것으로 사실상 추정되어 원고적격이 인정되는 사람에는 환경상 침해를 받으리라고 예상되는 영향권 내의 주민들을 포함하여/ 그 영향권 내에서 농작물을 경작하는 등 현실적으로 환경상 이익을 향유하는 사람도 포함된다고 할 것이나,/ 단지 그 영향권 내의 건물·토지를 소유하거나 환경상 이익을 일시적으로 향유하는 데 그치는 자는 포함되지 않는다고 판시하였다(대판 2009.9.24. 2009두2825).

THEME 10 협의의 청구이익 ★★★

□ 행정사 甲은 "행정사와 그 사무직원은 업무에 관하여 법률이 정한 보수 외에 어떠한 명목으로도 위임인으로부터 금전 또는 재산상의 이익이나 그 밖의 반대급부를 받지 못한다."라는 행정사법의 규정에 위반하는 행위를 하였다는 이유로 관할 행정청인 A시장으로부터 1개월 업무정지처분을 한다는 내용의 처분서를 2017.5.1. 송달받았다. 그에 따라 甲은 1개월간 업무를 하지 못한 채, 그 업무정지기간은 만료되었다. 甲은 A시장으로부터 위 처분에 대한 행정심판 고지를 받지 못했다. 甲은 2017.9.8. 위 처분에 불복하여 행정심판위원회에 A시장의 업무정지처분의 취소를 구하는 행정심판을 제기하였다. 행정사법 시행규칙 [별표] 업무정지처분 기준에서는 제재처분의 횟수에 따라 제재가 가중되는 것으로 규정하고 있다. 다음 물음에 답하시오.
▶ 제5회 기출 사례 40점

물음 1) 甲이 제기한 행정심판은 청구요건을 충족하는가?
▶ 30점

○ 핵심해설 제5회 기출 사례 물음 1)

I 논점의 정리

행정심판청구가 적법하려면/ 대상적격, 청구인적격, 청구이익, 피청구인적격, 기간 내 청구 등이 요구되는데,/ 본 사안은 대상적격, 청구인적격(청구이익), 청구기간이 문제된다.

II 대상적격

1. 의 의

2. 처 분

3. 소 결

A시장이 행한 업무정지처분은/ 甲에게 공권력행사에 해당하므로,/ 취소심판의 대상적격이 인정된다.

III 청구인적격

1. 의 의

2. 법률상 이익이 있는 자

3. 청구이익

(1) 원 칙

청구이익은/ 청구인적격에서 말하는 법률상 이익을 실제적으로 보호할 필요성을 말하는데,/ 처분의 효력이 처분의 집행 등으로 소멸한 후에는 원칙적으로 법률상 이익이 인정되지 않는다.

(2) 예 외

처분의 존재가 장래의 가중적 처분의 요건이 되는 경우에는/ 법률상 이익이 인정된다.

4. 소 결

원칙적으로 甲에 대한 처분의 효력은 이미 소멸한 후이므로 청구의 이익이 없으나,/ 처분의 존재가 장래의 가중적 처분의 요건이 되는 경우이므로 예외적으로 청구의 이익이 인정된다./ 이에 따라 취소심판의 청구인적격이 인정된다.

제2장 행정심판법 **567**

Ⅳ 청구기간

1. 원 칙

2. 예 외

3. 소 결

청구기간을 불고지하였으므로, 처분이 있었던 2017.5.1.을 기준으로 180일 이내에 청구할 수 있다./ 이에 따라 2017.9.8. 제기된 취소심판은 청구기간을 충족한다.

Ⅴ 사안의 해결

甲이 제기한 행정심판은/ 청구요건(대상적격, 청구인적격 및 청구기간)을 충족한다.

I 의의
협의의 청구이익이란/ 청구인적격에서 말하는/ 법률상 이익을/ 실제적으로 보호할 필요성을 말한다.

II 기간의 경과로/ 처분의 효력이 소멸된 경우

1. 원칙
처분이 취소되더라도/ 처분의 효과가/ 기간의 경과 등으로 원상회복이 불가능한 경우에는/ 원칙적으로 취소를 구할 법률상 이익이 없다.

2. 예외
기본적인 권리회복은 불가능하더라도/ 재결의 소급효에 의하여 당해 처분이 소급적으로 취소됨으로 인하여 회복되는 부수적 이익이 있는 경우에는/ 법률상 이익이 인정된다.

III 처분의 집행으로/ 처분의 효과가 소멸된 경우

1. 원칙
처분의 효과가 처분의 집행 등으로 소멸한 후에는/ 원칙적으로 법률상 이익은 인정되지 않는다.

2. 예외
다음의 경우에는/ 취소를 구할 법률상 이익이 인정된다.
① 처분의 존재가/ 장래의 가중적 처분의 요건으로 되어 있는 경우
② 처분이 소급적으로 취소됨으로써 청구인의 이익이 구제될 수 있는 경우
③ 동일한 사유로/ 위법한 처분이 반복될 위험성이 있는 경우

IV 처분 후 사정변경으로/ 처분의 효과가 소멸된 경우

1. 처분의 효과가 직권취소, 철회 등으로 소멸된 경우
법률상 이익이 인정되지 않는다.

2. 목적이 실현되거나 소멸한 경우
불합격처분 이후에/ 실시된 국가자격시험에 합격한 경우에는/ 더 이상 처분을 취소할 법률상 이익이 없다.

3. 당해 처분의 위법·부당함을 확인받음으로써 국가배상청구의 요건이 되는 경우
법률상 이익이 인정된다.

THEME 11 피청구인적격 ★

□ 甲은 1988.9.1. A제철주식회사에 입사하여 발전시설에서 근무하다가 터빈 및 보일러 작동 소음에 장기간 노출되어 우측 청력에 중대한 장애가 발생하였다는 이유로 전보를 요청하였고, 2004.3.2. 시약생산과로 전보되어 근무하다가 2009.2.6. 퇴사하였다. 甲은 2009.3.6. 근로복지공단에 '우측 감각신경성 난청'에 대한 장해보상청구를 하였는데, 근로복지공단은 2009.5.9. 보험급여 청구를 3년간 행사하지 않아 장해보상청구권이 소멸하였다는 점을 사유로 장해급여 부지급 결정을 甲에게 통보하였다. 甲은 이에 불복하여 근로복지공단에 대한 심사청구를 거쳐 산업재해보상보험재심사위원회에 재심사청구를 하였다. 이에 근로복지공단은 甲의 상병이 업무상 재해인 소음성 난청으로 보기 어렵다는 처분사유를 추가하였다. 다음 물음에 답하시오.
▶ 제9회 기출 사례 40점

※ 당시 산업재해보상보험법령에 따르면 장해보상청구권은 치유일부터 3년 이내에 행사하여야 하며, 그 치유 시기는 해당 근로자가 더 이상 직업성 난청이 유발될 수 있는 장소에서 업무를 하지 않게 되었을 때로 한다고 규정하고 있었다.

물음 1) 근로복지공단이 행정심판의 피청구인이 될 수 있는지를 검토하고, 근로복지공단의 심사청구 및 산업재해보상보험재심사위원회의 재심사청구의 법적 성질에 관하여 논하시오. ▶ 20점

○ 핵심해설 제9회 기출 사례 물음 1)

I 논점의 정리

행정심판청구가 적법하려면 대상적격, 청구인적격, 청구이익, 피청구인적격, 기간 내 청구 등이 요구되는데,/ 본 사안은 근로복지공단의 행정심판 피청구인적격 여부와 근로복지공단의 장해급여 부지급 결정에 대한 심사청구 및 산업재해보상보험재심사위원회의 재심사청구의 법적 성질이 문제된다.

II 근로복지공단의 행정심판 피청구인적격 인정 여부

1. 피청구인적격의 의의

① 행정심판은/ 원칙적으로 처분을 한 행정청(의무이행심판의 경우에는 청구인의 신청을 받은 행정청)을 피청구인으로 하여/ 청구하여야 한다. 여기서 행정청은 행정에 관한 의사를 결정하여 외부에 표시하는 국가 또는 지방자치단체의 기관 등을 말한다.

② 권한의 위임 또는 위탁이 있을 경우에는 수임청 또는 수탁청이 행정청이 되며,/ 권한이 다른 행정청에 승계된 경우에는 그 권한을 승계한 행정청이 처분청 또는 부작위청이 된다.

2. 소 결

근로복지공단은/ 산업재해보상보험법에 따라 고용노동부장관으로부터 권한을 위임받은 수임청으로서/ 행정심판의 피청구인이 될 수 있다.

III. 장애급여 부지급 결정의 처분성 인정 여부 및 불복 수단

1. 처분성 인정 여부

(1) 거부행위가 처분이 되기 위한 요건

행정청의 거부행위가 처분이 되기 위해서는 ① 신청행위가 공권력행사 등이어야 하고, ② 거부행위가 신청인의 법률관계에 어떤 변동을 일으키는 것이어야 하며, ③ 신청인에게 법규상·조리상의 신청권이 있어야 한다.

(2) 장애급여 부지급 결정의 경우 : 사안의 적용

① 근로복지공단은/ 고용노동부장관으로부터 위임받은 행정권한을 결정 및 표시하였으므로 행정청에 해당된다./ 그리고 ② 甲의 신청행위에 따른 근로복지공단의 보험급여결정은 공권력행사로 볼 수 있고,/ ③ 근로복지공단의 장해급여 부지급 결정으로 甲은 산재법상 급여를 받을 수 없게 되는 재산권에 대한 침해가 인정된다. 나아가 ④ 甲에게는 산재법상 신청권도 인정되므로 근로복지공단의 장애급여 부지급 결정은 거부처분에 해당된다.

2. 처분에 대한 불복

처분에 대한 불복은 일반적으로 이의신청, 행정심판, 행정소송 등으로 진행된다.

IV. 근로복지공단의 심사청구 및 산업재해보상보험재심사위원회의 재심사청구의 법적 성질

1. 심사청구의 법적 성질

산업재해보상보험법 규정의 내용, 형식 및 취지 등에 비추어 보면,/ 산업재해보상보험법상 심사청구에 관한 절차는/ 보험급여 등에 관한 처분을 한 근로복지공단으로 하여금 스스로의 심사를 통하여 당해 처분의 적법성과 합목적성을 확보하도록 하는 근로복지공단 내부의 시정절차에 해당한다고 보아야 한다(대판 2012.9.13. 2012두3859). 즉, 이의신청에 해당한다.

2. 재심사청구의 법적 성질

산업재해보상보험재심사위원회의 재심사청구는/ 산업재해보상보험법상 특별행정불복절차로서 특별행정심판에 해당한다.

V. 보론 : 행정심판법상 행정심판의 청구 가능성

1. 산업재해보상보험법 제103조 제5항

근로복지공단의 보험급여 결정등에 대하여는/ 행정심판법에 따른 행정심판을 제기할 수 없다.

2. 행정심판법상 일반행정심판의 가능성

산업재해보상보험재심사위원회의 재심사청구가 특별행정심판으로서의 성질을 가지므로/ 행정심판법 제4조에 따라 일반행정심판은 청구할 수 없다고 보아야 한다.

3. 소 결

근로복지공단이 관계법령에 따라 수임청으로서 행정심판의 피청구인적격이 인정된다고 하더라고/ 행정심판법상 행정심판을 제기할 수는 없다.

VI. 결론

1. 근로복지공단은/ 산업재해보상보험법에 따라 고용노동부장관으로부터 권한을 위임받은 수임청으로서/ 행정심판의 피청구인이 될 수 있다.

2. 근로복지공단의 심사청구는 내부시정절차인 이의신청에 해당되며,/ 산업재해보상보험재심사위원회의 재심사청구는 특별행정심판에 해당한다.

핵심이론

Ⅰ. 피청구인적격의 의의

① 행정심판은/ 원칙적으로 처분을 한 행정청(의무이행심판의 경우에는 청구인의 신청을 받은 행정청)을 피청구인으로 하여/ 청구하여야 한다. 여기서 행정청은 행정에 관한 의사를 결정하여 외부에 표시하는 국가 또는 지방자치단체의 기관 등을 말한다.

② 권한의 위임 또는 위탁이 있을 경우에는 수임청 또는 수탁청이 행정청이 되며,/ 권한이 다른 행정청에 승계된 경우에는 그 권한을 승계한 행정청이 처분청 또는 부작위청이 된다.

Ⅱ. 피청구인적격 흠결의 효과

청구인이 피청구인적격이 없는 행정청을 상대로 행정심판을 청구한 경우 그 청구는 부적법하여 각하된다.

Ⅲ. 피청구인의 경정

1. 의의

청구인이 피청구인을 잘못 지정한 경우(법 제17조 제2항)/ 또는 행정심판이 청구된 후 심판청구의 대상과 관계되는 권한이 다른 행정청에 승계된 경우에는(법 제17조 제5항)/ 위원회가 직권 또는 당사자의 신청에 의하여 결정으로 피청구인을 경정한다.

2. 경정의 효과(소급효)

종전의 피청구인에 대한 심판청구는 취하되고,/ 종전의 피청구인에 대한 행정심판이 청구된 때에/ 새로운 피청구인에 대한 행정심판이 청구된 것으로 본다(법 제17조 제4항).

Ⅳ. 피청구인 확정의 효과

피청구인이 확정된 경우/ 해당 행정심판을 관할하는 심판기관이 결정된다.

12 THEME 청구인의 지위승계 ★★

핵심이론

Ⅰ 서 설

1. 청구인의 의의
행정심판의 당사자로서 청구인이란/ 행정심판을 제기하는 자를 말한다.

2. 구별개념 : 청구인능력과 청구인적격

(1) 청구인능력
① 청구인능력은/ 청구인이/ 행정심판을 제기하여 이를 수행할 수 있는 능력이다.
② 청구인은 원칙적으로 자연인 또는 법인이어야 한다./ 그러나 법인이 아닌 사단 또는 재단으로서 대표자나 관리인이 정해져 있는 경우에는/ 그 사단이나 재단의 이름으로 심판청구를 할 수 있다(법 제14조).

(2) 청구인적격
① 청구인적격이란/ '행정심판을 청구할 자격이 있는 자'를 말한다.
② 행정심판의 청구인[註(청구인적격자)]은 '행정심판을 제기할 법률상 이익이 있는 자'이다(법 제13조).

Ⅱ 청구인의 지위승계

1. 당연승계

(1) 청구인이 사망한 경우
상속인이나/ 그 밖에 법령에 따라 심판청구의 대상에 관계되는 권리나 이익을 승계한 자가/ 청구인의 지위를 승계한다.

(2) 법인인 청구인이 합병에 따라 소멸한 경우
합병 후 존속하는 법인이나 합병에 따라 설립된 법인이/ 청구인의 지위를 승계한다.

(3) 서면신고
청구인의 지위를 당연승계한 자는/ 위원회에/ 서면으로/ 그 사유를 신고하여야 한다.

2. 허가승계

(1) 위원회의 허가
심판청구의 대상과 관계되는 권리나 이익을 양수한 자는/ 위원회의 허가를 받아/ 청구인의 지위를 승계할 수 있다.

(2) 의견제출
위원회는/ 지위 승계 신청을 받으면/ 기간을 정하여/ 당사자와 참가인에게/ 의견을 제출하도록 할 수 있으며,/ 당사자와 참가인이 그 기간에 의견을 제출하지 아니하면 의견이 없는 것으로 본다.

(3) 위원회의 허가 여부 결정 및 송달
위원회는 지위 승계 신청에 대하여 허가 여부를 결정하고,/ 지체 없이/ 신청인에게는 결정서 정본을, 당사자와 참가인에게는 결정서 등본을 송달하여야 한다.

(4) 이의신청
신청인은/ 위원회가 지위 승계를 허가하지 아니하면/ 결정서 정본을 받은 날부터 7일 이내에/ 위원회에 이의신청을 할 수 있다.

THEME 13 선정대표자★★

핵심이론

Ⅰ 의 의

여러 명의 청구인이/ 공동으로 심판청구를 할 때에/ 청구인들 중에서 3명 이하의 대표자를 선정할 수 있는데,/ 이를 선정대표자라고 한다(법 제15조 제1항).

Ⅱ 선정방법(법 제15조 제2항)

1. 청구인들의 합의
선정대표자 선정은 일반적으로 청구인들의 합의에 의한다.

2. 위원회의 선정대표자 선정 권고
청구인들이 선정대표자를 선정하지 아니한 경우/ 위원회는 필요하다고 인정하면 청구인들에게 선정대표자를 선정할 것을 권고할 수 있다.

Ⅲ 선정대표자의 지위(법 제15조 제3항)

1. 사건에 관한 모든 행위 가능
선정대표자는 다른 청구인들을 위하여 그 사건에 관한 모든 행위를 할 수 있다.

2. 심판청구 취하의 경우
심판청구를 취하하려면/ 다른 청구인들의 동의를 받아야 하며,/ 이 경우 동의받은 사실을 서면으로 소명하여야 한다.

Ⅳ 선정자의 지위(법 제15조 제4항)

선정대표자가 선정되면/ 다른 청구인(선정자)들은/ 그 선정대표자를 통해서만/ 그 사건에 관한 행위를 할 수 있다.

Ⅴ 선정대표자의 변경(법 제15조 제5항)

1. 선정대표자 해임·변경

선정대표자를 선정한 청구인(선정자)들은/ 필요하다고 인정하면/ 선정대표자를 해임하거나 변경할 수 있다.

2. 위원회 서면 통지

청구인(선정자)들은/ 선정대표자를 해임·변경한 경우/ 그 사실을 지체 없이 위원회에/ 서면으로 알려야 한다.

THEME 14 관계인★

핵심이론

I 대리인

1. 대리인 자격

(1) 청구인의 경우

청구인은/ 법정대리인 외에/ 다음의 어느 하나에 해당하는 자를/ 대리인으로 선임할 수 있다.
① 청구인의 배우자, 청구인 또는 배우자의 4촌 이내의 혈족
② 청구인이 법인이거나 청구인능력이 있는 법인이 아닌 사단 또는 재단인 경우 그 소속 임직원
③ 변호사
④ 다른 법률에 따라/ 심판청구를 대리할 수 있는 자
⑤ 그 밖에 위원회의 허가를 받은 자

(2) 피청구인의 경우

피청구인은/ 그 소속 직원/ 또는 (1) ③~⑤까지의 어느 하나에 해당하는 자를 대리인으로 선임할 수 있다.

2. 대리행위의 효과

대리인에 관하여는 선정대표자 지위 및 변경에 관한 규정(제15조 제3항, 제5항)을 준용한다.

II 국선대리인

1. 의의 및 취지

국선대리인은/ 청구인이 경제적 능력으로 인해/ 대리인을 선임할 수 없는 경우/ 위원회에/ 선임을 신청하여 선정된 대리인을 말한다. 이는 사회적 약자를 보호하기 위함이다.

2. 국선대리인 선정 여부 결정 및 통지

위원회는/ 국선대리인 선정 여부에 대한 결정을 하고,/ 지체 없이/ 청구인에게 그 결과를 통지하여야 한다.

3. 국선대리인의 자격

위원회는/ 국선대리인 선정 결정을 하는 경우에는/ 다음의 어느 하나에 해당하는 사람 중에서 국선대리인을 선정하여야 한다.
① 변호사법 제7조에 따라 등록한 변호사
② 공인노무사법 제5조에 따라 등록한 공인노무사

4. 국선대리인 미선정

위원회는/ 심판청구가 명백히 부적법하거나/ 이유 없는 경우/ 또는 권리의 남용이라고 인정되는 경우에는/ 국선대리인을 선정하지 아니할 수 있다.

Ⅲ   심판참가★★

1. 의의 및 취지

심판참가란/ 행정심판의 결과에 이해관계가 있는 제3자나 행정청이/ 해당 심판청구에 대한 위원회나 소위원회의 의결이 있기 전까지/ 그 사건에 대하여 관여하는 것을 말한다./ 이는 심리적정을 도모하고 이해관계인의 권익을 보호하기 위함이다.

2. 이해관계인의 요건

(1) 이해관계 있는 제3자

이해관계 있는 제3자란/ 당해 심판의 결과에 의하여/ 직접 자기의 권익이 침해당할 수 있는 자를 말한다.

(2) 이해관계 있는 행정청

이해관계 있는 행정청이란/ 당해 처분에 대한 협의권 또는 동의권 등이 부여되어 있는 행정청을 말한다.

3. 참가의 방법

(1) 신청에 의한 참가

① 심판참가를 하려는 자는/ 참가의 취지와 이유를 적은 참가신청서를 위원회에 제출하여야 한다. 이 경우 당사자의 수만큼 참가신청서 부본을 함께 제출하여야 한다.
② 위원회는/ 참가신청서를 받으면/ 참가신청서 부본을 당사자에게 송달하여야 한다.
③ 위원회는/ 기간을 정하여/ 당사자와 다른 참가인에게/ 제3자의 참가신청에 대한 의견을 제출하도록 할 수 있다.
④ 위원회는/ 참가신청을 받으면 허가 여부를 결정하고,/ 지체 없이/ 신청인에게는 결정서 정본을,/ 당사자와 다른 참가인에게는 결정서 등본을/ 송달하여야 한다.
⑤ 신청인은/ 결정서를 송달받은 날부터 7일 이내에/ 위원회에 이의신청을 할 수 있다.

(2) 직권에 의한 참가

① 위원회는/ 필요하다고 인정하면/ 그 행정심판 결과에 이해관계가 있는 제3자나 행정청에/ 그 사건 심판에 참가할 것을 요구할 수 있다.
② ①의 요구를 받은 제3자나 행정청은/ 지체 없이/ 그 사건 심판에 참가할 것인지 여부를/ 위원회에 통지하여야 한다.

4. 참가인의 지위(효과)

① 참가인은/ 행정심판 절차에서/ 당사자가 할 수 있는 심판절차상의 행위를 할 수 있다.
② 당사자가/ 위원회에 서류를 제출할 때에는/ 참가인의 수만큼 부본을 제출하여야 하고,/ 위원회가/ 당사자에게 통지를 하거나/ 서류를 송달할 때에는/ 참가인에게도 통지하거나 송달하여야 한다.

제4절 행정심판 청구

심판청구★

I 심판청구의 방식

1. 서면주의

행정심판청구는 서면으로 하여야 한다./ 이는 청구내용을 명확히 하기 위함이다.

2. 심판청구서 기재사항

(1) 처분에 대한 심판청구의 경우

① 청구인의 이름과/ 주소 또는 사무소(이외 송달장소 추가 가능)
② 피청구인과 위원회
③ 심판청구의 대상이 되는 처분의 내용
④ 처분이 있음을 알게 된 날
⑤ 심판청구의 취지와 이유
⑥ 피청구인의 행정심판 고지 유무와 그 내용

(2) 부작위에 대한 심판청구의 경우

① 청구인의 이름과/ 주소 또는 사무소(이외 송달장소 추가 가능)
② 피청구인과 위원회
③ 심판청구의 취지와 이유
④ 부작위의 전제가 되는 신청의 내용과 날짜

3. 청구인이 법인등인 경우

청구인이 법인이거나/ 청구인능력이 있는 법인이 아닌 사단 또는 재단이거나/ 행정심판이 선정대표자나 대리인에 의하여 청구되는 것일 때에는/ 2. (1), (2)의 사항과 함께 그 대표자·관리인·선정대표자 또는 대리인의 이름과 주소를 적어야 하며, 서명하거나 날인하여야 한다.

Ⅱ 심판청구서의 제출

1. 선택주의

행정심판을 청구하려는 자는 심판청구서를 작성하여 피청구인이나 위원회에 제출하여야 한다. 이 경우 피청구인의 수만큼 심판청구서 부본을 함께 제출하여야 한다.

2. 위원회의 심판청구서등의 접수·처리

① 위원회는 심판청구서를 받으면/ 지체 없이 피청구인에게 심판청구서를 보내야 한다.
② 위원회는 피청구인으로부터 답변서가 제출된 경우/ 답변서 부본을 청구인에게 송달하여야 한다.

3. 피청구인의 심판청구서 접수·처리

① 피청구인이 심판청구서를 접수하거나 송부받으면 10일 이내에 심판청구서와 답변서를 위원회에 보내야 한다.
② 심판청구가 그 내용이 특정되지 아니하는 등 명백히 부적법하다고 판단되는 경우에는 피청구인은 답변서를 위원회에 보내지 아니할 수 있으며, 이 경우 심판청구서를 접수하거나 송부받은 날부터 10일 이내에 그 사유를 위원회에 문서로 통보하여야 한다.
③ ②에도 불구하고 위원장이 심판청구에 대하여 답변서 제출을 요구하면 피청구인은 위원장으로부터 답변서 제출을 요구받은 날부터 10일 이내에 위원회에 답변서를 제출하여야 한다.
④ 피청구인은 처분의 상대방이 아닌 제3자가 심판청구를 한 경우 지체 없이 처분의 상대방에게 그 사실을 알려야 하며, 심판청구서 사본을 함께 송달하여야 한다.
⑤ 피청구인이 심판청구서를 보낼 때에는 심판청구서에 위원회가 표시되지 아니하였거나 잘못 표시된 경우에도 정당한 권한이 있는 위원회에 보내야 한다.
⑥ 피청구인은 답변서를 보낼 때에는 청구인의 수만큼 답변서 부본을 함께 보내야 하며, 답변서에는 ㉠ 처분이나 부작위의 근거와 이유, ㉡ 심판청구의 취지와 이유에 대한 답변, ㉢ 제3자 심판청구 시 처분의 상대방의 이름·주소·연락처와 의무이행 여부를 명확하게 적어야 한다.
⑦ 중앙행정심판위원회에서 심리·재결하는 사건의 경우/ 피청구인은 위원회에 심판청구서 또는 답변서를 보낼 때에는/ 소관 중앙행정기관의 장에게도/ 그 심판청구·답변의 내용을 알려야 한다.

4. 피청구인의 직권취소등

(1) 직권취소등 및 서면통지

심판청구서를 받은 피청구인은 그 심판청구가 이유가 있다고 인정하면 심판청구의 취지에 따라 직권으로 처분을 취소·변경하거나 확인을 하거나 신청에 따른 처분을 할 수 있다. 이 경우 서면으로 청구인에게 알려야 한다.

(2) 직권취소등 사실증명 서류 위원회 제출

피청구인은 직권취소등을 하였을 때에는/ 청구인이 심판청구를 취하한 경우가 아니라면/ 심판청구서·답변서를 보내거나 답변서를 보낼 때 직권취소등의 사실을 증명하는 서류를 위원회에 함께 제출하여야 한다.

청구기간 ★★★

□ 甲은 관할 행정청인 A시장에게 노래연습장업의 등록을 하고, 그 영업을 영위해 오고 있다. 甲은 2020.3.5. 23:30경 영업장소에 청소년을 출입시켜 주류를 판매·제공하였다는 이유로 단속에 적발되었다. A시장은 사전통지 절차를 거친 후 2020.4.8. 甲에 대한 3개월의 영업정지 처분의 통지서를 송달하였고, 甲은 다음 날 처분통지서를 수령하였다. 통지서에는 "처분이 있음을 안 날부터 120일 이내에 B행정심판위원회에 행정심판을 제기할 수 있다"고 청구기간이 잘못 기재되어 있었다. 甲은 해당 처분이 자신의 위반행위에 비하여 과중한 제재처분이라고 주장하면서 A시장을 피청구인으로 하여 B행정심판위원회에 2020.8.3. 취소심판을 제기하였다. 다음 물음에 답하시오

▶ 제8회 기출 사례 40점

물음 1) 甲이 제기한 행정심판은 청구기간을 준수하였는지 논하시오

▶ 20점

○ 핵심해설 제8회 기출 사례 물음 1)

I 논점의 정리

행정심판청구가 적법하려면/ 대상적격, 청구인적격, 청구이익, 피청구인적격, 기간 내 청구 등이 요구되는데,/ 본 사안은 청구기간과 오고지가 문제된다.

II 청구기간

1. 의 의
2. 원 칙

III 오고지

1. 의 의
2. 청구기간의 오고지

IV 사안의 해결

1. 甲은 원칙적으로 2020.4.9. 영업정지처분이 있음을 알게 된 날로부터 90일, 처분이 있었던 날부터 180일 이내에 취소심판을 제기하여야 한다.

2. 그러나 행정청인 A시장이 청구기간을 오고지 하였으므로 처분이 있었던 2020.4.9.을 기준으로 안 날로부터 120일 이내에 청구하면 되므로, 2020.8.3. 제기된 취소심판은 청구기간을 준수하였다.

I. 서 설

1. 의의
청구기간이란/ 행정심판을 제기할 수 있는 일정한 시간적 간격을 말한다.

2. 인정취지
행정법관계의 법적 안정성을 유지하고,/ 당사자들의 기존 신뢰를 보호하기 위함이다.

II. 취소심판의 청구기간★★

1. 원칙

(1) 90일 이내
① 취소심판은 처분이 있음을 알게 된 날부터 90일 이내에 청구하여야 한다.
② 이 기간은 불변기간이다.
③ 처분이 있음을 알게 된 날이란 처분이 있었음을 실제로 안 날을 의미한다.

(2) 180일 이내
① 취소심판은 처분이 있었던 날부터 180일이 지나면 청구하지 못한다.
② 이 기간은 불변기간이 아니다.
③ 처분이 있었던 날은/ 처분의 효력이 발생한 날을 의미한다.

2. 예외

(1) 90일에 대한 예외

1) 법 제27조 제2항의 예외

청구인이/ 천재지변, 전쟁, 사변, 그 밖의 불가항력으로 인하여 처분이 있음을 알게 된 날부터 90일 이내에 심판청구를 할 수 없었을 때에는/ 그 사유가 소멸한 날부터 14일(국외에서 행정심판을 청구하는 경우에는 30일) 이내에/ 행정심판을 청구할 수 있다. 이 기간은 불변기간이다.

2) 심판청구기간의 오고지·불고지의 경우

① 행정청이 심판청구기간을 90일보다 긴 기간으로 오고지의 경우에는 그 잘못 알린 기간에 심판청구가 있으면 청구기간은 준수된 것으로 본다.
② 행정청이 심판청구기간을 알리지 아니한 경우에는 처분이 있었던 날부터 180일 이내 심판청구를 할 수 있다.

(2) 180일에 대한 예외

행정심판은/ 처분이 있었던 날부터 180일이 지나면 청구하지 못하나,/ 정당한 사유가 있는 경우에는 심판청구를 할 수 있다./ 여기서 정당한 사유란 행정심판기관이 조사하여 건전한 사회통념에 입각하여 판단할 것이다.

Ⅲ. 무효등확인심판과 의무이행심판의 경우

1. 법 제27조 제7항
무효등확인심판청구와 부작위에 대한 의무이행심판청구에는 청구기간을 적용하지 아니한다.

2. 거부처분에 대한 의무이행심판의 경우
(1) 문제점
법 제27조 제7항을 유추적용하여 행정심판의 청구기간의 제한이 없는 것인지 문제된다.

(2) 판 례
대법원은 행정심판법 제27조 제7항의 부작위에 대한 의무이행심판청구에 거부처분에 대한 의무이행심판청구도 포함된다고 볼 수 없다(대판 1992.11.10. 96누1629)고 판시하여 청구기간의 제한이 적용된다.

17 THEME 심판청구의 변경 ★★

□ 행정사 甲은 "행정사와 그 사무직원은 업무에 관하여 법률이 정한 보수 외에 어떠한 명목으로도 위임인으로부터 금전 또는 재산상의 이익이나 그 밖의 반대급부를 받지 못한다."라는 행정사법의 규정에 위반하는 행위를 하였다는 이유로 관할 행정청인 A시장으로부터 1개월 업무정지처분을 한다는 내용의 처분서를 2017.5.1. 송달받았다. 그에 따라 甲은 1개월간 업무를 하지 못한 채, 그 업무정지기간은 만료되었다. 甲은 A시장으로부터 위 처분에 대한 행정심판 고지를 받지 못했다. 甲은 2017.9.8. 위 처분에 불복하여 행정심판위원회에 A시장의 업무정지처분의 취소를 구하는 행정심판을 제기하였다. 행정사법 시행규칙 [별표] 업무정지처분 기준에서는 제재처분의 횟수에 따라 제재가 가중되는 것으로 규정하고 있다. 다음 물음에 답하시오.
▶ 제5회 기출 사례 40점

물음 2) 행정심판의 청구요건이 충족되었다고 가정할 경우, A시장은 행정심판 과정에서 처분 시 제시하지 않았던 '甲이 2개의 행정사 사무소를 설치·운영하였음'이라는 처분사유를 추가할 수 있는가?
▶ 10점

○ 핵심해설 제5회 기출 사례 물음 2)

I 논점의 정리

행정심판계속 중 A시장이 처분 시 제시하지 않았던 처분사유를 추가·변경을 할 수 있는지 문제된다.

II 처분사유의 추가·변경

1. 의 의
2. 인정 요건

III 사안의 해결

1. 보수규정 위반사실과 2개 사무소의 설치규정 위반사실은 기본적 사실관계가 동일하다고 할 수 없다./ 또한 2개 사무소의 설치규정 위반사실은 처분 시 존재하였던 사유가 아니다.
2. 따라서 A시장은 행정심판 과정에서 처분 시 제시하지 않았던 처분사유를 추가할 수 없다.

□ 甲은 1988.9.1. A제철주식회사에 입사하여 발전시설에서 근무하다가 터빈 및 보일러 작동 소음에 장기간 노출되어 우측 청력에 중대한 장애가 발생하였다는 이유로 전보를 요청하였고, 2004.3.2. 시약생산과로 전보되어 근무하다가 2009.2.6. 퇴사하였다. 甲은 2009.3.6. 근로복지공단에 '우측 감각신경성 난청'에 대한 장해보상청구를 하였는데, 근로복지공단은 2009.5.9. 보험급여 청구를 3년간 행사하지 않아 장해보상청구권이 소멸하였다는 점을 사유로 장해급여 부지급 결정을 甲에게 통보하였다. 甲은 이에 불복하여 근로복지공단에 대한 심사청구를 거쳐 산업재해보상보험재심사위원회에 재심사청구를 하였다. 이에 근로복지공단은 甲의 상병이 업무상 재해인 소음성 난청으로 보기 어렵다는 처분사유를 추가하였다. 다음 물음에 답하시오.
▶ 제9회 기출 사례 40점

※ 당시 산업재해보상보험법령에 따르면 장해보상청구권은 치유일부터 3년 이내에 행사하여야 하며, 그 치유시기는 해당 근로자가 더 이상 직업성 난청이 유발될 수 있는 장소에서 업무를 하지 않게 되었을 때로 한다고 규정하고 있었다.

물음 2) 근로복지공단에 의한 처분사유의 추가가 허용될 수 있는지를 검토하시오. ▶ 20점

핵심해설 제9회 기출 사례 물음 2)

I 논점의 정리

행정심판계속 중 근로복지공단에 의한 처분사유의 추가가 허용될 수 있는지가 기본적 사실관계의 동일성과 관련하여 문제된다.

II 처분사유의 추가

1. 의 의
2. 인정 요건

III 기본적 사실관계의 동일성이 인정되지 않는 사유를 처분사유로 추가·변경할 수 있는지 여부

산업재해보상보험법상 심사청구에 관한 절차는/ 보험급여 등에 관한 처분을 한 근로복지공단으로 하여금 스스로의 심사를 통하여 당해 처분의 적법성과 합목적성을 확보하도록 하는/ 근로복지공단 내부의 시정절차에 해당한다고 보아야 한다./ 따라서 처분청이 스스로 당해 처분의 적법성과 합목적성을 확보하고자 행하는 자신의 내부 시정절차에서는 당초 처분의 근거로 삼은 사유와 기본적 사실관계의 동일성이 인정되지 않는 사유라고 하더라도 이를 처분의 적법성과 합목적성을 뒷받침하는 처분사유로 추가·변경할 수 있다고 보는 것이 타당하다(대판 2012.9.13. 2012두3859).

IV 사안의 해결

1. 소멸시효완성이라는 사실과 업무상 재해 불인정이라는 사실은 기본적 사실관계의 동일성이 인정되지 않아 처분사유를 추가할 수 없다고 보아야 한다./ 다만, 판례는 내부적 시정절차인 심사청구절차에서는 기본적 사실관계의 동일성이 인정되지 않더라도 처분사유의 추가가 허용된다는 입장이다.

2. 따라서 근로복지공단은 심사청구절차에서는 처분사유를 추가할 수 있으나,/ 재심사청구절차에서는 처분사유의 추가가 허용될 수 없다.

핵심이론

I 서 설

1. 의 의
청구의 변경이란/ 심판청구의 계속 중에/ 청구인이 당초에 청구한 취지 등을 변경하는 것을 말한다.

2. 인정취지
청구인의 편의와/ 신속한 행정심판의 절차수행을 도모하기 위함이다.

II 종 류

1. 청구취지의 변경

(1) 의 의
청구인이/ 청구의 기초에 변경이 없는 범위에서/ 청구의 취지나 이유를 변경하는 것이다(법 제29조 제1항).

(2) 종 류
심판청구의 변경에는 ① 추가적 변경과 ② 교환적 변경이 있다.

(3) 청구변경의 요건
심판청구의 변경은 ① 청구의 기초에 변경이 없어야 하고, ② 당초의 행정심판청구는 적법하게 계속 중이어야 하며, ③ 사실심변론 종결 시 이전에/ 청구인이 청구변경을 요구하여/ 위원회의 허가결정이 있어야 한다.

2. 처분변경으로 인한 청구의 변경

(1) 의 의
청구인은/ 행정심판이 청구된 후에/ 피청구인이 새로운 처분을 하거나 심판청구의 대상인 처분을 변경한 경우에는/ 새로운 처분이나 변경된 처분에 맞추어/ 청구의 취지나 이유를 변경할 수 있다(법 제29조 제2항).

(2) 청구변경의 요건
심판청구의 변경은 ① 행정심판청구 이후에/ 심판청구의 대상인 처분이 변경되어야 하고, ② 당초의 행정심판청구는 적법하게 계속 중이어야 하며, ③ 사실심변론 종결 시 이전에/ 청구인이 청구변경을 요구하여 위원회의 허가결정이 있어야 한다.

III 심판청구변경의 절차

1. 서면신청
심판청구의 변경은 서면으로 신청하여야 한다. 이 경우 피청구인과 참가인의 수만큼 청구변경신청서 부본을 함께 제출하여야 한다.

2. 청구변경신청서 부본 송달

위원회는/ 청구변경신청서 부본을/ 피청구인과 참가인에게 송달하여야 한다.

3. 의견제출 요구

위원회는/ 기간을 정하여/ 피청구인과 참가인에게/ 청구변경 신청에 대한 의견을 제출하도록 할 수 있으며,/ 기간에 의견을 제출하지 아니하면/ 의견이 없는 것으로 본다.

4. 허가 여부 결정 및 결정서 송달

위원회는/ 청구변경 신청에 대하여/ 허가할 것인지 여부를 결정하고,/ 지체 없이/ 신청인에게는 결정서 정본을, 당사자 및 참가인에게 결정서 등본을 송달하여야 한다.

5. 이의신청

신청인은/ 송달을 받은 날부터 7일 이내에/ 위원회에 이의신청을 할 수 있다.

Ⅳ 효과(소급효)

청구의 변경결정이 있으면/ 처음 행정심판이 청구되었을 때부터/ 변경된 청구의 취지나 이유로/ 행정심판이 청구된 것으로 본다(법 제29조 제8항).

Ⅴ 보론 : 처분사유의 추가·변경★★

1. 의의 및 취지

행정청이/ 심판계속 중/ 처분 시 근거로 삼았던 사유와/ 다른 사유를 추가로 주장하거나 처분사유를 변경하는 것을 말한다. 이는 분쟁을 1회적으로 해결하고, 청구인의 심판방어를 위함이다.

2. 인정요건

(1) 피청구인인 행정청이/ 처분사유를 추가·변경할 것

(2) 당초 처분사유의 기본적 사실관계의 동일성이 인정될 것

여기서 기본적 사실관계의 동일성 유무는/ 처분사유를/ 법률적으로 평가하기 이전의/ 구체적인 사실에 착안하여/ 그 기초가 되는 사회적 사실관계가/ 기본적인 점에서 동일한지 여부에 따라 결정된다고 할 것이다(대판 2003.5.30. 2003두2182).

(3) 처분 시에 존재하였던 사유일 것

(4) 재결 시까지 처분사유를 추가·변경할 것

THEME 18 집행정지★★★

□ A시의 공공주택난을 해소하기 위한 청년대상 공공아파트 1개동을 건설하기 위하여 甲은 시장 乙에게 주택건설사업계획승인신청을 하였다. 이 신청에 대하여 乙은 관계법령에 따라 아파트 건설이 가능하다고 구술로 답을 하였다. 그러나 乙의 임기만료 후에 새로 취임한 시장 丙은 공공아파트 신축 예정지역 인근에 시 지정 공원이 있어 아파트 건설로 A시의 환경, 미관 등이 손상될 우려가 있다는 이유로, 주택건설사업계획 승인신청을 반려하는 처분(이하 "이 사건 반려처분")을 하였다. 甲은 이에 불복하여 이 사건 반려처분의 취소를 구하는 행정심판청구 및 집행정지신청(이하 "이 사건 취소심판")을 하였다. 다음 물음에 답하시오.
▶ 제11회 기출 사례 40점

물음 1) 이 사건 취소심판에서 집행정지의 인용 여부를 검토하시오.   ▶ 20점

◎ 핵심해설   제11회 기출 사례 물음 1)

I   논점의 정리

행정심판법은/ 심판계속 중 실효적인 권리구제수단으로써 집행정지와 임시처분을 규정하고 있는데,/ 취소심판에서 집행정지가 허용되는지 문제된다.

II   집행정지

1. 의 의
2. 요 건

III   임시처분

1. 의 의
2. 요 건
3. 임시처분의 보충성

IV   사안의 해결

1. 신청에 대한 반려처분(거부처분)의 효력을 정지하더하도/ 반려처분이 없었던 것과 같은 상태, 즉 반려처분이 있기 전의 신청 시의 상태로 되돌아가는 데에 불과하므로,/ 실효적인 구제수단이 되지 못한다./ 따라서 반려처분에 대한 집행정지가 허용되지 않는다./ 다만, 반려처분이 위법·부당하다고 상당히 의심되는 경우에는/ 보충적으로 임시처분을 신청할 수 있다.
2. 결국, 이 사건 취소심판의 경우 집행정지는 인용될 수 없다.

□ 甲은 '사실상의 도로'로서 인근 주민들의 통행로로 이용되고 있는 토지(이하 "이 사건 토지")를 매수한 다음 관할 구청장 乙에게 그 지상에 주택을 신축하겠다는 내용의 건축허가를 신청하였으나, 乙은 '위 토지가 건축법상 도로에 해당하여 건축을 허용할 수 없다'는 사유로 건축허가를 거부하였다. 이에 甲은 위 거부행위에 대해 취소심판청구 및 집행정지신청을 하였다. 다음 물음에 답하시오. ▶제10회 기출 사례 40점

물음 1) 乙은 '甲의 건축허가 신청을 거부한 행위는 취소심판의 대상이 되는 거부처분이 아니고, 또 건축허가 거부행위에 대해서는 집행정지가 허용되지 않는다.'고 주장한다. 乙의 주장은 타당한가?
▶20점

○ 핵심해설 제10회 기출 사례 물음 1)

I 논점의 정리

행정심판청구가 적법하려면/ 대상적격, 청구인적격, 청구이익, 피청구인적격, 기간 내 청구 등이 요구되는데,/ 본 사안은 대상적격과 집행정지 허용 여부가 문제된다.

II 대상적격

1. 의 의
2. 처 분
3. 거부처분

III 집행정지 허용 여부

1. 집행정지의 의의
2. 요 건
3. 임시처분의 보충성

IV 사안의 해결

1. 법규상 신청권이 인정되는 甲의 건축허가 신청을 거부한 관할 구청장 乙의 행위는/ 甲의 법률관계에 변동을 일으키는 취소심판의 대상이 되는 거부처분에 해당한다.
2. 신청에 대한 거부처분의 효력을 정지하더라도/ 거부처분이 없었던 것과 같은 상태, 즉 거부처분이 있기 전의 신청 시의 상태로 되돌아가는 데에 불과하므로,/ 효력정지를 구할 이익이 없다./ 따라서 건축허가 신청을 거부한 행위에 대해서는 집행정지가 허용되지 않는다.
3. 결국, 관할 구청장 乙의 주장은 일부만 타당하다.

핵심이론

I 서 설

1. 가구제의 의의
행정심판법상 가구제란/ 본안재결의 실효성을 확보하기 위하여/ 처분을 정지하거나/ 공법상 법률관계에 관하여/ 잠정적인 효력관계나 지위를 정함으로써/ 본안재결이 확정되기 전에 임시의 권리구제를 도모하는 것을 말한다.

2. 행정심판법의 규정
행정심판법은 제30조에서 소극적 가구제로서 집행정지를,/ 제31조에서 적극적 가구제로서 임시처분제도를 규정하고 있다.

II 집행정지의 의의★★

집행정지란/ 처분의 집행 등으로 인하여/ 중대한 손해가 생기는 것을/ 예방할 필요성이 긴급하다고 인정할 때/ 위원회가/ 직권으로 또는 당사자의 신청에 의하여/ 처분의 효력, 처분의 집행 또는 절차의 속행의 전부 또는 일부의 정지를 결정하는 것을 말한다(법 제30조 제2항).

III 집행정지결정의 요건★

1. 적극적 요건
집행정지결정의 적극적 요건으로서 ① 집행정지의 대상인 처분등이 존재하여야 하고, ② 적법한 심판청구가 계속 중이어야 하며, ③ 중대한 손해발생 가능성이 있어, ④ 예방 필요성이 긴급하다고 인정하여야 한다.

2. 소극적 요건
집행정지결정은 ① 공공복리에 중대한 영향을 미칠 우려가 없어야 하며, ② 심판청구의 이유 없음이 명백하지 아니하여야 한다.

IV 처분의 효력정지의 보충성

처분의 효력정지는/ 처분의 집행 또는 절차의 속행을 정지함으로써/ 그 목적을 달성할 수 있을 때에는/ 허용되지 아니한다.

Ⅴ 집행정지의 절차

1. 당사자의 신청 또는 직권
위원회는/ 당사자의 신청 또는 직권으로/ 집행정지를 결정할 수 있다.

2. 신청절차

(1) 위원회에 심판청구서를 제출한 경우

집행정지 신청은/ ① 심판청구와 동시에 또는 ② 심판청구에 대한 위원회나 소위원회의 의결이 있기 전까지/ 신청의 취지와 원인을 적은 서면을 위원회에 제출하여야 한다.

(2) 피청구인에게 심판청구서를 제출한 경우

집행정지 신청은/ 심판청구와 동시에/ 신청의 취지와 원인을 적은 서면, 심판청구서 사본과 접수증명서를 함께 위원회에 제출하여야 한다.

3. 위원장의 직권결정
위원회의 심리·결정을 기다릴 경우 중대한 손해가 생길 우려가 있다고 인정되면/ 위원장은 직권으로 위원회의 심리·결정에 갈음하는 결정을 할 수 있다. 이 경우 위원장은 지체 없이 위원회에 그 사실을 보고하고, 추인을 받아야 한다.

4. 결정서 정본 송달
위원회는/ 집행정지에 관하여 심리·결정하면/ 지체 없이/ 당사자에게/ 결정서 정본을 송달하여야 한다.

Ⅵ 집행정지결정의 효과

1. 형성력
효력정지결정은 당해 처분의 효력 그 자체를 정지시키는 것이므로 행정처분이 없었던 원래와 같은 상태를 실현시키는 것이다. 반면 집행의 정지결정과 절차속행의 정지결정은 처분의 효력에는 영향을 미치지 아니하지만, 처분의 집행만을 저지하는 효과를 갖는다. 다만, 실제상으로는 행정처분이 없었던 원래와 같은 상태가 된다.

2. 기속력
집행정지결정은 당사자인 행정청과 그 밖의 관계 행정청을 기속한다.

3. 시간적 효력
집행정지결정의 효력은/ 결정주문에서 정한 시기까지 존속하며,/ 그 주문에 특별한 제한이 없다면 본안판결이 확정될 때까지 그 효력이 존속한다.

Ⅶ 집행정지결정의 취소

1. 취소 사유

위원회는/ 집행정지를 결정한 후/ ① 집행정지가 공공복리에 중대한 영향을 미치거나 ② 그 정지사유가 없어진 경우에는/ 직권으로 또는 당사자의 신청에 의하여 집행정지결정을 취소할 수 있다.

2. 절 차

(1) 당사자의 신청 또는 직권

(2) 취소신청 절차

집행정지결정의 취소신청은/ 심판청구에 대한 위원회나 소위원회의 의결이 있기 전까지/ 신청의 취지와 원인을 적은 서면을/ 위원회에 제출하여야 한다.

(3) 위원장의 집행정지결정 취소

위원장이/ 직권으로/ 위원회의 심리·결정에 갈음하는 결정을 한 경우/ 지체 없이/ 위원회에 그 사실을 보고하고 추인을 받아야 하는데,/ 위원회의 추인을 받지 못하면/ 위원장은/ 집행정지결정을 취소하여야 한다.

(4) 결정서 정본 송달

위원회는/ 집행정지의 취소에 관하여 심리·결정하면/ 지체 없이/ 당사자에게 결정서 정본을 송달하여야 한다.

임시처분 ★★

□ 법령에 따라 행정권한을 위탁받은 A공사의 공익사업 시행으로 甲은 주거용 건축물이 수용되어 생활의 근거를 상실하게 되었다. 이에 甲은 관련 법령에 따른 이주대책인 주택 특별공급을 신청하였다. 관련 법령에서는 사업시행자의 이주대책 수립·실시 의무와 이주대책 대상자에 대한 통지의무를 규정하고 있다. 그런데, 신청 후 상당 기간이 경과하였음에도 불구하고 A공사는 甲에게 아무런 회신을 하지 않고 있다.
▶ 제13회 기출 사례 40점

물음 1) 甲이 A공사의 '아무런 회신을 하지 않고 있음'을 다투기 위하여 이용할 수 있는 행정심판법상 구제수단(가구제 포함)을 설명하시오(THEME 3, 18 참조).
▶ 20점

□ 甲은 A행정청이 시행한 국가공무원시험의 1차 객관식시험에 응시하였으나 불합격(이하 "처분"이라 함)하였다. 이 시험은 1차 객관식시험, 2차 주관식시험과 3차 면접시험으로 구성되고, 3차 면접시험에 합격한 경우에 최종합격자가 된다. 또한 3차 면접시험에 응시하기 위해서는 2차 주관식시험에, 2차 주관식시험에 응시하기 위해서는 1차 객관식시험에 각각 합격하여야 한다. 甲은 위 처분에 대하여 행정심판을 청구하였으나, 관할 행정심판위원회가 2차 주관식시험 시행 전까지 재결하지 않을 것에 대비하여 법적 수단을 강구하고자 한다. 甲이 재결 전이라도 2차 주관식시험에 응시하기 위하여 취할 수 있는 행정심판법상 구제수단에는 어떠한 것이 있는지 논하시오.
▶ 제4회 기출 사례 논술 40점

○ 핵심해설 제13회 기출 사례 물음 1)

I 논점의 정리

甲이 A공사의 부작위를 다투기 위하여 이용할 수 있는 행정심판법상 구제수단으로 의무이행심판과/ 가구제 수단으로서 집행정지나 임시처분이 인정될 수 있는지 문제된다.

II 의무이행심판

1. 의 의
2. 부작위의 성립요건
3. 사안의 적용

① 甲은 법령에 따라 주거용 건축물이 수용되어 생활의 근거를 상실한 자로서 관련 법령에 따라 이주대책인 주택 특별공급을 신청하였고, ② A공사는 관련 법령에 따라 이주대책 수립·실시 의무가 있다. 또한 ③ 신청 후 상당기간이 경과하였음에도 불구하고 ④ A공사는 甲에게 아무런 회신을 하지 않고 있으므로, 甲은 의무이행심판을 청구할 수 있다.

Ⅲ 가구제

1. 집행정지

(1) 의 의

(2) 요 건

(3) 사안의 적용

A공사의 부작위는 집행정지의 대상되는 처분이 없다는 점에서 집행정지가 인정되지 않는다.

2. 임시처분

(1) 의 의

(2) 요 건

(3) 사안의 적용

① 일응 행정심판청구가 계속 중이라고 판단하고, ② 부작위가 위법·부당하다고 상당히 의심되는 경우이며, ③ 주거용 건축물이 수용되어 생활의 근거를 상실하게 된 甲이 받을 우려가 있는 중대한 불이익이나 당사자에게 생길 급박한 위험이 존재한다고 판단되어, ④ 甲에게 이주대책인 주택 특별공급을 신청할 임시지위를 인정받을 필요성이 인정된다. 나아가 ⑤ 임시처분으로 공공복리에 중대한 영향을 미칠 우려가 없어 보이고, ⑥ 집행정지가 허용되는 경우가 아니므로 甲은 임시처분을 신청할 수 있다.

Ⅳ 사안의 해결

A공사의 부작위에 대하여 甲은 의무이행심판을 청구할 수 있고, 가구제 수단으로써 임시처분을 신청할 수 있다.

○ 핵심해설 제4회 기출 사례 논술

Ⅰ 논점의 정리

사안의 경우 재결 전이더라도 甲이 가구제 수단으로서 집행정지와 임시처분을 신청할 수 있는지 문제된다.

Ⅱ 집행정지

1. 의 의
2. 요 건
3. 절 차
4. 효 과

Ⅲ 임시처분

1. 의 의
2. 요 건
3. 절 차

Ⅳ 결 론

1. **甲이 불합격처분에 대해 집행정지를 받더라도 2차시험을 볼 수 있는 자격이 부여되는 것은 아니므로,/ 집행정지는 실효적 구제수단이 되지 못한다./ 반면 甲의 불합격처분이 위법·부당함이 상당하다고 인정되는 경우에는 임시처분이 인정될 수는 있다.**

2. **따라서 甲이 재결 전이더라도 2차 주관식시험에 응시하기 위하여 취할 수 있는 행정심판법상 구제수단은 임시처분이다.**

핵심이론

I. 서 설★

1. 가구제의 의의
행정심판법상 가구제란/ 본안재결의 실효성을 확보하기 위하여/ 처분을 정지하거나/ 공법상 법률관계에 관하여/ 잠정적인 효력관계나 지위를 정함으로써/ 본안재결이 확정되기 전에 임시의 권리구제를 도모하는 것을 말한다.

2. 행정심판법의 규정
행정심판법은 제30조에서 소극적 가구제로서 집행정지를,/ 제31조에서 적극적 가구제로서 임시처분제도를 규정하고 있다.

II. 임시처분의 의의

임시처분이란/ 처분 또는 부작위가 위법·부당하다고 상당히 의심되는 경우로서/ 처분 또는 부작위 때문에/ 당사자가 받을 우려가 있는 중대한 불이익이나/ 당사자에게 생길 급박한 위험을/ 막기 위하여/ 임시지위를 정하여야 할 필요가 있는 경우/ 위원회가 발할 수 있는 적극적 가구제 수단이다.

III. 임시처분의 요건

1. 적극적 요건
(1) 행정심판청구가 계속 중일 것
(2) 처분 또는 부작위가 위법·부당하다고 상당히 의심되는 경우일 것
(3) 당사자가 받을 우려가 있는 중대한 불이익이나 당사자에게 생길 급박한 위험이 존재할 것
(4) 이를 막기 위하여 임시지위를 정하여야 할 필요가 있을 것

2. 소극적 요건
임시처분은 공공복리에 중대한 영향을 미칠 우려가 없어야 한다.

3. 보충성 요건
임시처분은 집행정지로 목적을 달성할 수 있는 경우에는 허용되지 아니한다.

Ⅳ 임시처분의 절차

1. 당사자의 신청 또는 직권
위원회는 당사자의 신청 또는 직권으로 임시처분을 결정할 수 있다.

2. 신청절차

(1) 위원회에 심판청구서를 제출한 경우

임시처분의 신청은/ ① 심판청구와 동시에 또는 ② 심판청구에 대한 위원회나 소위원회의 의결이 있기 전까지/ 신청의 취지와 원인을 적은 서면을 위원회에 제출하여야 한다.

(2) 피청구인에게 심판청구서를 제출한 경우

임시처분의 신청은/ 심판청구와 동시에/ 신청의 취지와 원인을 적은 서면, 심판청구서 사본과 접수증명서를 함께 위원회에 제출하여야 한다.

3. 위원장의 직권결정
위원회의 심리·결정을 기다릴 경우 중대한 불이익이나 급박한 위험이 생길 우려가 있다고 인정되면/ 위원장은 직권으로 위원회의 심리·결정에 갈음하는 결정을 할 수 있다. 이 경우 위원장은 지체 없이 위원회에 그 사실을 보고하고, 추인을 받아야 하며, 추인을 받지 못하면 위원장은 임시처분 결정을 취소하여야 한다.

4. 결정서 정본 송달
위원회는/ 임시처분에 관하여 심리·결정하면/ 지체 없이/ 당사자에게/ 결정서 정본을 송달하여야 한다.

제5절 심리

THEME 20 행정심판의 심리절차★

I 서 설

1. 행정심판 심리의 의의

행정심판의 심리란/ 재결의 기초가 될 사실관계 및 법률관계를 명백히 하기 위하여/ 당사자 및 관계인의 주장과 반박을 듣고/ 증거 기타의 자료를 수집·조사하는 과정을 말한다.

2. 행정심판 심리의 범위

(1) 불고불리의 원칙(법 제47조 제1항)

행정심판의 심리에 있어서는/ 심판이 청구된 처분이나 부작위 이외의 사항에 대해서는 심리하지 못한다는 의미이다.

(2) 불이익변경금지의 원칙(법 제47조 제2항)

심판청구의 대상이 되는 처분보다 청구인에게 불이익하게 심리하지 못한다는 의미이다.

II 심리절차

1. 심리절차의 기본원칙

(1) 대심주의

대심주의란/ 서로 대립하는 당사자 쌍방에게/ 대등하게 공격·방어방법을 제출할 수 있는 기회를 보장하는 제도이다.

(2) 처분권주의

행정심판의 개시, 진행, 종료에 대하여/ 당사자가 주도권을 가지고/ 이에 대하여 자유로이 결정할 수 있는 제도이다. 다만, 공익적 견지에서 심판청구기간의 제한을 받으며, 청구인낙 등이 부인되는 등 제한을 받는다.

(3) 구술심리주의 또는 서면심리

행정심판의 심리는 구술심리나 서면심리로 한다. 다만, 구술심리를 신청한 경우에는 서면심리만으로 결정할 수 있다고 인정되는 경우 외에는 구술심리를 하여야 한다.

(4) 직권탐지주의 가미

대심주의 원칙상 변론주의가 적용되나, 공익적 견지에서 실체적 진실확보에 필요한 경우에는 당사자가 주장하지 않은 사실에 대하여도 심리하고, 증거조사를 할 수 있다.

(5) 비공개주의

행정심판의 심리·재결 과정을 일반인이 방청할 수 없는 상태에서 진행하는 것을 말한다.

2. 당사자의 절차적 권리

(1) 기피신청권(법 제10조 제2항·제8항)

당사자는/ 위원·직원에게/ 공정한 심리·의결을 기대하기 어려운 사정이 있으면/ 위원장에게 기피신청을 할 수 있다.

(2) 이의신청권(법 제20조 제6항 등)

신청인은 참가신청의 불허가 결정을 송달받은 경우 위원회에 이의신청을 할 수 있다.

(3) 보충서면제출권(법 제33조 제1항)

당사자는/ 심판청구서등에서 주장한 사실을 보충하고 다른 당사자의 주장을 다시 반박하기 위하여 필요하면/ 위원회에 보충서면을 제출할 수 있다.

(4) 물적 증거제출권(법 제34조 제1항)

당사자는/ 심판청구서 등에 덧붙여/ 그 주장을 뒷받침하는 증거서류나 증거물을 제출할 수 있다.

(5) 증거조사신청권(법 제36조 제1항)

당사자는 위원회에 증거조사를 신청할 수 있다.

(6) 구술심리신청권(법 제40조 제1항)

행정심판의 심리는 구술심리나 서면심리로 한다. 다만, 구술심리를 신청한 경우에는 서면심리만으로 결정할 수 있다고 인정되는 경우 외에는 구술심리를 하여야 한다.

3. 심리의 병합과 분리(법 제37조)

위원회는 필요하면/ 관련되는 심판청구를 병합하여 심리하거나/ 병합된 관련 청구를 분리하여 심리할 수 있다.

제6절 재결

재결 일반 ★

□ 甲은 관할 행정청인 A시장에게 노래연습장업의 등록을 하고, 그 영업을 영위해 오고 있다. 甲은 2020.3.5. 23:30경 영업장소에 청소년을 출입시켜 주류를 판매·제공하였다는 이유로 단속에 적발되었다. A시장은 사전통지 절차를 거친 후 2020.4.8. 甲에 대한 3개월의 영업정지 처분의 통지서를 송달하였고, 甲은 다음 날 처분통지서를 수령하였다. 통지서에는 "처분이 있음을 안 날부터 120일 이내에 B행정심판위원회에 행정심판을 제기할 수 있다"고 청구기간이 잘못 기재되어 있었다. 甲은 해당 처분이 자신의 위반행위에 비하여 과중한 제재처분이라고 주장하면서 A시장을 피청구인으로 하여 B행정심판위원회에 2020.8.3. 취소심판을 제기하였다. 다음 물음에 답하시오. ▶ 제8회 기출 사례 40점

물음 2) B행정심판위원회가 A시장의 영업정지처분이 비례원칙에 위반하여 위법하다고 판단하는 경우, 어떤 종류의 재결을 할 수 있는 지 논하시오. ▶ 20점

핵심해설 제8회 기출 사례 물음 2)

I 논점의 정리

재결의 종류에 대하여 확인한 후 어떤 종류의 재결을 할 수 있는지 검토하겠다.

II 재결의 종류

1. 각하재결
2. 기각재결
3. 인용재결

III 결론

1. 甲이 제기한 행정심판은 취소심판이고,/ B행정심판위원회는 3개월 영업정지처분이 비례원칙에 위반하여 위법하다고 판단하였으므로,/ 일부인용재결로써 변경재결을 하거나 또는 피청구인 A시장에게 변경명령재결을 명할 수 있다.

2. 따라서 B행정심판위원회는 변경재결을 하거나 또는 피청구인 A시장에게 변경명령재결을 명할 수 있다.

핵심이론

I. 서 설

1. 재결의 의의
재결이란/ 행정심판청구사건에 대하여/ 위원회가 심리한 내용에 따라/ 종국적으로/ 법적인 판단을 하는 것을 말한다.

2. 재결의 성질
재결은 ① 준사법적 행정행위, ② 준법률행위적 행정행위로서 확인행위, ③ 기속행위로서의 성질을 갖는다.

3. 행정소송의 대상성
재결은 행정기관에서 행하는 구체적 사실에 관한 공권력의 행사이므로 행정소송법상 처분등에 해당한다. 다만, 재결자체의 고유한 위법이 있는 경우에 한하여 취소소송의 대상이 될 수 있을 뿐이다(행정소송법 제19조 단서).

II. 재결의 절차

1. 재결의 기간
① 재결은 피청구인 또는 위원회가 심판청구서를 받은 날부터 60일 이내에 하여야 한다.
② 부득이한 사정이 있는 경우에는/ 위원장이/ 직권으로/ 30일을 연장할 수 있으며,/ 이 경우 재결 기간이 끝나기 7일 전까지/ 당사자에게 알려야 한다.

2. 재결의 방식
① 재결은 서면으로 한다.
② 재결서에는/ 사건번호와 사건명,/ 당사자·대표자 또는 대리인의 이름과 주소,/ 주문,/ 청구의 취지, 이유,/ 재결한 날짜가 포함되어야 한다.
③ 재결서에 적은 이유에는 주문 내용이 정당하다는 것을 인정할 수 있는 정도의 판단을 표시하여야 한다.

3. 재결의 범위

(1) 불고불리의 원칙(법 제47조 제1항)
위원회는/ 심판이 청구된 처분이나 부작위 이외의 사항에 대해서는 재결할 수 없다는 의미이다.

(2) 불이익변경금지의 원칙(법 제47조 제2항)
위원회는/ 심판청구의 대상이 되는 처분보다 청구인에게 불이익하게 심리하지 못한다는 의미이다.

4. 재결의 송달과 효력발생

(1) 재결의 송달

① 위원회는/ 지체 없이/ 당사자에게 재결서 정본을,/ 참가인에게 재결서 등본을 송달하여야 한다.
② 제3자가 심판을 청구한 경우/ 위원회는/ 재결서 등본을/ 지체 없이 피청구인을 거쳐/ 처분의 상대방에게 송달하여야 한다.

(2) 재결의 효력발생

재결은/ 청구인에게/ 재결서 정본이 송달되었을 때에/ 그 효력이 생긴다.

Ⅲ 재결의 종류★★

1. 각하 재결

위원회는/ 심판청구가 적법하지 아니하면/ 그 심판청구를 각하한다.

2. 기각 재결

(1) 의 의

위원회는/ 심판청구가 이유가 없다고 인정하면/ 그 심판청구를 기각한다.

(2) 사정재결(THEME 23 참조)

심판청구가 이유가 있다고 인정하는 경우에도/ 이를 인용하는 것이 공공복리에 크게 위배된다고 인정하면/ 위원회가 그 심판청구를 기각하는 재결을 하는 것을 말한다.

3. 인용재결(THEME 24 참조)

(1) 취소심판

위원회는/ 취소심판의 청구가 이유가 있다고 인정되면/ ① 처분을 취소하거나(취소재결) 또는 ② 다른 처분으로 변경하거나(변경재결) ③ 다른 처분으로 변경할 것을 피청구인에게 명한다(변경명령재결).

(2) 무효등확인심판

위원회는/ 무효등확인심판의 청구가 이유가 있다고 인정되면/ ① 처분의 효력 유무(유효확인재결·무효확인재결)/ 또는 ② 처분의 존재 여부(존재확인재결·부존재확인재결)를 확인한다.

(3) 의무이행심판

위원회는/ 의무이행심판의 청구가 이유가 있다고 인정되면/ 지체 없이/ ① 신청에 따른 처분을 하거나(처분재결) ② 처분을 할 것을 피청구인에게 명한다(처분명령재결).

Ⅳ 재결의 효력

1. 행정행위로서의 효력

재결은/ 행정행위의 성질을 가진다./ 따라서 재결서의 정본이 송달되면/ 형성력, 기속력, 공정력 및 구성요건적 효력, 불가쟁력, 불가변력 등의 효력을 갖는다.

(1) 형성력
재결의 내용에 따라/ 법률관계의 발생이나 변경 및 소멸을 가져오는 효력을 말한다. 인용재결 중 형성재결에서만 발생한다.

(2) 공정력 및 구성요건적 효력
전통적 견해는 공정력이란 재결에 비록 하자가 있더라도/ 그것이 중대하고 명백하여 당연무효가 아닌 경우에는/ 권한 있는 기관에 의하여 취소될 때까지는 일응 유효한 것으로 추정되어/ 누구든지 그 효력을 부인할 수 없는 힘이라고 한다. 그러나 새로운 견해는 공정력을 행정행위의 상대방과 이해관계인에게만 미치는 것으로 이해하고,/ 이를 재결의 취소권을 가진 기관 이외의 다른 국가기관에 미치는 힘인 구성요건적 효력과 구분한다.

(3) 불가쟁력
불가쟁력이란/ 재결이 행해지면/ 상대방 또는 이해관계인은/ 더 이상 재결의 효력을 다툴 수 없게 되는 효력을 말한다.

(4) 불가변력
불가변력이란/ 재결이 행해지면/ 위원회 및 관계행정기관이/ 이를 취소·변경·철회할 수 없는 효력을 말한다.

2. 행정심판법상 기속력(THEME 25 참조)
① 기속력이란/ 심판청구를 인용하는 위원회의 재결이/ 피청구인과 그 밖의 관계행정청에 대하여/ 재결의 취지에 따라야 할 실체법상의 의무를 발생시키는 효력을 말한다.
② 기속력은 인용재결에만 인정되고, 각하재결이나 기각재결에서는 문제되지 않는다.

Ⅴ 재결에 대한 불복

1. 재심판청구의 금지(법 제52조)
2. 원고 등의 항고소송

조 정★

I 의 의

조정이란/ 심판청구에 대하여/ 각 당사자가 협상에 의해 합의를 도출하는 것을 말한다./ 이는 심판청구의 신속하고 공정한 해결을 위함이다.

II 요 건

1. 당사자의 권리 및 권한의 범위 내일 것
2. 당사자의 동의가 있을 것
3. 공공복리에 부적합한 경우가 아닐 것
4. 처분의 성질에 반하는 경우가 아닐 것

III 절 차

1. 개시와 진행

① 위원회는 결정으로써 조정을 개시한다.
② 위원회는/ 조정을 함에 있어서/ 심판청구된 사건의 법적·사실적 상태와 당사자 및 이해관계자의 이익 등 모든 사정을 참작하고,/ 조정의 이유와 취지를 설명하여야 한다.

2. 조정 성립

조정은 당사자가 합의한 사항을 조정서에 기재한 후/ 당사자가 서명 또는 날인하고/ 위원회가 이를 확인함으로써 성립한다.

3. 조정 불성립

위원회는 조정이 성립하지 아니한 경우에는 직권으로 심판기일을 지정한다.

Ⅳ 효과

1. 조정의 효력발생시기
위원회는/ 지체 없이/ 당사자에게 조정서의 정본을 송달하여야 한다./ 조정은 조정서가 송달되었을 때에 그 효력이 생긴다.

2. 조정의 기속력
조정에 대하여는 재결의 기속력 규정이 준용되므로/ 조정의 기속력이 발생한다.

3. 직접처분, 간접강제
조정에 대하여는/ 재결의 직접처분, 간접강제 규정도 준용된다.

4. 행정심판 재청구의 금지
조정에 대하여는/ 재결의 행정심판 재청구 금지 규정이 준용된다.

23 THEME 사정재결 ★★★

□ 도시개발사업의 시행자인 A는 개발 구역 내 토지가격을 평가함에 있어 반드시 거쳐야 하는 절차인 토지평가협의회의 심의를 거치지 아니하고 토지가격을 평가하였고, 관할 행정청은 이에 근거하여 환지예정지 지정처분을 내렸다. 처분을 받은 甲은 절차상 하자를 이유로 처분의 취소를 구하는 행정심판을 청구하고자 한다. 그런데 이 처분의 기초가 된 가격평가의 내용은 적정하였을 뿐만 아니라 환지예정지 지정처분을 받은 이해관계인들 중 甲을 제외하고는 아무도 이에 불복하지 않고 있다. 또한 만약 이 처분이 취소될 경우 다른 이해관계인들에 대한 환지예정지 지정처분까지도 변경되어 사실관계가 매우 복잡해짐으로써 사회적 혼란이 발생할 수 있게 된다. 甲의 청구가 인용될 수 있는지에 관하여 논하시오.

▶ 제1회 기출 사례 논술 40점

핵심해설 제1회 기출 사례 논술

I 논점의 정리

행정심판청구가 인용되려면 심판청구가 적법하고, 청구이유가 있어야 한다./ 세부적으로 보면 취소심판청구가 적법하려면 대상적격, 청구인적격, 청구이익, 피청구인적격, 기간 내 청구 등이 요구되는데,/ 본 사안은 대상적격, 청구인적격이 문제된다./ 나아가 청구이유와 관련하여 사정재결이 가능한지도 문제된다.

II 甲 청구의 적법 여부

1. 대상적격
(1) 의 의
(2) 처 분

2. 청구인적격
(1) 의 의
(2) 법률상 이익이 있는 자

3. 소 결
① 관할행정청의 환지예정지 지정처분은/ 甲에게 법집행으로서 권력적 단독행위이므로/ 취소심판의 대상적격인 처분에 해당한다.
② 甲은 처분의 근거법에 의하여 보호되는 개별적·직접적·구체적 이익이 있는 자이므로/ 청구인적격이 인정된다.
③ 따라서 甲의 청구는 적법하다.

Ⅲ. 사정재결

1. 문제점
환지예정지 지정처분에 절차상 하자가 있으나,/ 처분이 취소될 경우 사실관계가 매우 복잡해짐으로써 사회적 혼란이 발생할 수 있으므로/ 사정재결이 가능한지 문제된다.

2. 사정재결의 의의 및 적용범위

3. 사정재결의 요건

4. 구제방법

5. 소 결
① 본 사안은 취소심판이므로 사정재결이 적용된다.
② 절차적 하자를 이유로 지정처분을 취소하게 되면, 사회적 혼란이 발생할 수 있으므로, 사정재결을 할 수 있다./ 이 경우 위원회는 甲에게 상당한 구제방법을 선택할 수 있다.
③ 따라서 사정재결의 요건을 충족하므로, 사정재결을 할 수 있다.

Ⅳ. 결 론
甲의 청구는 인용될 수 없다.

핵심이론

I 의의 및 취지

사정재결이란/ 위원회가/ 심판청구가 이유가 있다고 인정하는 경우에도/ 이를 인용하는 것이 공공복리에 크게 위배된다고 인정하면/ 그 심판청구를 기각하는 재결을 하는 것을 말한다./ 사정재결은 공익과 사익의 조절제도이다.

II 사정재결의 요건

1. 실질적 요건

위원회가/ 심판청구를 인용하는 것이 공공복리에 크게 위배된다고/ 인정하여야 한다.

2. 형식적 요건

위원회는/ 재결의 주문에서/ 그 처분 또는 부작위가 위법하거나 부당하다는 것을 구체적으로 밝혀야 한다.

III 사정재결의 적용제한

사정재결은 취소심판 및 의무이행심판에만 인정되고, 무효등확인심판에는 적용되지 아니한다.

IV 구제방법

위원회는/ 사정재결을 할 때/ 청구인에 대하여 상당한 구제방법을 취하거나,/ 상당한 구제방법을 취할 것을 피청구인에게 명할 수 있다.

THEME 24 인용재결★

핵심이론

I 의 의

인용재결은/ 위원회가/ 본안심리의 결과/ 심판청구가 이유 있다고 판단하여/ 청구인의 청구취지를 받아들이는 재결을 말한다.

II 인용재결의 종류

1. 취소심판의 인용재결

위원회는/ 취소심판의 청구가 이유가 있다고 인정되면/ ① 처분을 취소하거나(취소재결) 또는 ② 다른 처분으로 변경하거나(변경재결) ③ 다른 처분으로 변경할 것을 피청구인에게 명한다(변경명령재결).

2. 무효등확인심판의 인용재결

위원회는/ 무효등확인심판의 청구가 이유가 있다고 인정되면/ ① 처분의 효력 유무(유효확인재결·무효확인재결)/ 또는 ② 처분의 존재 여부(존재확인재결·부존재확인재결)를 확인한다.

3. 의무이행심판의 인용재결

위원회는/ 의무이행심판의 청구가 이유가 있다고 인정되면/ 지체 없이/ ① 신청에 따른 처분을 하거나(처분재결) ② 처분을 할 것을 피청구인에게 명한다(처분명령재결).

III 인용재결의 효력

1. 의 의

재결은/ 행정행위의 성질을 가진다./ 따라서 재결서의 정본이 송달되면/ 형성력, 기속력, 공정력 및 구성요건적 효력, 불가쟁력, 불가변력 등의 효력을 갖는다.

2. 형성력

재결의 내용에 따라/ 법률관계의 발생이나 변경 및 소멸을 가져오는 효력을 말한다. 인용재결 중 형성재결에서만 발생한다.

제2장 행정심판법 **609**

3. 불가쟁력과 불가변력

(1) 불가쟁력
불가쟁력이란/ 재결이 행해지면/ 상대방 또는 이해관계인은/ 더 이상 재결의 효력을 다툴 수 없게 되는 효력을 말한다.

(2) 불가변력
불가변력이란/ 재결이 행해지면/ 위원회 및 관계행정기관이/ 이를 취소·변경·철회할 수 없는 효력을 말한다.

4. 재결의 기속력(THEME 25 참조)
① 기속력이란/ 심판청구를 인용하는 위원회의 재결이/ 피청구인과 그 밖의 관계행정청에 대하여/ 재결의 취지에 따라야 할 실체법상의 의무를 발생시키는 효력을 말한다.
② 기속력은 인용재결에만 인정되고, 각하재결이나 기각재결에서는 문제되지 않는다.

Ⅳ 인용재결에 대한 불복

1. 청구인의 불복
청구인은 인용재결에 대해 불복이 있으면 행정소송을 제기할 수 있으나, 소의 이익이 없으므로, 각하판결로 귀결될 것이다.

2. 피청구인의 불복
피청구인인 행정청의 경우에는 인용재결의 기속력으로 인하여 더 이상 불복할 수 없다.

3. 제3자의 불복
제3자는/ 인용재결로 권리 등이 침해된 경우/ 행정소송을 제기할 수 있다.

THEME 25 재결의 기속력 ★★★

□ 甲은 자신이 소유한 토지에 주택을 건축하기 위하여 관할행정청인 구청장 乙에게 토지형질변경허가를 신청하였으나 乙은 이 토지가 그 지형조건 등에 비추어 주택을 건축하기에 매우 부적법하다는 점을 이유로 허가를 거부하였다. 다음 물음에 답하시오. ▶ 제12회 기출 사례 40점
물음 2) 甲은 위 거부행위에 대하여 관할 행정심판위원회에 행정심판을 제기하였고 그 결과 인용재결이 내려졌다. 그런데 乙은 이 토지는 도시계획변경을 추진 중이므로 공공목적상 원형유지의 필요가 있는 지역으로서 법령에서 정하고 있는 다른 불허가 사유에 해당한다는 이유로 불허가 처분을 하였다. 乙의 거부행위가 법적으로 정당한지를 설명하시오. ▶ 20점

핵심해설 제12회 기출 사례 물음 2)

I 논점의 정리

인용재결의 취지에 따른 재처분의무를 부담하는 구청장 乙이/ 이 토지는 도시계획변경을 추진 중이므로 공공목적상 원형유지의 필요가 있는 지역으로서 법령에서 정하고 있는 다른 불허가 사유에 해당한다는 이유로 다시 불허가 처분을 한 경우,/ 구청장 乙의 거부행위가 법적으로 정당한지, 즉 재결의 기속력에 반하는지 여부가 문제된다.

II 취소재결의 기속력과 재처분의무

1. 기속력의 의의

2. 기속력의 범위
(1) 주관적 범위
(2) 객관적 범위
(3) 시간적 범위

3. 기속력의 내용
(1) 반복금지의무(소극적 의무)
(2) 재처분의무(적극적 의무)
(3) 결과제거의무(적극적 의무)

III 사안의 해결

1. 구청장 乙이 당초 제시한 거부사유(토지가 그 지형조건 등에 비추어 주택을 건축하기에 매우 부적법하다)와 기본적 사실관계의 동일성이 인정되지 않은 별개의 사유(이 토지는 도시계획변경을 추진 중이므로 공공목적상 원형유지의 필요가 있는 지역으로서 법령에서 정하고 있는 다른 불허가 사유에 해당한다)로 재차 불허가 처분을 한 것은 기속력에 반하지 않는다.

2. 따라서 구청장 乙의 재거부행위는 법적으로 정당하다.

□ 甲은 '사실상의 도로'로서 인근 주민들의 통행로로 이용되고 있는 토지(이하 "이 사건 토지")를 매수한 다음 관할 구청장 乙에게 그 지상에 주택을 신축하겠다는 내용의 건축허가를 신청하였으나, 乙은 '위 토지가 건축법상 도로에 해당하여 건축을 허용할 수 없다'는 사유로 건축허가를 거부하였다. 이에 甲은 위 거부행위에 대해 취소심판청구 및 집행정지신청을 하였다. 다음 물음에 답하시오. ▶ 제10회 기출 사례 40점

물음 2) 이 사건 토지는 건축법상 도로에 해당하지 않는다는 이유로 행정심판위원회가 甲의 취소심판청구를 인용하는 재결을 하자 乙은 '이 사건 토지는 인근 주민들의 통행에 제공된 사실상의 도로인데 그 지상에 주택을 건축하여 주민들의 통행을 막는 것은 사회공동체와 인근 주민들의 이익에 반하므로, 甲이 신청한 주택 건축을 허용할 수 없다'는 이유로 다시 건축허가를 거부하였다. 위 재결에도 불구하고 乙이 다시 건축허가를 거부한 것은 적법한가? ▶ 20점

핵심해설 제10회 기출 사례 물음 2)

I 논점의 정리

취소심판청구에 대한 인용재결 이후 관할 구청장 乙이 다른 사유로 다시 건축허가를 거부한 것이 / 재결의 기속력에 위반한 것은 아닌지 문제된다.

II 기속력의 범위

1. 주관적 범위
2. 객관적 범위
3. 시간적 범위

III 기속력의 내용

1. 반복금지의무
2. 재처분의무
3. 결과제거의무

IV 기속력의 위반

V 사안의 해결

1. '건축법상 도로에 해당하지 않는다는 사실'과 '사실상 도로에 해당한다는 사실'은 기본적 사실관계가 동일하다. / 따라서 재결의 기속력이 미치므로 관할 구청장 乙은 위 범위 내에서 동일한 처분을 반복할 수 없다.
2. 사안의 경우 반복금지의무 위반 여부가 문제되는데, / 동일한 사유로 다시 건축허가를 거부한 경우이므로 재결의 기속력에 위반된다.
3. 따라서 취소심판청구에 대한 인용재결 이후 관할 구청장 乙이 다시 건축허가를 거부한 것은 부적법하다.

□ A시는 영농상 편의를 위해 甲의 토지와 인근 토지에 걸쳐서 이미 형성되어 사용되고 있던 자연발생적 토사구거를 철거하고, 콘크리트 U형 수로관으로 된 구거를 설치하는 공사를 완료하였다. 甲은 A시의 공사가 자신의 토지 약 75m²를 침해하였다는 사실을 발견하게 되었다. 이에 甲은 A시에 자신의 토지 약 75m²에 설치되어 있는 구거를 철거하고 자신의 토지 외의 지역에 새로 구거를 설치해달라는 민원을 제기하였다. 다음 물음에 답하시오. ▶ 제6회 기출 사례 40점

물음 1) 甲이 제기한 민원에 대해 A시는 甲이 실제로 해당 구거에 의하여 상당한 영농상의 이득을 향유하고 있으며 구거를 새로 설치하려면 많은 예산이 소요된다는 이유로 甲의 청구를 거부하는 처분을 하였다. 만약 甲이 A시의 거부처분에 대한 취소심판을 제기하여 인용재결을 받았다면, A시는 전혀 다른 사유를 들어 甲의 청구에 대하여 다시 거부처분을 할 수 있는지를 논하시오. ▶ 20점

핵심해설 제6회 기출 사례 물음 1)

I 논점의 정리

취소심판청구에 대한 인용재결 이후 A시가 전혀 다른 사유로 甲의 청구를 거부할 수 있는지가/ 재결의 기속력과 관련하여 문제된다.

II 기속력의 범위

1. 주관적 범위
2. 객관적 범위
3. 시간적 범위

III 기속력의 내용

1. 반복금지의무
2. 재처분의무
3. 결과제거의무

IV 기속력의 위반

V 결 론

1. 전혀 다른 사유는 기본적 사실관계가 동일하지 아니하므로,/ 처분 시 존재 여부와 상관없이 재결의 기속력이 미치지 아니한다./ 이에 따라 반복금지의무 위반 여부가 문제되지 않으며, 재결의 기속력에 위반되지 아니한다.
2. 따라서 A시장은 전혀 다른 사유를 들어 甲의 청구에 대하여 다시 거부처분을 할 수 있다.

I 의 의

기속력이란/ 심판청구를 인용하는 위원회의 재결이/ 피청구인과 그 밖의 관계행정청에 대하여/ 재결의 취지에 따라야 할 실체법상의 의무를 발생시키는 효력을 말한다./ 기속력은 인용재결에만 인정되고, 각하재결이나 기각재결에서는 문제되지 않는다.

II 기속력의 범위

1. 주관적 범위
기속력은 피청구인인 행정청과 그 밖의 관계행정청에 대하여 미친다.

2. 객관적 범위
① 재결의 기속력은/ 재결의 주문 및 그 전제가 된 요건사실의 인정과 판단, 즉 처분 등의 구체적 위법사유에 관한 판단에만 미친다(대판 2005.12.9. 2003두7705).
② 기본적 사실관계의 동일성 유무는/ 처분사유를 법률적으로 평가하기 이전의 구체적 사실에 착안하여/ 그 기초가 되는 사회적 사실관계가 기본적인 점에서 동일한 지 여부에 따라 결정된다(대판 2001.9.28. 2000두8684).
③ 종전 처분시와 기본적 사실관계가 동일하지 않은 사유로 다시 처분을 하는 것은 기속력에 반하지 않는다.

3. 시간적 범위
기속력은 처분 당시를 기준으로 그 당시까지 존재하였던 사유에만 미치고, 그 이후에 생긴 사유에는 미치지 않는다./ 다만, 의무이행재결의 경우에는 재결시를 기준으로 기속력이 발생한다.

III 기속력의 내용

1. 반복금지의무(소극적 의무)
인용재결이 있으면/ 동일한 상황하에서는/ 그에 저촉되는 동일한 처분을 반복할 수 없다.

2. 재처분의무(적극적 의무)
행정청은/ 재결의 취지에 따라/ 다시 이전의 신청에 대한 처분을 하여야 한다. 기속행위의 경우에는 신청된 대로의 처분을, 재량행위의 경우에는 신청에 대한 하자 없는 처분을 하여야 한다.

3. 결과제거의무(적극적 의무)
취소재결·무효확인재결이 있게 되면/ 행정청은/ 위법·부당한 처분에 의해 야기된 위법한 상태를 제거하여야 할 의무를 부담한다.

Ⅳ 기속력 위반 시 효력과 실효성 확보

1. 반복금지의무 위반 시 효력
반복금지의무에 위반하여 동일한 내용의 처분을 다시 한 경우 이러한 처분은 그 하자가 중대·명백하여 무효이다.

2. 재처분의무 불이행 시 실효성 확보
(1) 위원회의 직접처분
(2) 위원회의 간접강제

THEME 26 직접처분과 간접강제 ★★★

□ 법령에 따라 행정권한을 위탁받은 A공사의 공익사업 시행으로 甲은 주거용 건축물이 수용되어 생활의 근거를 상실하게 되었다. 이에 甲은 관련 법령에 따른 이주대책인 주택 특별공급을 신청하였다. 관련 법령에서는 사업시행자의 이주대책 수립·실시 의무와 이주대책 대상자에 대한 통지의무를 규정하고 있다. 그런데, 신청 후 상당 기간이 경과하였음에도 불구하고 A공사는 甲에게 아무런 회신을 하지 않고 있다.
▶ 제13회 기출 사례 40점

물음 2) 甲은 위 물음 1)의 행정심판과는 별개로 A공사를 상대로 '주택 특별공급 자금조달 방안'에 대한 정보공개를 청구하였지만, A공사는 비공개결정을 하였다. 이에 甲이 비공개결정에 대한 의무이행심판을 청구하였고 관할 행정심판위원회는 그 이행을 명하는 재결을 하였다. 그러나 A공사는 위 재결에도 불구하고 해당 정보를 공개하지 않고 있다. 이 경우 재결의 효력을 확보하기 위한 행정심판법상 수단은 무엇인가?
▶ 20점

□ A시의 공공주택난을 해소하기 위한 청년대상 공공아파트 1개동을 건설하기 위하여 甲은 시장 乙에게 주택건설사업계획승인신청을 하였다. 이 신청에 대하여 乙은 관계법령에 따라 아파트 건설이 가능하다고 구술로 답을 하였다. 그러나 乙의 임기만료 후에 새로 취임한 시장 丙은 공공아파트 신축 예정지역 인근에 시 지정 공원이 있어 아파트 건설로 A시의 환경, 미관 등이 손상될 우려가 있다는 이유로, 주택건설사업계획 승인신청을 반려하는 처분(이하 "이 사건 반려처분")을 하였다. 甲은 이에 불복하여 이 사건 반려처분의 취소를 구하는 행정심판청구 및 집행정지신청(이하 "이 사건 취소심판")을 하였다. 다음 물음에 답하시오.
▶ 제11회 기출 사례 40점

물음 2) 丙은 이 사건 취소심판에 대한 인용재결이 있었음에도 불구하고 이 사건 반려처분에 대하여 아무런 조치를 취하지 않았다. 이때 甲이 취할 수 있는 행정심판법상 구제수단에 관하여 설명하시오.
▶ 20점

○ 핵심해설 제13회 기출 사례 물음 2)

I 논점의 정리

관할 행정심판위원회의 의무이행명령재결에도 불구하고,/ A공사가 해당 정보를 공개하지 않은 경우,/ 재결의 효력을 확보하기 위한 행정심판법상 수단으로써 직접처분과 간접강제가 허용되는지 문제된다.

II 직접처분

1. 의 의

직접처분이란/ 행정청이 재결의 취지에 따라 신청에 대한 처분을 하지 아니한 경우/ 행정심판위원회가 직접 처분을 하는 것을 말한다./ 이는 의무이행심판에서 처분명령재결의 실효성을 확보하기 위한 제도로 평가된다.

2. 요 건

(1) 적극적 요건

① 의무이행심판의 처분명령재결이 있을 것, ② 행정청이 어떠한 처분도 하지 아니할 것, ③ 행정심판위원회가 당사지의 신청에 따라 기간을 정하여 시정을 명할 것, ④ 당해 행정청이 그 기간 내에 시정명령을 이행하지 아니할 것

(2) 소극적 요건

처분의 성질이나 그 밖의 불가피한 사유로 위원회가 직접처분을 할 수 없는 경우에는 직접처분이 허용되지 않는다.

3. 사안의 적용

관할 행정심판위원회가 해당 정보를 보유하고 있지 않다는 점에서/ 성질상 직접처분을 할 수 없다는 한계가 있다./ 이에 따라 간접강제를 검토하기로 한다.

Ⅲ 간접강제

1. 의 의

간접강제란/ 피청구인이 행정심판법상 재처분의무에도 불구하고 처분을 하지 아니하면/ 행정심판위원회가 청구인의 신청에 의하여 결정으로 상당한 기간을 정하고/ 피청구인이 그 기간 내에 이행하지 아니하는 경우에는/ 그 지연기간에 따라 일정한 배상을 하도록 명하거나 즉시 배상할 것을 명하는 것을 말한다./ 이는 인용재결의 실효성을 담보하고, 직접처분의 한계를 보완하여 국민의 권익보호를 위한 제도로 평가된다.

2. 요 건

① 인용재결에 따른 재처분의무가 인정될 것, ② 피청구인(처분청)이 재처분의무를 이행하지 않을 것, ③ 청구인의 간접강제 신청이 있을 것, ④ 행정심판위원회가 결정으로 상당한 기간을 정할 것, ⑤ 피청구인(처분청)이 그 기간 내에 이행하지 아니할 것

3. 사안의 적용

의무이행심판의 인용재결에 따른 재처분의무가 인정되는데, 피청구인 A공사가 재처분의무를 이행하지 않았으므로, 청구인 甲은 관할 행정심판위원회에 간접강제를 신청하여 구제를 받을 수 있다.

Ⅳ 사안의 해결

정보를 직접 보유하고 있지 않은 행정심판위원회는 성질상 직접처분을 할 수 없으나,/ 간접강제를 통한 구제는 가능하므로, 甲은 행정심판위원회에 간접강제를 신청할 수 있다.

핵심해설 제11회 기출 사례 물음 2)

I 논점의 정리

취소심판에 대한 인용재결 이후 재결의 기속력을 확보하기 위해 행정심판법상 甲이 취할 수 있는 구제수단으로써 직접처분과 간접강제가 허용되는지 문제된다.

II 직접처분

1. 의 의
2. 요 건
3. 사안의 적용

   이 사건 반려처분(거부처분)에 대한 취소심판에서 인용재결이 있었다는 점에서/ 직접처분의 대상인 의무이행심판의 처분명령재결이 있는 경우가 아니므로/ 甲이 직접처분을 신청하더라도 행정심판위원회는 직접처분을 할 수 없다.

III 간접강제

1. 의 의
2. 요 건
3. 사안의 적용

   이 사건 반려처분(거부처분)에 대한 취소심판에서 인용재결이 있었다는 점에서,/ 丙 시장에게 인용재결에 따른 재처분의무가 발생한다./ 그럼에도 불구하고 丙 시장이 아무런 조치를 취하지 않고 있다는 점에서/ 甲은 행정심판위원회에 간접강제를 신청할 수 있다.

IV 사안의 해결

丙 시장의 재처분의무에 대한 불이행에 대해서,/ 甲은 행정심판위원회에 직접처분을 신청하여 구제받을 수는 없으나,/ 간접강제를 신청하여 구제받을 수는 있다.

□ 서울특별시 A구에 거주하는 甲은, 乙의 건축물(음식점 영업과 주거를 함께하는 건물)이 甲 소유의 주택과 도보에 연접하고 있는데 乙이 건축관계법령을 위반하여 증개축공사를 하였고, 그로 인하여 甲의 집 앞 도로의 통행에 심각한 불편을 초래한다고 주장하면서 A구청을 상대로 지속적으로 민원을 제기하였다. 자신의 민원이 받아들여지지 않자 甲은 자신의 주장의 정당성과 乙이 행한 건축행위의 위법성을 입증하기 위하여 A구청장을 상대로 乙소유 건축물의 설계도면과 준공검사내역 등의 문서를 공개해달라며 정보공개를 청구하였다. 그러나 A구청장을 해당정보가 乙의 사생활 및 영업상 비밀보호와 관련된 것임을 이유로 비공개결정 하였다. 乙 또한 정보공개를 강력하게 반대하고 있다. 그러나 甲은 이에 불복하여 행정심판을 청구하려고 한다. 다음 물음에 답하시오.　　　　　　　　　　　　　　　　　▶ 제7회 기출 사례 40점

물음 2) 행정심판의 인용재결에도 불구하고 A구청장이 해당 정보를 공개하지 않는 경우 행정심판위원회가 재결의 구속력을 확보하기 위해 취할 수 있는 방법은 무엇인가?　　　　　　　　▶ 20점

◎ 핵심해설　제7회 기출 사례 물음 2)

Ⅰ 논점의 정리

행정심판의 인용재결 이후 재결의 기속력을 확보하기 위해 행정심판위원회가 행정심판법상 취할 수 있는 구제수단으로써 직접처분과 간접강제가 허용되는지 문제된다.

Ⅱ 직접처분

1. 의 의
2. 요 건
3. 사안의 적용

　정보공개거부처분에 대한 의무이행심판에서 인용재결이 있다 하더라도/ 행정심판위원회는 정보를 직접 보유하고 있지 아니한 관계로/ 甲이 행정심판위원회에 직접처분을 신청하더라도/ 처분의 성질상 행정심판위원회는 직접처분을 할 수 없다.

Ⅲ 간접강제

1. 의 의
2. 요 건
3. 사안의 적용

　정보공개거부처분에 대한 의무이행심판에서/ 인용재결에 따른 재처분의무가 인정되는데,/ A구청장이 해당 정보를 공개하지 않는 경우, 甲은 행정심판위원회에 간접강제를 신청하여 구제를 받을 수 있다.

Ⅳ 사안의 해결

1. 행정심판위원회는/ 처분의 성질상 A구청장이 가진 정보를 공개하는 직접처분을 할 수 없다.
2. 다만, 행정심판위원회는/ 청구인 甲의 신청이 있는 경우,/ 결정으로서/ A구청장이 해당정보를 상당한 기간 내에 공개하지 않는 경우/ 지연배상이나 즉시배상을 통해서 해당정보를 공개하도록 간접강제를 할 수 있다.
3. 따라서 A구청장이 해당정보를 공개하지 않는 경우 행정심판위원회가 재결의 구속력을 확보하기 위해 취할 수 있는 행정심판법상 실효적인 구제수단은 간접강제이다.

> **핵심이론**

I 직접처분 ★★

1. 의의 및 취지

직접처분이란/ 행정청이/ 재결의 취지에 따른 처분을 하지 아니한 경우/ 위원회가/ 직접 처분을 하는 것을 말한다./ 이는 의무이행심판에서 처분명령재결의 실효성을 확보하기 위한 제도로 평가된다.

2. 요건

(1) 적극적 요건

① 의무이행심판의 처분명령재결이 있을 것
② 행정청이 어떠한 처분도 하지 아니할 것
③ 행정심판위원회가 당사자의 신청에 따라 기간을 정하여 시정을 명할 것
④ 당해 행정청이 그 기간 내에 시정명령을 이행하지 아니할 것

(2) 소극적 요건

처분의 성질이나 그 밖의 불가피한 사유로 위원회가 직접처분을 할 수 없는 경우가 아니어야 한다.

3. 효과

(1) 통보

위원회는/ 직접처분을 하였을 때에는/ 그 사실을 해당 행정청에 통보하여야 한다.

(2) 관리·감독 등의 조치

통보를 받은 행정청은/ 위원회가 한 처분을 자기가 한 처분으로 보아/ 관계법령에 따라 관리·감독 등 필요한 조치를 하여야 한다.

4. 위원회의 직접처분에 대한 불복

(1) 문제점

지방자치단체의 자치권보장과의 관계에서/ 위원회의 직접처분에 대하여/ 지방자치단체가 행정소송으로써 불복할 수 있는지 여부가 문제된다.

(2) 학설

자치권침해를 이유로 지방자치단체의 원고적격을 인정하여 불복할 수 있다는 긍정설과 직접처분에 대한 불복은 재결의 기속력에 반하므로 허용될 수 없다는 부정설이 대립한다.

(3) 검토

기속력에 저촉될 우려가 있으나,/ 적어도 지방자치단체의 자치사무에 대한 재결청의 위법한 직접처분의 경우에는/ 지방자치단체의 자치권보장을 위하여/ 원고적격을 인정해 불복할 수 있다고 보아야 한다.

Ⅱ 간접강제★★

1. 의 의★

간접강제란/ 피청구인이 행정심판법상 재처분의무에도 불구하고 처분을 하지 아니하면/ 행정심판위원회가 청구인의 신청에 의하여 결정으로 상당한 기간을 정하고/ 피청구인이 그 기간 내에 이행하지 아니하는 경우에는/ 그 지연기간에 따라 일정한 배상을 하도록 명하거나 즉시 배상할 것을 명하는 것을 말한다./ 이는 인용재결의 실효성을 담보하고, 직접처분의 한계를 보완하여 국민의 권익보호를 위한 제도로 평가된다.

2. 요 건★

(1) 인용재결에 따른 재처분의무가 인정될 것(법 제49조 제2항 내지 제4항 참조)
(2) 피청구인(처분청)이 재처분의무를 이행하지 않을 것
(3) 청구인의 간접강제 신청이 있을 것
(4) 행정심판위원회가 결정으로 상당한 기간을 정할 것
(5) 피청구인(처분청)이 그 기간 내에 이행하지 아니할 것

3. 절 차

(1) **청구인의 신청**

간접강제는/ 위원회가/ 청구인의 신청에 의한 결정으로 한다.

(2) **간접강제의 변경**

위원회는/ 사정의 변경이 있는 경우에는/ 당사자의 신청에 의하여/ 간접강제결정의 내용을 변경할 수 있다.

(3) **상대방의 의견청취**

위원회는/ 간접강제결정을 하거나 이를 변경하는 경우에는/ 이를 결정하기 전에/ 신청 상대방의 의견을 들어야 한다.

4. 효 과

① 간접강제결정은 지연배상 또는 즉시배상으로 한다.
② 간접강제결정의 효력은 피청구인인 행정청이 소속된 국가·지방자치단체 또는 공공단체에 미친다.
③ 결정서 정본은 강제집행에 관하여는 집행권원과 같은 효력을 가진다.
④ 간접강제결정에 기초한 강제집행에 관하여 이 법에 특별한 규정이 없는 사항에 대하여는 민사집행법의 규정을 준용한다.

5. 위원회의 간접강제결정에 대한 불복

(1) 청구인의 행정소송
청구인은 간접강제(변경)에 관한 결정에 불복하는 경우/ 그 결정에 대하여 행정소송을 제기할 수 있다.

(2) 피청구인의 행정소송

1) 문제점
지방자치단체의 자치권보장과의 관계에서/ 위원회의 간접강제(변경)에 관한 결정에/ 지방자치단체가 행정소송으로써 불복할 수 있는지 여부가 문제된다.

2) 학설
자치권침해를 이유로 지방자치단체의 원고적격을 인정하여 불복할 수 있다는 긍정설과 간접강제(변경)결정에 대한 불복은 재결의 기속력에 반하므로 허용될 수 없다는 부정설이 대립한다.

3) 검토
기속력에 저촉될 우려가 있으나,/ 적어도 지방자치단체의 자치사무에 대한 재결청의 위법한 간접강제(변경)결정의 경우에는/ 지방자치단체의 자치권보장을 위하여/ 원고적격을 인정해 불복할 수 있다고 보아야 한다.

제7절 보칙

THEME 27 고지제도 ★★★

핵심이론

I 서 설

1. 의 의

고지제도란/ 행정청이 처분을 함에 있어서/ 그 상대방에게/ 당해 처분에 대하여 행정심판을 제기할 경우/ 필요한 사항을 아울러 고지할 의무를 지우는 제도이다.

2. 고지의 법적 성질

고지는 사실행위이며/, 행정심판법상 고지에 관한 규정은 강행규정으로 의무규정의 성질을 갖는다.

3. 고지의 필요성

고지제도는 ① 행정심판청구의 기회를 실질적으로 보장하고, ② 행정청으로 하여금 적정한 행정권을 행사하도록 하는 기능을 한다.

II 고지의 종류

1. 직권에 의한 고지

(1) 의 의

행정청이/ 법령에 의하여/ 당사자의 신청을 전제로 하지 않고/ 처분 시/ 행정심판의 청구 가능성 등에 대하여 당사자에게 고지하는 것을 말한다.

(2) 고지 내용
① 해당 처분에 대하여 행정심판을 청구할 수 있는지 여부
② 행정심판을 청구하는 경우 심판청구 절차 및 심판청구기간

2. 신청에 의한 고지

(1) 의 의

이해관계인의 신청에 의하여 행해지는 고지를 말한다. 서면으로 알려 줄 것을 요구받으면 서면으로 알려 주어야 한다.

(2) 고지 내용

① 해당 처분이 행정심판의 대상이 되는 처분인지 여부
② 행정심판의 대상이 되는 경우 소관 위원회 및 심판청구기간

Ⅲ 고지의무위반의 효과

1. 불고지의 효과

(1) 제출기관의 불고지

1) 다른 행정기관 제출 시

행정청이/ 고지를 하지 아니하여/ 청구인이 심판청구서를 다른 행정기관에 제출한 경우/ 그 행정기관은/ 정당한 권한이 있는 피청구인에게 보내야 한다. 이 경우 지체 없이 그 사실을 청구인에게 알려야 한다.

2) 청구간주

청구인이 심판청구서를 다른 행정기관에 제출한 때 행정심판이 청구된 것으로 본다.

(2) 청구기간의 불고지

행정청이 심판청구기간을 알리지 아니한 경우에는 처분이 있었던 날부터 180일 이내에 심판청구를 할 수 있다.

2. 오고지의 효과

(1) 다른 행정기관 제출 시

행정청이/ 잘못 고지하여/ 청구인이 심판청구서를 다른 행정기관에 제출한 경우/ 그 행정기관은/ 정당한 권한이 있는 피청구인에게 보내야 한다. 이 경우 지체 없이 그 사실을 청구인에게 알려야 한다.

(2) 청구간주

청구인이 심판청구서를 다른 행정기관에 제출한 때 행정심판이 청구된 것으로 본다.

3. 불고지 또는 오고지와 처분의 효력

불고지나 오고지는 처분 자체의 효력에는 직접 영향을 미치지 않는다(대판 1987.11.24. 87누529).

4. 행정심판을 거쳐야 함에도 거칠 필요가 없다고 잘못 알린 경우

처분을 행한 행정청이 행정심판을 거칠 필요가 없다고 잘못 알린 경우에는 행정심판을 제기함이 없이 행정소송을 제기할 수 있다(행정소송법 제18조 제3항 제4호).

제3장 비송사건절차법

(출제 : 단문 2문)

제1절 총칙

THEME 1 비송사건의 구별기준과 차이점★★★

□ 비송사건과 민사소송사건의 구별기준 및 차이점에 관하여 설명하시오. ▶ 제9회 기출 약술 20점
□ 비송사건절차의 특징을 설명하시오. ▶ 제7회 기출 약술 20점

I. 비송사건과 민사소송사건의 구별기준

비송사건은/ 사권관계의 형성·변경·소멸에 관하여/ 법원이 후견인적 관점에서 관여하는 사건으로/ 법원의 관할에 속하는 민사사건 중 소송절차로 처리하지 않는 사건을 말한다./ 반면에 민사소송사건은/ 당사자 사이의 권리주장, 즉 법적 분쟁을 대상으로/ 소송사건절차에 의하도록 정한 사건을 말한다.

II. 비송사건과 민사소송사건의 차이점

1. **직권주의**
   ① 비송사건은 '직권주의'가 적용되어/ 절차의 개시, 심판의 대상과 범위, 절차의 종결에 대하여 법원이 주도권을 가진다.
   ② 민사소송사건은 '처분권주의'가 적용되어/ 소송의 개시, 심판범위의 특정, 소송의 종결에 대하여 당사자가 주도권을 가진다.

2. **직권탐지주의**
   ① 비송사건은 '직권탐지주의'가 적용되어, 법원이 직권으로 사실의 탐지와 필요하다고 인정되는 증거의 조사를 할 수 있다.
   ② 민사소송사건은 '변론주의'가 적용되어, 소송자료의 수집과 제출책임을 당사자에게 일임한다.

3. 비공개의 원칙
① 비송사건의 심문은 공개하지 아니하나, ② 민사소송사건의 변론과 판결은 공개함을 원칙으로 한다.

4. 기판력의 제한
① 비송사건은 기판력을 부정하나, ② 민사소송사건은 기판력을 일반적으로 인정한다.

5. 기속력의 제한
① 비송사건은 원칙적으로 법 제19조 제1항에서 명시적으로 기속력을 제한하나, ② 민사소송사건은 기속력을 일반적으로 인정한다.

6. 절차의 간이·신속성
① 비송사건은 비송절차를 간이·신속하게 처리하여 시간, 노력 및 비용의 절약을 도모하나, ② 민사소송사건은 소송절차를 엄격하고 신중하게 처리한다.

Ⅲ 비송사건절차법의 적용 범위

총칙편의 규정은/ 법원의 관할에 속하는 비송사건 중/ 이 법 또는 그 밖의 다른 법령에 특별한 규정이 있는 경우를 제외한/ 모든 사건에 적용한다(동법 제1조).

2 THEME 관 할★★

□ 비송사건의 토지관할과 이송에 관하여 설명하시오. ▶ 제11회 기출 약술 20점
□ 비송사건의 재량이송과 그 이송재판의 효력에 관하여 설명하시오. ▶ 제10회 기출 약술 20점
□ 비송사건 관할에 관한 다음 물음에 답하시오. ▶ 제3회 기출 약술 20점
　물음 1) 토지관할과 우선관할 및 이송에 관하여 설명하시오. ▶ 15점
　물음 2) 관할법원의 지정에 관하여 설명하시오. ▶ 5점

Ⅰ 서 설★

관할이란/ 재판권을 행사하는 여러 법원 사이에서/ 어떤 법원이 어떤 사건을 담당하느냐는/ 재판권의 분담관계를 정한 것을 말한다.

Ⅱ 관할의 종류★★

1. 사물관할

(1) 의 의

사물관할이란/ 사건의 성질(경중)에 따라/ 재판권의 분담관계를 정해 놓은 것을 말한다.

(2) 내 용

비송사건의 경우 특별한 규정이 없는 한 단독판사의 관할로 정한다.

2. 심급관할

(1) 의 의

법원 간의 심판의 순서 및 상하관계(상소관계)에 있어서의 관할을 말하며, 3심제가 원칙이다.

(2) 내 용

① 제1심 지방법원 단독판사의 결정 등에 대한 항고사건은 지방법원 합의부가 관할한다.
② 제1심 지방법원 합의부의 결정 등에 대한 항고사건은 고등법원이 관할한다.
③ 항고법원의 결정 등에 대한 재항고사건은 대법원이 관할한다.

3. 토지관할

(1) 의 의
소재지를 달리하는/ 동종의 법원 간/ 비송사건의 분담관계를 정해 놓은 것을 말한다.

(2) 원 칙
비송사건절차법에는/ 토지관할에 관한 원칙적인 규정을 두지 않고/ 사건에 따라 개별적으로 규정한다.

(3) 예외(법 제2조)
① 법원의 토지관할이 주소에 의하여 정하여질 경우/ 대한민국에 주소가 없을 때 또는 대한민국 내의 주소를 알지 못할 때에는 거소지의 지방법원이 사건을 관할한다.
② 거소가 없을 때/ 또는 거소를 알지 못할 때에는/ 마지막 주소지의 지방법원이 사건을 관할한다.
③ 마지막 주소가 없을 때 또는 그 주소를 알지 못할 때에는 재산이 있는 곳 또는 대법원이 있는 곳을 관할하는 지방법원이 사건을 관할한다.

Ⅲ 우선관할★

우선관할이란/ 관할법원이 여러 개인 경우에는/ 최초로 사건을 신청받은 법원이/ 그 사건을 관할하는 것을 말한다(법 제3조 전문).

Ⅳ 비송사건의 이송★★

1. 재량에 의한 이송

(1) 의 의
우선관할법원이 사건을 심리하는 것이 부적당하다고 인정될 경우/ 그 법원은 신청 또는 직권으로/ 적당하다고 인정하는 다른 법원에/ 그 사건을 이송하는 것을 말한다(법 제3조 후문).

(2) 이송의 효력
별도의 규정을 두고 있지 아나하나 일반적으로 민사소송법 규정이 유추적용된다.
① 이송 받은 법원은 이송결정에 따라야 하고, 다른 법원에 이송하지 못한다.
② 이송결정이 확정되면 처음부터 사건이 이송 받은 법원에 계속된 것으로 본다.
③ 이송결정이 확정되면 결정의 정본을 소송기록에 붙여 이송받을 법원 등에게 보내야 한다.

(3) 이송결정의 불복
이송의 재판으로 권리를 침해당한 자는/ 그 재판에 대하여 항고할 수 있다(법 제20조 제1항).

2. 관할위반의 이송
명문의 규정이 없으나, 민사소송법의 규정이 준용된다는 것이 일반적 견해이다. 그러나 판례는 비송사건을 민사소송, 민사소송사건을 비송으로 신청한 경우 부적합한 신청으로서 각하하여야 한다고 하여 이송을 부정하고 있다.

Ⅴ 관할법원의 지정★★

1. 의 의
관할법원의 지정은/ 여러 개의 법원의 토지관할에 관하여 의문이 있을 때/ 실시한다.

2. 지정 결정
관할법원의 지정은/ 관계법원에 공통되는 바로 위 상급법원이/ 신청에 의하여/ 결정함으로써 한다.

3. 불 복
관할법원의 지정 결정에 대하여는/ 불복신청을 할 수 없다.

THEME 3. 법원 직원의 제척·기피·회피

핵심이론

I 서 설

1. 의 의
제척·기피란/ 비송사건의 심리·재판의 공정성을 확보하기 위하여/ 법원 직원을 재판으로부터 배제하는 것을 말한다. 민사소송법의 규정을 준용한다.

2. 취 지
이는 재판의 공정성을 확보하기 위함이다.

II 제 척

1. 의 의
법원 직원이/ 구체적인 사건에 대하여/ 법률상 당연히/ 그 사건에 대한 직무집행에서 배제되는 것을 말한다.

2. 제척 사유
① 법원직원 또는 그 배우자나 배우자이었던 사람이 사건의 당사자가 되거나, 사건의 당사자와 공동권리자·공동의무자 또는 상환의무자의 관계에 있는 때
② 법원 직원이 당사자와 친족의 관계에 있거나 그러한 관계에 있었을 때
③ 법원 직원이 사건에 관하여 증언이나 감정을 하였을 때
④ 법원 직원이 사건당사자의 대리인이었거나 대리인이 된 때
⑤ 법원 직원이 불복사건의 이전심급의 재판에 관여하였을 때. 다만, 다른 법원의 촉탁에 따라 그 직무를 수행한 경우에는 그러하지 아니하다.

Ⅲ 기 피

법원 직원에게/ 제척 원인이외의 공정한 재판을 기대하기 어려운 사정이 있는 때에/ 당사자의 신청에 의하여/ 그 사건에 대한 직무집행에서 배제되는 것을 말한다.

Ⅳ 회 피

1. 의 의
법원 직원이/ 제척이나 기피사유가 있는 경우/ 스스로 심리, 의결에서 물러나는 것을 말한다.

2. 유추적용 여부
법 제5조에서는 법원 직원의 제척, 기피에 관한 민사소송법 규정만을 준용할 뿐 회피에 관한 규정을 준용하고 있지는 않으나, 회피에 관한 규정도 유추적용된다고 본다.

당사자 ★★★

I 비송사건절차의 당사자

비송사건은 국가가 후견인적 관점에서 관여하는 것이기 때문에 소송절차와는 달리 당사자란 개념이 명백하지 않다./ 다만, 비송사건의 당사자란/ 일반적으로 사건의 신청인, 재판을 받을 수 있는 자 또는 항고인을 말하며,/ 당해 비송사건의 종국재판에 의하여 직접 그 권리의무에 영향을 받는 자라고 할 수 있다.

II 당사자능력

1. 의 의
비송사건의 당사자가 되기 위한 능력을 말한다.

2. 자연인과 법인의 당사자능력
당사자능력에 관한 규정은 없으나,/ 민사소송법 제51조는 절차법의 원칙규정으로서 비송사건에도 당연히 준용되므로/ 민법상 권리능력자인 자연인과 법인은 당사자능력이 인정된다.

3. 비법인 사단이나 재단의 당사자능력
민사소송법 제52조가 비송사건에도 준용되는지 다툼이 있으나 현실적으로 비법인 사단이나 재단도 비송사건의 당사자가 될 필요성이 있으므로 이를 긍정하는 것이 타당하다.

4. 당사자능력 없는 자의 신청 등 효과
당사자능력 없는 자가 행한 신청·항고 등은 법률상 당연 무효이다.

III 비송행위능력

1. 의 의
비송행위능력이란/ 비송사건의 당사자로서/ 스스로 유효하게 비송행위를 할 수 있는 능력을 말한다./ 민사소송법상 소송능력에 해당한다.

2. 제한능력자의 비송행위능력
미성년자, 피성년후견인은 비송행위능력이 없다. 이에 따라 이들의 비송행위는 법률상 당연 무효이다.

Ⅳ 비송사건에서의 선정당사자

1. 의 의
공동의 이해관계를 가진 여러 사람이/ 공동소송인이 되어 소송을 할 경우/ 그중에서 모두를 위하여 절차를 수행을 하는 자를 말한다(민사소송법 제53조).

2. 준용 여부
비송사건에도 민사소송법 제53조의 선정당사자에 관한 규정이 준용 또는 유추적용될 수 있는지 다툼이 있으나,/ 대법원은 「비송사건절차법상의 관계법령들의 규정 내용에 비추어 보면 비송사건절차법이 적용되는 비송사건에는 선정당사자에 관한 규정은 준용되거나 유추적용되지 않는다」라고 결정하였다.

Ⅴ 공동당사자의 종류

1. 독립한 신청권자가 여럿 있는 경우
여러 사람의 이해관계인은 각각 독립하여 신청할 수 있으며,/ 이에 따라 어느 하나의 신청이 취하되거나 각하되어도 다른 신청에 영향을 미치지 않는다(회사의 해산명령신청).

2. 법률상 반드시 공동신청을 할 필요는 없으나, 여러 사람이 공동으로 신청하는 것에 의하여 신청요건을 충족하는 경우
① 소수주주(3/100)에 의한 임시총회소집청구의 신청요건은 비송재판 확정시까지 존재하여야 한다.
② 일부 사람이 신청을 취하하는 것은 자유이나, 신청요건의 주식 수에 부족을 초래하는 경우에는 그 신청은 부적법하게 된다.

3. 필수적 공동신청의 경우
① 법률상 반드시 공동으로 신청하여야 한다. 이 경우 고유필수적 공동소송과 마찬가지로 신청인의 일부가 누락된 신청은 보정이 없는 한 부적법하게 된다.
② 유한회사와 주식회사의 합병 인가신청 시 합병을 할 회사의 이사와 감사가 공동으로 신청하여야 한다.

4. 법률상 공동신청은 필요하지 않지만, 여러 개의 신청을 병합하여 심리·재판하는 경우
① 유사필수적 공동소송과 마찬가지로 여러 신청을 병합하여 심리·재판한다(주식매도가액 및 주식매수가액 결정의 재판의 경우, 신주의 발행 무효로 인하여 신주의 주주가 받을 금액의 증감 신청의 경우).
② 이에 따라 각 신청인은 자유롭게 신청을 취하할 수 있으나, 재판의 영향을 받게 된다.

VI. 비송사건에서의 참가

1. 제3자의 참가
비송사건절차법에는 제3자의 참가에 관한 규정이 없으므로, 현행법상 제3자의 참가는 인정될 수 없다.

2. 보조참가
비송사건절차법은 보조참가에 관한 민사소송법 제71조를 준용하고 있지 않으나, 대법원은 비송사건에서 보조참가를 허용한 바 있다.

THEME 5 비송대리인★★★

□ 대리인의 자격 및 대리가 허용되지 않는 경우에 관하여 설명하시오. ▶ 제8회 기출 약술 10점
□ 대리권의 증명 및 대리행위의 효력에 관하여 설명하시오. ▶ 제8회 기출 약술 10점
□ B시의 X지구토지구획정리조합의 조합원인 甲외 255명은 조합장의 배임행위를 이유로 임시총회 소집을 요구하였으나 조합장이 이에 응하지 않으므로 조합정관의 규정에 따라 법원에 비송사건인 임시총회 소집허가신청을 하였다. 이 절차에서 甲이 영업 중인 행정사 乙에게 소송행위를 대리하게 하였다. 이에 乙이 甲의 대리인으로서 진술하려고 하였으나 법원이 대리행위를 금지하고 퇴정을 명하였다. 법원의 명령이 적법한지 여부와 그 이유를 설명하시오. ▶ 제4회 기출 사례 20점

I 서 설

비송대리인은 당사자를 위하여 비송행위를 하는 자를 말한다. 비송사건절차법 제6조 제1항 본문은 '사건의 관계인은/ 소송능력자로 하여금/ 소송행위를 대리하게 할 수 있다'고 규정하고 있다. 여기서 '사건의 관계인'은 일반적으로 당사자와 동일한 의미로 본다.

II 비송대리인의 자격

1. 비변호사대리의 허용

비송사건에서는/ 원칙적으로 변호사대리의 원칙이 적용되는 민사소송과 달리 변호사대리의 원칙을 채택하지 않고 있다.

2. 소송능력자

소송능력자이기만 하면 원칙적으로 제한 없이 비송대리인이 될 수 있다.

III 비송대리가 허용되지 않는 경우

1. 법원이 당사자 본인의 출석을 명한 때

법원은 직접 본인의 진술을 들어야 할 필요가 있는 때 본인의 출석을 명령할 수 있다.

2. 법원이 변호사가 아닌 자로서 대리를 영업으로 하는 자의 대리를 금하고 퇴정을 명할 때

법원의 이 명령에 대하여는 불복신청을 할 수 없다.

제3장 비송사건절차법

Ⅳ 대리권의 범위

1. 위임계약
비송사건절차법은 대리권의 범위에 관하여 민사소송법 제90조와 같은 규정을 두고 있지 않다. 이에 따라 대리권의 범위는 위임계약에 취지에 따라 결정된다.

2. 특별수권 필요
신청의 취하, 항고의 제기 및 취하, 복대리인의 선임은 민사소송에서의 소송대리권의 범위와의 균형상 특별수권을 필요로 한다.

Ⅴ 대리권의 증명

1. 서면으로 증명
대리권을 수여하는 방식은 자유이나,/ 비송사건절차법은 대리인에 관하여는 민사소송법 제89조를 준용하여 비송대리인의 권한은 서면으로 증명하여야 한다고 규정하고 있다.

2. 공증사무소 인증
① 대리인의 권한을 증명하는 서면이 사문서인 경우/ 법원은/ 공증인, 그 밖의 공증업무를 보는 사람의 인증을 받도록/ 소송대리인에게 명할 수 있다.
② ①의 명령에 대하여는 불복신청을 할 수 없다.

Ⅵ 대리행위의 효력

1. 권한 내 행위의 효력
비송대리인이/ 대리권 범위 내에서 행한 비송행위는/ 직접 본인에게 효력이 있다.

2. 권한 외 행위의 효력
비송대리인이 무권대리인인 경우/ 그 대리행위는 무효이므로 법원은 부적법한 것으로 보아 각하하여야 한다.

Ⅶ 당사자의 사망과 비송대리권의 소멸

비송사건절차에서는 ① 절차의 중단이 없다는 점, ② 절차의 목적이 상속의 대상이 되는 경우에는 상속인에게 승계된다는 점을 고려하면,/ 당사자가 사망하더라도 비송대리권을 소멸하지 않는다고 보아야 한다.

THEME 6 절차의 개시 ★

□ 비송사건절차의 개시유형에 관하여 설명하시오.　　▶ 제9회 기출 약술 20점

핵심이론

I. 서 설
비송사건절차는 당사자의 신청, 검사의 청구, 법원의 직권으로 개시된다.

II. 당사자의 신청

1. 의 의
비송사건의 대부분은 신청사건이다. 신청사건은 당사자의 신청에 의해서만 절차가 개시되는 사건이다.

2. 신청의 방식

(1) 원칙 : 서면 또는 말
① 신청은 특별한 규정이 없는 한 서면 또는 말로 할 수 있다.
② 말로 하는 신청의 경우에는 법원사무관등의 앞에서 하여야 하고,/ 법원사무관등은/ 신청 또는 진술의 취지에 따라 조서 또는 그 밖의 서면을 작성한 뒤/ 기명날인 또는 서명하여야 한다.

(2) 예외 : 서면주의
특별한 규정이 있는 경우 말로 하는 신청은 허용되지 않고 서면으로 하여야 한다.

III. 검사의 청구

1. 의 의
비송사건절차 가운데에는 신청사건이나 직권사건 외에 검사의 청구에 의하여 개시되는 검사청구사건이 있다. 검사청구사건은 공익에 미치는 영향이 크므로 검사가 공익의 대표자로서 절차에 관여하는 것이다. 즉, 검사는 이해관계인이 아니다.

2. 통지의무
법원, 그 밖의 관청, 검사와 공무원은/ 그 직무상/ 검사의 청구에 의하여 재판을 하여야 할 경우가 발생한 것을 알았을 때에는/ 그 사실을 관할법원에 대응하는 검찰청 검사에게 통지하여야 한다.

Ⅳ 법원의 직권

1. 의 의
당사자의 신청이 없더라도/ 법원이 일정한 처분을 하거나/ 또는 절차를 개시할 수 있는 사건을/ 직권사건이라 한다.

2. 통고 또는 통지에 의한 직권사건
다른 감독관청의 통고 또는 통지에 의하여 직권사건의 사유를 알게 되는데, 이 경우 다른 감독관청의 통고 또는 통지는 법원의 직권발동을 촉구하는 의미일 뿐이다.

THEME 7 절차의 진행 ★★

 핵심이론

I 직권주의원칙

직권주의란/ 절차의 개시, 심판의 대상과 범위, 절차의 종료에 대하여/ 법원이 주도권을 가지는 것을 말한다./ 비송사건은/ 절차의 개시뿐만 아니라 진행에 대해서도 직권주의가 적용된다.

II 절차의 중단

1. 의 의
절차의 중단이란/ 당사자등에게 소송수행을 할 수 없는 사유가 발생한 경우/ 새로운 소송수행자가 나타날 때까지/ 법률상 절차의 진행이 정지되는 것을 말한다.

2. 비송사건의 경우
비송사건절차에서는 직권주의와 직권탐지주의가 적용되어 당사자에게 입증책임이 부여되지 아니하는 등 불이익이 미치지 아니하여 절차를 중단할 필요가 없다.

III 당사자의 사망

1. 문제점
당사자의 사망이 비송사건절차에 영향을 미쳐 절차가 중단되는지 문제된다.

2. 절차의 진행 또는 절차의 종료
① 신청인이 형성하려는 법률관계가 상속의 대상이 되는 경우 상속인에 의해 절차가 승계된다.
② 신청인이 형성하려는 법률관계가 일신전속적인 경우로서 당사자의 사망으로 목적 자체가 소멸한 경우 당연히 절차는 종료된다.

IV 법원의 직권사건

직권사건의 경우/ 절차의 진행 여부는/ 문제된 법률관계가/ 상속인에게 상속되는지 여부를 기준으로 판단한다.

THEME 8. 기일과 기간★

> □ 비송사건절차법상 기일에 관하여 설명하시오. ▶ 제10회 기출 약술 20점

 핵심이론

I 서 설
비송사건에 관한 기일, 기간에 대하여 기일, 기간에 관한 민사소송법의 규정이 준용된다.

II 기 일

1. 의 의
기일은/ 법원, 당사자 또는 그 밖의 소송관계인이/ 일정한 장소에 모여/ 비송행위를 하는 시간을 말한다.

2. 기일의 종류
그 목적에 따라 심문기일, 증거조사기일 등이 있다.

3. 기일의 지정과 변경
① 기일의 지정, 통지, 개시에 관한 민사소송법의 규정은 그대로 비송사건의 기일에도 준용된다. 이에 따라 기일은 재판장이 지정한다.
② 기일의 지정은 직권 또는 당사자의 신청에 의한다.
③ 기일의 지정은 성질상 즉시 효력이 생기며, 고지된 때에 효력이 생긴다고 볼 것은 아니다.
④ 기일은 필요한 경우에만 공휴일로도 정할 수 있다.
⑤ 기일의 변경은/ 지정기일의 실시 전에/ 그 지정을 취소하고/ 이를 대신하는 기일을 지정하는 법원의 결정을 말한다.
⑥ 비송사건절차에는 직권주의가 적용되어, 합의에 의한 기일의 변경은 허용되지 않는다.

4. 기일의 통지

① 기일은 기일통지서 또는 출석요구서를 송달하여 통지한다. 다만, 그 사건으로 출석한 사람에게는 기일을 직접 고지하면 된다.
② 기일의 통지에 관한 행위는 다른 법원에 촉탁할 수 있다.

5. 기일의 실시

기일의 시작은/ 사건과 당사자의 이름을 부름으로써 시작된다.

6. 기일의 해태

기일의 해태라 함은 당사자 또는 대리인이 심문기일에 출석하지 않은 경우를 말한다. 절차를 그대로 진행하여도 지장이 없다.

7. 검사에 대한 심문기일의 통지

공익의 대표자인 검사에게/ 비송사건에 관하여/ 의견을 진술하고/ 심문에 참여할 수 있는 기회를 주고,/ 비송사건 및 그에 관한 심문기일을 검사에게 통지하도록 하고 있다.

Ⅲ 기 간

1. 의 의

기간이란/ 비송사건에 있어서/ 비송행위를 하는데 정하여진 기간을 말한다. 기간에 관한 민사소송법 규정은 원칙적으로 비송사건절차에도 준용된다.

2. 기간의 계산 등

기간의 계산은 민법에 따른다.

3. 기간의 신축, 부가기간

① 법원은 불변기간이 아닌 한 법정기간 또는 법원이 정한 기간을 늘리거나 줄일 수 있다.
② 불변기간에 대하여 주소 또는 거소가 멀리 떨어진 곳에 있는 사람을 위하여 부가기간을 정할 수 있다.

4. 불변기간의 추후보완

기간의 신축을 인정하는 것과 마찬가지로 불변기간의 추후보완이 인정된다.

THEME 9 송 달★

□ 비송사건절차법상 송달에 관하여 설명하시오. ▶ 제13회 기출 약술 20점

Ⅰ 송달의 의의

송달이란/ 소송절차상 필요한 서류를/ 법정의 방식에 의하여/ 소송관계인에게 교부하거나 교부받을 기회를 주는 법원의 통지행위를 말한다.

Ⅱ 재판의 고지

1. 원 칙

재판의 고지는 법원이 적당하다고 인정하는 방법으로 한다(법 제18조 제2항 본문). 따라서 법원이 재량으로 상당한 방법으로 고지할 수 있다.

2. 예 외

(1) 기일통지

비송사건절차는 기일에 관한 민사소송법의 규정을 준용하므로(법 제10조), 기일의 통지는 당해 사건으로 출석한 자가 아닌 한 송달에 의하여야 한다(민사소송법 제167조 제1항).

(2) 공시송달

고지받을 자의 주소나 거소의 불명 등으로 인하여 통상의 방법으로 고지할 수 없는 때에는 공시송달의 방법에 의할 수 있다. 이 경우 민사소송법의 규정에 따라야 한다(법 제18조 제2항 단서). 공시송달은 법원사무관등이 송달할 서류를 보관하고 그 사유를 법원게시판에 게시하는 방법에 의해 송달한다(민사소송법 제195조).

Ⅲ 송달의 방법

비송사건절차법에는 송달에 관한 규정이 없으므로 비송사건절차에서 송달의 방법으로 고지하는 경우에는 민사소송법상의 송달에 관한 규정을 준용한다./ 민사소송법에서는 교부송달을 원칙으로 하고(민사소송법 제178조), 예외적으로 우편송달(민사소송법 제187조), 송달함송달(민사소송법 제188조), 공시송달(민사소송법 제194조 내지 제196조)을 규정하고 있다.

THEME 10 절차의 종료★

- 비송사건절차의 종료원인에 관하여 설명하시오. ▶ 제12회 기출 약술 20점
- 비송사건절차의 종료사유에 대하여 설명하시오. ▶ 제2회 기출 약술 20점

I 의의

비송사건절차의 종료원인으로는 ① 법원의 종국재판에 의한 종료가 보편적이며, ② 당사자의 행위에 의한 종료(신청의 취하 등), ③ 당사자의 사망에 의하여 절차가 종료되는 경우가 있다.

II 법원의 종국재판에 의한 종료

1. 의의
종국재판은 법원이 비송사건을 종결하기 위하여 결정으로써 하는 재판을 말한다.

2. 종료시점

(1) 즉시항고가 허용되지 않는 사건의 경우
　① 재판의 고지와 동시에 절차가 종료된다.
　② 통상항고를 허용하는 사건이라도 재판의 고지와 동시에 절차는 종료된다.

(2) 즉시항고가 허용되는 사건의 경우
　고지된 재판이 확정됨과 동시에 절차가 종료된다.

III 당사자의 행위에 의한 종료

1. 문제점

민사소송의 처분권주의하에서/ 당사자는 종국판결에 의하지 않고/ 소의 취하, 청구의 포기·인낙 또는 재판상 화해에 의하여 소송을 종료시킬 수 있는데,/ 비송사건절차에서도 이를 인정할 수 있는지 문제된다.

2. 신청의 취하

(1) 의 의

신청의 취하란/ 신청으로 제기한 사건의 전부 또는 일부를 철회하는/ 법원에 대한 단독적 소송행위이다.

(2) 인정범위

① 당사자의 신청에 의해서만 절차가 개시되는 경우 : 재판의 고지가 있기까지는 자유로이 취하할 수 있다.
② 당사자의 신청으로도 또는 법원의 직권으로도 절차의 개시가 이루어 질 수 있는 사건의 경우 : 재판의 공정성에 비추어 신청의 취하가 인정되지 아니한다.
③ 법원의 직권으로 개시되는 직권사건의 경우 : 취하라는 관념을 인정할 여지가 없다.

(3) 시기와 방식

① 결정의 고지가 있기까지는 제1심에 계속 중이든 항고심에 계속 중이든 자유롭게 취하할 수 있다.
② 방식에 관한 규정이 없으므로, 일반원칙에 따라 서면 또는 말로 할 수 있다.

(4) 효과(소급효)

신청이 취하된 경우 사건은 처음부터 법원에 계속되지 않았던 것으로 간주되며, 이미 행하여진 비송행위는 모두 그 효력을 잃고, 절차는 종료된다.

3. 신청의 포기

민사소송과 달리 비송사건은 이해관계가 대립되는 상대방이 없는 것이 통상적이고, 권리확인의 쟁송이 아니므로 당사자의 신청에 의하여 절차가 개시되는 사건의 경우에도 신청권을 포기할 수는 없다.

4. 화 해

비송사건절차법에 화해에 관한 규정이 없으나,/ 협의에 의하여 임의로 정할 수 있는 사항에 대한 비송사건을 대상으로/ 화해에 의한 신청의 취하가 가능하다고 본다.

IV 당사자의 사망에 의한 종료

1. 당사자가 해당 절차에서 구하는 권리가 상속의 대상인 경우 : 상속인은 절차를 승계한다.
2. 당사자가 해당 절차에서 구하는 권리가 상속의 대상이 되지 않는 경우 : 당사자의 사망으로 비송사건절차는 종료한다.

THEME 11 절차의 비용★★

□ 비송사건절차법상 '절차비용의 부담자'와 '비용에 관한 재판'에 관하여 설명하시오.
▶ 제6회 기출 약술 20점

I 서 설
절차의 비용이란/ 당해 비송사건의 개시로부터 종료에 이르기까지 들어간 모든 비용을 말한다.

II 비용의 범위

1. 재판 전의 절차비용

(1) 의 의
절차가 개시된 때로부터 재판의 고지가 이루어지기까지의 절차를 수행하기 위하여 소요된 일체의 비용이다.

(2) 종 류

1) 수수료
수익자 부담의 성질을 갖는 요금으로, 비송사건절차의 경우 수수료는 신청서, 항고장 등에 붙여야 하는 인지액이 이에 해당한다.

2) 수수료 이외의 법원에 납부할 비용
실무상 법원은 비송행위를 신청한 당사자에게 송달료, 증거조사비용 등을 미리 내게 한다.

3) 당사자 비용
① 당사자가 법원을 거치지 않고 직접 제3자에게 지출한 비용을 말하며, 도면의 작성료 등이 이에 해당한다.
② 단, 변호사비용은 비송절차의 비용으로 산입되지 않는다고 보는 것이 일반적이다.

2. 재판의 고지비용
① 비송사건의 재판은 고지에 의하여 효력이 발생하는데, 그 고지를 하기 위하여 필요한 비용이다.
② 우편송달의 경우 등기우편료 등이 이에 해당한다.

Ⅲ 절차비용의 부담자★

1. 신청인 부담의 원칙

(1) 당사자의 신청

재판 전의 절차와 재판의 고지 비용은 부담할 자를 특별히 정한 경우를 제외하고는 사건의 신청인이 부담한다.

(2) 검사의 신청 : 국고에서 부담한다.

(3) 법원이 직권으로 개시한 사건의 경우

특별한 규정이 없는 한 국고에서 부담한다.

2. 예 외

(1) 법률에 특별한 규정이 있는 경우

① 항고절차의 비용과 항고인이 부담하게 된 전심의 비용에 대해서는 신청인과 항고인을 당사자로 보고, 민사소송법 제98조에 따라 패소 당사자가 부담한다(제51조).
② 법원이 질물에 의한 변제충당을 허가한 경우 그 절차의 비용은 질권설정자가 부담한다(제56조 제2항).
③ 법원이 환매권 대위행사 시의 감정인을 선임한 경우 그 절차의 비용은 매수인이 부담한다(제57조 제2항).
④ 회사의 해산명령사건에서 법원이 관리인 선임 및 재산보전처분을 하는 경우 회사가 부담한다(제96조).
⑤ 법원이 회사청산 시 감정인을 선임한 경우 그 비용 및 감정인 소환 및 심문 비용은 회사가 부담한다(제124조).
⑥ 과태료 재판절차의 비용은 과태료를 부과하는 선고가 있는 경우에는 그 선고를 받은 자가 부담하고, 그 밖의 경우에는 국고에서 부담한다(제248조 제4항).

(2) 재판에 의하여 특별히 비용부담자가 정하여지는 경우 : 관계인에 대한 비용 부담 명령

법원은 특별한 사유가 있을 때에는 이 법에 따라 비용을 부담할 자가 아닌 관계인에게 비용의 전부 또는 일부의 부담을 명할 수 있다.

(3) 공동부담의 경우

① 공동소송인은 소송비용을 공동으로 부담한다.
② 다만, 법원은 사정에 따라 공동소송인에게 소송비용을 연대하여 부담하게 하거나 다른 방법으로 부담하게 할 수 있다.
③ 또한 법원은 권리를 늘리거나 지키는 데 필요하지 아니한 행위로 생긴 소송비용은 그 행위를 한 당사자에게 부담하게 할 수 있다.

Ⅳ 국고에 의한 비용의 체당

법원이 직권으로 하는 탐지, 사실조사, 소환, 고지, 그 밖에 필요한 처분의 비용은 국고에서 체당(替當, 대납)하여야 한다(제30조).

V 비용액에 관한 재판★

1. 의의
법원은/ 비용에 관하여 재판을 할 필요가 있다고 인정할 때에는/ 그 금액을 확정하여/ 사건의 재판과 함께 하여야 한다고 규정하고 있다(제25조).

2. 요건
(1) 비용에 관하여 재판을 할 필요가 있다고 인정할 때의 의미
재판을 할 필요는 절차비용의 예납자 및 지출자와/ 절차비용의 부담자가 다를 때를 의미한다.

(2) 비용에 대한 재판은 사건의 재판과 함께 하여야 한다.
간이·신속의 취지에서 비송사건에서는 비용액도 사건의 재판과 동시에 정하도록 한 것이다.

(3) 상환할 절차비용의 확정의 의미
절차비용의 부담자가/ 그 예납자나 지출자에게/ 상환할 절차비용의 금액을 확정한다는 의미이다.

3. 보론 : 비용에 관한 재판을 하지 않은 경우 추가재판 허용 여부
객관적으로 보아 비용재판의 필요성이 인정되는 경우에는 재판누락에 준하여 추가재판을 허용하는 것이 옳다고 판단된다.

4. 비용의 재판에 대한 불복신청
(1) 의의
비용의 재판에 대하여는 그 부담의 명령을 받은 자만 불복을 신청할 수 있다. 이때 불복의 의미는 비용부담을 명하는 것 자체에 대한 불복과 비용액에 대한 불복을 포함한다.

(2) 불복신청권자
비용의 재판에 대하여는 그 부담의 명령을 받은 자만이 불복을 신청할 수 있다.

(3) 불복신청의 방법

1) 항고
비용의 재판에 대한 불복신청은 항고와 동시에 하여야 한다.

2) 독립한 불복신청의 금지
비용의 재판에 대하여는 본안의 재판과 독립하여 불복신청을 할 수는 없고, 항고와 동시에 하여야 한다.

(4) 항고의 효력
항고는 특별한 규정이 있는 경우를 제외하고는 집행정지의 효력이 없다(제21조). 그러나 비용의 재판에 대한 항고가 있을 때에는 항고법원 또는 원심법원은 항고에 대한 결정이 있을 때까지 집행을 정지하거나 그 밖에 필요한 처분을 명할 수 있다(제29조 제3항).

5. 비용채권자의 강제집행

(1) 의 의
비용의 채권자는/ 비용의 재판에 의하여/ 강제집행을 할 수 있다(제29조 제1항).

(2) 비용채권자의 의미
비용의 채권자는 절차비용의 재판에서 비용을 상환받을 사람으로 정하여진 사람을 말한다.

(3) 민사집행법 규정의 준용
비용의 재판의 강제집행의 절차에 대하여는 민사집행법의 규정이 준용된다. 다만, 집행을 하기 전에 집행권원인 재판서를 송달할 필요는 없다(제29조 제2항).

(4) 민사소송법 규정의 집행정지 준용
비용의 재판에 대한 항고가 있을 때에는 항고에 대한 결정이 있을 때까지 집행을 정지하거나 그 밖에 필요한 처분을 명할 수 있다(제29조 제3항).

THEME 12 심 리★★★

- 비송사건절차에서의 사실인정의 원칙과 방법에 관하여 설명하시오. ▶ 제12회 기출 약술 20점
- 비송사건에서의 증거조사에 관하여 설명하시오. ▶ 제7회 기출 약술 20점
- 비송사건의 심리방법에 관하여 설명하시오. ▶ 제1회 기출 약술 20점

핵심이론

I 서 설

1. 의 의
비송사건의 재판에서 심리란/ 재판의 기초가 될 자료(사실자료 및 증거자료)를 수집하는 법원의 행위를 말한다.

2. 심리절차의 준용
비송사건절차법에 따른 항고에 관하여 특별한 규정이 있는 경우에는 그에 의하고,/ 특별한 규정이 없는 경우에는 항고에 관한 민사소송법의 규정을 준용한다(비송사건절차법 제23조 참고).

II 심리방법★★

1. 임의적 변론
소송법상 판결절차는 심리를 위해 변론을 반드시 열어야 하나,/ 비송사건의 재판은 판결이 아닌 결정으로써 진행하므로 심리를 위해 변론을 반드시 열어야 하는 것은 아니고, 일반적으로 심문(審問)의 방법에 의하여 심리한다.

2. 심문(審問)에 의한 심리

(1) 임의적 심문
① 비송사건의 재판은/ 일반적으로 심문(법원이 당사자나 그 밖의 이해관계가 있는 사람에게 서면 또는 구두로 진술할 기회를 주는 것)의 방식에 의하여 심리한다.
② 비송사건절차에서 심문은 원칙적으로 임의적이다./ 단, 재판 전에 관계인의 의견 또는 진술을 듣도록 규정하고 있는 경우가 있다.

제3장 비송사건절차법 **649**

(2) 심문의 비공개
① 비송사건의 심문은 원칙적으로 공개하지 않는다./ 다만, 법원은 심문을 공개함이 적정하다고 인정하는 자에게는 방청을 허가할 수 있다(비송사건절차법 제13조).
② 재판상 대위에 관한 사건은/ 다른 비송사건과는 달리 쟁송의 성격을 띠고 있으므로 비공개 원칙이 적용되지 않는다.

(3) 조서의 작성
법원사무관등은/ 증인 또는 감정인의 심문에 관하여는 조서를 작성하고,/ 그 밖의 심문에 관하여는 필요하다고 인정하는 경우에만 조서를 작성한다(비송사건절차법 제14조).

(4) 검사의 의견진술 및 심문 참여
① 검사는 사건에 관하여 의견을 진술하고 심문에 참여할 수 있다(비송사건절차법 제15조 제1항).
② 사건 및 그에 관한 심문의 기일은 검사에게 통지하여야 한다(비송사건절차법 제15조 제2항).

III 사실인정에 관한 원칙★

1. 절대적 진실발견주의
비송사건절차법은 사실인정에 관하여 절대적 진실발견주의를 채택하여/ 법원은 자유로운 방법으로 사실조사를 하여 객관적·실체적 진실을 발견할 수 있다.

2. 직권탐지주의
① 민사소송에서는 변론주의(소송자료의 수집과 제출책임이 당사자에게 있음)가 적용되는 것과 달리/ 비송사건절차에서는 직권탐지주의(사실발견을 위한 자료수집의 책임과 권능이 법원에게 있음)가 적용된다.
② 법원은 직권으로 사실의 탐지와 필요하다고 인정하는 증거의 조사를 하여야 한다(비송사건절차법 제11조).

3. 당사자의 처분권 배제(처분권주의 배제)
비송사건절차에 있어서 사실인정은 법원이 직권으로 행하므로,/ 민사소송의 처분권주의가 인정되지 않는다./ 따라서 청구의 포기·인낙은 부정되고, 당사자의 자백도 법원을 구속하지 않는다.

IV 사실인정의 방법

1. 의 의
비송사건절차법은 법원의 사실인정의 방법으로 사실의 탐지와 증거조사를 규정하고 있다(비송사건절차법 제11조).

2. 사실의 탐지
① 사실의 탐지는 법원이 자료를 수집하고 사실을 인정하는 방법 중 증거조사를 제외한 것을 말한다.
② 법원의 자료수집의무는 무제한적인 것이 아니라 기록에 나타난 사실에 한한다.

3. 증거조사★
① 민사소송법은 증거조사 방법으로 증인, 감정, 서증, 검증, 당사자본인심문을 규정하고 있으나,/ 비송사건절차법은 인증(증인심문)과 감정에 관해서만 민사소송법 규정을 비송사건에 준용하고 있다(비송사건절차법 제10조).
② 증인과 감정인을 심문할 때에는 비공개로 하여야 하며, 필요적으로 조서를 작성하여야 한다(비송사건절차법 제14조 전단).

4. 사실의 탐지 및 증거조사의 촉탁
사실의 탐지 및 증거조사를 다른 지방법원의 판사에게 촉탁할 수 있다(비송사건절차법 제12조, 제10조, 민사소송법 제333조, 제313조).

5. 입증책임(증명책임)
① 비송사건절차에서는/ 민사소송에서와 같은 증거제출책임이라는 의미의 입증책임은 없다.
② 단, 어떤 사실의 진위가 불명일 때,/ 그 사실을 요건으로 하는 재판을 받는 것이 불가능하게 되는 결과/ 불이익을 입을 수 있다는 의미에서의/ 객관적 입증책임은 존재한다.

6. 심증의 정도
① 비송사건에서 사실인정은 원칙적으로 자유로운 방식의 증명이 필요하나, 특별히 소명만을 요구하는 경우도 있다.
② 당사자의 소명이 부족한 경우 법원은 신청을 배척하면 되고, 직권으로 사실을 탐지해야 하는 것은 아니다.

재 판★★

□ 비송사건의 재판에 형성력, 형식적 확정력, 기판력, 집행력이 있는지를 설명하시오.
▶ 제6회 기출 약술 20점
□ 비송사건절차법상 재판의 방식과 고지에 대하여 설명하시오.
▶ 제4회 기출 약술 20점

I 서 설

비송사건의 재판이란/ 청구된 사건에 대하여/ 법원이/ 심리의 결과를 기준으로 내리는/ 공권적 판단을 말한다.

II 재판의 종류

1. 종국재판과 종국재판 이외의 재판
① 종국재판은 비송사건의 심급을 종결하기 위하여 하는 재판이다.
② 종국재판 이외의 재판(절차지휘재판)은 비송사건의 종결을 목적으로 하지 않는 법원의 처분으로서,/ 절차상 사항에 대한 법원의 판단 또는 종국재판을 위한 절차의 파생적 사항 또는 부수적 사항에 대한 법원의 판단이다.

2. 본안 전 재판과 본안의 재판
① 본안 전 재판은/ 절차상의 요건 불비를 이유로 신청을 부적법 각하하는 재판이다.
② 본안의 재판은/ 절차상의 요건 충족을 전제로,/ 법원이 사건의 내용을 심리한 후/ 신청을 인용하거나 기각하는 재판을 말한다.

Ⅲ 재판의 방식★

1. 결 정
비송사건의 재판은 결정으로써 한다. 이는 비송사건의 간이·신속한 처리의 요청에 기인한다.

2. 이유기재의 생략
비송사건은 간이·신속한 처리를 원칙으로 하므로 특별한 사정이 없는 한 사실과 이유를 기재할 필요가 없다.

3. 재판의 원본
① 판사가 서명날인하여야 한다.
② 신청서 또는 조서에 재판에 관한 사항을 적고 판사가 이에 서명날인함으로써 원본을 갈음할 수 있다. 이 경우 서명날인은 기명날인으로 갈음할 수 있다.

4. 재판의 정본과 등본
재판의 정본과 등본에는 법원사무관등이 기명날인하고,/ 정본에는 법원인을 찍어야 한다.

Ⅳ 재판의 고지★

1. 의 의
고지라 함은/ 고지를 받는 사람으로 하여금/ 객관적으로 보아 그 내용을 알 수 있는 상태에 두는 것을 말하며,/ 현실로 그 내용을 알았을 것까지는 요하지 않는다.

2. 고지의 방법
① 재판의 고지는 법원이 적당하다고 인정하는 방법으로 한다.
② 단, 공시송달을 하는 경우에는 민사소송법 규정에 따라야 한다.

3. 고지의 상대방
고지는 재판을 받은 자에게 하여야 한다. 재판을 받은 자는 재판의 결과로 법률관계에 직접 영향을 받는 자를 말한다.

V. 재판의 효력 ★

1. 재판의 효력발생시기
비송사건의 재판은/ 재판을 받은 자에게/ 고지함으로써 효력이 생긴다.

2. 형성력

(1) 의 의

형성력이란/ 판결주문에 따라/ 법률관계를 발생·변경·소멸시키는 효과를 발생시키는 효력을 말한다.

(2) 비송사건의 형성력

① 재판의 고지와 동시에 효력이 발생한다.
② 재판을 받는 자는 물론이고, 제3자에게도 효력이 미친다.

3. 집행력

(1) 의 의

집행력이란/ 판결주문에서 정해진 이행의무를/ 국가의 집행기관을 통해/ 강제적으로 실현할 수 있는 효력을 말한다.

(2) 비송사건의 집행력

① 비송사건은 일반적으로 사권관계의 형성을 목적으로 하므로 원칙적으로 그 집행을 필요로 하지 않는다.
② 다만, 예외적으로 비용의 재판(제25조), 과태료의 재판(제247조)의 경우 집행절차가 필요하다.

4. 형식적 확정력(불가쟁력)

(1) 의 의

형식적 확정력이란/ 당사자가/ 상급법원에 더 이상 불복할 수 없는 상태를 말한다.

(2) 비송사건의 확정력

① 비송사건에서는 법원이 재판을 한 뒤에도 그 재판이 위법 또는 부당하다고 인정할 때에는 이를 취소하거나 변경할 수 있으므로 비송사건의 재판은 원칙적으로 형식적 확정력이 없다. 즉, 당사자는 언제든지 통상항고를 할 수 있다.
② 다만, ㉠ 즉시항고기간의 도과, ㉡ 대법원의 결정 등에 의해 재판이 확정된 경우에는 형식적 확정력이 있으므로 더 이상 불복할 수 없다.

5. 기판력(실질적 확정력)

(1) 의 의

기판력이란/ 확정판결의 내용이/ 당사자와 후소법원을 구속하는 힘을 말한다. 즉, 당사자는 기존 판결에 반하는 주장을 할 수 없고, 후소법원도 이에 저촉되는 판단을 할 수 없는 효력이다.

(2) 비송사건의 기판력

민사소송의 판결에서 인정되는 기판력이/ 비송사건의 재판에는 인정되지 않는다(多).

14 THEME 재판의 취소·변경 ★★★

□ 법원은 사법상 의무 위반을 이유로 甲에게 과태료 300만원을 부과하였다. 다음 물음에 답하시오.
▶ 제13회 기출 약술 20점
물음 1) 비송사건절차법에 따라 법원이 추후 위 과태료 재판을 취소·변경할 수 있는지 가부, 사유, 시기, 취소·변경을 할 수 있는 법원을 설명하시오. ▶ 10점
물음 2) 비송사건절차법에 따라 법원이 위 과태료 재판을 취소·변경한 경우의 효과와 취소·변경의 제한 사유를 설명하시오. ▶ 10점
□ 비송사건재판의 취소·변경을 설명하시오. ▶ 제5회 기출 약술 20점

I 서 설

1. 재판의 취소·변경의 의의

재판의 취소는 재판의 효력을 소멸시키는 것을 말하고,/ 재판의 변경은 재판의 일부 또는 전부를 취소한 후 원재판에 갈음하는 다른 내용의 재판을 하는 것을 말한다.

2. 재판의 취소·변경의 유형

비송사건절차법상 재판의 취소·변경이 인정되는 경우로는 ① 법 제19조 제1항에 의한 취소·변경, ② 항고에 의한 재판의 취소·변경(법 제20조), ③ 사정변경에 의한 취소·변경이 있다.

II 법 제19조 제1항에 의한 취소·변경

1. 원칙(취소·변경의 자유)

법원은 재판을 한 후에 그 재판이 위법 또는 부당하다고 인정할 때 이를 취소하거나 변경할 수 있다(법 제19조 제1항)./ 취소·변경의 재판은 항상 직권에 의한다.

2. 예외(취소·변경의 제한)

(1) 신청에 의하여만 재판을 하여야 하는 경우

① 신청에 의하여만 재판을 하여야 하는 경우에 신청을 각하(却下)한 재판은 신청에 의하지 아니하고는 취소하거나 변경할 수 없다(법 제19조 제2항).
② 신청을 각하한 재판이라 함은 각하한 경우뿐만 아니라 기각하는 재판을 포함하여 널리 신청을 배척한 모든 재판을 말한다.

제3장 비송사건절차법 **655**

(2) 즉시항고로써 불복할 수 있는 재판
① 즉시항고(卽時抗告)로써 불복할 수 있는 재판은 취소하거나 변경할 수 없다(법 제19조 제3항).
② 과태료재판(정식재판)은 즉시항고가 허용되므로(법 제248조 제3항 전단) 법 제19조 제1항에 의한 취소·변경이 제한된다.

3. 취소·변경의 사유
법원은 재판을 한 후에 그 재판이 위법 또는 부당하다고 인정할 때 이를 취소하거나 변경할 수 있다(법 제19조 제1항).

4. 취소·변경의 시기
① 불복신청이 없는 경우는 물론 항고가 있더라도 항고법원의 재판이 없는 동안에는 그 재판을 취소·변경할 수 있다.
② 항고법원이 실체재판을 한 경우에는 제1심법원은 취소·변경할 수 없다고 해석된다.

5. 취소·변경을 할 수 있는 법원
① 재판을 취소·변경할 수 있는 법원은/ 원칙적으로 원재판을 한 제1심법원에 한한다.
② 항고법원은 그 재판을 법 제19조 제1항에 의하여 취소·변경할 수 없다. 다만, 항고법원이 항고를 이유 있는 것으로 보아 원재판을 취소·변경한 경우에 한하여 항고법원이 법 제19조 제1항에 의하여 취소·변경할 수 있다는 견해도 있다.

6. 취소·변경의 효과
① 재판의 취소·변경에 의하여 사권관계의 변동이 발생한다.
② 재판이 취소·변경된 경우 재판의 소급효 인정 여부에 대해 견해의 대립이 있으나,/ 판례는 비송사건으로서 일단 효력이 생긴 비송사건의 결정이 사후에 취소되더라도/ 권리관계의 형성을 목적으로 하는 비송사건 본래의 성질에 비추어/ 특별한 사정이 없는 한 소급효는 인정되지 아니한다고 보고 있다(서울지방법원 1999.4.1. 98가합73829).

III 항고에 의한 재판의 취소·변경(THEME 15 참조)(제20조)

Ⅳ 사정변경에 의한 취소·변경

1. 의 의
비송사건의 재판이 적법·정당한 것이었다 하더라도/ 그 후 사정변경이 있어/ 원래의 재판을 유지하는 것이 부당하게 된 경우/ 법원이 직권으로 이를 취소하거나 변경할 수 있는데, 이를 사정변경에 의한 취소·변경이라 한다.

2. 근 거
비송사건절차법에 일반규정은 없으나,/ 개개의 경우에 이를 전제로 한 규정을 두고 있을 뿐이다(법 제44조의3, 제119조 등).

3. 적용대상
사정변경에 의한 취소·변경이 논의될 수 있는 것은/ 법원이 일정한 법률관계를 형성하였고,/ 그것이 사정변경으로 말미암아 적절하지 아니하게 된 경우로써,/ 그 성질상 계속적 법률관계에 한하여 적용된다.

항고★★★

□ 비송사건 재판에 대한 항고의 종류와 효과를 설명하시오. ▶ 제11회 기출 약술 20점
□ 비송사건의 제1심 법원 재판에 불복하여 항고하는 경우 항고기간과 항고제기의 효과에 관하여 설명하시오.
▶ 제8회 기출 약술 20점
□ 비송사건절차에서의 항고의 의의 및 종류에 관하여 설명하시오. ▶ 제3회 기출 약술 20점

I 의 의★★

비송사건에서의 항고는/ 하급법원의 재판이 아직 확정되기 전에/ 상급법원에 대하여/ 그 취소·변경을 구하는 불복신청이다.

II 항고의 종류★★

1. 통상항고

통상항고는/ 항고제기의 기간에 제한이 없는 항고로서/ 항고의 이익이 있는 한 어느 때나 제기할 수 있는 항고이다.

2. 즉시항고

즉시항고는 신속한 해결의 필요상/ 그 제기에 있어 기간의 정함이 있는 항고로서,/ 재판이 고지된 날부터 1주 이내에 제기하여야 하며, 그 기간은 불변기간이며, 명문규정이 있는 때 한하여 허용된다.

3. 재항고

재항고는 최초의 항고에 대한 항고법원 또는 고등법원의 결정에 대한 항고로서,/ 항고법원등의 결정 등에 대하여 재판에 영향을 미친 헌법 등의 위반을 이유로/ 대법원에 하는 항고이다.

4. 특별항고

불복할 수 없는 결정이나 명령에 대하여/ 재판에 영향을 미친 헌법 등의 위반을 이유로/ 대법원에 하는 항고이다.

Ⅲ 항고권자

1. 원칙
항고를 제기할 수 있는 사람은/ 재판으로 인하여 직접적·객관적으로 권리를 침해당한 자이다.

2. 예외 : 신청사건의 경우
신청에 의하여만 재판을 하여야 하는 경우에/ 신청을 각하한 재판(기각재판 포함)에 대하여는/ 신청인만이 항고할 수 있다.

Ⅳ 항고의 방식

1. 항고제기의 방식
① 항고장은 원심법원에 제출하여야 한다.
② 항고장에 당사자와 법정대리인, 불복하는 결정의 표시와 항고의 취지를 기재하여야 한다.
③ 항고장에 원래의 신청서에 붙인 인지액(1,000원)의 2배에 해당하는 2,000원의 인지를 붙여야 한다.

2. 항고기간★★

(1) 통상항고
기간의 제한이 없으며,/ 항고의 이익이 있는 한 언제든지 제기할 수 있다.

(2) 즉시항고
재판이 고지된 날로부터 1주 이내에 제기하여야 한다.

Ⅴ 항고제기의 효력★★

1. 확정차단의 효력

(1) 보통항고의 경우
보통항고로써 불복을 허용하는 재판은 확정력이 없으므로, 확정차단이 문제되지 않는다. 이에 따라 해당 사건은 원심재판에 의하여 당연히 종료된다.

(2) 즉시항고의 경우
즉시항고를 허용하는 재판은/ 즉시항고의 제기에 의하여/ 원심재판의 확정이 차단된다.

2. 이심의 효력
원심법원에 항고제기가 있으면,/ 원심재판의 대상사건은 항고심에 이심된다.

3. 집행부정지의 효력
항고는 특별한 규정이 있는 경우를 제외하고는 집행정지의 효력이 없다.

Ⅵ 항고의 취하 등

1. 항고의 취하
항고의 취하는 서면으로 하는 것이 원칙이나, 심문기일에서 말로도 할 수 있다.

2. 항고권의 포기
항고권의 포기는 서면으로 하여야 한다.

3. 취하 및 포기의 효과
항고의 취하나 항고권의 포기가 있으면 절차는 즉시 종료된다.

THEME 16 항고의 절차★

핵심이론

I. 원심법원에 항고장 제출

1. 항고장 심사
① 원심재판장은 항고장을 심사하여야 한다.
② 필요적 기재사항이 누락된 경우 상당한 기간을 정하여 보정을 명하고, 기간 내 보정하지 아니한 때에는 원심재판장은 명령으로 항고장을 각하하여야 한다.

2. 경정(제도의 고안)
항고에 정당한 이유가 인정되는 때 원심법원은 원재판을 경정하여야 하는데, 이를 제도의 고안이라고 한다. 경정결정을 하면 항고절차는 종료된다.

3. 송 부
원심법원은/ 항고장이 제출된 날로부터 2주 이내에/ 항고기록에 항고장을 붙여/ 항고법원에 보내야 한다.

II. 항고법원의 처리

1. 접 수
항고사건이 항고법원에 접수되면, 민사항고사건과 같이 사건부호는 '라'를 사용한다.

2. 심 리
항고심의 심리에는 제1심의 절차가 준용되므로 심문은 공개하지 아니하는 것이 원칙이다.

3. 재 판

(1) **필요적 이유 기재**
항고법원의 재판에는 이유를 붙여야 한다(법 제22조).

(2) **항고의 각하와 기각**
① 항고가 부적법하다고 인정할 때에는 항고를 각하하고, ② 항고의 이유가 없거나/ 원결정의 이유가 정당하지 않은 경우에도 다른 이유에 따라 그 결정이 정당하다고 인정할 때에는 항고를 기각하여야 한다(법 제23조, 민사소송법 제443조, 제414조).

(3) 원결정의 취소·변경 등
① 항고법원은 원결정이 정당하지 않다고 인정한 때에는 원결정을 취소하여야 한다.
② 항고법원은 원결정을 취소한 뒤 스스로 새로운 재판을 할 경우도 있고(원재판의 변경), 사건을 원심법원에 환송하는 경우도 있다.

(4) 불이익변경금지의 원칙
① 직권주의가 적용되는 비송사건에서는 민사소송법상의 불이익변경금지의 원칙은 준용되지 않는다고 보는 것이 일반적이다.
② 다만, 과태료 사건에서는 불이익변경금지의 원칙이 준용된다.

제2절 민사비송사건 : 선별적 학습

THEME 17 재단법인의 정관보충사건 ★★

I 의의

재단법인의 정관보충사건은/ 재단법인의 설립자가/ 정관의 필수적 기재사항(목적, 명칭, 사무소의 소재지, 자산에 관한 규정, 이사의 임면에 관한 규정) 중 그 명칭, 사무소소재지 또는 이사임면의 방법을 정하지 아니하고 사망한 때에는/ 이해관계인 또는 검사의 청구에 의하여/ 법원이 이를 보충하는 사건을 말한다.

II 요건

1. 정관의 필수적 기재사항 중 목적과 자산에 관한 규정은 존재할 것
2. 재단법인의 설립자가/ 명칭, 사무소소재지 또는 이사임면의 방법을 정하지 아니하고 사망한 경우일 것

III 절차

1. 관할

(1) 법인설립자가 사망한 경우

사망 시 주소지의 지방법원이 관할한다.

(2) 법인설립자의 주소가 국내에 없을 때

설립자 사망 시의 거소지 또는 법인설립지의 지방법원이 관할한다.

2. 신청인

재단법인의 정관보충은 이해관계인 또는 검사의 청구에 의한다.

3. 신청방식

신청은 일반원칙에 따라 서면 또는 말로 할 수 있다.

4. 심리 및 재판
① 비송사건의 심리는 일반적으로 심문의 방법에 의한다.
② 심문은 임의적이며, 공개하지 아니한다.
③ 재판은 결정으로써 한다.

5. 불 복
비송사건절차법 제20조에 의한 항고로써 불복할 수 있다.

THEME 18 임시이사 선임사건 ★

I 의 의

임시이사 선임사건은/ 이사가 없거나 결원이 있는 때/ 이로 인하여 손해가 생길 염려가 있는 경우/ 법원이/ 이해관계인이나 검사의 청구에 의하여/ 임시이사를 선임하는 사건을 말한다.

II 요 건

1. 이사가 없거나 결원이 있을 것
이사가 전혀 없거나 정관에서 정한 인원수에 부족이 있는 경우를 의미한다.

2. 이로 인하여 손해가 생길 염려가 있을 것
통상의 이사선임절차에 따라 이사가 선임되기를 기다릴 경우 법인이나 제3자에게 손해가 생길 우려가 있는 것을 의미한다.

III 절 차

1. 관 할
법인의 주된 사무소 소재지의 지방법원 합의부가 관할한다.

2. 신청인
임시이사의 선임을 신청할 수 있는 사람은 이해관계인 또는 검사이다.

3. 신청방식
선임의 신청은 일반원칙에 따라 서면 또는 구술로 할 수 있다.

4. 심리 및 재판

① 비송사건의 심리는 일반적으로 심문의 방법에 의한다.
② 심문은 임의적이며, 공개하지 아니한다.
③ 상사비송사건과 달리 법원은 이사와 감사의 의견을 들을 필요가 없다.
④ 재판은 결정으로써 한다.

5. 불 복

법원의 임시이사 선임결정에 의하여/ 권리를 침해당한 사람은/ 비송사건절차법 제20조에 의한 항고로써 불복할 수 있다.

Ⅳ 임시이사의 지위

1. 등기의 요부

임시이사의 선임에 대하여 등기하여야 한다는 규정이 없으며, 실무상으로도 그 등기를 하지 않는다.

2. 권 한

임시이사는 정식이사가 선임될 때까지의 일시적인 기관이나, 정식이사와 동일한 권리의무를 가진다.

3. 보 수

실무례는 주식회사의 이사, 감사 직무대행자의 보수에 관한 비송사건절차법 제84조 제2항, 제77조를 유추적용하여 선임결정을 하면서 동시에 보수를 정하기도 하고,/ 선임결정과는 별도로 임시이사의 보수를 정하는 결정을 하기도 한다.

19 THEME 특별대리인 선임사건★

핵심이론

I. 의 의

특별대리인 선임사건은/ 법인과 이사의 이익이 상반하는 사항에 대하여/ 이사에게 법인의 대표권이 없는 경우/ 법원이/ 이해관계인 또는 검사의 청구에 의하여/ 보충기관으로서/ 그 법인의 특별대리인을 선임하는 사건을 말한다.

II. 요 건

1. 법인과 이사의 이익이 상반하는 사항일 것
2. 대표권을 갖는 다른 이사가 없을 것

III. 절 차

1. **관 할**
   법인의 주된 사무소 소재지의 지방법원 합의부가 관할한다.

2. **신청인**
   특별대리인의 선임을 신청할 수 있는 사람은 이해관계인 또는 검사이다.

3. **신청방식**
   선임의 신청은 일반원칙에 따라 서면 또는 말로 할 수 있다.

4. **심리 및 재판**
   ① 비송사건의 심리는 일반적으로 심문의 방법에 의한다.
   ② 심문은 임의적이며, 공개하지 아니한다.
   ③ 재판은 결정으로써 한다.

5. **불 복**
   법원의 특별대리인 선임결정에 대하여/ 권리를 침해당한 사람은/ 비송사건절차법 제20조에 의한 항고로써 불복할 수 있다.

Ⅳ. 특별대리인의 지위

1. 등기의 요부
임시이사와 마찬가지로 등기를 요하지 않는다.

2. 권 한
특별대리인은/ 법인의 사무에 관하여 포괄적인 권한을 갖는 임시이사와 달리/ 그 선임의 사유가 된 사항에 관해서만 권한을 갖는다.

3. 보 수
비송사건절차법 제77조 규정을 유추적용하여/ 법원이 상당하다고 인정한 보수액을/ 회사로 하여금 지급하게 할 수 있다.

임시총회소집 허가사건 ★★

Ⅰ 의 의

임시총회 소집사건은/ 총사원의 5분의 1 이상이/ 회의의 목적사항을 제시하여 임시총회 소집을 청구하였음에도 불구하고/ 이사가 청구가 있은 후 2주간 내에 총회소집의 절차를 밟지 아니한 경우/ 청구한 사원이/ 법원의 허가를 얻어/ 임시총회를 소집할 수 있는 사건을 말한다.

Ⅱ 요 건

1. 총사원의 5분의 1 이상의 총회 소집 청구가 있을 것
2. 사단법인의 이사가/ 2주 이내 임시총회를 소집하지 아니할 것

Ⅲ 절 차

1. 관 할
법인의 주된 사무소 소재지의 지방법원 합의부가 관할한다.

2. 신청인
① 임시총회의 소집을 청구하였던 총사원 5분의 1 이상의 사원이 신청인이 된다.
② 수인의 공동신청을 요건으로 하며, 재판 시까지 이 요건이 존재하여야 하고, 그 정수가 부족한 경우 부적법하여 각하되어야 한다.
③ 선정당사자와 감사의 임시총회 소집 허가신청은 부적법하다.

3. 신청방식

(1) 서면에 의한 신청
임시총회 소집 허가신청은/ 서면으로 하여야 한다.

(2) 소 명
신청인은/ 이사가 임시총회 소집을 게을리한 사실을/ 소명하여야 한다.

4. 심리 및 재판
① 비송사건의 심리는 일반적으로 심문의 방법에 의한다.
② 심문은 임의적이며, 공개하지 아니한다.
③ 재판은 이유를 붙인 결정으로써 한다.

5. 불복신청의 제한
신청을 인용하는 재판에 대하여는 불복신청을 할 수 없으나,/ 신청을 각하, 기각하는 재판에 대해서는 항고로써 불복할 수 있다.

THEME 21 검사인 선임사건

I 의의

검사인 선임사건은/ 법원이/ 법인의 해산과 청산을 검사·감독하는 방법으로/ 필요한 경우/ 법인의 감독에 필요한 검사를 하게 할 수 있는 검사인을 선임하는 사건을 말한다.

II 법원의 직권 선임

검사인의 선임은 법원이 직권으로 한다.

III 절차

1. 관할

법인의 주된 사무소 소재지의 지방법원이 관할한다.

2. 신청방식 등

명문의 규정은 없으나/ 상법상 검사인의 서면보고 및 설명을 위한 심문을 규정한 비송사건절차법 제74조 규정이 유추적용된다.

IV 검사인의 보수

1. 법 제77조 준용

법원은 검사인을 선임한 경우/ 회사로 하여금/ 법원이 상당하다고 인정한 보수액을/ 검사인에게 지급하게 할 수 있다.

2. 즉시항고

보수액의 결정에 대하여는/ 즉시항고를 할 수 있다.

청산인의 선임 및 해임사건 ★

I 의의

1. 청산인의 선임사건

청산인의 선임사건은/ 파산의 경우를 제외하고/ 법원은/ 법인 해산 시 청산인이 될 사람이 없거나 청산인의 결원으로 인하여 손해가 생길 염려가 있는 경우에는/ 직권으로 또는 이해관계인이나 검사의 청구에 의하여/ 청산인을 선임하는 사건을 말한다.

2. 청산인의 해임사건

청산인의 해임사건은/ 청산인에게 직무를 수행할 수 없는 중대한 사유가 있는 경우에/ 법원은/ 직권으로 또는 이해관계인이나 검사의 청구에 의하여/ 청산인을 해임할 수 있는 사건을 말한다.

II 요건

1. 청산인의 선임 요건

① 법인 해산 시/ 청산인이 될 자가 없거나 결원이 있을 것
② 이로 인하여 손해가 생길 염려가 있을 것
③ 청산인이 결격사유(미성년자, 피성년후견인, 자격이 정지되거나 상실된 자, 법원에서 해임된 청산인, 파산선고를 받은 자)에 해당하지 않을 것

2. 청산인의 해임 요건

청산인에게 직무를 수행할 수 없는 중대한 사유가 있어야 한다.

Ⅲ 절차

1. 관할
청산인의 선임 및 해임은 법인의 본점 소재지의 지방법원이 관할한다.

2. 신청인
법원은 직권으로 또는 이해관계인이나 검사의 청구에 의하여/ 청산인을 선임 및 해임할 수 있다.

3. 신청방식
일반원칙에 따라 서면 또는 말로 할 수 있다.

4. 심리 및 재판
① 비송사건의 심리는 일반적으로 심문의 방법에 의한다.
② 심문은 임의적이며, 공개하지 아니한다.
③ 재판은 결정으로써 한다.

5. 불복신청의 제한
신청을 인용하는 재판에 대하여는 불복신청을 할 수 없으나,/ 신청을 각하, 기각하는 재판에 대해서는 항고로써 불복할 수 있다.

Ⅳ 청산인의 지위

1. 등기 요부
청산인의 선임 및 해임에 대하여 등기를 요하지 않는다.

2. 청산인의 보수

(1) 법 제77조 준용
법원은 청산인을 선임한 경우/ 회사로 하여금/ 법원이 상당하다고 인정한 보수액을/ 검사인에게 지급하게 할 수 있다.

(2) 즉시항고
보수액의 결정에 대하여는/ 즉시항고를 할 수 있다.

감정인의 선임사건 ★

Ⅰ 의의

감정인의 선임사건은/ 청산중의 법인이/ 조건 있는 채권 또는 불확정한 채권 등이 있는 경우/ 법원이 선임한 감정인의 평가에 의하여 변제하고자 하는 사건을 말한다.

Ⅱ 요건

1. 청산중의 법인일 것
2. 조건 있는 채권 또는 불확정한 채권 등이 있을 것

Ⅲ 절차

1. 관할
감정인의 선임은 법인의 본점 소재지의 지방법원이 관할한다.

2. 신청인
법원은 직권으로 또는 청산인의 신청에 의하여 감정인을 선임할 수 있다.

3. 신청방식
일반원칙에 따라 서면 또는 구술로 할 수 있다.

4. 심리 및 재판
① 비송사건의 심리는 일반적으로 심문의 방법에 의한다.
② 심문은 임의적이며, 공개하지 아니한다.
③ 사건의 심리에는 검사가 관여하지 않는다.
④ 재판은 결정으로써 한다.

5. 불복신청의 제한
신청을 인용하는 재판에 대하여는 불복신청을 할 수 없으나,/ 신청을 각하, 기각하는 재판에 대해서는 항고로써 불복할 수 있다.

Ⅳ 비용의 부담

법원이 감정인을 선임한 경우 선임 비용은 법인이 부담한다. 또한 감정을 위한 감정인의 소환 및 심문 비용도 법인이 부담한다.

신탁재산관리인의 선임

I 의의

법원은 ① 수탁자의 사망, 파산선고 또는 법원의 허가를 받아 사임하거나 임무 위반으로 법원에 의하여 해임된 경우 필수적 신탁재산관리인을 선임하여야 하며, ② 수탁자의 임무가 종료되거나 수탁자와 수익자 간의 이해가 상반되어 수탁자가 신탁사무를 수행하는 것이 적절하지 아니한 경우 임의적 신탁재산관리인을 선임할 수 있다.

II 요건

1. 필수적 선임사건의 요건
① 수탁자의 사망, 파산선고 또는 법원의 허가를 받아 사임하거나 임무 위반으로 법원에 의하여 해임된 경우일 것
② 신수탁자가 선임되지 아니하거나 다른 수탁자가 존재하지 아니할 것

2. 임의적 선임사건의 요건
① 수탁자의 임무가 종료되거나 수탁자와 수익자 간의 이해가 상반되어 수탁자가 신탁사무를 수행하는 것이 적절하지 아니할 것
② 이해관계인의 청구가 있을 것

III 절차

1. 관할

(1) 필수적 선임사건
① 수탁자가 사망하여 상속재산관리인이 선임되는 경우 해당 상속재산관리인의 선임사건을 관할하는 법원
② 수탁자가 파산선고를 받은 경우 해당 파산선고를 관할하는 법원

(2) 임의적 선임사건
① 수탁자의 보통재판적이 있는 지방법원이 신탁사건을 관할한다.
② 수탁자가 여럿인 경우/ 그중 1인의 보통재판적이 있는 곳의 지방법원이 신탁사건을 관할한다.
③ 관할법원이 없는 경우/ 신탁재산이 있는 곳의 지방법원이 신탁사건을 관할한다.

2. 신청인

(1) 필수적 선임사건

법원이 직권으로 선임한다.

(2) 임의적 선임사건

이해관계인의 청구에 의하여 선임할 수 있다.

3. 신청방식

일반원칙에 따라 서면 또는 구술로 할 수 있다.

4. 심리 및 재판

(1) 임의적 선임사건

법원은 수익자와 수탁자의 의견을 들어야 한다(필요적 심문).

(2) 필수적 선임사건

법원은 이해관계인의 의견을 들을 수 있다(임의적 심문).

(3) 재 판

재판은 이유를 붙인 결정으로써 한다.

5. 불 복

(1) 필수적 선임사건

신청을 인용하는 재판에 대하여는 불복신청을 할 수 없으나/, 신청을 각하, 기각하는 재판에 대해서는 항고로써 불복할 수 있다.

(2) 임의적 선임사건

수익자 또는 수탁자는/ 즉시항고를 할 수 있다.

Ⅳ 신탁재산관리인의 지위

1. 권 한

신탁재산관리인은 선임된 목적범위 내에서 수탁자와 동일한 권리·의무가 있다.

2. 보 수

법원은 필요한 경우 신탁재산에서 적당한 보수를 줄 수 있다.

THEME 25 신탁관리인의 선임

Ⅰ 의의

법원은/ ① 수익자가 특정되어 있지 아니하거나 존재하지 아니한 경우 ② 수익자가 미성년자, 피한정후견인, 피성년후견인이거나 그 밖의 사유로 수탁자에 대한 감독을 적절히 할 수 없는 경우/ 위탁자나 그 밖의 이해관계인의 청구에 의하여 또는 직권으로/ 신탁관리인을 선임할 수 있다.

Ⅱ 요건

1. 수익자가 특정되어 있지 아니하거나 존재하지 아니할 것
2. 수익자가 미성년자등의 사유로 수탁자에 대한 감독을 적절히 행사할 수 없는 경우일 것
3. 이해관계인의 청구 또는 법원의 직권 선임이 있을 것

Ⅲ 절차

1. 관할
① 수탁자의 보통재판적이 있는 지방법원이 신탁사건을 관할한다.
② 수탁자가 여럿인 경우/ 그중 1인의 보통재판적이 있는 곳의 지방법원이 신탁사건을 관할한다.
③ 관할법원이 없는 경우/ 신탁재산이 있는 곳의 지방법원이 신탁사건을 관할한다.

2. 신청인
법원은 이해관계인의 청구 또는 직권으로 신탁관리인을 선임할 수 있다.

3. 신청방식
일반원칙에 따라 서면 또는 구술로 할 수 있다.

4. 심리 및 재판
① 비송사건의 심리는 일반적으로 심문의 방법에 의한다.
② 심문은 임의적이며, 공개하지 아니한다.
③ 재판은 결정으로써 한다.

5. 불복신청의 제한
신청을 인용하는 재판에 대하여는 불복신청을 할 수 없으나,/ 신청을 각하, 기각하는 재판에 대해서는 항고로써 불복할 수 있다.

Ⅳ 신탁관리인의 지위

1. 권한
신탁재산관리인은 선임된 목적범위 내에서 수탁자와 동일한 권리·의무가 있다.

2. 보수
법원은 필요한 경우 신탁재산에서 적당한 보수를 줄 수 있다.

재판상의 대위에 관한 사건 ★★

□ 재판상의 대위에 관한 사건을 설명하시오. ▸ 제1회 약술 20점

핵심이론

I 의 의

채권자가/ 자기 채권의 기한 전에/ 채무자의 권리를 행사하지 아니하면/ 그 채권을 보전할 수 없거나 보전하는 데에 곤란이 생길 우려가 있는 경우/ 법원의 허가를 얻어/ 채무자의 권리를 행사하는 것을 말한다.

II 요 건

1. 채권이 기한 전일 것
2. 채무자가 권리를 행사하지 아니할 것
3. 채무자의 권리를 행사하지 아니하면 채권자의 채권을 보전할 수 없거나 보전하는 데에 곤란이 생길 우려가 있을 것

III 절 차

1. **관 할**

   재판상 대위는 채무자의 보통재판적이 있는 곳의 지방법원이 관할한다.

2. **신청인**

   재판상 대위신청인은/ 위 요건에 해당하는 채무자의 채권자이다.

3. **신청방식**

   일반원칙에 따라 서면 또는 구술로 할 수 있다./ 다만, 신청서에 기재하거나 구술로 진술하여야 할 사항으로는 법 제9조 제1항 각 호의 사항 및 채무자와 제3채무자의 성명과 주소, 피보전채권 및 그가 행사하려는 권리의 표시를 추가하여야 한다.

4. 심리 및 재판

(1) 심리의 공개와 검사의 불참여
① 비송사건의 심리는 일반적으로 심문의 방법에 의한다.
② 심문은 필요적이며, 공개하여야 한다.
③ 검사는 의견을 진술하거나 심문에 참여할 수 없다.

(2) 대위신청의 허가
법원은 대위의 신청이 이유 있다고 인정한 경우에는/ 담보를 제공하게 하거나 제공하지 아니하고 허가할 수 있다.

(3) 재판의 고지
대위신청을 허가한 재판은 직권으로 채무자에게 고지하여야 하며, 고지를 받은 채무자는 그 권리를 처분할 수 없다.

(4) 재판은 결정으로써 한다.

5. 불복

(1) 즉시항고
대위신청을 각하한 재판에 대하여는 채권자가 즉시항고를 할 수 있고,/ 대위신청을 허가한 재판에 대하여는 채무자가 즉시항고를 할 수 있다.

(2) 항고기간
채무자가 재판의 고지를 받은 날부터 즉시항고 기간을 기산한다.

Ⅳ 비용의 부담

항고절차의 비용과 항고인이 부담하게 될 전심의 비용에 대하여는/ 신청인과 항고인을 당사자로 보고,/ 민사소송법 제98조에 따라 패소자가 부담한다.

THEME 27. 변제목적물의 공탁소의 지정 및 공탁물보관인 선임사건★★

핵심이론

I. 의의

변제자가/ 변제목적물을 공탁하여/ 채무를 면하고자 함에도 불구하고/ 공탁소가 없거나/ 있다하더라도 보관능력이 있는 공탁물보관인이 없는 경우/ 법원의 허가를 얻어/ 공탁소를 지정하거나 공탁물보관인을 선임하는 사건을 말한다.

II. 요건

1. 변제목적물을 공탁하여 채무를 면하고자 할 것
2. 공탁소가 없거나 있다 하더라도 보관능력이 있는 공탁물보관인이 없는 경우일 것

III. 절차

1. **관할**

   공탁소의 지정 및 공탁물보관인의 선임은 채무이행지의 지방법원이 관할한다.

2. **신청인**

   민법 제487조 요건을 구비한/ 변제자(공탁자)이다.

3. **신청방식**

   일반원칙에 따라 서면 또는 말로 할 수 있다.

4. **심리 및 재판**

   ① 비송사건의 심리는 일반적으로 심문의 방법에 의한다.
   ② 공탁소의 지정과 공탁물보관인 선임의 재판을 하기 전에/ 법원은 미리 채권자와 변제자를 심문하여야 한다(필요적 심문).
   ③ 검사는 의견을 진술하거나 심문에 참여할 수 없다.
   ④ 재판은 결정으로써 한다.

5. 불복신청의 제한

신청을 인용하는 재판에 대하여는 불복신청을 할 수 없으나,/ 신청을 각하, 기각하는 재판에 대해서는 항고로써 불복할 수 있다.

Ⅳ 비용의 부담

법원이 공탁소의 지정 및 공탁물보관인의 선임을 한 경우 그 절차의 비용은 채권자가 부담한다.

변제목적물의 경매허가사건 ★

Ⅰ 의 의

변제의 목적물이/ 공탁에 적당하지 아니하거나/ 멸실 또는 훼손될 염려가 있거나/ 공탁에 과다한 비용을 요하는 경우/ 변제자는/ 법원의 허가를 얻어/ 그 물건을 경매하거나 시가로 방매(임의매각)하여 대금을 공탁할 수 있는 사건을 말한다.

Ⅱ 요 건

1. 변제목적물이 존재할 것
2. 변제목적물이 공탁에 적당하지 아니하거나 멸실 또는 훼손될 염려가 있거나 공탁에 과다한 비용을 요할 것

Ⅲ 절 차

1. **관 할**

    변제목적물의 경매허가사건은/ 채무이행지의 지방법원이 관할한다.

2. **신청인**

    민법 제490조 요건을 구비한 변제자(공탁자)이다.

3. **신청방식**

    일반원칙에 따라 서면 또는 구술로 할 수 있다.

4. **심리 및 재판**

    ① 비송사건의 심리는 일반적으로 심문의 방법에 의한다.
    ② 법원은 재판 전 미리 채권자와 변제자를 심문하여야 한다(필요적 심문).
    ③ 검사는 의견을 진술하거나 심문에 참여할 수 없다.
    ④ 재판은 결정으로써 한다.

5. 불복신청의 제한

신청을 인용하는 재판에 대하여는 불복신청을 할 수 없으나,/ 신청을 각하, 기각하는 재판에 대해서는 항고로써 불복할 수 있다.

Ⅳ 비용의 부담

허가의 재판을 하는 경우 절차비용에 대하여는 법 제53조 제3항을 준용하여 채권자가 부담한다.

질물에 의한 변제충당의 허가사건 ★★

I 의의

질권자는/ 채권변제를 받기 위하여/ 경매를 함이 원칙이나,/ 정당한 이유가 있는 때에는/ 감정인의 평가에 의하여/ 질물로 직접 변제에 충당할 것을 법원에 청구할 수 있는 사건을 말한다.

II 요건

1. 간이변제충당의 정당한 이유가 있을 것
2. 법원에 간이변제충당을 청구할 것
3. 목적물의 환가는 감정인의 평가에 의할 것
4. 질권자는 간이변제충당 허가신청 전 미리 채무자 및 질권설정자에게 통지할 것

III 절차

1. 관할
변제목적물의 경매허가사건은/ 채무이행지의 지방법원이 관할한다.

2. 신청인
신청권자는 질권자이다.

3. 신청방식
일반원칙에 따라 서면 또는 말로 할 수 있다.

4. 심리 및 재판
① 비송사건의 심리는 일반적으로 심문의 방법에 의한다.
② 법원은/ 정당한 이유의 존부를 판단함에 있어서/ 질권자인 채권자, 질권설정자인 채무자, 질권설정자가 채무자 이외의 제3자인 경우 제3자도 미리 심문하여야 한다(필요적 심문).
③ 검사는 의견을 진술하거나 심문에 참여할 수 없다.
④ 재판은 결정으로써 한다.

5. 불복신청의 제한

신청을 인용하는 재판에 대하여는 불복신청을 할 수 없으나,/ 신청을 각하, 기각하는 재판에 대해서는 항고로써 불복할 수 있다.

Ⅳ 비용의 부담

1. 허가의 재판이 있는 경우

해당 재판의 절차비용에 대하여는 질권설정자가 부담한다.

2. 허가신청이 각하된 경우

해당 재판의 절차비용에 대하여는 신청자인 질권자가 부담한다.

THEME 30 환매권 대위행사 시 감정인 선임사건★★

핵심이론

I 의의
매도인의 채권자가/ 매도인을 대위하여 환매하고자 하는 때에는/ 매수인이/ 법원이 선정한 감정인의/ 평가액에서 매도인이 반환할 금액을 공제한 잔액으로/ 매도인의 채무를 변제하고/ 잉여액이 있으면 이를 매도인에게 지급하도록/ 법원에 감정인 선임을 청구하는 사건을 말한다.

II 요건
1. **매도인의 채권자가 매도인을 대위하여 환매하고자 하는 경우일 것**
2. **매수인이 감정인의 선임을 법원에 청구할 것**

III 절차

1. 관할
환매권의 목적물인 물건 소재지의 지방법원이 관할법원이다.

2. 신청인
민법 제590조 이하의 요건을 갖춘 매수인이다.

3. 신청방식
일반원칙에 따라 서면 또는 말로 할 수 있다.

4. 심리 및 재판
① 비송사건의 심리는 일반적으로 심문의 방법에 의한다.
② 심문은 임의적이며, 공개하지 아니한다.
③ 검사는 의견을 진술하거나 심문에 참여할 수 없다.
④ 재판은 결정으로써 한다.

5. 불복신청의 제한

신청을 인용하는 재판에 대하여는 불복신청을 할 수 없으나/ 신청을 각하, 기각하는 재판에 대해서는 항고로써 불복할 수 있다.

Ⅳ 비용의 부담

감정인을 선임하는 재판을 한 경우에는 그 선임비용과 감정을 위한 소환 및 심문비용은 매수인이 부담한다.

제3절 상사비송사건 : 선별적 학습

THEME 31 변태설립사항 규정 시 검사인 선임청구사건 ★

I 의의

주식회사 설립 시/ 발기설립의 경우이든 모집설립의 경우이든/ 정관에서 변태설립사항을 규정한 경우/ 이사 또는 발기인이/ 이에 관한 사항을 조사하기 위하여/ 검사인의 선임을 법원에 청구하는 사건을 말한다.

II 요건

1. 회사를 설립한 경우일 것
2. 정관에서 변태설립사항을 규정한 경우일 것

III 절차

1. **관할**

    회사의 본점 소재지의 지방법원 합의부가 관할한다.

2. **신청인**

    (1) **발기설립의 경우**

    이사가/ 신청인이 된다.

    (2) **모집설립의 경우**

    발기인이/ 신청인이 된다.

3. **신청방식**

    통상의 비송사건이 서면 또는 구술로 신청할 수 있는 것과 달리/ 검사인 선임신청은 서면으로 하여야 한다.

4. 심리 및 재판
① 비송사건의 심리는 일반적으로 심문의 방법에 의한다.
② 검사는 사건에 관하여 의견을 진술하고 심문에 참여할 수 있다.
③ 법원이 검사인 선임에 관한 재판을 하는 경우 이사와 감사의 진술을 들어야 한다(필요적 심문).
④ 재판은 이유를 붙인 결정으로써 한다.

5. 불복
즉시항고에 관한 별도의 규정은 없으나,/ 법 제20조에 의한 통상항고로써 불복할 수 있다.

Ⅳ 검사인의 서면보고
검사인은 조사결과를 서면으로 법원에 보고하여야 한다.

Ⅴ 검사인의 보수

1. 의 의
법원이 검사인을 선임한 경우/ 회사로 하여금 보수를 지급하게 할 수 있다.

2. 보수액 결정
보수액은 법원이 이사와 감사의 의견을 들어 정한다.

3. 즉시항고
법원의 보수결정에 대하여/ 즉시항고할 수 있다.

현물출자 시 검사인의 선임청구사건 ★

Ⅰ 의의

회사가 신주를 발행하는 때/ 현물출자를 하는 사람이 있는 경우/ 이사가/ 이를 조사하기 위하여/ 법원에 검사인의 선임을 청구하는 사건을 말한다.

Ⅱ 요건

1. 회사가 신주를 발행한 경우일 것
2. 현물출자한 사람이 있을 것

Ⅲ 절차

1. 관할

   회사의 본점 소재지의 지방법원 합의부가 관할한다.

2. 신청인

   이사가/ 신청인이 된다.

3. 신청방식

   통상의 비송사건이 서면 또는 구술로 신청할 수 있는 것과 달리/ 검사인 선임신청은 서면으로 하여야 한다.

4. 심리 및 재판

   ① 비송사건의 심리는 일반적으로 심문의 방법에 의한다.
   ② 검사는 사건에 관하여 의견을 진술하고 심문에 참여할 수 있다.
   ③ 법원이 검사인 선임에 관한 재판을 하는 경우 이사와 감사의 진술을 들어야 한다(필요적 심문).
   ④ 재판은 이유를 붙인 결정으로써 한다.

5. 불복

   즉시항고에 관한 별도의 규정은 없으나,/ 법 제20조에 의한 통상항고로써 불복할 수 있다.

Ⅳ 검사인의 서면보고
검사인은 조사결과를 서면으로 법원에 보고하여야 한다.

Ⅴ 검사인의 보수

1. 의 의
법원이 검사인을 선임한 경우/ 회사로 하여금 보수를 지급하게 할 수 있다.

2. 보수액 결정
보수액은 법원이 이사와 감사의 의견을 들어 정한다.

3. 즉시항고
법원의 보수결정에 대하여/ 즉시항고할 수 있다.

THEME 33. 주식회사의 업무·재산상태의 검사를 위한 검사인의 선임청구사건 ★

 핵심이론

I 의의

회사의 업무집행에 관하여 부정행위 또는 법령이나 정관에 위반한 중대한 사실이 있음을 의심할 사유가 있는 때에는/ 발행주식 총수의 100분의 3 이상에 해당하는 주식을 가진 주주가/ 회사의 업무와 재산상태를 조사하기 위하여/ 법원에 검사인의 선임을 청구하는 사건을 말한다.

II 요건

1. 회사의 업무집행에 관하여 부정행위 또는 법령이나 정관에 위반한 중대한 사실이 있음을 의심할 사유가 있을 것
2. 발행주식 총수의 100분의 3 이상에 해당하는 주식을 가진 주주가 법원에 검사인의 선임을 청구할 것

III 절차

1. 관할
회사의 본점 소재지의 지방법원 합의부가 관할한다.

2. 신청인
발행주식 총수의 100분의 3 이상에 해당하는 주식을 가진 주주가/ 신청인이 된다.

3. 신청방식
통상의 비송사건이 서면 또는 구술로 신청할 수 있는 것과 달리/ 검사인 선임신청은 서면으로 하여야 한다.

4. 심리 및 재판
① 비송사건의 심리는 일반적으로 심문의 방법에 의한다.
② 신청인은 검사인 선임청구 사유를 구체적으로 적시하여 증명하여야 한다.
③ 법원이 검사인 선임에 관한 재판을 하는 경우 이사와 감사의 진술을 들어야 한다(필요적 심문).
④ 재판은 이유를 붙인 결정으로써 한다.

5. 불복

(1) 즉시항고
① 변태설립사항 규정 시 검사인 선임청구, 현물출자 시 검사인 선임청구와 달리 즉시항고할 수 있다.
② 항고기간은 재판이 고지된 날부터 1주 이내에 하여야 하며, 그 기간은 불변기간이다.

(2) 통상항고
신청을 인용하는 재판에 대하여는 불복신청을 할 수 없으나,/ 신청을 각하, 기각하는 재판에 대해서는 법 제20조에 의한 통상항고로써 불복할 수 있다.

Ⅳ 검사인의 서면보고

검사인은 조사결과를 서면으로 법원에 보고하여야 한다.

Ⅴ 검사인의 보수

1. 의 의
법원이 검사인을 선임한 경우/ 회사로 하여금 보수를 지급하게 할 수 있다.

2. 보수액 결정
보수액은 법원이 이사와 감사의 의견을 들어 정한다.

3. 즉시항고
법원의 보수결정에 대하여/ 즉시항고할 수 있다.

주식회사 소수주주에 의한 임시총회소집허가사건 ★

Ⅰ 의 의

발행주식총수의 100분의 3 이상의 주식을 가진 주주의/ 임시총회 소집청구가 있음에도 불구하고/ 이사회가/ 지체 없이 총회소집을 위한 절차를 밟지 아니한 경우/ 위 소수주주가/ 임시총회를 소집하기 위해/ 법원의 허가를 구하는 사건을 말한다.

Ⅱ 요 건

1. 발행주식총수의 100분의 3 이상의 주식을 가진 주주의 임시총회소집청구가 있었을 것
2. 이사회가 지체 없이 총회소집을 위한 절차를 밟지 아니할 것
3. 법원에 임시총회소집을 구하는 소수주주의 허가신청이 있을 것

Ⅲ 절 차

1. 관 할
회사의 본점 소재지의 지방법원 합의부가 관할한다.

2. 신청인
발행주식총수의 100분의 3 이상의 주식을 가진 주주가/ 신청할 수 있다.

3. 신청방식
통상의 비송사건이 서면 또는 구술로 신청할 수 있는 것과 달리 서면으로 신청하여야 한다.

4. 심리 및 재판
① 비송사건의 심리는 일반적으로 심문의 방법에 의한다.
② 심문은 임의적이며, 공개하지 아니한다.
③ 신청인은 이사회가 총회소집을 게을리한 사실을 소명하여야 한다.
④ 재판은 이유를 붙인 결정으로써 한다.

5. 불 복
신청을 인용하는 재판에 대하여는 불복신청을 할 수 없으나,/ 신청을 각하, 기각하는 재판에 대해서는 법 제20조에 의한 통상항고로써 불복할 수 있다.

35 THEME 유한회사 소수사원에 의한 임시총회소집허가사건 ★

I 의 의

자본금 총액의 100분의 3 이상에 해당하는 출자좌수를 가진 사원의/ 임시총회 소집청구가 있었음에도 불구하고/ 이사가/ 지체 없이 총회소집을 위한 절차를 밟지 아니한 경우/ 위 사원이/ 임시총회를 소집하기 위해/ 법원의 허가를 구하는 사건을 말한다.

II 요 건

1. 자본금 총액의 100분의 3 이상에 해당하는 출자좌수를 가진 사원의 임시총회소집청구가 있었을 것
2. 이사가 지체 없이 총회소집을 위한 절차를 밟지 아니할 것
3. 법원에 임시총회소집을 구하는 소수사원의 허가신청이 있을 것

III 절 차

1. 관 할
회사의 본점 소재지의 지방법원 합의부가 관할한다.

2. 신청인
자본금 총액이 100분의 3 이상에 해당하는 출자좌수를 가진 사원이/ 신청할 수 있다.

3. 신청방식
통상의 비송사건이 서면 또는 구술로 신청할 수 있는 것과 달리 서면으로 신청하여야 한다.

4. 심리 및 재판
① 비송사건의 심리는 일반적으로 심문의 방법에 의한다.
② 심문은 임의적이며, 공개하지 아니한다.
③ 신청인은 이사가 총회소집을 게을리한 사실을 소명하여야 한다.
④ 재판은 이유를 붙인 결정으로써 한다.

5. 불 복
신청을 인용하는 재판에 대하여는 불복신청을 할 수 없으나,/ 신청을 각하, 기각하는 재판에 대해서는 법 제20조에 의한 통상항고로써 불복할 수 있다.

합자회사 유한책임사원의 업무검사허가사건 ★

I 의 의

합자회사의 유한책임사원이/ 중요한 사유가 있는 경우에는/ 언제든지/ 회사의 업무와 재산상태를 검사하기 위하여/ 법원의 허가를 구하는 사건을 말한다.

II 요 건

1. 신청권자는 합자회사의 유한책임사원일 것
2. 중요한 사유가 있을 것

III 절 차

1. 관 할
회사의 본점 소재지의 지방법원 합의부가 관할한다.

2. 신청인
신청권자는 합자회사의 유한책임사원이다.

3. 신청방식
통상의 비송사건이 서면 또는 구술로 신청할 수 있는 것과 달리 서면으로 신청하여야 한다.

4. 심리 및 재판
① 비송사건의 심리는 일반적으로 심문의 방법에 의한다.
② 심문은 임의적이며, 공개하지 아니한다.
③ 신청인은 검사를 필요로 하는 사유를 소명하여야 한다.
④ 재판은 이유를 붙인 결정으로써 한다.

5. 불 복
신청을 인용하는 재판에 대하여는 불복신청을 할 수 없으나,/ 신청을 기각하는 재판에 대해서는 법 제20조에 의한 통상항고로써 불복할 수 있다.

납입금 보관자등의 변경허가 신청사건

핵심이론

I. 의의

회사 설립 시 또는 신주발행 시 주식인수의 청약이 있고,/ 그 주식청약서에 기재한 보관자 또는 납입장소를 변경하고자 하는 경우/ 발기인 전원 또는 이사 전원의 공동신청으로/ 법원의 허가를 구하는 사건을 말한다.

II. 요건

1. 주식인수의 청약이 있을 것
2. 주식청약서에 기재한 보관자 또는 납입장소를 변경하고자 하는 경우일 것
3. 발기인 또는 이사 전원의 공동신청이 있을 것

III. 절차

1. 관할

    회사의 본점 소재지의 지방법원 합의부가 관할한다.

2. 신청인

(1) 설립 중 법인인 경우

    발기인 전원이 공동으로 신청해야 한다.

(2) 설립 후 법인인 경우

    이사 전원이 공동으로 신청해야 한다.

3. 신청방식

    일반원칙에 따라 서면 또는 구술로 할 수 있다.

4. 심리 및 재판

① 비송사건의 심리는 일반적으로 심문의 방법에 의한다.
② 심문은 임의적이며, 공개하지 아니한다.
③ 납입금의 보관자 또는 납입장소의 변경사유는 소명하면 충분하다.
④ 재판은 이유를 붙인 결정으로써 한다.

5. 불 복

신청을 인용하는 재판에 대하여는 불복신청을 할 수 없으나, / 신청을 각하, 기각하는 재판에 대해서는 법 제20조에 의한 통상항고로써 불복할 수 있다.

THEME 38. 단주의 임의매각 허가신청사건

핵심이론

I. 의의
단주(1주 미만의 주식)가 주식배당 등의 사유로 발생되고,/ 거래소의 시세가 없는 경우/ 이사 전원의 공동신청으로/ 법원의 허가를 받아/ 경매 이외의 방법으로 단주를 매각하는 사건을 말한다.

II. 요건
1. 단주가 주식배당 등의 사유로 발생할 것
2. 거래소의 시세가 없는 주식일 것
3. 이사 전원이 공동으로 단주 매각을 신청할 것

III. 절차

1. **관할**
   회사의 본점 소재지의 지방법원 합의부가 관할한다.

2. **신청인**
   이사 전원이 공동으로 신청해야 한다.

3. **신청방식**
   일반원칙에 따라 서면 또는 말로 할 수 있다.

4. **심리 및 재판**
   ① 비송사건의 심리는 일반적으로 심문의 방법에 의한다.
   ② 심문은 임의적이며, 공개하지 아니한다.
   ③ 신청의 원인사실은 소명하면 충분하다.
   ④ 재판은 이유를 붙인 결정으로써 한다.

5. **불복**
   신청을 인용하는 재판에 대하여는 불복신청을 할 수 없으나,/ 신청을 각하, 기각하는 재판에 대해서는 법 제20조에 의한 통상항고로써 불복할 수 있다.

경매허가사건

I 의 의

매수인이/ 매매계약을 해제한 때/ 그 목적물이 멸실 또는 훼손될 염려가 있는 경우/ 매수인이 법원의 허가를 얻어/ 경매하여 그 대가를 보관 또는 공탁하는 사건을 말한다.

II 요 건

1. 매수인이 매매계약을 해제한 경우일 것
2. 계약의 목적물이 멸실 또는 훼손될 염려가 있는 경우일 것
3. 매수인이 법원의 허가를 얻어 매매 목적물을 경매하여 그 대가를 보관 또는 공탁할 것

III 절 차

1. 관 할
경매할 물건 소재지의 지방법원이 관할법원이다.

2. 신청인
민법 제590조 이하의 요건을 갖춘 매수인이다.

3. 신청방식
일반원칙에 따라 서면 또는 구술로 할 수 있다.

4. 심리 및 재판
① 비송사건의 심리는 일반적으로 심문의 방법에 의한다.
② 심문은 임의적이며, 공개하지 아니한다.
③ 검사는 의견을 진술하고 심문에 참여할 수 있다.
④ 재판은 결정으로써 한다.

5. 불 복
법원의 경매허가 결정에 의하여/ 권리를 침해당한 사람은/ 비송사건절차법 제20조에 의한 항고로써 불복할 수 있다.

THEME 40 직무대행자 선임사건 ★

핵심이론

I 의 의

법률 또는 정관에서 정한 이사의 인원수를 결한 경우/ 이사, 감사 기타의 이해관계인의 청구에 의하여/ 법원이 필요하다고 인정할 때/ 일시 이사의 직무를 행할 자를 선임하는 사건을 말한다.

II 요 건

1. 법률 또는 정관에서 정한 이사의 인원수를 결한 경우일 것
2. 이사, 감사 기타의 이해관계인의 청구가 있을 것
3. 법원이 직무대행자가 필요하다고 인정할 것

III 절 차

1. 관 할

   회사의 본점 소재지 지방법원 합의부가 관할한다.

2. 신청인

   신청인은 이사, 감사 기타의 이해관계인이다.

3. 신청방식

   일반원칙에 따라 서면 또는 구술로 할 수 있다.

4. 심리 및 재판

   ① 비송사건의 심리는 일반적으로 심문의 방법에 의한다.
   ② 법원은 직무대행자 선임에 관한 재판을 하는 경우 이사와 감사의 진술을 들어야 한다(필요적 심문).
   ③ 재판은 이유를 붙인 결정으로써 한다.

5. 불 복

   신청을 인용하는 재판에 대하여는 불복신청을 할 수 없으나,/ 신청을 각하, 기각하는 재판에 대해서는 법 제20조에 의한 통상항고로써 불복할 수 있다.

Ⅳ 직무대행자의 지위

1. 등기 요부
직무대행자를 선임하는 결정을 한 때에는/ 회사의 본점 소재지의 등기소에서 등기하여야 한다. 이에 따라 법원은 그 등기를 촉탁하여야 한다.

2. 보 수

(1) 의 의
법원은/ 회사로 하여금/ 직무대행자에게 보수를 지급하게 할 수 있다.

(2) 보수액 결정
보수액은 법원이 이사와 감사의 의견을 들어 정한다.

(3) 즉시항고
보수에 관한 재판에 대하여는 즉시항고를 할 수 있다.

THEME 41 소송상 대표자 선임사건

I 의의

감사위원회의 위원과 회사 간 소가 제기된 때/ 감사위원회의 위원이 그 회사를 대표할 수 없는 경우/ 법원이/ 감사위원회 또는 이사의 신청에 의하여/ 회사를 대표할 자를 선임하는 사건을 말한다.

II 요건

1. 감사위원회의 위원이 소의 당사자일 것
2. 감사위원회의 위원이 회사를 대표할 수 없을 것
3. 감사위원회 또는 이사의 소송상 대표자 선임신청이 있었을 것

III 절차

1. 관할
회사의 본점 소재지 지방법원 합의부가 관할한다.

2. 신청인
신청인은 이사 또는 감사위원회이다.

3. 신청방식
일반원칙에 따라 서면 또는 구술로 할 수 있다.

4. 심리 및 재판
① 비송사건의 심리는 일반적으로 심문의 방법에 의한다.
② 법원은 소송상 대표자 선임에 관한 재판을 하는 경우 이사 또는 감사위원회의 진술을 들어야 한다(필요적 심문).
③ 재판은 이유를 붙인 결정으로써 한다.

5. 불복
신청을 인용하는 재판에 대하여는 불복신청을 할 수 없으나,/ 신청을 각하, 기각하는 재판에 대해서는 법 제20조에 의한 통상항고로써 불복할 수 있다.

# 직무대행자의 상무(常務) 외 행위의 허가사건★

Ⅰ 의의

이사선임결의의 무효나 취소 또는 이사해임의 소가 제기된 경우/ 법원이 당사자의 신청에 의하여 가처분으로써 직무대행자를 선임하였는데,/ 직무대행자가 회사의 상무 외의 행위를 하기 위하여 법원의 허가를 구하는 사건을 말한다.

Ⅱ 요건

1. **이사선임결의의 무효 등의 소가 제기된 경우일 것**
2. **법원이 당사자의 신청에 따른 가처분으로써 직무대행자를 선임할 것**
3. **직무대행자는 회사의 상무 외의 행위를 하기 위해 법원의 허가를 구할 것**

Ⅲ 절차

1. 관할
가처분법원이 상무 외의 행위 허가사건을 관할한다.

2. 신청인
직무대행자에 한하여 신청할 수 있다.

3. 신청방식
일반원칙에 따라 서면 또는 말로 할 수 있다.

4. 심리 및 재판
① 비송사건의 심리는 일반적으로 심문의 방법에 의한다.
② 심문은 임의적이며, 공개하지 아니한다.
③ 검사는 의견을 진술하고 심문에 참여할 수 있다.
④ 재판은 결정으로써 한다.

5. 불복

(1) 신청을 인용한 재판
① 즉시항고를 할 수 있다. 이 항고는 집행정지의 효력이 있다.
② 항고기간은 직무대행자가 재판의 고지를 받은 날부터 기산한다.

(2) 신청을 배척(각하)한 경우
신청인은 비송사건절차법 제20조에 의한 항고로써 불복할 수 있다(통상항고).

43 THEME 이사회의 의사록 열람등 허가사건

I 의 의

주주가/ 이사회 의사록의 열람 또는 등사를 청구하는 때/ 회사가 이유를 붙여 거절하는 경우/ 이사회 의사록의 열람 또는 등사를 위하여/ 주주가 법원의 허가를 구하는 사건을 말한다.

II 요 건

1. 주주가 이사회 의사록의 열람등을 청구할 것
2. 회사가 이유를 붙여 열람등의 청구를 거절할 것

III 절 차

1. 관 할
회사의 본점 소재지의 지방법원 합의부가 관할한다.

2. 신청인
신청인은 주주이다.

3. 신청방식
일반원칙에 따라 서면 또는 구술로 할 수 있다.

4. 심리 및 재판
① 비송사건의 심리는 일반적으로 심문의 방법에 의한다.
② 심문은 임의적이며, 공개하지 아니한다.
③ 검사는 의견을 진술하고 심문에 참여할 수 있다.
④ 재판은 결정으로써 한다.

5. 불 복
재판으로 인하여 권리를 침해당한 사람은/ 비송사건절차법 제20조에 의한 항고로써 불복할 수 있다(통상항고).

THEME 44. 주식의 액면미달 발행의 인가신청사건 ★

Ⅰ 의의

회사가 성립한 날로부터 2년이 경과한 후에/ 주식을 발행하는 경우/ 주식을 액면미달의 가액으로 발행하기 위해 / 주주총회의 결의를 얻고 법원의 인가를 신청하는 사건을 말한다.

Ⅱ 요건

1. 회사가 성립한 날로부터 2년이 경과한 후 주식을 발행하는 경우일 것
2. 액면미달의 주식을 발행할 필요성이 있을 것
3. 주주총회의 결의를 얻고 법원의 인가를 신청할 것

Ⅲ 절차

1. 관할

    회사의 본점 소재지의 지방법원 합의부가 관할한다.

2. 신청인

    신청인은 회사이다.

3. 신청방식

    신청은 서면으로 하여야 한다.

4. 심리 및 재판

    ① 비송사건의 심리는 일반적으로 심문의 방법에 의한다.
    ② 법원은 재판을 하기 전에 이사의 진술을 들어야 한다(필요적 심문).
    ③ 재판은 이유를 붙인 결정으로써 한다.

5. 불복

    위 재판에 대해서는 즉시항고를 할 수 있으며, 위 항고는 집행정지의 효력이 있다.

주식매수가액의 결정청구 사건

I. 의의

영업양도 등에 반대하는 주주가/ 회사에 대하여 주식매수청구권을 행사하였는데,/ 매수청구기간이 종료하는 날부터 30일 이내에/ 주식의 매수가액이 협의가 이루어지지 아니한 경우/ 회사 또는 주식의 매수를 청구한 주주가/ 법원에 대하여 매수가액의 결정을 청구하는 사건을 말한다.

II. 요건

1. 영업양도 등에 반대한 주주가 회사에 대하여 주식매수청구권을 행사하였을 것
2. 매수청구기간이 종료하는 날부터 30일 이내에 주식의 매수가액의 협의가 이루어지지 아니할 것
3. 회사 또는 주식의 매수를 청구한 주주가 법원에 매수가액의 결정을 청구할 것

III. 절차

1. 관할
회사의 본점 소재지의 지방법원 합의부가 관할한다.

2. 신청인
신청인은 회사 또는 주식의 매수를 청구한 주주이다.

3. 신청방식
신청은 서면으로 하여야 한다.

4. 심리 및 재판
① 비송사건의 심리는 일반적으로 심문의 방법에 의한다.
② 법원은 재판을 하기 전에 주주와 이사의 진술을 들어야 한다(필요적 심문).
③ 재판은 이유를 붙인 결정으로써 한다.

5. 불복
위 재판에 대해서는 즉시항고를 할 수 있으며, 위 항고는 집행정지의 효력이 있다.

# THEME 46 신주발행무효에 의한 환급금 증감신청사건★

I 의의

신주발행무효의 판결이 확정된 경우/ 반환금액이 판결확정 시의 회사의 재산상태에 비추어 현저하게 부당한 경우에는/ 회사 또는 주주의 청구에 의하여/ 법원이/ 반환금액의 증감을 결정하는 사건을 말한다.

II 요건

1. 신주발행무효의 판결이 확정된 경우일 것
2. 반환금액이 현저히 부당한 경우일 것
3. 회사 또는 주주의 환급금 증감신청이 있을 것

III 절차

1. 관할
회사의 본점 소재지의 지방법원 합의부가 관할한다.

2. 신청인
신청인은 증액청구의 경우에는 주주이고,/ 감액청구의 경우에는 회사이다.

3. 신청방식
일반원칙에 따라 서면 또는 구술로 할 수 있다.

4. 심리 및 재판
① 비송사건의 심리는 일반적으로 심문의 방법에 의한다.
② 심문은 판결확정 후 6개월이 경과하지 않으면 할 수 없다.
③ 법원은 이사와 감사의 진술을 들어야 한다(필요적 심문).
④ 재판은 이유를 붙인 결정으로써 한다.

5. 불복
위 재판에 대해서는 즉시항고를 할 수 있으며, 위 항고는 집행정지의 효력이 있다.

회사의 해산명령에 관한 사건 ★

Ⅰ 의 의

회사의 존속이 공익상 허용될 수 없는 경우/ 법원이/ 이해관계인이나 검사의 신청으로 또는 직권으로/ 회사의 해산을 명하는 사건을 말한다.

Ⅱ 요 건

1. 회사의 존속이 공익상 허용될 수 없는 경우일 것

공익상 회사의 존속을 허용할 수 없는 경우란 ① 회사의 설립목적이 불법한 것인 때 ② 회사가 정당한 사유 없이 설립 후 1년 내에 영업을 개시하지 아니하거나 1년 이상 영업을 휴지하는 때, ③ 이사 또는 회사의 업무를 집행하는 사원이 법령 또는 정관에 위반하여 회사의 존속을 허용할 수 없는 행위를 한 때를 말한다.

2. 이해관계인이나 검사의 신청이 있거나 법원이 직권으로 개시할 것

Ⅲ 절 차

1. 관 할
회사의 본점 소재지의 지방법원 합의부가 관할한다.

2. 신청인
신청인은 이해관계인이나 검사이나, 법원이 직권으로도 개시할 수 있다.

3. 신청방식
일반원칙에 따라 서면 또는 말로 할 수 있다.

4. 심리 및 재판
① 비송사건의 심리는 일반적으로 심문의 방법에 의한다.
② 법원은 재판을 하기 전에 이해관계인의 진술과 검사의 의견을 들어야 한다(필요적 심문).
③ 재판은 이유를 붙인 결정으로써 한다.

5. 불 복
위 재판에 대해서는 즉시항고를 할 수 있으며, 위 항고는 집행정지의 효력이 있다.

THEME 48 합병회사의 합병무효로 인한 채무부담부분 결정의 재판

핵심이론

I 의의
회사의 합병을 무효로 하는 판결이 확정되었을 때/ 각 회사가 협의로 채무 부담부분 또는 지분을 정하지 못한 경우/ 법원이/ 합병 당시의 각 회사의 청구에 의하여 그 결정을 구하는 사건을 말한다.

II 요건
1. 회사의 합병을 무효로 하는 판결이 확정되었을 것
2. 각 회사가 협의로 채무부담부분 또는 지분을 정하지 못한 경우일 것
3. 합병 당시의 각 회사가 법원에 채무부담부분 또는 지분의 결정을 구하는 청구를 할 것

III 절차

1. 관할
합병무효의 소에 관한 제1심 수소법원이 관할한다.

2. 신청인
신청인은 합병 당사자인 각 회사이다.

3. 신청방식
일반원칙에 따라 서면 또는 구술로 할 수 있다.

4. 심리 및 재판
① 비송사건의 심리는 일반적으로 심문의 방법에 의한다.
② 심문은 임의적이며, 공개하지 아니한다.
③ 검사는 의견을 진술하고 심문에 참여할 수 있다.
④ 재판은 이유를 붙인 결정으로써 한다.

5. 불복
위 재판에 대해서는 즉시항고를 할 수 있으며, 위 항고는 집행정지의 효력이 있다.

지분압류채권자의 보전청구

Ⅰ 의의

합명회사 또는 합자회사의 사원지분을 압류한 채권자가/ 채권보전에 염려가 있는 경우/ 회사 또는 해당 사원에 대해 6개월 전 퇴사를 예고한 후/ 회사의 본점 소재지의 지방법원 합의부에/ 지분환급청구권의 보전에 필요한 처분을 청구하는 사건을 말한다.

Ⅱ 요건

1. 합명회사 또는 합자회사의 채권자가 사원지분을 압류할 것
2. 채권보전에 염려가 있을 것
3. 회사 또는 지분을 압류한 사원에 대해 6개월 전 퇴사를 예고할 것
4. 채권자가/ 회사의 본점 소재지의 지방법원 합의부에/ 지분환급청구권의 보전에 필요한 처분을 청구할 것

Ⅲ 절차

1. 관할
회사의 본점 소재지의 지방법원 합의부가 관할한다.

2. 신청인
신청인은 지분압류와 예고를 한 채권자이다.

3. 신청방식
일반원칙에 따라 서면 또는 말로 할 수 있다.

4. 심리 및 재판
① 비송사건의 심리는 일반적으로 심문의 방법에 의한다.
② 심문은 임의적이며, 공개하지 아니한다.
③ 검사는 의견을 진술하고 심문에 참여할 수 있다.
④ 재판은 이유를 붙인 결정으로써 한다.

5. 불복
위 재판에 대해서는 즉시항고를 할 수 있다.

THEME 50. 합병 인가신청사건 및 조직변경 인가신청사건

핵심이론

I. 의 의

1. 합병 인가신청사건

유한회사와 주식회사가 각각의 총회결의로/ 주식회사로 합병하고자 하는 경우/ 합병을 할 회사의 이사와 감사가 공동으로 합병의 인가신청을 하여/ 법원의 허가를 얻어 주식회사로 합병하는 사건을 말한다.

2. 조직변경 인가신청사건

유한회사가 사원총회결의로 주식회사로 변경하고자 하는 경우/ 이사와 감사가 공동으로 조직변경인가를 신청하여/ 법원의 허가를 얻어 주식회사로 변경하는 사건을 말한다.

II. 요 건

1. 합병 인가신청사건

① 유한회사와 주식회사가/ 각각의 총회결의로/ 주식회사로 합병하고자 하는 경우일 것
② 합병을 할 회사의 이사와 감사가 공동으로 합병인가를 신청할 것

2. 조직변경 인가신청사건

① 유한회사가/ 사원총회결의로/ 주식회사로 변경하고자 하는 경우일 것
② 이사와 감사가 공동으로/ 조직변경인가를 신청할 것

Ⅲ 절 차

1. 관할

(1) 합병 인가신청사건

합병 후 존속하는 회사 또는 합병으로 설립되는 회사의 본점 소재지의 지방법원이 관할한다.

(2) 조직변경 인가신청사건

회사의 본점 소재지의 지방법원 합의부가 관할한다.

2. 신청인

신청은 (합병을 할 회사의) 이사와 감사가 공동으로 하여야 한다.

3. 신청방식

일반원칙에 따라 서면 또는 구술로 할 수 있다.

4. 심리 및 재판

① 비송사건의 심리는 일반적으로 심문의 방법에 의한다.
② 심문은 임의적이며, 공개하지 아니한다.
③ 검사는 의견을 진술하고 심문에 참여할 수 있다.
④ 재판은 결정으로써 한다.

5. 불복

신청을 인용하는 재판에 대하여는 불복신청을 할 수 없으나,/ 신청을 각하, 기각하는 재판에 대해서는 법 제20조에 의한 통상항고로써 불복할 수 있다.

THEME 51 사채관리회사의 해임허가사건 ★

I 의 의
사채관리회사가/ 그 사무를 처리하기에 적임이 아니거나/ 그 밖에 정당한 사유가 있는 때에는/ 법원은/ 사채를 발행하는 회사 또는 사채권자집회의 청구에 의하여/ 사채관리회사를 해임하는 사건을 말한다.

II 요 건
1. 사채관리회사가 그 사무를 처리하기에 적임이 아닐 것
2. 그 밖에 정당한 사유가 있을 것
3. 사채를 발행하는 회사 또는 사채권자집회의 청구가 있을 것

III 절 차

1. 관 할
사채를 발행한 회사의 본점 소재지의 지방법원 합의부가 관할한다.

2. 신청인
신청인은 사채발행회사 또는 사채권자집회이다.

3. 신청방식
일반원칙에 따라 서면 또는 구술로 할 수 있다.

4. 심리 및 재판
① 비송사건의 심리는 일반적으로 심문의 방법에 의한다.
② 재판을 할 때에는 이해관계인의 의견을 들어야 한다(필요적 심문).
③ 재판은 이유를 붙인 결정으로써 한다.

5. 불 복
신청을 인용하는 재판에 대하여는 불복신청을 할 수 없으나,/ 신청을 각하, 기각하는 재판에 대해서는 즉시항고를 할 수 있다.

사채권자집회의 소집허가사건 ★

핵심이론

I 의의

사채총액의 10분의 1 이상에 해당하는 사채권자(소추사채권자)의 사채권자집회의 소집청구가 있었음에도 불구하고/ 사채를 발행한 회사 또는 사채관리회사가 사채권자집회를 소집하지 아니한 경우/ 사채권자집회의 소집청구를 한 소수사채권자가/ 법원의 허가를 얻어 사채권자집회를 소집하는 사건이다.

II 요건

1. 소수사채권자의 사채권자집회 소집청구가 있었을 것
2. 그럼에도 불구하고 사채를 발행한 회사 또는 사채관리회사가 사채권자집회를 소집하지 아니한 경우일 것
3. 사채권자집회의 소집청구를 한 소수사채권자가 법원의 허가를 얻어 사채권자집회를 소집할 것

III 절차

1. 관할

    사채를 발행한 회사의 본점 소재지의 지방법원 합의부가 관할한다.

2. 신청인

    신청인은 사채권자집회의 소집청구를 한 소수사채권자이다.

3. 신청방식

    신청은 서면으로 하여야 한다.

4. 심리 및 재판
① 비송사건의 심리는 일반적으로 심문의 방법에 의한다.
② 심문은 임의적이며, 공개하지 아니한다.
③ 사채권자집회의 소집청구를 한 소수사채권자는/ 사채를 발행한 회사 또는 사채관리회사가/ 소집을 게을리한 사실을 소명하여야 한다.
④ 재판은 이유를 붙인 결정으로써 한다.

5. 불 복
신청을 인용하는 재판에 대하여는 불복신청을 할 수 없으나,/ 신청을 각하, 기각하는 재판에 대해서는 법 제20조에 의한 통상항고로써 불복할 수 있다.

53 THEME 사채권자집회의 결의 인가청구사건 ★

I 의 의

사채권자의 집회가 있는 경우/ 사채권자집회의 소집자가/ 결의한 날로부터 1주간 내에/ 결의의 효력을 발생하기 위하여/ 결의의 인가를 법원에 청구하는 사건을 말한다.

II 요 건

1. 사채권자의 집회가 있을 것
2. 사채권자집회의 소집자가 결의한 날로부터 1주간 내에 법원에 결의인가를 청구할 것

III 절 차

1. 관 할
사채를 발행한 회사의 본점 소재지의 지방법원 합의부가 관할한다.

2. 신청인
신청인은 사채권자집회의 소집자이다. 즉, 원칙적으로 사채발행회사 또는 사채관리회사이다.

3. 신청방식
일반원칙에 따라 서면 또는 말로 할 수 있다.

4. 심리 및 재판
① 비송사건의 심리는 일반적으로 심문의 방법에 의한다.
② 법원은 이해관계인의 의견을 들어야 한다(필요적 심문).
③ 검사는 의견을 진술하거나 심문에 참여할 수 없다.
④ 재판은 이유를 붙인 결정으로써 한다.

5. 불 복
위 재판에 대해서는 즉시항고를 할 수 있으며, 위 항고는 집행정지의 효력이 있다.

청산인의 선임 허가사건

I 의의

1. 주식회사, 유한회사의 경우

① 주식회사의 해산 시 청산인이 될 이사가 없는 경우와 ② 설립무효 또는 설립취소의 판결이 확정된 경우에는 이해관계인의 청구에 의하여, ③ 해산을 명하는 재판이 있는 경우에는 사원 기타의 이해관계인이나 검사의 청구 또는 직권으로/ 법원이 청산인을 선임하는 사건을 말한다.

2. 합명회사, 합자회사의 경우

① 설립무효 또는 설립취소의 판결이 확정된 경우에는 이해관계인의 청구에 의하여, ② 사원이 1인으로 되어 해산을 하거나, 법원의 해산명령 또는 판결에 의하여 해산된 경우에는 사원 기타 이해관계인이나 검사의 청구 또는 직권으로/ 법원이 청산인을 선임하는 사건을 말한다.

II 요건

1. 주식회사, 유한회사의 경우

(1) 청산인 선임 사유가 있을 것

① 주식회사의 해산 시 청산인이 될 이사가 없을 것
② 설립무효 또는 설립취소의 판결이 확정된 경우일 것
③ 해산을 명하는 재판이 있는 경우일 것

(2) 청구 또는 법원의 직권에 의하여 선임할 것

(1)의 ①, ②의 경우에는 이해관계인의 청구에 의하여, (1)의 ③의 경우에는 사원 기타의 이해관계인이나 검사의 청구 또는 직권으로/ 법원이 청산인을 선임한다.

2. 합명회사, 합자회사의 경우

(1) 청산인 선임 사유가 있을 것

① 설립무효 또는 설립취소의 판결이 확정된 경우일 것
② 사원이 1인으로 되어 해산을 하거나, 법원의 해산명령 또는 판결에 의하여 해산된 경우일 것

(2) 청구 또는 법원의 직권에 의하여 선임할 것

(1)의 ① 의 경우에는 이해관계인의 청구에 의하여, (1)의 ②의 경우에는 사원 기타 이해관계인이나 검사의 청구 또는 직권으로/ 법원이 청산인을 선임한다.

Ⅲ 절 차

1. 관 할

(1) 합명회사와 합자회사의 경우

회사의 본점 소재지의 지방법원이 관할한다.

(2) 주식회사와 유한회사의 경우

회사의 본점 소재지의 지방법원 합의부가 관할한다.

2. 신청인

사원 기타 이해관계인이나 검사의 청구로 청산인을 선임하나/ 법원이 직권으로 청산인을 선임할 수도 있다.

3. 신청방식

일반원칙에 따라 서면 또는 말로 할 수 있다.

4. 심리 및 재판

① 비송사건의 심리는 일반적으로 심문의 방법에 의한다.
② 심문은 임의적이며, 공개하지 아니한다.
③ 재판은 결정으로써 한다.

5. 불 복

신청을 인용하는 재판에 대하여는 불복신청을 할 수 없으나,/ 신청을 각하, 기각하는 재판에 대해서는 법 제20조에 의한 통상항고로써 불복할 수 있다.

Ⅳ 청산인의 지위

1. 등기 요부

청산인의 선임결정이 있으면/ 그 선임된 날부터 본점 소재지에서는 2주 내에 청산인의 성명·주민등록번호 및 주소를 등기하여야 한다.

2. 보 수

(1) 의 의

법원은/ 청산인을 선임한 경우/ 회사로 하여금/ 그 보수를 지급하게 할 수 있다.

(2) 보수액 결정

보수액은 법원이 이사와 감사의 의견을 들어 정한다.

(3) 즉시항고

보수에 관한 재판에 대하여는 즉시항고를 할 수 있다.

감정인의 선임 허가사건

I 의 의

청산중인 법인이/ 조건부채권 또는 존속기간이 불확정한 채권 기타 가액이 불확정한 채권에 대하여/ 법원이 선임한 감정인의 평가에 의하여 변제하고자/ 감정인의 선임을 법원에 청구하는 사건을 말한다.

II 요 건

1. 조건부채권 또는 존속기간이 불확정한 채권 기타 가액이 불확정한 채권이 있을 것
2. 청산중인 법인이 감정인의 평가에 의하여 변제하고자 할 것
3. 청산중인 법인이 법원에 감정인의 선임을 청구할 것

III 절 차

1. 관 할
회사의 본점 소재지의 지방법원이 관할한다.

2. 신청인
신청인에 관하여 명문규정은 없으나, 변제를 하는 것은 청산인이므로 신청권자는 청산인이다.

3. 신청방식
일반원칙에 따라 서면 또는 말로 할 수 있다.

4. 심리 및 재판
① 비송사건의 심리는 일반적으로 심문의 방법에 의한다.
② 심문은 임의적이며, 공개하지 아니한다.
③ 사건의 심리에는 검사가 관여하지 않는다.
④ 재판은 결정으로써 한다.

5. 불 복
신청을 인용하는 재판에 대하여는 불복신청을 할 수 없으나,/ 신청을 각하, 기각하는 재판에 대해서는 법 제20조에 의한 통상항고로써 불복할 수 있다.

제4절 보칙

THEME 56 과태료의 약식재판★★★

□ 비송사건절차법상 과태료 재판에 대한 불복방법을 설명하시오(THEME 57 참조).
▶ 제2회 기출 약술 20점

핵심이론

I 서설

1. 과태료의 의의

비송사건절차법상 과태료란 법원이 법령을 위반한 국민에게 부과하는 금전적인 제재이다. 법원의 과태료 재판에는 정식재판과 약식재판이 있다.

2. 과태료 약식재판의 의의

법원이 상당하다고 인정할 때/ 당사자의 진술을 듣지 아니하고/ 과태료 재판을 하는 것을 말한다.

II 요건

1. 고의·과실을 요하지 않는다.

2. 위반자에게 법률의 부지 또는 착오를 인정하지 않는다.

> ※ 비 고
> 질서위반행위규제법 : 고의·과실이 없거나, 위반자가 위법하지 않다고 오인함에 정당한 이유가 있는 경우 과태료 처분을 면한다.

Ⅲ 절차

1. 관할
다른 법령에 특별한 규정이 있는 경우를 제외하고는/ 과태료를 부과받을 자의 주소지의 지방법원이 관할한다.

2. 절차의 개시
법원이 직권으로 절차를 개시한다.

3. 절차의 개시 방식
절차 개시의 방식은 별도의 규정이 없고,/ 법원이 과태료에 처할 사실이 있음을 안 때 절차가 개시되나, 실무상으로 법원이 스스로 위반사실의 발생을 알 수 없는 경우가 대부분이므로 관할법원에 위반사실을 통지함으로써 절차가 개시된다. 이 경우 통지는 법원의 직권발동을 촉구하는 의미이다.

4. 심리 및 재판
① 서면심리에 의하며, 비공개로 한다.
② 재판은 이유를 붙인 결정으로써 하며, 고지에 의하여 효력이 발생한다.

5. 불복(이의신청)
① 당사자와 검사는/ 과태료 재판의 고지를 받은 날부터 1주일 내에/ 이의신청을 할 수 있다. 이 기간이 도과되면 그 재판은 확정되어 다툴 수 없게 된다.
② 과태료 약식재판은 이의신청에 의하여 그 효력을 잃고,/ 법원은 당사자의 진술을 듣고 다시 재판하여야 한다(정식재판).
③ 당사자 또는 검사의 이의신청에 의하여 약식재판은 그 효력을 잃으므로 정식재판에서는 약식재판의 내용에 기속되지 아니한다(대결 1986.12.10. 86마1009). 즉, 불이익변경금지의 원칙이 적용되지 않아/ 과태료 금액이 증액될 수 있다.

Ⅳ 비용의 부담

과태료 재판 절차의 비용은 과태료를 부과하는 선고가 있는 경우에는 그 선고를 받은 자가 부담하고,/ 그 밖의 경우에는 국고에서 부담한다.

과태료의 정식재판★★★

- 법원은 정당한 사유 없이 재판에 증인으로 출석하지 않은 甲에게 약식재판으로 과태료 500만원을 부과하고, 甲에게 과태료 결정의 고지를 하였다. 甲은 이 고지를 받은 날부터 1주 이내에 즉시항고를 하였다. 이에 법원이 즉시항고에 따른 과태료 재판을 하면서 甲에게 진술기회를 주지 않았다면 그 재판은 적법한지를 설명하시오. ▶ 제5회 기출 준사례 20점
- 비송사건절차법상 과태료 재판에 대한 불복방법을 설명하시오(THEME 56 참조). ▶ 제2회 기출 약술 20점

I 서 설

1. 과태료의 의의
비송사건절차법상 과태료란 법원이 법령을 위반한 국민에게 부과하는 금전적인 제재이다.

2. 과태료 정식재판의 의의
법원이/ 재판하기 전에/ 심문기일을 열어 당사자의 진술을 듣고 검사의 의견을 구하는 절차를 거치는 것을 말한다.

II 요 건

1. 고의·과실을 요하지 않는다.
2. 위반자에게 법률의 부지 또는 착오를 인정하지 않는다.

III 절 차

1. 관 할
약식절차에 따라 과태료를 부과한 법원이 관할한다(대결 2001.5.2. 2001마1733).

2. 절차의 개시
당사자의 적법한 이의신청으로 절차를 개시한다.

3. 심리 및 재판

① 심문은 필요적이며, 비공개로 한다.
② 법원은 재판을 하기 전에 당사자의 진술을 듣고 검사의 의견을 들어야 한다(필요적 심문).
③ 과태료 재판은 이유를 붙인 결정으로써 한다.
④ 과태료 재판은 고지에 의하여 그 효력이 생긴다.

4. 불 복

① 당사자와 검사는/ 과태료 재판에 대하여 즉시항고를 할 수 있다. 이 경우 항고는 집행정지의 효력이 있다.
② 항고심에서는 불이익변경금지의 원칙이 적용된다.

Ⅳ 비용의 부담

과태료 재판 절차의 비용은 과태료를 부과하는 선고가 있는 경우에는 그 선고를 받은 자가 부담하고,/ 그 밖의 경우에는 국고에서 부담한다.

Ⅴ 재판의 집행

1. 과태료 재판은 검사의 명령으로써 집행한다.
2. 검사의 명령은 집행력 있는 집행권원과 같은 효력이 있다.
3. 집행을 하기 전에 재판의 송달은 하지 아니한다.

참고문헌

[계약법]
- 지원림, 민법강의, 홍문사, 2023
- 송덕수, 신민법강의, 박영사, 2023
- 김동진, 민법공방, 윌비스, 2019
- 박기현·김종원, 핵심정리 민법, 메티스, 2014

[행정절차론]
- 행정안전부 행정절차제도 실무 편람, 2022
- 개인정보보호위원회 2023 개인정보 보호법 표준 해석례, 2023
- 법무부 질서위반행위규제법 해설집, 2022
- 이준희, 행정절차론, 박문각, 2024
- 이준희, 행정사 2차 과목별 출제 예상 논술·약술 모음집, 법학사, 2024

[사무관리론]
- 행정안전부 민원 처리에 관한 법령 해설, 2023
- 행정안전부 행정업무운영 편람, 2020
- 유희숙, 사무관리론(제4판), 대영문화사, 2016
- 최의란, 2023 Compact 사무관리론 핵심요약집, 2023

[행정사실무법]
- 전병서, 비송사건절차법, 유스티치아, 2023
- 조장형, 행정사실무법, 박문각, 2024
- 정진석, 행정사 제2차 행정사실무법 핵심요약집, 법학사, 2022
- 조현, 통합 행정쟁송법, 윌비스, 2019

- 법제처 홈페이지, www.law.go.kr

2026 시대에듀 행정사 2차 전과목 논술·약술 한권으로 끝내기

개정2판1쇄 발행	2025년 12월 30일(인쇄 2025년 11월 21일)
초 판 발 행	2024년 01월 05일(인쇄 2023년 10월 30일)
발 행 인	박영일
책 임 편 집	이해욱
편 저	이성재·시대법학연구소
편 집 진 행	이재성·백승은
표지디자인	현수빈
편집디자인	차성미·임창규
발 행 처	(주)시대고시기획
출 판 등 록	제10-1521호
주 소	서울시 마포구 큰우물로 75 [도화동 538 성지 B/D] 9F
전 화	1600-3600
팩 스	02-701-8823
홈 페 이 지	www.sdedu.co.kr
I S B N	979-11-434-0346-9 (13360)
정 가	36,000원

※ 이 책은 저작권법의 보호를 받는 저작물이므로 동영상 제작 및 무단전재와 배포를 금합니다.
※ 잘못된 책은 구입하신 서점에서 바꾸어 드립니다.

 혼자 공부하기 힘드시다면 방법이 있습니다.
시대에듀의 동영상 강의를 이용하시면 됩니다.
www.sdedu.co.kr → 회원가입(로그인) → 강의 살펴보기